国家卫生健康委员会"十四五"规划教材

全国高等职业教育药品类专业第四轮规划教材

供药学、药品生产技术、生物制药技术、药物制剂技术、化学制药技术、药品质量与安全、药品经营与管理、食品药品监督管理、中药学、中药制药等专业用

药理学

第 4 版

主　编　邓庆华

副主编　马瑜红　朱　波　徐茂红

编　者（以姓氏笔画为序）

马瑜红（南阳医学高等专科学校）　　　　陈雪平（广东茂名健康职业学院）

王　婧（济南护理职业学院）　　　　　　赵　辉（菏泽医学专科学校）

王　蕾（江苏卫生健康职业学院）　　　　袁　超（山东医学高等专科学校）

毛秀华（东莞职业技术学院）　　　　　　徐茂红（皖西卫生职业学院）

邓庆华（重庆医药高等专科学校）　　　　高　荧（山东中医药高等专科学校）

朱　波（黑龙江护理高等专科学校）　　　郭冷秋（苏州卫生职业技术学院）

刘　娟（哈尔滨医科大学附属第二医院）　涂丽华（南昌健康职业技术学院）

李　文（赣南卫生健康职业学院）　　　　曹光秀（重庆医药高等专科学校）

李春英（大庆医学高等专科学校）　　　　谌　茜（四川护理职业学院）

肖　宁（北京卫生职业学院）　　　　　　曾　慧（长沙卫生职业学院）

张　琦（江苏医药职业学院）　　　　　　甄昌霖（重庆三峡医药高等专科学校）

人民卫生出版社
·北　京·

图书在版编目（CIP）数据

药理学 / 邓庆华主编 . -- 4 版 . -- 北京 ： 人民卫生出版社，2025. 5（2025. 9重印）. --（全国高等职业教育药品类专业第四轮规划教材）. -- ISBN 978-7-117-38005-8

Ⅰ. R96

中国国家版本馆 CIP 数据核字第 2025L9X665 号

人卫智网	www.ipmph.com	医学教育、学术、考试、健康，购书智慧智能综合服务平台
人卫官网	www.pmph.com	人卫官方资讯发布平台

药　理　学
Yaolixue
第 4 版

主　　编：邓庆华
出版发行：人民卫生出版社（中继线 010-59780011）
地　　址：北京市朝阳区潘家园南里 19 号
邮　　编：100021
E - mail：pmph @ pmph.com
购书热线：010-59787592　010-59787584　010-65264830
印　　刷：人卫印务（北京）有限公司
经　　销：新华书店
开　　本：850×1168　1/16　　印张：29
字　　数：682 千字
版　　次：2009 年 1 月第 1 版　　2025 年 5 月第 4 版
印　　次：2025 年 9 月第 2 次印刷
标准书号：ISBN 978-7-117-38005-8
定　　价：79.00 元

打击盗版举报电话：010-59787491　E-mail：WQ @ pmph.com
质量问题联系电话：010-59787234　E-mail：zhiliang @ pmph.com
数字融合服务电话：4001118166　E-mail：zengzhi @ pmph.com

出版说明

近年来,我国职业教育在国家的高度重视和大力推动下已经进入高质量发展新阶段。从党的十八大报告强调"加快发展现代职业教育",到党的十九大报告强调"完善职业教育和培训体系,深化产教融合、校企合作",再到党的二十大报告强调"统筹职业教育、高等教育、继续教育协同创新,推进职普融通、产教融合、科教融汇,优化职业教育类型定位",这一系列重要论述不仅是对职业教育发展路径的精准把握,更是对构建中国特色现代职业教育体系、服务国家发展战略、促进经济社会高质量发展的全面部署,也为我们指明了新时代职业教育改革发展的方向和路径。

为全面贯彻国家教育方针,将现代职业教育发展理念融入教材建设全过程,人民卫生出版社经过广泛调研论证,启动了全国高等职业教育药品类专业第四轮规划教材的修订出版工作。

本套规划教材首版于 2009 年,分别于 2013 年、2017 年修订出版了第二轮、第三轮规划教材。本套教材在建设之初,根据行业标准和教育目标,制定了统一的指导性教学计划和教学大纲,规范了药品类专业的教学内容。这套规划教材不仅为高等职业教育药品类专业的学生提供了系统的理论知识,还帮助他们建立了扎实的专业技能基础。这套教材的不断修订完善,是我国职业教育体系不断完善和进步的一个缩影,对于我国高素质药品类专业技术技能型人才的培养起到了重要的推动作用。同时,本套教材也取得了诸多成绩,其中《基础化学》(第 3 版)、《天然药物学》(第 3 版)、《中药制剂技术》(第 3 版)等多本教材入选了"十四五"职业教育国家规划教材,《药物制剂技术》(第 3 版)荣获了首届全国教材建设奖一等奖,《药物分析》(第 3 版)荣获了首届全国教材建设奖二等奖。

第四轮规划教材主要依据教育部相关文件精神和职业教育教学实际需求,调整充实了教材品种,涵盖了药品类相关专业群的主要课程。全套教材为国家卫生健康委员会"十四五"规划教材,是"十四五"时期人民卫生出版社重点教材建设项目。本轮教材继续秉承"大力培养大国工匠、能工巧匠、高技能人才"的职教理念,结合国内药学类专业领域教育教学发展趋势,科学合理推进规划教材体系改革,重点突出如下特点:

1. 坚持立德树人,融入课程思政 高职院校人才培养事关大国工匠养成,事关实体经济发展,事关制造强国建设,要确保党的事业后继有人,必须把立德树人作为中心环节。本轮教材修订注重深入挖掘各门课程中蕴含的课程思政元素,通过实践案例、知识链接等内容,润物细无声地将思想政治工作贯穿教育教学全过程,使学生在掌握专业知识与技能的同时,树立起正确的世界观、人生观、价值观,增强社会责任感,坚定服务人民健康事业的理想信念。

2. 对接岗位需求,优化教材内容 根据各专业对应从业岗位的任职标准,优化教材内容,避免重要知识点的遗漏和不必要的交叉重复,保证教学内容的设计与职业标准精准对接,学校的人才培养与企业的岗位需求精准对接。根据岗位技能要求设计教学内容,增加实践教学内容的比重,设计贴近企业实际生产、管理、服务流程的实验、实训项目,提高学生的实践能力和解决问题的能力;部分教材采用基于工作过程的模块化结构,模拟真实工作场景,让学生在实践中学习和运用知识,提高实际操作能力。

3. 知识技能并重,实现课证融通 本轮教材在编写队伍组建上,特别邀请了一大批具有丰富实践经验的行业专家,与从全国高职院校中遴选出的优秀师资共同合作编写,使教材内容紧密围绕岗位所需的知识、技能和素养要求展开。在教材内容设计方面,充分考虑职业资格证书的考试内容和要求,将相关知识点和技能点融入教材中,使学生在学习过程中能够掌握与岗位实际紧密相关的知识和技能,帮助学生在完成学业的同时获得相应的职业资格证书,使教材既可作为学历教育的教科书,又能作为岗位证书的培训用书。

4. 完善教材体系,优化编写模式 本轮教材通过搭建主干知识、实验实训、数字资源的"教学立交桥",充分体现了现代高等职业教育的发展理念。强化"理实一体"的编写方式,并多配图表,让知识更加形象直观,便于教师讲授与学生理解。并通过丰富的栏目确保学生能够循序渐进地理解和掌握知识,如用"导学情景"引入概念,用"案例分析"结合实践,用"课堂活动"启发思考,用"知识链接"开阔视野,用"点滴积累"巩固考点,大大增加了教材的可读性。

5. 推进纸数融合,打造新形态精品教材 为了适应新的教学模式的需要,通过在纸质教材中添加二维码的方式,融合多媒体元素,构建数字化平台,注重教材更新与迭代,将"线上""线下"教学有机融合,使学生能够随时随地进行扫码学习、在线测试、观看实验演示等,增强学习的互动性和趣味性,使抽象知识直观化、生动化,提高可理解性和学习效率。通过建设多元化学习路径,不断提升教材的质量和教学效果,为培养高素质技能型人才提供有力支持。

本套教材的编写过程中,全体编者以高度负责、严谨认真的态度为教材的编写工作付出了诸多心血,各参编院校为编写工作的顺利开展给予了大力支持,从而使本套教材得以高质量如期出版,在此对相关单位和各位专家表示诚挚的感谢! 教材出版后,各位教师、学生在使用过程中,如发现问题请反馈给我们(发消息给"人卫药学"公众号),以便及时更正和修订完善。

人民卫生出版社

2024 年 11 月

前 言

党的二十大报告强调"统筹职业教育、高等教育、继续教育协同创新,推进职普融通、产教融合、科教融汇,优化职业教育类型定位",并把大国工匠和高技能人才纳入国家战略人才力量。为贯彻党和国家对职业教育的要求,执行新职业教育法关于职业教育的政策措施,人民卫生出版社全面启动了全国高等职业教育药品类专业第四轮规划教材(国家卫生健康委员会"十四五"规划教材)的修订编写工作。《药理学》自2009年1月出版发行以来,由于在内容设计、编写形式等方面作了较大创新,具有鲜明的高等职业教育特色,满足了高等职业院校教学需求,得到了全国各高等职业院校师生的充分肯定和广泛认可。

本次教材修订在第3版的基础上进行了传承和创新,紧密结合医药行业发展,结合最新的临床用药指南,反映医药行业新技术、新工艺、新规范,补充在临床上已经使用的一些新药,删除已经不用的老药,增加"抗骨质疏松药""调血脂药"等章节。教材栏目涵盖"导学情景""知识链接""课堂活动""点滴积累""目标检测"等板块,设置"岗位情景"和"技能赛点"两个特色栏目,实现全方位、多角度润物细无声地融入思政元素。各章以"导学情景"开始,以某个具体案例进行"情景描述"开启本章的学习,通过"学前导语"交代本章的核心内容;"课堂活动"结合教学,提出问题进行讨论和交流,体现"做中教、做中学"这一现代职业教育理念;"岗位情景"和"技能赛点"使教材内容与药学工作岗位对接,与执业药师考试、药学服务技能大赛融通,体现"岗-课-赛-证"的融通;每节后的"点滴积累",对该节内容进行了总结。

每章还配有PPT、"扫一扫,知重点"、"复习导图",以及与知识点相关的视频动画和图片等数字资源。"扫一扫,知重点"概括了每个章节的教学重点、难点以及执业药师考试的考点;"复习导图"以思维导图的形式对每章内容或重要知识点进行了概括;"扫一扫,知答案"是对纸质教材中的课堂活动进行分析解答。课后"目标检测"客观题部分通过"习题"以数字资源的形式呈现。"扫一扫,做实验"配套了与教学内容相关的实践教程。数字资源以二维码的形式呈现在纸质教材中,方便学生利用碎片化时间轻松进行学习、复习和在线测试,通过纸数融合,使教学内容的展现更加丰富、形象。

第4版《药理学》教材由重庆医药高等专科学校邓庆华教授担任主编并统稿、审稿,南阳医学高等专科学校马瑜红教授、黑龙江护理高等专科学校朱波教授、皖西卫生职业学院徐茂红教授担任副主编并审稿,还邀请了在三甲医院具有丰富的临床实践经验的临床药师加入编写团队,以确保教材内容贴近临床岗位实际需求。参加教材编写的有(按章节顺序):邓庆华(绪言、第一章、第二章)、郭冷秋(第三章、第三十一章、实训二、实训十)、陈雪平(第四章、第十五章、实训八)、徐茂红(第五章、第十一章)、赵辉(第六章、第七章、实训九)、谌茜(第八章、第二十五章)、高荧(第九章、第十章)、毛秀华(第十二章、第十四章、实训七)、王蕾(第十三章、第十六章)、张琦(第十七章、第十九章、第三十三章、实训一)、曾慧(第十八章、实训五)、曹光秀(第二十章、第三十二章、实训十三)、李文(第二十一章、第二十二章、实训十二)、马瑜红(第二十三章、第二十八章)、袁超(第二十四章)、李春英(第二十六章、第二十七章、实训六、实训十一)、朱波(第二十九章、第三十章)、刘娟(第三十四章、第三十六章)、王婧(第三十五章)、肖宁(第三十七章、第四十章、实训三)、甄昌霖(第三十八章、第三十九章)、涂丽华(第四十一章、第四十二章、实训四)。本次教材的修订得到了人民卫生出版社以及各院校各位编委老师的大力支持,在此表示衷心感谢!

本次教材的修订是在第 3 版的基础上进行的,在此对第 3 版的全体编委尤其是主编天津医学高等专科学校罗跃娥教授和中国药科大学樊一桥教授表示诚挚的感谢。

由于编者学识水平有限,虽全力以赴,难免会有疏漏之处,敬请广大读者给予批评、指正和建议,以便在再版时完善教材内容!

主　编

2025 年 4 月

目　录

绪　言

一、药理学的性质与地位

药物（drug）是指能影响和调节机体生理、生化和病理过程，用于预防、治疗、诊断疾病及计划生育的物质。

药理学（pharmacology）是研究药物与机体之间相互作用及作用规律的科学。其研究内容主要包括：①药物效应动力学（简称药效学），研究药物对机体的作用，包括药物的药理作用、作用机制及毒副反应等；②药物代谢动力学（简称药动学），研究机体对药物的影响，包括药物在体内的吸收、分布、代谢、排泄等动态过程，以及血药浓度随时间而变化的规律。药理学研究目的在于阐明药物的作用机制、药物与机体相互作用的基本规律和原理，为指导临床合理用药提供理论指导和实验基础，为开发研制更高效、更安全的新药指明方向，为探索生命的本质提供重要的科学资料。

药理学是药学与医学、基础医学与临床医学之间的桥梁学科，是药学专业的专业核心课程。药理学以生理学、微生物学、生物化学、病理学、病理生理学等基础医学学科为基础，与生药学、药物化学、药物分析、药剂学、临床药物治疗学、内科学、外科学等药学和医学学科紧密相关。

二、药理学发展简史

在古代，人类为了生存，从生产、生活经验中认识到某些天然植物、动物或矿物可以治疗疾病和减轻伤痛，如饮酒止痛、大黄导泻、麻黄平喘、常山截疟等，这是人类认识药物的开始。随着人类医药实践经验的积累和新的药物品种不断被发现，专门记载药物知识的书籍开始出现。公元 1 世纪前后成书的《神农本草经》是我国最早的药物专著，该书收载药物 365 种，其中不少药物至今仍沿用。唐代（公元 659 年）的《新修本草》，收载药物 844 种，是我国最早的药典，也是世界上第一部由政府颁布的药典。1596 年，闻名于世的《本草纲目》是由明代杰出的医药学家李时珍通过长期医药实践写成的巨著，全书 52 卷，收载药物 1 892 种、药方 11 000 余条、插图 1 100 余幅，受到国际医药界的广泛重视，对药物学的发展作出了杰出贡献。

自 19 世纪以来，药理学作为一门独立的学科不断发展壮大，这与现代科学技术的发展密不可分。19 世纪初，化学、生物学及生理学的发展促进了实验药理学的形成与发展。意大利生理学家 F. Fontana 通过动物实验对千余种药物进行了毒性测试，得出了天然药物都有其活性成分，选择作用于机体某个部位而引起典型反应的客观结论；德国人 F. W. Sertürner 首先从罂粟中分离提纯吗啡，用犬实验证明其具有镇痛作用；法国人 F. Magendi 用青蛙做实验，确定了士的宁的作用部位在脊髓。这些研究工作为药理学的发展提供了可靠的实验方法。20 世纪初，德国人 P. Ehrlich 从大量有机砷化合物中筛选出治疗梅毒有效的胂凡纳明，从而开始用合成药物治疗传染病；1935 年，德国人 Domagk 发现磺胺类药物可治疗细菌感染；1940 年，英国病理学家 H. W. Flory 和德国生物化学家 E. B. Chain 在 H. W. Fleming 研究的基础上，从青霉菌培养液中分离出青霉素，并开始将抗生素应用于临床，促进了化学治疗学的发展。

近年来，随着其他相关学科特别是分子生物学、细胞生物学、生物工程的迅猛发展，以及新技术如微电极测量、同位素技术、各种色谱技术和生物工程超微量分离分析技术等在药理学中的应用，使药理学飞速发展，药理学的研究也从器官和细胞水平深入到分子和量子水平。在药理学的深度和广度方面，出现了许多药理学的分支学科，如神经药理学、免疫药理学、遗传药理学、分子药理学、量子药理学、时辰药理学、临床药理学等。

知识链接

新药及临床试验研究

新药（new drug）是指未曾在中国境内上市销售的药品。新药的化学结构、药品组分和药理作用不同于现有药品。对已上市的药品改变剂型、改变给药途径、增加新的适应证或制成新的复方制剂的药品注册按照新药申请的程序进行申报。任何新药必须根据药物类型，按程序提供相应的新药研究申报资料。新药的临床试验研究是以人为对象，研究药物在人体内的作用规律及人体与药物之间相互作用过程，一般分为Ⅰ、Ⅱ、Ⅲ、Ⅳ四期。Ⅰ期临床试验的对象主要是健康志愿者，人数为 20~30 人，评价内容包括药物耐受性试验与药动学及生物利用度的研究，确定可用于临床的安全有效量与合理给药方案。Ⅱ期临床试验对象为新药的适应证患者，采用随机双盲法对照临床试验，案例数不少于 100 对，目的是对新药的安全性及有效性作出初步评价。Ⅲ期临床试验为扩大的临床试验，在多家医院或全国范围内进行，有的在国际范围内进行，案例数应不少于 300 例，目的是在较大范围内对新药的有效性、安全性及药物相互作用等进行评价。Ⅳ期临床试验是在新药批准上市后进行的，也称为售后调研，目的是对已在临床广泛应用的新药进行社会性考察，着重于不良反应监测。

（邓庆华）

第一章 药物效应动力学

ER 1-1

第一章
课件

ER 1-2

扫一扫，
知重点

学习目标

1. **掌握** 药物的基本作用、药物作用的两重性、不良反应的类别及特点、量效关系及药效学参数、药物作用的受体途径。
2. **熟悉** 药物作用的方式、药物作用的非受体途径。
3. **了解** 药物的构效关系、受体的调节。

导学情景

情景描述：

小王因腹部绞痛去医院看急诊，诊断为肠痉挛，医生立即给小王肌内注射阿托品注射剂 1mg，给药后腹痛减轻继而消失，但小王出现口干、脸红、燥热等反应。

学前导语：

俗话说"是药三分毒"，药物作用具有两重性，即有利的防治作用和不利的不良反应。本章我们将学习药物效应动力学，包括药物作用的基本规律、药物的构效关系和量效关系，以及药物的作用机制。

药物效应动力学（pharmacodynamics），简称药效学，研究药物对机体的作用及作用机制，药效学的研究为临床合理用药和新药研究提供依据，同时也促进了生命科学的发展。

第一节 药物作用的基本规律

药物作用（drug action）是指药物与机体间的初始作用。药物效应（drug effect）是指继发于药物作用之后所引起机体器官原有功能的变化。药物作用是动因，药物效应是结果。但由于两者意义相近，所以常相互通用。

一、药物基本作用

1. **兴奋作用** 凡能使机体原有生理、生化功能增强的作用称为兴奋作用（excitation action）。如肾上腺素升高血压、尼可刹米加快呼吸频率等。

2. **抑制作用** 凡能使机体原有生理、生化功能减弱的作用称为抑制作用（inhibition action）。如地西泮降低中枢神经兴奋性、西咪替丁减少胃酸分泌等。

二、药物作用方式

1. 局部作用与全身作用　药物吸收入血以前,在用药局部产生的作用称为局部作用(local action),如抗酸药氢氧化铝中和胃酸的作用、口服硫酸镁的导泻和利胆作用。药物从给药部位吸收入血后,分布到机体各组织器官而产生的作用称为全身作用或吸收作用(absorption action),如口服阿司匹林的退热作用、肌内注射硫酸镁的降血压和抗惊厥作用。

2. 药物作用的选择性　机体不同组织器官对药物的敏感性是不一样的,大多数药物在治疗剂量时只对某组织器官有明显作用,而对其他组织器官无作用或无明显作用,这种特性称为药物作用的选择性。例如抗慢性心功能不全药洋地黄,对心肌有很强的选择性,很小剂量就有正性肌力作用;而对骨骼肌,即使应用很大剂量也无影响。药物作用的选择性与药物在体内的分布、机体组织细胞的结构及生化功能等方面的差异有关。

药物作用的选择性具有重要的意义,在理论上可作为药物分类的基础,在应用上可作为临床选药的依据。药物作用的选择性是相对的,而不是绝对的,目前临床应用的药物几乎没有一个具有唯一的选择性。一般而言,选择性高的药物不良反应少,但应用范围窄;而选择性低的药物作用广泛,应用范围广,但不良反应常较多。

三、药物作用的两重性

药物对机体既可呈现有利的防治疾病的作用,也会产生不良反应,体现了药物作用的两重性,即防治作用和不良反应。

1. 防治作用(preventive and therapeutic action)　凡是符合用药目的,有利于防治疾病的作用,称为防治作用。根据治疗目的不同,可分为:

(1)预防作用(preventive action):用药目的在于预防疾病的发生,称为预防作用。如儿童接种卡介苗预防结核病。

(2)对因治疗(etiological treatment):用药目的在于消除原发致病因子,彻底治愈疾病,称为对因治疗,或称治本。如抗生素对病原体的抑制和杀灭作用。

(3)对症治疗(symptomatic treatment):用药目的在于改善症状,减轻患者痛苦,称为对症治疗,或称治标。如高热时,应用解热镇痛药阿司匹林解除发热给患者带来的痛苦。

一般情况下,对因治疗比对症治疗重要,但对一些严重危及患者生命的症状如休克、哮喘、惊厥、心功能不全、高热及剧痛时,对症治疗比对因治疗更为迫切,故应急则治标,缓则治本,临床亦需标本兼治。

(4)补充疗法(supplementary therapy):又称替代疗法(replacement therapy),用药目的在于补充体内营养物或代谢物质的不足,如维生素C治疗坏血病,但其不能清除原发病灶,与对因治疗还有一定区别。

2. 不良反应（adverse reaction） 在正常用法和用量条件下产生的与用药目的无关的并给患者带来不适或痛苦的反应，或对机体有害和损伤的作用。主要包括：

（1）副作用（side reaction）：药物在治疗剂量内出现的与用药目的无关的作用称为副作用或副反应（side effect）。产生副作用的原因是药物选择性低，作用所涉及的范围广泛。当把其中一种或两种药理效应作为治疗作用时，其他的效应就成为副作用。副作用具有下列特点：①是药物固有的作用；②副作用可因用药目的不同而相互转变；③一般反应较轻，并可预知。如阿托品阻断 M 受体，可同时出现松弛平滑肌和抑制腺体分泌两种效应，当缓解肠痉挛作为治疗作用时，抑制腺体分泌引起的口干就成为副作用；相反，当用作麻醉前给药以减少呼吸道分泌物作为治疗作用时，松弛平滑肌引起的肠蠕动减慢、腹胀就成为副作用。

（2）毒性反应（toxic reaction）：指药物在用药剂量过大、用药时间过长或机体对药物敏感性过高时产生的危害性反应。毒性反应对患者的危害性较大，在性质上和程度上与副作用不同，但是可以预知，也是应该避免发生的不良反应。急性毒性是短期大量应用发生的，多损害循环、呼吸及神经系统的功能。长期使用时，由于药物在体内蓄积而缓慢发生者称为慢性毒性，常多损害肝、肾、骨髓、内分泌系统等的功能。"三致"反应（致突变、致畸和致癌）属于特殊的慢性毒性反应。

（3）变态反应（allergic reaction）：指药物引起的异常免疫反应，亦称为过敏反应。致敏物质可以是药物本身、药物的代谢产物或药物制剂中的杂质或辅料。药物变态反应的特点：①见于少数过敏体质患者；②是否发生与剂量无关，但反应程度与剂量有关；③反应性质不尽相同，且不易预知；④结构相似的药物可有交叉过敏反应。常见表现有发热、皮疹、血管神经性水肿、哮喘及血清病样反应等，最严重的表现是过敏性休克，如微量青霉素就可引起过敏性休克。对于易致敏的药物或过敏体质的患者，用药前应作过敏试验，阳性反应者禁用。

（4）停药反应（withdrawal reaction）：是指患者长期应用某种药物，突然停药后病情发生变化的情况。如高血压患者长期服用β受体阻滞药普萘洛尔，突然停用时，可出现血压急剧升高。

（5）后遗效应（residual effect）：指停药后血药浓度已降至阈浓度以下时残存的药理效应。如服用催眠药苯巴比妥钠后次晨出现乏力、困倦等现象；长期应用糖皮质激素，停药后出现肾上腺皮质功能减退，数月内难以恢复。

（6）继发反应（secondary reaction）：指药物治疗作用所引起的不良后果，又称治疗矛盾。例如长期使用广谱抗生素，可使肠道正常菌群共生状态遭到破坏，敏感菌被抑制，耐药菌乘机繁殖，引起真菌或不敏感菌继发性感染，如长期服用四环素类广谱抗生素引起的二重感染。

（7）"三致"反应：即致突变（mutagenesis）、致畸（teratogenesis）和致癌（carcinogenesis）。药物损伤DNA、干扰DNA复制所引起的基因变异或染色体畸变称为致突变；基因突变发生于胚胎生长细胞可致畸；药物造成DNA或染色体损伤，使抑癌基因失活或原癌基因激活，导致正常细胞转化为癌细胞称为致癌。

点滴积累

1. 药物基本作用即兴奋作用和抑制作用；药物作用的两重性包含防治作用和不良反应。
2. 不同类型药物不良反应的发生与用药种类和剂量有关。副作用是在治疗剂量内出现的；毒性反应是在大剂量下出现的；变态反应与用药剂量无关；后遗效应是血药浓度低于最小有效血药浓度时发生的不良反应。

第二节　药物的构效关系和量效关系

一、药物的构效关系

许多药物药理作用的特异性与其特异的化学结构有密切关系，称为构效关系（structure activity relationship，SAR）。一般来说，结构类似的药物能与同一受体或酶结合，产生相似作用或相反的作用。如吗啡、可待因结构相似而具有镇痛作用；烯丙吗啡虽与吗啡结构相似，但为吗啡受体拮抗药（表1-1）。

表 1-1　吗啡衍生物的构效特点

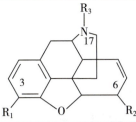

药物	R_1	R_2	R_3	作用特点
吗啡	—OH	—OH	—CH$_3$	镇痛、易成瘾
可待因	—OCH$_3$	—OH	—CH$_3$	镇痛、止咳
烯丙吗啡	—OH	—OH	—CH$_2$CH=CH$_2$	吗啡拮抗药

有时,药物存在光学异构体,两者的结构式相同,但它们的药理作用可能存在差异,甚至完全不同。如奎宁为左旋体,有抗疟作用;而其右旋体的奎尼丁有抗心律失常作用。了解构效关系不仅有助于理解药物作用的性质和机制,而且能够促进定向合成新药。

二、药物的量效关系

在一定的剂量范围内,药物效应强弱与血药浓度高低成正比,这种剂量与效应的关系称为量效关系(dose-response relationship)。通过量效关系的研究,可定量分析和阐明药物剂量与效应之间的规律。

1. **量效曲线**　药物所产生的效应有的是可以计量的,可用数字或量表示,如心率、血压、呼吸频率、尿量、血糖浓度、细胞计数等,这种反应类型称为量反应。以上述某一药理效应为纵坐标,剂量为横坐标作图,其量效曲线为一先陡后平的曲线,见图 1-1(a);如把剂量转换成对数剂量,效应转换成最大效应百分率,量效曲线呈一条左右对称的 S 形曲线,见图 1-1(b)。

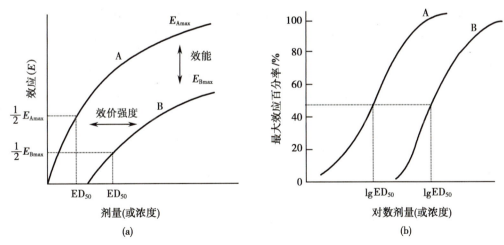

图 1-1　量反应型量效曲线

有的药物产生的效应不能计量,只能用全或无、阳性或阴性表示,结果以反应的阳性率和阴性率的方式作为统计量,这种反应类型称为质反应。质反应型的量效曲线是以对数剂量为横坐标,反应率为纵坐标,得到的是一条对称的S形曲线(图1-2)。S形曲线正中点的阳性率为50%,故可求得50%阳性率时的剂量。

2. 量效关系中的重要药效学参数 依据量效曲线可获得一系列重要的药效学参数。

(1)最小有效量(minimal effective dose):指能引起药理效应的最小剂量或最小药物浓度,亦称阈剂量或阈浓度(threshold dose,threshold concentration)。

(2)最小中毒量(minimal toxic dose):是指出现中毒症状的最小剂量。

(3)最大效应(maximal effect,E_{max})或效能(efficacy)和最大治疗量(maximum therapeutic dose):随着药物剂量或浓度的增加,药物的效应相应增强,当剂量达到一定程度,再增加药物剂量或浓度而其效应不再继续增强,这一药理效应的极限称为最大效应或效能。此时的剂量称为最大治疗量,是指能

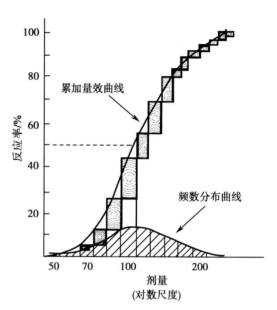

图1-2 质反应型量效曲线

够产生最大效应但尚未引起毒性反应的量,又称极量,极量是由国家药典规定的某药允许使用的最大剂量。除非特殊情况,一般不用极量,更不得超过极量。否则,会给患者造成损害,甚至酿成医疗事故。

(4)效价强度(potency):指药物达到一定效应时所需的剂量。可用于作用性质相同的药物之间等效剂量的比较,达到相同的药理效应时所需药物剂量较小者效价强度大,所需药物剂量大者效价强度小。

效能和效价强度反映药物的不同性质,具有不同的临床意义,可用于评价性质相同药物中不同品种的作用特点。在同类药物中如果需要达到最大药物效应就选择效能最大的药物,如果需要达到一定效应即可,希望所用剂量小,就选择效价强度高的药物。如利尿药以每日排钠量为效应指标进行比较,氢氯噻嗪的效价强度大于呋塞米,而后者的效能大于前者(图1-3)。

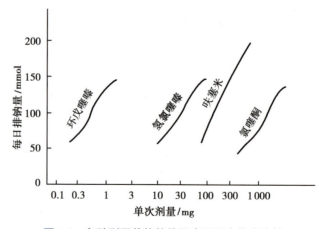

图1-3 各种利尿药的效价强度及最大效应比较

(5)安全范围(margin of safety):是指药物的最小有效量和最小中毒量之间的距离,表示药物的安全性,其距离愈大愈安全。

(6)半数有效量(median effective dose,ED_{50})、半数致死量(median lethal dose,LD_{50})和治疗指数(therapeutic index,TI):半数有效量(ED_{50})是指能产生 50% 最大效应(量反应)或 50% 阳性反应(质反应)的剂量或浓度。ED_{50} 是反映药物治疗效应的重要参数。半数致死量(LD_{50})是指能引起半数动物死亡的剂量,是反映药物毒性大小的重要参数。LD_{50}/ED_{50} 的比值称为治疗指数(TI),是药物的安全性指标。一般来说,治疗指数越大的药物,安全性越大。

第三节　药物的作用机制

药物的作用机制是药效学研究的重要内容之一,是研究药物为什么起作用和如何产生作用。学习和掌握药物的作用机制,有助于了解药物的治疗作用和不良反应的本质,而且可为临床合理用药、新药研发,以及深入认识机体内在的生理、生化或病理过程提供有益的帮助。

药物种类繁多,化学结构和理化性质各异,但其主要作用机制有两种方式:非受体途径和受体途径。

一、药物作用的非受体途径

1. 改变环境的理化性质　如口服碳酸氢钠碱化尿液,促进巴比妥类等酸性药物的排泄;静脉注射甘露醇高渗溶液降低颅内压等。

2. 参与或干扰代谢过程　有些药物通过补充生命代谢物质,参与机体代谢过程。如铁剂治疗缺铁性贫血,维生素 D 治疗佝偻病等。有些药物因其化学结构与正常代谢物质相似,可干扰机体正常的生化代谢过程而起作用。如氟尿嘧啶与尿嘧啶结构相似而无尿嘧啶的生理作用,掺入恶性肿瘤细胞的 DNA 及 RNA 中干扰蛋白质合成而发挥抗肿瘤作用。

3. 影响体内活性物质 体内活性物质如神经递质、自体活性物质(如前列腺素、组胺等)、激素等,在维持和调整机体生理功能方面起了重要作用。如麻黄碱通过促进去甲肾上腺素能神经末梢释放去甲肾上腺素产生升压作用,用于防治麻醉时引起的低血压;阿司匹林抑制前列腺素的合成,而呈现解热镇痛作用;大剂量碘剂可抑制甲状腺激素的分泌,起到抗甲状腺作用。

4. 影响酶的活性 奥美拉唑不可逆性抑制胃黏膜 H^+,K^+-ATP 酶(质子泵),抑制胃酸分泌,治疗消化性溃疡;新斯的明抑制胆碱酯酶,用于治疗重症肌无力。

5. 影响细胞膜离子通道 奎尼丁可阻滞钠通道,治疗心律失常;硝苯地平阻滞血管平滑肌的钙通道,可治疗高血压。

6. 影响免疫功能 环孢素能选择性抑制 T 细胞的增殖与分化,具有抗排异作用;白细胞介素 -2 能诱导 B 细胞、T 辅助细胞和杀伤性 T 细胞的增殖与分化,具有增强免疫的作用。

二、药物作用的受体途径

(一) 受体的概念

受体是存在于细胞膜上、细胞质或细胞核中的大分子物质,能识别并特异性与神经递质、激素、自体活性物质及药物结合,产生特定的生物效应。与受体特异性结合的物质称为配体(ligand),受体均有其相应结合的内源性配体。受体大分子中与配体结合的部位,称为受点(binding site)。

> **知识链接**
>
> **内源性配体对药效学的影响**
>
> 在应用涉及内源性配体的受体阻滞药时必须考虑内源性配体的浓度。在确认内源性配体浓度过高时可适当加大阻滞药的用量,而在病情好转,内源性配体浓度有所降低后,阻滞药的剂量也应随之减少。在应用拟似内源性配体作用的受体激动药时,应注意药物除作用于突触后膜受体发挥作用外,又可同时作用于突触前膜受体而减少内源性配体的释放。这种负反馈调节在连续用药时可能导致药物疗效的降低。如应用左旋多巴治疗帕金森病时,由于其可抑制多巴胺能神经减少内源性多巴胺的释放,故用药一段时间后药物疗效会降低。

(二) 受体的特性

1. **敏感性** 只需要极低浓度的配体就能激动受体产生显著的效应。
2. **特异性** 一种受体只与它的特定配体结合,产生特异的生物效应。
3. **饱和性** 受体数目有限,配体与受体结合表现出最大效应和竞争性抑制现象,具有饱和性。
4. **多样性** 同一受体可广泛分布到不同的细胞而产生不同的效应,受体多样性是受体亚型分类的基础。

5. 可逆性 受体既可以与配体特异性结合,也可从配体 - 受体结合物中解离出来,或被其他特异性配体置换。

受体类型及主要特点

类型	效应特点	受体举例
G 蛋白偶联受体	通过改变细胞内第二信使的浓度,赋予反应系统敏感性、灵活性及多样化	α 受体、β 受体、多巴胺受体、阿片受体等
离子通道受体	受体变构引起离子通道开放或关闭,改变离子跨膜转运,导致膜电位的变化,传递信息	γ- 氨基丁酸(GABA)受体、甘氨酸受体、5- 羟色胺(5-HT)受体等
酶活性受体	发动胞内蛋白磷酸化反应,调节细胞内信号转导和基因转录	胰岛素受体、神经营养因子受体
细胞内受体	调节核内信号转导和基因转录过程,但细胞效应很慢,需若干小时	糖皮质激素受体、性激素受体

(三)药物与受体的相互作用

药物与受体结合产生效应,必须具备两种特性:一是药物与受体相结合的能力,即亲和力(affinity);二是药物与受体结合后产生效应的能力,即内在活性(intrinsic activity)。由此,可将药物分成三类:

1. 激动药(agonist) 指与受体有较强的亲和力,又有较强内在活性的药物。如肾上腺素可激动 β 受体,使心脏兴奋。

ER 1-3
激动药

2. 阻滞药(antagonist) 指与受体有较强的亲和力,但缺乏内在活性的药物。如普萘洛尔可与 β 受体结合,能阻断肾上腺素与 β 受体的结合,呈现阻滞肾上腺素的作用,使心脏抑制。阻滞药可依其与激动药是否竞争同一受体而分为竞争性阻滞药和非竞争性阻滞药。竞争性阻滞药(B)与激动药(A)竞争与受体的结合,降低亲和力,而不降低内在活性,可使激动药(A)的量效曲线右移,但最大效应不变[图 1-4(a)]。非竞争性阻滞药(C)不与激动药(A)竞争受体,但它与受体结合后,可使激动药(A)亲和力和内在活性降低,即不仅使激动药(A)的量效曲线右移,而且也抑制其最大效应[图 1-4(b)]。一些与受体结合牢固、产生不可逆结合的药物也能产生类似效应。

ER 1-4
阻滞药

3. 部分激动药(partial agonist) 指与受体有一定亲和力,但内在活性较弱的药物。其与受体结合后只能产生较弱的效应,即使浓度增加,也不能达到完全激动药那样的最大效应。相反,却因占据受体而能阻滞激动药的部分效应,即表现为部分阻断作用。如喷他佐辛可引起较弱的镇痛效应,但与吗啡合用时,可对抗后者镇痛效应的发挥[图 1-4(c)]。

药物与受体结合产生效应不仅要有亲和力,而且要有内在活性。当两种药物亲和力相等时,其效应强度取决于内在活性强弱,当内在活性相等时,则取决于亲和力大小(图 1-5)。

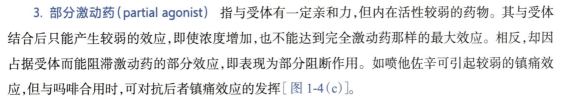

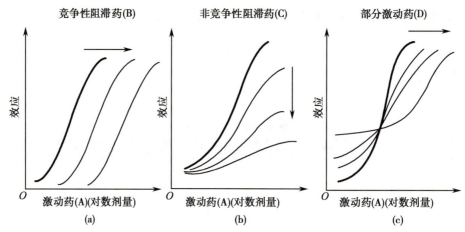

图1-4　激动药［A］与不同类型阻滞药合用时的量效曲线

注：各图中粗线表示没有阻滞药时的激动药量效曲线，
箭头表示阻滞药浓度增加后量效曲线移动的方向。

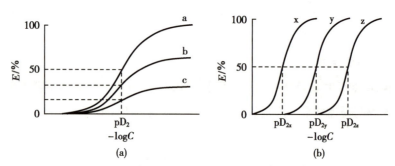

图1-5　三种激动药与受体亲和力及内在活性的比较

（a）亲和力：a=b=c，内在活性：a>b>c；（b）亲和力：x>y>z，内在活性：x=y=z。

（四）受体调节

在生理、病理或药理等因素的影响下，受体在数目、亲和力和效应力方面的变化称为受体调节。

1. 向上调节（up regulation）　受体的数目增多、亲和力增加或效应力增强称为向上调节。向上调节的受体对再次用药非常敏感，药物效应增强，此现象称为受体超敏。例如长期应用 β 受体阻滞药，可使 β 受体向上调节；一旦突然停药，因 β 受体数目增多而对体内的递质去甲肾上腺素产生强烈反应，可引起心动过速、心律失常甚至心肌梗死。因此长期使用受体阻滞药不能突然停药，因为突然停药可引起受体数目增加，内源性配体与之作用加强而出现反跳现象，原有疾病症状加重。

2. 向下调节（down regulation）　受体的数目减少、亲和力减低或效应力减弱称为向下调节。向下调节的受体对再次用药反应迟钝，药物效应减弱，此现象称为受体脱敏。受体脱敏可因多次使用受体激动药引起，是机体产生耐受性的原因之一。

（五）药物与受体相互作用和临床用药

作用于同一受体的激动药（包括部分激动药）不应合用。作用于同一受体的激动药与阻滞药需要根据用药目的进行具体的分析。当激动药引起不良反应时，可以用作用于同一受体的阻滞药消除其不良反应。如用酚妥拉明阻滞去甲肾上腺素的不良反应。

点滴积累

1. 药物与受体结合产生效应不仅要有亲和力,而且要有内在活性。当两种药物亲和力相等时,其效应强度取决于内在活性强弱;当内在活性相等时,则取决于亲和力大小。
2. 受体数目可以向上调节或向下调节,受体数目的变化可以影响药物效应的变化。向上调节指受体的数目增多、亲和力增加或效应力增强;向下调节指受体的数目减少、亲和力减低或效应力减弱。

目标检测

简答题

1. 依据受体理论解释突然停药产生反跳现象的原因。

2. 简述药物作用的两重性。

3. 简述治疗指数及其临床意义。

(邓庆华)

ER 1-5

复习导图

ER 1-6

习题

第二章　药物代谢动力学

第二章
课件

ER 2-1

学习目标

1. **掌握**　药物体内过程及影响因素；药动学各参数的概念及临床意义。
2. **熟悉**　血药浓度变化的时间过程；药物的跨膜转运。
3. **了解**　药物消除动力学过程。

导学情景

情景描述：

　　张先生因心绞痛发作被送往医院，医生给予硝酸甘油治疗，并嘱咐其一定要舌下含服，不能口服，并且用药后半小时内不得喝水。

学前导语：

　　首过效应明显的药物如硝酸甘油，常常需要舌下含服。本章我们将学习机体对药物的处置过程及其规律。

扫一扫，
知重点

ER 2-2

　　药物代谢动力学（pharmacokinetics），简称药动学，研究药物在体内动态变化规律，主要内容包括：①药物的体内过程，包括吸收、分布、代谢、排泄（图 2-1）；②运用数学原理和方法阐述药物在体内随时间而变化的速率过程。

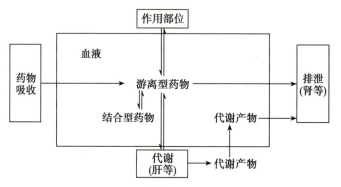

图 2-1　药物的体内过程

第一节　药物的跨膜转运

　　药物跨膜转运是指药物在吸收、分布、代谢和排泄时穿越生物膜的过程。生物膜的结构是以液态的脂质双分子层为骨架,其中镶嵌着不同生理功能的蛋白质。脂质双分子层以磷脂较多,赋予细胞膜一定的流动性和通透性,有利于脂溶性药物通过;蛋白质分子组装成物质载体和离子通道,载体参与某些药物分子跨膜转运过程,离子通道则是某些药物分子作用的靶位。

药物的跨膜转运方式主要有被动转运和主动转运两种。

一、被动转运

被动转运是指药物由高浓度一侧向低浓度一侧的跨膜转运,包括简单扩散、滤过和易化扩散。

1. **简单扩散(simple diffusion)** 又称脂溶扩散(lipid diffusion)。指脂溶性药物可溶于细胞膜的脂质而透过细胞膜,大多数药物的转运方式属于简单扩散。其特点有:①不耗能;②不需要载体;③无竞争性抑制现象。扩散速度除取决于膜的性质、面积及膜两侧的浓度梯度外,还与药物的性质有关。分子量小(小于200D)、脂溶性大、极性小(不易离子化)的药物较易通过。药物多是弱酸性或弱碱性化学物质,它们在体液环境中可溶解生成离子型分子,这种离子型药物不易跨膜转运,并被限制在膜的一侧,形成离子障现象,而非离子型药物可自由通过。药物的离子化程度与其pK_a(弱酸性或弱碱性药物解离常数的负对数值)及其所在溶液的 pH 有关。改变体液环境 pH 可以明显影响药物的离子化程度,进而影响其跨膜转运。一般来说,弱酸性药物在酸性环境下不易解离,多以非离子型存在,脂溶性好,易跨膜转运;而在碱性环境下易解离,离子型多,脂溶性小,不易跨膜转运。而弱碱性药物则相反,在酸性环境下易解离,不易透过细胞膜;在碱性环境下不易解离,易透过细胞膜。

2. **滤过(filtration)** 又称水溶扩散(aqueous diffusion)。指直径小于膜孔的水溶性小分子物质,借助膜两侧的流体静压和渗透压差被水携带至低压侧的过程。如水、乙醇、乳酸等水溶性物质,O_2、CO_2 等气体分子可通过膜孔滤过扩散。

3. **易化扩散(facilitated diffusion)** 又称载体转运。指一些不溶于脂质而与机体生理代谢有关的物质如葡萄糖、氨基酸、核苷酸等借助细胞膜上的某些特异性蛋白质,如通透酶而扩散。其特点有:①不耗能;②载体具有高度特异性;③饱和现象,即作为载体的通透酶或离子通道转运能力有限,如药物浓度过高时,将出现饱和限速现象;④竞争性抑制现象,即两种药物由同一载体转运时,药物之间可出现竞争性抑制。一些离子,如 Na^+、K^+、Ca^{2+} 等,可经细胞膜上特定的蛋白质通道,由高浓度侧向低浓度侧转运,也属易化扩散的一种。

二、主动转运

主动转运(active transport)是指药物依赖细胞膜上的特殊载体,从低浓度一侧向高浓度一侧的跨膜转运。其特点有:①消耗能量;②需要载体;③有竞争性抑制现象及饱和现象。这类转运主要存在于神经元、肾小管和肝细胞内。竞争性抑制在临床用药中具有实用价值,如丙磺舒与青霉素竞争肾小管分泌可延长青霉素的作用时间。

> **点滴积累**
>
> 1. 药物跨膜转运包括被动转运和主动转运。
> 2. 药物被动转运主要是以简单扩散的形式进行转运。其特点是在转运过程中不消耗能量,不需要载体参与转运,没有竞争性抑制现象。
> 3. 主动转运的特点是消耗能量,需要载体,有竞争性抑制现象及饱和现象。

第二节　药物的体内过程

药物由给药部位进入机体产生药理效应,然后被排出体外,其间经历吸收、分布、代谢和排泄四个基本过程,称为药物的体内过程。

一、吸收

药物自给药部位进入血液循环的过程称为吸收(absorption)。除静脉注射无吸收过程外,药物吸收的速度和程度,常与给药途径、药物的理化性质、吸收环境等密切相关。

1. 消化道给药

(1)口服给药:口服给药是常用的给药途径,其特点是简单、经济、安全。口服给药有溶液剂、混悬液、片剂、胶囊剂等多种剂型。药物主要通过被动转运自胃肠黏膜吸收。分子量小、水溶性药物可经滤过吸收;脂溶性好、非解离型药物易通过简单扩散吸收。胃液 pH 0.9~1.5,弱酸性药物可在胃内吸收,但因胃黏膜厚,表面有较厚的黏液膜,吸收面积小,且药物在胃内滞留的时间较短,所以胃内吸收的药量有限。小肠是主要吸收部位,小肠黏膜薄,表面有绒毛,吸收面积大,电阻低,肠蠕动快,血流量大;而且肠腔内 pH 4.8~8.2,对弱酸性及弱碱性药物均易吸收。除简单扩散外,还有易化扩散、主动转运等方式。

除上述的胃肠液 pH、吸收面积、局部血流量因素外,还有很多因素会影响药物在胃肠道吸收。①药物的崩解度:固体药物只有迅速崩解,溶解后才被吸收;②胃排空速度:加速胃排空可使药物较快地进入小肠,加速药物吸收,反之,吸收较慢;③食物:主要影响药物的吸收速度,多数药物常餐后服用,以减少胃肠道反应。

口服药物在胃肠黏膜吸收后,首先经门静脉进入肝脏,当通过肠黏膜及肝脏时部分药物发生转化,使进入体循环的有效药量减少,这种现象称首过效应(first pass effect)。首过效应明显的药物如硝酸甘油,常常舌下含服。

(2)舌下或直肠给药:除口服外,少数药物可经舌下含化、直肠灌药或栓剂给药,分别通过口腔、

ER 2-3
首过效应

直肠和结肠黏膜吸收。虽然吸收面积小,但血流供应丰富,吸收也较迅速,并可避免首过效应。如硝酸甘油可舌下给药控制心绞痛急性发作。对少数刺激性的药物或无法口服的患者,可直肠给药,尤其适合儿童、老年人。

2. 注射给药 静脉注射药物直接进入体循环,没有吸收过程。肌内注射及皮下注射,药物通过细胞间隙较宽的毛细血管壁吸收。药物的吸收速率与注射部位的血流量和药物的剂型有关。肌肉组织的血流量明显多于皮下组织,故肌内注射比皮下注射吸收快。溶液剂吸收迅速,油剂、混悬剂或植入片可在注射局部形成小型储库,吸收慢,作用持久。休克患者因外周血流量少而吸收缓慢,多次注射时不但不会立即产生效应,还会在病情好转后,因循环速度加快,吸收过量而中毒。故抢救休克患者时静脉给药较好。

3. 呼吸道给药 肺泡表面积大,与血液只隔肺泡上皮及毛细血管内皮,且血流丰富,吸收迅速,适用于挥发性药物和气体药物。目前临床应用的气雾剂应严格控制所含液体或固体药物颗粒直径的大小,防止分散度过大或过细,以免滞留在咽喉或随气体排出,使药物不能奏效。

4. 经皮肤和黏膜给药 完整的皮肤吸收能力较差,外用药物主要发挥局部作用,如果在制剂中加入促皮吸收剂如氮酮制成贴皮剂,可使吸收能力加强。如硝苯地平贴皮剂用于预防心绞痛发作,一日只需贴一次。黏膜的吸收能力远胜于皮肤,口腔黏膜、支气管黏膜、鼻黏膜和阴道黏膜均可吸收药物。

二、分布

药物经血液循环,通过多种生理屏障转运到各组织器官的过程,称为分布(distribution)。多数药物在体内的分布是不均匀的,存在明显的选择性,其影响因素主要有如下方面:

1. 药物与血浆蛋白的结合 吸收入血的药物可与血浆蛋白呈可逆性结合。与血浆蛋白结合的称为结合型药物,未结合的称为游离型药物,结合型药物与游离型药物处于动态平衡之中。结合型药物因分子量大,不易跨膜转运,暂时失去药理活性,又不被代谢或排泄,故消除速度较慢,作用维持时间较长,以储存型暂留血液中。游离型药物分子量小,易转运到作用部位产生药理效应,故与药理效应强度密切相关。

药物与血浆蛋白结合特异性低,而血浆蛋白结合位点有限,如同时应用两种与血浆蛋白结合率高的药物,则可能因竞争同一蛋白结合位点而发生置换现象。被置换下来的游离型药物比例加大,效应增强或毒性增大。如抗凝血药华法林及解热镇痛药保泰松的血浆蛋白结合率分别为99%与98%,如果两药同时使用,前者被后者置换导致血浆蛋白结合率下降1%,则游离型的华法林明显增多,抗凝作用增强,甚至引起出血。

2. 体液的 pH 在生理情况下,细胞外液 pH 为 7.4,细胞内液 pH 为 7.0。弱酸性药物在细胞外液的解离增多,不易从细胞外转运到细胞内;相反,弱碱性药物在细胞外液解离度低,在细胞内浓度较高。通过改变血液 pH,可改变药物的分布方向。如抢救弱酸性巴比妥类药物中毒,可用碳酸氢钠碱化血液和尿液,不但可促使巴比妥类由脑组织向血液转移,也可使肾小管重吸收减少,加速药物自尿液排出。

3. 器官血流量　人体组织器官的血流量以肝最多,肾、脑、心次之,而肌肉、皮肤、脂肪和大多数内脏血液灌注量较低。药物吸收后,往往在高血液灌注量的组织器官迅速达到较高浓度。脂肪组织的血流量虽少,但其面积大,是脂溶性药物的巨大储库。如静脉注射脂溶性很高的硫喷妥钠,首先分布于富含类脂质的脑组织,呈现麻醉作用。但脂肪组织的脂质数量远多于脑组织,摄取硫喷妥钠的能力很强,故药物可迅速自脑向脂肪组织转移,麻醉作用很快消失,称为药物的再分布。

4. 组织的亲和力　药物对某些组织的特殊亲和力,使药物在该组织浓度明显高于其他组织。如碘主要集中于甲状腺;钙沉积于骨骼中;汞、砷、锑等重金属和类金属在肝、肾中分布较多;氯喹在肝组织中的浓度高于血浆 700 倍。但有些药物分布的区域与药物作用部位并不一致,如四环素与钙络合沉积于骨骼及牙齿中,会使儿童骨骼生长抑制及牙齿黄染。

5. 特殊屏障　药物在血液与器官组织之间转运时所受到的阻碍称为屏障。

(1)血脑屏障(blood-brain barrier):指血液和脑组织之间存在的选择性阻止各种物质由血入脑的屏障,它有利于维持中枢神经系统内环境的相对稳定。大多数药物较难通过,只有脂溶性较大、分子量较小及少数水溶性药物可通过此屏障。脑膜炎症时,血脑屏障通透性增加,此时应用青霉素,可在脑脊液中达到有效治疗浓度。而对于健康人,即使注射大剂量的青霉素,也难以进入脑脊液。

(2)胎盘屏障(placental barrier):是胎盘绒毛与子宫血窦之间的屏障,其通透性与一般毛细血管无显著差别。应该注意的是,几乎所有药物都能穿透胎盘屏障进入胚胎循环,故孕妇用药应谨慎,防止造成胎儿中毒或致畸。

(3)血眼屏障(blood-eye barrier):是血液与视网膜、房水、玻璃体之间的屏障,它有利于维持眼内环境的相对稳定。只有脂溶性大的药物及分子量小的水溶性药物易于通过,全身给药时药物很难在眼中达到有效浓度,因此需采用滴眼或结膜下注射、球后注射等局部给药方式。

三、代谢

药物在体内发生的化学变化称为代谢(metabolism),又称生物转化(biotransformation)。大多数药物主要在肝脏代谢,部分药物也可在其他组织被有关酶催化而进行代谢。

药物经代谢后有三种变化:①由活性药物转化为无活性的代谢产物,称灭活;②由无活性或活性较低的药物变成有活性或活性强的药物,称活化;③由无毒或毒性小的药物变成毒性代谢产物。

1. 代谢方式　代谢分两步进行,第一步为氧化、还原或水解反应,第二步为结合反应。第一步反应使多数药物灭活,但也有少数例外,故代谢不能简单地称为解毒过程。第二步可与体内的葡萄糖醛酸、硫酸根离子、乙酰基、甲基、甘氨酸等结合,经过结合后使药物活性降低或灭活,极性加大,水溶性增强,易于经肾排泄。

2. 药物代谢酶(药酶)　药物的代谢必须在酶催化下才能进行,这些催化药物的酶统称为药物代谢酶,简称药酶。分微粒体酶系和非微粒体酶系两类。

(1)微粒体酶系:是促进药物代谢的主要酶系统,主要存在于肝细胞内质网上,又称肝药酶。其中主要的氧化酶系是细胞色素 P450(cytochrome P450,CYP450),由于其与 CO 结合后的吸收主峰在 450nm 处而得名。肝药酶具有以下特性:①专一性低,不同亚型的 CYP450 可催化同一底物,不同的底物也可被同一种的 CYP450 所催化;②个体差异大,酶活性易受遗传、年龄、性别、疾病状态等多种因素的影响而发生变化;③酶活性有限,当大量药物需要被代谢时,肝药酶可能会达到饱和状态,导致药物代谢速度减慢。

(2)非微粒体酶系:存在于血浆、细胞质和线粒体中的多种酶系。可对水溶性较大、脂溶性较小的药物及结构与体内正常代谢产物相类似的物质进行代谢,这些非微粒体酶有单胺氧化酶、黄嘌呤氧化酶、醇和醛脱氢酶、胆碱酯酶、乙酰转移酶、磺基转移酶以及谷胱甘肽 -S- 转移酶等。

3. 肝药酶的诱导与抑制　肝药酶的活性和含量不稳定,且个体差异大,又易受某些因素的影响。凡能使肝药酶的活性增强或合成加速的药物称为肝药酶诱导药,如苯巴比妥、苯妥英钠、利福平等,可加速药物自身和其他药物的代谢。如苯巴比妥的肝药酶诱导作用很强,连续用药能加速自身的代谢,久用容易产生耐受性。凡能使肝药酶活性降低或合成减少的药物称为肝药酶抑制药,如氯霉素、对氨基水杨酸、异烟肼等,能减慢其他药物的代谢,使药效增强。肝药酶诱导作用或抑制作用可解释连续用药产生的耐受性、交叉耐受性、停药敏化、药物相互作用、遗传差异、个体差异等现象。

四、排泄

药物在体内经吸收、分布、代谢后,以原型或代谢产物经不同途径排出体外的过程,称为排泄(excretion)。挥发性药物及气体可从呼吸道排出,多数药物主要由肾排泄,有的也经胆道、乳腺、汗腺、肠道等排泄。

1. 肾排泄　肾是药物排泄最重要的器官。药物及其代谢产物经肾排泄,包括肾小球滤过、肾小管分泌及肾小管重吸收三种方式。肾小球毛细血管的膜孔较大,血流丰富,滤过压较高,故通透性大。除了与血浆蛋白结合的药物外,游离型药物及其代谢产物均可滤过。药物自肾小球滤过进入肾小管后,可有不同程度的重吸收,脂溶性药物重吸收多,排泄速度慢;水溶性药物重吸收少,排泄速度快。

尿量和尿液 pH 的改变可影响药物排泄过程。增加尿量可降低尿液中药物浓度,减少药物的重吸收。肾小管重吸收主要通过简单扩散的方式进行,故弱酸性或弱碱性药物的排泄速度与尿液的pH 相关。尿液偏酸性,弱碱性药物解离型多,脂溶性低,重吸收少,排泄多,而弱酸性药物则相反。

肾小管的主动分泌功能,由非特异性载体转运系统完成,因其选择性低,两种药物通过同一载体转运时,产生竞争性抑制。如丙磺舒与青霉素合用,丙磺舒竞争性抑制青霉素的分泌,提高青霉素的血药浓度,延长其作用时间。

2. 胆汁排泄　许多药物及其代谢产物可经胆汁排泄进入肠道,某些药物在肠道内又被重吸收,形成肝肠循环(hepato-enteral circulation),将使血药浓度下降减慢,作用时间延长。有的抗微生物药物如利福平、多西环素经胆汁排泄，在胆道内浓度高，有利于胆道感染的治疗。

3. 乳汁排泄 有些药物可按简单扩散的方式由乳汁排泄。乳汁略呈酸性，又富含脂质，所以脂溶性高的药物和弱碱性药物如吗啡、阿托品等可自乳汁排出，故哺乳期妇女用药应慎重，以免对婴幼儿引起不良反应。

4. 其他排泄途径 挥发性药物、全身麻醉药可通过肺呼气排出体外，有些药物还可以从唾液、汗液、泪液等排出。近年来发现某些药物在唾液中的浓度与血药浓度有一定相关性，故唾液可作为无痛性采样药检的手段。

点滴积累

1. 药物的体内过程包括药物的吸收、分布、代谢和排泄。
2. 首过效应明显的药物要避免口服给药。
3. 肝药酶的活性和含量不稳定，且个体差异大，又易受某些药物的影响。药物与肝药酶诱导药合用会加速其代谢，可使药效降低；与肝药酶抑制药合用，可使药效增加。

第三节 体内药量变化的时间过程

一、血药浓度变化的时间过程

药物在体内的吸收、分布、代谢和排泄，是一个连续变化的动态过程，其与药物起效的快慢、维持时间的长短、药物的治疗作用或毒副反应密切相关。为此，研究血药浓度随着时间变化的动态规律及测定药动学重要参数，对指导临床合理用药有重要的意义。

(一) 药时曲线及其意义

血药浓度 - 时间曲线(简称药时曲线)指在给药后不同时间采集血样，测定血药浓度，以时间为横坐标，血药浓度为纵坐标所绘制的血药浓度随着时间变化而升降的曲线(图 2-2)。药时曲线一般可分为三期：潜伏期、持续期和残留期。潜伏期指用药后到开始出现作用的时间，它主要反映药物的吸收、分布过程。在处理急症时尤需考虑药物的起效时间。持续期指药物维持有效浓度的时间，这与药物的吸收及消除速度有关。从给药开始至达到峰值浓度的时间称为达峰时间(peak time, T_{max})，此时的血药浓度称为药峰浓度(peak concentration, C_{max})，在给药后须密切观察，尤其是服用需要控制药峰浓度的药物(如降血糖药)，更应注意这一参数。残留期是指药物浓度已降至最小有效浓度以下，但尚未自体内完全消除的时间。此期的长短与消除速度有关。如在此时间内第二次给药，则需考虑前次用药的残留作用。一次用药的药时曲线提供的信息可作为制订临床用药方案的参考(用量、给药时间及两次给药间隔等)。

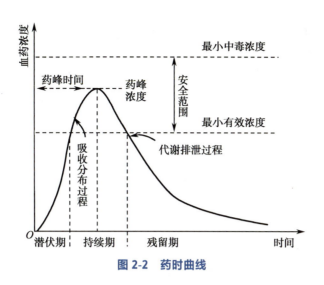

图 2-2 药时曲线

由坐标轴和曲线围成的面积称为曲线下面积(area under the curve, AUC),表示一段时间内药物被吸收到血中的相对累积量。

(二)药物消除动力学过程

药物消除动力学过程指进入血液循环的药物由于分布、代谢和排泄,血药浓度不断衰减的动态变化过程。药物在体内的消除有两种类型。

1. 一级动力学消除 指单位时间内消除恒定比例的药物,故又称恒比消除,表明药物的消除速率与血药浓度成正比。如将血药浓度的对数与时间作图,则为一直线(图 2-3)。绝大多数药物都是按恒比消除的方式进行消除。

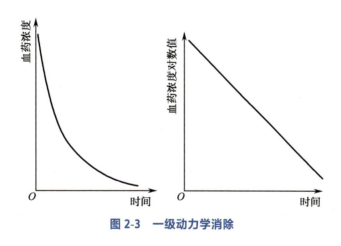

图 2-3 一级动力学消除

2. 零级动力学消除 指单位时间内消除恒定数量的药物,又称恒量消除。表明药物的消除速率与血药浓度无关。由于药时曲线下降部分在半对数坐标上呈曲线,故又称非线性消除(图 2-4)。当用药量超过机体最大消除能力时或机体消除功能低下时,药物按恒量消除的方式进行消除。

一些非线性动力学消除的药物如苯妥英钠、阿司匹林、华法林等在治疗剂量时呈一级动力学消除,而在大剂量时,药物浓度的降低受酶活性或转运机制的限制,按零级动力学消除。

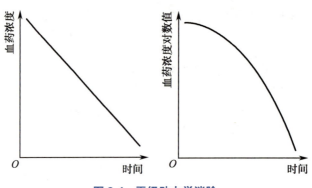

图 2-4 零级动力学消除

临床治疗常需连续给药以维持有效血药浓度。在按一级动力学消除的药物中，开始恒速给药时药物吸收快于药物消除，体内药物蓄积。约经过 5 个半衰期，给药速度与消除速度趋于相等，用药量与消除量达到动态平衡时，锯齿形曲线将在某一水平范围内波动，即到稳态血药浓度（steady state concentration，C_{SS}）。静脉恒速滴注时血药浓度可以平稳地到达 C_{SS}。分次给药虽然平均血药浓度上升与静脉滴注相同，但实际上血药浓度在峰谷值间上下波动。稳态血药浓度的高低与一日总量成正比。一日总量增加一倍时，稳态血药浓度也提高一倍。因此调整一日用药总量可改变稳态血药浓度的高低。如果一日总量相等，给药次数不影响稳态血药浓度值。

合理的给药方案应该是使稳态血药浓度的峰值（C_{SS}-max）略小于最小中毒血浆浓度（MTC），而稳态血药浓度的谷值（C_{SS}-min）略大于最小有效血浆浓度（MEC），即血药浓度波动于 MTC 与 MEC 之间的治疗窗内。一日总量相同，服药次数越多，每次用药越少，锯齿形波动也越小。安全范围较小的药物，采用多次分服的方案较好。

在零级动力学消除药物中，体内药量超过机体最大消除能力。如果连续恒速给药，给药速度大于消除速度，体内药量蓄积，血药浓度将无限增高。停药后消除时间也较长，超过 5 个半衰期（$t_{1/2}$）。

知识链接

快速达到稳态血药浓度的方法

在病情危重需要快速达到有效血药浓度时，可于开始给药时在安全用药范围内采用负荷剂量（loading dose）。可将第一个 $t_{1/2}$ 内静脉滴注量的 1.44 倍，在静脉滴注开始时推注入静脉即可立即达到并维持 C_{SS}。在分次恒速给药每隔一个 $t_{1/2}$ 给药一次时，采用首剂加倍的维持量能够使血药浓度迅速达到 C_{SS}。临床上使用磺胺类药物时，为避免细菌耐药性的产生常采用首剂加倍的方法使血药浓度迅速达稳态水平，以保证足够的剂量抑制细菌生长繁殖。

二、药物代谢动力学的基本参数

（一）生物利用度

生物利用度（bioavailability，F）是指药物吸收进入体循环的速度和程度的量度。药物颗粒的大小、晶型、充填剂的紧密度、赋形剂的差异、生产工艺的不同以及给药途径都可影响生物利用度,从而影响临床疗效。

药物制剂生物利用度的测定,一般是用非血管途径给药(如口服)的 AUC 与该药等量静脉注射 AUC 的比值,以吸收百分率表示。根据试验制剂和参比制剂给药途径的异同,可分为绝对生物利用度和相对生物利用度,其计算方式为:

$$绝对生物利用度 F(\%) = \frac{口服制剂 AUC}{静脉注射制剂 AUC} \times 100\%$$

$$相对生物利用度 F(\%) = \frac{试验制剂 AUC}{参比制剂 AUC} \times 100\%$$

ER 2-4

扫一扫,
知答案

课 堂 活 动

如图 2-5 所示,同一药物相同剂量的三种制剂,在口服后分别测得的三条药时曲线(图 2-5,Ⅰ、Ⅱ、Ⅲ),虽然 AUC 值均相等,但达峰时间及最大血药浓度不相等。

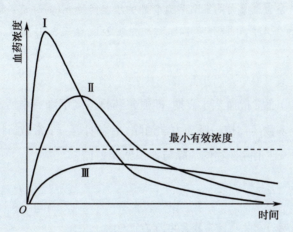

图 2-5 三种制剂药时曲线比较

课堂讨论:三种制剂的疗效哪个最好,为什么?

为保证用药的有效性和安全性,可利用各种制剂的生物等效性进行评价,现已有不少药物制剂将生物利用度列为质量控制标准之一。

(二)表观分布容积

表观分布容积(apparent volume of distribution,V_d)指假定药物均匀分布于机体所需要的理论容积,即药物在体内分布达到动态平衡时的体内药量(D)与血药浓度的比值。计算公式:$V_d=D/C$,V_d 的单位可用 L 表示,但考虑个体间容积差异,以 L/kg 表示更恰当。

表观分布容积虽然是一个理论容量,但可反映药物在体内分布的广泛程度或与组织中生物大分子结合的程度。除少数不能透出血管的大分子药物外,多数药物的 V_d 值均大于血浆容积。V_d 小,可推测药物大部分分布于血浆中或血流丰富的心、肝、肾等重要脏器内;V_d 大,表明血药浓度低,药物分布广泛,可能被某些组织摄取。

根据 V_d 可推测药物分布范围。例如:酚红静脉注射 V_d 为 4L,约等于正常人的血浆容积,说明酚红不向组织器官分布,全部集中在血浆中;甘露醇的 V_d 为 14L,与正常人的细胞外液相近,说明它能够通过毛细血管内皮,但不能通过细胞膜,仅分布在细胞外液中;乙醇的 V_d 为 41L,说明它能通过细胞膜而分布在正常人的细胞内、外液中,但不被组织结合。药物若能被组织细胞选择性结合,则其 V_d 远远大于生理性总容积。通过计算表观分布容积,可以推算、了解药物的药理效应和毒性。V_d 不因给药量多少而变化。

根据 V_d 可推算体内药物总量、血药浓度、达到某血药浓度所需药物剂量以及药物排泄速度。V_d 越小的药物排泄越快,V_d 越大的药物排泄越慢。

知识链接

人体的体液组成

人体的体液包括细胞外液和细胞内液,约占机体总重量的 60%。细胞外液和细胞内液的比例大约为 1:2;细胞外液进一步分为血管内的血浆和血管外的组织间隙液(简称组织液),其比例 1:3。如一个体重 70kg 的成人,体液约为 42L,细胞外液 14L,细胞内液 28L,血浆 3.5L 左右,组织液 10.5L 左右。

(三) 半衰期

半衰期(half-life,$t_{1/2}$)通常指血浆半衰期,即血浆药物浓度下降一半所需的时间。它反映了药物在体内的消除速度。多数药物按一级动力学消除,半衰期是一个常数,计算公式:$t_{1/2}=0.693/k$,式中 k 为消除速率常数。恒比消除药物的消除与蓄积见表 2-1。

ER 2-5
扫一扫,
知答案

课 堂 活 动

如某药 k=0.5/h,表明该药每小时消除体内药量的 50%。

课堂讨论:这种说法是否正确,为什么?

表 2-1　恒比消除药物的消除与蓄积

$t_{1/2}$	一次给药后药物残存量	多次给药后药物蓄积量
1	50%	50%
2	25%	75%
3	12.5%	87.5%
4	6.25%	93.75%
5	3.13%	96.87%
6	1.56%	98.44%

半衰期的临床意义:①确定给药间隔时间,$t_{1/2}$ 短则给药间隔时间短,$t_{1/2}$ 长则给药间隔时间长。这样既保证了药物疗效,又避免引起蓄积中毒。②预测连续给药达到稳态血药浓度的时间,一般来说,恒速静脉滴注或每隔 1 个 $t_{1/2}$ 给药 1 次,经过 4~5 个 $t_{1/2}$,基本达到稳态血药浓度,又称坪值。此

时药物吸收速度与消除速度达到平衡。临床上对于一些急重患者必须得到及时的治疗,为使药物迅速达到稳态血药浓度,常采用负荷剂量法,即首先给予负荷剂量,然后再给予维持剂量,这样能迅速达到稳态血药浓度。如口服给药,以 $t_{1/2}$ 为给药间隔时,为使血药浓度迅速达到稳态,只要首次剂量增加一倍,即可在 1 个 $t_{1/2}$ 内达到坪值(图 2-6)。③预测停药后药物消除的时间,通常停药后经过 4~5 个 $t_{1/2}$ 后药物消除 95% 以上,可认为药物已基本消除。

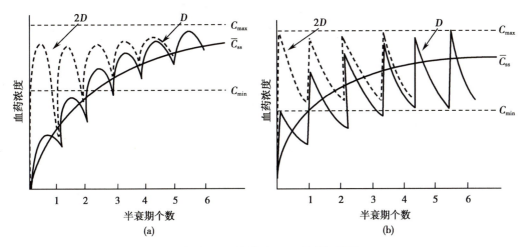

D:每个 $t_{1/2}$ 的给药量; 2D:首剂加倍量。

图 2-6　等量分次给药血浆药物浓度变化

(a)血管外连续用药时血浆药物浓度的动态曲线;(b)连续静脉注射时血浆药物浓度的动态曲线。

课 堂 活 动

已知地高辛的半衰期是 36 小时。

课堂讨论:

1. 如果按其半衰期为间隔给药,大约经多长时间体内药物可以达到稳态浓度?
2. 此时血药浓度谷峰值的波动范围是多少?

ER 2-6

扫一扫,
知答案

(四)清除率

清除率(clearance,Cl)指单位时间内从体内清除的药物表观分布容积数,即每分钟有多少毫升血中药量被清除。单位是 ml/(min·kg),计算公式为:Cl=$k \cdot V_d$ 或 $0.693 \cdot V_d / t_{1/2}$。

每种药物均有其不受血药浓度影响的正常 Cl 数值,Cl 测定值的变化也可反映体内肝、肾功能正常与否。肝、肾功能不全的患者,应适当减小剂量或延长用药间隔时间,以免药物过量蓄积而中毒。

知识链接

肾清除率

肾清除率是指单位时间内肾脏清除药物的血浆容积,它可以由尿中药物浓度及单位时间尿量的乘积与当时血浆药物浓度的比值计算。正常情况下,肾清除率为 125ml/min。若药物的肾清除率超过 125ml/min,表示有肾小管分泌;低于 125ml/min,表示有肾小管重吸收。有些药物同时有两种情况存在,对肾清除率的解释应慎重。老年人及肾功能不全患者肾血流量、肾小球滤过率及肾小管分泌功能均明显减少,使药物的肾清除率减少,容易导致不良反应,因此用药应根据肾清除率调整给药方案。

扫一扫,做实验:药物血浆半衰期的测定

点滴积累

1. 研究血药浓度随着时间变化的动态规律及药动学基本参数,如生物利用度、半衰期、稳态血药浓度、曲线下面积、表观分布容积、清除率等,对了解药物在体内变化规律及指导临床合理用药有重要的意义。
2. 生物利用度可分为绝对生物利用度和相对生物利用度,药物颗粒的大小、晶型、充填剂的紧密度、赋形剂的差异、生产工艺的不同以及给药途径都可影响生物利用度,从而影响临床疗效。
3. 按一级动力学消除的药物,半衰期是一个常数。通过半衰期可以确定给药的间隔、预测药物达到稳态血药浓度所需的时间、预测停药后药物消除的时间。

复习导图

目标检测

简答题

1. 试述药物半衰期的临床意义。
2. 试述肝药酶诱导药和肝药酶抑制药的临床意义。

(邓庆华)

习题

第三章　影响药物效应的因素

学习目标

1. **掌握**　药物方面影响药物效应的因素。
2. **熟悉**　机体方面影响药物效应的因素。
3. **了解**　反复用药引起的机体反应性变化。

导学情景

情景描述：

　　李女士因风湿性心脏瓣膜病伴慢性心功能不全住院，住院后给予口服氢氯噻嗪和地高辛治疗，治疗后心悸气短好转，但在第 4 天出现食欲减退、恶心、头痛、失眠，第 6 天出现心律失常等症状，诊断为地高辛中毒。

学前导语：

　　两种或两种以上的药物联合使用时，因药物之间的相互作用可引起效应和毒副作用的变化。本章我们将学习影响药物效应的主要因素。

　　药物的效应常受到多种因素的影响而发生量或质的变化。这些因素归纳起来主要包括三个方面：一是药物方面的因素，二是机体方面的因素，三是反复用药引起的机体反应性变化。临床用药时必须考虑可能影响药物效应的各种因素，研究用药的个体化，才能达到良好的治疗效果。

一、药物方面的因素

(一) 剂量

　　剂量是指用药的份量。在一定范围内，随着给药剂量的增加，药物作用逐渐增强，但超过这一范围，则会出现质的变化，引起不良反应，甚至出现中毒和死亡。如镇静催眠药苯巴比妥，小剂量时表现为镇静作用，随着剂量的增加，会依次出现镇静、催眠、抗惊厥、麻醉、麻痹甚至死亡。

(二) 剂型

　　药物的剂型可影响药物的体内过程。同一药物由于剂型不同，吸收入血的速度往往不同。口服时液体制剂比固体制剂吸收快，但即便同样是固体制剂，吸收快慢也不同，一般来讲，胶囊剂>片剂>丸剂；肌内注射时，水溶液>混悬剂>油剂。

缓释制剂、控释制剂和靶向药物制剂

缓释制剂(sustained-release preparation)是指用药后能在较长时间内持续缓慢地非恒速释放药物,以达到延长药效目的的制剂;控释制剂(controlled-release preparation)是指用药后可缓慢地恒速或近似恒速释放药物,使机体内药物浓度保持相对恒定。

靶向药物制剂亦称靶向给药系统(targeting drug delivery system),是通过载体使药物选择性地浓集于病变部位的给药系统。靶向药物可以提高药物的安全性、有效性、可靠性和患者用药的依从性,因而日益受到国内外医药界的广泛重视。

(三)给药途径

给药途径不同可直接影响药物起效的速度和程度。依起效快慢,依次为:静脉注射>肌内注射>皮下注射>口服。临床用药应根据病情需要和制剂特点选择合适的给药途径。口服给药虽然起效慢,但由于其具有安全方便的特点,故适用于大多数药物类别和疾病种类;静脉给药能立即生效,故适用于危急和重症患者;局部用药如滴眼、滴鼻、外敷伤口、外擦皮肤等给药方式,可不通过全身血液循环而发挥局部治疗作用。

(四)用药时间和次数

用药时间和次数同样会影响药物效应。用药时间常根据病情需要和药物特点而定。一般来说,餐前服药吸收较好,起效较快;餐后服药吸收较差,起效较慢;有刺激性的药物宜餐后服用,可减少对胃肠道的刺激,如水杨酸类。另外,治疗目的不同,也决定了给药时间的不同,如催眠药应睡前服,降血糖药胰岛素应餐前给药。

时辰药理学

在一定时间内,进行有节律的活动是生物界的一种普遍现象。在人类研究最多的也最为肯定的是昼夜节律,如体温、血压的变化,肾上腺皮质激素的分泌及尿钾的排泄等。同样,机体对药物的敏感性也存在昼夜节律,如洋地黄治疗心功能不全,夜间用药的敏感性比白天高数倍乃至数十倍;糖皮质激素早晨给药对肾上腺皮质的抑制作用比其他时间给药要小;硝酸甘油抗心绞痛的作用是早上强,下午弱。这种研究昼夜节律对药物作用和体内过程的影响的科学称为时辰药理学(chronopharmacology)。

用药次数应根据药物在体内的消除速率及病情需要而定,通常可参考药物的 $t_{1/2}$。$t_{1/2}$ 短的药物,给药次数要相应增加;$t_{1/2}$ 长的药物,给药次数相应减少。对毒性大或消除慢的药物,应规定一日的用量和疗程。长期用药应避免蓄积中毒,当患者的肝、肾功能不全时,应适当调整给药次数及给药的间隔时间。

ER 3-3

扫一扫,
知答案

(五) 药物相互作用

药物相互作用(drug interaction)是指两种或两种以上的药物同时应用时所发生的药效变化。药物相互作用可产生两种结果:①协同作用(synergism),指联合用药使药效相加或增强。如青霉素与链霉素合用,可使抗菌谱扩大,抗菌效应增强。②拮抗作用(antagonism),指联合用药后使原有药效减弱或消失。如糖皮质激素与胰岛素合用,使胰岛素降血糖作用减弱。合理的药物相互作用可以增强疗效或降低药物不良反应,反之可导致疗效降低或毒性增加。药物相互作用主要有以下三种方式:

1. 药物在体外的相互作用 指药物进入人体前,由于理化反应而使药物发生变质、失效,产生有毒物质,或使药效降低的现象。例如,偏酸性的药(液)与偏碱性的药(液)混合使用时,可发生沉淀反应;某些药物注射液采用非水溶剂(乙醇、丙二醇和甘油等),如氢化可的松注射液(乙醇溶液)与氯化钾注射液(水溶液)混合时,可使氢化可的松发生沉淀。此外,有些药液在静脉输液器中或同一容器内混合时,会使其中一种药物分解失效,从而达不到预期的治疗效果。如庆大霉素与羧苄西林混合时,可使庆大霉素分解失效。

2. 药物在药动学方面相互作用 药动学过程包括吸收、分布、代谢、排泄四个环节。联合用药时,药物在胃肠道吸收、与血浆蛋白结合、肝脏的代谢及肾脏排泄的过程中受到其他药物的影响,使药物在作用部位的浓度改变,导致药物效应增强或减弱、作用时间缩短或延长。如抗酸药减少氨苄西林的吸收;苯妥英钠从血浆蛋白结合部位置换出华法林,使其抗凝作用增强,甚至引起出血;苯巴比妥使可的松代谢加速,作用减弱;碳酸氢钠可促进苯巴比妥从肾脏排泄,降低其毒性。

3. 药物在药效学方面相互作用 指一种药物对另一种药物药理效应的影响。

(1)协同作用:指两药合用时引起的效应大于单用效应的总和。可分为:①相加作用,两药合用的效应是两药单用效应的代数和。如抗心绞痛采用硝酸甘油与普萘洛尔合用,抗心绞痛作用相加而各药剂量相应减少,不良反应降低。②增强作用,两药合用的效应大于两药单用效应的总和。如磺胺甲噁唑片(SMZ)与甲氧苄啶(TMP)合用,不仅可使 SMZ 的抗菌作用明显增强,而且可以延缓耐药性的产生。③增敏作用,指一种药物可使机体对另一药物的敏感性增强。如呋塞米可使血钾水平降低,从而使心肌对强心苷的敏感性增强,易出现心脏毒性反应。

(2)拮抗作用:指两药合用的效应小于它们分别作用的总和。可分为:①竞争性拮抗作用,两种药物在共同的作用靶点产生了拮抗,这种拮抗作用能够被某一药物剂量的加大所逆转。如吗啡与纳洛酮合用时,竞争阿片受体从而产生了拮抗作用。②非竞争性拮抗作用,两种药物产生的拮抗作用不会因为其中一种药物剂量的加大而得到逆转,这可能与两种药物作用于不同靶点有关。如阿托品与乙酰唑胺合用时,阿托品能减弱乙酰唑胺降低眼压的作用。

临床常利用药物间的协同作用增强治疗效果,利用拮抗作用减少不良反应的发生或解救药物过量中毒。

知识链接

生理性拮抗和药理性拮抗

(1)生理性拮抗:两种药物作用于不同部位或受体,产生相反的生理效应。如吗啡中毒时产生的中枢抑制,可被呼吸中枢兴奋药尼可刹米所拮抗;组胺与 H_1 受体结合引起血压下降甚至休克,可被肾上腺素所拮抗。

(2)药理性拮抗:两种药物在共同的作用部位或受体上产生了拮抗作用。如吗啡与纳洛酮合用时产生的拮抗作用;普萘洛尔与异丙肾上腺素对 β 受体的作用。

二、机体方面的因素

(一)年龄

1. 儿童　婴幼儿,特别是新生儿与早产儿,各种生理功能及自身调节机制都不完善,与成人有较大差异,对药物的反应一般比较敏感。如幼儿服用利尿药易出现严重低钾血症及低钠血症;新生儿肝脏缺乏葡萄糖醛酸转移酶,应用氯霉素易发生蓄积中毒,引起灰婴综合征;儿童对中枢抑制药、中枢兴奋药及激素类敏感性比成人高,因此,对儿童用药,必须考虑他们的生理特点,严格遵守药典的明确规定。

2. 老年人　在医学上,通常将 60 岁及以上的人群定义为老年人。老年人各器官功能随着年龄增长而逐渐衰退,特别是肝、肾功能的减弱,使药物的代谢和排泄能力下降,对药物的耐受性也较差。因此,老年人的用药剂量一般为成人的 3/4。另外,老年人对中枢抑制药、心血管药、胰岛素、利尿药等药物反应比较敏感,应用时要高度重视。

(二)性别

性别对药物反应无明显差别。女性用药应考虑"四期",即月经期、妊娠期、分娩期、哺乳期。如在月经期和妊娠期,应用剧泻药、抗凝血药及刺激性药物有致盆腔充血、月经过多、流产或早产的可能,应当慎用或禁用。在妊娠的最初 3 个月内用药要非常慎重,禁用抗肿瘤药、性激素、苯妥英钠等具有致畸作用的药物。除非特别需要,妊娠期一般不应使用药物。临产前禁用吗啡等可抑制胎儿呼吸的镇痛药,还应禁用阿司匹林及影响子宫平滑肌收缩的药物。哺乳期用药也应注意,因有些药物如氯霉素、异烟肼、口服降血糖药等可进入乳汁影响婴儿。

（三）遗传因素

药物效应的差异有些是由遗传因素引起的,遗传因素对药物效应的影响比较复杂,主要表现为种属差异(species variation)、种族差异(race variation)和个体差异(individual variation)。

1. 种属差异 药物效应在不同种属之间会表现出一定的差异性。如吗啡对人、犬、大鼠和小鼠表现为中枢抑制作用,而对猫、马、虎则表现为中枢兴奋作用。

2. 种族差异 不同种族的人群对药物的反应也表现出一定的差异。如乙酰转移酶是许多药物的代谢酶,如磺胺类、异烟肼、对氨基水杨酸等。人群中乙酰转移酶分为快代谢型和慢代谢型两种,黄种人如中国人和日本人多数为快代谢型者,而白种人多数为慢代谢型者。

3. 个体差异 在同种族人群中即使各方面条件都相同,也有少数人对药物的反应与其他人有所不同,称为个体差异。这种差异既有量反应差异,也有质反应差异。量反应差异表现在,有些个体对药物剂量反应非常敏感,所需药量低于常用量,称为高敏性(hypersensitivity);反之,有些个体需使用高于常用量的药量方能出现药物效应,称为低敏性(hyposensitivity)或耐受性。质反应差异表现在,某些过敏体质的人使用常规剂量的药物后可发生变态反应。

（四）病理状态

病理状态能改变药物在体内的药动学特征,并能改变机体对药物的敏感性,从而影响药物的效应。如营养不良导致的低蛋白血症可使药物与血浆蛋白结合率降低,使游离型药物浓度升高,作用增强,甚至引起毒性反应。肝功能不全时,可使通过肝脏代谢失活的药物药效增强,持续时间延长;相反,可的松等需要通过肝脏活化的药物则出现作用的减弱。肾功能不全时,可影响自肾排泄药物的清除率,半衰期延长,易引起蓄积中毒。另外,疾病状态时应该注意药物的使用是否会加重患者潜在和原有疾病,例如氢氯噻嗪会加重糖尿病,水杨酸类药物会诱发溃疡。

（五）精神因素

精神因素主要指心理活动变化可对药物治疗效果产生影响。精神因素对药物治疗效果的影响主要发生在慢性病、功能性疾病及较轻的疾病中,在重症和急症治疗中影响程度较小。患者的文化素养、疾病性质、人格特征,以及医生和护士的语言、表情、态度、信任程度、技术操作熟练程度、工作经验等均可影响心理状态。临床试验证明,安慰剂(placebo)对许多疾病,如高血压、头痛、神经症等有效率接近或超过 35%~45%。因此,医护人员应主动地关心、爱护患者,建立良好的医患关系,充分发挥积极的心理效应,达到满意的治疗效果。

三、反复用药引起的机体反应性变化

（一）耐受性

耐受性(tolerance)指机体对药物反应性降低的一种状态,有先天性和后天获得性之分。后者往往是连续多次用药后发生,需增加剂量才能出现原有的药效,但在停药一段时间后,机体仍可恢复原有的敏感性。如硝酸酯类药物连续用药数天即可产生耐受性,停药10天后,敏感性即可恢复。有时机体对某药产生耐受性后,对另一种药的敏感性也降低,称为交叉耐受性(cross tolerance)。在化学治疗中,微生物或肿瘤细胞对药物敏感性降低称为耐药性(resistance)。

(二)依赖性

依据药物使人体产生依赖和危害人体健康的程度,依赖性(dependence)可分为两类:

1. 躯体依赖性(physical dependence) 又称生理依赖性(physiological dependence),指由于反复应用某些麻醉药品或精神药品所造成的一种适应状态。成瘾者如果突然停药,可出现兴奋、失眠、流泪、流涕、出汗、呕吐、腹泻,甚至虚脱和意识丧失等强烈的症状,称为戒断综合征。吗啡成瘾者停药后会出现失眠、焦虑、出汗、腹痛、腹泻、关节及肌肉疼痛、心动过速、幻觉、妄想等症状。短效的药物如海洛因,一般停药以后8~12小时就会出现戒断症状,持续1周左右;长效的药物如美沙酮,戒断症状出现在停药后1~3天,症状持续几周。

2. 精神依赖性(psychic dependence) 又称心理依赖性(psychological dependence),指用药后产生愉快满足的感觉,使用药者在精神上渴望周期性或连续用药的行为,以便获得舒适感或避免不适感,停药后一般不出现躯体症状。可引起精神依赖性的有镇静催眠药、中枢抑制药、中枢兴奋药及吸烟、饮酒等。

知识链接

麻醉药品和精神药品

1. 麻醉药品 是指连续使用后易产生躯体依赖性、能成瘾癖的药品。有阿片类(吗啡、可待因、海洛因、哌替啶、美沙酮、芬太尼)、可卡因类(可卡因碱、盐酸可卡因、古柯叶)、大麻类等。

2. 精神药品 是指直接作用于中枢神经系统,使之兴奋或抑制,连续使用可产生依赖性的药品。精神药品分一类和二类:①一类有苯丙胺类(安非他明)、甲基苯丙胺(去氧麻黄碱,冰毒)、哌甲酯、咖啡因、麦角酸二乙胺(LSD)、甲喹酮、司可巴比妥、复方制剂的安纳咖和复方樟脑酊;②二类包括大部分镇静催眠药及抗焦虑药,以及精神兴奋药中的哌苯甲醇、吡咯戊酮、喷他佐辛、氨酚待因片等。

点滴积累

1. 影响药物效应的因素主要包括药物、机体和反复用药三个方面。药物方面有剂量、剂型、给药途径、用药时间及次数、药物相互作用等;机体方面有年龄、性别、遗传因素、病理状态、精神因素等;反复用药可产生耐受性和依赖性。依据药物对人体产生依赖性的类型,分为躯体依赖性(生理依赖性)和精神依赖性(心理依赖性)。
2. 临床用药时必须考虑影响药物作用的各种可能因素,研究和做到用药的个体化,才能得到良好的治疗效果。

ER 3-4

扫一扫,做实验:药理学实验的基本知识和技术

ER 3-5

扫一扫,做实验:不同剂量对药物作用的影响

ER 3-6

扫一扫,做实验:不同给药途径对药物作用的影响

目标检测

复习导图

简答题

1. 简述影响药物作用的因素。

2. 反复用药引起的机体反应性变化有哪些？如何预防其发生？

习题

（郭冷秋）

第四章 药品基本知识

ER 4-1

第四章
课件

导学情景

情景描述：

患者，男，46 岁，因患有失眠症需要服用催眠药地西泮。日前他要乘飞机出国，但是之前在医院通过专科医生开具处方领取的地西泮刚好服用完，于是就近去了附近的某连锁社会药房购买地西泮。药师告知此药必须凭医生处方购买。

学前导语：

地西泮不仅属于处方药，即必须凭执业医师或执业助理医师处方才可调配、购买和使用的药品，而且它还是第二类精神药品，要按照特殊管理药品的相关制度进行管理。本章我们将学习药品的命名、分类、标识以及处方基本知识等内容。

ER 4-2

扫一扫，
知重点

一、药品命名

药物的名称分为通用名称、商品名称及化学名称。

1. 通用名称（generic name） 即国际非专有药名，指在全世界都可通用的名称。由研发该药的制药公司命名，被国家药品行政管理部门或世界卫生组织认定，可作为国家药典收载的法定名称。如普萘洛尔、阿司匹林、青霉素等。中国药品通用名称（China approved drug names，简称：CADN），是由国家药典委员会按照《药品通用名称命名原则》组织制定并报药品监管部门备案的药品的法定名称，是同一种成分或相同配方组成的药品在中国境内的通用名称，具有强制性和约束性。一种药物只有一个通用名称。凡上市流通的药品的标签、说明书或包装上必须用通用名称。其命名应当符合《药品通用名称命名原则》的规定，不可用作商标注册。

2. 商品名称（proprietary name） 药厂生产新药时，为了树立自己产品的形象和品牌，除了报批通用名称之外，另外向政府管理部门申请许可证所用的专属名称，以示区别其他企业的产品。如普萘洛尔的商品名称为心得安（inderal）。一般在商品名称的右上角加注 ®，说明这个商品名称已被注册，其他厂商不得再使用。同一种药品，由于生产厂家不同往往有多个商品名称，医护人员必须依药品说明书了解其所含成分,鉴别是否为同一药物,以免重复使用。在学术刊物和著作中不能使用商品名称。

3. **化学名称(chemical name)** 依药物的化学组成按公认的命名法命名。如普萘洛尔的化学名称为 1- 异丙氨基 -3(1- 萘氧基)-2- 丙醇基。因为过于烦琐,很少被医护人员所采用。

ER 4-3

扫一扫,
知答案

> **课 堂 活 动**
>
> 由于一定的历史原因,造成某药曾在一段时间使用过一个名称,后又统一改为现今的通用名称,那个曾使用一段时间、人们已习惯的名称即称为别名。例如雷米封为异烟肼的别名,扑热息痛为对乙酰氨基酚的别名等。
>
> 课堂讨论:常见的药品别名还有哪些?请同学们利用网络搜索更多药品的别名。

二、药品分类

药物可按其来源、产地、管理、使用等进行分类。

1. **按来源分类** 分为天然药品、化学药品和生物药品。天然药品指存在于自然界植物、动物、矿物中,对机体有预防、治疗作用的天然活性成分;化学药品指人工合成或半合成或从某些天然药中提取的单一成分的药物;生物药品指来自生物体中的组织和体液等生物材料而制备成的药物,如血液制品、疫苗等。

2. **按产地分类** 分为国产药品和进口药品。国产药品指经国家药品行政管理部门批准的境内注册药厂生产的药物;进口药品指在中华人民共和国境外生产的药物经国家药品行政管理部门批准可以在境内使用的药物。进口药品按国家制定的《药品进口管理办法》进行管理。

3. **按管理分类** 分为普通药品和特殊管理药品。普通药品指由医药卫生单位生产、管理和经营的药物;特殊管理药品指由国家药品行政管理部门和有关部门指定的单位生产、管理和经营的药物。特殊管理药品按国家制定的《麻醉药品和精神药品管理条例》《医疗用毒性药品管理办法》《放射性药品管理办法》及其配套政策进行管理,包括麻醉药品、精神药品、医疗用毒性药品、放射性药品。

4. **按使用分类** 分为处方药和非处方药。处方药(prescription drug,Rx)指必须凭执业医师或执业助理医师处方才可调配、购买和使用的药品;非处方药(nonprescription drug)指不需要凭医师处方即可自行判断、购买和使用的药品,在国外又称之为"可在柜台上买到的药物"(over the counter,OTC),此已成为全球通用的俗称。

三、药品标识

1. 药品的批准文号、批号和有效期

(1)批准文号:供医疗使用的药品必须有国家药品行政管理部门批准生产的文号,这是药品生产、上市、使用的依据。现统一格式为"国药准字 +1 位字母 +8 位数字"。化学药品使用字母"H",

中药使用字母"Z",生物制品使用字母"S",进口分装药品使用字母"J",药用辅料使用字母"F",体外化学诊断试剂使用字母"T"。数字分别代表批准文号的来源代码、换发批准文号的公元年号及顺序号。

(2)药品批号:即药品生产批号,生产单位在药品生产过程中,将同一次投料、同一次生产工艺所生产的药品用一个批号来表示。这一批的产品质量是一致的。

(3)药品有效期:指可保证药品安全有效使用的期限。其表示方法有三种:①直接标明有效期,以有效月份最后1天为到期日。如某药品有效期为2022年7月,表明药品在2022年7月31日前使用均有效。②直接标明失效期,国外进口药品有采用EXP-Date或Use before标明失效期,以表示有效期限。如某药标明EXP-Date: May 2022,则表示该药失效期为2022年5月,即有效使用时间为2022年5月31日前。③标明有效年限,表示有效期几年,配合生产批号,判断有效期是何日。如某药品标明批号221207,有效期3年,则表示该药品可用到2025年12月6日。

2. 药品的包装 分为内包装与外包装。内包装系指直接与药品接触的包装(如安瓿、注射剂瓶、片剂或胶囊剂泡罩包装铝箔等)。外包装系指内包装以外的包装,按由里向外分为中包装和大包装。药品包装必须按照规定印有或者贴有标签,药品生产企业生产供上市销售的最小包装必须附有说明书。

3. 药品的标签和说明书 药品的标签是指药品包装上印有或者贴有的内容,分为内标签和外标签。药品说明书应当包含药品安全性、有效性的重要科学数据、结论和信息,用以指导安全、合理使用药品。麻醉药品、精神药品、医疗用毒性药品、放射性药品、外用药品和非处方药品等国家规定有专用标识的,其说明书和标签必须印有规定的标识。

知识链接

药品信息化追溯体系和药品追溯码知多少

2018年10月,国家药品监督管理局(简称国家药监局)发布《国家药监局关于药品信息化追溯体系建设的指导意见》,提出以实现"一物一码,物码同追"为方向,加快推进药品信息化追溯体系建设,实现全品种、全过程追溯,促进药品质量安全综合治理。

药品信息化追溯体系是药品上市许可持有人、生产企业、经营企业、使用单位、药品监督管理部门、消费者等与药品质量安全相关的追溯相关方,通过信息化手段,对药品生产、流通和使用等各环节的信息进行追踪、溯源的有机整体。

药品追溯码,是用于唯一标识药品各级销售包装单元的代码,由一系列数字、字母和/或符号组成。药品追溯码是实现药品"一物一码,物码同追"的必要前提和重要基础。

四、处方基本知识

1. 处方基本概念及分类 处方(prescription)是由注册的执业医师和执业助理医师(以下简称"医师")在诊疗活动中为患者开具的,由药学专业技术人员审核、调配、核对,并作为发药凭证的医疗用药的医疗文书。按其性质分为三种,即法定处方、医师处方和协定处方。

(1)法定处方:是指国家药品标准收载的处方,主要指《中国药典》、国家药品监督管理局颁布标准收载的处方,具有法律的约束力。

(2)医师处方:是医师为患者诊断、治疗和预防用药所开具的处方。

(3)协定处方:是医院药剂科与临床医师根据医院日常医疗用药的需要,协商制定的处方。适于大量配制和储备,便于控制药品的品种和质量,提高工作效率,减少患者取药等候时间。每个医院的协定处方仅限于在本单位使用。

2. 处方颜色和格式

(1)处方颜色:普通处方的印刷用纸为白色;急诊处方印刷用纸为淡黄色,右上角标注"急诊";儿科处方印刷用纸为淡绿色,右上角标注"儿科";麻醉药品和第一类精神药品处方印刷用纸为淡红色,右上角标注"麻、精一";第二类精神药品处方印刷用纸为白色,右上角标注"精二"。

(2)处方格式:由以下三部分组成。

1)前记:包括医疗机构名称,费别,患者姓名、性别、年龄,门诊或住院病历号、科别或病区和床位号,临床诊断,开具日期等,并可添列特殊要求的项目。麻醉药品和第一类精神药品处方还应当包括患者身份证明编号,代办人姓名、身份证明编号。

2)正文:以 Rp 或 R(拉丁文 Recipe "请取"的缩写)标示,分列药品名称、规格、数量、用法用量。

3)后记:医师签名和 / 或加盖专用签章,药品金额,以及审核、调配、核对、发药的药学专业技术人员签名和 / 或加盖专用签章。

知识链接

处方中常用拉丁文缩写用法标示

拉丁文缩写	中文含义	拉丁文缩写	中文含义	拉丁文缩写	中文含义
aa	各	q.d.	每日 1 次	i.h.	皮下注射
a.d.	加至	q.h.	每小时 1 次	inhl.	吸入
a.m.	上午	q.4h.	每 4 小时 1 次	i.m.	肌内注射
a.c.	餐前	h.s.	睡觉时	i.v.	静脉注射
q.n.	每晚	b.i.d.	每日 2 次	i.v.gtt.	静脉滴注
a.p.	午餐前	t.i.d.	每日 3 次	p.o.	口服
p.c.	餐后	q.i.d.	每日 4 次	us.int	内服
p.m.	下午	feb.urg	发热时	u.et	外用
stat., St.	立即	prim.vic	首次服用	O.D.	右眼
p.r.n.	必要时	h.	小时	O.L.	左眼
s.o.s.	需要时	Gtt.	滴	O.S.	单眼
Co.	复方的、复合的	R., Rp	取,取药	O.U.	双眼
Sig.	标记、用法	M.D.S.	混合后给予	SS., ss.	一半,半量

3. 处方书写要求

(1)患者一般情况、临床诊断填写清晰、完整，并与病历记载相一致。

(2)每张处方限于一名患者的用药。

(3)字迹清楚，不得涂改；如有修改，必须在修改处签名及注明修改日期。

(4)药品名称应当使用规范的中文名称书写，没有中文名称的可以使用规范的英文名称书写；医疗机构或者医师、药师不得自行编制药品缩写名称或者使用代号；书写药品名称、剂量、规格、用法、用量要准确规范，药品用法可用规范的中文、英文、拉丁文或者缩写体书写，但不得使用"遵医嘱""自用"等含糊不清字句。

(5)患者年龄应当填写实足年龄，新生儿、婴幼儿写日、月龄，必要时要注明体重。

(6)西药和中成药可以分别开具处方，也可以开具一张处方，中药饮片应当单独开具处方。

(7)开具西药、中成药处方，每一种药品应当另起一行，每张处方不得超过5种药品。

(8)中药饮片处方的书写，一般应当按照"君、臣、佐、使"的顺序排列；调剂、煎煮的特殊要求注明在药品右上方，并加括号，如布包、先煎、后下等；对饮片的产地、炮制有特殊要求的，应当在药品名称之前写明。

(9)药品用法用量应当按照药品说明书规定的常规用法用量使用，特殊情况需要超剂量使用时，应当注明原因并再次签名。

(10)除特殊情况外，应当注明临床诊断。

(11)开具处方后的空白处画一斜线以示处方完毕。

(12)处方医师的签名式样和专用签章应当与院内药学部门留样备查的式样相一致，不得任意改动，否则应当重新登记留样备案。

(13)药品剂量与数量用阿拉伯数字书写。剂量应当使用法定剂量单位：重量以克(g)、毫克(mg)、微克(μg)、纳克(ng)为单位；容量以升(L)、毫升(ml)为单位；有些用国际单位(IU)、单位(U)；中药饮片以克(g)为单位。

片剂、丸剂、胶囊剂、颗粒剂分别以片、丸、粒、袋为单位；溶液剂以支、瓶为单位；软膏及乳膏剂以支、盒为单位；注射剂以支、瓶为单位，应当注明含量；中药饮片以剂为单位。

4. 处方调剂注意事项

取得药学专业技术资格的人员方可从事处方调剂工作。具有药师以上药学专业技术职务任职资格的人员负责处方审核、评估、核对、发药以及安全用药指导；药士从事处方调配工作。

药学专业技术人员调剂处方时必须做到"四查十对"。查处方，对科别、姓名、年龄；查药品，对药名、剂型、规格、数量；查配伍禁忌，对药品性状、用法用量；查用药合理性，对临床诊断。发出药品时应按药品说明书或处方医嘱，向患者或其家属进行相应的用药交代与指导，包括每种药品的用法、用量、注意事项等。在完成处方调剂后，应当在处方上签名。对于不规范处方或不能判定其合法性的处方，不得调剂。发现药品滥用和用药失误，应拒绝调剂，并及时告知处方医师，但不得擅自更改或者配发代用药品。

医师利用计算机开具普通处方时，需同时打印纸质处方，其格式与手写处方一致，打印的处方经签名后有效。药学专业技术人员核发药品时,必须核对打印处方无误后发给药品,并将打印处方收存备查。

处方审核

处方审核是指药学专业技术人员运用专业知识与实践技能,根据相关法律法规、规章制度与技术规范等,对医师在诊疗活动中为患者开具的处方,进行合法性、规范性和适宜性审核,并作出是否同意调配发药决定的药学技术服务。审核的处方包括纸质处方、电子处方和医疗机构病区用药医嘱单。处方审核流程:①药师接收待审核处方,对处方进行合法性、规范性、适宜性审核。②若经审核判定为合理处方,药师在纸质处方上手写签名(或加盖专用印章)、在电子处方上进行电子签名,处方经药师签名后进入收费和调配环节。③若经审核判定为不合理处方,由药师负责联系处方医师,请其确认或重新开具处方,并再次进入处方审核流程。

5. 处方药物总量及处方保存期限

(1)处方一般不得超过7日用量;急诊处方一般不得超过3日用量;对于某些慢性病、老年病或特殊情况,处方用量可适当延长,但医师应当注明理由。医疗用毒性药品、放射性药品的处方用量应当严格按照国家有关规定执行。

(2)为门(急)诊患者开具的麻醉药品注射剂,每张处方为一次常用量;控缓释制剂,每张处方不得超过7日常用量;其他剂型,每张处方不得超过3日常用量。第一类精神药品注射剂,每张处方为一次常用量;控缓释制剂,每张处方不得超过7日常用量;其他剂型,每张处方不得超过3日常用量。哌甲酯用于治疗儿童多动症时,每张处方不得超过15日常用量。第二类精神药品一般每张处方不得超过7日常用量;对于慢性病或某些特殊情况的患者,处方用量可以适当延长,医师应当注明理由。

(3)为门(急)诊癌症疼痛患者和中、重度慢性疼痛患者开具的麻醉药品、第一类精神药品注射剂,每张处方不得超过3日常用量;控缓释制剂,每张处方不得超过15日常用量;其他剂型,每张处方不得超过7日常用量。

(4)为住院患者开具的麻醉药品和第一类精神药品处方应当逐日开具,每张处方为1日常用量。

(5)对于需要特别加强管制的麻醉药品,如盐酸二氢埃托啡处方为一次常用量,仅限于二级以上医院内使用;盐酸哌替啶处方为一次常用量,仅限于医疗机构内使用。

(6)处方开具当日有效。特殊情况下需延长有效期的,由开具处方的医师注明有效期限,但有效期最长不得超过3日。一般药品处方保存一年备查;毒性药品、精神药品处方保存两年备查;麻醉药品保存三年备查。处方到期后,应做好登记,报院长批准销毁。

扫一扫,做
实验:药品
说明书建档
实训

扫一扫,做
实验:门诊
药房处方调
剂模拟实训

复习导图

自测题

点滴积累

1. 药物的名称分为通用名称、商品名称及化学名称。通用名称是国家药典收载的法定名称。一个药品只有一个通用名称,但可以有多个商品名称。
2. 处方药指必须凭执业医师或执业助理医师处方才可调配、购买和使用的药品;非处方药指不需要凭医师处方即可自行判断、购买和使用的药品。
3. 药品标识包括药品的批准文号、批号和有效期,以及药品的包装、标签和说明书等。
4. 处方是作为发药凭证的医疗用药的医疗文书。按其性质分为法定处方、医师处方、协定处方三种。

目标检测

一、简答题

1. 药物的通用名称和商品名称有什么区别?

2. 处方药和非处方药有什么区别?

3. 处方的定义是什么? 处方由哪三部分组成?

二、岗位情景题

患者,男,62 岁,高血压患者,某天到医院看医生后,拿着医生开具的处方前来药店买抗高血压药。小王是药店的药学专业技术人员,在审核处方的时候,发现处方中存在配伍有误的情况,请问他可以按处方进行药品调剂吗? 如果不可以,他应该怎么做?

(陈雪平)

第五章 传出神经系统药理概论

ER 5-1

第五章
课件

导学情景

情景描述:

小梅参加学校英语演讲比赛,一走进赛场,就心跳加快,满脸通红,手心冒汗。这时指导老师安慰她说:"紧张是一种正常的生理现象,是体内交感神经兴奋以保证人体在应激状态时的生理需要。"

学前导语:

人体内传出神经系统包含自主神经和运动神经,通过本章的学习我们将了解到在生活中许多体内变化与传出神经系统的功能有密切的关系。同时,一些药物的使用能够影响传出神经系统的功能。

ER 5-2

扫一扫,
知重点

传出神经系统包括支配内脏活动的自主神经和支配骨骼肌活动的运动神经。其中自主神经又分为交感神经和副交感神经,主要支配及调节心肌、腺体、平滑肌等效应器官的生理功能;运动神经支配及调节骨骼肌的活动。传出神经系统药物的药理效应可通过影响上述神经的功能而实现。

一、传出神经系统分类、递质与受体

(一) 传出神经系统分类

传出神经按照解剖学分类,分为自主神经和运动神经。自主神经又分为交感神经和副交感神经。交感神经和副交感神经在到达效应器官之前,分别在相应的神经节更换神经元,因此有节前纤维和节后纤维之分。运动神经自中枢发出后,中途不更换神经元,直接到达所支配的骨骼肌,故无节前纤维和节后纤维之分(图 5-1)。传出神经按照递质分类,分为胆碱能神经和去甲肾上腺素能神经。传出神经末梢释

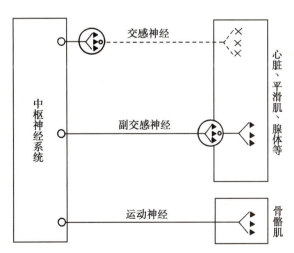

图 5-1 传出神经系统分类模式图

放的递质主要为乙酰胆碱（acetylcholine，ACh）和去甲肾上腺素（noradrenaline，NA）。

1. 胆碱能神经 指能自身合成、贮存乙酰胆碱，兴奋时其末梢释放乙酰胆碱的神经。包括：①运动神经；②交感和副交感神经的节前纤维；③副交感神经节后纤维；④极少数交感神经节后纤维，如支配汗腺分泌的交感神经、支配骨骼肌血管舒张的交感神经。

2. 去甲肾上腺素能神经 指能自身合成、贮存去甲肾上腺素，兴奋时其末梢释放去甲肾上腺素的神经。绝大多数交感神经节后纤维属于这种神经。

除上述两类神经外，还有多巴胺能神经、5-羟色胺能神经、嘌呤能神经和肽能神经。它们主要在局部发挥调节作用。

（二）传出神经系统的递质

1. 乙酰胆碱的合成、贮存、释放和消除 乙酰胆碱主要在胆碱能神经末梢胞质中由乙酰辅酶A（acetylcoenzyme A，AcCoA）和胆碱在胆碱乙酰化酶（choline acetylase，ChAc）催化下合成，然后进入囊泡贮存。当神经冲动到达时，神经末梢产生动作电位和离子转移，Ca^{2+} 内流，使较多的囊泡与突触前膜融合，并出现裂孔，通过裂孔将囊泡内的乙酰胆碱递质排出至突触间隙，与突触后膜上的相应受体结合产生效应。乙酰胆碱释放后，在数毫秒内即被突触部位的乙酰胆碱酯酶（acetylcholinesterase，AChE）水解为胆碱和乙酸，部分胆碱可被神经末梢再摄取利用（图 5-2）。

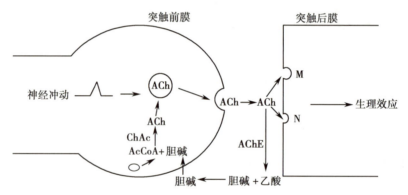

图 5-2 乙酰胆碱的生物合成、释放和消除

2. 去甲肾上腺素的合成、贮存、释放和消除 去甲肾上腺素的合成主要在神经末梢进行。酪氨酸（tyrosine，Tyr）是合成去甲肾上腺素的基本原料，从血液进入神经元后，在酪氨酸羟化酶（tyrosine hydroxylase，TH）催化下生成多巴，再经多巴脱羧酶（dopa decarboxylase，DD）脱羧后生成多巴胺（dopamine，DA），后者进入囊泡，又经多巴胺 β-羟化酶的催化生成去甲肾上腺素，贮存于囊泡中。当神经冲动到达神经末梢时，囊泡中的去甲肾上腺素释放到突触间隙，与突触后膜上的受体结合产生效应（图 5-3）。去甲肾上腺素释放后，75%~95% 迅速被突触前膜主动摄入神经末梢内，而后被再摄入囊泡中贮存起来，供下次释放所用。这是去甲肾上腺素递质作用消失的主要方式；部分未进入囊泡的去甲肾上腺素可被线粒体膜所含的单胺氧化酶（monoamine oxidase，MAO）破坏。非神经组织如心肌、平滑肌等也能摄取去甲肾上腺素，这部分去甲肾上腺素被细胞内的儿茶酚-O-甲基转移酶（catechol-O-methyltransferase，COMT）和 MAO 破坏。此外，亦有少部分去甲肾上腺素从突触间隙扩散到血液中，主要被肝、肾等组织的 COMT 和 MAO 所破坏。

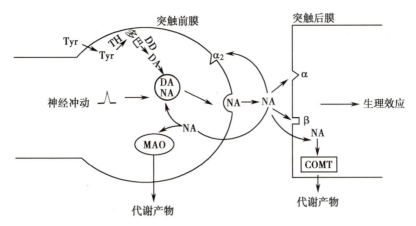

图 5-3　去甲肾上腺素的合成、贮存、释放和消除

（三）传出神经系统受体分类、分布及效应

传出神经系统的受体主要分为胆碱受体和肾上腺素受体两大类。

1. **胆碱受体**　能选择性地与乙酰胆碱结合的受体称为胆碱受体（cholinoceptor）。因这些受体对药物的敏感性不同，又分为两类：①毒蕈碱（muscarine）型胆碱受体，因对以毒蕈碱为代表的拟胆碱药较敏感而得名，简称 M 受体。目前用分子克隆技术发现 M 受体有五个亚型，即 M_1、M_2、M_3、M_4 和 M_5 受体，其中 M_4 和 M_5 主要位于中枢神经系统，具体作用尚不清楚。②烟碱（nicotine）型胆碱受体，因对烟碱较敏感而得名，简称 N 受体。烟碱型胆碱受体目前分为两个亚型：N_1 与 N_2 受体。N_1 受体分布在神经节细胞膜上；N_2 受体分布在骨骼肌细胞膜上。胆碱受体的分布及被乙酰胆碱激动后的生理效应见表 5-1。

表 5-1　传出神经系统受体分布及激动后效应

受体名称	分布部位	受体激动后效应
胆碱受体		
M 受体		
M_2 受体	心脏	传导及心率减慢、收缩力减弱
	血管（骨骼肌、血管平滑肌）	舒张
M_3 受体	内脏平滑肌、瞳孔括约肌、睫状肌	收缩
	外分泌腺	分泌增加
M_1 受体	胃壁细胞	胃酸分泌增加
N 受体		
N_1 受体	神经节	兴奋
	肾上腺髓质	肾上腺素分泌
N_2 受体	骨骼肌	收缩
肾上腺素受体		
α 受体		
α_1 受体	皮肤、黏膜、内脏血管平滑肌	收缩
	瞳孔开大肌	扩瞳
α_2 受体	去甲肾上腺素能神经突触前膜	抑制去甲肾上腺素释放（负反馈调节）

受体名称	分布部位	受体激动后效应
β 受体		
β₁ 受体	心脏	传导及心率加快、收缩力增强
	肾小球旁器细胞	肾素分泌
β₂ 受体	支气管平滑肌	舒张
	冠状血管、骨骼肌血管	舒张
	去甲肾上腺素能神经突触前膜	促进去甲肾上腺素释放(正反馈调节)
	肝脏	肝糖原分解增加,促进糖异生
β₃ 受体	脂肪组织	脂肪分解

2. 肾上腺素受体　能选择性与去甲肾上腺素或肾上腺素结合的受体统称为肾上腺素受体(adrenoceptor)。由于它们对药物的敏感性不同,亦可分为两类:① α 肾上腺素受体,简称 α 受体,根据受体对特异性激动药或拮抗药亲和力的不同,又可分为两种亚型,即 α_1 和 α_2 受体;② β 肾上腺素受体,简称 β 受体,可进一步分为 β_1、β_2、β_3 三种亚型。肾上腺素受体的分布及被去甲肾上腺素或肾上腺素激动后的生理效应见表 5-1。

二、传出神经系统药物作用方式与分类

(一) 传出神经系统药物作用方式

1. 直接作用于受体　许多传出神经系统药物能直接与胆碱受体或肾上腺素受体结合,产生激动或阻滞受体的效应,分别称为该受体的激动药或阻滞药。激动药产生的作用与递质相似,又称为拟似药,如肾上腺素受体激动药肾上腺素;阻滞药产生的作用与递质相反,如胆碱受体阻滞药阿托品、肾上腺素受体阻滞药普萘洛尔等。

2. 影响递质的化学传递　包括影响递质合成、转化、释放和贮存等步骤。

(1)影响递质合成:密胆碱抑制乙酰胆碱的合成,α-甲基酪氨酸抑制去甲肾上腺素生物合成,目前两者仅用作实验研究的工具药,尚无临床应用价值。

(2)影响递质转化:胆碱能神经的递质乙酰胆碱主要被胆碱酯酶水解而失活,抗胆碱酯酶药能抑制胆碱酯酶活性,减少乙酰胆碱的水解失活,从而发挥拟胆碱作用。

(3)影响递质释放和贮存:药物可促进神经末梢释放递质而发挥作用。例如,麻黄碱可促进去甲肾上腺素的释放而发挥拟肾上腺素作用。有些药物通过影响递质在神经末梢的再摄取和贮存而发挥作用。例如,利血平主要抑制囊泡对去甲肾上腺素的主动再摄取,使囊泡内去甲肾上腺素逐渐减少以至耗竭,从而影响突触的化学传递,表现为拮抗去甲肾上腺素能神经的作用。

(二) 传出神经系统药物分类

传出神经系统药物可根据其作用性质(激动受体或阻滞受体)和对不同类型受体的选择性的差别进行分类,见表 5-2。

表 5-2　传出神经系统药物分类

拟似药	阻滞药
胆碱受体激动药	胆碱受体阻滞药
1. M、N 受体激动药(乙酰胆碱)	1. M 受体阻滞药(阿托品)
2. M 受体激动药(毛果芸香碱)	2. M_1 受体阻滞药(哌仑西平)
3. N 受体激动药(烟碱)	3. N_1 受体阻滞药(六甲双铵)
	4. N_2 受体阻滞药(琥珀胆碱)
抗胆碱酯酶药(新斯的明)	胆碱酯酶复活药(氯解磷定)
肾上腺素受体激动药	肾上腺素受体阻滞药
1. α 受体激动药(去甲肾上腺素)	1. α 受体阻滞药(酚妥拉明)
2. α、β 受体激动药(肾上腺素)	2. $α_1$ 受体阻滞药(哌唑嗪)
3. β 受体激动药(异丙肾上腺素)	3. β 受体阻滞药(普萘洛尔)
4. $β_1$ 受体激动药(多巴酚丁胺)	4. $β_1$ 受体阻滞药(美托洛尔)
5. $β_2$ 受体激动药(沙丁胺醇)	

点滴积累

1. 传出神经按神经末梢释放的递质不同,分为胆碱能神经和去甲肾上腺素能神经。
2. 传出神经受体主要有胆碱受体和肾上腺素受体。胆碱受体分为 M 受体和 N 受体;肾上腺素受体分为 α 受体和 β 受体。
3. 激动 M 受体可引起心脏抑制、血管舒张、平滑肌收缩、瞳孔缩小、外分泌腺分泌增加;N 受体激动可引起神经节兴奋、肾上腺素分泌、骨骼肌收缩;α 受体激动可引起皮肤、黏膜、内脏血管平滑肌收缩,瞳孔开大;β 受体激动可引起心脏兴奋,骨骼肌及冠状血管舒张,脂肪、肝糖原分解。
4. 能激动受体、产生与递质相似作用的药物称为拟似药(激动药),如肾上腺素受体激动药肾上腺素等;能阻滞受体或妨碍递质与受体结合,产生与递质作用相反的药物称为阻滞药,如胆碱受体阻滞药阿托品、肾上腺素受体阻滞药普萘洛尔等。

目标检测

简答题

1. 简述传出神经系统药物作用方式。
2. 简述 M 受体、N 受体、α 受体、β 受体激动后的生理效应。

(徐茂红)

ER 5-3
复习导图

ER 5-4
自测题

第六章 拟胆碱药

ER 6-1

第六章
课件

导学情景

情景描述:

患者,男,58岁。突发头疼、眼痛、恶心、呕吐、视物模糊,经检查视力:右眼0.3,左眼0.2,临床诊断为充血性青光眼。

学前导语:

青光眼是由于眼压过高引起的疾病。本章将学习治疗青光眼的药物及其作用特点。

ER 6-2

扫一扫,
知重点

拟胆碱药是一类与生理递质乙酰胆碱作用相似的药物。按其作用机制不同分为两大类:胆碱受体激动药和抗胆碱酯酶药(又称胆碱酯酶抑制药)。后者又按它们与胆碱酯酶结合形成复合物后水解的难易程度而分为两类:一类是可逆性抗胆碱酯酶药,如新斯的明;另一类是难逆性抗胆碱酯酶药,如有机磷酸酯类。

第一节 胆碱受体激动药

本节药物均可通过直接激动 M、N 受体而发挥拟胆碱作用。因 N 受体激动药无临床使用价值,故不作介绍,以下仅介绍 M、N 受体激动药和选择性 M 受体激动药。

乙酰胆碱 (acetylcholine, ACh)

该药属于 M、N 受体激动药,是胆碱能神经递质,现已人工合成。全身用药时可引起 M、N 受体激动,作用十分广泛,不良反应多,故临床实用价值较小,目前主要用作生理学与药理学实验的工具药。

毛果芸香碱（pilocarpine，匹鲁卡品）

【体内过程】本药为叔胺类化合物，滴眼后易透过角膜进入眼房，其作用迅速、温和而短暂，用10~20g/L溶液滴眼后，10~15分钟起效，30~40分钟作用达高峰，降眼压作用可维持4~8小时。

【药理作用】本药选择性激动M受体，对眼和腺体的作用较强，对心血管系统影响较小，但其吸收入血后，对全身的作用也相当广泛，故一般情况下仅在眼科使用，以下仅介绍毛果芸香碱对眼的影响。

1. **缩瞳** 激动瞳孔括约肌上的M受体，使瞳孔括约肌向瞳孔中心方向收缩，故瞳孔缩小。

2. **降低眼压** 毛果芸香碱使瞳孔缩小，虹膜向瞳孔中心方向拉紧，根部变薄，前房角间隙变大，房水易于通过巩膜静脉窦进入血液循环，使眼压降低。

ER 6-3

房水的生成及毛果芸香碱对眼压的影响

3. **调节痉挛** 眼睛的调节主要取决于晶状体的曲度变化，以适应近视或远视的要求。毛果芸香碱能激动睫状肌上的M受体，使睫状肌向瞳孔的中心方向收缩，与之相连的悬韧带松弛，晶状体因其本身的弹性而自然变凸，屈光度增加。这样远处的物体不能成像于视网膜上，故看远物模糊，仅看近物清楚，这种作用称为调节痉挛。

【临床应用】

1. **青光眼** 毛果芸香碱使前房角间隙扩大，眼压迅速降低，对闭角型青光眼疗效较佳。对开角型青光眼可能通过扩张巩膜静脉窦周围的小血管以及收缩睫状肌后，小梁网结构发生改变，使房水易于经小梁网渗入巩膜静脉窦中，眼压下降，故也有一定疗效。

> **知识链接**
>
> ### 青光眼与眼压
>
> 眼压是眼内容物对眼球内壁的压力，主要由房水形成。房水由睫状体上皮细胞分泌及血管渗出产生，经瞳孔由后房流入前房，经前房角间隙、小梁网流入巩膜静脉窦，最后进入血液循环。房水的循环可维持一定的眼压。若房水回流不畅，则可致眼压升高。病理性眼压升高合并视功能障碍即称为青光眼。
>
> 临床上一般将青光眼分为闭角型青光眼和开角型青光眼两种。前者由于虹膜根部组织堵塞前房角入口，使房水回流受阻，眼压升高。后者主要是小梁网和巩膜静脉窦变性或硬化，阻碍房水循环，使眼压升高。开角型青光眼首选药物治疗，如倍他洛尔、卡替洛尔、左布诺洛尔、噻吗洛尔、地匹福林、拉坦前列素等。闭角型青光眼的治疗药物主要为缩瞳剂（毛果芸香碱）、碳酸酐酶抑制药（布林佐胺）和高渗透剂（甘露醇）。如果药物治疗效果不满意或无效，可采用激光或手术治疗。

2. **虹膜睫状体炎** 与扩瞳药阿托品交替使用，防止虹膜与晶状体粘连。

3. **其他** 用于M受体阻滞药阿托品等中毒的解救；还可用于口腔干燥症。

【不良反应】多为滴眼时药物经鼻泪管吸收产生各种M受体激动症状，故滴眼时应压迫内眦，防止药物吸收。

第二节 抗胆碱酯酶药

抗胆碱酯酶药通过与胆碱酯酶结合后抑制胆碱酯酶的活性,使乙酰胆碱不被水解破坏,在突触间隙积聚,激动突触后膜的 M、N 受体,从而产生拟胆碱作用。按它们与胆碱酯酶结合后水解速度的快慢可分为两类:一类是水解速度相对较快的可逆性抗胆碱酯酶药;另一类是水解速度很慢或与胆碱酯酶永久结合难以分离的难逆性抗胆碱酯酶药,往往导致人体中毒,可用胆碱酯酶复活药解救。

知识链接

抗胆碱酯酶药的双重药理效应

抗胆碱酯酶药可通过与胆碱酯酶结合后抑制胆碱酯酶的活性,使乙酰胆碱不被水解破坏,在突触间隙积聚,激动突触后膜的 M、N 受体,从而产生拟胆碱作用。抗胆碱酯酶药与胆碱酯酶结合后再解离的速度有别,因而对胆碱酯酶活性抑制程度不同,故可产生双重药理效应:水解速度相对较快的可逆性抗胆碱酯酶药新斯的明,应用一般治疗量可治疗重症肌无力、手术后腹气胀和尿潴留等;水解速度很慢或与胆碱酯酶永久结合难以分离的难逆性抗胆碱酯酶药如有机磷酸酯类,进入人体往往导致中毒,临床最常见的是有机磷酸酯类农药中毒。这就是抗胆碱酯酶药的双重药理效应。

(一)可逆性抗胆碱酯酶药

新斯的明(neostigmine)

【体内过程】为季铵类化合物,口服吸收少而不规则,口服剂量为注射量的 10 倍以上。不易透过血脑屏障,故无明显中枢作用。口服后 0.5 小时起效,作用维持 2~3 小时。注射后 5~15 分钟起效,作用可维持 0.5~1 小时。

【作用与应用】新斯的明对骨骼肌兴奋作用最强;对胃肠道、膀胱平滑肌作用次之;对心脏、血管、腺体、眼睛、支气管等作用较弱。

1. **兴奋骨骼肌** 其兴奋骨骼肌使之收缩作用最强,原因是:①抑制神经肌肉接头处的胆碱酯酶,使该部位的乙酰胆碱蓄积;②直接激动运动终板上 N_2 受体,使骨骼肌收缩;③促进运动神经末梢释放乙酰胆碱,后者激动 N_2 受体,使骨骼肌兴奋。

临床上利用新斯的明强烈兴奋骨骼肌的作用,治疗重症肌无力。重症肌无力是一种影响神经肌肉传递的自身免疫性疾病,主要特征为骨骼肌进行性收缩无力,表现为眼睑下垂,肢体无力,咀嚼、吞咽困难及呼吸困难。

2. 兴奋胃肠道和膀胱平滑肌 治疗手术后腹气胀和尿潴留。新斯的明通过抑制胃肠部位及膀胱部位的胆碱酯酶,使乙酰胆碱在突触间隙的量增多,激动上述部位的 M 受体,从而使处于抑制状态的胃肠道、膀胱平滑肌收缩,故可治疗手术后腹气胀、尿潴留。

3. 减慢房室传导,降低心室率 治疗阵发性室上性心动过速。

4. 解救非去极化型肌松药中毒 如筒箭毒碱过量中毒。

【不良反应】治疗量时不良反应少,过量可产生恶心、呕吐、腹痛、肌肉颤动等,其中 M 受体激动症状可用阿托品对抗。

【禁忌证】本药禁用于机械性肠梗阻、尿路梗阻和支气管哮喘患者。

【药物相互作用】抗胆碱酯酶药可减慢酯类局麻药及琥珀胆碱的代谢灭活,导致后两者出现毒性反应;氨基糖苷类抗生素、林可霉素类抗生素、多黏菌素、利多卡因等药可阻滞神经肌肉接头,使骨骼肌张力减弱,抗胆碱酯酶药作用降低,导致肌无力等不良反应,临床应避免与上述药物合用。

毒扁豆碱(physostigmine,依色林,eserine)

毒扁豆碱具有与新斯的明相似的可逆性抑制胆碱酯酶的作用,在化学上属于叔胺类化合物,口服及注射均易吸收,易透过血脑屏障,产生中枢作用。因选择性较差,临床上主要局部使用治疗青光眼。同毛果芸香碱相比,其缩瞳、降低眼压作用强而持久,滴眼后约 5 分钟起效,降眼压作用可维持 1~2 天,其收缩睫状肌作用较强,常引起眼痛、头痛。滴眼时应压迫内眦,避免药液流入鼻腔后吸收引起中毒。毒扁豆碱水溶液不稳定,滴眼剂应以 pH 4~5 的缓冲液配制,并置于棕色瓶内避光保存,否则易氧化成红色,疗效减弱,刺激性增大,不能使用。

其他可逆性抗胆碱酯酶药的作用与应用特点见表 6-1。

表 6-1 其他可逆性抗胆碱酯酶药的作用与应用特点

药名	作用与应用特点
安贝氯铵(ambenonium,酶抑宁,mytelase)	作用较新斯的明强、持久,临床主要用于治疗重症肌无力,不良反应及禁忌证同新斯的明
溴吡斯的明(pyridostigmine,吡斯的明)	作用比新斯的明弱、持久,治疗重症肌无力时副作用较轻,也用于治疗手术后腹气胀和尿潴留
石杉碱甲(huperzine A,哈伯因)	作用强度与新斯的明相似,但维持时间较长,治疗重症肌无力疗效优于新斯的明,用于阿尔茨海默病有一定疗效
地美溴铵(demecarium bromide)	长效可逆性抗胆碱酯酶药,主治青光眼,适于治疗无晶状体畸形的开角型青光眼及用其他药物治疗无效的青光眼
多奈哌齐(donepezil,安理申,aricept)	第二代抗胆碱酯酶药,主要抑制脑组织的胆碱酯酶,也抑制胸部横纹肌处的胆碱酯酶,对心脏、小肠部位的胆碱酯酶无抑制作用,对中枢神经毒性较小,适用于轻、中度阿尔茨海默病

(二) 难逆性抗胆碱酯酶药(有机磷酸酯类)

有机磷酸酯类能与胆碱酯酶牢固结合,时间稍久,胆碱酯酶即难以恢复活性,故称难逆性抗胆碱酯酶药,对人体毒性很强,主要用作农业及环境卫生杀虫剂。常用的毒性相对较低的有机磷酸酯类为敌百虫(dipterex)、马拉硫磷(malathion)及乐果(rogor);强毒性有机磷酸酯类为敌敌畏(DDVP)、对硫磷(1605)、内吸磷(1059)和甲拌磷(3911)等;剧毒类为沙林(sarin)、塔朋(tabun)及梭曼(soman),剧毒类往往用作神经毒气(战争毒剂)。因此掌握有机磷酸酯类的中毒机制、中毒症状及防治措施,对生产、使用及国防均有重大意义。

1. 有机磷酸酯类中毒机制和中毒症状　有机磷酸酯类经皮肤、呼吸道、胃肠等不同途径进入人体后,通过共价键与突触间隙的胆碱酯酶牢固结合,形成不易解离的磷酰化胆碱酯酶,后者无水解乙酰胆碱的能力,致使突触间隙乙酰胆碱大量蓄积,产生一系列中毒症状。轻度中毒以 M 样症状为主,表现为瞳孔缩小、视物模糊、流涎以致口吐白沫、大汗淋漓、呼吸困难、恶心呕吐、腹痛、腹泻、大小便失禁、心动过缓、血压下降等;中度中毒可同时有 M 样症状和 N 样症状,后者主要表现为肌肉震颤、抽搐、肌麻痹、心动过速、血压升高等;严重中毒者除有 M、N 样症状外,还出现中枢神经系统症状,表现为先兴奋,如不安、谵妄、精神错乱以及全身肌肉抽搐,进而因过度兴奋转入抑制,出现昏迷,终因血管运动中枢抑制,导致血压下降、呼吸中枢麻痹而致呼吸停止。一旦发生中毒,应立即抢救。除迅速清除毒物、维持呼吸循环功能、保持呼吸道通畅等一般处理外,应及早使用以下特异解毒药。

2. 特异解毒药

(1)对症治疗药:阿托品为 M 受体阻滞药(详见第七章胆碱受体阻滞药),能迅速解除有机磷酸酯类中毒时的 M 样症状,对中枢的作用较弱,能解除一部分中枢神经系统中毒症状,使昏迷患者苏醒。大剂量阿托品还具有阻断神经节作用,从而对抗有机磷酸酯类的兴奋神经节作用,但对 N₂ 受体激动引起的骨骼肌震颤、呼吸肌麻痹等无效,也无复活胆碱酯酶作用,因此需要与对因治疗药——胆碱酯酶复活药合用。

阿托品的使用原则:早期、足量、反复使用,直至阿托品化。阿托品化的指标为:瞳孔扩大,口干,皮肤干燥,颜面潮红,微有不安或轻度躁动,肺部湿啰音消失,呼吸改善,意识障碍减轻或意识恢复。此时可根据病情减少剂量,维持治疗3~7天。有机磷酸酯类中毒患者,对阿托品的耐受量明显提高,故此时用量比常规用量要大,但不可认为剂量越大效果越好。国内有抢救有机磷酸酯类急性中毒时过大剂量使用阿托品,导致严重阿托品中毒甚至死亡的报道。所以在应用阿托品过程中,一方面要给足剂量确保阿托品化,另一方面要严格鉴别阿托品中毒。阿托品中毒表现为患者出现幻觉、谵妄、体温升高、心率加快等现象。

(2)对因治疗药:氯解磷定和碘解磷定等(详见胆碱酯酶复活药)。

【附】胆碱酯酶复活药

胆碱酯酶复活药(cholinesterase reactivator)是一类能使失活的胆碱酯酶恢复活性的药物,常用的有氯解磷定(pralidoxime chloride,PAM-Cl)和碘解磷定(pralidoxime iodide,派姆,PAM),两药均为肟类化合物。它们共同的作用机制是与有机磷酸酯类有强大亲和力,能夺取磷酰化胆碱酯酶的磷酰基,使胆碱酯酶游离出来而复活,恢复其水解乙酰胆碱的能力(置换作用)。此外,氯解磷定等肟类化合物还可直接与体内游离的有机磷酸酯类结合,成为无毒的化合物经肾脏排出体外,从而阻止体内游离的有机磷酸酯类继续抑制胆碱酯酶活性。

氯解磷定的水溶性比碘解磷定好,溶液性质较稳定,复活胆碱酯酶的作用比碘解磷定强大(1g氯解磷定的解毒作用约相当于碘解磷定1.5g),且可静脉给药和肌内注射,不良反应也较少,特别适合农村基层使用及初步急救,故氯解磷定现已作为首选药逐渐取代了碘解磷定的应用。

需要指出的是,在抢救有机磷酸酯类急性中毒患者时,胆碱酯酶复活药一定要及早、持续应用。因为酶复活剂仅对形成不久的磷酰化胆碱酯酶有效,若使用较晚,胆碱酯酶被磷酰化的时间过长,则酶蛋白的立体结构发生改变,导致酶的"老化"。而"老化"酶一旦形成,即使再用胆碱酯酶复活药也难以使其复活。故用药越早,效果越好。即使轻度中毒也应适量使用。

氯解磷定等肟类化合物恢复酶活性作用对骨骼肌最明显,能迅速抑制肌束颤动。对中枢神经系统中毒症状也有疗效,患者意识恢复较快,对自主神经系统功能的恢复较差。此外,肟类化合物使酶复活的效果也因不同的有机磷酸酯类而异。对内吸磷、马拉硫磷、对硫磷等急性中毒疗效好,对敌百虫、敌敌畏等疗效差,对乐果中毒无效。可能因为乐果中毒时所形成的磷酰化胆碱酯酶比较稳定,几乎是不可逆的,加之乐果乳剂含有苯,可能同时有苯中毒。

氯解磷定的不良反应主要为头痛、眩晕、恶心、呕吐等,剂量过大可抑制胆碱酯酶,加重有机磷酸酯类中毒程度,故应控制剂量。

课堂活动

患者,女,35岁,因与家人生气,1小时前自服农药100ml,家人发现后急送医院,途中患者出现腹痛、恶心并呕吐一次,入院主要临床表现为:口吐白沫,全身闻及刺激性蒜臭味,皮肤湿冷,神志尚清醒。既往身体健康。查体:体温(T)36.4℃,脉搏(P)60次/min,呼吸(R)24次/min,血压(BP)130/76mmHg,瞳孔明显缩小,约0.10cm,对光反射减弱。此患者被诊断为急性有机磷酸酯类中毒。

扫一扫，
知答案

课堂讨论：

1. 针对此患者的抢救治疗原则和措施是什么？

2. 具体可选用哪些抢救药物？

【附】特殊解毒剂介绍见表 6-2。

表 6-2 特殊解毒剂介绍

解毒剂	适应证	不良反应与注意事项
二巯丙醇（BAL） dimercaprol	砷、汞、金、铋及酒石酸锑钾中毒	有恶心、呕吐、头痛、心跳加快。肝、肾功能减退者慎用
二巯丁二钠 sodium dimercaptosuccinate	锑、铅、汞、砷中毒的抢救，并预防镉、钴、镍的中毒	有头痛、恶心、四肢酸痛等。数小时后自行消失。此药放置后，如出现混浊不能使用
依地酸钙钠（EDTA）	铅、锰、铜、镉等中毒，尤以铅中毒疗效好，也可用于镭、钚、铀、钍中毒的治疗	可有短暂的头晕、恶心、腹痛，用药期间应作尿常规检查，如有异常应停药，肾功能减退者禁用。与 BAL 配伍用可增效
青霉胺 penicillamine	铜、汞、铅中毒的解毒，治疗肝豆状核变性	偶见头痛、咽痛、乏力、恶心、腹痛。对肾有刺激，对骨髓有抑制作用
亚甲蓝 methylthioninium chloride	氰化物中毒，小剂量可治疗高铁血红蛋白症（亚硝酸盐中毒等）	解救氰化物中毒时应与硫代硫酸钠交替使用，大剂量时可出现全身发蓝
硫代硫酸钠 sodium thiosulfate	氰化物中毒，也用于砷、汞、铅中毒等	有头晕、乏力等反应。一般用生理盐水稀释成 5%~10% 后应用
亚硝酸钠 sodium nitrite	治疗氰化物中毒	给药量不宜过小，以免达不到迅速解毒的效果
谷胱甘肽 glutathione	丙烯腈、氟化物、一氧化碳、重金属等中毒	使用时，以所附的维生素 C 注射液溶解后注射；本品不得与维生素 B_{12}、维生素 K_3、泛酸钙、抗组胺制剂、磺胺类、四环素类制剂合用
乙酰胺（解氟灵） acetamide	有机氟杀虫农药乙酰胺的解毒剂	本品局部注射有疼痛

点滴积累

1. 新斯的明为可逆性抗胆碱酯酶药，通过抑制胆碱酯酶活性，使乙酰胆碱不易水解而产生 M 样及 N 样作用，对胃肠道和膀胱平滑肌有较强兴奋作用，对骨骼肌有强大的兴奋作用。临床主要用于治疗重症肌无力及手术后腹气胀和尿潴留。

2. 有机磷酸酯类中毒的解救药物包括 M 受体阻滞药阿托品和胆碱酯酶复活药氯解磷定等。阿托品能迅速解救有机磷酸酯类中毒时的 M 样症状，氯解磷定能使胆碱酯酶游离出来，恢复其水解乙酰胆碱的活性，其对骨骼肌的作用最为明显，能迅速抑制肌束颤动。

目标检测

复习导图

习题

一、简答题

1. 毛果芸香碱的主要临床应用有哪些? 滴眼时注意事项是什么?

2. 重症肌无力的首选药是什么? 应用时注意事项有哪些?

二、处方分析

患者,男,27 岁。因眼睑下垂、腿部肌肉无力而就诊,经相关检查诊断为重症肌无力,医生开处方如下,请分析是否合理,为什么?

Rp:

甲硫酸新斯的明注射液　1mg × 60

Sig.　2mg　t.i.d.　i.m.

(赵 辉)

第七章　胆碱受体阻滞药

ER 7-1

第七章
课件

ER 7-2

扫一扫,
知重点

学习目标

1. **掌握**　阿托品的药理作用、临床应用、不良反应及禁忌证。
2. **熟悉**　山莨菪碱、东莨菪碱的作用特点及临床应用。
3. **了解**　其他胆碱受体阻滞药的作用特点。

导学情景

情景描述:

　　患者,女,68 岁。患慢性胆囊炎胆石症多年,有反复发作史。1 小时前出现右上腹部发作性持续性疼痛,被家人急送医院。入院检查:体温 38.4℃,右上腹局部肌肉紧张,有压痛;B 超检查结果:胆囊肿大。入院诊断:慢性胆囊炎急性发作。

学前导语:

　　慢性胆囊炎急性发作的治疗原则:镇痛、解痉及抗感染。本章将学习阿托品等常用解痉药的药理作用和临床应用。

　　胆碱受体阻滞药(又称抗胆碱药)通过与胆碱受体结合,阻断乙酰胆碱和胆碱受体激动药与胆碱受体的结合,从而产生抗胆碱作用。根据其对胆碱受体的选择性不同,可分为 M 受体阻滞药和 N 受体阻滞药。

第一节　M 受体阻滞药

一、阿托品类生物碱

阿托品(atropine)

【体内过程】阿托品属于叔胺类化合物,口服易吸收,1 小时作用达高峰,$t_{1/2}$ 约 4 小时,作用可维持 3~4 小时。肌内注射或静脉给药后,起效及达峰时间更快,维持时间较短。眼科局部使用,作用可维持数日。本药全身分布,可透过血脑屏障及胎盘。80% 以上经肾排泄,其中 1/3 为原型药,仅少量随乳汁和粪便排出。

【药理作用】阿托品能竞争性阻断乙酰胆碱对 M 受体的激动作用。本身不激动 M 受体,却能阻断乙酰胆碱与 M 受体结合,从而阻断乙酰胆碱的作用。对 M_1、M_2、M_3 受体均可阻断。各脏器对阿托品的敏感性不同,而且随剂量不同其效应也有差别。

1. 抑制腺体分泌 阿托品对汗腺、唾液腺的阻断分泌作用最强,对泪腺、支气管腺体的阻断分泌作用次之,对胃酸分泌影响较小,因胃酸分泌受多种因素调节。

2. 对眼的影响 阿托品局部和全身给药对眼均有扩瞳、升高眼压和调节麻痹作用(图 7-1)。

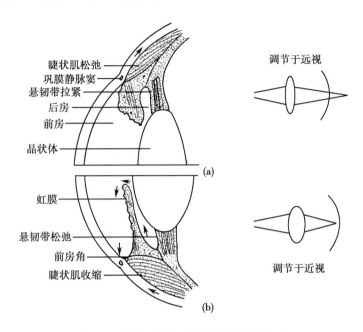

图 7-1 抗胆碱药与拟胆碱药对眼的影响
(a)抗胆碱药对眼的作用;(b)拟胆碱药对眼的作用。

阿托品对
眼压的影响

3. 松弛平滑肌 阿托品阻断多种内脏平滑肌的 M 受体,使平滑肌松弛。当平滑肌处于过度活动或痉挛状态时,松弛作用更明显。其解痉作用随器官的不同而有差异:缓解胃肠道平滑肌痉挛疗效较好,对膀胱逼尿肌也有解痉作用;对胆管、输尿管、支气管的解痉作用较弱,对子宫平滑肌无明显影响。对胃肠道括约肌的作用主要取决于括约肌的功能状态,例如胃幽门括约肌痉挛时,阿托品具有松弛作用,但作用不恒定。

4. 解除迷走神经对心脏的抑制 较大剂量的阿托品(1~2mg)通过阻断心脏的 M 受体,解除迷走神经对心脏的抑制,从而提高窦房结自律性,加快心率,改善传导阻滞。在迷走神经张力高的青壮年,心率加速作用显著。

5. 扩张血管,改善微循环 一般治疗量阿托品对血管无明显影响,大剂量阿托品可使皮肤及内脏血管扩张,增加组织血液灌注量,改善微循环。阿托品的扩血管作用机制未明,但与 M 受体阻滞作用无关。可能是机体对阿托品所引起的体温升高的代偿性散热反应,也可能是阻断小血管平滑肌的 α 受体的结果或与其钙拮抗作用有关。

6. 兴奋中枢神经系统 一般剂量(0.5mg)对中枢神经系统的作用不明显;较大剂量(1~2mg)可轻度兴奋延髓呼吸中枢;剂量再增大(3~5mg)可兴奋大脑皮质,出现烦躁不安、多言、谵妄;中毒剂量(10mg 以上)可产生幻觉、定向障碍、运动失调和惊厥,有时可由兴奋转入抑制,出现昏迷及呼吸麻痹。

【临床应用】

1. **麻醉前给药** 用于全麻前给药,抑制呼吸道腺体和唾液腺分泌,防止分泌物阻塞呼吸道及吸入性肺炎的发生。也可用于严重盗汗和流涎症。

2. **眼科应用** 治疗虹膜睫状体炎,使发炎的组织得到休息,有利于炎症消退,其扩瞳作用又可防止虹膜与晶状体粘连,防止瞳孔闭锁;也用于儿童验光配镜,因阿托品使睫状肌充分调节麻痹,晶状体固定,便于准确测定晶状体的屈光度。

3. **内脏绞痛** 对胃肠绞痛及膀胱刺激症状如尿频、尿急效果好。对胆绞痛、肾绞痛的疗效差,常与镇痛药哌替啶合用,以增加疗效。此外,利用阿托品松弛膀胱逼尿肌的作用,可用于儿童遗尿症。

4. **缓慢型心律失常** 治疗迷走神经过度兴奋所致的窦性心动过缓,窦房传导阻滞,Ⅰ、Ⅱ度房室传导阻滞等缓慢型心律失常。

> **知识链接**
>
> **缓慢型心律失常及其治疗药物**
>
> 缓慢型心律失常可由迷走神经过度兴奋,窦结病变及功能低下,或窦房之间、房室之间发生传导阻滞而引起。主要治疗药物有 M 受体阻滞药:阿托品、山莨菪碱和溴丙胺太林等,它们适于治疗迷走神经过度兴奋所致缓慢型心律失常;β 受体激动药异丙肾上腺素适于治疗窦房结功能低下所致缓慢型心律失常,如窦性停搏、窦房传导阻滞,以及高度或完全房室传导阻滞和心搏骤停,亦可治疗继发于心室肌受抑制引起的缓慢型心律失常。

5. **休克** 利用大剂量阿托品能解除血管痉挛,改善微循环,治疗中毒性菌痢、中毒性肺炎、暴发型流行性脑脊髓膜炎等引起感染性休克。对于休克伴心率过快或高热者不用阿托品。由于阿托品抗休克时所用剂量较大,中枢兴奋等副作用较多,目前临床往往用山莨菪碱代替。

> **知识链接**
>
> **休克**
>
> 休克是由各种病因引起的急性循环功能障碍,使组织血液灌流量严重不足,导致细胞损伤、重要器官功能代谢紊乱和结构损害的全身性病理过程。根据休克的病因不同,把休克大致分为以下五类:①失血性休克;②创伤性休克;③感染性休克;④心源性休克;⑤过敏性休克。尽管休克的病因不同,但有效灌流量减少使微循环发生障碍,是多数休克发生的共同病理生理学特征。其主要临床表现为血压下降、面色苍白、皮肤湿冷、脉搏细速、神志淡漠甚至昏迷等。多数抗休克药物均有加强心肌收缩力、升高血压、改善微循环效应。

6. **有机磷酸酯类中毒解救** 阿托品作为有机磷酸酯类急性中毒的对症治疗药,可迅速有效地控制 M 样症状,配合对因治疗药及其他抢救措施,使患者转危为安。

ER 7-4

技能赛点的
赛点分析

【不良反应】治疗量常见的副作用为口干、皮肤干燥、畏光、视物模糊、面部发红、心悸、体温升高、排尿无力等。过大剂量可出现焦躁、幻觉、言语不清、精神错乱、谵妄、高热、抽搐、惊厥等中毒症状。严重时可由兴奋转入抑制,出现昏迷、血压下降、呼吸抑制。阿托品的最低致死量成人为80~130mg,儿童为10mg。其中毒的解救:除按一般中毒处理外,拟胆碱药毛果芸香碱为有效拮抗药,也可缓慢静脉注射新斯的明等可逆性抗胆碱酯酶药。

【禁忌证】禁用于青光眼、前列腺肥大者。老年人慎用。

ER 7-5

扫一扫,
知答案

东莨菪碱(scopolamine)

该药是从植物洋金花中提取的生物碱。与阿托品相比,其特点为:①中枢抑制作用较强,随剂量增加依次可出现镇静、催眠、麻醉;②外周作用与阿托品相似,仅在作用强度上略有差异,其中扩瞳、调节麻痹及抑制腺体分泌作用较阿托品强,对心血管系统及内脏平滑肌的作用较弱。临床主要用于全身麻醉前给药及中药麻醉。还用于预防晕动病和抗帕金森病。防晕作用可能是本药抑制前庭神经内耳功能或大脑皮质的结果,与苯海拉明合用可增强疗效。对帕金森病有缓解流涎、震颤和肌肉强直的效果,可能与其阻断中枢神经的乙酰胆碱作用有关。本药曾是治疗帕金森病的主要药物,现已逐渐被左旋多巴和其他中枢抗胆碱药所取代。因扩瞳、升高眼压作用较强,故禁用于青光眼患者。

山莨菪碱(anisodamine,654)

本药是我国从茄科植物唐古特莨菪中提取出的生物碱,其人工合成品称654-2。与阿托品相比,其作用特点为:①对胃肠道平滑肌、血管平滑肌解痉作用选择性高,解痉作用的强度与阿托品类似或稍弱;②抑制腺体分泌和扩瞳作用仅为阿托品的 1/20~1/10;③不易透过血脑屏障,故中枢作用不明显。

由于本药的选择性相对较高,不良反应较阿托品少,扩血管改善微循环作用确切,临床常用于解除胃肠绞痛、感染性休克,以及治疗多种微循环障碍性疾病。尤其在抗感染性休克方面已取代了阿托品的地位。青光眼患者禁用。

近年发现本药有抗血栓形成作用,能抑制血栓素 A_2(TXA_2)的合成,抑制血小板聚集。临床用于治疗凝血性疾病,如弥散性血管内凝血(DIC)、血栓性静脉炎、脑血管痉挛和脑栓塞所致早期瘫痪等。

> **知识链接**
>
> ### 推动微循环的运用——修瑞娟
>
> 修瑞娟是我国著名的微循环专家,她潜心研究微循环病理生理 40 余年。1980 年,她和她的团队用闭路电视系统研究了山莨菪碱对金黄地鼠微循环的作用,发现该药能扩张正常微血管,并能有效抑制去甲肾上腺素所诱导的微循环痉挛。1982 年,她领导撰写的有关应用微循环理论治疗慢性病的论文《山莨菪碱抑制血栓素合成、抑制粒细胞聚集、抑制血小板聚集》在美国发表。1983 年在国际微循环专题讨论中,她的发现,即"海涛式灌注"理论被命名为"修氏理论",这标志着我国微循环研究跨入世界领先水平。2010 年,修瑞娟教授获得"B. W. Zweifach"奖,即微循环功能研究终身成就奖。此奖项为美国微循环学会的最高奖项,也是世界医学领域的一项重要大奖。

二、阿托品的合成代用品

1. 合成扩瞳药

后马托品(homatropine)和托吡卡胺(tropicamide,托品酰胺)

两药均属短效 M 受体阻滞药,适用于眼底检查和成人验光配镜。两者与阿托品相比的特点见表 7-1。

表 7-1　几种扩瞳药滴眼作用比较

药物	浓度 /(g/L)	扩瞳作用		调节麻痹作用	
		高峰 /min	消退 /d	高峰 /h	消退 /d
硫酸阿托品	10	30~40	7~10	1~3	7~12
氢溴酸后马托品	10	40~60	1~2	0.5~1	1~2
托吡卡胺	5~10	20~40	0.25	0.5	<0.25

2. 合成解痉药

溴丙胺太林(propantheline bromide,普鲁本辛)

该药特点为:①对胃肠道 M 受体阻滞作用选择性高,抑制胃肠道平滑肌作用较强而持久,并能不同程度地减少胃液分泌;②不易透过血脑屏障,中枢作用不明显。临床主要用于治疗胃、十二指肠溃疡和胃肠痉挛性疼痛。

贝那替秦(benactyzine,胃复康)

本药特点为:①口服易吸收,解除胃肠道平滑肌痉挛作用较明显,也有抑制胃液分泌作用;②易透过血脑屏障,产生中枢镇静作用。临床适于治疗兼有焦虑症的消化性溃疡患者。

点滴积累

1. 阿托品为 M 受体阻滞药的代表药物,主要作用是抑制腺体分泌、扩瞳、升高眼压、调节麻痹、松弛平滑肌、解除迷走神经对心脏的抑制、扩张血管等,临床用于缓解内脏绞痛,麻醉前给药,治疗虹膜睫状体炎、缓慢型心律失常、休克,以及解救有机磷酸酯类中毒。主要副作用为口干、心悸、视物模糊等。中毒时表现为中枢先兴奋后抑制。
2. 山莨菪碱不良反应少,作为阿托品的代用品用于感染性休克。
3. 东莨菪碱的外周作用与阿托品相似,其中枢作用与阿托品相反,表现为镇静和催眠作用,主要用于全身麻醉前给药、预防晕动病、抗帕金森病等。
4. 后马托品扩瞳作用快而短暂,用于眼底检查和成人验光配镜。
5. 溴丙胺太林对胃肠 M 受体有较高的选择性,用于胃、十二指肠溃疡和胃肠痉挛性疼痛等。

第二节　N 受体阻滞药

N 受体阻滞药按其对 N 受体亚型的选择性差异而分为 N_1 和 N_2 受体阻滞药。N_1 受体阻滞药对交感神经节和副交感神经节的阻断作用缺乏选择性,可同时阻断,故不良反应多且严重,现已少用。

N_2 受体阻滞药又称骨骼肌松弛药,简称肌松药,能选择性地和神经肌肉接头突触后膜上的 N_2 受体结合,阻断神经冲动的传递,使骨骼肌松弛,便于在较浅麻醉下进行外科手术。按其作用机制可分去极化型和非去极化型两类。

一、去极化型肌松药

去极化型肌松药是指药物与骨骼肌运动终板上的 N_2 受体结合,产生与乙酰胆碱相似但较持久的去极化作用,使之长期处于不应期状态,不再对乙酰胆碱起反应,从而导致骨骼肌松弛。

琥珀胆碱(succinylcholine,司可林,scoline)

【体内过程】琥珀胆碱进入血液循环后迅速被血浆及肝的假性胆碱酯酶水解,故作用持续时间短暂,仅有 2%~5% 的琥珀胆碱以原型经肾排出。

【作用与应用】静脉给药后先出现短暂的肌束颤动,1分钟内即出现肌肉松弛,2分钟达高峰,5分钟左右肌松作用消失。持续静脉滴注可达到较长时间的肌松作用。肌肉松弛顺序依次为眼睑肌、颜面部肌肉、颈部肌、上肢肌、下肢肌、躯干肌、肋间肌和膈肌。肌力恢复的顺序与上述肌松顺序相反。本药作为外科麻醉辅助药,静脉滴注使肌肉完全松弛,便于在较浅的全身麻醉下进行外科手术,增加全麻的安全性。静脉注射用于气管内插管、气管镜和食管镜检查等短时操作,因有强烈的窒息感,故清醒患者禁用。一般可继硫喷妥钠静脉注射后给予本药。

【不良反应】

1. **呼吸肌麻痹**　过量可致呼吸肌麻痹,抢救时须行人工呼吸,用本药时应备有人工呼吸机。

2. **肌肉酸痛**　可能由于肌束颤动损伤肌梭所致,一般3~5天自愈。

3. **血钾升高**　因本药使骨骼肌持久性去极化,导致大量钾离子外流,故血钾升高。该现象对血钾正常者无明显影响,但血钾偏高的患者,如烧伤、广泛软组织损伤、偏瘫等禁用本药,以免发生高钾血症性心搏骤停。

4. **眼压升高**　本药能升高眼压,故青光眼和白内障晶体摘除术患者禁用。

严重肝功能不全、营养不良和电解质紊乱者慎用。

【药物相互作用】氨基糖苷类抗生素和多肽类抗生素在大剂量应用时,也有肌肉松弛作用,与本药合用则易致呼吸麻痹,应慎用。抗胆碱酯酶药、普鲁卡因、环磷酰胺等降低血浆假性胆碱酯酶活性而增强琥珀胆碱的作用。

二、非去极化型肌松药

非去极化型肌松药对骨骼肌运动终板上的N₂受体有较强的亲和力,但缺乏内在活性,不引起终板膜去极化,不产生终板电位,可竞争性阻断乙酰胆碱对N₂受体的作用,使骨骼肌松弛。

筒箭毒碱(tubocurarine)

本药静脉注射后3~4分钟产生肌肉松弛作用,约5分钟达高峰,持续20~40分钟,24小时后仍有一定作用。因有蓄积性,重复使用本药时应减量。肌松顺序同琥珀胆碱类似,过量也可引起呼吸肌麻痹。主要作为外科麻醉辅助用药。因有神经节阻断和促进组胺释放作用,可致血压下降、心跳减慢、支气管痉挛和唾液分泌增多,故禁用于支气管哮喘和严重休克患者。10岁以下儿童和重症肌无力患者对此药均敏感,故不宜用于儿童及重症肌无力患者。

本药来源有限(需进口),缺点较多,现已少用。临床应用较多且较安全的非去极化型肌松药为以下几种,均在各类手术、气管插管、破伤风及惊厥时作肌松药使用。

泮库溴铵(pancuronium bromide,本可松)

肌松作用比筒箭毒碱强5~10倍,起效快(1.5~2分钟),持续时间短(10~15分钟),蓄积性小,无神经节阻断和组胺释放作用。

维库溴铵（vecuronium bromide，万可松）

肌松作用比筒箭毒碱强，静脉注射后 2~3 分钟显效，约 5 分钟作用达高峰，维持效应 20~30 分钟。亦无神经节阻断作用，较少促进组胺释放。

阿曲库铵（atracurium，卡肌宁）

属中等强度肌松药。静脉注射 2 分钟显效，维持 20~35 分钟。可以 5~10μg/(min·kg) 的速度静脉滴注以维持肌松效应。因主要被血液中假性胆碱酯酶水解，故肝肾功能不全者可选用本药。

哌库溴铵（pipecuronium bromide）

肌松作用比泮库溴铵强，维持时间较长，一次静脉注射可维持 80~100 分钟，不良反应比泮库溴铵小。

米库氯铵（mivacurium chloride）

本药进入体内迅速被血浆中假性胆碱酯酶水解，故作用维持时间短。一次静脉注射 2 分钟起效，作用维持 15 分钟。有组胺释放作用，可出现脸红、血压降低等。

去极化型肌松药与非去极化型肌松药特点见表 7-2。

表 7-2　去极化型肌松药与非去极化型肌松药特点

药物分类	主要特点	代表药物
去极化型肌松药	用药后常见短暂肌束颤动；连续用药可产生快速耐受性；抗胆碱酯酶药如新斯的明能增强和延长本类药物的作用，故过量中毒时不能用新斯的明及类似药解救；治疗量无神经节阻断作用	琥珀胆碱
非去极化型肌松药	肌松前无肌束颤动现象；同类药联合使用则阻断作用相加；吸入性全麻药和氨基糖苷类抗生素能加强并延长此类药物的肌松作用；抗胆碱酯酶药可阻断本药的作用，故过量时可用适量新斯的明解救	筒箭毒碱

> **点滴积累**
>
> N₂ 受体阻滞药（骨骼肌松弛药）能阻断神经冲动的传递，使骨骼肌松弛，临床主要用于较浅麻醉下外科手术的辅助药。

目标检测

一、简答题

1. 简述阿托品的作用与临床应用。

2. 比较山莨菪碱和东莨菪碱的作用特点。

扫一扫，做实验：乙酰胆碱和阿托品对家兔离体肠管平滑肌的影响

复习导图

习题

二、处方分析

患者,女,65岁。3个月前患青光眼,门诊治疗至今。7小时前家庭聚餐后感到恶心,随后腹痛、腹泻多次,大便不成形且有水样便,遂来急诊。T: 36.5℃,P: 87次/min,R: 16次/min,BP: 150/85mmHg。诊断:急性胃肠炎。医生处方如下,请分析是否合理,为什么?

Rp:

盐酸消旋山莨菪碱注射液　10mg×1

Sig.　10mg　i.m.　stat.！

诺氟沙星胶囊　0.2g×20

Sig.　0.4g　b.i.d.　p.o.

(赵　辉)

第八章 肾上腺素受体激动药

ER 8-1

第八章
课件

导学情景

情景描述:

　　王女士因大叶性肺炎入院,医生选用青霉素对其进行治疗。给药过程中王女士突然出现面色苍白、胸闷、脉搏细弱、血压下降、昏迷等。诊断为过敏性休克,医生采用盐酸肾上腺素注射液进行抢救。

学前导语:

　　肾上腺素又名副肾素,是抢救过敏性休克的首选药。本章我们将学习以肾上腺素为代表的肾上腺素受体激动药。

　　肾上腺素受体激动药通过与肾上腺素受体结合,产生与交感神经兴奋相似的效应。根据药物对肾上腺素受体亚型的选择性不同,可分为 α、β 受体激动药,α 受体激动药和 β 受体激动药。

ER 8-2

扫一扫,
知重点

第一节　α、β 受体激动药

肾上腺素(adrenaline,AD)

【**体内过程**】口服使胃黏膜血管收缩,又易被碱性肠液破坏,故不产生吸收作用。皮下注射因局部血管收缩,吸收缓慢,可维持作用 1 小时。肌内注射吸收快,维持时间 20~30 分钟。不易进入中枢神经系统。

【**药理作用**】肾上腺素对 α、β 受体都有强大激动作用。

1. **心脏**　激动心肌、窦房结和传导系统的 β_1 受体,引起心脏强烈兴奋,表现为心肌收缩力加强,传导加快,心率加快,心排血量增加,并能激动 β_2 受体,舒张冠状血管,改善心肌血液供应,是强效心脏兴奋药。其不利的一面是心肌耗氧量增加,对心脏正、异位起搏点的自律性均升高,过量或静脉给药速度过快,可引起心律失常,出现期前收缩、心动过速甚至心室颤动(简称室颤)。

2. 血管　可激动血管平滑肌的 α_1 受体和 β_2 受体，对血管有收缩和舒张双重作用。由于体内不同部位血管受体分布和密度不同，肾上腺素对血管的作用表现也不一致。皮肤、黏膜、腹腔内脏血管以 α_1 受体占优势，故肾上腺素对上述部位的血管收缩作用强烈。骨骼肌血管和冠脉血管以 β_2 受体占优势，故上述血管呈现舒张效应。

3. 血压　皮下注射治疗量或低浓度静脉滴注肾上腺素能增加心排血量，使收缩压上升，骨骼肌血管的舒张抵消或超过皮肤黏膜及内脏血管的收缩，故舒张压不变或下降，脉压加大。较大剂量或静脉快速注射，α_1 受体激动作用占优势，血管收缩超过血管舒张，外周阻力增加，收缩压和舒张压均升高。

动物实验表明，静脉注射较大剂量肾上腺素后，血压迅速上升，继而迅速下降至原水平以下，然后再恢复到原水平。这是由于血管平滑肌的 β_2 受体比 α_1 受体对低浓度的肾上腺素更敏感之故。如果事先用 α 受体阻滞药取消肾上腺素的缩血管作用，再用肾上腺素时则其扩血管作用就明显表现出来，导致血压下降，这种现象称为肾上腺素升压作用的翻转。

ER 8-3
肾上腺素升压作用的翻转

4. 支气管　激动支气管平滑肌的 β_2 受体，产生强大舒张作用，尤以痉挛状态时舒张作用明显。肾上腺素还激动支气管黏膜血管的 α_1 受体，产生缩血管作用，降低血管通透性，减轻黏膜水肿和充血。此外肾上腺素能抑制肥大细胞释放组胺、白三烯等过敏物质，这些均为本药治疗支气管哮喘急性发作的药理学基础。

5. 代谢　肾上腺素明显提高机体代谢率和耗氧量，促进糖原、脂肪分解，使血糖升高，血中游离脂肪酸含量升高。

【临床应用】

1. 心搏骤停　肾上腺素对突然停搏的心脏有起搏作用。可用于因麻醉、手术意外、溺水、急性传染病、药物中毒和心脏高度传导阻滞等引起的心搏骤停。现主张静脉给药，同时进行有效的人工呼吸和心脏按压。对电击所致心搏骤停，可配合除颤器或利多卡因等进行抢救，也能收到一定疗效。

2. 过敏性休克　肾上腺素是抢救过敏性休克的首选药。通过它的收缩支气管黏膜血管、消除黏膜水肿、松弛支气管平滑肌、抑制过敏物质释放以及升压等作用，迅速缓解过敏性休克的症状。一般采用皮下或肌内注射，必要时亦可用生理盐水稀释后缓慢静脉注射。

3. 支气管哮喘　用于控制支气管哮喘急性发作，皮下或肌内注射能于数分钟内奏效，但维持时间较短。

4. 局麻佐药及局部止血　按 1∶250 000 在局麻药中添加少量的肾上腺素，可延缓局麻药的吸收，延长局麻时间，并减轻毒性反应。鼻黏膜或牙龈出血时，可用浸有 1∶2 000~1∶1 000 溶液的棉球或纱布填塞局部而止血。

【不良反应】一般剂量可引起心悸、不安、头痛等，但经休息可消失。剂量过大产生剧烈的搏动性头痛，血压剧烈上升，有诱发脑出血的危险，亦可引起心律失常甚至心室颤动，故应严格掌握剂量。

【禁忌证】器质性心脏病、高血压、脑动脉硬化、甲状腺功能亢进(简称甲亢)和糖尿病患者禁用。

知识链接

心搏骤停及抢救药物

心搏骤停又称心脏性猝死,指突然发生的心脏有效搏动停止。心搏骤停时的心脏电活动大多是心室颤动,少数为室性心动过速。心搏骤停最重要的急救措施是国际规范化心肺脑复苏术。使用的主要药物有肾上腺素、利多卡因、碳酸氢钠、血管收缩药、血管舒张药和其他心脏兴奋剂等。其中肾上腺素是目前被公认为最有效且被广泛应用于抢救心搏骤停的首选药,配合利多卡因消除心室颤动或室性心动过速,再合用阿托品可解除迷走神经对心脏的抑制,上述三者合称为抢救心搏骤停的"新三联"用药,静脉给药的同时,可行心外按摩、挤压,形成人为的血液循环,促进药物通过血液循环到达心肌而发挥药效。

多巴胺(dopamine,DA)

【体内过程】本药与肾上腺素相似,性质不稳定,口服易被破坏,$t_{1/2}$ 仅为 1~2 分钟,常采用静脉滴注给药以维持有效血药浓度。因不易透过血脑屏障,故外源性多巴胺无中枢作用。

【药理作用】激动 α、β 和多巴胺(D_1)受体,其中对 $β_2$ 受体作用较弱。激动肾、肠系膜和冠状血管的多巴胺受体时血管舒张,还能促进去甲肾上腺素能神经末梢释放去甲肾上腺素。

1. **心脏** 小剂量时激动心脏的 $β_1$ 受体,使心肌收缩力加强,心排血量增加,对心率的影响不明显。大剂量可加快心率,提高自律性,甚至引起心律失常,但发生率比肾上腺素低。

2. **血管与血压** 多巴胺对血管和血压的影响因剂量大小而不同。小剂量时,心排血量增加,皮肤黏膜血管轻度收缩,肾和肠系膜血管舒张,总外周阻力变化不明显,故收缩压升高,舒张压不变或稍增加,脉压增大;大剂量时,心排血量增加,心率加快,血管收缩占优势,肾及肠系膜血管收缩,总外周阻力增大,收缩压和舒张压均升高。

3. **肾脏** 小剂量时激动 D_1 受体使肾血管舒张,肾血流量及肾小球滤过率均增加,还能直接抑制肾小管对去甲肾上腺素重吸收,有排钠利尿效应。大剂量时肾血管上的 $α_1$ 受体占优势,故肾血管明显收缩,肾血流量减少。

【临床应用】

1. **休克** 多巴胺是目前抗休克治疗中最常用的药物。适当剂量的多巴胺有强心作用,使肾、肠系膜等血管舒张的同时,皮肤黏膜血管收缩,既升高血压,增加微循环灌注压,又能维持重要器官的血流量,改善器官缺氧状态,可用于心源性休克。对其他种类的休克患者,如伴有心肌收缩力减弱、心排血量减少、尿量减少者也很适宜。用药前应注意补充血容量和纠正酸中毒。

2. **急性肾功能不全** 与利尿药合用可增强疗效。

【不良反应】一般较轻,偶见消化道症状。静脉滴注速度太快或剂量过大可出现心动过速、心律失常,以及肾血管明显收缩,导致肾功能减退,减慢滴速或停药可缓解。此外,静脉滴注外漏可引起局部组织缺血坏死。

麻黄碱(ephedrine,麻黄素)与伪麻黄碱(pseudoephedrine,伪麻黄素)及其他肾上腺受体激动药作用与应用特点见表8-1。

表8-1　其他肾上腺素受体激动药作用与应用特点

药名	作用与应用特点
麻黄碱	作用与肾上腺素相似但较弱,中枢兴奋作用较强。能促进去甲肾上腺素能神经末梢释放递质,但短期内反复使用易产生快速耐受性。主要用于预防支气管哮喘发作和轻症的治疗,防治蛛网膜下腔麻醉或硬膜外麻醉引起的低血压,缓解充血性鼻塞和皮肤黏膜过敏反应。禁忌证同肾上腺素
伪麻黄碱	为麻黄碱的立体异构体,两者的药理作用、不良反应相似。常因其可缓解鼻塞症状作为复方感冒制剂中的成分,或用于鼻炎
间羟胺(metaraminol)	与去甲肾上腺素相比作用较弱而持久。促使去甲肾上腺素能神经末梢释放去甲肾上腺素,故短时连续用可产生快速耐受性。升压作用可靠,维持时间长,不易引起少尿及心律失常,可肌内注射,临床用于各种休克的早期治疗
去氧肾上腺素(phenylephrine,新福林)和甲氧明(methoxamine,甲氧胺)	两药作用比去甲肾上腺素弱而持久,用于各种原因引起的低血压。因缩血管、升压能反射性减慢心率,可用于治疗阵发性室上性心动过速。去氧肾上腺素能激动瞳孔开大肌上 α_1 受体,具有不升高眼压、不麻痹睫状肌而快速、短效扩瞳等特点,临床用作眼底检查
多巴酚丁胺(dobutamine)	可选择性激动 β_1 受体。治疗量能增加心肌收缩力和心排血量,对心率影响不大。临床主要用于短期支持治疗心肌收缩力减弱引起的心力衰竭。梗阻性肥厚型心肌病患者禁用

点滴积累

1. 肾上腺素是典型的 α、β 受体激动药,其主要作用是兴奋心脏,收缩皮肤、黏膜、内脏血管,舒张骨骼肌血管和冠状血管,升高血压,舒张支气管平滑肌等。临床用于抢救心搏骤停、过敏性休克、支气管哮喘急性发作等。禁用于器质性心脏病、高血压、脑动脉硬化、甲亢和糖尿病患者。
2. 多巴胺除激动 α 和 β 受体而收缩血管、兴奋心脏外,还能激动肾、肠系膜和冠状血管的多巴胺受体,使上述血管舒张,所以多巴胺对血管和血压的影响因剂量大小而有别,临床主要用于抗休克和治疗急性肾功能不全。静脉滴注速度太快或剂量过大可致心律失常。

第二节　α 受体激动药

去甲肾上腺素(noradrenaline,NA)

【体内过程】口服使胃黏膜血管收缩,又易被碱性肠液破坏,故不产生吸收作用。皮下或肌内注射,因血管收缩剧烈,吸收很少,且易产生局部组织坏死。静脉注射因迅速被消除而作用短暂,故一般采用静脉滴注以维持有效血药浓度。

【药理作用】主要激动 α 受体,对 β_1 受体作用较弱,对 β_2 受体几乎无作用。

1. 心脏　激动心脏的 β_1 受体使心肌收缩力加强,心率加快,传导加快,心排血量增加。在整体情况下,因血压急剧升高,可反射性兴奋迷走神经引起心率减慢。

2. 血管　除冠状血管外,几乎所有的小动脉和小静脉均出现强烈收缩。皮肤、黏膜血管收缩最明显,其次为肾血管,肠系膜血管、肝血管和骨骼肌血管也有不同程度收缩。冠状血管主要因心脏兴奋、心肌代谢产物如腺苷等增加而舒张;同时因心排血量增加,冠脉血流量增加,冠脉被动扩张。

3. 血压　小剂量静脉滴注时,因心脏兴奋、心排血量增加,收缩压升高,此时血管收缩尚不十分剧烈,故舒张压升高不多,而脉压加大。剂量较大时,因血管强烈收缩,外周阻力明显增加,收缩压、舒张压均升高,脉压变小。

【临床应用】

1. 休克和低血压　目前仅限于治疗神经源性休克早期以及药物中毒引起的低血压。静脉滴注去甲肾上腺素,使收缩压维持在 12kPa（90mmHg）左右,以保证心、脑等重要器官的血液供应。本药不能长时间或大剂量使用,以免因血管强烈收缩加重微循环障碍,现主张去甲肾上腺素与 α 受体阻滞药酚妥拉明合用以拮抗其缩血管作用,保留其激动心脏 β$_1$ 受体的作用而抗休克。

2. 上消化道出血　去甲肾上腺素稀释后口服,使上消化道黏膜血管强烈收缩而产生局部止血作用。

【不良反应】

1. 局部组织缺血坏死　静脉滴注浓度过高、时间过长或药液外漏均可使局部血管强烈收缩,导致组织缺血坏死。如注射部位出现皮肤苍白和疼痛,应立即更换注射部位并热敷之,或以酚妥拉明 5mg 溶于生理盐水 10ml,或用 2.5g/L 普鲁卡因溶液 10ml 局部浸润注射,使血管扩张。

2. 急性肾衰竭　用量过大或用药时间过长均可使肾血管剧烈收缩,产生少尿、无尿等急性肾衰竭表现。故用药期间应记录尿量,至少保持在 25ml/h 以上,否则立即减量或停药。

【禁忌证】高血压、动脉硬化症、器质性心脏病患者禁用。

其他 α 受体激动药间羟胺、去氧肾上腺素、甲氧明的作用及应用特点见表 8-1。

点滴积累

去甲肾上腺素、间羟胺等为 α 受体激动药,它们的主要作用是收缩血管、升高血压。临床用于抢救某些休克及药物中毒性低血压,但不可大量应用。

第三节　β 受体激动药

（一）β$_1$、β$_2$ 受体激动药

异丙肾上腺素（isoprenaline, ISO）

【体内过程】口服不产生吸收作用,舌下含服或气雾吸入均能迅速吸收。在体内主要被 COMT 破坏,极少被 MAO 代谢,故作用维持时间较肾上腺素略长。

【药理作用】本药为强大的 β 受体激动药,对 β₁ 和 β₂ 受体的激动无选择性。

1. **心脏** 激动心脏 β₁ 受体作用较强,可使心肌收缩力增强,心率加快,传导加快,心排血量增多,也明显增加心肌耗氧量。与肾上腺素相比,异丙肾上腺素对正位起搏点窦房结的作用比异位起搏点作用强,过量也导致心律失常,但较肾上腺素少见。

2. **血管与血压** 激动血管的 β₂ 受体,使冠状血管和骨骼肌血管舒张,尤其骨骼肌血管明显舒张,总外周阻力下降。小剂量静脉滴注,收缩压升高,舒张压下降,脉压增大,大剂量静脉注射时血压明显下降。

3. **支气管** 激动支气管平滑肌 β₂ 受体,松弛支气管平滑肌,缓解支气管痉挛,作用比肾上腺素强,但反复长期应用,容易产生耐受性。本药也具有激动肥大细胞膜上 β₂ 受体、抑制过敏物质释放作用;对支气管黏膜血管无收缩作用,故消除黏膜水肿作用不如肾上腺素。

4. **代谢** 促进糖原和脂肪分解,增加组织耗氧量。

【临床应用】

1. **支气管哮喘** 舌下或气雾吸入给药能迅速控制哮喘急性发作,疗效快而强。

2. **房室传导阻滞** 采用舌下含服或静脉滴注法治疗Ⅱ度、Ⅲ度房室传导阻滞。

3. **心搏骤停** 抢救因心室自身节律缓慢、高度房室传导阻滞或窦房结功能衰竭而引起的心搏骤停。亦可与其他强心药合用抢救溺水、麻醉意外等引起的心搏骤停。

【不良反应】常有心悸、头晕等症状,治疗哮喘时气雾吸入剂量过大或过于频繁可出现室性心动过速或室颤等心律失常。

【禁忌证】冠心病、心肌炎和甲亢患者禁用。

(二) β₁ 受体激动药

代表药物多巴酚丁胺的作用与应用特点见表 8-1。

(三) β₂ 受体激动药

代表药物有沙丁胺醇(salbutamol)、特布他林(terbutaline)、沙美特罗(salmeterol)、福莫特罗(formoterol)、维兰特罗(vilanterol)等,此类药物能选择性地激动支气管平滑肌上的 β₂ 受体,主要用于治疗支气管哮喘。详见第二十六章作用于呼吸系统的药物。

> **岗位情景**

患者,女,26 岁,因左踝部肿痛 3 天,局部有脓性分泌物来外科就医,诊断为左足蜂窝织炎。给予局部外用杀菌药处理,并做青霉素皮试(−)后,给予青霉素 400 万 U,加入 5% 葡萄糖溶液 150ml 中静脉滴注,液体滴约 50ml 后患者突感呼吸困难、胸闷、心慌,继之烦躁不安。查体:T 37℃,P 85 次/min,R 30 次/min,心率(HR)85 次/min,BP 85/50mmHg,叫之能应,口唇发绀,双肺(−),四肢末梢凉且发绀。临床诊断为青霉素所致过敏性休克。

请分析:

1. 针对该过敏性休克患者的抢救治疗原则是什么?首选的抢救药物是什么?

2. 应采取哪些综合抢救措施?

3. 本例中医生把 5% 葡萄糖溶液作为青霉素的溶媒是否正确?为什么?

ER 8-4

岗位情景的
参考答案

点滴积累

1. 异丙肾上腺素是非选择性 β 受体激动药,其主要作用是兴奋心脏、舒张血管、松弛支气管平滑肌等,临床用于治疗支气管哮喘急性发作、心搏骤停、房室传导阻滞。剂量过大亦可导致室性心动过速或室颤等心律失常。冠心病、心肌炎和甲亢患者禁用异丙肾上腺素。

2. 多巴酚丁胺选择性激动心肌上的 β_1 受体,与异丙肾上腺素相比,对心肌收缩力的增强作用比对心率的增加作用更显著,也较少引起心动过速,主要用于短期支持治疗心肌收缩力减弱引起的心力衰竭。

3. 沙丁胺醇、沙美特罗等药物通过选择性激动 β_2 受体,松弛支气管平滑肌,主要用于治疗支气管哮喘。

目标检测

复习导图

一、简答题

简述肾上腺素、异丙肾上腺素作为强效心脏兴奋药抢救心搏骤停的药理学基础。

二、处方分析

习题

患者,男,45 岁。因右下肢患丹毒输注青霉素(皮试阴性),出现过敏性休克症状,医生开出急诊处方如下,请分析是否合理,为什么?

Rp:

盐酸肾上腺素注射液　1mg×2

Sig.　2mg　i.m.　stat.!

氢化可的松注射液　200mg×1

0.9% 氯化钠注射液　500ml　i.v.gtt.　stat.!

马来酸氯苯那敏注射液　10mg×1

Sig.　10mg　i.m.　stat.!

(谌 茜)

第九章　肾上腺素受体阻滞药

第九章
课件

导学情景

情景描述：

张先生，55 岁。因病入院给予去甲肾上腺素静脉滴注治疗。用药过程中出现滴注部位皮肤苍白、皮肤温度下降。护士发现后报告值班医生，诊断为去甲肾上腺素外漏所致。立即采取更换注射部位、热敷、局部浸润注射酚妥拉明等方法处理。

学前导语：

酚妥拉明是一种肾上腺素受体阻滞药，常用于治疗肢端血管痉挛性疾病、感染性休克、心力衰竭等。本章我们将学习三类肾上腺素受体阻滞药：α 受体阻滞药、β 受体阻滞药和 α、β 受体阻滞药。

扫一扫，
知重点

肾上腺素受体阻滞药是一类能与肾上腺素受体结合，但本身无内在活性或仅有微弱内在活性的药物。该类药物与肾上腺素受体结合后，能妨碍内源性儿茶酚胺类神经递质或外源性肾上腺素受体激动药与受体结合，从而发挥抗肾上腺素作用。按照对肾上腺素受体选择性的不同，可分为 α 受体阻滞药、β 受体阻滞药和 α、β 受体阻滞药三大类。

一、α 受体阻滞药

α 受体阻滞药能选择性与 α 受体结合，阻止去甲肾上腺素能神经递质或肾上腺素受体激动药与 α 受体结合，从而产生抗肾上腺素作用。

根据药物对 α 受体的选择性不同，可分为三类：非选择性 α 受体阻滞药、选择性 α_1 受体阻滞药、选择性 α_2 受体阻滞药。根据作用持续时间的不同，非选择性 α 受体阻滞药可分为短效和长效两类：前者与 α 受体结合较疏松，易于解离，维持时间较短，可被大剂量激动药竞争拮抗，故称竞争性 α 受体阻滞药，如酚妥拉明、妥拉唑林；后者与 α 受体结合牢固，不易解离，维持时间较长，大剂量激动药也难完全拮抗其作用，故称非竞争性 α 受体阻滞药，如酚苄明。

酚妥拉明（phentolamine，立其丁）

【体内过程】 口服给药生物利用度低，其效果仅为注射给药的 1/5，故临床常采用肌内注射或静脉给药，体内代谢迅速，大多以无活性代谢产物形式自尿中排出。肌内注射作用维持 30~45 分钟，静脉注射后 2~5 分钟起效。

【药理作用】

1. **血管与血压**　静脉注射酚妥拉明，能通过直接舒张血管平滑肌及阻断 α_1 受体作用，使血管舒张，外周阻力下降，血压下降。酚妥拉明可使肾上腺素的升压作用翻转为降压（肾上腺素升压作用的翻转）。

2. **心脏**　对心脏有兴奋作用，表现为心肌收缩力加强，心率加快，心排血量增加。心脏兴奋的原因：一是阻断 α_1 受体，血管舒张，血压下降反射性引起交感神经兴奋；二是阻断突触前膜 α_2 受体，促进神经末梢释放去甲肾上腺素。

3. **其他**　拟胆碱作用使胃肠平滑肌兴奋；组胺样作用使胃酸分泌增加、皮肤潮红等。

【临床应用】

1. **外周血管痉挛性疾病**　对肢端动脉痉挛性疾病、血栓闭塞性脉管炎、冻伤后遗症等均有明显疗效。

2. **静脉滴注去甲肾上腺素药液外漏**　可用本药 5~10mg 溶于 10~20ml 生理盐水中，作皮下浸润注射，拮抗去甲肾上腺素强烈的缩血管效应。

ER 9-3

技能赛点的参考答案

> **技能赛点**
>
> 　　患者，男，35 岁，因感染性休克出现低血压，采用去甲肾上腺素静脉输注给药，半小时后见注射部位红肿、皮肤紫红色。请问患者为何出现此种症状？应当如何处理？

3. **休克**　酚妥拉明能扩张外周血管，解除小血管痉挛，增加组织血液灌注量，改善微循环，又可增强心肌收缩力，增加心排血量，这些均有利于休克的纠正。适用于感染性、心源性和神经源性休克，给本药前须补足血容量。

4. **诊断和治疗嗜铬细胞瘤**　酚妥拉明能降低嗜铬细胞瘤所致的高血压，用于鉴别诊断嗜铬细胞瘤以及嗜铬细胞瘤所致高血压危象及手术前治疗。

5. **急性心肌梗死及顽固性充血性心力衰竭**　酚妥拉明扩张小动脉，降低外周阻力，使心脏后负荷明显降低，改善心脏泵血功能；扩张小静脉，减少回心血量，使左室舒张末期压力和肺动脉压下降，消除肺水肿，从而治疗其他药物无效的急性心肌梗死及顽固性充血性心力衰竭。

【不良反应】

1. **消化道症状**　拟胆碱作用和组胺样作用可致恶心、呕吐、腹痛、腹泻、胃酸增多等消化道症状，可诱发溃疡病。胃炎、消化性溃疡患者禁用。

2. 心血管功能紊乱 静脉给药剂量过大或滴速过快,偶可引起心动过速,也可致心绞痛、直立性低血压等。应缓慢注射或静脉滴注。冠心病患者慎用。

> **知识链接**
>
> ### 嗜铬细胞瘤及其治疗方法
>
> 肾上腺髓质及交感神经节中的嗜铬细胞无限制生长即形成嗜铬细胞瘤。该肿瘤细胞可持续性或阵发性向血液及组织释放肾上腺素和去甲肾上腺素,导致患者出现持续性或阵发性高血压、头痛、出汗、心悸及代谢紊乱等一系列临床症状。手术切除肿瘤为本病的根治措施。但术前患者骤发高血压危象(血压急剧升高,剧烈头痛、头昏、视物模糊、气促、心动过速,甚至出现心绞痛、肺水肿、高血压脑病等表现),应立即使用药物抢救。酚妥拉明常用于高血压诊断试验、治疗高血压危象或在手术中控制血压,但不适于长期治疗。酚苄明作用时间长,控制血压较平稳,常用于手术前药物准备。初始剂量 5~10mg,每日 2 次,视血压控制情况逐渐加量,可每 2~3 日增加 10~20mg,一般病例需 40~80mg 方可控制血压。术前至少服药 2 周。

(二)长效类

酚苄明(phenoxybenzamine,苯苄胺)

【体内过程】口服吸收 20%~30%,因肌内注射及皮下注射刺激性较强,临床采用静脉给药。进入体内后形成乙撑亚胺基,与 α 受体牢固结合,起效缓慢,静脉注射需 1 小时才能充分发挥作用。本药排泄缓慢,大量给药可蓄积于脂肪组织。1 次用药作用可维持 3~4 天。

【药理作用与临床应用】本药与酚妥拉明相比,其特点为:①起效缓慢,作用强大而持久;②扩血管及降压强度取决于血管受交感神经控制的程度,对于平卧或休息的正常人,作用往往表现不明显,当交感神经张力高、处于直立位或低血容量时,酚苄明的降压作用更为显著;③主要用于外周血管痉挛性疾病、抗休克、治疗嗜铬细胞瘤和良性前列腺增生。

【不良反应】直立性低血压、心悸和鼻塞是本药常见的不良反应;亦可见胃肠道刺激症状,如恶心、呕吐;中枢抑制症状,如嗜睡、疲乏等。静脉注射须缓慢给药,严密监测血压。

哌唑嗪(prazosin)

选择性 α_1 受体阻滞药,对 α_2 受体无明显阻断作用,因而不促进去甲肾上腺素的释放,无明显加快心率作用,也不增加肾素分泌,为常用抗高血压药(见第十八章抗高血压药)。

育亨宾(yohimbine)

选择性 α_2 受体阻滞药,目前主要用作科研工具药,也可用于治疗男性性功能障碍及糖尿病患者的神经病变。

患者,女,26岁,因四肢麻木、发凉、刺痛就诊。发病时手指皮肤苍白,进而出现发绀,继而手指恢复红润,受到寒冷或者紧张的刺激后症状更为明显。诊断为雷诺病,医生处方如下。

Rp:

甲磺酸酚妥拉明片　40mg×28

Sig.　40mg　q.i.d.　p.o.

请分析:

1. 医生处方是否合理,为什么?
2. 除药物治疗外,还可采取哪些治疗方法?

ER 9-4

岗位情景的
参考答案

点滴积累

α 受体阻滞药有酚妥拉明、酚苄明、哌唑嗪等,其主要药理作用是舒张血管,降低外周阻力,使血压下降,并能间接兴奋心脏。临床主要用于抗休克,治疗外周血管痉挛性疾病,急性心肌梗死和顽固性充血性心力衰竭等。该类药物的主要不良反应是直立性低血压、心动过速、诱发消化性溃疡等。

二、β 受体阻滞药

β 受体阻滞药能选择性与 β 受体结合,阻断去甲肾上腺素能神经递质或肾上腺素受体激动药与 β 受体结合而产生效应。在整体情况下,本类药物的阻断作用依赖于机体交感神经的张力,当交感神经张力增高时,本类药物的阻断作用较强。

【药理作用】

1. β 受体阻滞作用

(1)心血管系统:阻断心脏的 β_1 受体,心率减慢,传导减慢,心肌收缩力减弱,心排血量减少,心肌耗氧量下降。阻断血管平滑肌的 β_2 受体,加之心功能受抑制,反射性兴奋交感神经,使血管收缩,外周阻力增加,肝、肾、骨骼肌血管及冠脉血流量减少。

(2)支气管平滑肌:阻断支气管平滑肌的 β_2 受体,使支气管平滑肌收缩,管径变小,增加呼吸道阻力。该作用对正常人影响较小,但对支气管哮喘患者,可诱发或加重哮喘的急性发作,严重时可危及生命。

(3)代谢:可抑制交感神经兴奋引起的脂肪分解,减弱肾上腺素的升高血糖作用。对正常人的血糖水平影响较小,也不影响胰岛素降血糖作用,但可延缓用胰岛素后血糖水平的恢复,且往往会掩盖低血糖症状如心悸等,从而使低血糖不易及时察觉,应特别注意。甲状腺功能亢进时,本类药物能降低儿茶酚胺敏感性,还能抑制甲状腺素(T_4)向三碘甲状腺原氨酸(T_3)的转变。

(4)肾素:可阻断肾小球旁器细胞的 β_1 受体而抑制肾素释放,这是本类药物产生降压作用的原因之一。

(5)眼：噻吗洛尔可拮抗睫状体β受体,降低眼压,用于治疗青光眼。

2. 内在拟交感活性 某些β受体阻滞药与β受体结合后,在阻断β受体的同时可产生较弱的激动β受体作用,该现象称内在拟交感活性。通常情况下,内在拟交感活性作用较弱,往往被β受体阻滞作用所掩盖。如果预先耗竭体内儿茶酚胺,再使用具有内在拟交感活性的β受体阻滞药,其激动作用即可表现出来。

3. 膜稳定作用 某些β受体阻滞药具有局部麻醉作用和奎尼丁样作用,这是由于其降低细胞膜对离子的通透性所致,故称膜稳定作用。但该作用在高于临床有效血药浓度几十倍时才出现,所以目前认为这一作用在常用量时与其治疗作用关系不大。

根据对β受体亚型(β_1和β_2受体)的选择性不同,可分为非选择性β受体阻滞药(如普萘洛尔)和选择性β_1受体阻滞药(如美托洛尔)两类,常用β受体阻滞药分类及特点见表9-1。

表9-1 常用β受体阻滞药分类及特点

药名	内在拟交感活性	膜稳定作用	血浆半衰期 /h	首过效应 /%	主要消除途径
非选择性β受体阻滞药					
普萘洛尔(propranolol)	—	++	3~4	60~70	肝、肾
纳多洛尔(nadolol)	—	—	10~20	0	肾
噻吗洛尔(timolol)	—	—	3~5	25~30	肝
吲哚洛尔(pindolol)	++	+	3~4	10~13	肝、肾
选择性β_1受体阻滞药					
美托洛尔(metoprolol)	+[a]	±	3~7	50~60	肝
阿替洛尔(atenolol)	—	—	5~8	0~10	肾
艾司洛尔(esmolol)	—	—	0.13	—	红细胞
醋丁洛尔(acebutolol)	+	+	2~4	30	肝

注:"+""±"表示作用的强度;[a]表示仅在超大剂量时显现;—表示无作用。

知识链接

选择性 β_1 受体阻滞药的优越性

选择性β_1受体阻滞药主要阻断β_1受体,对心脏有选择性作用,而对支气管平滑肌或外周血管平滑肌作用弱,因此诱发支气管哮喘、间歇性跛行甚至肢体坏疽的不良反应较少,给有支气管哮喘或外周血管痉挛性疾病病史,同时又是β受体阻滞药适应证的患者带来了福音。这是选择性β_1受体阻滞药比非选择性β受体阻滞药的优越之处,但有支气管哮喘和外周血管痉挛性疾病的患者还应慎重使用选择性β_1受体阻滞药。

【临床应用】

1. 心律失常 对多种原因引起的快速型心律失常有效,尤其对因运动、情绪紧张等所致心律失常或心肌缺血、强心苷中毒所致的心律失常效果较好,详见第二十二章抗心律失常药。

2. 心绞痛及心肌梗死 对心绞痛有良好疗效;对心肌梗死,长期应用可降低复发和猝死率,详见第二十一章抗心绞痛药。

3. 高血压 是治疗高血压的基础药物,也可与钙通道阻滞药、利尿药等联合应用,提高降压疗效,详见第十八章抗高血压药。

4. 充血性心力衰竭 能缓解症状,改善心功能和心脏重构,对扩张型心肌病引起的心力衰竭有明显作用,详见第二十三章抗慢性心功能不全药。

5. 甲状腺功能亢进及甲状腺危象 能降低基础代谢率,对控制激动不安、心动过速和心律失常等症状有效。

6. 其他 普萘洛尔用于治疗偏头痛、肌震颤、酒精中毒等。噻吗洛尔用于青光眼的治疗。

【不良反应】一般不良反应为消化道症状,如恶心、呕吐、腹泻等;偶见过敏反应,如皮疹、血小板减少。严重不良反应为诱发或加重支气管哮喘;抑制心脏功能,引起重度心功能不全、房室传导完全阻滞;收缩外周血管,引起间歇性跛行或雷诺病,甚至产生脚趾溃烂坏死;诱发低血糖,糖尿病患者同时应用胰岛素和 β 受体阻滞药,可加强降血糖作用,掩盖低血糖时出现的症状;长期用药后突然停用,可产生反跳现象,使原来病症加剧,故应逐渐减小剂量至停药。

【禁忌证】严重心功能不全、窦性心动过缓、重度房室传导阻滞和支气管哮喘等患者禁用。肝功能不全者慎用。

点滴积累

β 受体阻滞药常用的有普萘洛尔、美托洛尔等,其主要药理作用是抑制心肌收缩力、减慢心率、减慢传导、降低心肌耗氧量、抑制肾素释放等。临床主要用于治疗快速型心律失常、高血压、心绞痛、心肌梗死、充血性心力衰竭、甲状腺功能亢进等。β 受体阻滞药的主要不良反应是消化道症状、诱发加重支气管哮喘、抑制心脏功能等。

三、α、β 受体阻滞药

α、β 受体阻滞药对 α 受体和 β 受体具有阻断作用,代表药物有拉贝洛尔、卡维地洛等。

拉贝洛尔(labetalol,柳胺苄心定)

【体内过程】口服给药生物利用度为 20%~40%,个体差异大。$t_{1/2}$ 为 4~6 小时,血浆蛋白结合率为 50%。主要经肝脏代谢。

【药理作用】能阻断 α_1、β_1、β_2 受体,对 β 受体的阻断作用较强,是阻断 α 受体作用的 5~10 倍。阻断 α_1 受体,扩张外周血管,血压下降;阻断 β_1 受体,使心肌收缩力减弱,心肌耗氧量降低。

【临床应用】中重度高血压、妊娠高血压。高血压危象可采用静脉注射给药。此外,还可治疗心绞痛、嗜铬细胞瘤等疾病。

【不良反应】 常见不良反应有直立性低血压、眩晕、乏力、恶心等。

> ### 点滴积累
>
> α、β受体阻滞药常用的有拉贝洛尔等,其主要药理作用是抑制心肌收缩力、降低心肌耗氧量、扩张外周血管、降低血压等。临床主要用于中重度高血压、妊娠高血压、高血压危象、心绞痛、嗜铬细胞瘤等。主要不良反应是直立性低血压等。

扫一扫,做实验:传出神经系统药对动物血压的影响

复习导图

习题

目标检测

一、简答题

简述普萘洛尔的药理作用和临床应用。

二、处方分析

患者,男,40岁,既往有胃溃疡病史,近日左足及左小腿时有疼痛、发凉、怕冷、麻木感,严重时肌肉抽搐,不能行走,休息后症状减轻或消失。诊断为左足及其下肢血栓闭塞性脉管炎。医生处方如下,分析处方是否合理,为什么?

Rp:

甲磺酸酚妥拉明注射液　5mg×20

Sig.　10mg　i.m.　stat.!　需要时可重复给药

甲磺酸二氢麦角碱片　0.2g×40

Sig.　0.2g　t.i.d.　p.o.

（高 荧）

第十章　局部麻醉药

ER 10-1

第十章
课件

ER 10-2

扫一扫，
知重点

学习目标

1. **掌握**　局麻药的药理作用和作用机制、临床应用和不良反应。
2. **熟悉**　局麻药的给药方法。
3. **了解**　局麻药的分类。

导学情景

情景描述：

　　王女士,23 岁。因患"急性阑尾炎"准备手术治疗,术前给予普鲁卡因进行蛛网膜下腔麻醉,注射后患者出现肌肉震颤、烦躁不安、心率减慢、血压下降等症状。医生诊断为局部麻醉药中毒。

学前导语：

　　普鲁卡因是一种常用局部麻醉药,用于手术前准备,但剂量过大可出现严重的不良反应。本章我们将学习常用局部麻醉药的相关知识。

　　局部麻醉药(local anesthetic)简称局麻药,是一类能在用药局部可逆性阻断神经冲动的发生和传导,使相关神经支配部位的痛觉暂时消失的药物。在保持意识清醒的情况下,暂时引起局部组织痛觉消失。按化学结构可分为两类:第一类为酯类,代表药物主要有普鲁卡因、丁卡因等;第二类为酰胺类,代表药物主要有利多卡因、布比卡因等。

一、药理作用及局麻药的给药方法

(一) 药理作用

　　1. 局麻作用　局麻药能和神经细胞膜电压门控性钠通道结合,阻断 Na^+ 内流,阻止神经动作电位的产生和冲动的传导而产生局麻作用。局麻药对神经冲动传导的阻滞作用与神经纤维的类型和直径、膜电位的大小和局麻的剂量等因素有关。无髓鞘的神经和直径较细的神经更易被阻滞。膜电位负性较小的神经纤维对局麻药更为敏感。局麻药剂量自低到高,痛觉最先消失,其次是温觉、触觉、压觉。较高浓度时运动神经亦可受到影响,出现麻醉。神经冲动传导的恢复则按相反顺序进行。

　　2. 吸收作用　局麻药吸收进入血液循环并达到足够浓度后会引起全身作用,其作用的程度及性质取决于单位时间内进入血液循环的剂量,主要表现为中枢神经系统和心血管系统的不良反应。

(1)中枢神经系统：对中枢神经系统的作用通常是抑制作用,但中毒时多表现为先兴奋后抑制,出现眩晕、不安、视听觉紊乱、肌肉震颤甚至惊厥,最后转入昏迷,呼吸衰竭而死亡。

(2)心血管系统：一般在大剂量、高浓度时出现。主要表现为心脏抑制,如心肌兴奋性降低、心肌收缩力减弱、传导减慢和不应期延长,极高浓度时甚至引起心动过缓乃至窦性停搏。还可使血管扩张、血压下降。

(3)变态反应：出现荨麻疹、支气管痉挛和血压下降等,严重者出现急性过敏性休克。发生率低,多见于酯类局麻药。因此,要询问过敏史,作皮肤过敏试验和准备急救药品。

(二)临床应用方法

1. 表面麻醉 表面麻醉(surface anesthesia)是将穿透力强的局麻药喷于或涂于局部黏膜表面,使黏膜下的感觉神经末梢麻醉,常用于眼、鼻、咽喉、气管、泌尿生殖道等黏膜部位的浅表手术。常选用丁卡因、利多卡因等。

2. 浸润麻醉 浸润麻醉(infiltration anesthesia)是将药物注入皮内、皮下或手术切口部位,使局部神经末梢麻醉,适用于浅表手术、口腔手术、伤口修复、腰椎穿刺等。常选用穿透力小、毒性低的普鲁卡因或利多卡因。

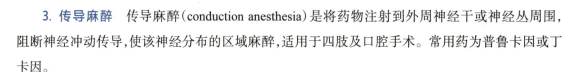

课 堂 活 动

临床在使用局部麻醉药作浸润麻醉时,常加入适量肾上腺素。但是在手指、脚趾、耳、鼻和阴茎等身体末梢部位需局麻做手术时,应禁止加入肾上腺素。

课堂讨论：

1. 加入肾上腺素的目的何在?

2. 在手指、脚趾、耳、鼻和阴茎等身体末梢部位需局麻做手术时,禁止加入肾上腺素又是什么原因?

ER 10-3

扫一扫,
知答案

3. 传导麻醉 传导麻醉(conduction anesthesia)是将药物注射到外周神经干或神经丛周围,阻断神经冲动传导,使该神经分布的区域麻醉,适用于四肢及口腔手术。常用药为普鲁卡因或丁卡因。

4. 蛛网膜下腔麻醉 蛛网膜下腔麻醉(subarachnoid anesthesia)又称腰麻或脊髓麻醉,是将药物注入腰椎蛛网膜下腔内,麻醉该部位的脊神经根,使其支配的区域产生麻痹。适用于下腹部及下肢手术,应用时应严格控制用药量和患者体位,严防呼吸和循环衰竭。常用药为普鲁卡因、利多卡因和丁卡因。

5. 硬膜外麻醉 硬膜外麻醉(epidural anesthesia)是将药物注入硬脊膜外腔,透过硬脊膜麻醉附近的脊神经根。与蛛网膜下腔麻醉相比,硬膜外腔不与颅腔相通,药液无法扩散至脑组织,但用药量较蛛网膜下腔麻醉大 5~10 倍,如果药物误入蛛网膜下腔,可引起严重毒性反应。适用于颈部至下肢手术,常用药为利多卡因。

如何区别麻醉药和麻醉药品

　　麻醉药是一类能使患者的痛觉暂时消失、有利于手术进行的药物,包括全身麻醉药和局部麻醉药。麻醉药品是指对中枢神经有麻醉作用,连续使用后易产生躯体依赖性和精神依赖性,能成瘾癖的药品,属于国家特殊管理药品,包括阿片类、可卡因类、大麻类、合成麻醉药类,及国家药品监督管理局指定的其他易成瘾癖的药品、药用原植物及其制剂。

二、常用局麻药

(一) 酯类局麻药

普鲁卡因(procaine,奴佛卡因)

　　普鲁卡因为最常用局麻药之一。脂溶性低,对皮肤、黏膜穿透力弱,主要用于浸润麻醉、传导麻醉、蛛网膜下腔麻醉和硬膜外麻醉,还可用于局部封闭疗法,一般不作表面麻醉。注射给药后1~3分钟起效,维持30~45分钟,临床常加入少量肾上腺素以延长局麻作用时间,降低毒性反应发生率。过量可引起中枢神经系统和心血管系统不良反应,少数人可出现变态反应,故用药前应作皮试。

丁卡因(tetracaine,地卡因)

　　丁卡因脂溶性较高,黏膜穿透力强。局麻作用及毒性均较普鲁卡因强,作用迅速。最常用于表面麻醉,也可用于传导麻醉、蛛网膜下腔麻醉和硬膜外麻醉,因毒性较大,一般不用于浸润麻醉。

(二) 酰胺类局麻药

利多卡因(lidocaine,塞罗卡因)

　　利多卡因作用较普鲁卡因起效快,作用强而持久,黏膜穿透力强。临床适用于各种局麻方法,但用于蛛网膜下腔麻醉时,因其扩散性强,麻醉平面难以掌握。此外,还有抗心律失常作用(见第二十二章抗心律失常药)。本药毒性反应的大小与用药浓度有关,增加浓度则毒性反应增加。但变态反应发生率低,对普鲁卡因过敏者可选用此药。

布比卡因(bupivacaine,麻卡因)

　　布比卡因局麻作用强,为利多卡因的4~5倍,局麻作用持续时间约10小时,其在肝脏中代谢生成的代谢产物仍具有麻醉作用。主要用于浸润麻醉、传导麻醉、蛛网膜下腔麻醉和硬膜外麻醉。

罗哌卡因(ropivacaine)

　　化学结构与布比卡因相似,为新型长效局麻药。特点是:①阻断痛觉作用较强而对运动的影响较弱,麻醉作用时间短,术后运动神经阻滞迅速恢复;②对心脏和中枢的毒性均较小,有明显收缩血管作用;③使用时无须加肾上腺素,适用于硬膜外、臂丛阻滞和浸润麻醉;④对子宫和胎盘血流几乎无影响,故亦适用于产科手术麻醉。

岗位情景

ER 10-4

岗位情景的
参考答案

患者,女,41岁。因声嘶3个月余入院,诊断为声带息肉。入院后完善相关检查,拟行声带息肉摘除术。以1%丁卡因喷涂于咽喉部黏膜表面麻醉后,患者突然出现呼吸急促、口吐白沫、嘴唇发绀、神志不清伴四肢抽搐,医生立即进行急救。

请分析:

1. 该患者发生意外的可能原因是什么?
2. 局麻药丁卡因有何作用特点?

【附】镇痛泵

镇痛泵是为了减轻患者痛苦而使用的一种工具。它使镇痛药根据设定的剂量和流速,持续为患者提供镇痛效果。目前常用的镇痛泵由硅胶储液囊、自动开关、手控开关组成,其中储液囊内装有镇痛液等药物。根据镇痛泵里所装的药物不同而分成硬膜外泵和静脉泵两种,一般硬膜外泵常使用局麻药、吗啡等,而静脉泵常用芬太尼等。其作用原理是利用硅胶储液囊的弹性回缩力,驱使镇痛液通过硬膜外导管进入椎管或通过静脉输液管道进入静脉,而达到镇痛效果。镇痛泵里的药物主要有以下几种:①低浓度局麻药,通过硬膜外导管输入硬膜外腔,或经连续蛛网膜下腔导管进行鞘内给药,选择性阻滞机体感觉神经的传导,从而减少疼痛;②麻醉性镇痛药,包括吗啡、芬太尼及曲马多等,可通过硬膜外、蛛网膜下腔或静脉给药,使用时应关注阿片类药物的副作用,如恶心呕吐、呼吸抑制以及成瘾性等;③非麻醉性镇痛药,主要是非甾体抗炎药,如氯诺昔康等,镇痛强度比阿片类药物弱,适用于中等强度的疼痛;④神经安定药,如氟哌利多、咪达唑仑等,这些药物无镇痛作用,但可强化镇痛药的作用,因氟哌利多有较强止呕作用,还可用于对抗麻醉性镇痛药的胃肠道症状;⑤镇吐药,常用阿扎司琼,是5-羟色胺受体拮抗药。

点滴积累

1. 普鲁卡因主要用于浸润麻醉、传导麻醉、蛛网膜下腔麻醉、硬膜外麻醉和局部封闭疗法。
2. 利多卡因适用于各种局麻方法,亦有抗心律失常作用,对普鲁卡因过敏者可选用此药。
3. 丁卡因一般不用于浸润麻醉,常用于表面麻醉,也可用于传导麻醉、蛛网膜下腔麻醉和硬膜外麻醉。
4. 布比卡因主要用于浸润麻醉、传导麻醉、蛛网膜下腔麻醉和硬膜外麻醉。
5. 罗哌卡因适用于硬膜外、臂丛阻滞,浸润麻醉和产科手术麻醉。

目标检测

复习导图

简答题

简述普鲁卡因的临床应用及注意事项。

（高　荧）

习题

第十一章 镇静催眠药

第十一章
课件

学习目标

1. **掌握** 苯二氮䓬类药物的药理作用、临床应用及不良反应。
2. **熟悉** 镇静催眠药的分类及代表药物,巴比妥类药物的作用特点、临床应用、主要不良反应及注意事项。
3. **了解** 水合氯醛等其他镇静催眠药的作用特点及临床应用。

导学情景

情景描述:

李先生做销售工作,工作压力很大,近两个月来每天晚上总是睡不好,还胡思乱想,心烦意乱,记忆力下降,感觉身体的抵抗力越来越差,去医院就诊,诊断为失眠症。

学前导语:

失眠会引起人的疲劳感,使人无精打采、反应迟缓、头痛、注意力不能集中,严重会导致精神以及身体疾病。引起失眠的原因多种多样,必要时借助药物进行适当的治疗,恢复正常睡眠功能。本章我们将学习各类治疗失眠的药。

扫一扫,
知重点

镇静催眠药(sedative-hypnotic)是一类通过抑制中枢神经系统而缓解过度兴奋和引起近似生理性睡眠的药物。该类药物对中枢神经系统的抑制作用程度随剂量增加而加强,小剂量时呈现安静或嗜睡的镇静作用,较大剂量时则引起类似生理性睡眠的催眠作用。

镇静催眠药按化学结构分为三类:苯二氮䓬类、巴比妥类及其他类,其中苯二氮䓬类最常用。

第一节 苯二氮䓬类

苯二氮䓬类(benzodiazepine,BZ)多为 1,4- 苯并二氮䓬的衍生物,目前已在临床应用的有 20 多种药物。根据它们作用时间的长短,分为长效、中效、短效三类:①长效类,地西泮(diazepam,安定)、氟西泮(flurazepam,氟安定)、氯氮䓬(chlordiazepoxide,利眠宁)、夸西泮(quazepam);②中效类,硝西泮(nitrazepam,硝基安定)、氯硝西泮(clonazepam,氯硝安定)、奥沙西泮(oxazepam,去甲羟基安定,舒宁)、劳拉西泮(lorazepam,氯羟安定)、替马西泮(temazepam,羟基安定)、艾司唑仑(estazolam,三唑氯安定,舒乐安定)、阿普唑仑(alprazolam,甲基三唑安定,佳乐定,佳静安定);③短效类,三唑仑(triazolam)、咪达唑仑(midazolam)等。本类药物的基本药理作用相似,但各有侧重,体内过程也存在差异。地西泮为苯二氮䓬类的代表药物,也是本类中应用最广的药物。

【体内过程】苯二氮䓬类口服吸收迅速而完全,0.5~1小时血药浓度达高峰。肌内注射吸收缓慢而不规则。临床上急需发挥疗效时应静脉注射给药。地西泮脂溶性高,易透过血脑屏障和胎盘屏障,与血浆蛋白结合率高达95%以上。地西泮在肝脏代谢,主要活性代谢产物为去甲西泮(nordazepam),还有奥沙西泮和替马西泮,最后形成葡萄糖醛酸结合物由尿排出。

【药理作用与临床应用】

1. **抗焦虑** 小于镇静剂量时即具有良好的抗焦虑作用,作用迅速,能显著改善患者的恐惧、紧张、忧虑、不安、激动和烦躁等焦虑症状。对各种原因引起的焦虑均有显著疗效,临床广泛用于治疗焦虑症及各种原因引起的焦虑状态。

技能赛点

患者,女,38岁,近两年来易激惹,常心烦意乱、头痛头晕,诊断为广泛性焦虑症,医生处方如下,请分析用药是否合理,为什么?

Rp:

地西泮片　2.5mg × 100

Sig.　10mg　p.o.　h.s.

ER 11-3

技能赛点的
赛点分析

---

2. **镇静催眠** 随着剂量增大,出现镇静催眠作用,可明显缩短入睡潜伏期,显著延长睡眠持续时间,减少觉醒次数。与巴比妥类比较,其特点是:①治疗指数高,安全范围大,对呼吸、循环抑制轻,加大剂量不引起麻醉;②对快速眼动睡眠(rapid eye movement sleep,REM sleep)时相影响较小,停药后反跳现象较轻;③对肝药酶无诱导作用,与其他药物的相互作用少;④耐受性和依赖性较轻。临床常用于治疗各种失眠症,尤其对焦虑性失眠疗效好。

难点释疑

睡眠时相与停药反跳

生理性睡眠分为非快速眼动睡眠(NREM sleep)和快速眼动睡眠(REM sleep)两个时相,睡眠过程中两个时相互交替。睡眠开始后首先进入NREM sleep,持续80~120分钟后转入REM sleep,持续20~30分钟又转入NREM sleep,整个睡眠过程中交替4~6次,越接近睡眠后期,REM sleep持续时间越长。NREM sleep促进生长和体力恢复,REM sleep促进学习记忆和精力恢复。做梦多发生在REM sleep,是REM sleep的特征之一。镇静催眠药通过影响睡眠时相产生近似生理性睡眠。若所用镇静催眠药物缩短REM sleep,则停药后会出现其反跳性的延长,出现多梦等不良反应,造成停药困难。

---

3. **抗惊厥、抗癫痫** 苯二氮䓬类均有抗惊厥作用,通过抑制病灶的放电向周围皮质及皮质下扩散终止或减轻发作。临床常用于破伤风、子痫、儿童高热以及药物中毒所致惊厥。地西泮(静脉注射)

是目前治疗癫痫持续状态的首选药,对于其他类型的癫痫发作则以硝西泮和氯硝西泮疗效较好。

4. 中枢性肌肉松弛 苯二氮䓬类具有较强的中枢性肌肉松弛作用,可缓解动物的去大脑僵直,也可减轻大脑损伤患者所致的肌肉僵直。肌松作用是由于药物能抑制脊髓多突触反射,抑制中间神经元的传递。临床用于治疗大脑性瘫痪、脑血管意外、脊髓损伤等引起的中枢性肌肉僵直和关节局部病变、腰肌劳损等所引起的肌肉痉挛。

5. 其他 较大剂量可致暂时性记忆缺失。也常用于心脏电击复律或内镜检查前给药。

【作用机制】目前认为,苯二氮䓬类药物通过增强中枢 γ-氨基丁酸(GABA)能神经的功能而产生中枢抑制作用。$GABA_A$ 受体是一个大分子复合物,为神经元膜上的配体门控型 Cl^- 通道,通道周围有与 γ-氨基丁酸、苯二氮䓬类、巴比妥类、印防己毒素和乙醇等结合的位点。苯二氮䓬类药物与 $GABA_A$ 受体上苯二氮䓬结合位点结合,促进 GABA 与 $GABA_A$ 受体结合,增加 Cl^- 通道开放频率,Cl^- 内流增多,导致细胞膜超极化,呈现中枢抑制作用。

ER 11-4

镇静催眠药
作用机制

知识链接

γ-氨基丁酸受体

GABA 通过激活不同的 GABA 受体亚型而产生突触前或突触后抑制效应。GABA 受体分为 $GABA_A$、$GABA_B$ 和 $GABA_C$ 三型,其中 $GABA_A$ 受体是主要受体,$GABA_B$ 受体较少,$GABA_C$ 受体仅在视网膜发现。$GABA_A$ 受体是镇静催眠药和一些抗癫痫药的作用靶点,由 α、β、γ、δ 和 ρ 共 5 个不同的亚基组成,5 个亚基围绕 Cl^- 组成中空的 Cl^- 通道。GABA 结合位点在 β 亚基上,BZ 结合位点在 α 亚基上,BZ 激动药与 α 亚基结合后可增强 GABA 与 $GABA_A$ 受体的亲和力,使 Cl^- 通道开放频率增加,增强 GABA 能神经的传递作用,产生抗焦虑、镇静催眠、抗惊厥等作用,BZ 拮抗药与 α 亚基结合后可拮抗 BZ 激动药的作用。

【不良反应】本类药物毒性小,安全范围较大。

1. 中枢抑制症状 治疗量连续应用可出现头晕、嗜睡、乏力和记忆力下降,长效类尤易发生。大剂量可致头痛、共济失调、意识障碍,严重时可引起昏迷、呼吸抑制。因可影响技巧动作和驾驶安全,故应告知患者用药期间不宜从事高空作业、驾驶车辆、机械操作等,以免发生事故。

2. 耐受性和依赖性 长期应用可产生耐受性和依赖性,停用可出现反跳现象和戒断症状,表现为失眠、焦虑、兴奋、心动过速、呕吐、出汗及震颤甚至惊厥。

课堂活动

患者,女,31 岁,教师。因入睡困难,睡前服用三唑仑,疗效较好,1 周后试着停药,发现变得易兴奋,并且入睡困难更加严重。

课堂讨论:

1. 选用三唑仑治疗是否合理,为什么?

2. 如何解释患者停药后的失眠加重?

3. 三唑仑用药期间可引起怎样的中枢神经系统反应?

ER 11-5

扫一扫,
知答案

3. 急性中毒 口服过量或静脉注射速度过快可致急性中毒,表现为昏迷、呼吸及循环抑制,甚至导致呼吸和心跳停止,故静脉注射速度宜缓慢。苯二氮䓬类药物过量中毒可用氟马西尼(flumazenil,安易醒)进行鉴别诊断和抢救。氟马西尼是苯二氮䓬结合位点的拮抗药,特异地竞争性拮抗苯二氮䓬衍生物与 GABA$_A$ 受体上特异性位点的结合,对巴比妥类和其他中枢抑制药引起的中毒无效。

【禁忌证】老年人、儿童、青光眼、重症肌无力患者慎用,肝、肾功能不全和呼吸功能不全者慎用,孕妇和哺乳期妇女禁用。

【药物相互作用】

1. 与其他中枢抑制药及乙醇合用时,中枢抑制作用增强,加重嗜睡、昏睡、呼吸抑制、昏迷,严重者可致死,临床需合用时宜减少剂量,并密切监护患者;与阿片类镇痛药合用,后者剂量至少应减至1/3,而后按需要逐渐增加;与易成瘾或可能成瘾的药物合用,成瘾的危险性增加。

2. 肝药酶诱导药如利福平、卡马西平、苯妥英钠、苯巴比妥等可显著加快本类药物的代谢,提高清除率,缩短半衰期;肝药酶抑制药如西咪替丁、奥美拉唑等可减慢本类药物的代谢,降低清除率,延长半衰期。

3. 与钙通道阻滞药合用,可使血压下降加重;与普萘洛尔合用,可使癫痫发作类型和频率改变。

点滴积累

1. 苯二氮䓬类药物具有抗焦虑、镇静催眠、抗惊厥和抗癫痫以及中枢性肌肉松弛作用。通过增强中枢 γ- 氨基丁酸(GABA)能神经的功能而产生中枢抑制作用。临床作为治疗焦虑症、各种原因引起的焦虑状态及失眠的首选药。

2. 地西泮(静脉注射)是目前治疗癫痫持续状态的首选药。长期使用可产生耐受性和依赖性,静脉注射速度过快或过量可致急性中毒,特异性解毒药物为氟马西尼。

第二节　巴比妥类

巴比妥类(barbiturate)是巴比妥酸的衍生物,根据作用维持时间的长短,分为长效、中效、短效和超短效四类(表 11-1)。

【体内过程】巴比妥类口服或肌内注射均易吸收,并迅速分布于全身组织和体液,也易透过胎盘屏障。硫喷妥钠的脂溶性极高,静脉注射后迅速进入中枢神经系统发挥作用,但因迅速自脑组织再分布至外周脂肪组织,故作用短暂,仅维持约 15 分钟。脂溶性低的苯巴比妥,吸收进入中枢神经系统及起效均慢,主要经肾排泄,消除慢,作用持续时间长。其他药物起效快慢及维持时间长短介于上述两药之间。

表 11-1　巴比妥类药物的分类、特点和临床应用

分类	药物	显效时间 /h	作用维持时间 /h	主要临床应用
长效	苯巴比妥	0.5~1	6~8	抗惊厥
	巴比妥	0.5~1	6~8	镇静、催眠
中效	戊巴比妥	0.25~0.5	3~6	抗惊厥
	异戊巴比妥	0.25~0.5	3~6	镇静、催眠
短效	司可巴比妥	0.25	2~3	抗惊厥、镇静、催眠
超短效	硫喷妥钠	静脉注射,立即	0.25	静脉麻醉

【药理作用与临床应用】巴比妥类对中枢神经系统有普遍性抑制作用。随着剂量增加,中枢抑制作用逐渐增强,依次表现为镇静、催眠、抗惊厥和麻醉作用,苯巴比妥还有抗癫痫作用。

1. **镇静催眠**　小剂量巴比妥类具有镇静作用,可缓解焦虑、烦躁不安的状态;中等剂量具有催眠作用,可缩短入睡时间,减少觉醒次数,延长睡眠时间,但可缩短 REM sleep 时相,久用停药后可有 REM sleep 时相反跳性地显著延长,伴有多梦,导致睡眠障碍,且安全性远不及苯二氮䓬类,易产生耐受性和依赖性,故临床上巴比妥类已不作为镇静催眠药常规使用,治疗失眠多用苯二氮䓬类。

2. **抗惊厥**　巴比妥类有较强的抗惊厥作用,临床用于治疗儿童高热、破伤风、子痫、脑膜炎、脑炎及中枢兴奋药引起的惊厥。一般肌内注射苯巴比妥钠,危急病例则选用作用迅速的异戊巴比妥钠或硫喷妥钠缓慢静脉注射。

3. **抗癫痫**　苯巴比妥因化学结构中有苯环,具有特异的抗癫痫作用,可用于癫痫大发作和癫痫持续状态及部分性发作的治疗。

4. **麻醉及麻醉前给药**　某些短效及超短效巴比妥类,如硫喷妥钠等静脉注射时能产生短暂的麻醉作用,可用作静脉麻醉和诱导麻醉;长效及中效巴比妥类可用作麻醉前给药,以消除患者手术前的紧张情绪,但效果不及地西泮。

5. **增强中枢抑制药的作用**　镇静剂量的巴比妥类与解热镇痛药合用,使后者的镇痛作用增强,故各种复方止痛片中常含有巴比妥类。此外,也能增强其他药物的中枢抑制作用。

【作用机制】巴比妥类可激动 $GABA_A$ 受体,增加 Cl^- 通道开放时间而增加 Cl^- 内流,而产生中枢抑制作用,还可减弱谷氨酸介导的去极化所导致的兴奋性反应。在较高浓度时,呈现拟 GABA 作用,即在无 GABA 时也能直接增加 Cl^- 内流。

【不良反应】

1. **后遗效应**　服用催眠剂量的巴比妥类后,次晨可出现头晕、困倦、嗜睡、精神不振及定向障碍,也称为"宿醉"(hangover)现象。

2. **耐受性**　短期内反复应用巴比妥类药物可产生耐受性,可能与神经组织对巴比妥类产生适应性及其诱导肝药酶加速自身代谢有关。

3. **依赖性**　长期连续服用巴比妥类可使患者产生依赖性,停药后可出现戒断症状,迫使患者继续用药。

4. **呼吸抑制**　催眠剂量的巴比妥类对正常人呼吸影响不明显,但对已有呼吸功能不全者则可产生显著影响。大剂量巴比妥类对呼吸中枢有明显的抑制作用,抑制程度与剂量成正比。

5. **急性中毒**　大剂量服用或静脉注射过快,可引起急性中毒,表现为昏迷、呼吸深度抑制、血压下降、体温降低、反射消失、休克及肾衰竭等,呼吸衰竭是致死的主要原因。解救措施为维持呼吸、循环功能(保持呼吸道通畅,吸氧,忌用纯氧吸入,必要时行人工呼吸,甚至气管切开,同时给予呼吸兴奋药和升压药),同时通过洗胃(生理盐水或 1∶2 000 高锰酸钾溶液)、导泻(10~15g 硫酸钠,忌用硫酸镁)、碱化尿液(静脉滴注碳酸氢钠或乳酸钠)、利尿(利尿药或脱水药)、血液透析等加速药物排出。

6. **过敏反应**　少数人服用后可见荨麻疹、血管神经性水肿、多形红斑、哮喘等,偶可引起剥脱性皮炎。

【**禁忌证**】严重肺功能不全、支气管哮喘、颅脑损伤所致的呼吸抑制等患者禁用。孕妇和哺乳期妇女,低血压,心、肝、肾功能不全等患者慎用。

【**药物相互作用**】巴比妥类药物是肝药酶诱导药,在加速自身代谢的同时,还可加速其他药物如香豆素类口服抗凝血药、糖皮质激素、性激素、口服避孕药、强心苷、苯妥英钠、氯霉素及四环素等药物的代谢,减弱其作用强度,缩短其作用时间,需加大剂量才能奏效;而在停用巴比妥类药物前,又必须适当减少这些药物的剂量,以防发生中毒。

点滴积累

巴比妥类药物的中枢抑制作用随着给药剂量的增加而逐渐增强,依次表现为镇静、催眠、抗惊厥和麻醉等作用,临床主要用于抗惊厥、抗癫痫、静脉麻醉及麻醉前给药。急性中毒时可通过维持呼吸、循环功能,同时通过洗胃、导泻、碱化尿液、利尿等加速药物排出。

第三节　其他镇静催眠药

水合氯醛(chloral hydrate)

【**药理作用与临床应用**】口服易吸收,约 15 分钟显效,催眠作用维持 6~8 小时。不缩短 REM sleep 时相,无宿醉后遗效应。可用于治疗顽固性失眠或对其他催眠药疗效不佳者。大剂量有抗惊厥作用,用于子痫、儿童高热、破伤风等惊厥。

【**不良反应**】对胃有刺激性,其 10% 溶液需以多量水稀释后口服,禁用于胃炎及溃疡病患者。过量可损害心、肝和肾等脏器,故严重心、肝和肾疾病患者禁用。久用可产生耐受性和依赖性,戒断症状较严重。

丁螺环酮（buspirone）

丁螺环酮为 5-HT$_{1A}$ 受体部分激动药，具有与地西泮相似的明显抗焦虑作用，但无镇静催眠、抗惊厥和中枢性肌肉松弛作用。中枢神经系统 5- 羟色胺（5-HT）是引起焦虑的重要递质，丁螺环酮通过激动突触前膜 5-HT$_{1A}$ 受体，反馈性抑制 5-HT 释放，发挥抗焦虑作用。抗焦虑作用起效较慢，需用药 1~2 周才显效，4 周达最大效应，临床用于各种类型的焦虑症。无耐受性，无依赖性，无戒断症状，不引起记忆障碍，不影响精神运动功能。老年人、儿童用药较安全。严重肝、肾疾病，青光眼，重症肌无力患者，以及孕妇禁用。同类药物还有坦度螺酮（tandospirone）。

唑吡坦（zolpidem）

唑吡坦药理作用类似苯二氮䓬类，但抗焦虑、中枢性骨骼肌松弛和抗惊厥作用弱，仅用于镇静催眠。可缩短入睡潜伏期，减少觉醒次数，延长睡眠持续时间，对正常睡眠时相影响小。后遗效应、耐受性、依赖性和停药戒断症状轻微。与其他中枢抑制药（如乙醇）合用可引起严重的呼吸抑制。唑吡坦中毒时可用氟马西尼解救。15 岁以下儿童、孕妇和哺乳期妇女禁用。老年人应从常用量的半量开始服用。

佐匹克隆（zopiclone）

佐匹克隆具有镇静、抗焦虑、抗惊厥和肌肉松弛作用。与其他镇静催眠药相比较的特点为：起效快且能有效达 6 小时，患者入睡快，能保持充足的睡眠深度，长期使用无明显的耐受和停药反跳现象。其他药物还有右佐匹克隆和扎来普隆（zaleplon）。

知识链接

抗抑郁药在失眠及焦虑症中的应用

目前临床越来越多地将具有镇静作用的抗抑郁药作为镇静催眠药使用，尤其对失眠伴有抑郁症状者更为适合，睡前可小剂量服用阿米替林、多塞平、马普替林、帕罗西汀、曲唑酮、奈法唑酮、米氮平、米安色林等。由于 60% 的焦虑障碍与抑郁症状共存，而抗抑郁药具有抗抑郁和抗焦虑双重作用，故被广泛用于焦虑症的治疗。文拉法辛和帕罗西汀是广泛性焦虑症的一线治疗药。

ER 11-6

扫一扫，做实验：镇静催眠药的抗惊厥作用

点滴积累

水合氯醛有镇静、催眠和抗惊厥作用，可用于治疗顽固性失眠或对其他催眠药疗效不佳者。对胃有刺激性，禁用于胃炎及溃疡病患者。丁螺环酮是选择性 5-HT$_{1A}$ 受体部分激动剂，具有与地西泮相似的抗焦虑作用且无依赖性；唑吡坦主要用于镇静催眠且副作用较轻；佐匹克隆可使患者入睡快，保持充足的睡眠深度，长期使用无明显的耐受和停药反跳现象。

目标检测

复习导图

一、简答题

1. 试述苯二氮䓬类药物的药理作用、临床应用和不良反应。

2. 简述巴比妥类药物的药理作用、临床应用、急性中毒表现及抢救措施。

习题

二、处方分析

患者，女，34 岁，因焦虑症已服用地西泮半年，近因病情加重，加用阿普唑仑，医生处方如下，分析是否合理，为什么？

Rp：

地西泮片　5mg×30

Sig.　5mg　t.i.d.　p.o.

阿普唑仑片　0.4mg×12

Sig.　0.4mg　t.i.d.　p.o.

（徐茂红）

第十二章 抗癫痫药和抗惊厥药

第十二章
课件

学习目标

1. **掌握** 各类型癫痫的首选药；苯妥英钠的药理作用、临床应用和不良反应。
2. **熟悉** 其他抗癫痫药的作用特点及临床应用；硫酸镁的药理作用及临床应用。
3. **了解** 常用抗癫痫药的作用机制。

导学情景

情景描述：

  张女士在与朋友逛街的时候突然倒地，意识丧失，头后仰，强直性抽搐，双眼上翻，口吐白沫，面色青紫，数分钟后症状缓解并入睡，经诊断为癫痫大发作。

学前导语：

  癫痫俗称"羊角风"或"羊癫风"，是大脑神经元突发性异常放电，导致短暂的大脑功能障碍的一种慢性病。本章我们将学习治疗各型癫痫的药物。

扫一扫，
知重点

第一节 抗癫痫药

  癫痫是多种病因引起的长期反复发作性的大脑功能失调，其特征为发作时大脑局部病灶神经元异常高频放电并向周围组织扩散，出现短暂的大脑功能失调。表现为运动、感觉、意识和自主神经功能异常，并伴有脑电图改变，有突发性、短暂性和反复发作性的特点。癫痫的治疗需要长期用药，以减少或防止发作，但不能根治。

知识链接

癫痫的临床分类

  癫痫的分类非常复杂，随着对癫痫研究的不断深入，其分类也在不断地发展变化，目前临床上分为全身性发作和部分（局限）性发作。全身性发作包括强直阵挛发作（大发作）、失神发作（小发作）、肌阵挛发作和癫痫持续状态；部分（局限）性发作包括复杂部分性发作（精神运动性发作）、单纯部分性发作。

抗癫痫药（antiepileptic）主要是抑制病灶神经元异常放电的产生或抑制异常放电向周围正常脑组织的扩散。临床应用时遵循以下原则。

1. 对症选药 ①强直阵挛发作：首选苯妥英钠，也常选用丙戊酸钠、卡马西平、苯巴比妥、扑米酮，也可选用托吡酯、拉莫三嗪、奥卡西平、加巴喷丁；②失神发作：首选乙琥胺，也可用氯硝西泮、丙戊酸钠、拉莫三嗪；③复杂部分性发作：首选卡马西平，也可选用苯妥英钠、苯巴比妥、丙戊酸钠、扑米酮；④单纯部分性发作：首选苯妥英钠，也可选用卡马西平、苯巴比妥；⑤肌阵挛发作：可选用氯硝西泮或丙戊酸钠；⑥癫痫持续状态：首选地西泮缓慢静脉注射，也可用苯巴比妥肌内注射或苯妥英钠缓慢静脉注射；⑦混合型癫痫：宜联合用药或选用广谱抗癫痫药。

2. 剂量渐增 抗癫痫药有效剂量个体差异较大，应从小剂量开始，逐渐增加剂量，以控制发作且不引起严重不良反应为宜。有些药物需经数日才能达到有效稳态血药浓度，故增加剂量不宜过急，一般每隔1周调整1次剂量。有条件者监测血药浓度。

3. 先加后撤 单一药物治疗是应遵守的基本原则，如用至最大耐受量而无效时，可换用另一种药物，仍无效时再考虑联合用药。换药时应采取过渡方式，即在原药基础上加用其他药，待后者生效后再逐步撤掉原药，否则可加剧发作甚至诱发癫痫持续状态，过渡期为5~10天。联合用药时应适当调整剂量，同时注意药物相互作用。

4. 久用慢停 强直阵挛发作用药时间一般应持续至完全无发作达4~5年，失神发作在完全控制半年后，才考虑缓慢减量、逐渐停药，减量过程一般不少于1~1.5年。有些病例需终身服药。治疗过程中切勿随意更换药物或突然停药，否则可诱发或加剧癫痫发作，甚至出现癫痫持续状态。

5. 注意观察药物不良反应 用药期间应定期做神经系统、血常规、尿常规以及肝肾功能检查，以便及时发现毒性反应，有条件者监测血药浓度。

ER 12-3

服用抗癫痫药不能骤停

苯妥英钠（phenytoin sodium，大仑丁）

【**体内过程**】本品呈强碱性（pH为10.4），刺激性大。肌内注射可在局部产生沉淀，吸收缓慢而不规则，故不宜作肌内注射。口服吸收缓慢而不规则，个体差异大，6~12小时血药浓度达峰值，连续服用需经6~10天才能达到有效血药浓度（10~20μg/ml）。血浆蛋白结合率约为90%，全身分布广，脂溶性高，易透过血脑屏障，脑中浓度较血中高2~3倍。主要经肝代谢而失活，以原型由尿排出者不足5%，尿液可呈现粉红、红、红棕色。消除速率与血药浓度密切相关，血药浓度低于10μg/ml时，按一级动力学消除，$t_{1/2}$为6~24小时；高于此浓度时，则按零级动力学消除，$t_{1/2}$可延长至60小时。该药常用剂量时血药浓度的个体差异较大，临床应注意剂量"个体化"，最好能在血药浓度监测下给药。

【**药理作用与临床应用**】

1. 抗癫痫 治疗癫痫强直阵挛发作和单纯部分性发作的首选药；静脉注射用于癫痫持续状态，对复杂部分性发作也有较好疗效；但对失神发作无效，有时甚至使病情恶化，故禁用。

苯妥英钠的抗癫痫作用机制

苯妥英钠不能抑制癫痫病灶异常放电,但可阻止异常放电向正常脑组织扩散。抗癫痫的作用机制是其具有膜稳定作用,其产生膜稳定作用的机制主要包括以下3个方面:①阻滞电压依赖性钠通道,对钠通道具有选择性阻滞作用,延长通道失活时间,增加动作电位阈值,使钠依赖性动作电位不能形成。②阻滞电压依赖性钙通道,治疗浓度的苯妥英钠能选择性阻滞 L 型和 N 型钙通道,降低细胞膜的兴奋性,使动作电位不易产生;但对哺乳动物丘脑神经元的 T 型 Ca^{2+} 通道无阻滞作用。③对钙调素激酶系统的影响,抑制钙调素激酶的活性,影响突触传递功能;抑制突触前膜的磷酸化过程,使 Ca^{2+} 依赖性释放过程减弱,减少谷氨酸等兴奋性神经递质的释放;抑制突触后膜的磷酸化,可减弱递质与受体结合后引起的去极化。

2. 抗外周神经痛 可用于治疗三叉神经痛、舌咽神经痛和坐骨神经痛等。其中对三叉神经痛疗效较好,一般服药后 1~2 天见效,疼痛减轻,发作次数减少,直至完全消失。

3. 抗心律失常 用于治疗室上性或室性期前收缩、室性心动过速,尤其适用于强心苷中毒时的室性心动过速,也可用于室上性心动过速。

【不良反应】

1. 局部刺激 本药呈强碱性,刺激性大,口服可引起食欲减退、恶心、呕吐、腹痛等,宜餐后服用。静脉注射可引起静脉炎,应选较粗大的血管注射,并防止药液外漏,以免局部组织坏死。

2. 牙龈增生 长期应用可引起牙龈增生,发生率约 20%,多见于儿童和青少年,与部分药物经唾液排出刺激胶原组织增生有关。同服维生素 C,注意口腔卫生,防止牙龈炎,经常按摩牙龈可减轻。一般在开始治疗后 6 个月出现,停药 3~6 个月后可自行消退。

3. 神经系统反应 本药的有效量和中毒量十分接近,血药浓度为 $10\mu g/ml$ 时,一般可有效控制强直阵挛发作;$20\mu g/ml$ 左右即可引起毒性反应,主要影响小脑 - 前庭功能,表现为眩晕、头痛、复视、眼球震颤、语言不清和共济失调等,其中眼球震颤是中毒时最早和最客观的体征,严重者出现小脑萎缩;血药浓度大于 $40\mu g/ml$ 可致精神错乱;$50\mu g/ml$ 以上出现昏睡、昏迷。用药期间应定期监测血药浓度。

课 堂 活 动

患者,男,18 岁,诊断为癫痫全身性强直阵挛发作,每次发作持续约 2 分钟,每个月发作 3 次,服用苯妥英钠治疗。开始早晨 200mg、下午 400mg,共 3 天,第 4 天早晨测定苯妥英钠的血药浓度为 $12\mu g/ml$,无癫痫发作,也无不良反应。此后仅在睡前服用 400mg。1 周后,苯妥英钠的血药浓度达 $18\mu g/ml$,仍无癫痫发作,也无不适主诉,但在侧视时可见轻微眼球震颤。3 周后,主诉视物双影,感觉像喝醉了酒,且走路不稳,并出现明显眼球震颤,苯妥英钠的血药浓度达 $24\mu g/ml$。

课堂讨论：
1. 给予苯妥英钠治疗是否正确，为什么？
2. 如何解释患者出现的症状？
3. 如何调整苯妥英钠的剂量？

扫一扫，
知答案

4. 血液系统反应　可抑制叶酸吸收并加速其代谢，且抑制二氢叶酸还原酶。长期用药可引起巨幼细胞贫血，宜用亚叶酸钙防治。

5. 骨骼系统反应　通过诱导肝药酶而加速维生素 D 的代谢，长期应用可致低钙血症、佝偻病和软骨病，必要时应用维生素 D 防治。用药期间应定期检查血钙。

6. 过敏反应　可发生皮疹、粒细胞缺乏、血小板减少、再生障碍性贫血等，偶见肝损害。用药期间应定期检查血象和肝功能，如有异常，应及早停药。

7. 其他　①约 30% 患者发生周围神经炎，但不妨碍继续用药；②偶见男性乳房增大、女性多毛症、淋巴结肿大等；③妊娠早期应用偶致畸胎，孕妇慎用；④静脉注射过快可致心脏抑制、血压下降甚至心搏骤停，故应缓慢静脉注射，不超过 50mg/min，注意监测心电图和血压，禁用于窦性心动过缓、Ⅱ 或 Ⅲ 度房室传导阻滞、对乙内酰脲类药过敏及阿 - 斯综合征；⑤久服骤停可使癫痫发作加剧，甚至诱发癫痫持续状态，更换其他药物时，须交叉用药一段时间。

【药物相互作用】①苯二氮䓬类、磺胺类、水杨酸类药和口服降血糖药等可与本品竞争血浆蛋白结合部位，使本品游离型血药浓度增高。②氯霉素、异烟肼等肝药酶抑制药，可使本品血药浓度升高。③本品为肝药酶诱导药，能加速多种药物如皮质激素、避孕药、维生素 D、奎尼丁、左旋多巴、环孢素、多西环素、茶碱和口服抗凝血药等的代谢，使这些药物的药效降低。④卡马西平和苯巴比妥钠等通过肝药酶诱导作用加速本品的代谢而降低其血药浓度；与含镁、铝或碳酸钙的制酸药合用，降低本品的生物利用度，两者应间隔 2~3 小时服用。⑤苯妥英钠与以上药物联用时应注意调整剂量。

卡马西平（carbamazepine，酰胺咪嗪）

【药理作用与临床应用】

1. 抗癫痫　对癫痫复杂部分性发作最有效，为首选药；对强直阵挛发作和单纯部分性发作也是首选药之一；对复合部分性发作有良好疗效；对失神发作和肌阵挛发作疗效差或无效。

主要阻滞 Na^+ 通道，抑制癫痫病灶的异常放电及其放电扩散。此外，其抗癫痫作用也可能与抑制 L 型 Ca^{2+} 通道、增强 GABA 的突触后抑制功能有关。

2. 抗外周神经痛　包括三叉神经痛、舌咽神经痛、多发性硬化、糖尿病性周围性神经痛及疱疹后神经痛。对三叉神经痛和舌咽神经痛的疗效优于苯妥英钠，用药 24 小时即可奏效。

3. 抗躁狂、抗抑郁　对躁狂症、抑郁症治疗作用明显，尚能减轻或消除精神分裂症的躁狂、妄想症状，对使用锂盐无效的躁狂抑郁症也有效。

4. 治疗神经性源性尿崩症　可能是与促进抗利尿激素的分泌作用有关。

【不良反应】常见的不良反应为眩晕、恶心、呕吐、共济失调、手指震颤、水钠潴留等,亦可有皮疹和心血管反应。一般不严重,不需中断治疗,1周左右逐渐消退。偶见严重的不良反应,包括骨髓抑制、肝损害等。

【药物相互作用】①本品为肝药酶诱导药,能加速口服抗凝血药、其他抗癫痫药、雌激素、环孢素、左甲状腺素、奎尼丁、洋地黄类等的代谢,使这些药物的药效降低;②红霉素、丙戊酸钠、西咪替丁、异烟肼等肝药酶抑制药能抑制本品的代谢,使血药浓度升高;卡马西平与对乙酰氨基酚合用,肝脏中毒的危险增加,且对乙酰氨基酚疗效降低。

ER 12-5

技能赛点的
赛点分析

技能赛点

患者,男,17岁,癫痫复杂部分性发作,服用卡马西平600mg/d治疗,控制良好。近日上呼吸道感染,诊断为链球菌性咽炎,因对青霉素过敏,用红霉素治疗,处方如下,分析是否合理,为什么?

Rp:

红霉素肠溶片　0.25g × 21

Sig.　0.25g　t.i.d.　p.o.　p.c.

丙戊酸钠(sodium valproate,德巴金)

本品为一种不含氮的广谱抗癫痫药,对各种类型的癫痫都有一定疗效,目前是大发作合并小发作时的首选药。对大发作疗效不及苯妥英钠和苯巴比妥,但上述药无效时,用本药仍有效。其对失神发作疗效优于乙琥胺,因具有肝毒性,一般不作为首选。对精神运动性发作、复杂部分性发作疗效与卡马西平相似。还可用于治疗与双相情感障碍相关的躁狂症发作。

抗癫痫作用机制尚未阐明,可能与减少GABA代谢、增加GABA生成、减少GABA摄取、提高突触后膜对GABA的反应性,以及阻滞电压依赖性Na^+通道、T型Ca^{2+}通道有关,阻止病灶异常放电的扩散。

不良反应常见胃肠道反应,如厌食、恶心、呕吐等。少数患者出现淋巴细胞增多、血小板减少、脱发、嗜睡、共济失调等。罕见但严重的不良反应包括肝衰竭、急性坏死胰腺炎和高氨血性脑病等。育龄期妇女和儿童使用丙戊酸钠需要特别谨慎,因其具有致畸作用,且能导致多囊卵巢综合征等其他内分泌方面的不良反应,儿童还可发生注意力缺陷。

乙琥胺(ethosuximide)

本品为治疗失神发作的首选药,对其他癫痫类型无效。乙琥胺的抗癫痫作用机制与选择性抑制丘脑神经元T型Ca^{2+}通道有关,高于治疗浓度时还可抑制Na^+,K^+-ATP酶及GABA转氨酶的作用。其口服吸收迅速而完全,达峰时间为3小时,有效血药浓度为40~100μg/ml。很少与血浆蛋白结合,可分布至除脂肪外的全身各组织,并迅速通过血脑屏障,长期用药时脑脊液中的浓度与血药浓度相似。主要经肝代谢灭活，约25%以原型经肾排泄。儿童 $t_{1/2}$ 约为30小时，成人 $t_{1/2}$ 约为60小时。

常见胃肠道反应，如厌食、恶心、呕吐等，其次为中枢神经系统反应，如头痛、头晕、嗜睡等。有精神病史者慎用，易引起精神行为异常。偶见嗜酸性粒细胞缺乏症、粒细胞缺乏症，严重者发生再生障碍性贫血。长期用药应定期检查血象。

拉莫三嗪（Lamotrigine，利必通）

本品口服吸收快而完全，不受食物影响。口服后血药浓度达峰时间为1~3小时，有效血药浓度为 1~3μg/ml，血浆蛋白结合率约为55%，$t_{1/2}$ 为24~35小时。经肝脏代谢，其消除主要以葡萄糖醛酸结合的形式由肾脏排出。

本品为电压敏感性钠通道阻滞药，通过减少钠通道的钠内流而增加神经元的稳定性。其可在不影响正常神经元的电生理活动的同时，选择性抑制癫痫灶内神经元反复去极化和高频放电过程，从而阻止病灶异常放电。

本品是一种广谱的新型抗癫痫药，可用于成人和12岁以上儿童部分性发作或全身性强直阵挛发作的单药治疗。作为辅助治疗用于难治性癫痫时，可用于2岁以上儿童及成人，也可用于治疗合并有伦诺克斯-加斯托综合征（Lennox-Gastaut syndrome）的癫痫发作。本品相对安全，不良反应轻微，主要为头晕、头痛、困倦、平衡失调等，但需注意，其可加重青少年肌阵挛和 Dravet 综合征的肌阵挛，且可以导致严重的超敏反应。

苯巴比妥（phenobarbital，鲁米那）

本品对强直阵挛发作及癫痫持续状态疗效好，对单纯部分性发作和复杂部分性发作也有效，对失神发作和婴儿痉挛疗效差。因起效快、疗效好、毒性小、价廉而广泛用于临床，但同时因其中枢抑制作用明显，均不作为首选药。

本品抗癫痫的作用机制与激动突触后膜 GABA- 苯二氮䓬大分子受体而增强 GABA 功能，阻断突触前膜对 Ca^{2+} 的摄取而减少 Ca^{2+} 依赖性的神经递质（NA、ACh、谷氨酸等）的释放，以及阻滞 Na^+、Ca^{2+} 通道有关。

扑米酮（primidone，去氧苯比妥，扑痫酮）

扑米酮属巴比妥类，在肝内代谢为具有抗癫痫活性的苯巴比妥和苯乙基丙二酰胺。对单纯部分性发作及强直阵挛发作的疗效优于苯巴比妥，对复杂部分性发作的疗效不如卡马西平和苯妥英钠，对失神发作无效。与苯巴比妥相比无特殊优点，且价格较贵，适用于其他药物不能控制的患者。与卡马西平和苯妥英钠合用有协同作用，不宜与苯巴比妥合用。

常见不良反应为中枢神经系统症状，如镇静、嗜睡、眩晕、复视、共济失调等；还可发生血液系统反应，如巨幼细胞贫血、白细胞减少、血小板减少等。用药期间应注意检查血常规，严重肝、肾功能不全者禁用。

左乙拉西坦（levetiracetam，开浦兰）

本品为吡咯烷酮衍生物，属于新型抗癫痫药。其抗癫痫作用的确切机制尚不清楚，可能与选择性结合突触囊泡蛋白 SV2A，通过影响囊泡功能调节兴奋性神经递质谷氨酸的释放有关。主要用于成人及 4 岁以上儿童癫痫患者部分性发作的治疗，也可单用于成人全身性发作，对青少年肌阵挛癫痫、难治性癫痫发作、儿童失神癫痫及癫痫持续状态也有一定的疗效。常见不良反应有嗜睡、乏力和头晕等，较严重的不良反应包括情绪和行为的改变（包括冲动行为、自杀倾向和抑郁恶化等）。因此，在使用前及过程中应注意评估精神行为方面的异常及变化。

苯二氮䓬类（benzodiazepine，BZ）

本类药物为 GABA$_A$ 受体的正向变构调节药，可以提高 GABA$_A$ 受体中 Cl$^-$ 通道开放的频率，增强抑制性的 GABA$_A$ 能神经传递，从而抑制病灶放电向周围扩散，但不能消除这种异常放电。氯巴占和氯硝西泮是本类药物中预防癫痫发作最有效的药物，氯巴占主要用于局灶性发作，氯硝西泮主要用于控制肌阵挛发作。地西泮（静脉注射）是治疗癫痫持续状态的首选药，显效快，且较其他药物安全，在癫痫持续状态的急性期，与劳拉西泮合用的效果更好。本类药物的不良反应主要是镇静、疲乏、嗜睡、行为认知损害等，甚至发生共济失调。久用可产生耐受性，骤停可发生反跳现象和戒断症状。

托吡酯（topiramate，妥泰）

本品为广谱抗癫痫药，对各类型癫痫发作均有效。其抗癫痫机制可能是：①选择性阻断电压依赖的钠通道，以限制持续的反复放电；②作用于 GABA 受体，增强 GABA 的神经抑制作用；③拮抗海人藻酸/谷氨酸 AMPA 受体（α- 氨基 -3- 羟基 -5- 甲基 -4- 异噁唑丙酸受体），降低谷氨酸介导的神经兴奋作用。用于单纯部分性发作、复杂部分性发作和全身性强直阵挛发作，尤其对伦诺克斯 - 加斯托综合征和婴儿痉挛的疗效较好。本品远期疗效好，无明显耐受性。本品常见的不良反应为中枢神经系统反应，如头晕、疲劳、复视、嗜睡、共济失调等。严重且特殊的不良反应包括行为和认知异常、代谢性酸中毒、继发性闭角型青光眼以及体温过高。因本品对行为认知方面的潜在不良反应，学龄前的儿童和青少年应慎用。

吡仑帕奈（perampanel）

本品为第三代新型抗癫痫药，是首个非竞争性谷氨酸 AMPA 受体拮抗药，其与突触后膜上的 AMPA 受体非竞争性结合，从而抑制谷氨酸诱导的过度神经传递，发挥抗癫痫作用。用于 4 岁及以上癫痫部分性发作（伴有或不伴有继发全面性发作）患者的治疗。本品具有良好的耐受性、半衰期长的特点。不良反应较少，主要包括头晕、眩晕、嗜睡等神经系统症状，同时应注意其引起的严重精神和行为异常，包括攻击性、敌意、易怒、愤怒以及杀人的想法和威胁；特别是在滴定期间和较高剂量时应加强监测；用药期间应避免驾驶或机械操作。

1. 苯妥英钠有抗癫痫、抗外周神经痛和抗心律失常作用,是治疗癫痫强直阵挛发作的首选药,也用于治疗三叉神经痛、舌咽神经痛和坐骨神经痛及室性心律失常,但禁用于失神发作;个体差异大,用药应个体化,必要时做血药浓度监测;有局部刺激、牙龈增生、神经系统反应、血液系统反应、骨骼系统反应等不良反应;长期服用宜补充亚叶酸钙和维生素 D,用药期间应定期检查血常规和肝功能。
2. 卡马西平有抗癫痫、抗外周神经痛和抗躁狂、抗抑郁作用,是治疗癫痫复杂部分性发作的首选药。乙琥胺是治疗失神发作的首选药,地西泮(静脉注射)是治疗癫痫持续状态的首选药。

第二节 抗惊厥药

惊厥是由多种原因引起的中枢神经系统过度兴奋的一种症状,表现为全身骨骼肌不自主地强烈收缩,常见于儿童高热、破伤风、子痫、癫痫强直阵挛发作和中枢兴奋药中毒等。常用抗惊厥药包括苯二氮䓬类部分药物、巴比妥类、水合氯醛和硫酸镁,本节主要介绍硫酸镁。

硫酸镁(magnesium sulfate)

【药理作用与临床应用】硫酸镁可因给药途径不同而产生完全不同的药理作用。口服不易吸收,产生导泻和利胆作用(见第二十七章作用于消化系统的药物)。注射给药产生抗惊厥和降压作用。神经化学传递和骨骼肌收缩均需 Ca^{2+} 参与,Mg^{2+} 与 Ca^{2+} 化学性质相似,能特异性地竞争 Ca^{2+} 结合位点,拮抗 Ca^{2+} 的作用,导致兴奋 - 分泌脱偶联、兴奋 - 收缩脱偶联,从而抑制神经递质的释放,抑制骨骼肌、心肌及平滑肌的收缩,引起中枢抑制、骨骼肌松弛、心脏抑制及血管舒张,产生抗惊厥和降压作用。临床上注射硫酸镁主要用于妊娠期高血压子痫前期、子痫的治疗,以及儿童高热、破伤风等引起的惊厥,也可用于高血压危象的治疗。

【不良反应】硫酸镁注射给药时安全范围窄,肌内注射或静脉给药过量或过速可致镁中毒,抑制延髓呼吸中枢和血管运动中枢,表现为呼吸抑制、血压剧降和心搏骤停。肌腱反射消失为呼吸抑制的先兆,故在连续用药过程中应经常检查腱反射。中毒时应立即停药,及时进行人工呼吸,并缓慢静脉注射氯化钙或葡萄糖酸钙进行抢救。

1. 临床上常用的抗惊厥药有苯二氮䓬类部分药物、巴比妥类、水合氯醛和硫酸镁等。
2. 硫酸镁是控制子痫的首选药,中毒宜静脉注射钙剂解救。

复习导图

习题

目标检测

一、简答题

1. 试述苯妥英钠的药理作用、临床应用和不良反应。

2. 简述卡马西平的药理作用和临床应用。

3. 列举治疗各型癫痫的首选药和常用药物。

4. 简述硫酸镁注射给药时的药理作用、临床应用和不良反应。

二、处方分析

患者,女性,62岁,患有癫痫(局灶性发作)和帕金森病。处方如下,分析是否合理,为什么?

Rp:

卡马西平片　0.2g×30

Sig.　0.4g　b.i.d.　p.o.

司来吉兰片　5mg×20

Sig.　5mg　q.d.　p.o.

(毛秀华)

第十三章　治疗中枢神经系统退行性疾病药

ER 13-1

第十三章
课件

学习目标

1. **掌握**　抗帕金森病药分类及左旋多巴作用特点、临床应用和不良反应。
2. **熟悉**　左旋多巴增效药和苯海索的作用特点、临床应用。
3. **了解**　帕金森病的发病机制及治疗阿尔茨海默病药的分类及特点。

导学情景

情景描述：

　　患者，男，65 岁，5 年前开始出现左上肢远端不自主抖动，左侧肢体抖动逐年加重，并有些僵硬，最近 3 年右侧也开始出现，两侧表现不对称，以安静状态时更明显。走路缓慢，小碎步，起床迈步转身费力，呈弯腰驼背姿势，门诊以帕金森病收入院。

学前导语：

　　帕金森病是中枢神经系统退行性疾病的一种。本章我们将学习治疗中枢神经系统退行性疾病的药物。

　　中枢神经系统退行性疾病是指一组由慢性进行性中枢神经组织退行性变性而产生的疾病的总称，主要包括帕金森病（Parkinson's disease，PD）、阿尔茨海默病（Alzheimer's disease，AD）、亨廷顿病（Huntington disease，HD）、肌萎缩侧索硬化（amyotrophic lateral sclerosis，ALS）等。虽然本组疾病的病因及病变部位各不相同，但神经元发生退行性病理性改变是其共同特征。随着社会发展，人口老龄化问题日益突出，本组疾病成为严重影响人类健康和生活质量的第三位因素。但是，除帕金森病患者可通过合理用药延长寿命和提高生活质量外，其余疾病的治疗效果均不理想。本章主要介绍治疗帕金森病和阿尔茨海默病的药。

ER 13-2

扫一扫，
知重点

第一节　抗帕金森病药

　　帕金森病又称震颤麻痹，是由多种原因引起的慢性进行性中枢神经组织退行性变性疾病。典型症状为静止震颤、肌肉强直、运动迟缓、共济失调等。

帕金森病的发病机制

目前比较公认的是多巴胺缺失学说。该学说认为帕金森病的病变部位主要在黑质 - 纹状体多巴胺能神经通路。黑质中多巴胺能神经元发出上行纤维到达纹状体，其末梢与尾 - 壳核神经元形成突触，以多巴胺为递质，对脊髓前角运动神经元起抑制作用；同时，纹状体中的胆碱能神经元与尾 - 壳核神经元形成突触，以乙酰胆碱为递质，对脊髓前角运动神经元起兴奋作用。正常情况下，这两条通路的功能处于平衡状态，共同调节运动功能。帕金森病是由于黑质中多巴胺能神经元退行性病变，数目减少，多巴胺能神经功能减弱而胆碱能神经功能相对占优势，从而产生肌张力增高等临床症状。

因脑动脉硬化、脑炎后遗症、化学物质中毒及抗精神病药等所引起类似帕金森病症状者，统称为帕金森综合征。

抗帕金森病药是通过增强中枢多巴胺能神经功能或降低中枢胆碱能神经功能而缓解帕金森病症状的药物，分为中枢拟多巴胺药和中枢抗胆碱药两类。

一、中枢拟多巴胺药

（一）多巴胺前体药

左旋多巴（levodopa，L-dopa）

左旋多巴是酪氨酸的羟化物，是体内合成去甲肾上腺素、多巴胺等的前体物质，现已人工合成。

【体内过程】口服通过芳香族氨基酸的共同转运载体在小肠经主动转运迅速吸收，0.5~2 小时血药浓度达高峰，胃排空延缓、胃内酸度高及高蛋白饮食等均可降低其生物利用度，应在两餐之间或餐后 90 分钟服用，且不宜进高蛋白饮食。口服后大部分在肝及胃肠黏膜等外周组织被多巴脱羧酶脱羧转变为多巴胺，后者不能透过血脑屏障，在外周组织引起不良反应；仅约 1% 的左旋多巴透过血脑屏障，进入中枢神经系统，在脑内经多巴脱羧酶脱羧生成多巴胺发挥抗帕金森病作用。左旋多巴生成的多巴胺一部分被多巴胺能神经末梢摄取，另一部分被单胺氧化酶或儿茶酚 -O- 甲基转移酶代谢，经肾排泄。可使唾液、汗液、尿液及阴道分泌物变棕色。$t_{1/2}$ 为 1~3 小时。

【药理作用与临床应用】

1. 抗帕金森病　进入中枢的左旋多巴在中枢多巴脱羧酶作用下转变为多巴胺，补充纹状体中多巴胺的不足，发挥抗帕金森病作用。其特点为：①起效慢，需服用 2~3 周才起效，1~6 个月以上才获最大疗效；②疗效与疗程有关，疗程超过 3 个月，50% 的患者获得较好疗效；疗程 1 年以上，疗效达 75%；应用 2~3 年后疗效渐减，3~5 年后疗效已不显著，6 年后约半数患者失效，只有 25% 患者仍可获得良好效果；③对轻症及年轻患者疗效较好，对重症及老年患者疗效较差；④对改善肌肉僵直及运动困难的疗效较好，缓解震颤疗效较差；⑤对抗精神病药引起的帕金森综合征无效，因多巴胺受体已被抗精神病药所阻断。

2. 治疗肝性脑病　左旋多巴在脑内可转化为去甲肾上腺素而使肝性脑病患者苏醒,但仅暂时改善脑功能,不能改善肝功能,故不能根治。

【不良反应】左旋多巴的不良反应大多是由生成的多巴胺所引起的。

1. 胃肠道反应　治疗初期约 80% 患者出现恶心、呕吐、食欲减退等,是多巴胺刺激胃肠道和延髓催吐化学感受区(CTZ)所致。数周后能耐受,餐后服或缓慢递增剂量可减轻,同服外周多巴脱羧酶抑制药可明显减少,外周多巴胺受体拮抗药多潘立酮可有效对抗。偶见溃疡、出血或穿孔。

2. 心血管反应　治疗初期约 30% 患者出现轻度直立性低血压,通常是无症状性的,但有些患者头晕,偶见晕厥,继续用药可耐受。还可引起心律失常,是由于多巴胺兴奋心脏 β 受体所致,可用 β 受体阻滞药治疗。

知识链接

左旋多巴致直立性低血压的原因

左旋多巴在外周形成的多巴胺(DA)一方面作用于交感神经末梢,反馈性抑制去甲肾上腺素(NA)释放,另一方面作用于血管 DA 受体,使血管舒张。

---

3. 神经系统反应

(1)不自主异常运动(异动症、运动障碍):约 50% 患者在治疗 2~4 个月内出现异常的不随意运动,多见于面部肌群,如口 - 舌 - 颊抽搐、张口、伸舌、皱眉、头颈部扭动等,也可累及四肢、躯干肌群,引起摇摆运动,偶见喘息样呼吸或过度呼吸。服用 2 年以上发生率达 90%。表明药物已用至最大耐受量,须减量。

(2)症状波动:40%~80% 患者在用药 3~5 年后出现症状快速波动,主要有两种表现。①剂末现象:即每次用药的有效作用时间缩短,症状随血药浓度发生规律性波动,临近第二次用药时药效突然消失;②"开 - 关"现象:即症状在突然缓解(开)与加重(关)之间波动,"开"时活动正常或几近正常,常伴异动症,"关"时突然出现严重的帕金森病样运动不能状态,两种现象交替出现,可持续数分钟至数小时,严重妨碍患者的正常活动,与服药时间、血药浓度无关。为减轻症状波动,可使用左旋多巴 / 外周多巴脱羧酶抑制药复方制剂或多巴胺受体激动药,或加用选择性单胺氧化酶 B(MAO-B)抑制药等。

4. 精神障碍　表现为失眠、焦虑、噩梦、躁狂、幻觉、妄想、抑郁等,出现精神错乱的患者占 10%~15%,需减量或停药。可用选择性中脑 - 边缘系统多巴胺受体拮抗药氯氮平治疗,精神病患者慎用。

【药物相互作用】

1. 维生素 B_6 是多巴脱羧酶的辅基,可增强外周多巴脱羧酶活性,加速左旋多巴在外周转变为多巴胺,从而使左旋多巴疗效降低,外周不良反应加重,不宜合用。

2. 非选择性单胺氧化酶抑制药(MAOI)能抑制多巴胺在外周的代谢,从而加重多巴胺的外周不良反应,引起高血压危象,不宜合用;肾上腺素受体激动药可加重左旋多巴在心血管方面的不良反应,不宜合用;抗抑郁药能引起直立性低血压,加重左旋多巴的不良反应,不宜合用。

3. 抗精神病药如吩噻嗪类和丁酰苯类能阻断黑质 - 纹状体通路多巴胺受体,利血平能耗竭纹状体中的多巴胺,均可引起帕金森综合征,且能降低左旋多巴的疗效,不宜合用。

ER 13-3

技能赛点的
赛点分析

技能赛点

患者,男,56 岁,诊断为帕金森病,服用左旋多巴治疗,每次 0.25g,3 次 /d,出现恶心、呕吐、食欲缺乏,处方如下,分析是否合理,为什么?

Rp:

维生素 B_6 片　10mg×30

Sig.　20mg　t.i.d.　p.o.

(二) 左旋多巴增效药

1. 外周多巴脱羧酶抑制药

卡比多巴(carbidopa,α- 甲基多巴肼)

卡比多巴是较强的外周多巴脱羧酶抑制药。不易透过血脑屏障,故单用无效。与左旋多巴合用时,通过抑制外周多巴脱羧酶的活性,减少左旋多巴在外周的脱羧反应,使进入中枢神经系统的左旋多巴明显增多。这样,既提高了左旋多巴的疗效,减少了用量,又减轻了外周不良反应,是左旋多巴的重要辅助药。目前该药与左旋多巴的复方制剂息宁控释片(混合比例为 1∶4)和心宁美控释片(混合比例为 1∶10)已成为临床治疗帕金森病的最主要药物。

ER 13-4

扫一扫,
知答案

课 堂 活 动

试分析卡比多巴 - 左旋多巴片(1 号片含卡比多巴 10mg、左旋多巴 100mg,2 号片含卡比多巴 25mg、左旋多巴 250mg)的组方依据。

苄丝肼(benserazide)

苄丝肼作用和应用与卡比多巴相似,与左旋多巴按 1∶4 的剂量配伍制成复方制剂多巴丝肼。

2. 选择性单胺氧化酶 B 抑制药　人体内单胺氧化酶(MAO)分为 A、B 两型,MAO-A 主要分布于肠道,其功能是对食物、肠道内和血液循环中的单胺类进行氧化脱氨代谢;MAO-B 主要分布于黑质 - 纹状体,其功能是降解多巴胺。

司来吉兰(selegiline)

司来吉兰为选择性极高的单胺氧化酶 B(MAO-B)抑制药,能迅速通过血脑屏障,低剂量(<10mg/d)可选择性抑制中枢神经系统 MAO-B,抑制纹状体内多巴胺的降解,发挥抗帕金森病作

用。与左旋多巴合用可减少后者的用量和不良反应,并能消除长期应用左旋多巴出现的"开‐关"现象,常作为左旋多巴的辅助用药。大剂量(>10mg/d)也可抑制MAO‐A,应避免应用。本药代谢产物为苯丙胺类,有兴奋作用,易致失眠,应避免晚间服用。服药期间应避免食用富含酪胺的食品,以免血压升高。

3. 儿茶酚‐*O*‐甲基转移酶抑制药 左旋多巴有两条代谢途径:一是经多巴脱羧酶转化为多巴胺;二是经儿茶酚‐*O*‐甲基转移酶(COMT)转化为3‐*O*‐甲基多巴。后者与左旋多巴竞争转运载体而干扰左旋多巴的吸收和通过血脑屏障进入脑。COMT抑制药既可减少左旋多巴的降解,又可减少3‐*O*‐甲基多巴对其转运入脑的竞争性抑制作用,提高左旋多巴的生物利用度和在纹状体中的浓度。不宜单独应用,应与左旋多巴合用,尤其适用于伴有症状波动的患者,对长期应用左旋多巴出现的"剂末现象"和"开‐关"现象有效。本类药物包括硝替卡朋(nitecapone)、托卡朋(tolcapone)、恩他卡朋(entacapone),其中托卡朋能同时抑制外周和中枢COMT,硝替卡朋和恩他卡朋因不易通过血脑屏障,只抑制外周COMT,而不影响脑内COMT。主要不良反应为肝损害,用药期间须监测肝功能,肝功能不全者禁用。

(三)多巴胺受体激动药

溴隐亭(bromocriptine)

溴隐亭一般剂量可激动黑质‐纹状体通路的多巴胺受体,产生抗帕金森病作用,疗效与左旋多巴相似,对重症患者也有效,起效快,维持时间长,主要用于不能耐受左旋多巴的帕金森病患者。与左旋多巴合用治疗帕金森病取得较好疗效,能减少症状波动。小剂量可选择性激动结节‐漏斗通路的多巴胺受体,抑制催乳素和生长激素分泌,用于治疗溢乳闭经综合征和肢端肥大症。不良反应较多,发生率约68%。消化系统常见食欲减退、恶心、呕吐、便秘,对消化性溃疡患者可诱发出血;心血管系统常见直立性低血压,也可诱发心律失常,一旦出现应立即停药;运动功能障碍与左旋多巴相似;精神障碍比左旋多巴更常见且严重,如幻觉、错觉、思维混乱等,停药可消失。

培高利特(pergolide,硫丙麦角林)

培高利特激动多巴胺受体的作用强于利舒脲,且作用持久,适用于长期应用左旋多巴出现疗效减退的患者。不良反应与溴隐亭相似。

吡贝地尔(piribedil,泰舒达)

吡贝地尔可激动黑质‐纹状体通路的多巴胺受体。对震颤、肌肉僵直及运动困难均有改善作用,尤其对震颤效果好,可单用或与左旋多巴合用。

罗匹尼罗(ropinirole)和普拉克索(pramipexole)

两药均为新型多巴胺受体激动药。相对溴隐亭和培高利特而言,患者耐受性好,用药剂量可很快增加,1周内即可达到治疗浓度,胃肠道反应较小。作用时间相对较长,与左旋多巴相比,不易引起"开‐关"现象和不自主异常运动。临床上越来越多地用作帕金森病的早期治疗药物,而不是仅仅作为左旋多巴的辅助药物。已证实服用罗匹尼罗和普拉克索的患者,在驾车时会出现突发性睡眠,酿成交通事故,故服药期间禁止从事驾驶和高警觉性工作。

ER 13-5

岗位情景的
参考答案

(四) 促多巴胺释放药

金刚烷胺(amantadine)

金刚烷胺可能通过多种方式增强多巴胺的功能:促进纹状体多巴胺释放、抑制多巴胺再摄取、直接激动多巴胺受体、较弱的中枢抗胆碱作用。单用本药时疗效优于中枢抗胆碱药,但不及左旋多巴。特点是起效快,维持时间短,用药数天即可获最大疗效,但连用 6~8 周后疗效逐渐减弱。与左旋多巴合用有协同作用。长期用药可见下肢皮肤网状青斑,可能是儿茶酚胺释放引起外周血管收缩所致。也可致失眠、精神不安和运动失调,偶致惊厥,精神病、癫痫患者禁用。可致畸胎,孕妇禁用。金刚烷胺尚具有抗亚洲 A 型流感病毒作用。

二、中枢抗胆碱药

苯海索(trihexyphenidyl,安坦,artane)

苯海索对中枢胆碱受体阻滞作用较强,通过阻断黑质 - 纹状体通路的胆碱受体而拮抗 ACh 的作用,产生抗帕金森病作用;外周抗胆碱作用较弱,仅为阿托品的 1/10~1/3。苯海索抗帕金森病的特点为:①对早期轻症患者疗效好;②对震颤疗效好,对流涎、肌肉僵直和运动迟缓疗效较差;③对抗精神病药引起的帕金森综合征有效;④合用左旋多巴可增强疗效。由于对帕金森病疗效不明显,现已少用,主要用于早期轻症患者、不能耐受左旋多巴或多巴胺受体激动药的患者、抗精神病药引起的帕金森综合征患者。不良反应与阿托品相似但较轻,闭角型青光眼、前列腺肥大者禁用。

同类药物还有丙环定(procyclidine,开马君,卡马特灵)、苯扎托品(benzatropine,苄托品,benztropine)。

第二节　治疗阿尔茨海默病药

老年性痴呆分为原发性痴呆、血管性痴呆和两者的混合型,前者又称阿尔茨海默病,是一种与年龄高度相关的,以进行性认知障碍和记忆力损害为主的中枢神经系统退行性疾病,约占老年性痴呆患者总数的 70%,表现为记忆力、判断力、抽象思维等一般智力的丧失,视力、运动能力等不受影响。

知识链接

阿尔茨海默病的发病机制

阿尔茨海默病的发病机制尚未完全明了,研究发现其发病与脑内 β 淀粉样蛋白异常沉积有关。β 淀粉样蛋白对其周围的突触和神经元有毒性作用,可破坏突触膜,最终引起神经细胞死亡。随着神经元的丢失,各种神经递质也随之缺乏,其中最早也最明显的是 ACh。随着疾病逐步发展,患者脑内 ACh 水平迅速下降。

迄今尚无十分有效的阿尔茨海默病治疗方法,目前采用的比较特异性的治疗策略是增加中枢胆碱能神经功能,其中抗胆碱酯酶药效果相对肯定,M 受体激动药正在临床试验中。

一、抗胆碱酯酶药

本类药物中的他克林(tacrine)是美国 FDA 批准的第一个治疗阿尔茨海默病的药物,为第一代可逆性中枢乙酰胆碱酯酶(AChE)抑制药,因其有严重不良反应,特别是肝毒性,现已撤市。

多奈哌齐(donepezil,安理申)

多奈哌齐为第二代可逆性 AChE 抑制药。与他克林相比,对中枢 AChE 选择性高,肝毒性及外周不良反应轻,患者耐受性较好。用于轻、中度阿尔茨海默病,能提高患者的认知能力,延缓病情发展,具有剂量小、毒性低和价格相对较低等优点。半衰期长,可每日服用一次,口服吸收良好,不受进食和服药时间的影响,生物利用度为100%。不良反应有全身反应,较常见流感样胸痛、牙痛等;心血管系统反应,如高血压、心房颤动等;胃肠道反应,如大便失禁、胃肠道出血、腹部胀痛等;神经系统反应,如谵妄、震颤、眩晕、易怒、感觉异常等。

利斯的明(rivastigmine,卡巴拉汀)

利斯的明为第二代 AChE 抑制药,具有安全、耐受性好、不良反应轻等优点,且无外周活性,尤其适用于伴有心、肝、肾等疾病的阿尔茨海默病患者。利斯的明改善认知能力的效果显著,如记忆力、注意力和方位感,是目前该类药物中唯一对日常生活中的认知行为和综合能力有显著疗效的 AChE 抑制药。除胃肠道不良反应发生率略高于多奈哌齐外,其他不良反应与多奈哌齐相似,主要有恶心、呕吐、腹痛、腹泻、乏力、眩晕、嗜睡、精神错乱等,继续用药一段时间(2~3 周)或减量一般可消失。

加兰他敏(galantamine)

加兰他敏为第二代 AChE 抑制药,在胆碱能高度不足的区域活性最大。用于轻、中度阿尔茨海默病,用药 6~8 周后疗效开始明显,临床有效率为 50%~60%,疗效与他克林相当,但无肝毒性。本药目前在许多国家被推荐为轻、中度阿尔茨海默病的首选药。主要不良反应为用药初期(2~3 周)出现恶心、呕吐、腹泻等胃肠道反应,稍后即消失。

石杉碱甲(huperzine A,哈伯因)

为我国学者从石杉属植物千层塔中分离到的一种生物碱,原用于治疗重症肌无力,后发现石杉碱甲对良性记忆功能减退的老年人有明显增强记忆的作用。本药为强效、可逆性 AChE 抑制药,对改善衰老性记忆障碍及老年性痴呆患者的记忆功能有良好作用,在改善认知功能方面的效果比高压氧治疗效果显著。用于老年性记忆功能减退及阿尔茨海默病患者,可提高其记忆和认知能力。常见不良反应有恶心、头晕、多汗、腹痛、视物模糊等,一般可自行消失,严重者可用阿托品拮抗。

美曲膦酯(metrifonate,敌百虫)

美曲膦酯是第一个 AChE 抑制药,原用作杀虫剂,直到 20 世纪 80 年代才被用于治疗阿尔茨海默病,是目前用于阿尔茨海默病治疗的唯一以无活性前药形式存在的 AChE 抑制药,服用数小时后转化为活性代谢产物而发挥持久的疗效,能提高患者的认知能力,且可使患者的幻觉、抑郁/焦虑、情感淡漠症状明显改善。主要用于轻、中度前药。不良反应少而轻,偶见腹泻、下肢痉挛、鼻炎等,继续用药可自行消失。

二、M 受体激动药

呫诺美林(xanomeline)

呫诺美林为选择性 M_1 受体激动药,对 M_2、M_3、M_4、M_5 受体作用很弱,为目前发现的选择性最

高的 M_1 受体激动药之一。高剂量口服可明显改善阿尔茨海默病患者认知功能和行为能力。但因易引起胃肠道和心血管方面的不良反应,部分患者中断治疗,可选择经皮肤给药。

米拉美林(milameline)

米拉美林为非选择性 M 受体激动药。与其他 M 受体激动药相比,本药对 M_1 和 M_2 受体的亲和力几乎相同,且只对 M 受体有亲和力。临床常用剂量不引起外周胆碱能不良反应,能提高认知能力和中枢胆碱活性。

沙可美林(sabcomeline)

沙可美林为相对选择性 M_1 受体激动药。阿尔茨海默病患者服用 4 周后起效,认知能力显著提高,具有安全、耐受性好等优点。常见不良反应有轻微流汗等。

三、其他类

美金刚(memantine,美金刚胺)

美金刚为使用依赖性的 N- 甲基 -D- 天冬氨酸(NMDA)受体非竞争性拮抗药。当兴奋性递质谷氨酸与 NMDA 受体结合后,可激活细胞膜电压依赖性钙通道,引起细胞内钙超负荷而致神经元选择性损伤。当谷氨酸以病理量释放时,美金刚可降低谷氨酸的神经毒性作用;当谷氨酸释放过少时,则可改善记忆过程所需谷氨酸的传递。本药能显著改善轻、中度血管性痴呆患者的认知能力,且对较严重者效果更好;对中、重度患者,还可显著改善其动作能力、认知障碍和社会行为。美金刚是第一个用于治疗晚期阿尔茨海默病的 NMDA 受体非竞争性拮抗药,与 AChE 抑制药合用效果更好。不良反应有轻微眩晕、不安、头重、口干等,饮酒可能加重。

大脑功能恢复药(如胞磷胆碱、吡拉西坦、茴拉西坦、吡硫醇、脑蛋白水解物、阿米三嗪 / 萝巴新、赖氨酸等)通过促进脑代谢,脑循环改善药(如二氢麦角碱、尼麦角林等)通过扩张脑血管改善微循环,神经细胞生长因子增强药(如丙戊茶碱)通过保护神经,钙通道阻滞药(如尼莫地平、氟桂利嗪等)通过抑制脑细胞钙超负荷等作用也可改善阿尔茨海默病患者的症状。

仑卡奈单抗(lecanemab)

仑卡奈单抗是 2023 年批准上市的首个人源性抗 Aβ 抗体,能与 Aβ 寡聚体结合,促进大脑 β 淀粉样蛋白的清除。每隔 2 周静脉注射 10mg/kg 仑卡奈单抗,可改善阿尔茨海默病早期患者脑组织中的 Aβ 沉积,减轻认知功能损害。不良反应较为严重的主要包括输液相关反应、淀粉样蛋白相关影像学异常(amyloid-related imaging abnormality,ARIA)、心房颤动、晕厥及心绞痛。

目前已有多种工程化抗体或第二代的 Aβ 抗体处于研发阶段,针对 Aβ 的免疫治疗有望为阿尔茨海默病的治疗带来新的希望。

点滴积累

治疗阿尔茨海默病药包括抗胆碱酯酶药、M 受体激动药和 NMDA 受体非竞争性拮抗药等。加兰他敏为第二代 AChE 抑制药，目前被推荐为轻、中度阿尔茨海默病的首选药。

复习导图

习题

目标检测

一、简答题

1. 简述左旋多巴抗帕金森病的作用机制、作用特点、不良反应及防治。

2. 分析左旋多巴宜与卡比多巴合用而不宜与维生素 B_6 合用的原因。

3. 分析左旋多巴治疗抗精神病药引起的帕金森综合征无效而苯海索治疗有效的原因。

4. 治疗阿尔茨海默病的药物分哪几类？各包括哪些药物？

二、处方分析

　　患者，女，50 岁，因精神分裂症长期口服氯丙嗪，出现帕金森综合征，处方如下，分析是否合理，为什么？

Rp：

　　左旋多巴片　　0.25g×24

　　Sig.　0.25g　t.i.d.　p.o.

（王 蕾）

第十四章　抗精神失常药

ER 14-1

第十四章
课件

　　精神失常是由多种原因引起的精神活动障碍的一类疾病,包括精神分裂症、躁狂症、抑郁症和焦虑症等。治疗这些疾病的药物统称为抗精神失常药,也称为精神药物。根据临床应用分为抗精神病药、抗躁狂药(antimanic)、抗抑郁药(antidepressant)和抗焦虑药(anxiolytic),其中抗焦虑药已在镇静催眠药章节述及。

ER 14-2

扫一扫,
知重点

第一节　抗精神病药

　　精神分裂症是以思维、情感、行为之间不协调,精神活动与现实脱离为主要特征的最常见的一类精神病。根据临床症状,将其分为Ⅰ型和Ⅱ型,前者以幻觉、妄想和思维障碍等阳性症状为主,后者则以情感淡漠、缺乏主动性和行为退缩等阴性症状为主。

　　抗精神病药是用于治疗精神分裂症和有精神病性症状的精神障碍的一类药物。这类药物在通常的治疗剂量并不影响患者的智力和意识,却能有效地控制患者的精神运动兴奋、烦躁、焦虑、幻觉、妄想和思维障碍等,达到安定的作用。根据化学结构不同,将抗精神病药分为四类:吩噻嗪类、硫杂蒽类、丁酰苯类及其他类。

一、吩噻嗪类

氯丙嗪(chlorpromazine,冬眠灵,wintermine)

【体内过程】口服吸收慢而不规则,2~4 小时血药浓度达高峰,胃内食物、抗胆碱药均能明显延缓其吸收。个体差异大,口服相同剂量,不同个体血药浓度可相差 10 倍以上,故给药剂量应个体化。肌内注射吸收迅速,90% 以上与血浆蛋白结合,但刺激性强,宜深部注射。分布于全身,脑、肺、肝、脾、肾中较多,其中脑内浓度可达血浆浓度的 10 倍。主要经肝代谢,经肾排泄。因脂溶性高,易蓄积于脂肪组织,停药后数周至半年,尿中仍可检出其代谢产物,故维持疗效时间长。本品在体内的代谢和排泄速度随年龄的增加而递减,老年患者须减量。

【药理作用】氯丙嗪对多种受体有阻断作用,如 DA 受体、α 受体、M 受体等,故药理作用广泛而复杂,不良反应也较多。

1. 中枢神经系统

(1)抗精神分裂症:对中枢神经系统有较强的抑制作用,也称神经安定作用。精神分裂症患者用药后能迅速控制兴奋、躁动症状,继续用药(6 周~6 个月),可消除幻觉、妄想等症状,缓解思维和情感障碍,理智恢复,生活自理;但对抑郁无效,甚至加剧。正常人口服治疗量后可表现安静、活动减少、感情淡漠、注意力下降、对周围事物不感兴趣,在安静环境中易诱导入睡,也易被唤醒,醒后神志清楚。此药的镇静、安定作用有耐受性,抗精神病作用无耐受性。大剂量应用也不引起麻醉。

难点释疑

精神分裂症的发病机制

目前认为,精神分裂症的发病机制与中脑-边缘系统和中脑-皮质系统 DA 能神经功能亢进有关。脑内 DA 能神经通路主要有四条,分别为:①中脑-边缘系统通路和中脑-皮质通路,这两条通路主要调控精神活动,前者主要调控情绪反应,后者则主要调控认知、思想、感觉、理解、推理能力,目前认为精神分裂症主要与这两条通路功能亢进密切相关;②黑质-纹状体通路,与锥体外系的运动功能有关,该通路 DA 含量占全脑的 70% 以上,该通路功能减弱可引起帕金森病的症状,功能亢进则出现多动症;③结节-漏斗通路,与神经内分泌活动有关,主要调控垂体激素的分泌。

本品能竞争性地阻断 DA 受体,且对脑内四条通路中 DA 受体没有选择性,其抗精神病作用与阻断中脑 - 边缘系统通路和中脑 - 皮质通路的 DA 受体有关。

(2)镇吐:小剂量能阻断延髓第四脑室底部的催吐化学感受区(CTZ)的 D_2 受体,大剂量能直接抑制呕吐中枢。但对前庭刺激引起的呕吐无效。对顽固性呃逆有一定作用,其机制可能是抑制位于延髓催吐化学感受区旁的呃逆调节中枢。

(3)影响体温调节:对下丘脑体温调节中枢有很强的抑制作用,使体温调节功能失灵,既可抑制产热过程,又可抑制散热过程,故使体温随环境温度的变化而变化。在低温环境中不仅能使发热者体温降低,而且还能使正常人的体温降低;若在高温条件下,则可使体温升高。

(4)增强中枢抑制药的作用:可增强镇静催眠药、镇痛药、麻醉药等的作用,与上述药物合用时应适当减量,以免过度抑制中枢神经系统。

2. 自主神经系统

(1)阻断 α 受体作用:可阻断外周血管上的 α 受体,直接扩张血管,引起血压下降,但连续应用可产生耐受性,且有较多副作用,故不作抗高血压药使用。大剂量时可引起直立性低血压,应注意。

(2)阻断 M 受体作用:有较弱的 M 受体阻滞作用,可引起口干、便秘、视物模糊等,无临床治疗意义。

3. 内分泌系统
可阻断结节 - 漏斗通路的 DA 受体,影响下丘脑多种激素分泌,如:①减少催乳素释放抑制因子的释放,使催乳素(PRL)分泌增加,引起乳房肿大、泌乳;②抑制促性腺激素释放激素的释放,使卵泡刺激素(FSH)和黄体生成素(LH)分泌减少,引起排卵延迟;③抑制促肾上腺皮质激素释放激素的释放,使促肾上腺皮质激素(ACTH)分泌减少;④抑制生长激素释放因子的释放,使生长激素(GH)分泌减少。

【临床应用】

1. 精神分裂症
主要用于 I 型精神分裂症(幻觉妄想和精神运动性兴奋为主)的治疗,尤其是急性患者疗效显著,但无根治作用,必须长期用药,甚至终身治疗;对慢性患者疗效较差。对 II 型精神分裂症患者无效甚至加重病情。也可用于治疗躁狂症及伴有兴奋、躁动、紧张、幻觉和妄想等症状的其他精神病。对各种器质性精神分裂症和症状性精神分裂症的兴奋、幻觉和妄想症状也有效,但剂量要小,症状控制后须立即停药。

2. 呕吐和顽固性呃逆
对多种疾病(如尿毒症、恶性肿瘤、胃肠炎等)及某些药物(吗啡、四环素、洋地黄等)引起的呕吐有效,对妊娠呕吐也有效,但不能对抗前庭刺激引起的呕吐。也用于顽固性呃逆。现已逐渐被选择性 5-HT$_3$ 受体拮抗药昂丹司琼等取代。

3. 低温麻醉和人工冬眠
配合物理降温(冰袋、冰浴),氯丙嗪可使体温降至正常以下,因而可用于低温麻醉。与其他中枢抑制药(如异丙嗪、哌替啶等)组成人工冬眠合剂,可使患者深睡,体温、基础代谢及组织耗氧量均降低,增强患者对缺氧的耐受力,降低机体对伤害性刺激的反应性,并可使自主神经传导阻滞及中枢神经系统反应性降低,机体处于这种状态称为"人工冬眠",有利于度过危险的缺氧缺能阶段,为进行其他有效的对因治疗争取时间。人工冬眠多用于严重创伤、感染性休克、甲状腺危象、中枢性高热、高热惊厥等的辅助治疗。

【不良反应】

1. **一般不良反应** 常见的有嗜睡、淡漠、乏力等中枢抑制症状；口干、便秘、眼压升高、视物模糊等 M 受体阻断症状；鼻塞、直立性低血压、反射性心动过速等 α 受体阻断症状；静脉注射可引起血栓性静脉炎，应以生理盐水或葡萄糖溶液稀释后缓慢注射。

2. **锥体外系反应（EPS）** 是长期大量应用氯丙嗪最常见的不良反应，表现为：①帕金森综合征，表现为肌张力增高、面容呆板（面具脸）、动作迟缓、肌肉震颤、流涎等，一般在用药后数周或数月发生，女性比男性更常见。②静坐不能，表现为不可控制的烦躁不安、反复徘徊，一般较帕金森综合征出现早，在治疗 1~2 周后最为常见。③急性肌张力障碍，由于舌、面、颈及背部肌肉痉挛，患者出现强迫性张口、伸舌、斜颈、呼吸运动障碍及吞咽困难等，多出现在用药后的第 1~5 天，男性和青少年比女性更常见。以上三种症状是由于氯丙嗪阻断了黑质 - 纹状体通路的 DA 受体，使纹状体中的多巴胺能神经功能减弱、胆碱能神经功能相对增强所致，一般减量或停药后即消失，也可用中枢抗胆碱药苯海索缓解。④迟发性运动障碍，是长期（通常 1 年以上）和大剂量服药所致，部分患者可出现口 - 面部不自主地刻板运动，出现吸吮、舐舌、咀嚼等口 - 舌 - 颊三联征，也可出现广泛性舞蹈样手足徐动症。其原因可能是长期阻断突触后膜 DA 受体，DA 受体数目增加（即向上调节），使黑质 - 纹状体多巴胺功能相对增强。若早期发现，及时停药，部分患者可恢复，但有部分患者停药后仍持久存在，甚至恶化。此症状难以治疗，用中枢抗胆碱药反而使之加重，抗多巴胺药硫必利等或非典型抗精神病药氯氮平可使之减轻。

3. **心血管系统反应** 直立性低血压较常见，发生率约 4%。静脉注射或肌内注射后应静卧 1~2 小时，以防体位突然变化引起血压下降。一旦发生直立性低血压，可用去甲肾上腺素或麻黄碱等药物升压，禁用肾上腺素。此外，心动过速和心电图异常（ST-T 改变和 Q-T 间期延长）较多见。

4. **内分泌系统反应** 长期应用氯丙嗪会引起内分泌系统紊乱，如拮抗 DA 受体介导的下丘脑催乳素释放抑制途径，引起高催乳素血症，导致乳腺增大、泌乳；此外，还可引起闭经、排卵延迟、儿童生长抑制等。

5. **过敏反应** 常见皮疹、接触性皮炎，偶见光敏性皮炎；少数患者出现肝细胞内微胆管阻塞性黄疸、急性粒细胞减少、溶血性贫血、再生障碍性贫血，应立即停药。

6. **眼部并发症** 主要表现为角膜和晶状体混浊，或使眼压升高。长期使用者应做眼部检查，常半年复查 1 次。高剂量应用本品时，夏季最好戴太阳镜以保护角膜和晶状体。

【禁忌证】 对吩噻嗪类药物过敏、骨髓抑制、青光眼、肝功能严重减退、有癫痫及惊厥史、昏迷、乳腺增生症和乳腺癌等患者禁用。冠心病（易致猝死）患者、患有心血管疾病的老年患者、尿毒症患者慎用。

技能赛点

患者，女，26 岁。14 岁时出现癫痫强直阵挛发作，一直服用卡马西平 900mg/d 治疗，控制良好。最近因攻击邻居被送入医院，诊断为类偏执型精神分裂症。入院后一直不能平静下来，攻击了两名工作人员，表现为急性精神病状态。处方如下，分析是否合理，为什么？

Rp:

　　盐酸氯丙嗪注射液　50mg × 1

　　Sig.　50mg　深部 i.m.　st.！

　　其他吩噻嗪类药物如奋乃静（perphenazine）、氟奋乃静（fluphenazine）、三氟拉嗪（trifluoperazine）的共同特点：①抗精神病作用强；②镇静作用弱；③锥体外系反应明显。其中奋乃静控制兴奋躁动作用不如氯丙嗪，对慢性精神分裂症的疗效则高于氯丙嗪；氟奋乃静和三氟拉嗪有兴奋和激活作用，对行为退缩、情感淡漠等症状有较好疗效。硫利达嗪（thioridazine，甲硫达嗪）的特点：①抗精神病疗效不如氯丙嗪；②镇静作用强；③锥体外系反应少，老年人易耐受。

> ### 课 堂 活 动
>
> 　　患者，男，19 岁，因袭击其母被送入院，诊断为偏执型精神分裂症，住院治疗。为控制其攻击行为，开始肌内注射三氟拉嗪 5mg，每 4~6 小时 1 次，24 小时内共注射了 4 次，患者出现颈项强直、伸舌，给予苯扎托品 1mg 肌内注射，症状缓解。然后改为三氟拉嗪睡前口服 15mg，患者精神分裂症急性发作症状有改善且未出现其他肌张力障碍。2 周后，患者变得更加容易激惹，开始踩地板，无论坐或躺，一次均不能超过 10 分钟，排队时总是来回走动于队伍两头，且自觉心神不定、坐立不安。
>
> 课堂讨论：
>
> 1. 入院后给予三氟拉嗪是否正确，为什么？
> 2. 如何解释肌内注射三氟拉嗪后患者出现的症状？如何处理？
> 3. 如何解释患者口服三氟拉嗪 2 周后出现的症状？如何处理？

ER 14-4

扫一扫，
知答案

二、硫杂蒽类

氯普噻吨（chlorprothixene，氯丙硫蒽，泰尔登）

　　本品为硫杂蒽类代表药物，可通过阻断脑内神经突触后膜多巴胺 D_1 和 D_2 受体而改善精神症状；也可抑制脑干网状上行激活系统，产生镇静作用；还可抑制延髓催吐化学感受区而发挥止吐作用。其作用特点为：①抗精神分裂症、抗幻觉和妄想作用比氯丙嗪弱；②镇静作用比氯丙嗪强；③抗抑郁和抗焦虑作用比氯丙嗪强；④ α、M 受体阻滞作用弱。适用于伴有焦虑或抑郁的精神分裂症，也可用于焦虑性神经症、更年期抑郁症等。不良反应与氯丙嗪相似但较轻，锥体外系反应也较少。

氟哌噻吨（flupenthixol，三氟噻吨）

　　本品通过阻断多巴胺 D_2 受体而起到抗精神病作用。其抗精神病作用比氯普噻吨强 4~8 倍，而镇静作用较弱。同时还有抗焦虑和抗抑郁作用。用于急、慢性精神分裂症，对淡漠、意志减退、违拗症状及分裂症后抑郁效果较好；也可以用于治疗各种原因引起的抑郁或焦虑症状。因其有特殊的激动效应,故禁用于躁狂症患者。不良反应主要有锥体外系反应,尤其在用药早期。

三、丁酰苯类

氟哌啶醇(haloperidol)

本品为丁酰苯类代表药物,作用与氯丙嗪相似。在等同剂量时,其阻断多巴胺受体的作用为氯丙嗪的20~40倍,因此属于强效低剂量的抗精神病药。其作用特点为:①抗焦虑症、抗精神病作用强而久,有很好的抗幻觉妄想和抗兴奋躁动作用;②镇静作用弱,降温作用不明显;③阻断锥体外系多巴胺的作用强,止吐作用亦较强;④抗胆碱及抗去甲肾上腺素的作用较弱,心血管系统不良反应较少。主要用于急、慢性各型精神分裂症。特别适合急性青春型和伴有敌对情绪及攻击行为的偏执型精神分裂症。也可用于治疗焦虑性神经症、儿童抽动秽语综合征、呕吐及顽固性呃逆等。

氟哌利多(droperidol,氟哌啶)

氟哌利多作用与氟哌啶醇相似,但作用更快、更强、更短,是目前临床麻醉中应用最广的强安定药。常与强效镇痛药芬太尼合用,产生精神恍惚、活动减少、痛觉消失,但不进入睡眠状态的一种特殊麻醉状态,称为“神经安定镇痛术”,用于外科小手术的麻醉。也用于麻醉前给药、镇吐、控制精神病患者的攻击行为。

四、其他类

舒必利(sulpiride,止吐灵)

本品属苯甲酰胺类非典型抗精神病药,选择性阻断中脑 - 边缘系统的多巴胺 D_2 受体,其作用特点为:①抗木僵、退缩、幻觉、妄想作用强,主要用于治疗妄想型和紧张型精神分裂症,起效快,疗效高,有 “药物电休克” 之称。对长期应用其他药物无效的难治性病例和慢性精神分裂症的孤僻、退缩、淡漠症状也有一定疗效。②镇吐作用强于氯丙嗪,临床可作为强效中枢性止吐药应用。③无明显镇静作用及抗躁狂作用,抗胆碱作用较轻。④对黑质 - 纹状体通路的 DA 受体亲和力较低,故锥体外系反应少。⑤兼有一定的抗抑郁作用。增量过快时,可有一过性心电图改变、胸闷等。偶尔可见轻度的锥体外系反应、体重增加、失眠、口渴、头痛、排尿困难、胃肠道反应等不良反应。嗜铬细胞瘤、高血压、严重心血管疾病、严重肝病患者禁用。

氯氮平(clozapine,氯扎平)

本品属二苯氧氮平类广谱抗精神病药,能特异性阻断中脑 - 边缘系统及中脑 - 皮质通路的 DA 受体,也阻断 $5-HT_2$ 受体。氯氮平的作用特点为:①对精神分裂症的疗效与氯丙嗪接近,但见效迅速,对慢性患者及其他抗精神病药无效的精神分裂症阳性症状和阴性症状都有治疗作用。②主要用于有严重阳性症状或阴性症状的精神分裂症和其他精神病的急性期及维持期。目前我国许多地区已将其作为治疗精神分裂症的首选药;也可用于其他抗精神病药无效或锥体外系反应过强的和长期应用氯丙嗪等抗精神病药引起的迟发性运动障碍的患者。③几乎无锥体外系反应,与其对黑质-纹状体通路的DA受体几乎无亲和力有关。④严重的不良反应为粒细胞减少,严重者可致粒细胞缺乏,故用药前及用药期间须作白细胞计数检查。

ER 14-5

岗位情景

患者,男,33岁,21岁时被诊断为慢性偏执型精神分裂症。曾应用氯丙嗪、替沃噻吨、氟哌啶醇、喹硫平治疗,但即使在对每种药物依从性很好时也只有部分疗效,最近开始应用氯氮平治疗。用氯氮平4周后,白细胞计数(WBC)从6.8×10^9/L降至4×10^9/L,之后2周WBC降为2.1×10^9/L,且绝对中性粒细胞(ANC)为1×10^9/L。请问该采取什么措施?

岗位情景的参考答案

利培酮(risperidone)

利培酮属苯并异噁唑衍生物,为非典型抗精神病药,对5-HT$_2$受体和多巴胺D$_2$受体均有很高的亲和力,但对前者的阻断作用显著强于后者。也可与α_1受体、组胺H$_1$受体结合。其作用特点为:①对精神分裂症的阳性症状和阴性症状均有良效,适于治疗首发急性患者和慢性患者;依从性优于其他抗精神病药,已成为治疗精神分裂症的一线药物。②不同于其他药物的是,对精神分裂症患者的认知功能障碍和继发性抑郁也具有治疗作用。③锥体外系反应轻,降低剂量或给予抗帕金森综合征药可消除。孕妇、哺乳期妇女、儿童禁用。

齐拉西酮(ziprasidone)

本品是一种非典型抗精神病药,对D$_2$、D$_3$、5-HT$_{1A}$、5-HT$_{2A}$、5-HT$_{2C}$、5-HT$_{1D}$、α受体具有较高的亲和力,对组胺H$_1$受体具有中等亲和力,对M受体无亲和力。本品对D$_2$、5-HT$_{2A}$、5-HT$_{1D}$、α_1、H$_1$受体具有阻断作用,对5-HT$_{1A}$受体具有激动作用。能抑制突触对5-HT和NA的再摄取。能有效控制精神分裂症阳性和阴性症状,对急性或慢性、初发或复发精神分裂症均有很好疗效。该药延长Q-T间期的作用强于其他非典型抗精神病药,可引起心律失常,用药时应进行心电图检查。患者的耐受性和顺应性好。

阿立哌唑(aripiprazole)

本品是一种新型的非典型抗精神病药,对DA能神经系统具有双向调节作用,是DA递质稳定剂。与多巴胺D$_2$和D$_3$受体以及5-HT$_{1A}$、5-HT$_{2A}$受体都有高亲和力,与D$_4$、H$_1$、α_1受体以及5-HT重吸收位点具有中度亲和力。本品通过对D$_2$和5-HT$_{1A}$受体的部分激动特性和对5-HT$_{2A}$受体的阻断作用而产生抗精神分裂症作用,对α_1受体的阻断作用可引起直立性低血压。临床用于治疗各类型的精神分裂症,对精神分裂症阳性和阴性症状均有明显疗效,长期应用还可降低精神分裂症的复发率,改善情绪和认知功能障碍。

常见抗精神病药的特点见表14-1。

表 14-1　常用抗精神病药作用比较

药物	抗精神病剂量 /(mg/d)	镇静	降压	锥体外系反应
氯丙嗪	25~300	+++	+++(肌内注射),++(口服)	++
奋乃静	8~32	++	+	+++
氟奋乃静	2~20	+	+	+++
三氟拉嗪	5~20	+	+	+++
硫利达嗪	150~300	+++	++	+
氟哌啶醇	10~80	+	++	+++
氯氮平	12.5~300	++	+++	−
利培酮	1~8	+	++	+
奥氮平	5~20	++	+	−

注：+++,强；++,中等；+,弱；−,几乎没有。

点滴积累

1. 氯丙嗪为抗精神病药的典型代表,可治疗各型精神分裂症,作用机制是阻断中脑 - 边缘系统通路和中脑 - 皮质通路的 DA 受体；也可治疗多种原因引起的中枢性呕吐,但对前庭刺激引起的呕吐无效；还可用于人工冬眠和低温麻醉。
2. 长期大量使用氯丙嗪的最常见不良反应是锥体外系反应,表现为帕金森综合征、静坐不能、急性肌张力障碍、迟发性运动障碍。
3. 以氯氮平、利培酮、阿立哌唑等为代表的非典型抗精神病药对精神分裂症的阳性症状和阴性症状都有治疗作用,且锥体外系反应轻。

第二节　抗躁狂药和抗抑郁药

躁狂抑郁症属心境障碍(又称情感性精神障碍),主要表现为情感过度高涨或低落,分单相型(躁狂或抑郁两者之一反复发作而无相反位相者)和双相型(躁狂或抑郁两者交替发作)。发病机制可能与脑内单胺类神经递质改变有关,目前认为：5-HT、NA、DA 功能增强表现为躁狂,功能减弱则表现为抑郁。

一、抗躁狂药

抗躁狂药是能抑制 NA 能神经和 / 或 DA 能神经功能,减轻或消除躁狂症状的药物,主要包括锂盐、抗精神病药(氯丙嗪、氟哌啶醇、氯氮平、利培酮等)、抗癫痫药(卡马西平、丙戊酸钠等)、钙通道阻滞药(维拉帕米)。其中碳酸锂是治疗躁狂症最常用的药物。

碳酸锂（lithium carbonate）

【体内过程】口服吸收迅速而完全，0.5~2 小时血药浓度达高峰。但通过血脑屏障进入脑组织和神经细胞需要一定时间，故显效较慢。主要经肾排泄，Li^+ 在近曲小管重吸收约 80%，可与 Na^+ 竞争重吸收，增加 Na^+ 摄入可促进 Li^+ 排泄，而缺 Na^+ 或肾功能不良时可致 Li^+ 潴留，引起中毒，故用药期间应保持正常食盐摄入量，不宜采用低钠饮食，且多饮水。$t_{1/2}$ 为 18~36 小时。

【药理作用】治疗量对正常人精神活动几乎无影响，但可改善躁狂症和精神分裂症的躁狂症状，使言语、行为恢复正常，长期用药还可防止继发性抑郁。主要通过 Li^+ 发挥作用，其抗躁狂发作的机制是通过抑制脑内 NA 和 DA 释放并增加神经元再摄取，使突触间隙 NA 下降，进而抑制脑内腺苷酸环化酶的激活，使第二信使 cAMP 下降，产生抗躁狂作用。

【临床应用】

1. **躁狂症**　主要用于治疗躁狂症，为首选药，既可用于躁狂的急性发作，也可用于缓解期的维持治疗，特别是对急性躁狂和轻度躁狂疗效显著，有效率为 80%，但有时对抑郁症也有效，故有心境稳定药或情绪稳定药之称。起效较慢，开始显效需 5~7 日，对严重急性躁狂患者在最初治疗阶段常需合用苯二氮䓬类或抗精神病药，以加速控制急性躁狂症状。

2. **躁狂抑郁症**　该病的特点是躁狂和抑郁双相循环发生，长期应用碳酸锂不仅可减少躁狂复发，对预防抑郁复发也有相当的疗效，但对抑郁的作用不如躁狂显著。

3. **难治性抑郁症**　抗抑郁药与碳酸锂合用治疗难治性抑郁症是目前公认的较好的办法。

4. **精神分裂症**　对精神分裂症的兴奋躁动症状也有效。

【不良反应】锂盐不良反应较多，且有个体差异。

1. **一般不良反应**　用药初期有恶心、呕吐、腹泻、头晕、疲乏、乏力、肢体震颤、口干、多尿等，常在继续治疗 1~2 周内逐渐减轻或消失。

2. **抗甲状腺作用**　可引起甲状腺功能减退或甲状腺肿，尤其是长期服药者，为可逆性，停药后即恢复。可口服小剂量甲状腺素片。

3. **毒性反应**　锂盐安全范围较窄，其有效治疗浓度为 0.8~1.2mmol/L，一般超过 1.5mmol/L 即出现中毒症状，超过 2.0mmol/L 便是严重中毒，主要表现为中枢神经系统功能紊乱，如精神紊乱、肌张力增高、深反射亢进、共济失调、明显震颤、癫痫发作、意识障碍、昏迷甚至死亡。对此没有特异解毒药，主要采取对症处理和支持疗法。一旦出现应立即停药，静脉滴注生理盐水减少锂重吸收、碳酸氢钠或氨茶碱碱化尿液、甘露醇渗透性利尿，以加速锂的排泄，不宜使用排钠利尿药，必要时可进行血液透析。防止中毒的关键是做血药浓度监测，急性期治疗血锂浓度应控制在 0.8~1.2mmol/L，维持期治疗时为 0.4~0.8mmol/L，上限不宜超过 1.4mmol/L，当血锂升至 1.6mmol/L 时，应立即减量或停药。

二、抗抑郁药

抗抑郁药是能增强 5-HT 能神经和／或 NA 能神经功能、减轻或消除抑郁症状的药物。既往多按化学结构进行分类,如杂环类抗抑郁药包括三环类、四环类。目前则更多按作用机制来划分,如选择性 5- 羟色胺再摄取抑制药(SSRI)、选择性去甲肾上腺素再摄取抑制药(NARI)、单胺氧化酶抑制药(MAOI)、5- 羟色胺去甲肾上腺素再摄取抑制药(SNRI)等,三环类抗抑郁药(TCA)作为经典抗抑郁药,仍保留这个名称。

(一)三环类抗抑郁药

丙米嗪(imipramine,米帕明)

【体内过程】口服吸收良好,2~8 小时血药浓度达高峰。广泛分布于全身各组织,以脑、肝、肾及心肌分布较多。主要经肝代谢,其中间代谢产物地昔帕明仍有显著抗抑郁作用,两者最终以无活性的羟化物或葡萄糖醛酸结合物的形式经肾排泄。$t_{1/2}$ 为 10~20 小时。

【药理作用】

1. **中枢神经系统** 正常人服用后出现困倦、嗜睡、头晕、目眩,并常出现口干、视物模糊等抗胆碱反应,连用数天后这些症状可加重,甚至出现注意力不集中和思维能力下降等以镇静为主的症状。但抑郁症患者连续服用后情绪提高,精神振奋,思维敏捷,呈现显著的抗抑郁作用,但奏效慢,需连续用药 2~3 周才见效,故不可作为应急药物使用。目前认为,其抗抑郁的作用机制主要是阻断中枢神经末梢对 5-HT 和 NA 的再摄取,从而使突触间隙的递质浓度增高,促进突触传递功能。

2. **自主神经系统** 治疗量有明显的 M 受体阻滞作用,引起视物模糊、口干、便秘、尿潴留等阿托品样作用。

3. **心血管系统** 治疗量可降低血压,致心律失常,其中心动过速较常见。心电图可出现 T 波倒置或低平。这些不良反应可能与该药阻断单胺类再摄取从而引起心肌中 NA 浓度增高有关。此外,对心肌有奎尼丁样直接抑制效应,故心血管疾病患者慎用。

【临床应用】

1. **抑郁症** 主要用于各种原因引起的抑郁症,对内源性、更年期抑郁症疗效较好,对反应性抑郁症疗效次之,对精神分裂症的抑郁状态疗效较差。也可用于强迫症。对伴有焦虑的抑郁症疗效显著,对恐惧症也有效。本品使正常人出现安静、嗜睡,注意力和思维能力下降。

2. **儿童遗尿症** 对儿童遗尿可使用丙米嗪治疗,睡前口服,疗程以 3 个月为限。

3. **焦虑和恐惧症** 对焦虑症、恐惧症的效果与苯二氮䓬类药物相似。

4. **慢性神经痛** 可用于缓解多种慢性神经痛,如糖尿病性神经病变、肌肉骨骼痛、偏头痛和紧张性头痛。

【不良反应】

1. **阿托品样副作用** 引起口干、视物模糊、眼压升高、便秘、尿潴留、心动过速等副作用,青光眼、前列腺肥大患者禁用。

2. **心血管系统反应** 可见低血压或直立性低血压,大剂量可致心律失常或心肌损伤。用药期间应查心电图,若有异常,应立即停药。

3. **中枢神经系统反应** 可出现乏力、震颤,大剂量可引起精神兴奋、躁狂、癫痫样发作。少数双相型抑郁症患者用药后可转为躁狂状态,故只用于单相型抑郁症的治疗。

4. 其他 少数人可出现皮疹、粒细胞减少、黄疸等,长期用药应定期检查白细胞和肝功能。

【药物相互作用】

1. 与 MAOI 合用,易发生致死性 5- 羟色胺综合征(表现为高血压危象、高热、心动过速、肌阵挛等),故使用 MAOI 患者须至少停用 10~14 天后方可使用本品。

2. 与拟肾上腺素药合用,可引起严重高血压和高热,不宜合用。

3. 与抗精神病药、抗帕金森病药合用,抗胆碱作用增强。

4. 与 CYP2D6 抑制药(如帕罗西汀、舍曲林、氟西汀、西咪替丁等)合用,会增加本品的血药浓度,延长清除半衰期;与肝药酶诱导药(如苯妥英钠、卡马西平等)合用,则反之。

阿米替林(amitriptyline,依拉维)

本品口服吸收完全,8~12 小时达血药峰浓度,血浆半衰期为 32~40 小时,排泄较慢,停药 3 周仍可在尿中检出。

本品为临床常用的 TCA,其抗抑郁作用与丙米嗪极为相似。与后者相比,本品对 5-HT 再摄取的抑制作用强于对 NA 再摄取作用。其镇静作用与抗胆碱作用也较明显。可使抑郁症患者情绪提高,对思考缓慢、行为迟缓及食欲缺乏等症状能有所改善。还可以通过作用于中枢阿片受体,缓解慢性疼痛。用于治疗各类型抑郁症或抑郁状态。对内因性抑郁症和更年期抑郁症疗效较好,对反应性抑郁症及神经症的抑郁状态亦有效。对兼有焦虑和抑郁症状的患者,疗效优于丙米嗪。

本品的不良反应较丙米嗪少且轻。常见有口干、便秘、视物模糊、嗜睡、心悸等。偶见心律失常、直立性低血压、眩晕、运动失调等。有报道偶可加重糖尿病症状。

其他三环类药物如地昔帕明(desipramine,去甲丙米嗪)、多塞平(doxepin,多虑平)、氯米帕明(clomipramine,氯丙米嗪)的作用特点见表 14-2。

表 14-2　三环类抗抑郁药作用比较

药物	$t_{1/2}$/h	抑制递质再摄取		镇静作用	抗胆碱作用
		5-HT	NA		
丙米嗪	10~20	++	++	++	++
地昔帕明	14~76	−	+++	+	+
阿米替林	17~40	+++	+	+++	+++
多塞平	8~24	±	±	+++	+++
氯米帕明	20~26	+++	+	++	+++

注:+++,强;++,次强;+,有;±,弱;−,无。

(二)选择性 5- 羟色胺再摄取抑制药

氟西汀(fluoxetine,百忧解)

【体内过程】 口服吸收良好,不受进食影响,6~8 小时血药浓度达高峰。血浆蛋白结合率为

80%~95%，易通过血脑屏障。经肝代谢为仍有抗抑郁作用的活性代谢产物去甲氟西汀，80% 由尿排泄，15% 由粪便排出。氟西汀的 $t_{1/2}$ 为 2~3 天，去甲氟西汀的 $t_{1/2}$ 为 7~15 天，一般每天给药一次即可。肝肾功能不全者须减量。

【药理作用与临床应用】 本品为强效选择性 5-羟色胺再摄取抑制药，比抑制 NA 再摄取作用强 200 倍。对肾上腺素受体、组胺受体、$GABA_B$ 受体、M 受体、5-HT 受体等几乎没有亲和力。用于治疗抑郁症及其伴随焦虑，尤其适用于老年抑郁症。也可用于治疗惊恐状态，对广泛性焦虑障碍也有一定疗效。还可用于治疗强迫症和神经性贪食症（暴食症）。

【不良反应】 常见不良反应有恶心、腹泻、头痛、头晕、乏力、失眠、运动性焦虑等，多发生于用药初期。突然停药可出现撤药反应，必须避免突然停止用药。禁与 MAOI 合用，以防发生"5-羟色胺综合征"。心血管疾病、糖尿病患者慎用。

知识链接

5-羟色胺综合征

5-羟色胺综合征是一种十分少见，但可能导致死亡的非常严重的药物相互作用综合征，联用两种或多种增强 5-HT 传递功能的药物可能发生，目前大多数病例报道都有联用 MAOI 与 SSRI 的现象，现已绝对禁止两者合用。5-羟色胺综合征由一系列相关症状组成，初期主要表现为不安、激越、恶心、呕吐、腹泻，随后高热、强直、肌阵挛或震颤、自主神经功能紊乱、心动过速、高血压、意识障碍，最后痉挛、昏迷，严重者致死，应引起临床重视。轻度 5-羟色胺综合征的症状在停用 5-HT 能药物 24~48 小时后消失，一般不需要支持治疗；对于更严重的症状，可通过服用不同种类的 5-HT 能拮抗药如赛庚啶、美西麦角及普萘洛尔治疗，服用丹曲林能有效治疗体温过高的症状。

舍曲林（sertraline，郁乐复）

本品是一种选择性 5-羟色胺再摄取抑制药，无抗胆碱作用。口服易吸收，但吸收慢。可用于治疗抑郁症和预防发作，也可用于强迫症治疗。不良反应较氯米帕明等经典抗抑郁药少，偶见恶心、呕吐、射精困难和消化不良等，不宜与单胺氧化酶抑制药合用。对本品过敏者、严重肝功能不全者禁用。

西酞普兰（citalopram，西普妙）

本品是外消旋体，可选择性地抑制 5-HT 转运体，阻断突触前膜对 5-HT 的再摄取，延长和增加 5-HT 的作用，从而产生抗抑郁作用。对 M 受体、组胺受体和 α 受体无抑制作用。口服吸收良好，且不受食物影响。血药浓度达峰时间为 2~4 小时，清除半衰期为 35 小时。适用于抑郁性精神障碍（内源性或非内源性抑郁症）。不良反应轻微，主要有食欲减退、口干、腹泻等，常发生于用药后 1~2 周，持续用药不良反应可减轻或消失。

（三）选择性去甲肾上腺素再摄取抑制药

马普替林（maprotiline，路滴美）

本品化学结构属于四环类，为选择性去甲肾上腺素再摄取抑制药（NARI），对 5-HT 的再摄取几乎无影响。镇静、抗胆碱作用、对心脏和血压的影响与丙米嗪相似。口服吸收缓慢而完全,9~16 小时达血浆药物峰浓度,广泛分布于全身组织。临床用于治疗内因性、反应性及更年期抑郁症;亦可用于疾病或精神因素引起的抑郁状态(如产后抑郁、脑动脉硬化伴发抑郁等)和伴有抑郁、激越行为障碍的儿童及夜尿者。不良反应与丙米嗪相似,但少而轻,以阿托品样副作用最常见。对本品过敏、癫痫、闭角型青光眼、伴有排尿困难的前列腺肥大的患者,6 岁以下儿童,孕妇及哺乳期妇女禁用。用本品期间不宜驾驶车辆、操作机械或高空作业。

瑞波西汀(reboxetine,佐乐辛)

本品是选择性强的 NA 再摄取抑制药,通过选择性抑制突触前膜对 NA 的再摄取,增强中枢 NA 能神经的功能而发挥抗抑郁作用。口服吸收迅速,2 小时可达血药峰浓度。临床主要用于成人抑郁症。多数不良反应较轻微,主要为失眠、口干、便秘、心率加快等。18 岁以下儿童和青少年、孕妇及哺乳期妇女禁用。

(四)单胺氧化酶抑制药

吗氯贝胺(moclobemide)

本品是一种选择性好、强效的单胺氧化酶抑制药。通过可逆性抑制 MAO-A,从而提高脑内 5-HT、DA 和 NA 的水平,产生抗抑郁作用。具有作用快、停药后 MAO 活性恢复快的特点。在抗抑郁的同时能改善睡眠质量,对短、长记忆没有影响,并可减弱对识别功能的影响。适用于老年抑郁症,对精神运动和识别功能无影响。不良反应较少,有轻度恶心、口干、出汗、头痛、心悸、直立性低血压等。MAOI 禁止与其他抗抑郁药合用,以免引起"5-羟色胺综合征"。

(五)其他抗抑郁药

包括:单胺受体拮抗药如曲唑酮(trazodone)、米安色林(mianserin)等,5-羟色胺去甲肾上腺素再摄取抑制药如文拉法辛(venlafaxine)、度洛西汀(duloxetine)和米那普仑(milnacipran),去甲肾上腺素多巴胺再摄取抑制药(NDRI)如安非他酮(amfebutamone),5-羟色胺再摄取促进药如噻奈普汀(tianeptine)等。

> **点滴积累**
>
> 1. 碳酸锂是治疗躁狂症的首选药;安全范围较窄,防止中毒的关键是做血药浓度监测。
> 2. 抗抑郁药的作用机制是阻断中枢神经末梢对 5-HT 和 / 或 NA 的再摄取,以及抑制 MAO。

复习导图

习题

目标检测

一、简答题

1. 试述氯丙嗪的药理作用、临床应用、不良反应及防治。

2. 抗抑郁药分哪几类？代表药物有哪些？主要作用是什么？

二、处方分析

患者，男，35 岁，患精神分裂症和 2 级高血压。处方如下，分析是否合理，为什么？

Rp：

舒必利片　0.1g×100

Sig.　0.2g　q.d.　p.o.

氯丙嗪片　50mg×100

Sig.　100mg　b.i.d.　p.o.

硝苯地平缓释片　30mg×24

Sig.　30mg　q.d.　p.o.

（毛秀华）

第十五章　镇痛药

ER 15-1

第十五章
课件

学习目标

1. **掌握**　吗啡、可待因、哌替啶的药理作用、临床应用、不良反应和注意事项。
2. **熟悉**　芬太尼、美沙酮、喷他佐辛、纳洛酮的作用特点、临床应用及不良反应。
3. **了解**　吗啡的作用机制及其他镇痛药的作用特点。

导学情景

情景描述：

　　患者，男，66 岁，肝癌晚期患者，疼痛难忍，住院期间每天注射哌替啶镇痛。用药期间患者疼痛缓解，但有嗜睡、恶心、呼吸减慢、便秘和排尿困难等现象。连续使用 10 天后患者出院停药，又出现失眠、流泪、流涕、出汗等不适症状。

学前导语：

　　疼痛是临床多种疾病的常见症状，应合理、正确应用镇痛药物，缓解患者痛苦，并应尽量减少不良反应。本章我们将学习各类镇痛药的作用、作用机制、临床应用和不良反应。

ER 15-2

扫一扫，
知重点

　　疼痛是机体受到伤害性刺激时的一种保护性反应，也是多种疾病的常见症状。剧烈疼痛不仅给患者带来痛苦和不愉快的情绪反应，还可引起机体生理功能紊乱甚至休克，因此适当应用镇痛药是十分必要的。因疼痛的性质与部位是诊断疾病的重要依据，故在明确诊断之前应慎用镇痛药，以免掩盖病情，贻误诊断。

　　镇痛药（analgesic）是指作用于中枢神经系统，在不影响意识和其他感觉的情况下，选择性地消除或缓解疼痛以及疼痛引起的不愉快情绪反应的药物。本类药物主要用于缓解剧痛，但多数药物反复应用易产生依赖性，故又称为麻醉性镇痛药、成瘾性镇痛药，属麻醉药品管理范畴，应按照《麻醉药品和精神药品管理条例》严格控制使用。目前临床应用的镇痛药分三类：①阿片生物碱类镇痛药；②人工合成类镇痛药；③其他类镇痛药。

第一节　阿片生物碱类镇痛药

　　阿片（opium）为罂粟科植物罂粟未成熟蒴果浆汁的干燥物，含有 20 多种生物碱。按化学结构分为菲类和异喹啉类。菲类以吗啡、可待因为代表,异喹啉类以罂粟碱为代表。

吗啡（morphine）

吗啡是阿片中的主要生物碱,含量最高,约占 10%。

【体内过程】口服易吸收,但首过效应明显,生物利用度低,约为 25%,故常采用注射给药。约 1/3 与血浆蛋白结合,游离型可迅速分布于全身。脂溶性较低,仅有少量通过血脑屏障,但足以发挥中枢性药理作用。可通过胎盘进入胎儿体内。主要在肝内与葡萄糖醛酸结合,代谢产物吗啡 -6- 葡萄糖醛酸具有比吗啡强的镇痛活性。主要以吗啡 -6- 葡萄糖醛酸的形式经肾排泄,少量经乳汁排泄。$t_{1/2}$ 为 2~3 小时。

【药理作用】

1. 中枢神经系统

(1)镇痛、镇静、致欣快:吗啡具有强大的镇痛作用,对各种疼痛均有效,其中对慢性持续性钝痛的镇痛效力强于急性间断性锐痛。一次给药,作用持续 4~6 小时。镇痛作用机制主要是激动中枢阿片受体,模拟内源性抗痛物质阿片肽的作用,激活中枢抗痛系统。吗啡还有明显的镇静作用,可消除由疼痛引起的焦虑、紧张、恐惧等不良情绪反应,提高患者对疼痛的耐受力。在安静环境易于入睡,也易被唤醒。吗啡还可产生欣快感,容易造成药物滥用和依赖性。

> **知识链接**
>
> ### 吗啡镇痛的作用机制
>
> 机体受到伤害性刺激时,痛觉传入神经末梢会通过释放谷氨酸、P 物质等递质将痛觉冲动传入中枢,引起疼痛。脑内特定神经元释放的脑啡肽、β- 内啡肽、强啡肽 A 和 B 及内吗啡肽 Ⅰ 和 Ⅱ 等是与阿片类药物作用相似的肽,统称为内源性阿片肽,可激动感觉神经突触前、后膜上的阿片受体,产生镇痛作用,故内源性阿片肽和阿片受体共同组成机体的内源性镇痛系统。吗啡的镇痛作用机制是通过激动脊髓胶质区、丘脑内侧、脑室及导水管周围灰质等部位的阿片受体,模拟内源性阿片肽对痛觉的调制功能而产生镇痛作用。

(2)抑制呼吸:治疗量即可抑制呼吸中枢,降低呼吸中枢对 CO_2 的敏感性,使呼吸频率减慢,潮气量降低;剂量增大,抑制作用增强。急性中毒时呼吸频率可减慢至每分钟 3~4 次,严重者可引起呼吸停止而死亡。与麻醉药、镇静催眠药、乙醇等合用,可加重其呼吸抑制。

(3)镇咳:吗啡可抑制咳嗽中枢,产生强大的镇咳作用,对多种原因引起的咳嗽均有效,但易成瘾,临床常用可待因代替。

(4)其他:吗啡可兴奋动眼神经副核,引起瞳孔括约肌收缩,使瞳孔缩小,中毒时瞳孔极度缩小,可出现针尖样瞳孔;吗啡可兴奋延髓催吐化学感受区而致恶心、呕吐;吗啡可抑制下丘脑释放促性腺激素释放激素和促肾上腺皮质激素释放激素,从而降低血浆促肾上腺皮质激素、黄体生成素、卵泡刺激素的浓度。

2. 心血管系统
治疗量的吗啡对心率及心律均无明显影响,但是在变换体位时可引起直立性低血压,是吗啡促进组胺释放、降低中枢交感张力、扩张血管所致。吗啡抑制呼吸使体内 CO_2 蓄积,导致脑血管扩张,颅内压增高。

3. 平滑肌

(1)胃肠道平滑肌:吗啡可提高胃肠道平滑肌及括约肌张力,减弱推进性蠕动致胃排空延迟,使肠内容物通过肠道的速度延缓,进而使水分吸收增加,并能抑制消化液分泌,加之中枢抑制后便意迟钝,可致便秘,也可止泻。

(2)胆道平滑肌:治疗量的吗啡可引起胆道奥狄括约肌痉挛性收缩,使胆汁排出受阻,胆囊内压明显升高,导致上腹部不适甚至胆绞痛,阿托品可部分缓解。

(3)其他:吗啡收缩输尿管平滑肌,提高膀胱括约肌张力,引起排尿困难、尿潴留;吗啡治疗量对支气管平滑肌兴奋作用不明显,大剂量收缩支气管平滑肌,诱发或加重哮喘;吗啡对抗缩宫素对子宫的兴奋作用,降低子宫张力、收缩频率和收缩幅度,使产程延长。

4. 免疫系统
吗啡对免疫系统有抑制作用,包括抑制淋巴细胞增殖,减少细胞因子分泌,减弱自然杀伤细胞的细胞毒作用;也可抑制人类免疫缺陷病毒(HIV)蛋白诱导的免疫反应,这可能是吗啡吸食者易感染 HIV 的主要原因。

【临床应用】

1. 镇痛
吗啡对各种疼痛均有效,但因有依赖性,一般仅用于其他镇痛药无效的急性锐痛,如严重创伤、烧伤、烫伤、战伤、手术等引起的剧痛和晚期癌症疼痛;对内脏绞痛如胆绞痛、肾绞痛应合用解痉药阿托品;对心肌梗死引起的剧痛,若血压正常,可用吗啡镇痛,同时因吗啡的镇静和扩血管作用可减轻患者的恐惧情绪和心脏负荷。

> **知识链接**
>
> #### 癌症疼痛的三阶梯镇痛疗法
>
> 癌症疼痛遵循世界卫生组织(WHO)推荐的三阶梯镇痛疗法。第一阶梯:轻度疼痛患者选用非阿片类镇痛药。开始时患者疼痛较轻,可选用非阿片类镇痛药,主要为非甾体抗炎药,代表药物为阿司匹林,也可选用胃肠道反应较轻的对乙酰氨基酚和布洛芬等。第二阶梯:中度疼痛患者选用弱阿片类药。当非阿片类镇痛药不能控制疼痛时,应加用弱阿片类药,以提高镇痛效果,代表药物为可待因,也可选用曲马多、布桂嗪等。第三阶梯:重度疼痛患者选用强阿片类药。代表药物为吗啡,多采用口服缓释或控释制剂,也可选用哌替啶、美沙酮、芬太尼等。

2. 心源性哮喘
急性左心衰竭突发肺水肿所致的呼吸困难称为心源性哮喘,除应用强心苷、氨茶碱及吸氧外,静脉注射吗啡疗效显著。其机制是:①降低呼吸中枢对 CO_2 的敏感性,减弱过度的反射性呼吸兴奋,缓解急促浅表的呼吸;②扩张外周血管,减轻心脏前、后负荷,有利于消除肺水肿;③镇静作用有利于消除患者焦虑、恐惧情绪,减少耗氧量。但伴有昏迷、休克、严重肺部疾患或痰液过多者禁用。

3. 止泻
可用于急、慢性消耗性腹泻以减轻症状。常用阿片酊或复方樟脑酊。如伴有细菌感染,应同时使用抗菌药。

【不良反应】

1. **副作用**　治疗量吗啡可引起眩晕、嗜睡、恶心、呕吐、便秘、胆绞痛、呼吸抑制、排尿困难等。

2. **耐受性和依赖性**　反复应用易产生耐受性和依赖性。连续用药2~3周即可产生耐受性。剂量越大,给药间隔时间越短,耐受性发生越快越强,且与其他阿片类药物有交叉耐受性。连续用药1~2周即可产生依赖性,患者产生病态嗜好而成瘾,此时一旦停药即出现戒断症状,表现为烦躁不安、失眠、流泪、流涕、出汗、呕吐、腹泻、肌肉疼痛、震颤甚至虚脱、意识丧失等。成瘾者为获得欣快感,避免戒断症状带来的痛苦,常不择手段获取吗啡,有明显强迫性觅药行为,对社会危害极大,故除晚期癌症剧痛外,一般仅限于急性剧痛短期应用,慢性钝痛不宜应用。

3. **急性中毒**　吗啡过量可致急性中毒,表现为昏迷、呼吸深度抑制(3~4次/min)、瞳孔极度缩小(针尖样),常伴发绀、少尿、体温下降、血压降低甚至休克,其致死的主要原因为呼吸肌麻痹。抢救措施为吸氧、人工呼吸、静脉注射阿片受体拮抗药纳洛酮,还可用呼吸中枢兴奋药尼可刹米等。

岗位情景

ER 15-3

岗位情景的参考答案

患者,女,70岁。夜间突感心前区剧痛伴胸闷来院就诊,心电图示前间壁心肌梗死。给予吗啡5mg皮下注射,疼痛未见明显缓解,2小时后又注射5mg,患者自述胸痛好转,监护示呼吸稍减慢。请分析:患者为什么会出现呼吸频率减慢的症状?

【禁忌证】支气管哮喘、肺心病、颅内压增高、肝功能严重减退者,临产前及哺乳期妇女、新生儿及婴儿禁用。

【药物相互作用】全麻药、镇静催眠药、抗组胺药、吩噻嗪类抗精神病药、三环类抗抑郁药可加重吗啡的呼吸抑制。

可待因(codeine,甲基吗啡)

可待因在阿片中含量较低,约占0.5%。口服易吸收,生物利用度为60%。大部分在肝内代谢,约10%脱甲基转变为吗啡,使其活性增强。代谢产物及少量原型经肾排泄。$t_{1/2}$为2~4小时。

可待因的镇痛作用为吗啡的1/12~1/10,可用于中等程度疼痛。镇咳作用为吗啡的1/4,持续时间与吗啡相似,临床用于剧烈干咳。无明显镇静作用,欣快感及成瘾性也较吗啡轻,无明显便秘、尿潴留、直立性低血压等副作用。

岗位情景

患者,女,36岁,因车祸致左侧胫骨骨折入院,行手术治疗。术后服用氨酚待因(含对乙酰氨基酚325mg、可待因30mg)每3小时1次镇痛,效果不佳,改用氨酚氢可酮(含对乙酰氨基酚500mg、氢可酮30mg)每4小时1次,患者仍诉疼痛。体征:呼吸24次/min,心率110次/min,血压140/85mmHg。改服吗啡30mg,每4小时1次,疼痛缓解。

请分析:

1. 患者术后服用氨酚待因和氨酚氢可酮镇痛为何效果不佳?

2. 改服吗啡为何疼痛缓解?

3. 服用吗啡过程中应如何进行用药指导?

ER 15-4

岗位情景的
参考答案

点滴积累

1. 吗啡是阿片类镇痛药的典型代表,作用于中枢神经系统、心血管系统、平滑肌等,表现为镇痛、镇静、抑制呼吸、镇咳、缩瞳、催吐、降压、兴奋平滑肌等,其强大的镇痛作用可用于急性剧痛,抑制呼吸作用可用于心源性哮喘,还可用于止泻。

2. 吗啡长期应用可产生耐受性和依赖性,剂量过大可致急性中毒,表现为昏迷、呼吸深度抑制、针尖样瞳孔等典型的三联征,特异性解救药为阿片受体拮抗药纳洛酮。

第二节　人工合成类镇痛药

吗啡镇痛作用虽很强,但依赖性及呼吸抑制等不良反应较严重,一定程度上限制了应用。目前临床多用比吗啡依赖性轻的人工合成代用品。

哌替啶(pethidine,度冷丁,dolantin)

【体内过程】口服易吸收,生物利用度较低,为 40%~60%,皮下或肌内注射吸收更迅速,故临床常注射给药。血浆蛋白结合率为 60%,可通过胎盘进入胎儿体内。主要在肝代谢,部分转化为具有中枢兴奋作用的去甲哌替啶,故大量反复用药可引起肌肉震颤、抽搐甚至惊厥。主要经肾排泄,少量经乳汁排泄。$t_{1/2}$ 为 3 小时。

【药理作用】

1. 中枢神经系统　哌替啶具有较吗啡弱的镇痛、镇静作用及欣快感;镇痛作用为吗啡的 1/10,且作用维持时间较吗啡短,仅 2~4 小时;等效镇痛剂量时抑制呼吸及催吐作用与吗啡相似;无明显镇咳、缩瞳作用。

2. 心血管系统　治疗量能扩张血管,引起直立性低血压;也可使脑血管扩张,致颅内压增高。其机制与吗啡相似。

3. 平滑肌　对胃肠道平滑肌的作用类似吗啡,但较弱,时间较短,故不引起便秘,也无止泻作用;能引起胆道括约肌收缩,升高胆内压,但较吗啡弱;治疗量对支气管平滑肌影响较小,大剂量可引起收缩;与吗啡不同的是,对妊娠末期子宫的节律性收缩无影响,不对抗缩宫素对子宫的兴奋作用,故不延缓产程。

【临床应用】

1. 急性锐痛　哌替啶镇痛虽较吗啡弱,但依赖性较吗啡轻且产生较慢,可替代吗啡用于各种剧痛,对内脏绞痛(胆绞痛、肾绞痛)仍需合用解痉药阿托品。新生儿对哌替啶的呼吸抑制作用极为敏感,故临产前 2~4 小时内不宜使用。也不宜用于慢性钝痛。

技能赛点的
赛点分析

技能赛点

患者,女,45 岁,诊断为胆绞痛,处方如下:

Rp:

盐酸哌替啶注射液　　50mg×1

Sig.　50mg　i.m.

硫酸阿托品注射液　　0.5mg×1

Sig.　0.5mg　i.m.

请分析是否合理,为什么?

2. 心源性哮喘　哌替啶可代替吗啡作为心源性哮喘的辅助治疗,且效果良好。其机制与吗啡相同。

3. 麻醉前用药　哌替啶的镇静作用可消除患者术前紧张、恐惧情绪,也可减少麻醉药用量。

4. 人工冬眠　哌替啶常与氯丙嗪、异丙嗪合用组成冬眠合剂,用于人工冬眠疗法。但对老年人、婴幼儿及呼吸功能不良者,冬眠合剂中不宜加哌替啶,以免抑制呼吸。

【不良反应】治疗量时不良反应与吗啡相似,剂量过大可明显抑制呼吸;久用可产生耐受性和依赖性;偶致震颤、肌肉痉挛、反射亢进甚至惊厥,中毒解救时需配合抗惊厥药。禁忌证同吗啡。

芬太尼(fentanyl)、舒芬太尼(sufentanil)和阿芬太尼(alfentanil)

芬太尼为强效、短效镇痛药,镇痛作用强度为吗啡的 100 倍。作用快而短,肌内注射 15 分钟起效,维持 1~2 小时;静脉注射 1 分钟起效,5 分钟达高峰,维持 10 分钟。可用于各种剧痛、麻醉辅助用药和静脉复合麻醉,与氟哌利多合用于神经安定镇痛术。不良反应有眩晕、恶心、呕吐及胆道括约肌痉挛;大剂量可引起肌肉僵直,纳洛酮能对抗之;静脉注射过快易抑制呼吸;依赖性较轻。禁用于支气管哮喘、重症肌无力、颅脑外伤或脑肿瘤引起昏迷的患者及 2 岁以下儿童。$t_{1/2}$ 为 3~4 小时。

舒芬太尼和阿芬太尼均为芬太尼的类似物,前者镇痛作用强于芬太尼,是吗啡的 1 000 倍,后者弱于芬太尼。两药起效快,作用时间短,尤以阿芬太尼突出,故称为超短效镇痛药。阿芬太尼的 $t_{1/2}$ 为 1~2 小时,舒芬太尼的 $t_{1/2}$ 为 2~3 小时。对心血管系统影响小,常用于心血管手术麻醉。阿芬太尼由于其药动学特点,很少蓄积,故短时间手术可分次静脉注射,长时间手术可持续静脉滴注。

美沙酮(methadone,美散痛)

美沙酮镇痛作用强度与吗啡相似,起效慢,持续时间较长,镇静、抑制呼吸、缩瞳、引起便秘及升高胆道内压等作用均较吗啡弱。优点是口服与注射效果相似,耐受性和依赖性发生较慢,戒断症状较轻且易于治疗。适用于各种剧痛,也被广泛用于吗啡、海洛因等成瘾的脱毒治疗。

安那度尔（alphaprodine，阿法罗定）

安那度尔镇痛作用快,维持时间短,皮下注射 5 分钟起效,维持 2 小时;静脉注射 1~2 分钟起效,维持 0.5~1 小时。镇痛强度弱于哌替啶。呼吸抑制、依赖性较轻。主要用于短时镇痛,如骨科、外科、五官科小手术,泌尿科的器械检查和分娩止痛等,也可与阿托品合用于胃肠道、泌尿道等平滑肌痉挛性疼痛。

喷他佐辛（pentazocine，镇痛新）

喷他佐辛为阿片受体部分激动药。本药口服、皮下和肌内注射均吸收良好,口服首过效应明显,仅 20% 进入体循环,但为减少不良反应,常口服给药,作用可持续 5 小时以上。镇痛作用强度为吗啡的 1/3,皮下或肌内注射 30mg 的镇痛效果与吗啡 10mg 相当;呼吸抑制作用为吗啡的 1/2,但剂量超过 30mg 时,呼吸抑制程度并不随剂量增加而加重,故相对较安全;兴奋胃肠平滑肌作用比吗啡弱;对心血管系统的作用与吗啡不同,大剂量可加快心率,升高血压,与其提高血浆中儿茶酚胺浓度有关,因能增加心脏负荷,故不适于心肌梗死时的疼痛。因依赖性小,戒断症状轻,在药政管理上已列入非麻醉药品。适用于各种慢性疼痛,对剧痛的止痛效果不及吗啡。常见不良反应为嗜睡、眩晕、出汗、恶心、呕吐;大剂量引起呼吸抑制、血压升高、心动过速等;剂量过大可引起焦虑、噩梦、幻觉、思维障碍等精神症状。

丁丙诺啡（buprenorphine）

丁丙诺啡镇痛效力为吗啡 30 倍。脂溶性高,舌下含服、肌内注射均易吸收。起效慢,给药后 30~60 分钟起效,持续时间长,为 6~8 小时。与喷他佐辛相比,较少引起焦虑等精神症状,但更易于引起呼吸抑制。依赖性比吗啡小。临床用于各种剧痛;亦用于吗啡或海洛因成瘾的脱毒治疗。

点滴积累

1. 哌替啶是人工合成镇痛药的典型代表,可用于急性锐痛、心源性哮喘、麻醉前用药、人工冬眠。芬太尼为强效、短效镇痛药。美沙酮广泛用于吗啡、海洛因等成瘾的脱毒治疗。
2. 喷他佐辛为阿片受体部分激动药,适用于各种慢性疼痛。

第三节　其他类镇痛药

曲马多（tramadol，曲马朵）

曲马多口服、注射吸收均好,作用维持 4~8 小时。镇痛作用强度与喷他佐辛相似,镇咳作用强度为可待因的 1/2。治疗量不抑制呼吸,不影响心血管系统,不引起便秘。适用于中、重度急慢性疼痛。不良反应有眩晕、恶心、呕吐、多汗、口干、疲倦等。长期应用可引起耐受性和依赖性。

布桂嗪 (bucinnazine, 强痛定)

布桂嗪口服易吸收,30 分钟起效,皮下注射 10 分钟起效,维持 3~6 小时。镇痛作用强度为吗啡的 1/3。有轻度镇静、镇咳作用,不抑制呼吸。临床用于偏头痛、三叉神经痛、关节痛、痛经、外伤性疼痛及晚期癌症疼痛等。偶有恶心、头晕、困倦等,停药可消失。连续应用也产生耐受性和依赖性。

四氢帕马丁 (tetrahydropalmatine, 延胡索乙素) 和罗通定 (rotundine, 颅通定)

四氢帕马丁为从罂粟科植物延胡索中提取的生物碱,为消旋体,其左旋体为有效成分;罗通定为从防己科植物华千金藤中提取的主要生物碱,即左旋四氢帕马丁,现已可人工合成。两者镇痛作用较哌替啶弱,但较解热镇痛药强,其机制与激动阿片受体及减少前列腺素合成无关。对慢性持续性钝痛、内脏痛效果较好,对创伤、手术后疼痛、晚期癌症的止痛效果较差。临床适用于胃肠、肝胆系统疾病引起的钝痛、一般性头痛、脑震荡后头痛,也可用于痛经及分娩止痛,对产程及胎儿均无不良影响。口服后 10~30 分钟起效,作用持续 2~5 小时。因有镇静催眠作用,尤其适用于因疼痛而失眠的患者。久用无耐受性和依赖性是其优点。治疗量一般无不良反应,偶见恶心、眩晕、乏力、锥体外系反应。大剂量可抑制呼吸。

【附】阿片受体拮抗药

纳洛酮 (naloxone)

纳洛酮为阿片受体完全拮抗药,能阻断吗啡的所有作用,而本身无明显药理活性。正常人注射 12mg 无任何症状,注射 24mg 仅有轻度困倦;但对吗啡中毒者,注射小剂量(0.4~0.8mg)即能迅速翻转吗啡的效应,可解除呼吸抑制、瞳孔缩小、颅内压增高、平滑肌痉挛等;对吗啡依赖性者,可迅速诱发戒断症状。临床用于解救阿片类药物急性中毒、阿片类药物依赖者的鉴别诊断,适用于酒精急性中毒、休克、脊髓损伤、脑卒中、脑外伤的救治。口服易吸收但首过效应明显,故临床急救多采用注射给药。因 $t_{1/2}$ 较短(0.5~1 小时),需多次给药维持疗效。

纳曲酮 (naltrexone)

纳曲酮作用与纳洛酮相似,拮抗吗啡的强度为纳洛酮的 2 倍,口服生物利用度可达 50%~60%,作用持续时间长达 24 小时。目前本品仅有口服制剂。主要用于治疗对阿片类药物及海洛因等毒品产生依赖性的患者,也可治疗酒精依赖。

> **点滴积累**
>
> 曲马多的镇痛作用强度与喷他佐辛相似;布桂嗪的镇痛作用强度为吗啡的 1/3;四氢帕马丁和罗通定的镇痛作用较哌替啶弱,但较解热镇痛药强。

ER 15-6
复习导图

目标检测

一、简答题

1. 试比较吗啡和哌替啶的药理作用、临床应用、不良反应和禁忌证。

2. 吗啡和哌替啶为什么能用于心源性哮喘而禁用于支气管哮喘?

二、处方分析

某女,30 岁,妊娠 39 周,分娩过程中腹部阵发性剧痛,医生确定胎儿在 2 小时内可以娩出,诊断为分娩镇痛并处方如下,试分析该处方是否合理,为什么?

Rp：

盐酸吗啡注射液　10mg×1

Sig.　10mg　i.h.　st.！

(陈雪平)

第十六章　解热镇痛抗炎药及抗痛风药

ER 16-1

第十六章
课件

导学情景

情景描述：

万女士，上呼吸道感染，出现发热、头痛和肌肉酸痛等症状。餐后口服阿司匹林片，服药后症状明显缓解，但出现胃痛、恶心等症状。

学前导语：

发热、疼痛和炎症是临床多种疾病的常见症状，应合理、正确应用解热镇痛抗炎药，提高疗效，减少不良反应。本章我们将学习解热镇痛抗炎药的分类、作用机制、临床应用和不良反应。

ER 16-2

扫一扫，
知重点

第一节　解热镇痛抗炎药

解热镇痛抗炎药（antipyretic-analgesic and anti-inflammatory drug）是一类具有解热、镇痛作用，其中大多数还有抗炎、抗风湿作用的药物。因其化学结构及作用机制与甾体抗炎药糖皮质激素不同，故又称为非甾体抗炎药（nonsteroidal anti-inflammatory drug，NSAID）。

一、概述

本类药物共同的作用机制是抑制体内环氧合酶（cyclo-oxygenase，COX，前列腺素合成酶），减少前列腺素（prostaglandin，PG）的生物合成（图 16-1）。

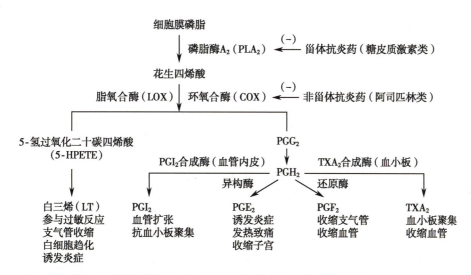

图 16-1 花生四烯酸代谢途径、主要代谢产物的生物活性及解热镇痛抗炎药作用环节

多数药物具有下列共同作用:

1. 解热作用 本类药物降低各种原因引起的发热者的体温,而对正常体温几乎无影响,这有别于氯丙嗪对体温的影响。

各种外热原(如病原体及其毒素、组织损伤、抗原抗体复合物等)刺激中性粒细胞释放内热原,内热原作用于下丘脑体温调节中枢,刺激该处环氧合酶,增加前列腺素合成和释放,使体温调定点上调至 37℃以上,这时产热增加,散热减少,从而引起发热。解热镇痛抗炎药的解热作用是通过抑制下丘脑 COX 的活性,减少 PG 的合成,使上调的体温调定点恢复到正常水平,通过散热增加而降低发热者体温。本类药物对直接向动物脑室内注射 PG 引起的发热无效,也不影响散热过程。

发热是机体的一种防御反应,不同的热型又是诊断疾病的依据,故一般的发热不必急于使用解热药,而应着重病因治疗。但若体温过高或持久发热会消耗体力,同时引起头痛、失眠、谵妄、昏迷,甚至引起惊厥而危及生命,应及时使用解热药。儿童体温达 38℃以上时,应使用解热药,以防惊厥。对年老体弱患者应严格掌握剂量,以免用量过大致出汗过多、体温骤降引起虚脱。

2. 镇痛作用 本类药物具有中等程度的镇痛作用,镇痛强度不及镇痛药(如吗啡等),对各种严重创伤性剧痛及内脏平滑肌绞痛无效。对慢性钝痛,如头痛、牙痛、肌肉痛、关节痛、神经痛、痛经等均有良好镇痛效果。久用无耐受性、依赖性和欣快感,故临床广泛应用。一般以小量多次为宜,大剂量只延长镇痛作用时间,并不增加镇痛作用强度,而不良反应可随剂量加大而相应增多。

组织损伤或炎症时,局部产生和释放某些致痛、致炎物质,如缓激肽、组胺、5-HT、PG 等,这些介质作用于痛觉感受器引起疼痛。其中 PG 不仅本身有致痛作用,还能显著提高痛觉感受器对缓激肽等致痛物质的敏感性,即增敏其他致痛物质的致痛作用。解热镇痛抗炎药的镇痛作用部位主要在外周,通过抑制炎症局部组织 COX 的活性,减少 PG 的合成,对慢性钝痛产生良好镇痛作用。

3. 抗炎、抗风湿作用 本类药物除苯胺类外都具有抗炎、抗风湿作用,能减轻炎症的红、肿、热、痛等症状,可用于治疗风湿性关节炎和类风湿关节炎。

PG 是参与炎症反应的重要活性物质,它还能扩张血管,增加血管通透性,引起局部充血、水肿和疼痛。解热镇痛抗炎药能抑制炎症局部组织 COX 的活性,减少 PG 的合成,从而发挥抗炎、抗风湿作用,能有效地缓解炎症引起的临床症状。但无病因治疗作用,也不能阻止病程发展及并发症的发生。

本类药物共同的作用机制是抑制 COX。COX 主要有 COX-1 和 COX-2 两种同工酶。COX-1 存在于血管、胃、肾等组织中,参与血管舒缩、血小板聚集、胃黏膜血流、胃黏液分泌及肾功能等的调节,COX-2 与炎症、疼痛等有关,故解热镇痛抗炎药的解热、镇痛、抗炎作用可能与抑制 COX-2 有关,对 COX-1 的抑制则是其临床常见不良反应的原因。根据其对 COX 作用的选择性分为非选择性 COX 抑制药和选择性 COX-2 抑制药。目前临床常用的为非选择性 COX 抑制药,药理作用和不良反应有许多共同点。

> **点滴积累**
>
> 解热镇痛抗炎药又称为非甾体抗炎药(NSAID),具有解热、镇痛作用,其中大多数还有抗炎、抗风湿作用(除苯胺类),其共同作用机制为抑制体内环氧合酶(COX),减少前列腺素(PG)的合成,分为非选择性 COX 抑制药和选择性 COX-2 抑制药。

二、非选择性环氧合酶抑制药

常用的解热镇痛抗炎药按化学结构可分为水杨酸类、苯胺类、吡唑酮类。

(一)水杨酸类

阿司匹林(aspirin,乙酰水杨酸,acetylsalicylic acid)

【体内过程】口服吸收迅速,小部分在胃、大部分在小肠吸收,1~2 小时血药浓度达高峰。吸收过程中及吸收后很快被酯酶水解为水杨酸,故阿司匹林的血药浓度低,$t_{1/2}$ 约 15 分钟。水解后以水杨酸盐的形式存在,有药理活性。水杨酸盐血浆蛋白结合率为 80%~90%,游离型迅速分布至全身组织,并可进入脑脊液、关节腔、胎盘及乳汁中。水杨酸盐主要经肝代谢,经肾排泄。尿液 pH 对水杨酸盐的排泄影响很大:尿液呈碱性时其解离增多,重吸收减少,排泄增多,可排出 85%;尿液呈酸性时则解离减少,重吸收增多,排泄减少,仅排出 5%。故碱化尿液可促进排泄。阿司匹林的用量直接影响水杨酸盐的 $t_{1/2}$:口服 1g 以下阿司匹林时,水解产生的水杨酸量较少,按一级动力学消除,$t_{1/2}$ 为 2~3 小时;但当口服阿司匹林达 1g 以上时,水杨酸生成量增多,按零级动力学消除,$t_{1/2}$ 延长为 15~30 小时;如剂量再增加,血中游离水杨酸浓度将急剧升高,可出现中毒症状。

【药理作用与临床应用】

1. **解热镇痛与抗炎、抗风湿** 阿司匹林有较强的解热镇痛作用,用于感冒发热及头痛、牙痛、肌肉痛、关节痛、神经痛和痛经等慢性钝痛。较大剂量有较强的抗炎、抗风湿作用。治疗急性风湿热疗效迅速可靠,可使患者 24~48 小时内退热,关节红肿及疼痛减轻,红细胞沉降率减慢,主观感觉好转,具有诊断和治疗双重意义。对类风湿关节炎也有明显疗效,可迅速缓解疼痛,使关节炎症消退,减轻关节损伤。目前仍是急性风湿热、风湿性关节炎及类风湿关节炎的首选药。抗风湿疗效与剂量呈正相关,因此最好用至最大耐受量,但同时应注意防止中毒。

2. 影响血栓形成 小剂量阿司匹林可选择性抑制血小板 COX,减少血栓素 A_2(TXA_2)的生成,从而抑制血小板聚集,防止血栓形成。较大剂量阿司匹林也能抑制血管内膜 COX,使前列环素(PGI_2)合成减少,而 PGI_2 是 TXA_2 的生理性对抗剂,其合成减少可促进血栓形成。因此,临床常采用小剂量(一般 75~100mg/d)阿司匹林用于防止血栓形成,用于缺血性心脏病、脑缺血病等,如用于稳定型、不稳定型心绞痛和进展性心肌梗死,能降低病死率及再梗死率,对一过性脑缺血可防止血栓形成。

知识链接

百年经典阿司匹林

阿司匹林是历史悠久的解热镇痛抗炎药,它诞生于 1899 年 3 月 6 日,到目前为止,阿司匹林已应用 120 多年,成为史上三大经典药物之一,至今它仍是世界上应用最广泛的解热镇痛抗炎药,也是作为比较和评价其他解热镇痛抗炎药的标准药物。其每年消费量在非甾体抗炎药中位居第一,主要临床应用是服用小剂量预防缺血性心脏病和血栓形成,较少用于治疗类风湿关节炎等疾病。

【不良反应】

1. 胃肠道反应 最常见。口服可直接刺激胃黏膜,引起上腹不适、恶心、呕吐。血药浓度高则刺激延髓催吐化学感受区而引起恶心、呕吐。长期大剂量服用,可致不同程度的胃黏膜损伤,引起胃溃疡及无痛性胃出血,原有溃疡者症状加重,与抑制胃黏膜 COX-1、减少 PG 合成有关。餐后服药,服用肠溶片或同服抗酸药、胃黏膜保护药可减轻或避免上述反应。溃疡病患者禁用。

2. 凝血障碍 一般剂量可抑制血小板聚集,延长出血时间。大剂量(>5g/d)或长期服用还可抑制凝血酶原形成,引起凝血障碍,可用维生素 K 防治。严重肝损害、血小板减少、低凝血酶原血症、维生素 K 缺乏、血友病患者,以及孕妇、产妇禁用。术前一周应停用,以防出血。

课 堂 活 动

患者,女,50 岁,诊断为类风湿关节炎,给予阿司匹林 0.6g,3 次/d,餐后服。4 天后,患者关节肿胀疼痛明显缓解。1 周后患者出现上腹部胀痛、反酸、恶心、呕吐,近日刷牙时牙龈出血,并伴有鼻黏膜出血,均未作处理。后因腹痛、呕血入院。内镜检查提示十二指肠球部后壁溃疡。

课堂讨论:

1. 该患者选用阿司匹林治疗是否正确,为什么?

2. 如何解释患者服用阿司匹林后出现的症状?如何处理?

3. 继续治疗应如何选药?依据是什么?

ER 16-3

扫一扫,
知答案

---

3. 过敏反应 少数患者可出现皮疹、血管神经性水肿、过敏性休克。某些患者可诱发支气管哮喘,称为"阿司匹林哮喘",临床表现凶险,服药数分钟即可出现呼吸困难、喘息,严重者可致死。

β受体激动药治疗无效,糖皮质激素治疗有效。哮喘、鼻息肉、慢性荨麻疹患者禁用。

知识链接

阿司匹林哮喘的发生机制

正常情况下,细胞内花生四烯酸(AA)可经两条途径代谢:一是经环氧合酶(COX)催化生成前列腺素(PG);二是经脂氧合酶(LOX)催化生成白三烯(LT)。阿司匹林抑制COX使PG合成受阻,AA通过LOX途径生成LT及其他LOX代谢产物增多,内源性支气管收缩物质占优势,导致支气管痉挛而诱发哮喘。

4. 水杨酸反应　剂量过大($>5g/d$)可致头痛、眩晕、恶心、呕吐、耳鸣、视力和听力减退,称为水杨酸反应,是水杨酸类中毒的表现,严重者可出现过度呼吸、酸碱平衡失调、高热、脱水、精神错乱、昏迷,甚至危及生命。严重中毒者应立即停药,静脉滴注碳酸氢钠以碱化血液和尿液,促进排泄。

5. 瑞夷(Reye)综合征　儿童患病毒感染性疾病如流行性感冒(简称流感)、水痘、麻疹、流行性腮腺炎等使用阿司匹林退热时,偶可引起急性肝脂肪变性-脑病综合征(瑞夷综合征),以肝衰竭合并脑病为突出表现,虽少见,但可致死。故病毒性感染患儿不宜用阿司匹林,可给予对乙酰氨基酚。

岗位情景

ER 16-4

岗位情景的
参考答案

患者,女,52岁。因发热,伴周身疼痛及食欲下降,两膝及膝关节红肿,行走困难,收住入院。体格检查:体温39.5℃,脉搏102次/min,呼吸23次/min,血压正常。头部无异常。心、肺腹部未见异常。两踝关节红肿,运动受限。诊断为类风湿关节炎。口服阿司匹林,每日4次,每次2g,并口服泼尼松。当患者服用阿司匹林总量达6g时,出现持续性耳鸣。请分析患者出现耳鸣的原因以及处理方式。

ER 16-5

化疗期间不
宜服用阿司
匹林

【药物相互作用】阿司匹林通过竞争与血浆蛋白结合提高游离血药浓度,引起药物相互作用。与香豆素类口服抗凝血药合用易引起出血;与磺酰脲类降血糖药合用易引起低血糖反应;与糖皮质激素合用易诱发溃疡和胃肠出血。还可竞争性抑制呋塞米、青霉素、甲氨蝶呤从肾小管主动分泌,增加各自血药浓度。

ER 16-6

正确使用
阿司匹林
泡腾片

ER 16-7

技能赛点的
赛点分析

技能赛点

患者,女,60岁,2型糖尿病,一直服用甲苯磺丁脲治疗,血糖控制良好。近日感冒,体温38.5℃,头痛。处方如下,分析是否合理,为什么?

Rp:

甲苯磺丁脲片　0.5g×100

Sig.　1g　t.i.d.　p.o.

阿司匹林片　0.3g×10

Sig.　0.3g　t.i.d.　p.o.　p.c.

(二) 苯胺类

对乙酰氨基酚（acetaminophen，扑热息痛，醋氨酚）

【体内过程】口服吸收快而完全，0.5~1 小时血药浓度达高峰，$t_{1/2}$ 为 2~4 小时。大部分在肝内与葡萄糖醛酸、硫酸结合后经肾排泄。长期或大剂量用药，可产生引起肝细胞、肾小管细胞坏死的毒性代谢产物。

【药理作用与临床应用】抑制中枢 PG 合成的作用强度与阿司匹林相似，但抑制外周 PG 合成的作用很弱，故解热作用较强而持久，镇痛作用较弱，无抗炎、抗风湿作用。临床用于解热镇痛及对阿司匹林过敏或不能耐受的患者。

【不良反应】治疗量短期使用不良反应少，对胃肠刺激小，偶见皮疹、药物热等过敏反应。长期使用或过量中毒（成人 10~15g）可致严重肝、肾损害，尤其肾功能低下者可出现肾绞痛、急性或慢性肾衰竭。

(三) 吡唑酮类

保泰松（phenylbutazone）、羟布宗（oxyphenbutazone）

【药理作用与临床应用】抗炎、抗风湿作用较强，解热镇痛作用较弱，临床主要用于风湿性及类风湿关节炎、强直性脊柱炎，在疾病的急性期疗效较好。由于不良反应多而重，现已少用。

【不良反应】不良反应多，主要有胃肠道反应、水钠潴留、过敏反应；偶可引起甲状腺肿大和黏液性水肿；大剂量可引起肝肾损害。故宜餐后服，服药期间应限制食盐摄入量并定期检查血象。禁用于溃疡病、高血压、心功能不全及肝、肾功能不全者。

(四) 其他有机酸类

吲哚美辛（indomethacin，消炎痛）

【体内过程】口服吸收迅速而完全，3 小时血药浓度达高峰。血浆蛋白结合率为 90%。主要经肝代谢，代谢产物从尿、胆汁、粪便排泄，10%~20% 以原型经肾排泄。$t_{1/2}$ 为 2~3 小时。

【药理作用与临床应用】为最强的 PG 合成酶抑制药之一，抗炎、抗风湿作用比阿司匹林强 10~40 倍，解热镇痛作用与阿司匹林相似。但不良反应多，故仅用于其他药物不能耐受或疗效差的患者，如急性风湿性及类风湿关节炎、强直性脊柱炎、骨关节炎、癌性发热及其他难以控制的发热。

【不良反应】治疗量时不良反应发生率高达 30%~50%，约 20% 的患者必须停药。

1. **胃肠道反应** 可见食欲减退、恶心、腹痛、腹泻、上消化道溃疡，偶有穿孔、出血，还可引起急性胰腺炎。溃疡病禁用。

2. **中枢神经系统反应** 20%~50% 患者有前额头痛、头晕，偶有精神失常。精神失常、癫痫、帕金森病患者禁用。

3. **造血系统反应** 可引起粒细胞减少、血小板减少、再生障碍性贫血等。

4. **过敏反应** 常见皮疹，严重者可引起哮喘，哮喘患者禁用。与阿司匹林有交叉过敏反应，"阿司匹林哮喘"者禁用。

布洛芬（ibuprofen，异丁苯丙酸）

布洛芬口服吸收迅速而完全，1~2 小时血药浓度达高峰，吸收量较少受食物和药物的影响。血浆蛋白结合率高达 99%，可缓慢进入滑膜腔并保持高浓度。$t_{1/2}$ 为 2 小时。主要经肝代谢，经肾排泄。抑制 PG 合成酶的作用强度与阿司匹林相似，故具有较强的解热、镇痛、抗炎、抗风湿作用，主要用于风湿性及类风湿关节炎，也可用于解热镇痛。其特点是胃肠道反应较轻，患者长期服用本药的耐受性明显优于阿司匹林和吲哚美辛，但长期服用仍应注意消化性溃疡和出血的发生。偶见头痛、眩晕、视物模糊，如出现视力障碍应立即停药。

吡罗昔康（piroxicam，炎痛喜康）

吡罗昔康为速效、强效、长效镇痛抗炎药。其抑制 PG 合成酶的效力等同于吲哚美辛，主要用于风湿性及类风湿关节炎，疗效与阿司匹林、吲哚美辛相当。其主要特点为血浆 $t_{1/2}$ 长（36~45 小时），作用维持时间长，一日服药一次即产生满意疗效；用药剂量小（20mg），不良反应相对较少。偶见头晕、水肿、胃部不适、腹泻、中性粒细胞减少等，停药后一般可自行消失。剂量过大或长期服用可致消化性溃疡、出血，与阿司匹林有交叉过敏反应。

美洛昔康（meloxicam）

美洛昔康对 COX-2 的选择性抑制作用比 COX-1 高 10 倍。$t_{1/2}$ 为 20 小时，每日一次给药。临床应用与吡罗昔康相同。小剂量时胃肠道不良反应少，剂量过大或长期服用可致消化道出血、溃疡。

双氯芬酸（diclofenac，双氯灭痛）

双氯芬酸为强效镇痛抗炎药。解热、镇痛、抗炎、抗风湿作用强于吲哚美辛、萘普生等。此外，可通过改变脂肪酸的释放或摄取，降低白细胞间游离花生四烯酸的浓度。主要用于风湿性及类风湿关节炎、骨关节炎、手术及创伤后疼痛等。不良反应除与阿司匹林相同外，偶见肝功能异常、白细胞减少。

点滴积累

1. 阿司匹林为本类药物的典型代表，除具有解热、镇痛、抗炎、抗风湿作用外，小剂量时还抑制血小板聚集，用于防止血栓形成；有胃肠道反应、凝血障碍、过敏反应、水杨酸反应、瑞夷（Reye）综合征等不良反应。
2. 对乙酰氨基酚解热作用强而持久，镇痛作用较弱，几乎无抗炎、抗风湿作用，用于解热镇痛；胃肠刺激较小。布洛芬有较强的解热、镇痛、抗炎、抗风湿作用，主要用于风湿性及类风湿关节炎，也可用于解热镇痛。双氯芬酸为强效镇痛抗炎药。

三、选择性环氧合酶 -2 抑制药

传统的解热镇痛抗炎药为非选择性 COX 抑制药,其治疗作用主要与抑制 COX-2 有关,抑制 COX-1 则常涉及其临床常见的不良反应,为此,近年来多种选择性 COX-2 抑制药相继出现。初步显示出此类药物疗效确实、不良反应较轻且少等优点,但近几年发现心血管事件的发生率增加,故其远期疗效及不良反应有待进一步验证。

知识链接

关于 COX 的新认知

以往认为,由于非选择性的非甾体抗炎药抑制 COX-1,从而影响与其相关的生物学作用(如胃黏膜保护、肾功能维持、血小板聚集等),导致肠道反应、出血、肾功能损害等不良反应的发生。因此,人们关注选择性 COX-2 抑制药。随着罗非昔布被证实可增加发生确定性心血管事件的相对危险,并因此退出市场,人们对 COX-2 维持正常生理功能的重要作用逐渐加以重视。目前,有研究认为选择性 COX-2 抑制药相对于非选择性药物可能并不具有更好的疗效及安全性。

塞来昔布(celecoxib)

塞来昔布具有抗炎、镇痛、解热作用。在治疗量时,对人体内 COX-1 无明显影响,也不影响 TXA_2 的合成,但可抑制 PGI_2 合成。口服易吸收,与食物(尤其是高脂食物)同服可延缓其吸收,血浆蛋白结合率高,$t_{1/2}$ 约为 11 小时,主要在肝代谢,随尿和粪便排泄。用于风湿性关节炎、类风湿关节炎和骨关节炎的治疗,也用于术后镇痛、牙痛、痛经等。出血和溃疡的发生率均较其他非选择性 NSAID 低,但仍有可能引起水肿、多尿、肾损害。有血栓形成倾向的患者需慎用。对阿司匹林(或其他非甾体抗炎药)过敏及对磺胺类药过敏的患者禁用。

尼美舒利(nimesulide)

尼美舒利是一种新型非甾体抗炎药,具有解热、镇痛、抗炎作用,对 COX-2 的选择性抑制作用较强,因而其抗炎作用强而不良反应较小。口服吸收迅速而完全,生物利用度高,血浆蛋白结合率高达 99%,$t_{1/2}$ 为 2~3 小时。常用于类风湿关节炎、骨关节炎、腰腿痛、牙痛、痛经。胃肠道反应少且轻微。儿童发热慎用尼美舒利。其口服制剂禁止用于 12 岁以下儿童。

点滴积累

塞来昔布、尼美舒利对 COX-2 的选择性抑制作用较强,因而其抗炎作用强而不良反应较小。

第二节　抗痛风药

痛风是嘌呤代谢紊乱引起血尿酸增高的代谢性疾病。由于血尿酸浓度过高,尿酸盐沉积于关节、肾和结缔组织等处,引起局部粒细胞浸润及炎症反应,导致痛风性关节炎、痛风肾病和痛风石等。抗痛风药主要包括抑制炎症反应药、抑制尿酸生成药和促进尿酸排泄药。痛风急性发作的治疗可应用抑制炎症反应药如秋水仙碱、非甾体抗炎药、糖皮质激素或促肾上腺皮质激素,间歇期和慢性期痛风可应用抑制尿酸生成药和促进尿酸排泄药。

知识链接

痛风的饮食治疗

痛风的饮食治疗十分重要。蛋白质摄入量限制在 1g/(kg·d) 左右;不进食高嘌呤食物,如动物心、肝、肾、脑等内脏,鱼虾类,海蟹类,豆类及酵母等;严格戒酒,包括含大量嘌呤的啤酒;多饮水,使尿量在 2 000ml/d 以上。

一、抑制炎症反应药

秋水仙碱(colchicine)

抑制痛风急性发作时的粒细胞浸润,对急性痛风性关节炎有选择性抗炎作用,用药后数小时关节红、肿、热、痛等症状消退,疗效显著,为首选药。对其他类型关节炎和疼痛无效,且对尿酸的生成、溶解及排泄无影响,因而无降血尿酸作用,故对慢性痛风无效。口服吸收迅速,0.5~2 小时血药浓度达高峰,急性痛风 12~24 小时起效,90% 的患者 24~48 小时疼痛消失,疗效持续 48~72 小时。不良反应较多,与剂量有明显相关性。常见胃肠道反应,长期服用可见严重的出血性胃肠炎;可致骨髓抑制,表现为粒细胞减少、血小板减少、再生障碍性贫血;肾损害可出现少尿、血尿。须定期监测血常规及肝肾功能。尽量避免静脉注射和长期口服。

二、抑制尿酸生成药

别嘌醇(allopurinol)

为次黄嘌呤异构体,口服吸收完全,约 70% 经肝代谢为有活性的别黄嘌呤。在体内次黄嘌呤经黄嘌呤氧化酶催化生成黄嘌呤,黄嘌呤再经黄嘌呤氧化酶催化生成尿酸。别嘌醇和别黄嘌呤均可抑制黄嘌呤氧化酶,从而使尿酸生成减少。临床用于慢性痛风和痛风肾病。用药初期可因血尿酸转移性增多而诱发急性痛风,故于开始 4~8 周内可与小剂量秋水仙碱合用。患者对本药的耐受性较好,不良反应较少,可见皮疹、腹痛、腹泻、转氨酶升高和粒细胞减少等。

三、促进尿酸排泄药

丙磺舒（probenecid）

口服吸收迅速而完全，小部分经肾小球滤过，大部分经肾近曲小管主动分泌，因脂溶性高易被肾小管重吸收，故可竞争性抑制尿酸的重吸收，促进尿酸排泄，临床用于治疗慢性痛风。用药初期可使痛风发作加重。大量饮水并碱化尿液可促进尿酸排泄，防止尿结石形成。不良反应较轻，有胃肠道反应和过敏反应。

丙磺舒尚可竞争性抑制青霉素类和头孢菌素类经肾小管分泌，从而提高这些抗生素的血药浓度，产生协同抗菌作用。

其他促进尿酸排泄药尚有磺吡酮（sulfinpyrazone）、苯溴马隆（benzbromarone）。

点滴积累

抗痛风药有抑制炎症反应药秋水仙碱、抑制尿酸生成药别嘌醇和促进尿酸排泄药丙磺舒。

复习导图

目标检测

一、简答题

1. 试述解热镇痛抗炎药的共同药理作用、作用机制、作用特点、临床应用。

2. 比较解热镇痛抗炎药和镇痛药的镇痛作用及临床应用。

3. 试述阿司匹林的药理作用、临床应用、不良反应、禁忌证。

4. 比较阿司匹林和氯丙嗪对体温的影响及临床应用。

习题

二、处方分析

患者，男，65岁，冠心病心绞痛病史10年，急性心肌梗死1次，除口服硝酸异山梨酯、美托洛尔外，处方如下，分析是否合理，为什么？

Rp：

阿司匹林肠溶片　100mg×24

Sig.　100mg　q.d.　p.o.

（王 蕾）

第十七章　中枢兴奋药

第十七章
课件

学习目标

1. **掌握**　呼吸中枢兴奋药尼可刹米的药理作用、作用机制、临床应用及不良反应。
2. **熟悉**　大脑皮质兴奋药咖啡因的药理作用、临床应用及不良反应。
3. **了解**　中枢兴奋药的分类，大脑皮质兴奋药、呼吸中枢兴奋药、大脑功能恢复药的作用机制。

导学情景

情景描述：

患者，女，72岁，一日突然呼吸困难，神志模糊，呼吸急促，口唇发绀。家人立即将其送往医院，送医过程中还出现了呼之不应、心跳呼吸极度微弱的紧急情况，经诊断为急性呼吸衰竭。

学前导语：

急性呼吸衰竭是各种原因引起的肺通气和换气功能严重障碍，突然发生呼吸衰竭的临床表现，如不及时抢救，会危及患者生命。本章我们学习治疗急性呼吸衰竭的药物。

中枢兴奋药是一类能提高中枢神经系统功能活动的药物。根据其主要作用及作用部位可分为三类：①大脑皮质兴奋药，如咖啡因等；②呼吸中枢兴奋药，如尼可刹米等；③大脑功能恢复药，如吡拉西坦等。

大脑皮质兴奋药是一类在临床治疗量下选择性兴奋大脑皮质，并提高其功能活动的药物，临床用于颅脑外伤后昏迷、中枢抑制药中毒等所致意识障碍。呼吸中枢兴奋药是在临床治疗剂量下主要兴奋呼吸中枢，用于解除或改善呼吸抑制状态的药物。大脑功能恢复药大多作用靶点不明确，作用机制复杂，包括促进脑组织对氧、葡萄糖、氨基酸和磷脂的利用，增加蛋白质的合成，改善脑代谢，促进大脑皮质及海马 ACh 释放，保护神经细胞膜，增加脑血流等，临床用于治疗多种急、慢性脑功能障碍，如脑卒中、椎基底动脉供血不足、脑外伤、老年性痴呆、药物及酒精中毒、儿童智力发育迟缓等。

知识链接

中枢兴奋药的合理应用

中枢兴奋药主要用于严重传染病、中枢抑制药中毒所致的呼吸衰竭，但其选择性不高，安全范围较小，随剂量增加，不仅作用强度增强，而且作用范围也相应扩大，可使中枢神经系统出现广泛而强烈的兴奋，引起惊厥。由于兴奋呼吸中枢的剂量与致惊厥剂量很接近，且作用维持时间短，常需反复用药（一般每 2~4 小时注射 1 次），故须严格掌握剂量和给药间隔，并严密观察病情。目前临床抢救呼吸衰竭主要采用人工呼吸机维持呼吸,中枢兴奋药仅为综合治疗的措施之一,应用限于短时就能纠正的呼吸衰竭。中枢兴奋药对心搏骤停、循环衰竭所致的呼吸衰竭疗效不佳或无效,对呼吸肌麻痹所致的外周性呼吸衰竭无效。

第一节　大脑皮质兴奋药

咖啡因(caffeine)

咖啡因是咖啡豆和茶叶中的主要生物碱,属甲基黄嘌呤类,现已人工合成。其复盐苯甲酸钠咖啡因(安钠咖)供注射给药。

【药理作用与临床应用】

1. 中枢神经系统　咖啡因兴奋中枢神经系统的范围与剂量有关。小剂量(50~200mg)即能兴奋大脑皮质,使人精神振奋、思维敏捷、疲劳减轻、睡意消失、工作效率提高;较大剂量(250~500mg)可直接兴奋延髓呼吸中枢和血管运动中枢,使呼吸加深加快、血压升高,在中枢处于抑制时更为明显;过量中毒则可引起中枢神经系统广泛兴奋甚至惊厥。临床用于严重传染病及中枢抑制药中毒引起的昏睡、呼吸循环衰竭。

2. 心血管系统　大剂量咖啡因可直接兴奋心脏、扩张血管,但被兴奋迷走中枢和血管运动中枢的作用所掩盖,无治疗意义。对脑血管有收缩作用,可减弱脑血管搏动。与解热镇痛药配伍治疗一般性头痛,与麦角胺配伍治疗偏头痛。

> **课堂活动**
> 试分析麦角胺咖啡因片(每片含酒石酸麦角胺 1mg、咖啡因 0.1g)的组方依据。

ER 17-3

扫一扫,
知答案

3. 其他　具有较弱的舒张胆管和支气管平滑肌、刺激胃酸和胃蛋白酶分泌及利尿等作用。

【不良反应】较大剂量可致激动、不安、失眠、心悸、头痛、恶心、呕吐等症状;中毒时可致惊厥;口服对胃有刺激性,大剂量诱发消化性溃疡;久用可产生精神依赖性。婴幼儿高热时易诱发惊厥,故不宜选用含咖啡因的复方解热镇痛药。

哌甲酯(methylphenidate,利他林)

哌甲酯为人工合成的苯丙胺类衍生物,对皮质和皮质下中枢有兴奋作用,作用温和,能改善精神活动,解除轻度中枢抑制及疲乏感,可产生轻度欣快感和轻度食欲缺失。较大剂量也兴奋呼吸中枢,过量可引起惊厥。临床用于对抗巴比妥类和其他中枢抑制药中毒引起的昏睡与呼吸抑制,也可用于治疗轻度抑郁症、儿童遗尿症、儿童多动综合征和发作性睡病等。治疗量不良反应较少,偶见失眠、心悸、厌食、焦虑等;大剂量可引起血压升高、眩晕、头痛甚至惊厥;久用可产生耐受性。癫痫、高血压患者禁用。因抑制儿童生长发育,6岁以下儿童禁用。

匹莫林（pemoline）

匹莫林作用与用途和哌甲酯相似,但作用维持时间长,每日给药1次即可。用于儿童多动综合征时效果不及哌甲酯,且呈剂量依赖性地抑制生长。不良反应少,以失眠常见,心血管系统反应极少见。禁用于舞蹈病、癫痫、躁狂症患者及孕妇。

> **点滴积累**
>
> 1. 中枢兴奋药分为大脑皮质兴奋药、呼吸中枢兴奋药和大脑功能恢复药三类。
> 2. 咖啡因小剂量选择性兴奋大脑皮质,较大剂量直接兴奋延髓呼吸中枢和血管运动中枢,中毒量可兴奋脊髓而致惊厥,主要用于严重传染病及中枢抑制药中毒引起的昏睡、呼吸循环衰竭;其收缩脑血管的作用,可与解热镇痛药配伍治疗一般性头痛,与麦角胺配伍治疗偏头痛。

第二节　呼吸中枢兴奋药

尼可刹米（nikethamide,可拉明）

尼可刹米为烟酰胺衍生物,既可直接兴奋延髓呼吸中枢,也可刺激颈动脉体和主动脉体化学感受器而反射性兴奋呼吸中枢,提高呼吸中枢对 CO_2 的敏感性,使呼吸加深加快。当呼吸中枢处于抑制状态时,其兴奋作用更明显。对血管运动中枢有弱兴奋作用。临床用于各种原因引起的中枢性呼吸抑制,对肺源性心脏病及吗啡中毒引起的呼吸抑制效果较好,对巴比妥类药物中毒引起的呼吸抑制效果较差。该药作用温和,安全范围较大,但作用短暂,静脉注射仅维持5~10分钟,故需间歇多次给药。过量可致血压升高、心动过速、呕吐、肌震颤等症状,中毒时可引起惊厥,应及时静脉注射地西泮解救。

> **岗位情景**
>
> 患者,男,30岁,诊断为重度哮喘引发急性呼吸衰竭,呼之不应,呼吸10次/min,脉搏微弱,血压测不到。立即给予气管插管,呼吸机控制呼吸,尼可刹米0.375g静脉注射,并将尼可刹米0.375g×3支加于250ml补液中静脉滴注,直至呼吸频率恢复至20~30次/min,血压恢复至120/60mmHg停止滴注。请分析尼可刹米的用药原因。

ER 17-4

岗位情景的
参考答案

二甲弗林（dimefline,回苏灵）

二甲弗林可直接兴奋呼吸中枢,作用比尼可刹米强100倍,作用迅速、短暂。临床主要用于各种原因引起的中枢性呼吸抑制,苏醒率可达90%~95%,也可用于肺性脑病。安全范围小,过量易致惊厥。吗啡中毒者禁用。静脉注射需稀释后缓慢注射。

洛贝林（lobeline，山梗菜碱）

洛贝林为从山梗菜中提取的生物碱，现已人工合成。通过选择性刺激颈动脉体和主动脉体化学感受器而反射性兴奋呼吸中枢。作用快、弱、短。安全范围大，不易引起惊厥。临床常用于新生儿窒息、儿童感染性疾病所致呼吸衰竭、CO 中毒引起的呼吸抑制。大剂量可兴奋迷走中枢，引起心动过速、房室传导阻滞；中毒量可兴奋交感神经节和肾上腺髓质，导致心动过速，也可引起惊厥。本品遇光、热易分解变色失效，故应避光、避热保存。

技能赛点

患儿，男，2 岁，因肺炎合并呼吸衰竭，伴有高热。处方如下，分析是否合理，为什么？

Rp:

　　盐酸洛贝林注射液　　3mg×1

　　Sig.　3mg　i.v.　st.！

ER 17-5
技能赛点的
赛点分析

贝美格（bemegride，美解眠）

贝美格可直接兴奋呼吸中枢，作用快、强、短，主要用于巴比妥类药物中毒的解救。安全范围小，剂量过大或静脉注射过快易引起惊厥。

多沙普仑（doxapram）

多沙普仑小剂量通过刺激颈动脉体和主动脉体化学感受器而反射性兴奋呼吸中枢，较大剂量直接兴奋呼吸中枢。作用强于尼可刹米，安全范围较大。用于解救麻醉药、中枢抑制药引起的呼吸抑制。静脉注射后立即生效，维持 5~12 分钟。过量可致心律失常、惊厥。

点滴积累

尼可刹米、二甲弗林、洛贝林为呼吸中枢兴奋药，可用于中枢性呼吸衰竭。

第三节　大脑功能恢复药

吡拉西坦（piracetam，脑复康）

吡拉西坦能降低脑血管阻力，增加脑血流量；促进脑细胞代谢，促进脑组织对葡萄糖、氨基酸、磷脂的利用和蛋白质的合成；增加线粒体内 ATP 的合成。因此对缺氧脑细胞有保护作用，促进脑细胞信息传递,改善学习、记忆和回忆能力。临床用于阿尔茨海默病、脑动脉硬化、脑血管意外、脑外伤后遗症、慢性酒精中毒及 CO 中毒等所致的记忆、思维障碍,也可用于儿童智力低下。

甲氯芬酯(meclofenoxate,氯酯醒)

甲氯芬酯主要兴奋大脑皮质,促进脑细胞代谢,增加葡萄糖的利用,使受抑制状态的中枢神经功能恢复。临床用于脑外伤后昏迷、脑动脉硬化及中毒所致意识障碍、阿尔茨海默病、儿童反应迟钝、新生儿缺氧、儿童遗尿症等。因作用缓慢,需反复用药。

胞磷胆碱(citicoline,尼可灵)

胞磷胆碱能增加脑血流量,改善脑细胞代谢,促进大脑功能恢复和苏醒。主要用于急性脑外伤和脑手术后所致意识障碍。在脑内出血急性期不宜大剂量应用。

> **点滴积累**
>
> 大脑功能恢复药包括吡拉西坦(脑复康)、甲氯芬酯(氯酯醒)和胞磷胆碱(尼可灵)。

ER 17-6
复习导图

ER 17-7
习题

目标检测

一、简答题

1. 简述咖啡因的药理作用、临床应用。

2. 比较尼可刹米、二甲弗林、洛贝林的作用机制、作用特点及临床应用。

3. 应用中枢兴奋药应注意什么?

二、处方分析

患者,女,24 岁,过量服用中枢抑制药,出现昏迷、呼吸抑制,处方如下,分析是否合理,为什么?

Rp:

尼可刹米注射液   0.5g×10

Sig.   0.5g   i.m.   q.2h.

盐酸二甲弗林注射液   8mg×10

Sig.   8mg   i.m.   q.2h.

(张 琦)

第十八章　抗高血压药

ER 18-1

第十八章
课件

ER 18-2

扫一扫,
知重点

　　高血压是最常见的心血管疾病,尤其在中老年人群,成人患病率为 15%~20%。高血压最大的危害是导致心、脑、肾等重要器官的严重病变,包括脑血管意外、心肌梗死、心功能不全、肾功能不全及外周血管供血不足等。凡能降低血压而用于高血压治疗的药物称为抗高血压药。在未使用降压药物的情况下,非同日 3 次测量诊室血压,收缩压 ≥ 140mmHg 和 / 或舒张压 ≥ 90mmHg 即可定义为高血压。高血压患者中,绝大多数原因未明,称为原发性高血压;10% 左右的高血压是肾病或内分泌疾病的一种症状,称为继发性高血压或症状性高血压。总体而言,高血压人群若不经合理治疗,平均寿命较正常人群缩短 15~20 年。抗高血压药能有效地控制血压,防止或减少心、脑、肾等重要器官损伤,从而提高患者的生活质量,延长寿命。目前,新药开发研究向高效、长效、高选择性、多器官保护和低副作用的方向发展。

正常血压及高血压分级(《中国高血压防治指南(2024年修订版)》)

类别	收缩压/mmHg		舒张压/mmHg
理想血压	<120	和	<80
正常高值	120~139	和/或	80~89
高血压	≥140	和/或	≥90
1级(轻度)	140~159	和/或	90~99
2级(中度)	160~179	和/或	100~109
3级(重度)	≥180	和/或	≥110
单纯收缩期高血压	≥140	和	<90
单纯舒张期高血压	<140	和	≥90

注:当收缩压和舒张压分属于不同分级时,以较高的级别作为标准。

第一节 抗高血压药的分类

血压形成的基本因素是心排血量和外周血管阻力。前者受心脏功能、回心血量和血容量的影响,后者主要受小动脉紧张度的影响。体内交感神经系统和肾素-血管紧张素系统共同参与血压调节,使血压维持在一定的范围内。根据药物临床应用特点和作用机制,抗高血压药可分为以下几类,详见表18-1。

表18-1 抗高血压药分类

	药物分类	常用药物
常用抗高血压药	利尿药	氢氯噻嗪、吲达帕胺、呋塞米
	钙通道阻滞药	硝苯地平、尼群地平、氨氯地平
	血管紧张素转化酶抑制药	卡托普利、依那普利、雷米普利
	血管紧张素Ⅱ受体阻滞药	氯沙坦、缬沙坦、厄贝沙坦
	β受体阻滞药	普萘洛尔、美托洛尔、阿替洛尔
	血管紧张素受体脑啡肽酶抑制药	沙库巴曲缬沙坦
其他抗高血压药	中枢性抗高血压药	可乐定、莫索尼定
	α_1受体阻滞药	哌唑嗪、特拉唑嗪
	血管扩张药	肼屈嗪、硝普钠
	去甲肾上腺素能神经末梢抑制药	利血平、胍乙啶
	神经节阻断药	樟磺咪芬、美卡拉明
	钾通道开放药	米诺地尔
	肾素抑制药	阿利吉仑

点滴积累

常用抗高血压药包括利尿药、钙通道阻滞药、血管紧张素转化酶抑制药、血管紧张素Ⅱ受体阻滞药、β受体阻滞药和血管紧张素受体脑啡肽酶抑制药。

第二节　常用抗高血压药

常用抗高血压药亦称一线抗高血压药,其临床应用频率较高。

一、利尿药

本类药物降压作用温和,能增强其他抗高血压药的降压作用,无耐受性,因此作为基础抗高血压药被广泛用于临床,常用药物主要有氢氯噻嗪和吲达帕胺。此类药物尤其适用于老年高血压、单纯收缩期高血压或伴心力衰竭患者,也是难治性高血压的基础治疗药物之一。

氢氯噻嗪（hydrochlorothiazide,双氢氯噻嗪,双氢克尿噻）

【药理作用】降压作用缓慢、温和、持久,一般用药 2~4 周达最大疗效。临床研究证明,老年高血压患者长期小剂量用药能较好地控制血压,并可降低心、脑血管并发症的发病率和病死率。

目前认为,用药初期降压作用可能通过排钠利尿,使细胞外液和血容量减少,导致心排血量降低而使血压下降;用药 3~4 周后,血容量和心排血量已逐渐恢复至用药前水平而降压作用仍能维持,原因在于早期排钠后使血管平滑肌细胞内的 Na^+ 浓度降低,进而通过 Na^+-Ca^{2+} 交换机制,使细胞内 Ca^{2+} 减少,从而使血管平滑肌细胞对缩血管物质的反应性降低,导致外周血管扩张,血压下降。

【临床应用】利尿药是治疗高血压的基础药物,安全、有效、价廉。噻嗪类利尿药可单独应用治疗 1 级高血压,也可与其他抗高血压药合用治疗 2、3 级高血压。与扩血管药或交感神经抑制药合用具有协同作用,并可对抗这些药物所致的水钠潴留。使用时应限制钠盐的摄入。

【不良反应】长期大量应用可引起低钾血症、低钠血症、低镁血症等,增加血液中总胆固醇、甘油三酯及低密度脂蛋白胆固醇含量,增加尿酸和血浆肾素活性。大剂量可加剧高脂血症,降低糖耐量等,故剂量不宜过大。

ER 18-3

应用氢氯噻嗪降压的适宜时间

吲达帕胺（indapamide）

吲达帕胺是一种磺胺类利尿药,通过抑制远端肾小管皮质部对水和电解质的重吸收而发挥作用。

本药利尿作用不能解释其降压作用,因降压作用的剂量远小于利尿剂量。其降压作用可能与以下机制有关:①调节血管平滑肌的钙内流;②刺激具有血管扩张作用的 PGE_2 和 PGI_2 的合成;③降低血管对缩血管物质的敏感性,从而抑制血管收缩。

吲达帕胺适用于1、2级高血压的治疗,并具有明显逆转心肌肥厚的作用。不影响血脂和碳水化合物代谢,故对伴有高脂血症和/或高血糖患者可用吲达帕胺代替噻嗪类利尿药。

本品不良反应较轻而短暂,呈剂量依赖性。禁用于对磺胺过敏、严重肾功能不全、肝性脑病、严重肝功能不全及低钾血症患者。

二、钙通道阻滞药

钙通道阻滞药(calcium channel blocker,CCB)通过减少细胞内钙离子浓度而松弛血管平滑肌,进而降低血压。各类钙通道阻滞药对心脏和血管的选择性不同,二氢吡啶类对血管的作用较强。尤其适用于老年高血压、单纯收缩期高血压、稳定型心绞痛、冠状动脉粥样硬化及周围血管病患者。常用于降血压的钙通道阻滞药有硝苯地平、尼群地平、氨氯地平等。

硝苯地平(nifedipine,心痛定)

【体内过程】口服易吸收,生物利用度为65%,$t_{1/2}$ 为3~4小时,主要在肝脏代谢,少量以原型经肾脏排泄。

【药理作用】属二氢吡啶类,是最早用于临床的钙通道阻滞药。硝苯地平对各型高血压均有降压作用,作用快而强,但对血压正常者影响不明显。降压时伴有反射性心率加快、心排血量增加、血浆肾素活性增高,合用β受体阻滞药可避免这些反应并能增强降压效应。

【临床应用】用于治疗1、2、3级高血压。可单独应用,也可与β受体阻滞药、利尿药、血管紧张素转化酶抑制药或血管紧张素Ⅱ受体阻滞药联合应用。目前多推荐使用缓释片剂。

【不良反应】常见不良反应为颜面潮红、踝部水肿、头痛、心悸等。长期使用可引起牙龈增生。

尼群地平(nitrendipine)

尼群地平作用与硝苯地平相似,但血管松弛作用较强,降压作用温和而持久,适用于各级高血压,尤其适用于老年患者。每日口服1~2次。不良反应与硝苯地平相似但较轻,肝功能不全者应慎用或减量。

氨氯地平(amlodipine)

属第二代二氢吡啶类,为长效钙通道阻滞药。氨氯地平降压作用起效较慢,持续时间较长,每日服药一次。口服吸收好,生物利用度高,不受食物影响。常见不良反应有头痛、眩晕、心悸、水肿、恶心、腹泻等,少见的有瘙痒、皮疹、呼吸困难、肌肉痉挛和消化不良等。

应用二氢吡啶类药物注意事项

硝苯地平、尼群地平、氨氯地平的结构均为二氢吡啶类药物,本类药物对光敏感,见光可发生光化学歧化反应,生成有毒的吡啶产物,因此在使用和保管时应避光。临床在进行输液治疗时,应在输液瓶的外面用遮光的物质(如黑色塑料等)包装起来,以避免药物分解。

三、血管紧张素转化酶抑制药

血管紧张素转化酶抑制药(ACEI)能防止和逆转心肌肥大和血管增生,对临床具有重要意义。其降压机制主要是:①抑制血管紧张素转化酶(ACE),减少血管紧张素 II(Ang II)的生成,减少醛固酮的分泌;②因血管紧张素转化酶可水解缓激肽,通过抑制血管紧张素转化酶,减少缓激肽的水解,扩张血管(图 18-1)。

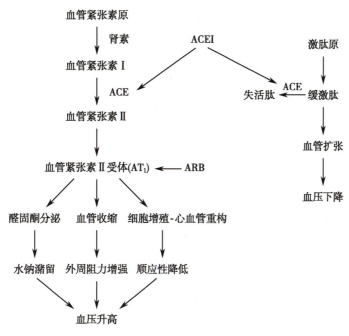

图 18-1 肾素 - 血管紧张素系统及其抑制药作用环节

临床试验研究结果表明,此类药物对于高血压患者具有良好的靶器官保护和心血管终点事件预防作用。ACEI 单用降压作用明确,对糖脂代谢无不良影响。限盐或加用利尿药可增加 ACEI 的降压效应。尤其适用于伴慢性心力衰竭、心肌梗死后伴心功能不全、糖尿病肾病、非糖尿病肾病、代谢综合征、蛋白尿或微量白蛋白尿的高血压患者。

卡托普利(captopril)

【药理作用】具有较强的降压作用,可舒张血管,降低血压,其降压特点为:①降压时不伴有反射性心率加快;②降低肾血管阻力,增加肾血流量;③可预防和逆转心肌和血管重构;④不引起电解质紊乱和脂质代谢异常。

【临床应用】适用于各级高血压,尤其适用于伴有慢性心功能不全、左室肥大、糖尿病肾病等高血压患者。

【不良反应】①刺激性干咳:应预先告知患者;②低血压:与开始用药剂量过大有关;③皮疹、瘙痒、嗜酸性粒细胞增多等过敏反应,以及味觉、嗅觉缺失,脱发等;④高钾血症:一般不会引起,但伴有肾功能不全者、与留钾利尿药合用时须谨慎;⑤对胎儿的影响:在妊娠中期和末期长期使用,会引起胎儿颅盖及肺发育不全、生长迟缓,甚至引起胎儿死亡。

卡托普利易
引起咳嗽

依那普利(enalapril)

依那普利降压机制与卡托普利相似,但具有以下特点:①起效缓慢,需在体内水解为依那普利拉(苯丁羧脯酸)才具有生物活性;②长效,一次给药可持续 24 小时以上,每日用药一次即可。③强效,对 ACE 抑制作用较卡托普利强 5~10 倍,用药剂量较小;④不良反应较少,因分子结构中不含巯基,相对于卡托普利不良反应较少。

其他 ACEI 还有赖诺普利(lisinopril)、福辛普利(fosinopril)、贝那普利(benazepril)、培哚普利(perindopril)和西拉普利(cilazapril)等。它们的共同特点是长效,每天只需服用一次。

扫一扫,
知答案

课 堂 活 动

患者,男,70 岁,患慢性肾炎 5 年,血压 165/105mmHg。医嘱给予卡托普利 25mg p.o. t.i.d.,螺内酯 20mg p.o. b.i.d.,两药联合应用 1 周后,患者出现下肢软弱无力、疲乏、感觉异常等症状。血钾检测结果为 5.7mmol/L(血钾正常参考值为 3.50~4.50mmol/L)。

课堂讨论:

1. 患者用药后出现上述症状和血钾升高的可能原因是什么?
2. 本案例医生开出的处方是否合理,理由是什么?

四、血管紧张素 II 受体阻滞药

血管紧张素 II 受体分为 AT_1 受体和 AT_2 受体。氯沙坦及其代谢产物能选择性阻断 AT_1 受体,拮抗血管紧张素 II 的作用。血管紧张素 II(Ang II)在调节心血管功能方面有重要作用。血管紧张素 II 受体(AT_1 受体)被阻断后,Ang II 收缩血管与刺激肾上腺释放醛固酮的作用受到抑制,导致血压降低;阻滞 Ang II 的促心血管细胞增殖肥大作用,能防治心血管的重构,又能通过减轻心脏的后负荷,治疗充血性心力衰竭,有利于提高心力衰竭与高血压的治疗效果(图 18-1)。临床试验研究结果表明,血管紧张素 II 受体阻滞药(ARB)可降低高血压患者心血管事件危险,降低糖尿病或肾病患者的蛋白尿及微量白蛋白尿。尤其适用于伴左室肥厚、心力衰竭、糖尿病肾病、微量白蛋白尿或蛋白尿患者。因直接拮抗 AT_1 受体,对血管紧张素 II 抑制更完全,不影响缓激肽系统,无刺激性干咳等不良反应,尤其适于不能耐受 ACEI 的患者。

氯沙坦(losartan,洛沙坦)

氯沙坦能有效地阻断 Ang Ⅱ 与 AT$_1$ 受体的结合,降低外周血管阻力,使血压下降,降压作用强大、持久。降压时增加肾血流量和肾小球滤过率,逆转心室重塑。每日口服一次,降压作用可维持24 小时。氯沙坦对肾脏还有促进尿酸排泄的作用。本品可用于各级高血压,可作为治疗高血压的首选药之一。

不良反应较轻而短暂,偶有头痛、头晕、胃肠不适、乏力等。用药期间应慎用留钾利尿药及补钾药。孕妇及哺乳期妇女禁用。

肾素－血管紧张素系统(renin-angiotensin system,RAS)对心血管功能的重要调节作用

肾素－血管紧张素系统根据所在部位不同可分为两类:一类为循环 RAS;另一类存在于心血管组织中,称为组织 RAS。在血浆和组织血管紧张素转化酶的作用下,血管紧张素 Ⅰ 转变为血管紧张素 Ⅱ,血管紧张素 Ⅱ 具有广泛的心血管作用,血液循环中的血管紧张素 Ⅱ 可激动循环系统的血管紧张素 Ⅱ 受体(AT$_1$ 受体),通过收缩外周血管和促进醛固酮分泌,参与升高血压的调节;组织中的血管紧张素 Ⅱ 可激动局部组织的血管紧张素 Ⅱ 受体,通过收缩外周血管,更直接地参与升高血压的调节。组织中的血管紧张素 Ⅱ 与血液循环中的血管紧张素 Ⅱ 不同,还可作为一种细胞生长因子,引起心室重塑(左室肥厚)和血管重构(管壁增厚),参与高血压、缺血性心脏病及慢性心功能不全等心血管疾病的病理生理过程,加重病情发展。

缬沙坦(valsartan)

对 AT$_1$ 受体亲和力比氯沙坦强 5 倍。一次口服 80mg,2 小时出现降压作用,4~6 小时达最大降压效果。降压作用平稳,可持续 24 小时。长期给药也可逆转心室重塑和血管壁增厚。临床应用同氯沙坦,对伴有肾衰竭的高血压也有良好疗效,不良反应少,主要有头痛、眩晕、疲劳等,孕妇禁用。

坎地沙坦(candesartan)

降压作用强大,应用剂量小,维持时间长,谷／峰比值高(>80%),为目前 ARB 中最优药物。本类药物尚有厄贝沙坦(irbesartan)、替米沙坦(telmisartan)等。

五、β 受体阻滞药

β 受体阻滞药治疗高血压不仅价廉、安全、有效,尚能降低心血管并发症如脑卒中和心肌梗死的发生率和死亡率。其中,美托洛尔、比索洛尔、阿替洛尔对 β$_1$ 受体有较高选择性,对 β$_2$ 受体的选择性低而使得不良反应少,既可降低血压,也可保护靶器官,降低心血管事件风险。

【作用机制】β受体阻滞药的降压作用可能与下述机制有关：①阻断心脏 β_1 受体,抑制心肌收缩力,降低心排血量;②阻断肾小球旁器 β_1 受体,减少肾素分泌,抑制肾素 - 血管紧张素系统活性,导致血管张力降低,血容量减少;③阻断交感神经末梢突触前膜的 β 受体,抑制正反馈作用,使去甲肾上腺素分泌减少;④阻断中枢 β 受体,使外周交感神经活性降低。

【临床应用】可用于各级高血压,可单独应用,也可与其他抗高血压药如利尿药、ACEI、钙通道阻滞药及 α_1 受体阻滞药合用。对高血压伴快速性心律失常、心绞痛、慢性心力衰竭患者,以及高肾素活性、高血流动力学的青年高血压患者更为适宜。高血压患者选用何种 β 受体阻滞药,取决于 β 受体阻滞药的药效和药动学特性以及高血压患者的具体情况。

普萘洛尔（propranolol）

普萘洛尔为 β 受体阻滞药的代表药物,在心血管系统作用广泛,此处仅述及抗高血压作用。

降压作用缓慢、温和,口服用药 1~2 周内收缩压及舒张压逐渐下降,作用持续时间较长,不易产生耐受性。适用于 1、2 级高血压,尤其适用于心率快的中青年高血压患者及伴有心绞痛的患者。

长期应用如突然停药,可引起原来病情加重,如血压上升、严重心律失常或心绞痛发作次数增加,甚至产生急性心肌梗死或猝死,此种现象称为停药反应。其机制与受体向上调节有关,因此在病情控制后应逐渐减量直至停药。因本药个体差异大,用药时应从小剂量开始逐渐增量。

本品禁用于伴有支气管哮喘、重度房室传导阻滞、窦性心动过缓等高血压患者。

美托洛尔（metoprolol）

美托洛尔为选择性 β_1 受体阻滞药,无内在拟交感神经活性。口服吸收完全,服药后 1~2 小时作用达高峰,控释剂一次给药后降压作用可维持 24 小时,故一日给药一次即可。不良反应相对较少。

六、血管紧张素受体脑啡肽酶抑制药

血管紧张素受体脑啡肽酶抑制药（angiotensin receptor-neprilysin inhibitor, ARNI）为一类新型降压药物。代表药物有沙库巴曲缬沙坦、沙库巴曲阿利沙坦。

沙库巴曲缬沙坦（sacubitril valsartan）

沙库巴曲缬沙坦能抑制脑啡肽酶对利尿钠肽的降解,发挥利尿、利钠和扩血管、抗交感神经的效应,其血管紧张素受体阻滞作用可避免脑啡肽酶被抑制后对 RAS 的代偿激活,起到协同降压作用。

沙库巴曲缬沙坦在部分特殊人群中有一定的降压优势,包括高血压合并心力衰竭、左室肥厚、肾脏疾病、老年及难治性高血压患者。

ARNI 可与 CCB、β 受体阻滞药、利尿药联用, 不与 ACEI、ARB、阿利吉仑联用。如果从 ACEI 转换成 ARNI,必须在停止 ACEI 治疗至少 36 小时(相当于大多数 ACEI 的 2~3 个消除半衰期)之后才能开始应用, 以降低发生潜在的血管性水肿的风险,同时又不易导致心力衰竭恶化或血压明显波动。不良反应主要是可导致血管性水肿、低血压、肾功能损害、高钾血症。

岗位情景

患者,男,65岁,就诊时血压:175/105mmHg,脉搏:60次/min,心电图示左心室肥厚,空腹血糖6.0mmol/L,尿常规蛋白(+),尿酸400μmol/L,低密度脂蛋白3.1mmol/L。嗜烟酒。医生给予治疗处方:①美托洛尔25mg p.o. b.i.d;②氢氯噻嗪25mg p.o. b.i.d。用药两周后复查:血压在150/95mmHg左右,空腹血糖6.8mmol/L(正常值4.4~6.1mmol/L),尿酸450mmol/L(男性为149~416μmol/L),低密度脂蛋白3.40mmol/L(正常范围:2.07~3.37mmol/L)。请分析医生给予的治疗处方是否合适。

ER 18-6

岗位情景的
参考答案

技能赛点

患者,男,69岁,高血压并发心力衰竭、慢性阻塞性肺气肿。医生处方如下,试分析处方是否合理,为什么?

Rp:

地高辛片 0.125mg×30

Sig. 0.125mg q.d. p.o.

普萘洛尔片 10mg×100

Sig. 20mg t.i.d. p.o.

氢氯噻嗪片 25mg×100

Sig. 25mg t.i.d. p.o.

ER 18-7

技能赛点的
赛点分析

点滴积累

1. 氢氯噻嗪短期通过排钠利尿降压,长期通过扩张血管降低血压。

2. 二氢吡啶类钙通道阻滞药对血管的作用较强。特别适用于老年高血压、单纯收缩期高血压、稳定型心绞痛、冠状动脉粥样硬化及周围血管病患者。常用有硝苯地平、尼群地平和氨氯地平等。

3. 卡托普利降压时不伴有反射性心率加快;降低肾血管阻力,增加肾血流量;可预防和逆转心肌和血管重构;不引起电解质紊乱和脂质代谢异常。适用于各级高血压,尤其适用于伴有慢性心功能不全、左室肥大、糖尿病肾病等高血压患者。

4. ARB仅作用于AT_1受体,不影响AT_2受体,与ACEI类药物比较,不影响ACE介导的缓激肽降解,无刺激性干咳等不良反应。

5. β受体阻滞药禁用于支气管哮喘患者;此药有反跳现象,不可突然停药;适用于心率快的中青年高血压患者及伴有心绞痛的患者。

第三节 其他抗高血压药

除了常用抗高血压药外,尚有一些使用频率较低,但临床上仍然需要应用的抗高血压药,其中部分药物常作为复方制剂的组成成分。主要包括中枢性抗高血压药、血管扩张药、α_1 受体阻滞药、去甲肾上腺素能神经末梢阻滞药等及神经节阻断药、钾通道开放药、肾素抑制药。

一、中枢性抗高血压药

可乐定（clonidine）

【药理作用】可乐定降压作用中等偏强。口服给药后，可降低外周血管阻力，并伴有心肌收缩力减弱、心率减慢、心排血量减少，同时伴有镇静、镇痛作用，并可抑制胃肠分泌及运动。静脉给药时，先出现短暂的血压升高，继而出现持久的血压下降，高血压危象时慎用。

中枢神经系统存在抑制性和兴奋性两种神经元控制外周交感神经的活动。可乐定降压机制为激动延髓孤束核次一级神经元突触后膜上的 α_2 受体和延髓的 I_1 咪唑啉受体，激动抑制性神经元，使外周交感神经活性降低，血压下降。

【临床应用】适用于 2 级高血压，尤其适用于伴有溃疡病的高血压患者和肾性高血压。也用于预防偏头痛或作为吗啡类镇痛药成瘾者的戒毒药。

【不良反应】可有嗜睡、乏力、口干等不良反应，久用可致水钠潴留，常与利尿药合用。久用突然停药，由于受体的向下调节，引起交感神经亢进，出现头痛、出汗、心悸和血压突然升高等，可用 α 受体阻滞药酚妥拉明治疗。

莫索尼定（moxonidine）

莫索尼定为第二代中枢性抗高血压药。口服易吸收，可一日给药一次。主要通过激动延髓的 I_1 咪唑啉受体而发挥降压效应。适用于 1、2 级高血压，并可逆转高血压所致的左室心肌肥厚。不良反应较少。

二、血管扩张药

血管扩张药包括直接舒张血管平滑肌药和钾通道开放药。根据对动、静脉选择性差异，分为主要扩张小动脉药（肼屈嗪、米诺地尔、二氮嗪等）和对动脉、静脉均有扩张作用的药物（硝普钠）。本类药物通过松弛血管平滑肌，降低外周阻力，产生降压作用。长期应用因反射性增强交感神经活性，增加心肌收缩力和心排血量；增强肾素活性，激活肾素 - 血管紧张素系统，导致外周阻力增加和水钠潴留。因此，一般不宜单用，常与利尿药和 β 受体阻滞药等合用，以提高疗效，减少不良反应。

硝普钠（sodium nitroprusside）

【药理作用】硝普钠为快速、强效而短暂的抗高血压药。口服不吸收，静脉滴注给药，直接扩张小动脉及小静脉，降低外周血管阻力和心排血量，可迅速降低收缩压和舒张压。尚可减轻心脏前、后负荷，有利于改善心脏功能。

【临床应用】主要用于高血压危象,适用于伴有心力衰竭的高血压患者。也可用于急、慢性心功能不全患者。

【不良反应】给药速度过快,使血压过度下降,易引起呕吐、头痛、心悸、出汗等。长时间大量用药可致硫氰化物蓄积中毒,引起急性精神病和甲状腺功能减退。肝肾功能不全及甲状腺功能减退者慎用。本药对光敏感,应现用现配,静脉滴注时应避光。

知识链接

高血压危象

高血压危象是发生在高血压患者病程中的一种特殊临床现象,在原有高血压基础上,某些诱因使周围小动脉发生暂时性强烈痉挛,引起血压进一步急剧升高,而出现的一系列危象表现,并可在短时间内发生不可逆性重要器官损害,故为一种致命性的临床综合征。临床表现有神志变化、剧烈头痛、恶心呕吐、心动过速、面色苍白、呼吸困难等。其病情凶险,如抢救措施不力,可导致死亡。

三、α_1 受体阻滞药

α_1 受体阻滞药能选择性阻断血管平滑肌突触后膜的 α_1 受体,舒张小动脉和静脉平滑肌,降低外周阻力,引起血压下降。

哌唑嗪(prazosin)

【药理作用】哌唑嗪阻断血管壁上的 α_1 受体,扩张小动脉及小静脉,以扩张小动脉为主,对立位及卧位血压均有降压作用。其作用特点是降压时不加快心率,对心排血量、肾血流量及肾小球滤过率无明显影响,不增高血浆肾素活性。长期应用有调血脂作用,降低血浆甘油三酯、总胆固醇、低密度脂蛋白,升高高密度脂蛋白。

ER 18-8
哌唑嗪可导致直立性低血压

【临床应用】适用于各级高血压,主要用于治疗 1、2 级高血压及伴有肾功能不全的高血压患者,亦适用于高血压合并前列腺肥大的老年患者,能减轻排尿困难症状。对重度高血压患者,可合用利尿药及 β 受体阻滞药增加疗效。

【不良反应】部分患者首次用药后可出现严重的直立性低血压、心悸、晕厥等,称为"首剂现象",多发生在用药后 1 小时内。若首次剂量减为 0.5mg,卧位或睡前服用可避免。尚有口干、眩晕、鼻塞等不良反应。

本类药物尚有特拉唑嗪(terazosin)、多沙唑嗪(doxazosin)等。

ER 18-9
正确使用特拉唑嗪防止直立性低血压

四、去甲肾上腺素能神经末梢抑制药

去甲肾上腺素能神经末梢抑制药主要通过影响儿茶酚胺的贮存及释放产生降压作用。药物有利血平、胍乙啶(guanethidine)等。利血平因不良反应较多,目前已不单独使用。胍乙啶主要用于

重症高血压。

利血平（reserpine，利舍平）

利血平是印度萝芙木根中所含的一种生物碱。从国产萝芙木中提取的总生物碱称降压灵。

【作用及机制】本药降压作用缓慢、温和而持久，降压的同时伴有心率减慢。口服用药 1 周以上才起效，2~3 周作用达高峰，增大剂量降压效应并不增加，只能延长作用时间和增加不良反应。停药后降压作用尚能维持 3~4 周。静脉注射因能直接舒张小动脉，起效较快，约 1 小时后出现降压作用。

利血平降压机制主要是抑制交感神经末梢囊泡膜胺泵对 NA 的再摄取和阻止 DA 进入囊泡内，使 NA 的合成和贮存逐渐减少而耗竭，从而阻断交感神经冲动的传递，使血管扩张，血压下降。

【临床应用】用于 1、2 级高血压，与利尿药合用可提高疗效。

【不良反应】常见不良反应有镇静、嗜睡和副交感神经亢进症状，如鼻塞、胃酸分泌过多、腹泻等。长期大剂量应用可致抑郁症。伴有溃疡病者、有抑郁症病史者及哺乳期妇女禁用或慎用。

利血平片可诱发溃疡病

五、神经节阻断药

包括樟磺咪芬（trimetaphan camsilate）、美卡拉明（mecamylamine）等。本类药物阻断神经节 N_1 受体，对交感神经和副交感神经均有阻断作用。降压作用迅速、显著。因副作用多，仅用于高血压危象、主动脉夹层动脉瘤、外科手术中的控制性降压等。

六、钾通道开放药

钾通道开放药也称钾外流促进药，有米诺地尔（minoxidil）等。这类药物可使钾通道开放，钾外流增多，细胞膜超极化，膜兴奋性降低，Ca^{2+} 内流减少，血管平滑肌舒张，血压下降。在降压时常伴有反射性心动过速和心排血量增加。血管扩张作用具有选择性，见于冠状动脉、胃肠道血管和脑血管，而不扩张肾和皮肤血管。若与利尿药和 / 或 β 受体阻滞药合用，则可纠正其水钠潴留和 / 或反射性心动过速的副作用。

七、肾素抑制药

肾素抑制药能直接抑制肾素，继而减少 Ang Ⅱ 的产生，可显著降低高血压患者的血压水平。临床实践证明，目前所有 RAS 的三类药物（ACEI、ARB、肾素抑制药）均不可任何两类合用，避免不良反应。

阿利吉仑（aliskiren）

阿利吉仑是 2007 年批准的首个非肽类肾素抑制药，也是目前用于临床的唯一肾素抑制药。

【体内过程】口服吸收快,血药浓度于 1~3 小时后达到峰值;生物利用度低,仅 2.5%;半衰期长,约 40 小时;90% 可通过胆汁排入肠道,经粪便以原型排泄。肝、肾疾病患者药动学无明显改变,不需要调整剂量。

【药理作用】可选择性抑制肾素活性,剂量依赖性地降低血管紧张素 Ⅱ 水平,发挥降压作用。用药后也可使血浆肾素浓度异常升高,但肾素活性是被抑制的,这与 ACEI 和 ARB 有所不同。

【临床应用】适用于各级高血压,剂量为 150~300mg。其降压效果好且持久,已成为抗高血压药的有效选择。阿利吉仑与氢氯噻嗪或氨氯地平合用时降压疗效增强,副作用减少,也可三药合用。

【不良反应】主要为腹泻等胃肠道反应。

> **点滴积累**
>
> 其他抗高血压药作为一线降压药物的补充,可联合用于处理某些 2、3 级高血压,或高血压危象,包括中枢性抗高血压药、血管扩张药、α_1 受体阻滞药、去甲肾上腺素能神经末梢抑制药、神经节阻断药、钾通道开放药、肾素抑制药。

第四节　抗高血压药合理应用原则

ER 18-11

抗高血压药
应早上服用

高血压的治疗旨在最大限度地降低心血管疾病致死、致残的危险性,避免并发症的发生,延长寿命,提高生活质量。药物治疗是主要手段,应遵循以下原则:

1. **有效治疗与终身治疗**　确实有效的降压治疗可以大幅度地减少并发症的发生率。一般认为,经不同日的数次测压,血压仍 ≥150/95mmHg 即需治疗。如有以下危险因素中的 1~2 条,血压 ≥140/90mmHg 就需要治疗。这些危险因素是:老年、吸烟、肥胖、血脂异常、缺少体力活动、糖尿病等。所谓有效的治疗,就是将血压控制 140/90mmHg 以下。所有的非药物治疗,只能作为药物治疗的辅助。原发性高血压病因不明,无法根治,需要终身治疗。不能中途随意停药,若需更换药物,应循序渐进,逐步替代。

2. **平稳控制血压**　为了有效地防止靶器官损害,要求一天 24 小时内稳定降压,并能防止从夜间较低血压到清晨血压突然升高而导致猝死、脑卒中和心脏病发作。要达到此目的,最好使用一天一次给药且具有 24 小时持续降压作用的药物。

3. **给药剂量个体化**　高血压治疗应个体化,主要根据患者的年龄、性别、种族、病情程度、并发症等情况制订治疗方案,维持和改善患者的生存质量,延长寿命。合并其他危险因素高血压患者合理选药详见表 18-2。

4. **合理联合用药**　联合应用降压药物已成为降压治疗的基本方法。对于 2 级高血压和 / 或伴有多种危险因素、靶器官损害或临床疾患的高危人群,往往初始治疗即需要应用两种小剂量降压药物,如仍不能达到目标水平,可在原药基础上加量或可能需要 3 种甚至 4 种以上降压药物。常用抗高血压药的联合方案建议见表 18-3。

表 18-2　合并其他危险因素高血压患者合理选药

	利尿药	β 受体阻滞药	α 受体阻滞药	钙通道阻滞药	ACEI
老年人	++	+/–	+	+	+
冠心病	+/–	++	+	++	+
心力衰竭	++	–	+	–	++
脑血管病	+	+	+	++	+
肾功能不全	++	+/–	+	++	++※
糖尿病	–	–	++	+	+
血脂异常	–	–	++	+	+
哮喘	+	–	+	+	+
外周血管病	+	–	+	++	+

注:+,适宜;+/–,一般不用;–,禁忌;※,隐匿性肾血管病慎用。

表 18-3　常用抗高血压药的联合方案建议

主要推荐应用的优化联合治疗方案	可以考虑使用的联合治疗方案	不推荐的联合治疗方案
二氢吡啶类 CCB + ARB	利尿药 + β 受体阻滞药	ACEI、ARB、ARNI 与阿利吉仑这四种药物之间的任意联合
二氢吡啶类 CCB + ACEI	α 受体阻滞药 + β 受体阻滞药	中枢性抗高血压药 + β 受体阻滞药
ARB + 噻嗪类利尿药	二氢吡啶类 CCB + 留钾利尿药	
二氢吡啶类 CCB + ARNI	噻嗪类利尿药 + 留钾利尿药	
ACEI + 噻嗪类利尿药	ARB + β 受体阻滞药	
ARNI + 噻嗪类利尿药	ACEI + β 受体阻滞药	
二氢吡啶类 CCB + 噻嗪类利尿药	ARNI + β 受体阻滞药	
二氢吡啶类 CCB + β 受体阻滞药		

注:CCB 为钙通道阻滞药;ACEI 为血管紧张素转化酶抑制药;ARB 为血管紧张素 II 受体阻滞药;ARNI 为血管紧张素受体脑啡肽酶抑制药。

5. 注重保护靶器官　长期的高血压最终都将损伤靶器官,包括心肌肥厚、肾小球硬化和小动脉重构等。在抗高血压治疗中必须考虑逆转或阻止靶器官的损害。对靶器官的保护作用比较好的药物是 ACEI、ARB 和长效钙通道阻滞药。

6. 积极消除高血压的危险因素　高血压不仅本身影响靶器官,而当其合并有其他危险因素时,更容易引起或加重靶器官的损害。危险因素主要包括高脂血症、糖耐量低下、肥胖、吸烟、心血管疾病家族史、静坐的生活方式等。

点滴积累

1. 高血压需要终身治疗,有效治疗。使用长效药物能达到平稳降压的目的。
2. 对于 2 级高血压和 / 或伴有多种危险因素、靶器官损害或临床疾患的高危人群,可联合使用两种或两种以上药物。
3. ACEI、ARB 和长效钙通道阻滞药可逆转或阻止靶器官的损害。
4. 通过健康饮食、运动等方式控制体重、血脂、血糖,可帮助有效控制血压,减少靶器官损害。

ER 18-12

复习导图

【附】钙通道阻滞药

钙通道阻滞药(calcium channel blocker,CCB)又称钙拮抗药(calcium antagonist),是一类能选择性地阻滞钙离子通道,抑制细胞外 Ca^{2+} 内流,干扰细胞内 Ca^{2+} 浓度而影响细胞功能的药物。CCB 对多种器官均可产生效应,具有潜在广泛的治疗作用,是治疗高血压、心绞痛,预防脑卒中,防治肾损害的重要药物之一。钙通道阻滞药相对比较安全,但由于这类药物作用广泛,选择性相对较低。一般不良反应有颜面潮红、头痛、心悸、恶心、眩晕、乏力及踝部水肿等。严重者可发生低血压、心动过缓、房室传导阻滞及心功能抑制等。主要与其钙通道阻断导致血管扩张、心脏抑制等作用有关。1987 年世界卫生组织(WHO)专家委员会建议将钙通道阻滞药分为两大类、六小类,见表18-4。

表 18-4 世界卫生组织钙通道阻滞药分类法

类别	药物
选择性钙通道阻滞药	Ⅰ类 - 硝苯地平类:硝苯地平、尼莫地平(nimodipine)、氨氯地平
	Ⅱ类 - 维拉帕米类:维拉帕米(verapamil)、戈洛帕米(gallopamil)
	Ⅲ类 - 地尔硫䓬类:地尔硫䓬(diltiazem)
非选择性钙通道阻滞药	Ⅳ类 - 氟桂嗪类:氟桂利嗪(flunarizine)、桂利嗪(cinnarizine)
	Ⅴ类 - 普尼拉明类:普尼拉明(prenylamine)、芬地林(fendiline)
	Ⅵ类 - 其他类:哌克昔林(perhexiline)

临床上最常用的分类方法是按化学结构将钙通道阻滞药分为二氢吡啶类和非二氢吡啶类两大类,见表18-5。

表 18-5 临床常用的钙通道阻滞药分类法

类别	代表药物
二氢吡啶类	硝苯地平、尼莫地平、氨氯地平、非洛地平、贝尼地平
非二氢吡啶类	苯烷胺类:维拉帕米
	苯噻唑氮唑类:地尔硫䓬
	其他:氟桂利嗪、桂利嗪

细胞内的 Ca^{2+} 对细胞功能有极重要的作用,它是重要的细胞内第二信使,调节许多细胞反应和活动,参与神经递质释放、肌肉收缩、腺体分泌、血小板聚集等,特别是对心血管系统的功能起到重

要作用。钙通道阻滞药可阻滞 Ca^{2+} 进入细胞内,降低细胞内 Ca^{2+} 浓度,从而阻断 Ca^{2+} 调节细胞的功能。它的主要药理作用及临床应用见表 18-6。

表 18-6　钙通道阻滞药的主要药理作用及临床应用

效应器	药理作用	临床应用
心脏	负性肌力、负性频率、负性传导作用	心律失常:维拉帕米是治疗阵发性室上性心动过速的首选药
平滑肌	舒张血管平滑肌,以扩张动脉为主,尤其是冠状血管,其次是脑血管以及外周血管。尚可舒张支气管、胃肠道、输尿管及子宫平滑肌	高血压:硝苯地平、尼莫地平、尼卡地平等扩张外周血管作用较强,对各期高血压均有效,长效制剂如氨氯地平缓释剂、硝苯地平缓释剂更安全有效。 心绞痛:硝苯地平治疗变异型心绞痛疗效最佳;维拉帕米和地尔硫䓬治疗不稳定型心绞痛疗效较好。 脑血管疾病:尼莫地平、氟桂利嗪可治疗短暂性脑缺血发作、脑血栓形成及脑栓塞等,亦可预防由蛛网膜下腔出血引起的脑血管痉挛及血管性头痛。氟桂利嗪由于不良反应多,已很少使用
肾脏	舒张肾血管,增加肾血流量	氨氯地平可预防毒性药物引起的肾损害和急性肾衰竭的发生,对长期高血压所致肾损害具有保护作用
其他	抑制血管平滑肌增生、脂质沉积和纤维化等过程,抗血小板聚集	氨氯地平可有效减缓动脉粥样硬化早期病变的发生和发展。钙通道阻滞药可用于外周血管痉挛性疾病,如间歇性跛行、雷诺综合征等。此外,还可用于支气管哮喘、肥厚型心肌病、肺动脉高压及偏头痛等的治疗

ER 18-13

习题

目标检测

一、简答题

1. 简述抗高血压药的分类,并各举一例代表药物。

2. 简述卡托普利降血压的作用机制、临床应用及不良反应。

二、处方分析

患者,男,58 岁,患高血压 15 年,近期常出现头晕、头痛、失眠,到医院检查:血压为 165/105mmHg,临床诊断为原发性高血压,医生处方如下,请分析是否合理,为什么?

Rp:

普萘洛尔片　10mg×30

Sig.　10mg　t.i.d.　p.o.

氨氯地平片　5mg×10

Sig.　5mg　q.d.　p.o.

卡托普利片　25mg×30

Sig.　25mg　t.i.d.　p.o.

(曾　慧)

第十九章　利尿药和脱水药

ER 19-1

第十九章
课件

导学情景

情景描述：

　　患者，男，72岁，近日出现胸闷、气短，伴有腹胀、食欲缺乏现象，同时下肢出现水肿，活动后加重，呈凹陷性水肿，休息一夜后可减轻或消失，去医院诊治，诊断为心功能不全。

学前导语：

　　水肿为人体组织间隙有过多液体积聚使组织肿胀而致，是多种疾病的症状。根据病因的不同，水肿可分为心源性水肿、肾源性水肿、肝源性水肿、营养不良性水肿及其他原因，如女性经期前水肿或药物性水肿等。本章我们将学习治疗水肿的药物。

ER 19-2

扫一扫，
知重点

　　泌尿系统由肾、输尿管、膀胱及尿道组成，其主要功能是将机体代谢过程中所产生的各种不为机体所利用或者有害的物质排出体外。肾脏是机体的重要排泄器官之一。本章主要介绍影响肾脏及其功能的药物。

第一节　利尿药

　　利尿药（diuretic）是一类作用于肾脏，促进电解质和水的排出，增加尿量的药物。临床上主要用于治疗各种原因引起的水肿，也可用于高血压、心功能不全等疾病的治疗。

一、利尿药作用的生理学基础

　　尿液的生成过程包括肾小球滤过、肾小管和集合管的重吸收和分泌。利尿药主要通过影响肾单位和集合管的不同部位而发挥利尿作用（图 19-1）。

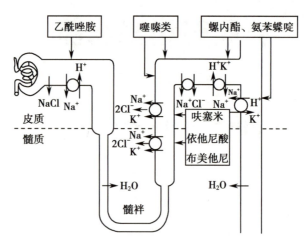

图 19-1 肾小管各段功能及利尿药作用部位示意图

(一) 肾小球滤过

肾小球类似滤过器,血液流经肾小球毛细血管网时,除血细胞和大分子蛋白外,血浆中的水和小分子物质均被滤入肾小囊腔,成为超滤液或称原尿。正常成人一日经肾小球滤过产生的原尿约为 180L,但排出的终尿只有 1~2L,这表明 99% 以上的滤液被肾小管和集合管重吸收,仅约有 1% 的滤液成为终尿排出体外。因此,若药物仅增加肾小球滤过,其利尿作用不明显。

(二) 肾小管和集合管重吸收

原尿经过近曲小管、髓袢、远曲小管和集合管后,99% 的钠和水被重吸收。如果肾小管和集合管的上皮细胞对钠和水重吸收的功能受到抑制,排出的钠和水则会明显增加。药物利尿作用的强弱与其作用部位有着密切的关系。

1. 近曲小管 肾小管液中 65%~70% 的 Na^+ 在近曲小管起始段被重吸收。Na^+ 的重吸收有两种方式:①钠泵(Na^+,K^+-ATP 酶)主动重吸收,基侧质膜的 Na^+,K^+-ATP 酶将吸收进入细胞内的 Na^+ 泵出细胞,进入间质,随着管腔内 Na^+ 的重吸收,Cl^- 通过静电吸引由管腔液进入胞内,同时也促进了水的被动重吸收;② H^+-Na^+ 交换,肾小管上皮细胞内 CO_2 和 H_2O 在碳酸酐酶(CA)催化下,生成 H_2CO_3,然后 H_2CO_3 解离为 H^+ 和 HCO_3^-,H^+ 则由肾小管上皮细胞分泌到小管液中,同时将小管液中的 Na^+ 交换到细胞内。

药物抑制近曲小管对 Na^+ 的重吸收可产生利尿作用,但效果不明显。因近曲小管对 Na^+ 的主动重吸收被抑制后,导致管腔内 Na^+ 和 Cl^- 的增加,可引起远曲小管对 Na^+ 和 Cl^- 重吸收作用的代偿性增强。

2. 髓袢升支粗段 原尿中 30%~35% 的 Na^+ 在此部位被重吸收,Na^+ 的重吸收是以 Na^+-K^+-$2Cl^-$ 同向转运机制进行的。但此段不伴有水的重吸收,当尿液从肾乳头流向肾皮质时,管腔内液渗透压逐渐由高渗变为低渗,直至形成无溶质的净水,即为肾脏的稀释功能。同时,由于 NaCl 重吸收至髓质组织间液,形成肾髓质高渗区。当低渗尿液经过高渗髓质中的集合管时,在抗利尿激素(antidiuretic hormone,ADH)的作用下,水被重吸收,使尿液浓缩,此为肾脏的浓缩功能。

药物抑制髓袢升支粗段的 Na^+-K^+-$2Cl^-$ 同向转运系统,降低尿液稀释和浓缩功能,可产生强大的利尿作用。

3. 远曲小管和集合管 5%~10% 的 Na^+ 在此部位被重吸收。远曲小管可根据其功能分为始段和末段两部分。在始段,远曲小管存在 Na^+-Cl^- 同向转运机制;在末段,远曲小管和集合管存在着醛固酮参与的 Na^+-K^+ 交换。

药物抑制此处的 Na^+-Cl^- 同向转运系统,可影响尿液的稀释过程,但不影响尿液的浓缩过程,利尿作用较作用于髓袢升支粗段的药物弱。抑制末段的 Na^+-K^+ 交换过程,可产生低效利尿作用。

(三) 肾小管和集合管分泌

近曲小管、远曲小管和集合管都具有分泌功能,主要分泌 H^+ 和 K^+,两种离子均与小管内的 Na^+ 进行交换。此外,也分泌 NH_3,与 H^+ 和 Cl^- 结合成 NH_4Cl 而排出。

二、常用利尿药

利尿药根据其作用的部位和效能可分为 3 种。①高效能利尿药:主要作用于髓袢升支粗段,减少 Na^+ 的重吸收 15%~25%,利尿作用强大;②中效能利尿药:主要作用于髓袢升支粗段皮质部和远曲小管始段,减少 Na^+ 的重吸收 5%~10%,利尿作用中等;③低效能利尿药:主要作用于远曲小管末段和集合管,减少 Na^+ 的重吸收 1%~3%,利尿作用较弱。

(一) 高效能利尿药

呋塞米(furosemide,速尿,呋喃苯胺酸)

【体内过程】 口服易吸收,30 分钟显效,1~2 小时达高峰,维持 4~6 小时。静脉注射后 5 分钟显效,1 小时达高峰,维持 2~3 小时。与血浆蛋白结合率为 95%~99%。药物大部分以原型从尿中排出。

【药理作用】

1. 利尿作用 抑制髓袢升支粗段 Na^+-K^+-$2Cl^-$ 同向转运系统,抑制 NaCl 的重吸收,使管腔液中 NaCl 的浓度增加,降低肾脏的稀释功能。同时,肾脏髓质间隙渗透压梯度降低,导致尿液流经集合管时,水的重吸收也减少,降低肾脏的浓缩功能,从而产生迅速强大的利尿作用。另外,也可抑制 Ca^{2+}、Mg^{2+}、K^+ 的重吸收,使得尿中 Na^+、Cl^-、Ca^{2+}、Mg^{2+}、K^+ 的排出增多,大剂量也可抑制近曲小管的碳酸酐酶活性,使 HCO_3^- 排出也增多。

2. 扩血管作用 可扩张肾血管,增加肾血流量,静脉注射可使肾血流量增加 30% 以上。也能扩张全身静脉,降低前负荷和肺动脉楔压(pulmonary artery wedge pressure,PAWP)。其扩张血管的机制可能与增加前列腺素合成和抑制前列腺素分解有关。

【临床应用】

1. 严重水肿 因利尿作用强大,主要用于其他利尿药无效的心、肝、肾源性严重水肿。因易引起电解质和水的紊乱,对一般水肿不宜常规使用。

2. 急性肺水肿和脑水肿 对于急性肺水肿,通过其高效利尿和扩张血管作用,减少回心血量,降低左心负荷,静脉注射 20~40mg 后能迅速缓解症状。对于脑水肿,因其高效利尿作用,可使血液浓缩,血浆渗透压升高,从而使脑组织脱水,降低颅内压,迅速减轻脑水肿。

3. 急性肾衰竭 对于少尿期患者,静脉注射大量呋塞米不仅能降低肾血管阻力,增加肾血流量,改善肾脏缺血,而且其强大的利尿作用,可使尿量增加,冲洗肾小管,从而防止肾小管的萎缩和坏死,起到保护肾脏的作用。临床上可用于急性肾衰竭早期的防治,也可用于甘露醇无效的少尿患者,但禁用于无尿的肾衰竭患者。

4. 加速毒物排出 配合 10% 葡萄糖输液,强行利尿,可促进药物从尿中排出,主要用于苯巴比妥、水杨酸类等药物中毒的解救。

5. 高钙血症 呋塞米可抑制 Ca^{2+} 的重吸收,降低血钙。通过联合应用袢利尿药和静脉输入生理盐水而大大增加 Ca^{2+} 的排泄,对迅速控制高钙血症有一定的临床意义。

6. 高血压 在高血压的阶梯疗法中,不作为治疗原发性高血压的首选药,但当噻嗪类药物疗效不佳,尤其是伴有肾功能不全或出现高血压危象时,呋塞米尤为适用。

知识链接

水肿

过多的体液在组织间隙或体腔中积聚称为水肿(edema)。水肿常按其原因命名,如心源性水肿、肝源性水肿、肾源性水肿、营养缺乏性水肿、淋巴性水肿、静脉阻塞性水肿、炎症性水肿等。正常体腔中只有少量液体,若体腔中体液积聚则称为积水(hydrops),如腹腔积水(腹水)、胸腔积水(胸腔积液)、心包积水、脑室积水、阴囊积水等。

【不良反应】

1. 水和电解质紊乱 用药过量或连续应用时,因过度利尿而引起低血容量、低钾血症、低钠血症及低血氯性碱中毒。其中以低钾血症最为常见,应注意补钾或加服留钾利尿药。对晚期肝硬化腹水患者,可因血钾过低诱发肝性脑病,故肝硬化腹水患者应慎用或禁用。

2. 听力损害 大剂量呋塞米快速静脉注射可引起眩晕、耳鸣、听力下降,多为暂时性,少数为不可逆性,肾功能减退者尤易发生。

3. 胃肠道反应 可见恶心、呕吐、上腹部不适等症状,重者可引起胃肠出血。

4. 高尿酸血症 袢利尿药可造成高尿酸血症,并诱发痛风。与利尿后血容量降低,细胞外液容积减少,导致尿酸经近曲小管的重吸收增加有关。另外,呋塞米和尿酸竞争有机酸分泌途径也是原因之一。长期用药时多数患者可出现高尿酸血症,但临床的痛风发生率较低。

5. 其他 可有恶心、呕吐,大剂量时尚可出现胃肠出血。少数患者可发生白细胞、血小板减少。亦可发生过敏反应,表现为皮疹、嗜酸性粒细胞增多,偶有间质性肾炎等,停药后可以迅速恢复。

【药物相互作用】

1. 肾上腺素、盐皮质激素、促肾上腺皮质激素及雌激素能降低本药的利尿作用,并可增加低钾血症的发生机会。

2. 非甾体抗炎药能降低本药的利尿作用,肾损害风险也增加。

3. 与两性霉素 B、头孢菌素、氨基糖苷类等抗生素合用,肾毒性和耳毒性增加。

4. 与巴比妥类药物、麻醉药合用,易引起直立性低血压。

5. 与口服抗凝血药合用增强抗凝作用。

6. 增强心脏对强心苷类药物的敏感性,易引起中毒。

技能赛点

张某,男,58岁,患有心力衰竭、肾功能不全,合并泌尿道感染。请分析如下处方用药是否合理,为什么?

Rp:

硫酸庆大霉素注射液　8 万 U×6

Sig.　8 万 U　b.i.d.　i.m.

呋塞米注射液　2ml:20mg×4

5% 葡萄糖氯化钠注射液　500ml

Sig.　80mg　q.d.　i.v.gtt.

ER 19-4

技能赛点的
赛点分析

布美他尼(bumetanide)

布美他尼是呋塞米的衍生物,为目前最强的利尿药。

【体内过程】口服易吸收,服后 0.5~1 小时显效,维持 4~6 小时。静脉注射约 5 分钟即可显效,持续 2~4 小时,$t_{1/2}$ 为 0.5~1 小时。大部分以原型及代谢产物经肾排泄。

【药理作用与临床应用】利尿作用机制与呋塞米相似,作用强度是呋塞米的 40~60 倍,排钾作用相对较弱,耳毒性发生率较低。临床主要作为呋塞米的代用品,用于各类严重水肿和急性肺水肿的治疗。

【不良反应】与呋塞米基本相同。偶见未婚男性遗精和阴茎勃起困难。大剂量可发生肌肉酸痛、胸痛。

本类其他药物还有托拉塞米(torasemide)、依他尼酸(etacrynic acid)、阿佐塞米(azosemide)和吡咯他尼(piretanide)等。

(二)中效能利尿药

氢氯噻嗪(hydrochlorothiazide,双氢克尿噻)

【体内过程】脂溶性较高,口服可迅速吸收,1 小时产生利尿作用,2 小时达到高峰,作用维持 6~12 小时。服药后的 95% 以原型从肾脏排出,少量经胆汁分泌。

【药理作用】

1. 利尿作用　主要作用部位在远曲小管始段,抑制 Na^+-Cl^- 同向转运系统,减少 Na^+、Cl^- 重吸收,增加尿量。此外,也可轻度抑制碳酸酐酶,使 H^+ 分泌减少,减少 H^+-Na^+ 交换,促进 K^+-Na^+ 交换,K^+ 排出增多。同时尿中 Mg^{2+}、HCO_3^- 排出也增多。

2. 降压作用 见第十八章抗高血压药。

3. 抗利尿作用 作用机制尚未完全阐明,可能与其促进 Na^+ 排泄,降低血浆渗透压,改善烦渴,减少饮水量有关。

【临床应用】

1. 水肿 利尿作用温和,可用于消除各种水肿。对轻、中度心源性水肿疗效较好;对肾源性水肿的疗效与肾损害程度有关,严重肾功能不全者疗效较差;对慢性肝病引起的水肿疗效亦较差。

2. 高血压 见第十八章抗高血压药。

3. 尿崩症 对尿崩症患者有一定疗效,可使患者的尿量明显减少,临床上主要用于肾性尿崩症及用加压素无效的中枢性尿崩症。

服用氢氯噻嗪应注意补钾

【不良反应】

1. 电解质紊乱 可引起低钾血症、低镁血症、低氯性碱血症等,其中以低钾血症最为常见,表现为恶心、呕吐、腹胀和肌无力等,用药时应注意补钾或与留钾利尿药合用。

2. 高尿酸血症 可使尿酸排出减少而引起高尿酸血症,痛风患者应慎用。

糖尿病患者慎用氢氯噻嗪

3. 高血糖 可抑制胰岛素释放和葡萄糖的利用而使血糖升高,糖尿病患者慎用。

4. 脂肪代谢紊乱 长期用药可引起血清总胆固醇、甘油三酯中度升高,低密度脂蛋白和极低密度脂蛋白升高,而降低高密度脂蛋白的水平。

此外,偶见过敏反应、胃肠道反应、粒细胞减少、血小板减少等。

【药物相互作用】

1. 因致低钾血症,可增加强心苷的毒性,与强心苷合用时宜补钾。

2. 与糖皮质激素类药物、两性霉素 B 合用,可增加低钾血症的发生率。

3. 因升高血糖,与降血糖药合用时应注意调整降血糖药的剂量。

4. 非甾体抗炎药可减弱本类药物的利尿作用。

噻嗪类利尿药(thiazide diuretic)的其他药物还有苄氟噻嗪(bendroflumethiazide)、环戊噻嗪(cyclopenthiazide)等,它们作用相似,仅作用强度和维持时间不同。氯噻酮(chlortalidone)、吲达帕胺等药物是非噻嗪类药物,但利尿作用与噻嗪类相似。

难点释疑

高、中效能利尿药导致低钾血症的原因

因两类药物通过抑制髓袢和远曲小管始段对 Na^+、K^+、Cl^- 重吸收,使这些离子进入远曲小管和集合管的数量增多,使醛固酮的活性增强,产生保钠、保水和排钾作用,从而使 K^+ 排出增加,导致低钾血症。

（三）低效能利尿药

螺内酯（spironolactone，安体舒通）

【体内过程】口服后能迅速吸收，起效较慢，维持时间较长。服用后 1 天起效，2~3 天达作用高峰，作用维持 5~6 天。具有首过效应和肝肠循环过程，主要体内代谢产物为有活性的坎利酮。

【药理作用】化学结构与醛固酮相似，可与醛固酮竞争远曲小管和集合管细胞内的醛固酮受体，拮抗醛固酮的排钾保钠作用，促进钠和水的排出。因此，其利尿作用与体内醛固酮水平有关。本药仅作用于远曲小管和集合管，对肾小管其他各段无作用，故利尿作用较弱。

【临床应用】主要用于与醛固酮升高有关的顽固性水肿，如充血性心力衰竭、肝硬化腹水及肾病综合征。常与排钾利尿药合用，可增强利尿效果并预防排钾利尿药引起低钾血症。

【不良反应】

1. 电解质紊乱　高钾血症最为常见，以心律失常为首发表现，用药期间必须密切注意血钾和心电图的变化。严重肾功能不全者禁用。

2. 内分泌紊乱　女性可致面部多毛、月经紊乱、乳房触痛、性功能下降等。男性可致乳房女性化、阳痿等，停药后症状可消失。

氨苯蝶啶（triamterene，三氨蝶啶），阿米洛利（amiloride，氨氯吡咪）

【体内过程】两药口服易吸收，生物利用度约为 50%，与血浆蛋白结合率高，约有 50% 以原型从尿排出。口服氨苯蝶啶后 1 小时达作用高峰，可持续 12~16 小时。口服阿米洛利后 4~8 小时达作用高峰，可持续 24 小时。

【药理作用与临床应用】两药均主要作用于远曲小管和集合管，阻滞钠通道，减少 Na^+ 的重吸收和 K^+ 分泌，使 Na^+ 排出增加而利尿。同时引起血钾升高。单用疗效较差，与噻嗪类合用疗效较好。

【不良反应】长期服用易致高钾血症，肾功能不全者慎用，高钾血症者禁用。此外，可抑制二氢叶酸还原酶，引起叶酸缺乏，肝硬化患者服用易致巨幼细胞贫血。

乙酰唑胺（acetazolamide），双氯非那胺（diclofenamide）

两药主要通过抑制碳酸酐酶而产生弱的利尿作用，现已不作利尿药使用。因其也可抑制眼中碳酸酐酶，使 HCO_3^- 生成减少，进而减少房水的生成而使眼压降低，临床上主要用于治疗青光眼。

常见不良反应有嗜睡、面部和四肢麻木感。长期应用可发生低钾血症、代谢性酸中毒等。肝、肾功能不全患者慎用。

点滴积累

1. 利尿药根据其作用部位及效能的不同，分为高效能、中效能和低效能利尿药。
2. 临床上利尿药主要用于治疗各种水肿和高血压。临床使用时应注意其所引起的水和电解质紊乱，特别是低钾血症。

第二节　脱水药

脱水药（dehydrant agent）又称渗透性利尿药（osmotic diuretic），是指能使组织脱水的药物。此类药物多是在体内不易被代谢，静脉注射后可提高血浆渗透压，产生组织脱水作用。通过肾脏时不易被重吸收，可增加水和部分离子的排泄，产生渗透性利尿作用。其特点为：①在体内不易被代谢；②不易从血管进入组织液中；③易经肾小球滤过；④不易被肾小管重吸收。常用药物有甘露醇、山梨醇和高渗葡萄糖等。

甘露醇（mannitol，甘露糖醇）

甘露醇是一种己六醇，临床上用其 20% 的高渗溶液静脉注射或静脉滴注，甘露醇遇冷易结晶，故应用前应仔细检查，如有结晶，可置热水中或用力振荡待结晶完全溶解后再使用。

【药理作用】

1. **脱水作用**　静脉给药后能迅速升高血浆渗透压，使组织间水分向血浆转移，引起组织脱水，注射 100g 甘露醇可使 2 000ml 细胞内的水分转移至细胞外。给药 30 分钟生效，2~3 小时达作用高峰，维持 6 小时左右。

2. **利尿作用**　药物从肾小球滤过后，不被肾小管重吸收，在肾小管腔内形成高渗，减少 Na^+ 和水的重吸收。也可扩张肾血管，增加肾血流量，提高肾小球滤过率。

【临床应用】

1. **急性肾衰竭**　急性肾衰竭早期及时应用甘露醇，通过其脱水、利尿及增加肾血流量等作用，可迅速消除水肿和排出有毒物质，从而防止肾小管萎缩、坏死等。

2. **脑水肿及青光眼**　静脉给药后通过其脱水作用可降低颅内压，用于各种原因所致的颅内压增高，是治疗脑水肿安全有效的首选药。本药也可降低眼压，用于青光眼手术前降低眼压。

【不良反应】　轻微，水和电解质紊乱最为常见。注射过快可引起一过性头痛、头晕和视物模糊等。心功能不全患者慎用，活动性颅内出血者禁用。

山梨醇（sorbitol）

山梨醇为甘露醇的同分异构体，临床应用、不良反应与甘露醇相似。但本品水溶性较大，可制成 25% 的高渗溶液使用。在体内有一部分转化为果糖而失去高渗作用，故作用弱于甘露醇。心功能不全患者慎用。

葡萄糖（glucose）

临床上静脉注射 50% 的葡萄糖高渗溶液（简称高渗糖），可产生脱水和渗透性利尿作用。因部分葡萄糖可从血管扩散到组织中，且易被代谢利用，故作用较弱，持续时间较短。单独用于脑水肿时可有"反跳"现象，一般可与甘露醇交替使用，以巩固疗效。

【附】其他作用于泌尿系统的药物

根据肾脏功能,结合临床需要,其他通过作用于泌尿系统起作用的药物还有弱碱性化合物和加压素等。

1. 碳酸氢钠(sodium bicarbonate,小苏打) 正常成人每天尿量为 1~2L,pH 约为 6.5,呈弱酸性。口服或静脉使用弱碱性药物,可提高血液的 pH 和碱化尿液,从而治疗某些疾病。碳酸氢钠是临床常用的弱碱性化合物。通过碱化尿液作用,可加速巴比妥类、水杨酸类等弱酸性药物自肾脏的排出;可增加磺胺类药物的溶解度,减少其对肾脏的毒性;能增强庆大霉素等抗生素对尿路感染的疗效。能直接增加机体的碱储备,使血浆中 HCO_3^- 浓度升高,能够中和 H^+,从而纠正酸中毒。通过碱化细胞外液,能使血清中的 K^+ 转入细胞内,从而降低血清钾,用于治疗高钾血症。

2. 加压素(vasopressin) 又称抗利尿激素,是由下丘脑的视上核和室旁核的神经细胞分泌,含 9 个氨基酸的小分子肽,经下丘脑 - 垂体束到达神经垂体后叶后释放出来的。机体在一定时间内其进水量和排水量之间是平衡的,称为水平衡,其机制是对细胞外液渗透浓度进行监测和调节。在一些病理情况下,则会失去水平衡,如尿崩症,则需要应用抗利尿药进行治疗。加压素通过提高集合管上皮细胞的通透性而增加水的重吸收,使尿量减少,尿渗透压升高,产生明显的抗利尿作用,用于中枢性尿崩症、头部手术或外伤所致的暂时性尿崩症的治疗。超过生理剂量时,可使血管平滑肌收缩,对毛细血管和小动脉的作用明显,而对大静脉的平滑肌影响较小。对咯血和食管静脉曲张破裂出血者,因小动脉收缩,降低了肺静脉和门静脉压力,可减少出血,可用于食管静脉曲张破裂出血和咯血的治疗。

> ### 知识链接
>
> #### 尿崩症
>
> 尿崩症(diabetes insipidus)主要是一种水代谢紊乱症,以尿量过多(24 小时尿量可多达 5~10L)、烦渴、尿渗透压下降和高钠血症为特征。临床上分为中枢性尿崩症和肾性尿崩症两类:前者为下丘脑 - 神经垂体病变,致 ADH 分泌减少或完全性缺乏;后者为肾脏对 ADH 的敏感性降低,造成大量稀释尿液而致病。

其他抗利尿药的作用特点和临床应用见表 19-1。

表 19-1　其他抗利尿药的作用特点和临床应用

药名	作用特点	临床应用
去氨加压素(desmopressin)	抗利尿作用显著增强,可达 6~24 小时。对平滑肌作用较弱,催产素活性也明显减弱	中枢性尿崩症、颅外伤或手术所致的暂时性尿崩症,肾尿液浓缩功能试验等
赖氨加压素(lypressin)	为人工合成的赖氨酸 -8- 加压素,作用时间短	单独用于治疗轻、中度中枢性尿崩症。对肾性尿崩症无效
苯赖加压素(felypressin)	短效	与局麻药合用,以延长局麻药作用时间

药名	作用特点	临床应用
鞣酸加压素(vasopressin tannate)	具有长效抗尿崩症作用,注射给药后,吸收慢,维持时间长。一次注射0.3ml,可维持2~6天;注射1ml,可维持10天左右	诊断和治疗缺乏ADH所引起的尿崩症
特利加压素(terlipressin)	作用时间延长,血管加压作用弱但持续时间长,抗利尿作用很小	中枢性尿崩症、颅外伤或手术所致的暂时性尿崩症

点滴积累

1. 甘露醇是临床常用的脱水药,用于防治急性肾衰竭,治疗脑水肿及青光眼。在低温环境中易析出结晶,应用热水加温,振摇溶解后才能使用。
2. 碳酸氢钠是临床常用的弱碱性化合物,临床上用于治疗代谢性酸中毒、高钾血症和增加弱酸类药物如水杨酸类和巴比妥类的排出。
3. 加压素是由下丘脑的神经细胞分泌的含有9个氨基酸的小分子肽,具有抗利尿和收缩血管平滑肌的作用,临床主要用于治疗尿崩症、食管静脉曲张破裂出血和咯血。

ER 19-7
复习导图

ER 19-8
习题

目标检测

一、简答题

1. 比较三类利尿药利尿作用的部位及特点。

2. 简述高效能和中效能利尿药产生低钾血症的主要机制。

二、案例分析

李某,男,4岁,因高热、头痛、喷射状呕吐、惊厥、神志不清来院急诊。经全面检查后诊断为乙型脑炎。医嘱之一用20%甘露醇脱水治疗脑水肿。试问:

1. 应采用何种给药途径?

2. 当室温接近0℃时,一旦检查出药物有结晶析出,采取的正确处理方法是什么?

3. 甘露醇治疗脑水肿的机制是什么?

(张 琦)

第二十章 调血脂药

ER 20-1

第二十章
课件

导学情景

情景描述:

患者,男,54 岁,3 个月前发现血脂升高,血脂四项检查结果:甘油三酯 2.1mmol/L,总胆固醇 6.5mmol/L,低密度脂蛋白胆固醇 3.58mmol/L,高密度脂蛋白胆固醇 1.5mmol/L,用瑞舒伐他汀片 3 个月后,总胆固醇、低密度脂蛋白均有所降低。

学前导语:

近几十年来,中国人群的血脂水平变化显著,血脂异常患病率明显增加,以高胆固醇血症的增加最为明显。临床上可供选用的降脂药物有许多种类,瑞舒伐他汀为他汀类药物调血脂药,他汀类药物是中国人群降脂治疗的首选药。本章我们将学习血脂异常分类,调血脂药的种类、临床应用、不良反应和用药过程中应注意的相关知识。

ER 20-2

扫一扫,
知重点

以动脉粥样硬化性心血管疾病(atherosclerotic cardiovascular disease,ASCVD)为主的心血管疾病(cardiovascular disease,CVD)是我国城乡居民第一位死亡原因。一般认为本病的发生与脂质代谢紊乱关系甚为密切。降脂治疗包括生活方式干预和药物治疗。首先推荐健康生活方式,包括合理膳食、适度增加身体活动、控制体重、戒烟和限制饮酒等。当生活方式干预不能达到降脂目标时,应考虑加用降脂药物。

血脂是血清中的胆固醇、甘油三酯(triglyceride,TG)和类脂(如磷脂)等的总称。血脂不溶于水,它们在血浆中与载脂蛋白(apoprotein,Apo)结合形成脂蛋白,才能溶于血液,被运输至组织进行代谢。

根据密度的不同,可将人体血浆中的脂蛋白分为 6 种类型,即乳糜微粒(chylomicron,CM)、极低密度脂蛋白(very low-density lipoprotein,VLDL)、低密度脂蛋白(low-density lipoprotein,LDL)、中间密度脂蛋白(intermediate-density lipoprotein,IDL)、高密度脂蛋白(high-density lipoprotein,HDL)和脂蛋白(a)[lipoprotein(a),Lp(a)]。研究证实,LDL-C 是 ASCVD 的致病性危险因素。

与临床密切相关的血脂成分主要包括胆固醇和 TG。血脂异常通常指血清中胆固醇和 / 或 TG

水平升高,俗称高脂血症,指标参考标准见表20-1。血脂异常按病因分为原发性和继发性。原发性血脂异常指由于遗传因素或后天的饮食习惯、生活方式以及其他自然环境因素等引起的脂质代谢异常,有明显的遗传倾向,临床上又称为遗传性或家族性高脂血症。家族性高胆固醇血症(familial hypercholesterolemia,FH)属于单基因、常染色体遗传性胆固醇代谢异常,多为显性遗传,隐性遗传罕见。FH 基因型可分为杂合子型 FH、纯合子型 FH、复合杂合子型和双重杂合子型 FH 4 种类型,以杂合子 FH 型为多见。按脂蛋白升高的类型不同分为 6 种类型(表20-2)。继发性血脂异常主要由于代谢紊乱或其他疾病导致,常见于糖尿病、酒精中毒、肾病综合征、慢性肾衰竭、甲状腺功能减退、肝脏疾病和药物因素等。从临床实用角度出发可将血脂异常分为高胆固醇血症、高甘油三酯血症和混合型高脂血症以及低 HDL-C 血症。根据调血脂药主要作用分为主要降胆固醇的药物和主要降甘油三酯的药物。

表 20-1　血脂指标参考标准

单位: mmol/L

分类	总胆固醇(TC)	TG	LDL-C	HDL-C	非 HDL-C
理想水平	—		<2.6	—	<3.4
合适水平	<5.2	<1.7	<3.4	—	<4.1
边缘升高	≥5.2 且<6.2	≥1.7 且<2.3	≥3.4 且<4.1	—	≥4.1 且<4.9
升高	≥6.2	≥2.3	≥4.1	—	≥4.9
降低	—	—	—	<1.0	—

注:表中所列数值是干预前空腹 12 小时测定的血脂水平;—,无。

表 20-2　原发性高脂血症类型

类型	升高的脂蛋白	血脂变化		动脉粥样硬化的危险
I	CM	TC↑	TG↑↑↑	
II$_a$	LDL	TC↑↑		高度
II$_b$	LDL + VLDL	TC↑↑	TG↑↑	高度
III	IDL	TC↑↑	TG↑↑	中度
IV	VLDL		TG↑↑	中度
V	CM + VLDL	TC↑	TG↑↑	

注:上述原发性高脂血症分型中临床上以 II$_a$、II$_b$、IV 三种类型较多见,其他类型少见。

一、主要降胆固醇的药物

这类药物的主要作用机制是抑制肝细胞内胆固醇的合成和 / 或增加肝细胞 LDL 受体,或减少肠道内胆固醇吸收,或加速 LDL 分解代谢,包括他汀类药物、胆固醇吸收抑制药、前蛋白转化酶枯草溶菌素 9(proprotein convertase subtilisin/kexin type 9,PCSK9)抑制药、抗氧化剂、胆酸螯合剂等。

(一)他汀类药物

他汀类药物又称羟甲基戊二酸单酰辅酶 A(hydroxylmethylglutaryl coenzyme A,HMG-CoA)还原酶抑制药。他汀类药物为治疗高胆固醇血症一线药物,是降低 LDL 作用最强的一类药。现在临床上常用的有洛伐他汀、辛伐他汀、普伐他汀、氟伐他汀、阿托伐他汀、瑞舒伐他汀和匹伐他汀等。

【体内过程】口服后,氟伐他汀几乎被完全吸收,其余他汀类药物的吸收率介于 40%~75%。多数药物在肝经肝药酶代谢(普伐他汀除外),经胆汁由肠道排出,5%~20% 由肾排出。抑制或诱导肝药酶活性的药物将影响他汀类药物的代谢。

【药理作用】

1. 调血脂作用 HMG-CoA 还原酶为肝内合成胆固醇的限速酶,他汀类药物竞争性抑制 HMG-CoA 还原酶的活性,减少胆固醇合成,同时增加肝细胞膜表面 LDL 受体,加速血清 LDL 分解代谢,降低血浆 LDL 水平。同时轻度降低血清 TG 水平和升高 HDL-C 水平。

2. 非调血脂作用 调节血管内皮功能,抑制血管平滑肌细胞增殖和迁移,抑制血小板聚集,抗血栓形成,降低血浆 C 反应蛋白,抑制单核巨噬细胞的黏附与分泌,抗氧化,减少动脉壁巨噬细胞和泡沫细胞形成,以及抗骨质疏松等。

【临床应用】主要用于治疗原发性高胆固醇血症、杂合子家族性高胆固醇血症和以胆固醇增高为主的混合型高脂血症。还可用于冠心病及脑卒中的防治。

【不良反应】大剂量应用偶可出现胃肠道反应、皮疹、头痛等。严重的不良反应偶可出现肌毒性,包括肌痛、肌炎、横纹肌溶解,需监测肌酸激酶,与贝特类药物、烟酸、红霉素、环孢素合用可增加肌毒性风险。使用他汀类药物后还可能出现肝功能异常,主要表现为一过性、无症状的转氨酶升高,故长期用药应定期检查肝功能。胆汁淤积和活动性肝病者、孕妇禁用。

ER 20-3

辛伐他汀应晚间顿服

洛伐他汀(lovastatin)

洛伐他汀是从红曲霉中提取的霉菌代谢产物,是第一个应用于临床的 HMG-CoA 还原酶抑制药。洛伐他汀进入体内可很快水解为开环羟酸而具有药理活性。在胃肠道吸收率约为 30%,口服 2~4 小时血药浓度达峰值。调血脂作用稳定,有剂量依赖性,一般用药 2 周起效,4~6 周可达最佳治疗效果。

辛伐他汀(simvastatin)

辛伐他汀为洛伐他汀的甲基衍生物。调血脂作用较洛伐他汀强。临床长期应用能有效降低胆固醇,同时能延缓动脉粥样硬化病变的进展,减少不稳定型心绞痛的发生。

氟伐他汀(fluvastatin)

氟伐他汀是第一个人工合成的、氟苯吲哚环的甲羟内酯衍生物,吲哚环模拟 HMG-CoA 还原酶的底物,甲羟内酯模拟产物(甲羟戊酸,MVA),因此氟伐他汀能同时阻断 HMG-CoA 还原酶的底物和产物,进而抑制 MVA 生成胆固醇,发挥调血脂作用。该药可增加 NO 活性,改善内皮功能,抗血管平滑肌细胞增殖,预防斑块形成,并能降低血浆 Lp(a)水平,抑制血小板活性和改善胰岛素抵抗。

阿托伐他汀(atorvastatin)

阿托伐他汀口服吸收快,1~2 小时血药浓度达高峰,经肝脏代谢,产生的活性代谢产物的作用占总作用的大部分。其作用与适应证同氟伐他汀,但降低 TG 的作用较强。

瑞舒伐他汀(rosuvastatin)

瑞舒伐他汀为强效他汀类药物,口服 5 小时后血药浓度达高峰,可明显降低 LDL-C 和升高 HDL-C,同时能降低 TG。

(二)胆固醇吸收抑制药

依折麦布(ezetimibe)

【体内过程】口服吸收迅速,并广泛结合成具药理活性的酚化葡萄糖苷酸(依折麦布 - 葡萄糖苷酸)。依折麦布 - 葡萄糖苷酸结合物在服药后 1~2 小时内达到平均血浆峰浓度(C_{max}),而依折麦布则在 4~12 小时出现平均血浆峰浓度。依折麦布及依折麦布 - 葡萄糖苷酸结合物与血浆蛋白结合率分别为 99.7% 及 88%~92%,半衰期约为 22 小时。

【药理作用】依折麦布在肠道刷状缘水平通过抑制胆固醇吸收的关键蛋白 Niemann-Pick C1-like1(NPC1L1)转运蛋白的活性,从而抑制饮食和胆汁中胆固醇在肠道的吸收,减少小肠中胆固醇向肝脏转运,使得肝脏胆固醇贮量降低从而增加血液中胆固醇的清除,降低胆固醇、LDL-C 水平。

【临床应用】适用于原发性(杂合子家族性或非家族性)高胆固醇血症、纯合子家族性高胆固醇血症等;与他汀类药物联合应用可增强调脂疗效。

【不良反应】不良反应少,主要表现为头疼和消化道症状。10 岁以下儿童不宜使用此药。与他汀类药物联用也可发生转氨酶增高和肌痛等不良反应,禁用于妊娠期和哺乳期、活动性肝病,或不明原因的血清转氨酶持续升高的患者。

(三)PCSK9 抑制药

PCSK9 是肝脏合成的分泌型丝氨酸蛋白酶,可与 LDL 受体结合并使其降解,从而减少 LDL 受体对血清 LDL-C 的清除。已上市的 PCSK9 抑制药主要有 PCSK9 单抗,主要是依洛尤单抗和阿利西尤单抗(alirocumab)。英克司兰(inclisiran)是 PCSK9 小干扰 RNA,其 LDL-C 降幅与 PCSK9 单抗相当而作用更持久,注射一剂疗效可维持半年,属超长效 PCSK9 抑制药。

依洛尤单抗(evolocumab)

依洛尤单抗是一种针对 PCSK9 的人单克隆 IgG_2,采用皮下注射给药。通过抑制 PCSK9 与 LDL 受体结合,可阻止 LDL 受体降解,促进 LDL-C 的清除,从而降低 LDL-C 水平。临床用于已有动脉粥样硬化性心血管疾病的成人患者,可降低心肌梗死、脑卒中等心脑血管事件的风险;可用于成人原发性高胆固醇血症(杂合子家族性和非家族性)或混合型血脂异常患者的治疗;可与他汀类药物、依折麦布等合用,用于成人或 12 岁以上青少年的纯合子型家族性高胆固醇血症。不良反应主要有过敏反应(如血管性水肿、皮疹、荨麻疹)、鼻咽炎、上呼吸道感染、流感、胃肠炎和类流感样疾病等。

（四）抗氧化剂

普罗布考（probucol）

【体内过程】口服吸收差，与食物同服可增加吸收。$t_{1/2}$ 为 52~60 小时。口服 3~4 个月达稳态水平。口服剂量的 84% 从粪便排出，1%~2% 从尿中排出，粪便中以原型为主，尿中以代谢产物为主。

【药理作用】

1. 抗氧化作用　抗氧化作用强，对 LDL 的氧化有抑制作用，防止氧化型 LDL（ox-LDL）的形成，可抑制致炎因子、致动脉粥样硬化因子的基因表达和自由基介导的炎症，改善内皮舒张功能，从而抑制泡沫细胞和动脉粥样硬化斑块的形成、消退或减小动脉粥样硬化斑块。

2. 调血脂作用　通过降低胆固醇合成，促进胆固醇分解，降低血浆 TC 和 LDL-C；通过改变 HDL 的性质和功能，增加血浆胆固醇酯转移蛋白和载脂蛋白 E 的功能，增加 HDL 的转运效率，使胆固醇逆转运清除加快。

【临床应用】联合其他降脂药物用于治疗高胆固醇血症。

【不良反应】最常见的不良反应为胃肠道不适，如腹泻、胀气、腹痛、恶心和呕吐。严重的不良反应为心电图 Q-T 间期延长、室性心动过速、血小板减少等。用药期间应定期检查心电图 Q-T 间期。近期有心肌损伤者、严重室性心律失常、心动过缓者及孕妇禁用。

（五）胆酸螯合剂

常用药物为考来烯胺（cholestyramine，消胆胺）和考来替泊（cholestipol，降胆宁），为强碱性阴离子交换树脂。

【药理作用】胆固醇经肝脏代谢生成胆酸，随胆汁排入肠腔，参与脂肪的消化吸收。95% 的胆酸经肝肠循环后被重新利用。此类药物不溶于水，在消化道内不被吸收，以氯离子形式与胆酸进行离子交换，形成不被吸收的胆酸螯合物，随粪便排出，阻碍了胆酸的肝肠循环，从而抑制了肠道内胆固醇的吸收，促进了胆固醇向胆酸的转化，降低了血中 LDL 和胆固醇水平。

【临床应用】主要用于以总胆固醇及 LDL-C 升高为主的高胆固醇血症，如 II_a 型高脂血症，对杂合子家族性高脂血症效果好。临床上主要与其他调血脂药联合应用，如与他汀类药物、贝特类药物合用可起到协同作用；考来烯胺与普罗布考合用，既有协同降脂作用，又可减少不良反应。

【不良反应】本类药物不良反应主要为胃肠道反应，如恶心、腹胀、便秘等。长期应用可出现脂肪痢，影响脂溶性维生素及叶酸的吸收，应注意补充。

二、主要降甘油三酯的药物

（一）贝特类药物

贝特类药物又称苯氧酸类药物，20 世纪 60 年代上市的氯贝丁酯是第一个应用于临床的贝特类药物，但不良反应较多。后面上市的苯扎贝特、非诺贝特、环丙贝特、吉非罗齐等调脂作用较强。

【体内过程】口服吸收快且完全,血浆蛋白结合率 92%~96%,不易分布到外周组织。药物大部分在肝与葡萄糖醛酸结合,经尿排出。

【药理作用】

1. **调血脂作用** 通过激活过氧化物酶体增殖物激活受体 α(peroxisome proliferator-activated receptor alpha,PPARα)和脂蛋白脂酶(lipoprotein lipase,LPL),促进血液中 VLDL 和 TG 的分解,还能轻度抑制胆固醇在肝脏的合成,显著降低血液中的 TG 和 VLDL,轻度降低胆固醇,升高 HDL-C 水平。当 VLDL 降至最低时,可伴有 LDL 的升高。

2. **非调血脂作用** 本类药物还具有抗炎、降低纤维蛋白原及部分凝血因子水平、改善胰岛素敏感性、改善内皮细胞功能等作用,有益于动脉粥样硬化的防治。

【临床应用】主要用于高 TG 血症或以 TG 升高为主的混合型高脂血症,如 II_b、III、IV 型高脂血症。

【不良反应】常见不良反应与他汀类药物相似,包括肝脏、肌肉和肾毒性等,也可出现乏力、头痛、失眠、皮疹、阳痿等。肌炎不常见,但一旦发生可能导致横纹肌溶解,出现肌红蛋白尿症和肾衰竭,尤见于已有肾损伤的患者及易患高 TG 血症的酒精中毒患者。肝胆疾病患者、孕妇、儿童及肾功能不全者禁用。

非诺贝特（fenofibrate）

非诺贝特为前药,在肝脏被酯解为活性代谢产物,口服吸收快,血浆蛋白结合率 99%,$t_{1/2}$ 约为 20 小时。严重肾功能不全、肝功能不全、原发性胆汁性肝硬化、胆石症患者,以及儿童和孕妇禁用。除有调血脂作用外,能明显降低血尿酸水平,抗血小板聚集,降低血浆黏稠度,改善血流动力学,阻止冠脉腔的缩小。

岗位情景

岗位情景的参考答案

患者,男,60 岁,自述肝肾功能不全,平素饮食口味重,尤喜红烧肉,几乎每餐必食。吸烟 30 年,近年来一日吸烟约 20 支。未体检过,否认"高血压、糖尿病、冠心病"病史。体格检查:意识清楚,血压 125/75mmHg,心率 80 次/min,律齐,未闻及杂音。查血脂分析:甘油三酯 4.5mmol/L,高密度脂蛋白胆固醇 1.3mmol/L,低密度脂蛋白胆固醇 1.9mmol/L,总胆固醇 9.6mmol/L。

任务 1:请判断该患者疾病类型,分析原因。

任务 2:请为该患者推荐合适的治疗药物。

（二）烟酸类药物

烟酸（nicotinic acid）

又名维生素 B_3,属人体必需维生素。

【体内过程】口服吸收迅速而完全。30~60 分钟达到血药峰浓度,$t_{1/2}$ 为 40~60 分钟,血浆蛋白结合率低,迅速被肝、肾和脂肪组织摄取,代谢产物及原型药经肾排出。

【药理作用】大剂量时具有降低 TC、LDL-C 和 TG 以及升高 HDL-C 的作用。

【临床应用】为广谱调血脂药,主要作为辅助治疗药物,用于原发性高胆固醇血症和混合型高脂血症(Ⅱₐ和Ⅱᵦ型)。

【不良反应】口服易出现胃肠道刺激症状,如恶心、呕吐、腹泻等,并可加重消化性溃疡。皮肤血管扩张可引起皮肤潮红、瘙痒等。大剂量可引起血糖、尿酸增高,长期应用可致肝功能异常。故长期应用应定期检查血糖、肝和肾功能。消化性溃疡、痛风、糖尿病患者禁用。

阿昔莫司(acipimox)

阿昔莫司是 1980 年发现的烟酸异构体,其作用机制与烟酸相似,不良反应少而轻。抑制脂肪组织的脂解作用更强、更持久。除用于Ⅱᵦ、Ⅲ和Ⅳ型高脂血症外,也适用高 Lp(a)血症和 2 型糖尿病伴有高脂血症患者。

知识链接

应用降脂药物注意事项

1. 采用联合用药可得到较为满意的治疗效果,但应注意联合用药的安全性,尽量避免不良反应的发生。如辛伐他汀与吉非罗齐合用时,肌病的发生率比单用一种药治疗时增高 10~20 倍。

2. 各种调血脂药都有一些不良反应,不同患者对同一种药物的疗效和副作用也有差别。因此,在用药期间应注意药物反应,定期随访,定期复查(一般 3~6 个月 1 次)血脂、肝功能、肌酶和血尿酸等,以便调整药物或换药、停药。

3. 由于肝脏合成脂肪多在夜间且药物血浆浓度达峰时间应与脂肪合成峰同步,而他汀类药物可抑制胆固醇在体内生成,因此服药宜在晚餐或晚餐后,阿托伐他汀、瑞舒伐他汀半衰期长,可换在一日内任何时间给药。贝特类药物普通剂型一日 3 次,缓释剂可每日 1 次口服。

三、其他调血脂药

多烯脂肪酸类

多烯脂肪酸指有 2 个或 2 个以上不饱和键结构的脂肪酸,又称为多不饱和脂肪酸,根据不饱和键在脂肪酸链中开始出现位置,分为 ω-3 型及 ω-6 型多烯脂肪酸。其中 ω-6 型主要含于植物油中,降脂作用较弱。临床上常用 ω-3 型中的二十碳五烯酸(EPA)、二十二碳六烯酸(DHA)。ω-3 型脂肪酸通过减少 TG 合成与分泌及 TG 掺入 VLDL,和增强 TG 从 VLDL 颗粒中清除来降低血清 TG 浓度。临床主要用于治疗高 TG 血症,与他汀类药物合用可增强疗效。

糖胺聚糖与多糖类

糖胺聚糖与多糖类具有保护动脉内皮的作用,常用的药物有硫酸多糖(polysaccharide sulfate),包括低分子量肝素(low molecular weight heparin)、天然类肝素(natural heparinoid)、硫酸软骨素 A(chondroitin sulfate A)和硫酸葡聚糖(dextran sulfate)等。这些硫酸多糖的分子表面带有大量负电荷,结合在血管内皮表面,防止白细胞、血小板及损伤因子的黏附,从而使血管内皮免受损伤,达到防治动脉粥样硬化斑块形成的目的。

ER 20-5

技能赛点的
赛点分析

技能赛点

患者,男,58岁,1个月前因患高脂血症(Ⅱ_b型),医生处方如下,分析是否合理,为什么?

Rp:

    辛伐他汀片　　20mg×14

    Sig.　40mg　q.d.　p.o.

    吉非罗齐片　　150mg×28

    Sig.　300mg　b.i.d.　p.o.

ER 20-6

复习导图

ER 20-7

习题

点滴积累

脂质代谢异常所致的高脂血症是与动脉粥样硬化性心血管疾病发病密切相关的危险因素。调整异常的血脂水平,目的在于降低动脉粥样硬化性心血管疾病风险。目前临床应用的主要调血脂药有他汀类药物、胆固醇吸收抑制药、PCSK9抑制药、抗氧化剂、胆酸螯合剂、贝特类药物、烟酸类药物等。他汀类药物为当前临床上降低 TC 和 LDL-C 的首选药。降低 TG 为主的调血脂药有贝特类药物、ω-3 脂肪酸和烟酸类药物。

目标检测

一、简答题

调血脂药如何分类?代表药物有哪些?

二、处方分析

患者,男,32岁,患风湿性关节炎、高脂血症,医生处方如下,试分析该处方是否合理,为什么?

Rp:

    环孢素软胶囊　　100mg×7

    Sig.　100mg　q.d.　p.o.

    阿托伐他汀钙片　　40mg×7

    Sig.　40mg　q.d.　p.o.

(曹光秀)

第二十一章　抗心绞痛药

ER 21-1

学习目标

1. **掌握**　抗心绞痛药的作用及分类,硝酸甘油、普萘洛尔、硝苯地平的抗心绞痛作用、临床应用和不良反应。
2. **熟悉**　硝酸酯类与β受体阻滞药联合用药的目的和意义。
3. **了解**　硝酸甘油的给药方法。

导学情景

情景描述:

　　肖某,男,65岁,应用普萘洛尔治疗心绞痛2年,剂量自40mg/d逐渐增至240mg/d,以能缓解临床症状、心率不低于55次/min为最适宜剂量。医生反复告诫不可突然停药。患者用药后胸闷、心悸及心前区疼痛症状逐渐缓解,自行停药3天后突然晕厥,急送医院抢救无效死亡。

学前导语:

　　心绞痛发作时,休息或服用抗心绞痛药可缓解。心绞痛持续发作如不及时治疗则可发展为心肌梗死。本章将学习抗心绞痛药的药理作用、临床应用、不良反应及防治措施,为合理用药提供依据。

ER 21-2

扫一扫,
知重点

　　心绞痛(angina pectoris)是缺血性心脏病的常见症状,是因冠状动脉供血不足引起的心肌急剧、暂时性缺血与缺氧的综合征。发作时,患者胸骨后出现压榨性疼痛,疼痛可放射至左肩、心前区和左上肢,一般持续数分钟,休息或服用抗心绞痛药可缓解。心绞痛持续发作如不及时治疗或治疗不当则可发展为心肌梗死。心绞痛的主要病理生理机制是心肌需氧与供氧的平衡失调,导致心肌暂时性缺血缺氧,心肌无氧代谢增加,产生大量的代谢产物如乳酸、丙酮酸、组胺、K^+等,刺激神经末梢而引发疼痛(图21-1)。

知识链接

心肌耗氧与供氧影响因素

　　心绞痛发病的机制是心肌血、氧的供需失去平衡。影响心肌供氧的因素主要有冠状动脉血流量、冠状动脉灌注压、心室舒张时间等;影响心肌耗氧的因素主要有心率、心肌收缩力及心室壁肌张力等。降低心室壁肌张力、减慢心率、抑制心肌收缩力可以降低心肌耗氧量;增加冠状动脉血流量、增加灌流压、延长心室舒张时间可以增加心肌供氧(图21-1)。

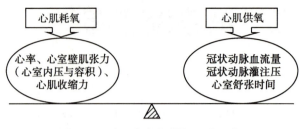

图 21-1 心肌耗氧与供氧影响因素

抗心绞痛药是一类能调节心肌需氧与供氧平衡失调的药物,增加心肌供氧、降低心肌耗氧是其作用的基础。目前常用的抗心绞痛药物主要有三类:硝酸酯类、β受体阻滞药及钙通道阻滞药。

一、硝酸酯类

硝酸酯类药物包括硝酸甘油、硝酸异山梨酯、单硝酸异山梨酯、戊四硝酯等。此类药物作用相似,只是起效快慢和持续时间有所不同。其中以硝酸甘油起效快,疗效确实,且使用方便,最为常用。

硝酸甘油(nitroglycerin)

【体内过程】硝酸甘油脂溶性大,口服易吸收,但首过效应强,生物利用度仅为10%左右,普通片剂不宜口服给药,舌下含服易经口腔黏膜吸收,且可避免首过效应的影响。含服后1~2分钟起效,维持20~30分钟,生物利用度达80%,$t_{1/2}$为2~4分钟。舌下含服为硝酸甘油最常用的给药方法。也可经皮肤吸收,将硝酸甘油软膏或贴膜剂涂抹或贴在皮肤上,作用持续时间较长。

【药理作用】硝酸甘油的基本作用是松弛平滑肌,特别是松弛血管平滑肌,扩张静脉、动脉和冠状血管,降低心肌耗氧量并增加心肌供氧量。

1. 降低心肌耗氧量　硝酸甘油明显扩张静脉血管,减少回心血量,降低心脏前负荷并使心室容积缩小,进而使心室壁肌张力下降,降低心肌耗氧量;扩张动脉血管,减轻心脏后负荷,使心脏的射血阻力降低,从而降低心肌耗氧量。

2. 增加心肌缺血区供血　①心内膜下血管是由心外膜血管垂直穿过心肌延伸而来,因此心内膜下血流易受心室壁肌张力及室内压力的影响,张力与压力增高时,内膜层血流量就减少。在心绞痛急性发作时,左心室舒张末期压力增高,所以心内膜下区域缺血最为严重。硝酸甘油减少回心血量,降低左心室舒张末压,使血液易从心外膜区域向心内膜下缺血区流动,从而增加缺血区的血流量。②硝酸甘油能明显舒张较大的心外膜血管、狭窄的冠状血管及侧支血管,此作用在冠状动脉痉挛时更为明显,但它对阻力血管的舒张作用微弱。当冠状动脉因粥样硬化或痉挛而发生狭窄时,缺血区的阻力血管已因缺氧而处于舒张状态。这样,缺血区阻力就比非缺血区小,用药后将迫使血液从输送血管经侧支血管流向缺血区,而改善缺血区的血流供应(图 21-2)。

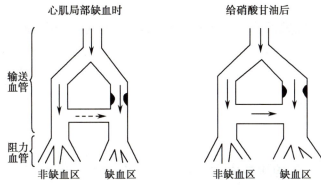

心肌局部缺血时　　　　给硝酸甘油后

输送血管

阻力血管

非缺血区　缺血区　　　非缺血区　缺血区

图 21-2　硝酸甘油对冠状动脉血流分布的影响

ER 21-3
硝酸甘油的
作用机制

【临床应用】

1. **心绞痛**　硝酸甘油是缓解心绞痛最常用的药物,可用于预防和治疗各型心绞痛,为稳定型心绞痛首选药。采用舌下含服给药,控制心绞痛急性发作。对于不稳定型心绞痛,宜采用静脉给药,并辅以阿司匹林等其他治疗药物。

2. **急性心肌梗死**　早期应用可减少心肌的耗氧量,缩小梗死面积,降低梗死的病死率。但血压过低者不宜应用,且剂量不可过大,否则血压下降明显,冠状动脉的灌注压下降,心肌供血减少,加重病情。

3. **心功能不全**　硝酸甘油扩张静脉、动脉血管,减轻心脏的前、后负荷,用于重度及难治性心功能不全的治疗。

【不良反应】

1. **常见的不良反应**　多为扩张血管所引起,如颅内血管扩张,引起搏动性头痛,颅内压增高、颅脑损伤、颅内出血者禁用。外周血管扩张,引起颜面潮红,严重时可引起直立性低血压和晕厥。眼内血管扩张可升高眼压,青光眼患者慎用。剂量过大使血管扩张明显,血压降低,反射性引起交感神经兴奋,心率加快,心肌收缩力加强,反而可使耗氧量增加而加重心绞痛发作。

2. **高铁血红蛋白血症**　超剂量时还会引起高铁血红蛋白血症,表现为呕吐、发绀等。

3. **耐受性**　连续用药 2~3 周或不间断地静脉输注数小时后可出现耐受性,停药 1~2 周后可恢复。

知识链接

诺贝尔与硝酸甘油

　　诺贝尔以硝酸甘油和硅藻土为主要原料发明了安全炸药,并获得了巨大的财富。在诺贝尔的炸药生产车间,工人们常常会出现一种奇怪的现象,那就是工作期间会感到脸上发烫,还伴有严重的头痛。药理学家们发现,原来硝酸甘油可以扩张血管,生产炸药的工人们暴露在充盈着大量硝酸甘油的环境中,使血管充分舒张而出现头痛、脸热等。由此,药理学家们逐渐将硝酸甘油发展成一种缓解心绞痛的药物。诺贝尔晚年患有心脏病,医生给他开的药物就是硝酸甘油,但他始终拒绝服用。因为他知道在研制炸药的时候,硝酸甘油会导致头痛。1896 年,在他去世前七周,他给朋友写了一封信,信中提到:"这难道不是命运的极大讽刺吗? 医生给我开的处方居然是硝酸甘油!"

硝酸异山梨酯（isosorbide dinitrate，消心痛）

其作用机制与硝酸甘油相似，但作用较弱，起效较慢，维持时间较长。舌下含服，10~30 分钟起效，作用持续时间 2~6 小时。口服给药生物利用度低，个体差异大，40~60 分钟起效，作用持续时间 3~6 小时。对心绞痛发作疗效不如硝酸甘油确切可靠，主要口服用于心绞痛的预防和心肌梗死后心力衰竭的长期治疗。

单硝酸异山梨酯（isosorbide mononitrate）

口服生物利用度高，作用持续时间长达 8 小时，主要用于预防心绞痛，效果较硝酸异山梨酯好。

二、β 受体阻滞药

β 受体阻滞药包括非选择性 β 受体（包括 $β_1$ 和 $β_2$）阻滞药和选择性 $β_1$ 受体阻滞药。用于心绞痛治疗的此类药物有十余种，普萘洛尔为常用药物。

普萘洛尔（propranolol）

【药理作用】

1. 降低心肌耗氧量　阻断心脏 $β_1$ 受体，可使心率减慢，心肌收缩力减弱，心排血量减少，血压下降，心肌耗氧量降低；阻断肾脏 $β_1$ 受体，肾素分泌减少，肾素 - 血管紧张素系统功能降低，舒张动脉和静脉血管，减少心脏前、后负荷，降低心肌耗氧量。

2. 增加缺血区血液供应　阻断 $β_1$ 受体，减慢心率而使舒张期延长，增加了冠状动脉的灌注时间，有利于血液从心外膜流向心内膜下层缺血区；阻断 $β_2$ 受体，使非缺血区阻力血管收缩，而缺血区血管则由于缺氧呈代偿性舒张状态，促使血液从非缺血区流向缺血区。

3. 改善心肌代谢　阻断 β 受体，减少心肌脂肪代谢，促进缺血区心肌细胞对葡萄糖的摄取和利用，改善糖代谢，降低心肌的耗氧量。

4. 其他　促进氧合血红蛋白的解离，促进氧的释放，增加组织供氧；抑制缺血时血小板聚集，改善心肌血液循环。

【临床应用】

1. 稳定型心绞痛　主要用于对硝酸酯类不敏感或疗效差的患者，疗效肯定，常和硝酸酯类联合应用，减少用量，提高疗效。特别适用于伴有心率快和高血压的心绞痛患者。

2. 不稳定型心绞痛　其发病机制是冠状动脉器质性狭窄和痉挛，应用普萘洛尔可降低心肌耗氧量，增加缺血心肌血供，预防缺血复发和猝死。

普萘洛尔与硝酸酯类合用治疗心绞痛，可获得较好的协同效果，又可互补不足。硝酸酯类因扩张血管引起心率加快、心肌收缩力增强，使心肌耗氧量增加的作用，可被普萘洛尔减慢心率、抑制心肌收缩的作用所减弱。普萘洛尔增大心室容积导致耗氧量增加的作用也可被硝酸酯类缩小心室容积的作用所抵消。但由于两类药均有降压作用，剂量过大，血压下降明显，冠状动脉的灌注压降低，冠状动脉血流减少,加重心绞痛发作,故合用时应减少剂量。

普萘洛尔阻断冠状动脉血管上的 β_2 受体,使 α 受体作用占优势,易致冠状动脉痉挛,加重病情,故 β 受体阻滞药不宜应用于变异型心绞痛。

其他 β 受体阻滞药如醋丁洛尔、美托洛尔、阿替洛尔等也可应用。

【不良反应】与心脏有关的不良反应为心功能抑制、心率减慢,严重者可致心动过缓、房室传导阻滞、心功能不全。本类药物可诱发和加重支气管哮喘,支气管哮喘及慢性阻塞性肺疾病患者禁用。低血压者不宜应用。久用应逐渐减量停药,如果突然停用,可导致心绞痛加剧或诱发心肌梗死。

技能赛点

案例1:徐某,男,64岁,劳累后反复发作胸骨后压榨性疼痛6个月就诊,医生诊断为冠心病心绞痛,既往高血压史。处方如下,分析是否合理,为什么?

Rp:

    硝酸甘油片　0.5mg×30

    Sig.　0.5mg　p.r.n.　p.o.

    普萘洛尔片　10mg×30

    Sig.　10mg　t.i.d.　p.o.

案例2:王某,男,66岁,临床诊断:高血压1级,冠状动脉粥样硬化,稳定型心绞痛。请分析用药是否合理,为什么?

Rp:

    阿司匹林肠溶片　100mg　q.d.　p.o.

    阿托伐他汀钙片　20mg　q.n.　p.o.

    普萘洛尔片　10mg　t.i.d.　p.o.

ER 21-4
技能赛点的
赛点分析
(案例1)

ER 21-5
技能赛点的
赛点分析
(案例2)

三、钙通道阻滞药

常用的抗心绞痛钙通道阻滞药有维拉帕米、硝苯地平、地尔硫䓬、尼群地平及氨氯地平等。

【药理作用】

1. 降低心肌耗氧量

(1)作用于心肌细胞,阻断 Ca^{2+} 内流,使心肌收缩力减弱,心率减慢,从而降低心肌耗氧量。对心脏的抑制作用以维拉帕米最强,地尔硫䓬次之,硝苯地平较弱。

(2)阻滞血管平滑肌细胞 Ca^{2+} 内流,使外周血管扩张,对动脉的扩张作用明显,减轻心脏后负荷,从而降低心肌耗氧量。其中硝苯地平扩张血管作用较强,应用后可能会出现反射性心率加快,使心肌耗氧量增加,维拉帕米、地尔硫䓬的扩血管作用较弱。

(3)阻断 Ca^{2+} 进入突触前膜,抑制交感神经递质的释放,降低交感神经活性,降低心肌耗氧量。

2. 增加心肌血液供应 能明显扩张冠状动脉,对较大的冠状血管包括输送血管和侧支血管以及小阻力血管均有扩张作用,能改善缺血区血液供应。尚能抑制血小板聚集,改善心肌供血。

3. 保护缺血心肌细胞 心肌缺血或再灌注时的细胞内"钙超载"可造成心肌细胞尤其是线粒体功能严重受损,钙通道阻滞药可通过抑制 Ca^{2+} 内流而减轻心肌细胞 Ca^{2+} 超负荷,起到保护心肌细胞的作用。

ER 21-6

岗位情景的参考答案

> ### 岗位情景
>
> 患者,男,68 岁,近期运动加剧时感心前区闷痛,并向左肩和左上肢放射,停下休息可缓解,心前区疼痛加重 2 天来诊。诊断为心绞痛,该患者有高血压半年,血压收缩压 150mmHg,舒张压 95mmHg,未用药物治疗。治疗:硝苯地平缓释片口服,40mg/次,1 次/d。请问给患者使用硝苯地平的依据是什么? 硝苯地平为何有抗心绞痛的作用?

【临床应用】对各型心绞痛均有效,尤其对变异型心绞痛疗效好,也可用于稳定型和不稳定型心绞痛。不同的钙通道阻滞药对各型心绞痛疗效不同。硝苯地平扩张冠状动脉作用强,是治疗变异型心绞痛的首选药。维拉帕米对心脏抑制作用强,对血管的扩张作用弱,对劳力性心绞痛疗效好,可用于各型心绞痛。

与硝酸酯类联合应用治疗心绞痛可产生协同作用,但应注意减量,因为两类药都有降压作用,剂量过大,血压下降明显,冠状动脉的灌注压降低,心肌供氧减少,可加重心绞痛。

硝苯地平与β受体阻滞药合用,疗效增加。维拉帕米、地尔硫䓬不宜与β受体阻滞药合用,因两者均对心脏有较强的抑制作用。

钙通道阻滞药特别适用于伴有高血压、快速型心律失常、呼吸道阻塞性疾病及脑缺血的心绞痛患者。

ER 21-7

复习导图

> ### 点滴积累
>
> 1. 抗心绞痛药主要包括硝酸酯类、β受体阻滞药、钙通道阻滞药。
> 2. 硝酸酯类可以扩张静脉、动脉,降低前、后负荷,降低心肌耗氧量,增加心肌缺血区供血,可以用于各型心绞痛。
> 3. β受体阻滞药可以减慢心率,减弱心肌收缩力,减少心排血量,从而降低心肌耗氧量,增加缺血区血液供应,减少心肌脂肪代谢,改善糖代谢,改善心肌代谢。不宜用于变异型心绞痛。
> 4. 钙通道阻滞药可以抑制 Ca^{2+} 内流,使心肌收缩力减弱,心率减慢,外周血管扩张,减轻心脏后负荷,从而降低心肌耗氧量,改善缺血区血液供应,是变异型心绞痛的首选药。

ER 21-8

习题

目标检测

一、简答题

1. 简述抗心绞痛药硝酸甘油的药理作用。

2. 阐述硝酸甘油与普萘洛尔联合应用治疗心绞痛的机制及注意事项。

二、处方分析

患者,女,62 岁。患高血压多年,近年来劳累后常感胸前区闷痛。前天与邻居争吵,情绪激动,突感胸骨后绞痛,面色苍白,出冷汗,入院求治。诊断为稳定型心绞痛。请问下列处方是否合理?并说明理由。

Rp:

硝酸甘油片　0.5mg×20

Sig.　0.5mg　舌下含服　st.！

普萘洛尔片　10mg×20

Sig.　10mg　t.i.d　p.o.

(李　文)

第二十二章　抗心律失常药

第二十二章
课件

导学情境

情景描述：

　　患者，女，70 岁。因慢性心功能不全入院。体格检查：血压 92/64mmHg，心率 72 次 /min，静脉扩张，下肢凹陷性水肿。临床诊断：慢性心功能不全，心功能 Ⅲ 级。给予利尿药、卡托普利、地高辛口服，用药期间出现胸闷、心悸、恶心、呕吐等症状，心电图显示：频发室性期前收缩。诊断：强心苷中毒引起室性期前收缩。

学前导语：

　　快速型心律失常如室性期前收缩及心动过速、心房颤动和心房扑动、心室颤动等是常见的心脏疾病，影响心脏的功能，严重影响人的生命健康。本节将学习抗心律失常药的药理作用、临床应用、不良反应及防治，为合理用药提供依据。

扫一扫，
知重点

　　心律失常（arrhythmia）是指心脏兴奋功能或电生理活动的异常，一般包括心率及心动节律的改变、心脏冲动形成和 / 或冲动传导的异常。临床上根据心动频率的变化将其分为两种类型：缓慢型和快速型心律失常。缓慢型心律失常包括窦性心动过缓、房室传导阻滞等，可应用阿托品及异丙肾上腺素治疗；而快速型心律失常的形成机制则较复杂，常见的有房性期前收缩、房性心动过速、阵发性室上性心动过速、心房扑动、心房颤动，以及室性期前收缩、室性心动过速和心室颤动等。治疗心律失常方式有药物和非药物治疗（心导管消融、外科手术、心脏起搏器、心脏电转复律术）两种。本章介绍的抗心律失常药主要用于治疗快速型心律失常。

第一节　心律失常的电生理学基础

一、正常心肌电生理

　　心肌的生理特性包括兴奋性、自律性、传导性和收缩性。前三者是以生物电活动为基础的，故又称心肌的电生理特性。

（一）心肌细胞膜电位

心肌细胞在安静时，由于细胞膜内外离子浓度差的关系，形成内负外正的极化状态，跨膜电位约为 –90mV。这一电位称为静息电位，由 K^+ 外流形成。心肌细胞受到阈上刺激而兴奋时，膜电位则随时间发生一系列的变化，形成动作电位，包括去极化和复极化两个过程，共分为五个时相。①0 相快速去极化：膜电位从 –90mV 迅速上升到 +30mV 左右，是大量 Na^+ 快速内流所致。②1 相快速复极初期：是钠通道关闭、Na^+ 内流中止，及短暂的 K^+ 外流所致。③2 相平台期：主要由 Ca^{2+} 内流形成，是 Ca^{2+} 内流和 K^+ 外流的平衡电位。④3 相快速复极末期：是大量 K^+ 外流所致。动作电位从 0 相到 3 相的时间称为动作电位时程（APD）。APD 与心肌不应期长短密切相关。⑤4 相静息期：Ca^{2+} 或 Na^+ 持续内流，K^+ 外流逐渐减小（图 22-1）。

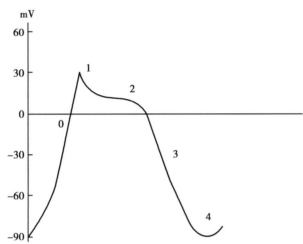

0 相：Na^+ 内流迅速增加；1 相：K^+ 短暂外流；2 相：Ca^{2+} 及少量 Na^+ 内流伴 K^+ 外流；
3 相：K^+ 外流增加；4 相：Ca^{2+} 或 Na^+ 内流增加

图 22-1　心肌细胞的跨膜电位示意图

在心肌非自律细胞（如心室肌和心房肌），其 4 相舒张期电位保持稳定，呈等电位（图 22-1），通常称为静息电位。在心肌自律细胞（如窦房结、房室结细胞、心房和心室传导纤维），因具有自动去极化的特点，其 4 相舒张期电位不能稳定在等电位上，而是向阈电位倾斜，使膜电位逐渐减小，直至达到阈电位而自动发放冲动（图 22-2）。

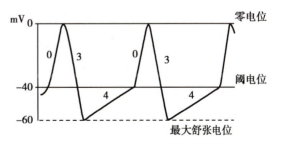

图 22-2　自律细胞（窦房结）的动作电位示意图

（二）心肌电生理特性

1. 自律性　窦房结、房室结、心房和心室的传导纤维细胞，在复极完毕达到最大舒张电位后，能够自动缓慢地去极化，一旦达到阈电位可引起动作电位，称为自律性。自律细胞 4 相缓慢去极化是一种特殊的离子流，内流的离子主要是 Na^+。在窦房结主导起搏细胞的 4 相后期，还有缓慢的 Ca^{2+}

内流,这是区别于其他自律细胞的特点之一。

2. 有效不应期　在动作电位复极过程中,当膜电位恢复到 $-60\sim-50mV$ 时,细胞才对刺激发生可扩布的动作电位,从去极化开始到这以前的一段时间即为有效不应期(ERP),它反映了参与去极化的通道恢复有效开放所需的最短时间。一个 APD 中,ERP 比值大,就意味着心肌不能发生可扩布兴奋的时间延长,不易发生快速型心律失常。

3. 传导性　心肌传导的快慢主要取决于 0 相去极化速率、幅度,膜电位水平和阈电位水平,其中以 0 相去极化速率及幅度最为重要。速率高、幅度大则传导快,反之则慢。

膜电位负值增大,跨膜电位差加大,0 相去极化速率增大,传导加速。阈电位负值增大,水平下移,扩布性兴奋产生的时间缩短,传导加快。

二、心律失常发生的电生理学机制

ER 22-3

心律失常形成的机制

心律失常产生的原因有冲动起源异常和冲动传导异常或两者兼有之。

(一) 冲动起源异常

引起冲动起源异常的原因有自律细胞的自律性异常、非自律细胞产生异常自律性,以及后去极化与触发活动。

1. 自律细胞的自律性异常　自律细胞(如窦房结、房室结、浦肯野纤维)4 相去极化加快及最大舒张电位减小,使冲动形成增多,引起快速心律失常。影响自律性最重要的因素是自动去极化速率,而自动去极化速率又取决于 K^+ 外流、Na^+ 和 Ca^{2+} 内流的情况。

交感神经兴奋,抑制舒张期 K^+ 外流,促进 Ca^{2+} 内流,提高自律性。副交感神经兴奋,加速 K^+ 外流,增大舒张期最大电位,降低窦房结的自律性。低钾时膜对 K^+ 的通透性降低,舒张期 K^+ 外流减少,自律性升高。高钙血症时,慢反应细胞 Ca^{2+} 内流增加,4 相去极化速率加快,自律性升高。

2. 非自律细胞产生异常自律性　在某些病理情况下,如心肌梗死、心肌缺血缺氧等,膜电位减小,心房肌、心室肌这些非自律细胞可产生异常自律性。

3. 后去极化与触发活动　后去极化是指在一个动作电位中继 0 相去极化后所发生的去极化,其频率较快,振幅较小,膜电位不稳定,一旦这种振荡性去极化引起可扩布的动作电位,则产生异常冲动发放,即所谓触发活动。根据后去极化发生的时间不同,可将其分为早后去极化和迟后去极化(图 22-3)。

早后去极化多发生在 APD 的 2 相或 3 相,主要是 Ca^{2+} 内流增多所致。复极化时间过长易于发生早后去极化。钙通道阻滞药可抑制 Ca^{2+} 内流消除早后去极化引起的触发活动。利多卡因则通过促进 3 相 K^+ 外流,加速复极化过程,预防和消除早后去极化。

迟后去极化发生在完全复极化的 4 相,是细胞内 Ca^{2+} 超负荷而诱发 Na^+ 短暂内流所致。强心苷中毒、儿茶酚胺及心肌缺血等都可引起迟后去极化。钙通道阻滞药(如维拉帕米)和钠通道阻滞药(如奎尼丁)都可以抑制迟后去极化。

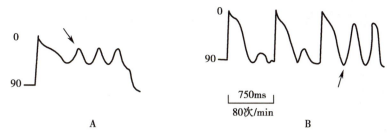

图 22-3　后去极化与触发活动

A.早后除极与触发活动；B.迟后除极与触发活动。

（二）冲动传导异常

冲动传导异常包括单纯性传导异常和折返激动两大类。

1. 单纯性传导异常　包括传导减慢、传导阻滞、传导速度不一致等。由于房室传导主要由副交感神经控制，因此，一些传导减慢、房室传导阻滞可用阿托品来治疗。

2. 折返激动　指一个冲动沿着环形通路折返回原处而反复运行则形成折返激动。也是引起心律失常的重要机制之一。

促成折返激动形成的几个条件：

（1）心肌组织在解剖上存在环形传导通路。

（2）在环形通路的某一点上形成单向传导阻滞，使单方向的传导终止，但在另一个方向上，冲动仍能继续传导。

（3）回路传导的时间要足够长，逆行的冲动不会进入单向阻滞区的不应期。

（4）邻近心肌组织 ERP 长短不一。

单次折返可引起期前收缩，连续折返则可引起阵发性心动过速、扑动和颤动（图 22-4）。

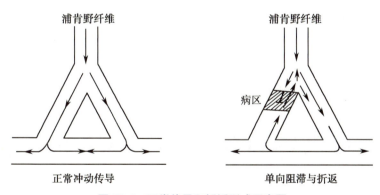

图 22-4　正常传导和折返形成示意图

消除折返的药物通常是通过进一步减慢传导（阻断 Na^+ 和 Ca^{2+} 内流），使单向传导阻滞变为双向阻滞。

第二节 抗心律失常药的基本作用与药物分类

一、抗心律失常药的基本作用

抗心律失常药主要是通过改变细胞膜离子通透速度而改善病变细胞的电生理特性,达到治疗目的。

(一)降低自律性

通过抑制快反应细胞 4 相 Na^+ 内流或抑制慢反应细胞 4 相 Ca^{2+} 内流,减慢 4 相自动去极化速率,降低自律性,也可通过促进 K^+ 外流,增大最大舒张电位而降低自律性。

(二)减少后去极化与触发活动

早后去极化的发生与 Ca^{2+} 内流增多有关,因此钙通道阻滞药对之有效。迟后去极化所致的触发活动与细胞内 Ca^{2+} 过多和短暂 Na^+ 内流有关,因此钙通道阻滞药和钠通道阻滞药对之有效。

(三)改变膜反应性而改善传导性

1. 增强膜反应性加快传导,以取消单向传导阻滞而终止折返激动。

2. 降低膜反应性减慢传导,变单向阻滞为双向阻滞而终止折返激动。

(四)改变 ERP 及 APD

1. 延长 APD、ERP,但 ERP 延长更显著,为绝对延长 ERP。

2. 缩短 APD、ERP,但 APD 缩短更显著,为相对延长 ERP。

3. 使邻近细胞不均一的 ERP 趋向均一化。一般延长 ERP 的药物,可使 ERP 较短的心肌细胞延长较多,使 ERP 较长的心肌细胞延长较少。而缩短 ERP 的药物,则使 ERP 短者,缩短少些,ERP 长者,缩短多些。理想的抗心律失常药应该对 APD 的长短进行双向调节而发挥作用。

二、抗心律失常药的分类

治疗快速型心律失常药物的分类方法有许多种,目前常用 Vaughan Williams 分类法,主要根据药物作用的电生理学特点,将药物分为四大类(表 22-1)。

表 22-1 抗心律失常药的分类

类别	主要特点	代表药物
Ⅰ类:钠通道阻滞药		
ⅠA 类	适度抑制 0 相去极化,减慢传导,延长 APD 和 ERP	奎尼丁、普鲁卡因胺
ⅠB 类	轻度抑制 0 相去极化,减慢传导,延长 APD 和 ERP	利多卡因、苯妥英钠
ⅠC 类	重度抑制 0 相去极化,减慢传导,APD 和 ERP 改变小	普罗帕酮、氟卡尼
Ⅱ类:β 受体阻滞药	抑制 0 相去极化,延缓传导,降低自律性	普萘洛尔、美托洛尔
Ⅲ类:延长动作电位时程药	延长 APD 与 ERP,延缓复极化	胺碘酮
Ⅳ类:钙通道阻滞药	延长 1 相和 2 相复极化,抑制 4 相自动去极化,降低自律性,减慢传导	维拉帕米

第三节　常用抗心律失常药

一、I 类——钠通道阻滞药

(一) I A 类

ER 22-4

I A 类抗心律
失常药作用
机制

适度阻滞 Na^+ 通道,降低 0 期去极化的上升速率,减慢传导;使异位自律细胞的 4 相 Na^+ 内流减少而降低其自律性;延长 Na^+ 通道失活后恢复开放状态所需要的时间,从而延长 ERP 和 APD,以延长 ERP 更为显著,不同程度地抑制心肌细胞膜对 K^+、Ca^{2+} 的通透性,有较明显的膜稳定作用。

奎尼丁 (quinidine)

奎尼丁是从金鸡纳树皮中提取的一种生物碱,为奎宁的右旋体,对心脏作用比奎宁强。

【体内过程】口服吸收迅速而完全,经 1~2 小时血药浓度达高峰,血浆蛋白结合率约为 80%,心肌中的药物浓度较血药浓度高 10~20 倍。药物主要经肝脏代谢,其活性代谢产物及药物原型由肾排泄,酸化尿液可使肾排泄增加。

【药理作用】奎尼丁可适度阻滞 Na^+ 通道,高浓度尚能抑制 K^+ 外流及 Ca^{2+} 内流。还具有抗胆碱作用和阻断外周 α 受体的作用。

1. **降低自律性**　治疗剂量的奎尼丁能降低浦肯野纤维的自律性以及心房肌、心室肌的异常自律性。对正常窦房结影响很小,但对窦房结功能不全者(如病窦综合征)则可呈现明显的抑制作用。

2. **减慢传导**　奎尼丁能通过阻滞 Na^+ 通道,降低 0 期上升速率,减慢心房肌、心室肌和浦肯野纤维的传导速度,使单向传导阻滞变为双向传导阻滞,以消除折返激动引起的心律失常。奎尼丁的抗胆碱作用可加快房室结的传导性,故用其治疗心房颤动和心房扑动时,应先用强心苷类药物抑制房室结的传导,以防心室率过快。

3. **延长 ERP**　奎尼丁减少 3 相 K^+ 外流,延长心室肌和浦肯野纤维等的 APD 和 ERP,以延长 ERP 更为显著,可消除折返激动引起的心律失常。

4. **其他**　可减少 Ca^{2+} 内流,具有负性肌力作用;阻断 α 受体,可引起血管扩张。

【临床应用】奎尼丁为广谱抗心律失常药,可用于治疗多种快速型心律失常,如频发性室上性和室性期前收缩、室上性和室性心动过速、心房扑动、心房颤动等。临床上主要用于心房颤动或心房扑动的复律、复律后窦性心律的维持和危及生命的室性心律失常的治疗。

【不良反应】不良反应较多,安全范围小。

1. **胃肠道反应**　表现为食欲缺乏、恶心、呕吐、腹痛、腹泻等。

2. **金鸡纳反应**　表现为胃肠道不适、头痛、头晕、耳鸣、视觉障碍和眩晕、晕厥等症状。

3. **心血管反应**　较严重,可导致低血压、房室及室内传导阻滞、心力衰竭甚至室性心动过速或室颤,严重者可发展为奎尼丁晕厥,发作时患者意识突然丧失,伴有惊厥、阵发性心动过速甚至室颤而导致死亡。因奎尼丁能扩张血管和减弱心肌收缩力而导致低血压,故用药前应检查心率、血压等。

【药物相互作用】奎尼丁与地高辛合用,可减少后者的肾清除率而增加其血药浓度;肝药酶诱导药苯巴比妥等能加速奎尼丁在肝脏的代谢;西咪替丁和钙通道阻滞药等能减慢奎尼丁在肝脏的代谢速度。

普鲁卡因胺(procainamide)

普鲁卡因胺是局麻药普鲁卡因的酰胺型衍生物。

【药理作用】对心肌的直接作用与奎尼丁相似但较弱,不具有阻断 α 受体和抗胆碱作用。治疗剂量能降低浦肯野纤维的自律性,降低快反应细胞动作电位 0 期上升最大速率与幅度而减慢传导速度,使单向传导阻滞变为双向传导阻滞而取消折返激动,延长心房、心室及浦肯野纤维的 ERP 及 APD。高浓度时可因阻断神经节而导致低血压。

【临床应用】为广谱抗心律失常药,临床主要用于室性心律失常如室性心动过速的治疗,也可用于治疗急性心肌梗死等。对室上性心律失常如心房颤动及心房扑动的疗效不及奎尼丁。

【不良反应】口服常见胃肠道反应,静脉注射给药可导致低血压及室内传导阻滞等。过敏反应也较常见,表现为皮疹、药物热和白细胞减少等。长期应用时少数患者可出现红斑狼疮综合征,停药可恢复。用药期间应连续监测血压和心电图的变化。肝肾功能不全及原有房室传导阻滞者慎用或禁用。

丙吡胺(disopyramide)

丙吡胺的作用与奎尼丁相似。临床主要用于治疗室性期前收缩、室上性和室性心动过速以及心肌梗死引起的心律失常等。常见的不良反应是由阿托品样作用引起。久用可加重或诱发心力衰竭。

ER 22-5

Ⅰ B 类抗心律失常药作用机制

(二) Ⅰ B 类药

轻度阻滞 Na^+ 通道,抑制 4 相 Na^+ 内流,降低自律性;通过促进 K^+ 外流而加速复极过程,缩短 ERP、APD,以缩短 APD 更显著。

利多卡因(lidocaine)

利多卡因为局部麻醉药,也是目前治疗室性心律失常及急性心肌梗死的常用药物。

【体内过程】口服吸收因具有明显的首过效应,故一般采用静脉注射给药。静脉注射起效快,维持时间仅 20 分钟左右,常用静脉滴注来维持。体内分布广泛,在肝脏代谢,经肾排泄。

【药理作用】利多卡因能轻度阻滞 Na^+ 通道,促进 K^+ 外流。其基本作用如下:

1. **降低自律性** 通过抑制 Na^+ 内流而减小 4 期舒张期去极化速率,降低浦肯野纤维的自律性,对窦房结和心房几乎无作用。

2. **改善传导性** 治疗量的利多卡因对传导速度无明显影响,但对心肌梗死区缺血浦肯野纤维或室内传导已有阻滞者,通过抑制 0 相 Na^+ 内流而减慢传导,甚至加重传导阻滞,对有单向传导阻滞者可转为双向阻滞,从而消除折返。反之,对低钾血症或受牵拉而轻度去极化的纤维,利多卡因可促进 3 相 K^+ 外流,使部分去极化纤维的膜电位加大而加速传导或恢复正常传导。

3. 缩短 APD 和相对延长 ERP 促进 3 相 K^+ 外流而缩短浦肯野纤维及心室肌的 APD、ERP,但以缩短 APD 更为显著,故相对延长 ERP,有利于消除折返激动而治疗快速型心律失常。

【临床应用】为窄谱抗心律失常药,主要用于治疗室性心律失常,特别是对于急性心肌梗死并发的室性心律失常疗效显著,可作为首选药。亦常用于防治强心苷中毒、电转律后、全身麻醉等所引起的各种室性心律失常。

【不良反应】主要表现有中枢神经系统症状,多发生于静脉给药时,主要表现为头晕、兴奋、嗜睡及吞咽障碍甚至抽搐和呼吸抑制等,剂量过大可引起心率减慢、房室传导阻滞和血压下降等。眼球震颤为利多卡因中毒的早期信号之一。严重房室传导阻滞患者禁用。

苯妥英钠(phenytoin sodium)

【作用与应用】作用类似于利多卡因,降低浦肯野纤维自律性,相对延长 ERP。但能增加房室结 0 期去极化速率而加快其传导,故可改善强心苷中毒所致的房室传导阻滞。此外,苯妥英钠尚可与强心苷竞争 Na^+,K^+-ATP 酶,减轻强心苷的中毒,并抑制强心苷中毒所致的迟后去极化和触发活动。临床主要用于强心苷中毒引起的房性和室性心律失常,尤其对室性心律失常疗效更好。亦可用于其他原因引起的室性心律失常。

【不良反应】静脉注射过快易引起低血压、呼吸抑制和心律失常。原有窦性心动过缓或严重房室传导阻滞等心脏疾病患者禁用。孕妇禁用。

技能赛点

患者,男,67 岁。服用地高辛期间出现胸闷、心悸、恶心、呕吐等症状,医生诊断为:强心苷中毒引起频发室性期前收缩,处方如下,试分析是否合理,并说明理由。

Rp:

苯妥英钠注射液　0.25mg×2 支

注射用水　40ml 稀释用

Sig. 稀释后 10 分钟缓慢静脉注射

ER 22-6

技能赛点的
赛点分析

美西律(mexiletine,慢心律)

美西律为利多卡因的衍生物,对心肌电生理学作用与利多卡因相似。口服吸收迅速、完全,作用维持 8 小时左右。主要用于治疗室性心律失常,尤其对心肌梗死后急性室性心律失常疗效好。不良反应有胃肠道反应。久用可出现神经症状,如震颤、共济失调、复视等。

ER 22-7

IC 类抗心律
失常药作用
机制

(三)ⅠC 类药

重度阻滞心肌细胞膜的 Na^+ 通道,降低动作电位 0 相上升速率和幅度,显著减慢传导,亦能抑制 4 相 Na^+ 内流,降低自律性。本类药物安全范围窄,近年报道有较明显的致心律失常现象,可增加病死率,应予注意。

普罗帕酮(propafenone,心律平)

主要抑制 Na^+ 内流,减慢传导速度,降低浦肯野纤维的自律性,延长 APD 和 ERP。此外,尚具有一定的 β 受体阻滞作用和钙通道阻滞作用,可一定程度抑制心肌收缩力。适用于室上性或室性期前收缩及心动过速等,对冠心病、高血压引起的心律失常有较好疗效。

常见不良反应有胃肠道反应,亦可引起房室传导阻滞、直立性低血压等心血管系统反应,也可加重心力衰竭。一般不宜与其他抗心律失常药合用,以免加重心脏抑制。

氟卡尼(flecainide)

阻滞 Na^+ 通道作用强,能明显减慢心肌细胞 0 相最大上升速率而减慢传导;抑制 4 相 Na^+ 内流而降低自律性。亦能阻滞 K^+ 通道,延长心房肌和心室肌的 APD。对于室上性和室性心律失常均有效。临床主要用于顽固性心律失常或危及生命心律失常的治疗。

最严重的不良反应是引起致死性的心律失常,可导致室性心动过速或室颤、房室传导阻滞,诱发折返性心律失常,增加心肌梗死后患者的病死率等。

二、Ⅱ类——β 受体阻滞药

β 受体阻滞药抗心律失常作用主要是阻断 β 受体而拮抗去甲肾上腺素能神经对心脏的影响,同时可阻滞 Na^+ 通道,促进 K^+ 外流,相对或绝对延长 ERP,并具有抗心肌缺血作用。常用药物有普萘洛尔、美托洛尔、阿替洛尔等。

普萘洛尔(propranolol)

【药理作用】

1. **降低自律性**　对窦房结、心房传导纤维及浦肯野纤维都能降低自律性,在运动及情绪激动时作用明显,也能降低儿茶酚胺所致的迟后去极化而防止触发活动。

2. **减慢传导**　在较高浓度,本药可抑制房室结和浦肯野纤维,减慢传导速度,并延长其 ERP,这是降低 0 相 Na^+ 内流的结果。

【临床应用】主要用于治疗室上性及室性心律失常。对窦性心动过速可作为首选药;对心房颤动、心房扑动、阵发性室上性心动过速,可单用或与强心苷合用以控制心室率;对室性期前收缩、室性心动过速尤其是与交感神经兴奋或儿茶酚胺释放过多所致的室性心动过速效果较好。也可用于治疗甲状腺功能亢进、运动或情绪激动等所致的室上性或室性心律失常。

【不良反应】可致窦性心动过缓、房室传导阻滞、低血压等,并可诱发心力衰竭和哮喘。高脂血症和糖尿病患者慎用。

三、Ⅲ类——延长动作电位时程药

ER 22-8

Ⅲ类抗心律失常药作用机制

本类抗心律失常药又称为钾通道阻滞药,能阻断电压依赖性钾通道,延长 APD 和 ERP,对室颤具有较好防治作用。

胺碘酮(amiodarone,乙胺碘呋酮)

【体内过程】口服吸收缓慢而不完全,服药 1 周左右出现作用,静脉注射 10 分钟起效,可维持数小时。药物分布至各组织器官中。在肝脏代谢,原型药及其代谢产物的脂溶性高,可在组织中蓄积,故停药后作用可持续数周甚至数月。

【药理作用】可显著延长房室结、心房肌、心室肌的 APD 和 ERP,有利于消除折返激动。这可能与阻断 K^+ 通道,延迟细胞复极有关。同时也阻滞 Na^+ 通道及 Ca^{2+} 通道而减慢房室结的传导,降低窦房结的自律性。尚能阻断 α、β 受体,扩张血管,减少心肌耗氧量。

【临床应用】属于广谱抗心律失常药,对室上性和室性心律失常均有效。治疗心房扑动、心房颤动和室上性心动过速疗效好。对反复发作、常规药无效的顽固性室性心动过速也有效。

【不良反应】可见窦性心动过缓、房室传导阻滞、低血压及 Q-T 间期延长甚至心功能不全等心血管系统反应。还可引起胃肠道反应、光敏反应等,亦可见角膜褐色微粒沉着,一般不影响视力,停药后可逐渐消失。本药含碘,部分患者可引起甲状腺功能亢进或减退。少数患者出现间质性肺炎或肺纤维化,虽少见但为最严重的不良反应,长期用药应监测肺功能,定期进行肺部 X 线检查等,一旦发现应立即停药,可采用肾上腺皮质激素治疗。

ER 22-9

胺碘酮的肺毒性

索他洛尔(sotalol)

索他洛尔是非选择性 β 受体阻滞药,并能阻滞 K^+ 通道。其基本电生理作用表现为降低自律性,减慢房室结的传导,延长 ERP 和 APD。口服吸收快,无首过效应,生物利用度达 90%~100%。临床主要用于各种严重室性心律失常的治疗,也可治疗阵发性室上性心动过速及心房颤动。不良反应较少,少数 Q-T 间期延长者应用偶可出现尖端扭转型室性心动过速。

岗位情景

患者,男,67 岁,因"胸闷、憋气"1 个月余入院,既往有高血压 20 余年,血压在 150~160/100~110mmHg 之间波动。心率 71 次 /min,律不齐,因心律失常,长期服用胺碘酮。X 线胸片显示两下肺网格样改变,肺纹理较前增重。请分析引起肺部改变的原因。

ER 22-10

岗位情景的参考答案

ER 22-11

Ⅳ类抗心律失常药作用机制

四、Ⅳ类——钙通道阻滞药

在治疗心律失常中以维拉帕米最为常用,地尔硫䓬也可使用。

维拉帕米（verapamil，异搏定）

【药理作用】阻滞心肌细胞膜 Ca^{2+} 通道，抑制 Ca^{2+} 内流，主要作用于窦房结和房室结的慢反应细胞，可降低自律性，减慢传导，延长 ERP，消除折返。

【临床应用】可作为治疗阵发性室上性心动过速的首选药，也可用于减慢心房颤动或心房扑动的心室率。忌用于预激综合征患者。

【不良反应】静脉注射给药可引起低血压，严重者或注射速度过快可导致心动过缓、房室传导阻滞甚至心力衰竭，多见于与 β 受体阻滞药合用或近期内用过此药的患者。禁用于 II 或 III 度房室传导阻滞、低血压、心功能不全及心源性休克患者。老年人和肾功能减退者慎用。

地尔硫䓬（diltiazem，恬尔心）

地尔硫䓬的电生理特性及临床应用与维拉帕米相似，但其扩张血管的作用较强，而减慢心率的作用较弱。主要用于室上性心律失常，如阵发性室上性心动过速及频发性房性期前收缩，对阵发性心房颤动也有效。口服后也有明显的首过效应。口服时不良反应较小，可见头晕、乏力及胃肠道反应，偶有过敏反应。

> **点滴积累**
>
> 1. 窦性心动过速宜用 β 受体阻滞药。
> 2. 阵发性室上性心动过速首选维拉帕米。
> 3. 室性期前收缩由急性心肌梗死所致者宜选用利多卡因，强心苷中毒所致者宜选用苯妥英钠。
> 4. 室性心动过速首选利多卡因。
> 5. 急性心肌梗死、强心苷中毒引起的室性心动过速或室颤宜选用苯妥英钠、利多卡因。

复习导图

习题

目标检测

简答题

1. 简述抗心律失常药抗心律失常的主要作用机制。
2. 简述抗快速型心律失常药的分类，并列出每类代表药物。

（李 文）

第二十三章 抗慢性心功能不全药

第二十三章
课件

ER 23-1

学习目标

1. **掌握** 强心苷类药物的药理作用、临床应用、不良反应和防治措施。
2. **熟悉** 肾素-血管紧张素系统抑制药治疗慢性心功能不全的药理作用、临床应用和不良反应。
3. **了解** 其他抗慢性心功能不全药的药理作用、临床应用和不良反应。

导学情景

情景描述：

患者，男，68岁，3年前慢跑锻炼时出现心慌气短。近半年来，运动时心慌气短症状加重，同时出现乏力、失眠、皮肤苍白、下肢水肿，夜间出现气急、胸闷而被迫坐起呼吸。经诊断为慢性心功能不全。

学前导语：

慢性心功能不全是各种心脏疾病导致心功能不全的临床综合征。主要症状是呼吸困难、水肿和乏力。本章我们将学习抗慢性心功能不全药：正性肌力药、肾素-血管紧张素系统抑制药、减轻心脏负荷药、β受体阻滞药。

扫一扫，
知重点

ER 23-2

慢性心功能不全（chronic cardiac insufficiency）亦称充血性心力衰竭（congestive heart failure，CHF），是多种病因所致心脏疾病的终末阶段，最后导致心室泵血和/或充盈功能下降，从而出现各组织器官血液灌流不足、肺循环和/或体循环淤血为主要特征的一种临床综合征。心力衰竭患者主要临床表现为呼吸困难、水肿和乏力。

目前慢性心功能不全的治疗不仅要改善症状，提高生活质量，更重要的是防止和延缓心肌重构的发展，延长患者寿命，减少再住院率，降低病死率。药物治疗仍是目前治疗CHF的主要手段，包括正性肌力药、减轻心脏负荷药、血管紧张素转化酶抑制药、血管紧张素Ⅱ受体阻滞药和β受体阻滞药等。

知识链接

NYHA心功能分级和治疗建议

纽约心脏学会（NYHA）心功能分级和症状如下：

Ⅰ级：活动不受限。日常体力活动不引起明显的气促、疲乏或心悸。

Ⅱ级：活动轻度受限。休息时无症状，日常活动可引起明显的气促、疲乏或心悸。

Ⅲ级：活动明显受限。休息时可无症状，轻于日常活动即引起明显的气促、疲乏、心悸。

Ⅳ级:休息时也有症状,任何体力活动均会引起不适。如不需静脉给药,可在室内或床边活动者为Ⅳa级;不能下床并需静脉给药支持者为Ⅳb级。

慢性心功能不全的治疗建议:

NYHA 心功能 Ⅰ 级:控制危险因素、ACEI。

NYHA 心功能 Ⅱ 级:ACEI、利尿药、β 受体阻滞药,地高辛用或不用。

NYHA 心功能 Ⅲ 级:ACEI、利尿药、β 受体阻滞药、地高辛。

NYHA 心功能 Ⅳ 级:ACEI、利尿药、地高辛、ARB,病情稳定者谨慎应用 β 受体阻滞药。

第一节　正性肌力药

一、强心苷类药

强心苷(cardiac glycoside)类药作为传统的正性肌力药,用于心力衰竭的治疗已有 200 余年的历史。主要从洋地黄类植物中提取,故又称洋地黄类药物。常用的药物有洋地黄毒苷(digitoxin)、地高辛(digoxin)、毛花苷丙(lanatoside C,西地兰)和毒毛花苷 K(strophanthin K)等。

【体内过程】各类强心苷类药给药途径、口服吸收率、肝肠循环率、血浆蛋白结合率、肾排泄及其半衰期等有很大差异(表 23-1)。

表 23-1　强心苷类药的药动学特点

分类	药物	给药途径	口服吸收率/%	肝肠循环率/%	血浆蛋白结合率/%	肾排泄/%	半衰期
慢效	洋地黄毒苷	口服	90~100	26	97	10	5~7 天
中效	地高辛	口服	60~85	7	25	60~90	36 小时
速效	毒毛花苷 K	静脉注射	2~5	少	5	100	19 小时
	毛花苷丙	静脉注射	20~30	极少	5	90~100	23 小时

【药理作用】

1. 正性肌力作用(增强心肌收缩力)　治疗量的强心苷类药在对人体其他组织器官无明显影响的情况下,能选择性地作用于心肌,增强其收缩力,对心功能不全的心脏作用更为显著。强心苷类药增强心肌收缩力的三个显著特点,是其治疗心功能不全的药理学基础。

(1)加快心肌收缩的速度:使心肌收缩敏捷,缩短收缩期在整个心动周期中所占的时间,相对延长舒张期。结果既有助于静脉系统血液的回流,又有利于心脏本身获得较长的休息时间和充分的冠状动脉血液灌注,从而改善心脏功能状态。

(2)降低衰竭心脏的耗氧量:心肌耗氧量取决于心室壁张力(或心室容积)、心率和心肌收缩力等因素,其中以心室容积尤为重要。衰竭而扩大的心脏,心室容积增大,心室壁张力显著增高,加以代偿性心率增快,所以心肌耗氧量明显增加。使用强心苷后,虽然心肌收缩力增强而增加耗氧量,但由于心肌收缩力增强后心脏射血充分,心腔内残余血量减少,心室容积缩小,室壁张力下降以及负性频率的综合作用,所以心肌总耗氧量并不增加。这一特点是强心苷类药与氨茶碱、肾上腺素等加强心肌收缩力同时又增加心肌耗氧量药物的主要区别,也是强心苷类药适用于心力衰竭的重要原因。

(3)增加衰竭心脏的排出量:强心苷类药对心排血量的影响决定于心脏的功能状态。强心苷类药对正常人心脏在增强心肌收缩力的同时还能收缩血管平滑肌,使外周阻力升高,加重心脏的后负荷,抵消了心肌收缩增强而增加的心排血量。CHF 时,由于交感神经活性增强和肾素 - 血管紧张素系统(RAS)活跃,外周阻力增高。而强心苷类药加强衰竭心脏心肌收缩力时,由于每搏输出量的增加,反射性兴奋迷走神经,使交感神经活性降低,外周阻力下降,加上舒张期延长,回心血量增加,终致心排血量增加。

2. 负性频率作用 强心苷类药可明显减慢 CHF 患者的心率,并降低心肌耗氧量。CHF 患者因心排血量减少,反射性增加交感神经活性而加快心率,是机体的代偿性反应。强心苷类药通过增强心肌收缩力,心排血量增加,反射性兴奋迷走神经而使心率减慢,这是继发于强心苷类药正性肌力作用的结果。

强心苷类药的负性频率作用有利于缓解心功能不全的症状,主要原因有:心率减慢使心脏做功减少,有利于心脏休息;心率减慢可使舒张期延长,增加静脉回心血量,也能提高心排血量;舒张期的延长增加了冠状动脉的血液灌注,使心肌供血供氧增加。

3. 负性传导作用 治疗量强心苷类药通过兴奋迷走神经而使房室结和浦肯野纤维传导减慢,不应期延长,但心房的不应期缩短。大剂量可直接抑制窦房结、房室结和浦肯野纤维传导,使部分心房冲动不能到达心室。

4. 其他作用 强心苷类药对 CHF 患者具有利尿及扩张血管作用。其利尿作用能减少血容量,减轻心脏的负担。

【作用机制】目前认为 Na^+,K^+-ATP 酶是强心苷类药的受体。强心苷类药可与心肌细胞膜上的 Na^+,K^+-ATP 酶结合并抑制其活性。治疗量强心苷类药抑制心肌细胞膜上 Na^+,K^+-ATP 酶,使 Na^+-K^+ 交换减少,Na^+-Ca^{2+} 交换增加,从而 Ca^{2+} 内流增加,导致心肌细胞内 Ca^{2+} 增多,使心肌收缩力加强。中毒量强心苷严重抑制 Na^+,K^+-ATP 酶,使细胞内失 K^+ 而使最大舒张电位负值变小,导致心肌细胞自律性增高,易引起心律失常。

【临床应用】

1. 慢性心功能不全 目前强心苷类药仍是治疗 CHF 的重要药物,可用于多种原因所致的心功能不全。其中对伴有心房颤动和心室率过快的 CHF 疗效最好;对瓣膜病、高血压和先天性心脏病所引起的低排出量 CHF 疗效较好;但对贫血、甲状腺功能亢进及维生素 B_1 缺乏等原因所诱发的CHF 疗效较差;对肺源性心脏病、心肌炎的 CHF 疗效差,且易致中毒。对伴有机械阻塞性病变,如缩窄性心包炎及重度二尖瓣狭窄所致的 CHF 无效。

2. 某些心律失常

(1)心房颤动(简称房颤):系心房各部位发生过多紊乱而细弱的纤维性颤动,心房率一般可达

350~600 次 /min,且不规则。房颤的主要危害在于心房的过多冲动下传到心室,引起心室率过快,导致严重的循环障碍。强心苷类药通过抑制房室传导,使房颤时过多的冲动不能下传至心室,以减慢心室率。但对大多数患者并不能制止房颤。

(2)心房扑动(简称房扑):心房扑动时心房率一般为250~300 次 /min,但此时心房的异位节律相对较规则,可以 1:1 或 2:1 的规律传入心室,导致心室率过快而影响心脏的泵血功能。强心苷类药能缩短心房的有效不应期,使心房扑动转为心房颤动,然后再发挥治疗房颤的作用。此时若停用强心苷,部分房颤有可能恢复窦性心律。

(3)阵发性室上性心动过速:强心苷类药可增强迷走神经的功能以终止阵发性室上性心动过速的发作,但一般只在其他方法无效时应用。

【不良反应】临床洋地黄化量已接近中毒量的 60%,且个体差异大,药物安全范围小。药物中毒症状与 CHF 症状不易鉴别,故在用药过程中应密切观察患者的反应,做到药物剂量个体化,监测血药浓度,以减少中毒反应的发生。

1. 强心苷类药的毒性反应

(1)胃肠道症状:为最常见的早期中毒症状,包括厌食、恶心、呕吐及腹泻等。剧烈呕吐可导致失钾而加重强心苷中毒,所以应注意补钾或考虑停药。恶心、呕吐需注意与 CHF 引起的胃肠道症状相鉴别,常为中毒先兆。

(2)神经系统症状:可表现为眩晕、头痛、失眠、疲倦和谵妄,以及黄视、绿视、视物模糊等视觉异常。视觉异常为强心苷类药中毒的先兆,是停药指征之一。

(3)心脏反应:是最严重的毒性反应。主要表现为各种类型的心律失常:①快速型心律失常,表现为室性期前收缩,二联律或三联律,房性、房室结性以及室性心动过速甚至室颤,其中室性期前收缩、二联律或三联律一般出现较早,为强心苷类中毒的先兆,是停药的指征之一;②房室传导阻滞,强心苷类中毒也可引起各种程度的房室传导阻滞;③窦性心动过缓,心率低于 60 次 /min,亦为中毒的先兆,是停药的指征之一。

2. 中毒的防治

首先,应用强心苷类药时应纠正导致其中毒的各种诱发因素,如低钾血症、低镁血症、高钙血症、缺氧及酸中毒等;其次,应明确中毒先兆和停药指征,必要时监测强心苷类药的血药浓度以避免中毒的发生。一旦出现中毒应采取以下措施。

(1)及时停药:包括停用排钾利尿药,必要时改用留钾利尿药。

(2)适当补钾:氯化钾能与强心苷类药竞争 Na^+,K^+-ATP 酶,减少强心苷与酶的结合,阻止中毒症状的进一步发展,轻者可口服,严重者可采用静脉滴注,但注意掌握剂量。钾离子能抑制传导,并发传导阻滞的强心苷类药中毒,不能用钾盐。

(3)快速型心律失常:苯妥英钠对强心苷类药中毒引起的快速型心律失常疗效较好。利多卡因用于强心苷类药中毒导致的重症室性心动过速和心室颤动的解救。严重中毒者可应用地高辛抗体 Fab 片段。

(4)缓慢型心律失常:如心动过缓和房室传导阻滞者可应用阿托品治疗。

患者,男,68岁,患心肌梗死、心房颤动及心力衰竭。

Rp:

　地高辛片 0.25mg×10

　Sig.　0.25mg　q.d.　p.o.

　盐酸维拉帕米片 80mg×20

　Sig.　80mg　b.i.d.　p.o.

患者用药 2 天后,测地高辛血药浓度为 1.4μg/L,连用到 7 天,患者突然晕倒,心搏骤停,监测血药浓度为 4μg/L。请分析患者出现上述症状的原因。

ER 23-3

岗位情景的
参考答案

【给药方法】

1. 传统的给药方法　传统的给药方法分两步,即先获全效量基本控制心力衰竭症状而后维持疗效。为获全效常在短期内给足强心苷类药,所用剂量称为全效量,又称负荷量、"洋地黄化量"。获全效后逐日给予维持量。全效量又分速给法和缓给法。速给法即在 24 小时内给足全效量。缓给法即在 3~4 天内给足全效量。临床实践证明,传统的给药方法强心苷类药中毒发生率高。

2. 逐日恒定剂量给药法　是目前常用的方法。每日给予恒定剂量的地高辛(0.25mg,维持量),约经 7 天(5 个 $t_{1/2}$)即可达到稳定的有效血药浓度而发挥疗效的方法,称逐日恒定剂量给药法。此法中毒发生率低,适用于慢性、轻症和易于中毒的患者。

【药物相互作用】

1. 糖皮质激素和排钾利尿药可降低血钾,诱发强心苷类药中毒,合用时应注意补钾。

2. 奎尼丁能与地高辛发生血浆蛋白结合位点的竞争性置换,提高地高辛的血药浓度,两者合用应减少地高辛的用药量。

3. 胺碘酮、维拉帕米、普罗帕酮、红霉素等也可提高地高辛血药浓度,合用时注意减量。

4. 与钙剂合用,可使强心苷类药的毒性增强。

患者,男,56岁,心房颤动、心力衰竭合并嗜肺军团菌感染。

Rp:

　地高辛片 0.25mg×14

　Sig.　0.25mg　q.d.　p.o.

　阿奇霉素片 500mg×7

　Sig.　500mg　q.d.　p.o.服 3 天停 4 天

患者治疗的第 4 日出现厌食、恶心、腹泻等症状。请分析患者出现上述症状的原因。

ER 23-4

岗位情景的
参考答案

二、非强心苷类药

（一）拟交感神经药

本类药物通过兴奋心脏的 β_1 受体以及血管平滑肌上的 β_2 受体和 DA 受体，分别产生正性肌力作用和血管扩张作用。在 CHF 的病理生理过程中，因心排血量的减少代偿性使交感神经系统长期处于激活状态，内源性儿茶酚胺类的增多使 β_1 受体发生向下调节，因此拟交感神经药通过激动 β_1 受体而加强心肌收缩力的作用较弱，却能加快心率而增加心肌耗氧量。故一般不宜使用拟交感神经药，仅用于其他药物治疗无效且无禁忌证的 CHF 患者。本类药物有异波帕明和多巴酚丁胺等。

异波帕明（ibopamine，异波帕胺）

激动多巴胺受体，舒张肾血管，增加肾血流量而产生明显利尿作用；激动 β 受体，发挥正性肌力作用，增加心排血量；舒张外周血管，减轻心脏后负荷。用于缓解心力衰竭的症状，提高运动耐力，是多巴胺类中较有应用前景的药物。

多巴酚丁胺（dobutamine）

主要激动 β_1 受体，能增加心肌收缩力，增加心排血量，降低外周血管阻力，增加尿量，对心率影响较小。用于急性心肌梗死或心脏外科手术并发心功能不全及慢性难治性的心力衰竭。

（二）磷酸二酯酶抑制药

本类药物能抑制磷酸二酯酶Ⅲ的活性，减少 cAMP 的降解，增加细胞内 cAMP 的水平。心肌细胞内的 cAMP 含量增加可产生正性肌力作用，血管平滑肌细胞内 cAMP 增加可松弛血管平滑肌，扩张血管。代表药物有氨力农、米力农等。

氨力农（amrinone）

是一种新型的非苷类、非儿茶酚胺类强心药，兼有正性肌力作用和血管扩张作用。增加心肌收缩力，增加心排血量，降低心脏前、后负荷，降低左室充盈压，改善左室功能，增加心脏指数，但对平均动脉压和心率无明显影响，一般不引起心律失常。口服和静脉注射均有效，口服 1 小时后起效，静脉注射 2 分钟内生效，$t_{1/2}$ 为 5~30 分钟。

适用于洋地黄、利尿药、血管舒张药治疗无效或效果欠佳的各种原因引起的急性、慢性顽固性充血性心力衰竭的短期治疗。长期口服可使死亡率增加，现仅限于静脉注射用于其他药物治疗无效的心力衰竭。

米力农（milrinone）

可明显改善心脏收缩功能和舒张功能，缓解症状，提高运动耐力。作用强度是氨力农的 10~30 倍，仅供短期静脉给药治疗严重 CHF 患者。因其对患者的生存有不利影响，故不主张长期用药。

技能赛点

患者,男,57岁,以胸骨后疼痛和呼吸困难为主要症状入院。体格检查所见:肝增大,颈静脉怒张,下肢水肿。X线检查显示:心脏显著增大,心胸比为0.7。诊断:充血性心力衰竭。下列处方是否合理,并说明选药理由。

Rp:

毒毛花苷 K 注射液　　0.25mg×1

50% 葡萄糖注射液　　40ml

Sig.　混合后缓慢静脉注射

螺内酯片　20mg×12

Sig.　20mg　t.i.d.　p.o.

ER 23-5

技能赛点的
赛点分析

点滴积累

1. 目前治疗慢性心功能不全主要应用强心苷类和非强心苷类正性肌力药。
2. 强心苷类药具有正性肌力、负性频率、负性传导的作用。可用于治疗慢性心功能不全和房颤、房扑及阵发性室上性心动过速等心律失常,尤其适合于治疗伴有房颤或心室率过快的慢性心功能不全患者。
3. 强心苷类药安全范围小,导致中毒的诱发因素较多,有低钾血症、低镁血症、高钙血症、缺氧及酸中毒等。

第二节　肾素-血管紧张素系统抑制药

血管紧张素转化酶抑制药(ACEI)、血管紧张素 II 受体(AT₁)阻滞药和醛固酮拮抗药具有逆转或延缓心肌重构作用,是目前治疗 CHF 的主要药物。

一、血管紧张素转化酶抑制药

ACEI 现已广泛用于 CHF 的治疗,是近 20 年来 CHF 药物治疗最重要的进展之一。临床试验证明,ACEI 不仅能缓解 CHF 患者的症状,改善血流动力学变化及左室功能,提高运动耐力,提高患者生活质量,而且能降低 CHF 的发生率、再住院率、病死率并改善预后。基础研究也证实,ACEI 能逆转心室肥厚,在相当程度上延缓和逆转心室重塑。临床用于治疗 CHF 的 ACEI 有卡托普利、依那普利、福辛普利、雷米普利、赖诺普利及培哚普利等。

【药理作用】

1. **抑制血管紧张素转化酶**　ACEI 能抑制血液循环及局部组织中的血管紧张素 I（Ang I）向血管紧张素 II（Ang II）的转化，降低血浆及组织（心脏、血管等）中的 Ang II 浓度，减少 Ang II 收缩血管及促进心肌细胞增殖的作用。Ang II 生成减少又使醛固酮的释放减少，可减轻由此引起的水钠潴留。

2. **对血流动力学的影响**　ACEI 可降低外周血管阻力，扩张冠状动脉，降低左室充盈压和心室壁张力，以及增加肾血流量等，能改善心功能，缓解 CHF 的症状，提高患者的生活质量。

3. **抑制心肌肥厚、血管增生及心室重塑**　CHF 是一种超负荷心肌病，发病早期的适应性反应就可见心肌肥厚和心室重塑。CHF 的晚期进一步恶化，出现血管壁细胞的增殖，心肌肥厚和心肌纤维化又加剧心脏收缩和舒张功能的障碍。ACEI 可通过阻断 Ang II 生成，增加缓激肽含量，有效地阻抑和逆转心肌肥厚、心肌纤维化及血管壁的增厚。

二、血管紧张素 II 受体阻滞药

血管紧张素 II 受体阻滞药（ARB）能直接阻断血管紧张素 II 与其受体的结合，阻止 Ang II 对心血管系统发挥的作用，逆转心肌肥厚、左室重构及心肌纤维化。此类药物抗 CHF 的作用与 ACEI 相似，不同点是拮抗作用更完全，能拮抗 ACE 和非 ACE 途径产生的血管紧张素 II 而发挥作用；同时因其对缓激肽途径无影响，故不引起咳嗽、血管神经性水肿等不良反应。常用的药物有坎地沙坦、缬沙坦、氯沙坦等。不良反应较少，孕妇及哺乳期妇女禁用。

三、醛固酮拮抗药

螺内酯（spironolactone）

螺内酯为保钾排钠的弱效利尿药，研究表明，其可拮抗醛固酮，阻断醛固酮在 CHF 过程中的不良影响，减轻或逆转 CHF 时的心血管重构，可降低 CHF 的发病率与死亡率。可与氢氯噻嗪、ACEI 或 ARB 等合用于 CHF 的治疗。

四、血管紧张素受体脑啡肽酶抑制药

沙库巴曲缬沙坦是第一种血管紧张素受体脑啡肽酶抑制药（ARNI）。通过阻断 Ang II 受体，抑制脑啡肽酶，阻断利尿钠肽降解而增加利尿钠肽水平，产生血管舒张、尿钠排泄增加、利尿和抗细胞增殖等作用，协同保护心脏。射血分数下降的 CHF 患者接受联合 ACEI（或 ARB）、β 受体阻滞药和醛固酮拮抗药治疗后仍持续有症状，推荐将 ACEI 替换为 ARNI 类药物。不良反应有血管性神经水肿、低血压、高钾血症、咳嗽、眩晕和肾衰竭等。禁用于遗传性或特发性血管性水肿患者，禁用于重度肝功能损害、胆汁性肝硬化和胆汁淤积患者，禁用于妊娠中晚期患者。

点滴积累

ACEI 和 ARB 能逆转心肌肥厚、左室重构及心肌纤维化,是治疗慢性心功能不全的重要药物,也是近20年来 CHF 药物治疗最重要的进展之一。

第三节　减轻心脏负荷药

一、利尿药

利尿药能促进钠、水的排泄,减少血容量,降低心脏的前、后负荷,消除或缓解静脉充血及其所引发的肺水肿和外周水肿,是慢性心功能不全的主要治疗措施之一。轻、中度心源性水肿选用噻嗪类利尿药疗效较好,常用氢氯噻嗪,也可与留钾利尿药阿米洛利、氨苯蝶啶合用。严重的 CHF 应选用高效能利尿药如呋塞米、布美他尼、托拉塞米。

二、血管扩张药

血管扩张药通过扩张小静脉和/或小动脉而产生疗效,是治疗 CHF 的辅助药物,一般仅用于强心苷和利尿药治疗无效的 CHF 或顽固性 CHF 的治疗。血管扩张药共同的不良反应为水钠潴留,因此联合应用利尿药可以减少不良反应。目前认为,某些血管扩张药不仅能改善心力衰竭症状,而且能降低病死率,提高患者的生存质量。

1. **主要扩张小动脉药**　如肼屈嗪、硝苯地平、氨氯地平等,通过扩张小动脉降低外周阻力,降低心脏后负荷,进而改善心功能,增加心排血量,增加动脉供血,主要用于外周阻力高、心排血量明显减少的 CHF 患者。

2. **主要扩张小静脉药**　如硝酸酯类。通过扩张静脉,减少回心血量,降低心脏前负荷,进而降低左室舒张末压、肺毛细血管楔压,缓解肺淤血症状。用药后可明显减轻呼吸急促和呼吸困难。通常选用硝酸甘油,也可选用硝酸异山梨酯。

3. **扩张小动脉和小静脉药**　如硝普钠、哌唑嗪等。通过扩张动、静脉血管,降低心脏前、后负荷,改善心功能。其中硝普钠静脉滴注对急性心肌梗死及高血压所致 CHF 效果较好,哌唑嗪对缺血性心脏病所致的 CHF 效果较好。

第四节 β 受体阻滞药

传统观念认为 β 受体阻滞药有负性肌力作用而禁用于心功能不全,但现在理论认为 β 受体阻滞药在 CHF 治疗中具有重要地位。大量研究证明,β 受体阻滞药若无禁忌证,可与地高辛、ACEI 等合用,改善 CHF 患者症状,降低死亡率。常用药物有美托洛尔、比索洛尔及卡维地洛等。

【药理作用与临床应用】β 受体阻滞药治疗 CHF 的作用机制是:①阻断 β_1 受体,降低交感张力,抑制儿茶酚胺对心脏的毒性作用,使心率减慢,心脏负荷降低,心肌耗氧量减少,心排血量增多;②抑制肾素 - 血管紧张素系统,使心室重塑逆转,心功能进一步改善;③长期使用可上调心肌的 β_1 受体,提高 β_1 受体对儿茶酚胺的敏感性,改善心肌收缩性能。

所有慢性收缩期心力衰竭,NYHA 心功能 Ⅱ、Ⅲ 级患者,左室射血分数(LVEF)<40% 且病情稳定者均可使用,除非有禁忌证或治疗后出现不稳定状态。上述患者应尽早开始应用 β 受体阻滞药,并应在利尿药的基础上加用,可同时合用 ACEI,强心苷类药亦可应用。治疗过程中应遵守以下原则:①没有 β 受体阻滞药的禁忌证;②与其他抗心功能不全药合用;③从小剂量开始,逐渐增加剂量;④如心功能不全症状加重,则应减小剂量。

【不良反应】本类药物对心脏有抑制作用,可出现心动过缓、房室传导阻滞、心肌收缩力减弱、血压下降等。CHF 伴有支气管哮喘、房室传导阻滞者禁用。

目标检测

一、简答题

1. 试述地高辛对心脏的药理作用及作用机制。

ER 23-6

扫一扫,做
实验:强心
苷对离体蛙
心的作用

ER 23-7

复习导图

ER 23-8

习题

2. 试述强心苷的不良反应及中毒的防治措施。

二、处方分析

患者,男,65岁,慢性心功能不全12年。因食用海产品诱发荨麻疹,医生处方如下,请分析是否合理,为什么?

Rp:

地高辛片　0.25mg×10

Sig.　0.25mg　q.d.　p.o.

10%葡萄糖酸钙注射液　10ml

25%葡萄糖注射液　20ml

Sig.　i.v.　缓慢

马来酸氯苯那敏片　4mg×10

Sig.　4mg　t.i.d.　p.o.

(马瑜红)

第二十四章　作用于血液及造血系统的药物

第二十四章
课件

导学情景

情景描述:

　　李女士,最近经常头晕、乏力、倦怠,同时伴有指甲成匙状、毛发稀疏、皮肤黏膜苍白等症状,入院诊断为缺铁性贫血。

学前导语:

　　血液系统疾病包括贫血、血栓栓塞性疾病、出血性疾病等,应根据病情正确合理地应用各类药物,减轻症状,纠正病因。本章我们将学习作用于血液及造血系统药物的药理作用、临床应用和不良反应。

扫一扫,
知重点

　　血液在心血管系统内循环流动,在物质运输、维持体内环境及防御保护等方面意义重大。血液正常流动、血细胞数量和功能的稳定,以及血容量的维持是发挥血液正常生理功能的重要条件。一旦这些条件发生改变,则会出现血液系统疾病。血液流动性的改变可导致血栓栓塞性疾病或出血性疾病;造血必需物质的缺乏或造血功能障碍则出现贫血;而各种原因引起大量失血造成的血容量降低,可导致休克,危及生命。

第一节　抗贫血药

　　贫血(anemia)是指单位体积循环血液中红细胞数或血红蛋白量低于正常值的一种病理状态。根据病因和发病机制的不同,主要分为:

　　1. **缺铁性贫血**　系体内制造血红蛋白的铁缺乏而红细胞生成障碍造成的,在我国较多见。患者红细胞呈小细胞、低色素性,故又称小细胞低色素性贫血。

2. 巨幼细胞贫血 系叶酸和 / 或维生素 B_{12} 缺乏引起 DNA 合成障碍所致的一类贫血。其中，恶性贫血是因患者胃黏膜萎缩，内因子分泌缺乏导致维生素 B_{12} 吸收障碍所致，在我国少见。

3. 再生障碍性贫血 系感染、药物、放疗等多种因素所致的骨髓造血功能障碍，临床以全血细胞减少为主要表现的综合征，治疗困难，可应用造血细胞生长因子治疗。

抗贫血药（antianemic）主要用于贫血的补充治疗，应遵循"缺什么，补什么"的原则，根据贫血的类型选择适宜的抗贫血药。

一、铁剂

临床上常用的口服铁剂有硫酸亚铁（ferrous sulfate）、富马酸亚铁（ferrous fumarate）、枸橼酸铁铵（ferric ammonium citrate）和葡萄糖酸亚铁（ferrous gluconate）；注射铁剂有蔗糖铁（iron sucrose）、右旋糖酐铁（iron dextran）和山梨醇铁（iron sorbitex）。

【体内过程】铁剂的主要吸收部位在十二指肠和空肠上段，其吸收形式为 Fe^{2+}，而 Fe^{3+} 难吸收。铁的吸收率约为 10%，成人每天需补充铁 1mg，故食物中含铁 10~15mg 就能满足机体的需要。

吸收进入肠黏膜后，一部分 Fe^{2+} 被氧化成 Fe^{3+} 与去铁蛋白结合成铁蛋白而贮存；另一部分被氧化为 Fe^{3+} 与血浆中的转铁蛋白结合成血浆铁，转运到肝、脾、骨髓等组织中贮存。骨髓中的铁可供网织红细胞合成血红蛋白。铁主要通过肠黏膜细胞的脱落排出体外，少部分经尿液、汗液、乳汁等排出。

影响铁吸收的因素很多，胃酸增加铁的溶解度，维生素 C、果糖、半胱氨酸等还原性物质有利于 Fe^{3+} 被还原成 Fe^{2+}，可促进铁吸收。鞣酸、磷酸盐、抗酸药等会使铁沉淀，妨碍铁吸收。铁盐与四环素形成络合物，可相互影响吸收。

ER 24-3

铁剂与维生素 C

【作用与应用】铁是构成血红蛋白、肌红蛋白和某些组织酶的重要原料。转运到骨髓后，进入骨髓幼红细胞，在线粒体内与原卟啉结合形成血红素，再与珠蛋白结合成为血红蛋白，进而促进红细胞的成熟。

铁剂主要用于缺铁性贫血的治疗。如慢性失血（月经过多、子宫肌瘤、消化性溃疡、痔疮出血）、妊娠期、儿童生长发育期、萎缩性胃炎等引起的缺铁性贫血。纠正原发病的同时，口服铁剂一般 4~5 天可见网织红细胞增多，10~14 天达高峰。血红蛋白于用药 2~4 天明显升高，但恢复至正常需 4~8 周。由于体内贮存铁量恢复正常需要较长时间，故重度贫血患者需连续用药数月。

ER 24-4

正确服用铁剂

<blockquote>

知识链接

需要补充铁剂的疾病

胃酸可促进铁吸收，胃大部切除的患者，胃酸分泌减少，影响了铁吸收，约有 50% 的患者于术后 1~6 年发生缺铁性贫血。所以胃大部切除后的患者应给予铁剂补充体内所需。

慢性肾炎的患者分泌的红细胞生成素减少，使得幼稚红细胞不能正常成熟，患者出现缺铁性贫血的症状，因此慢性肾炎的患者需补充铁剂。

</blockquote>

【不良反应】

1. **胃肠道刺激** 部分患者口服后会出现上腹不适、恶心、呕吐、腹泻等。餐后服用或小量开始可减轻刺激。

2. **长期服用会出现便秘和黑便** 铁剂与肠内 H_2S 结合,生成黑色 FeS 沉淀物,大便呈黑色;减轻 H_2S 对肠的刺激,肠蠕动减少导致便秘。应注意与上消化道出血相鉴别。

3. **急性中毒** 幼儿口服硫酸亚铁超过 1g 可引起急性中毒,表现为胃肠黏膜凝固性坏死、急性循环衰竭和休克。急救时应采取催吐、洗胃和导泻等措施,并应用特殊解毒剂去铁胺(deferoxamine)。

ER 24-5

岗位情景的
参考答案

> **岗 位 情 景**
>
> 患者,男,41 岁。因近 1 个月来出现头晕、心悸、乏力等症状入院。查体:T 36.5℃,P 86 次/min,R 18 次/min,BP 120/79mmHg,神清,倦怠,皮肤黏膜苍白,无黄染和出血点,毛发稀疏无光泽,浅表淋巴结不大,舌质淡。心尖区闻及收缩期杂音,肝脾未触及,指端苍白,指甲脆裂成匙状。实验室检查支持缺铁性贫血诊断。医生开具硫酸亚铁片口服,每次 0.3g,每日 3 次。3 个月后复查,补铁效果不理想。请说出该患者补铁效果不理想的原因,并改进补铁方案。

二、维生素类

叶酸(folic acid)

叶酸广泛存在于动植物中,尤以新鲜绿叶蔬菜、酵母、动物肝中为多。动物细胞自身不能合成叶酸,人体所需叶酸只能从食物中摄取,成人推荐每日摄入量为 400μg。

【作用与应用】 叶酸被吸收后转化为 5-甲基四氢叶酸,在维生素 B_{12} 的参与下脱去甲基转变为四氢叶酸,而四氢叶酸与多种一碳单位结合,传递一碳基团(如—CH_3、—CHO、=CH_2=CH—、—CH=NH 等),参与体内多种生化代谢,如嘌呤及胸腺嘧啶脱氧核苷酸的合成,某些氨基酸如丝氨酸和甘氨酸的互变(图 24-1)。叶酸缺乏时,上述代谢过程受阻,导致红细胞内 DNA 合成障碍,细胞分裂增殖速度下降,增殖旺盛的造血系统易受影响,血细胞体积增大,停留在幼稚阶段,导致巨幼细胞贫血。

叶酸用于治疗各种原因所致叶酸缺乏引起的巨幼细胞贫血,尤其对营养性、妊娠期和婴儿期等巨幼细胞贫血疗效好,辅以维生素 B_{12} 等效果更佳。一般用药 2~3 天症状得到改善,骨髓内巨幼红细胞消失;网织红细胞数于用药 5~7 天达到高峰;血象和骨髓象完全恢复正常约需 4 周。

对于叶酸对抗剂如甲氨蝶呤、乙胺嘧啶、甲氧苄啶等所致的巨幼细胞贫血,因二氢叶酸还原酶已被抑制,直接应用叶酸无效,需用亚叶酸钙(calcium folinate,甲酰四氢叶酸钙)治疗。

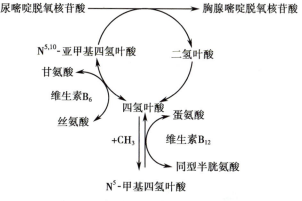

图 24-1　叶酸与维生素 B_{12} 作用示意图

对于恶性贫血,叶酸可改善血象,但不能改善甚至可加重神经症状。治疗时,应以维生素 B_{12} 为主,叶酸为辅。

【不良反应】偶见过敏反应,长期用药可出现厌食、恶心、腹胀等胃肠道症状,大量服用时可导致尿液呈黄色。

维生素 B_{12}(vitamin B_{12})

维生素 B_{12} 是一类含钴复合物,有氰钴胺、羟钴胺、腺苷钴胺和甲钴胺多种形式。动物内脏、牛奶、蛋黄中含量丰富,而植物性食物中几乎不含。正常成人一日需要 1~2μg,必须从外界摄取。药用者为氰钴胺和甲钴胺等,化学性质稳定。

【体内过程】口服的维生素 B_{12} 必须与胃壁细胞分泌的内因子结合成复合物,才能避免被胃液破坏,从而进入空肠吸收。某些疾病可致胃黏膜萎缩,内因子分泌减少,影响维生素 B_{12} 吸收,引起恶性贫血。用维生素 B_{12} 治疗此种贫血时,必须注射给药。维生素 B_{12} 进入血液后由转钴蛋白 II 转运至肝脏,部分贮存在肝脏中,其余经胆汁排泄,形成肝肠循环。口服时主要从肠道排出,注射时则大部分从肾脏排泄。

【药理作用】维生素 B_{12} 作为细胞分裂和维持神经组织髓鞘完整所必需的辅酶,参与体内多种生化反应。

1. 促进四氢叶酸的循环利用　细胞内的 5-甲基四氢叶酸在维生素 B_{12} 的参与下转化为四氢叶酸。维生素 B_{12} 缺乏时,该过程受阻,四氢叶酸的循环利用受到影响,患者出现与叶酸缺乏相似的巨幼细胞贫血(图 24-1)。

2. 维持有髓神经纤维功能的完整性　维生素 B_{12} 可促进甲基丙二酰辅酶 A 转化为琥珀酰辅酶 A,参与三羧酸循环,有助于神经髓鞘脂蛋白的形成,从而保持有髓神经纤维功能的完整性。维生素 B_{12} 缺乏时,有髓神经纤维完整性受损,表现为感觉异常、运动失调等神经症状。

【临床应用】主要用于治疗恶性贫血,合用叶酸治疗巨幼细胞贫血。也可作为神经系统疾病(如神经炎、神经萎缩等)、肝脏疾病(肝炎、肝硬化等)的辅助治疗。

【不良反应】较少。极少数患者可出现过敏性休克,故不宜滥用。

岗位情景

患者,男,60岁。10年前曾因胃溃疡穿孔,行胃大部切除术。近3个月出现头晕、乏力,近1个月双下肢水肿,伴口腔溃疡,舌尖部疼痛。经查:血常规符合正常细胞正常色素性贫血,骨髓象部分幼红细胞的改变符合缺铁性贫血,部分改变支持巨幼细胞贫血。诊断:巨幼细胞贫血合并缺铁性贫血。该患者的主要病因是什么? 主要药物治疗方案是什么?

点滴积累

贫血的主要类型有:①缺铁性贫血,需用铁剂治疗;②巨幼细胞贫血,需用叶酸或维生素B_{12}治疗,其中恶性贫血以维生素B_{12}为主,叶酸为辅;③再生障碍性贫血,目前治疗比较困难,须进行综合治疗。

第二节　止血药

凝血系统和纤溶系统是机体内两个对立统一的生理调节机制。正常情况下,两者维持着动态平衡,既保持血流畅通,又有效防止出血。一旦凝血系统和纤溶系统之间的动态平衡被破坏,则会发生出血或形成血栓,此时应选用促凝血药(coagulant)或抗凝血药(anticoagulant)加以纠正。血凝过程、纤溶过程及药物对其影响见图 24-2。止血药是一类能促进血液凝固或抑制纤溶以达到止血作用的药物。

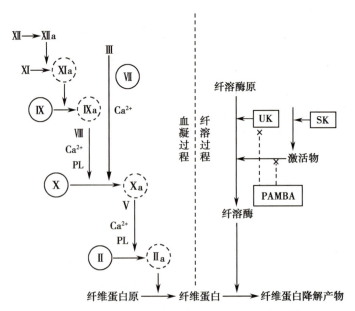

PL:血小板,UK:尿激酶,SK:链激酶,PAMBA:氨甲苯酸。

图 24-2　血凝过程、纤溶过程及药物对其影响示意图

一、促进凝血因子生成的止血药

促进凝血因子生成的止血药主要包括促进凝血因子活性药及凝血因子制剂。

（一）促进凝血因子活性药

维生素 K（vitamin K）

维生素 K 的基本结构是甲萘醌，其中维生素 K_3 为亚硫酸氢钠甲萘醌。K_1 由植物合成，K_2 由肠道细菌产生，两者均为脂溶性，需胆汁协助吸收；K_3 和 K_4 由人工合成，皆为水溶性，不需胆汁协助吸收。

【药理作用】

1. 促凝血作用 维生素 K 作为肝脏中羧化酶的辅酶，参与凝血因子 Ⅱ、Ⅶ、Ⅸ、Ⅹ 等的合成。维生素 K 可使上述凝血因子的谷氨酸残基的 γ-羧基化，而被活化为能与 Ca^{2+} 结合的有活性的凝血因子，呈现促凝血作用。当维生素 K 缺乏时，这些凝血因子的合成停留于无活性的前体状态，导致凝血酶原时间延长，引起出血。

2. 缓解平滑肌痉挛作用 维生素 K_1 或 K_3 肌内注射有解痉作用。

【临床应用】

1. 用于治疗维生素 K 缺乏所引起的出血 包括口服抗凝血药、广谱抗生素、阻塞性黄疸、胆瘘、慢性溃疡性结肠炎和广泛肠切除后因吸收不良所致的低凝血酶血症，新生儿因维生素 K 产生不足所致的出血。维生素 K_1 发挥作用快，维持时间长，常需肌内注射，紧急情况下也可静脉注射。

2. 缓解胃肠道平滑肌引起的疼痛 如胆石症、胆道蛔虫引起的绞痛。

【不良反应】维生素 K_1 静脉注射过速可引起出汗、胸闷、心动过速、低血压等，故应注意控制注射速度。肌内注射可引起局部红肿和疼痛。维生素 K_3 对新生儿特别是早产儿容易引起高胆红素血症和溶血。

（二）凝血因子制剂

凝血因子制剂是从健康人或动物血液中提取、分离、纯化、冻干而制得，内含各种凝血因子，主要用于凝血因子缺乏时的替代或补充疗法。

凝血酶（thrombin）

凝血酶是从牛、猪血提取和精制而成的无菌制剂，可直接作用于血液中纤维蛋白原，使其转变为纤维蛋白，加速血液凝固而迅速发挥止血作用。此外，还能促进上皮细胞的有丝分裂，加速创伤愈合。

适用于结扎困难的小血管出血、毛细血管以及实质性脏器的出血；也用于外伤、手术、口腔、泌尿道以及消化道等部位的止血。局部止血时，用生理盐水溶解成 50~200U/ml 溶液喷雾或敷于创面，切忌进入血管内。因其具有抗原性，可产生过敏反应。严禁注射给药，否则可导致血栓形成。

凝血酶原复合物（prothrombin complex）

本药为含有凝血因子Ⅱ、Ⅶ、Ⅸ、Ⅹ等的混合制剂。主要用于治疗血友病A（先天性凝血因子Ⅸ缺乏）、严重肝脏疾病、口服香豆素类抗凝血药过量和维生素K依赖性凝血因子（凝血因子Ⅱ、Ⅶ、Ⅸ、Ⅹ）缺乏等引起的出血。

抗血友病球蛋白（antihemophilic globulin，抗甲种血友病因子）

本药主要成分为凝血因子Ⅷ，主要用于血友病B（先天性凝血因子Ⅷ缺乏）的治疗，也可用于严重肝病、弥散性血管内凝血（DIC）和系统性红斑狼疮等引起的获得性凝血因子Ⅷ缺乏症。

二、抗纤维蛋白溶解药

抗纤维蛋白溶解药通过抑制纤维蛋白溶解而产生止血作用，主要药物为氨甲苯酸和氨甲环酸。

氨甲苯酸（aminomethylbenzoic acid，PAMBA，止血芳酸）

【药理作用与临床应用】氨甲苯酸能竞争性抑制纤溶酶原激活物，阻止纤溶酶原被激活为纤溶酶，从而抑制纤维蛋白溶解达到止血效果。大剂量也可直接抑制纤溶酶的活性。

临床主要用于防治纤溶功能亢进所引起的出血，如肺、子宫、甲状腺、前列腺、肝、脾等器官手术出血，产后出血等。也用于链激酶、尿激酶过量引起的出血。

【不良反应】过量可引起血栓形成，诱发心肌梗死，故有血栓形成倾向或有血管栓塞性病史者禁用或慎用。

氨甲环酸（tranexamic acid，AMCHA，止血环酸）

药理作用与临床应用与氨甲苯酸相似，止血作用强，但不良反应多。

三、作用于血管的促凝血药

作用于血管的促凝血药通过收缩小动脉、小静脉及毛细血管，减慢血流而达到止血作用。

垂体后叶素（pituitrin）

垂体后叶素是由动物垂体提取所得，内含催产素和加压素。加压素又称抗利尿激素，可促进肾脏远曲小管和集合管对水的重吸收，使尿量减少，用于治疗尿崩症。

加压素可直接作用于血管，使小动脉、小静脉和毛细血管收缩，血流速度减慢，使凝血过程在血管破损处易于形成凝血块，发挥止血作用。主要用于肺咯血及肝门静脉高压所引起的上消化道出血。冠心病、动脉粥样硬化、高血压、心力衰竭和肺源性心脏病者禁用。

四、促进血小板生成药

促进血小板生成药是通过提高血小板的数量及功能而达到止血作用的药物。

酚磺乙胺（etamsylate，止血敏）

酚磺乙胺可增加毛细血管的抵抗力，降低其通透性，还能增加血小板的数量并增强血小板聚集和黏附性，促使凝血活性物质释放，缩短凝血时间，但止血作用较弱，主要用于防治毛细血管脆性增加所致出血、血小板功能不足等原因引起的出血，也可预防和治疗外科手术出血过多。注射和口服皆可。也可与其他类型止血药如维生素K、氨甲苯酸合用。

> **点滴积累**
>
> 维生素K用于维生素K缺乏所致出血；氨甲环酸用于纤溶亢进所致出血；垂体后叶素主要用于肺咯血和肝门静脉高压所致上消化道出血；凝血因子制剂主要用于凝血因子缺乏时的替代或补充疗法；凝血酶用于局部止血。

第三节　抗凝血药、抗血小板药及纤维蛋白溶解药

一、抗凝血药

抗凝血药（anticoagulant）是能通过影响凝血过程的某些环节而阻止血液凝固的药物。

> **知识链接**
>
> #### 血栓形成与血栓栓塞
>
> 血栓栓塞性疾病包括血栓形成和血栓栓塞，可以发生在血液循环中任何一处心腔、动脉或者静脉。如果血液在某一局部凝固形成血凝块称为血栓形成；形成的血栓脱离原来的位置，并顺血流堵塞其他部位则称为血栓栓塞。该病的病因包括血管内皮损伤、血小板活化、凝血过程启动、抗凝活性减低、纤溶活性降低、血流异常等。

（一）体内、体外抗凝血药

肝素（heparin）

肝素药用制剂主要是从猪小肠黏膜或牛肺脏中提取的，是一种糖胺聚糖硫酸酯，带有大量负电荷，呈强酸性。

【体内过程】肝素是极性很大的大分子物质,不易通过生物膜,口服无效。肌内注射易引起血肿,皮下注射血药浓度低,故常静脉给药,主要由肝代谢为低抗凝活性的尿肝素,经肾脏排泄。

【药理作用】

1. 抗凝作用 在体内、体外均具有抗凝作用,作用迅速而强大。静脉注射10分钟起效,维持3~4小时。肝素是通过增强抗凝血酶Ⅲ(antithrombin Ⅲ,AT Ⅲ)的抗凝作用而发挥作用的。AT Ⅲ是体内作用缓慢的生理性抗凝物质,可使以丝氨酸为活性中心的凝血因子Ⅱa、Ⅸa、Ⅹa、Ⅺa和Ⅻa失去活性而呈现作用。肝素通过其酸性基团与AT Ⅲ的碱性赖氨酸残基结合,生成肝素-AT Ⅲ复合物。随后,AT Ⅲ精氨酸反应中心构象发生变化,易与上述凝血因子活性中心丝氨酸残基结合,抗凝作用加速。肝素使这一反应加速达千倍以上。

2. 抗动脉粥样硬化作用 与肝素的调血脂、保护动脉内皮、抗平滑肌细胞增殖等有关。

3. 其他作用 如抗感染、降低血黏度等。

【临床应用】

1. 防治血栓栓塞性疾病 如肺血栓、脑栓塞、心肌梗死及深静脉血栓等,可防止血栓的形成和扩大,但对已形成的血栓无溶解作用。

2. 治疗弥散性血管内凝血 早期应用能避免纤维蛋白原和凝血因子的耗竭,可防止继发性出血。

知识链接

弥散性血管内凝血

弥散性血管内凝血(DIC)是以不同原因所致的凝血因子和血小板被激活,凝血酶增加以及广泛微血栓形成为病理特征的获得性临床综合征。在DIC的发生发展过程中,其始动环节是由于某些促凝物质大量入血,使机体凝血系统被激活,进而引起机体凝血-抗凝血功能平衡紊乱。在微血管内广泛形成主要由纤维蛋白和血小板聚集构成的微血栓过程中,消耗了大量凝血因子和血小板,加上继发性纤维蛋白溶解功能增强,导致患者出现明显的出血、休克、器官功能障碍及贫血,往往预后较差。

3. 其他 可用于心导管检查、心血管手术、体外循环、血液透析、器官移植等,防止血液凝固。

【不良反应】主要不良反应是自发性出血,表现为各种黏膜出血、关节腔积血及伤口出血等,多见于肾衰竭患者及老年女性患者。对轻度的自发性出血,停药即可,若严重出血需缓慢静脉注射硫酸鱼精蛋白(protamine sulfate)对抗,1mg鱼精蛋白可中和100U肝素,但一次用量不可超过50mg。

偶见过敏反应,如哮喘、荨麻疹等。长期应用可致脱发、骨质疏松和自发骨折。少数可见血小板减少。

【禁忌证】肝素过敏、肝肾功能不全、溃疡病、脑出血、严重高血压、先兆流产、血友病、细菌性心内膜炎、外伤及手术后等患者禁用。

【药物相互作用】肝素为酸性药物,与碱性药物合用会失去抗凝活性;与阿司匹林、非甾体抗炎药、右旋糖酐、双嘧达莫合用,可增加出血危险;与肾上腺皮质激素、依他尼酸合用,可致胃肠道出血;与胰岛素或磺酰脲类药物合用,可导致低血糖。

低分子量肝素（low molecular weight heparin，LMWH）

低分子量肝素是肝素分子经化学或酶降解的片段，分子量在 4 000~6 000 之间。作用与肝素相似，有以下特点：①对 Xa 抑制强，对 IIa 抑制作用弱；②抗栓作用强，抗凝作用弱；③ $t_{1/2}$ 长，一日只需用药 1 次；④比较安全，出血较少。临床用于治疗静脉血栓形成和预防高危患者手术后的血栓形成，也可用于不稳定型心绞痛、急性心肌梗死。

目前，临床上常用的 LMWH 制剂有依诺肝素（enoxaparin）和那屈肝素（nadroparin）等。

（二）体内抗凝血药

香豆素类药物

常用药物有双香豆素（dicoumarol）、醋硝香豆素（acenocoumarol，新抗凝）和华法林（warfarin，苄丙酮香豆素）等，其中以华法林最为常用。它们的作用及应用基本相似，而且需口服后参与体内代谢才能发挥抗凝作用，故又称为口服抗凝血药。

【体内过程】双香豆素口服吸收不规则且不完全，吸收后与血浆蛋白结合率为 90%~99%，$t_{1/2}$ 为 24~60 小时，主要经肝代谢。华法林口服吸收较快而完全，口服后 12~24 小时起效，1~3 天达高峰，持续时间为 3~5 天。

【药理作用与临床应用】香豆素类药物的结构与维生素 K 的结构相似，能竞争性拮抗维生素 K 的作用，抑制 II、VII、IX、X 等凝血因子的合成，从而产生抗凝作用。对已合成的凝血因子无作用，无体外抗凝作用。需待体内原有凝血因子耗竭后才能显效，停药后凝血因子的合成也需要一定的时间，故作用缓慢而持久。

主要用于防治血栓栓塞性疾病，如静脉血栓栓塞、肺栓塞等。因起效较慢，若需迅速发挥作用，一般可在开始服药的 3~4 天内与肝素合用，然后停用肝素，继续用华法林维持治疗。

【不良反应】口服过量易引起自发性出血，常见的有皮肤黏膜、胃肠道、泌尿生殖道出血，可用维生素 K 对抗，必要时输入新鲜血浆或全血。治疗期间应监测凝血状况，据此调整剂量。华法林有致畸作用，孕妇禁用。

【药物相互作用】肝药酶抑制药（如氯霉素）、血浆蛋白结合率高的药物（如保泰松）、广谱抗生素，可增强香豆素类药物的抗凝作用。肝药酶诱导药和口服避孕药，可减弱香豆素类药物的抗凝作用。

新型口服抗凝血药应用日益广泛，主要包括凝血酶（IIa 因子）抑制药达比加群（dabigatran）与 Xa 因子抑制药利伐沙班（rivaroxaban）、阿哌沙班（apixaban）等。与华法林相比，这些药口服起效快，大出血风险较低，不需常规监测凝血功能，食物药物相互作用较少，主要替代华法林用于预防静脉血栓形成。

（三）体外抗凝血药

枸橼酸钠（sodium citrate）

枸橼酸钠可与血浆中的钙离子形成难解离的可溶性络合物，降低血中钙离子浓度，可立即呈现抗凝作用,仅用于体外抗凝。用于保存新鲜血液时,一般每 100ml 全血中加入 2.5% 枸橼酸钠 10ml。输入含有该药的血液过速或过量时,可引起低钙血症,导致心功能不全、手足搐搦,必要时静脉注射钙剂纠正。

ER 24-7

岗位情景的
参考答案

岗位情景

患者,女,20 岁,患流行性脑脊髓炎,发生弥散性血管内凝血,用肝素抗凝治疗,出现严重的自发性出血。为什么选用肝素治疗会出现自发性出血? 针对此出血,宜使用的抢救药物是什么?

二、抗血小板药及纤维蛋白溶解药

抗血小板药及纤维蛋白溶解药可抑制血小板功能或增强纤溶过程,从而阻止血栓形成。

(一)抗血小板药

抗血小板药(antiplatelet drug)是指能抑制血小板的黏附、聚集和释放功能,阻止血栓的形成,用于防治心脏或脑缺血性疾病、外周血栓栓塞性疾病的药物。应用最为广泛的抗血小板药是阿司匹林,详见第十六章解热镇痛抗炎药及抗痛风药。

双嘧达莫(dipyridamole,潘生丁,persantin)

双嘧达莫通过抑制血小板磷酸二酯酶,减少 cAMP 降解;增加腺苷含量,激活腺苷环化酶,使血小板内 cAMP 增加,从而抑制血小板聚集,呈现抗血栓作用。与阿司匹林合用预防血栓性疾病,与华法林合用预防心脏手术后血栓形成。

依前列醇(epoprostenol,前列环素)

依前列醇是迄今为止活性最强的血小板聚集内源性抑制药。可通过激活血小板腺苷酸环化酶而增加 cAMP 含量,抑制血小板聚集,还能扩张血管,拮抗血栓素 A_2。用于体外循环,防止血栓形成,但口服很不稳定,需静脉滴注。现已合成了一些稳定的类似物,如伊洛前列素(iloprost),抗血小板强度与 PGI_2 相似,可口服或静脉注射。

噻氯匹定(ticlopidine)

噻氯匹定可抑制 ADP、胶原、花生四烯酸等引起的血小板聚集。口服有效,服后 24~72 小时显效,作用较强,维持时间较长。临床上主要用于动脉血栓栓塞性疾病,特别是不宜用阿司匹林治疗的患者。最常见的不良反应是胃肠道反应,表现为恶心、腹泻。

阿昔单抗(abciximab)

阿昔单抗系应用基因工程技术制备的重组鼠-人嵌合单克隆抗体,可竞争性、特异性地阻断纤维蛋白原与血小板糖蛋白 Ⅱb/Ⅲa 结合,从而抑制血小板的聚集,发挥抗血栓作用。临床主要用于治疗不稳定型心绞痛、急性心肌梗死等。不良反应主要有出血的危险,需严格把握剂量。

(二) 纤维蛋白溶解药

纤维蛋白溶解药(fibrinolytic drug)是一类能增强纤溶功能的药物,对已形成的血栓有溶解作用,故又称为溶栓药(thrombolytic drug)。

链激酶(streptokinase,SK,溶栓酶)

链激酶是从乙型溶血性链球菌培养液中提取的一种蛋白质。现已可用基因重组方法制备,称为重组链激酶(recombinant streptokinase,r-SK)。

【药理作用与临床应用】可与纤溶酶原结合形成复合物,激活纤溶酶原转化为纤溶酶,促进纤维蛋白溶解。对新形成的血栓溶栓效果好,而对形成已久且已机化的血栓效果较差。

主要用于急性血栓栓塞性疾病,如急性肺血栓、深部静脉栓塞及心肌梗死早期治疗等。需早期应用,以血栓形成不超过 6 小时疗效为最佳。

【不良反应】

1. 过敏反应 具有抗原性,可致过敏反应,如发热、头痛、寒战、过敏性休克等,与肾上腺皮质激素类药物或抗组胺药合用可预防。

2. 出血 主要表现为注射部位出现血肿。一般不需要停药,必要时可用氨甲苯酸等治疗。

禁用于出血性疾病、胃十二指肠溃疡、严重高血压、手术后或分娩后及链球菌感染等。

尿激酶(urokinase,UK)

尿激酶是一种从人尿中提取的一种蛋白酶,现可用基因重组方法制备。尿激酶可直接激活纤溶酶原转变为纤溶酶,产生溶栓作用。用途与 SK 相似,但 UK 不具有抗原性,不易发生过敏反应。

阿替普酶(alteplase)

组织型纤溶酶原激活物(tissue-type plasminogen activator,t-PA)为人体内生理性纤溶酶原激活剂,主要由血管内皮细胞合成并释放入血液循环。

阿替普酶是用基因工程方法生产的人重组 t-PA。其溶栓机制为选择性激活结合在纤维蛋白表面的纤溶酶原,使之活化成纤溶酶,发挥选择性溶栓作用,因而不产生链激酶常见的出血并发症。用于治疗肺栓塞和急性心肌梗死,使阻塞血管再通率升高,不良反应较少。出血性疾病禁用。

本类药物还有阿尼普酶(anistreplase)、瑞替普酶(reteplase)和蚓激酶(lumbrokinase)等。

点滴积累

1. 抗凝血药主要用于防治血栓栓塞性疾病。肝素体内外均有抗凝作用,香豆素类仅在体内有抗凝作用,枸橼酸钠仅用于体外抗凝。
2. 纤维蛋白溶解药链激酶、尿激酶用于治疗急性血栓栓塞性疾病,但对形成已久并已机化的血栓效果差。

第四节　促白细胞增生药

促白细胞增生药可促进多种白细胞的生成,主要用于恶性肿瘤患者。

一、基因重组类

非格司亭(filgrastim,粒细胞集落刺激因子,
granulocyte colony-stimulating factor,G-CSF)

粒细胞集落刺激因子是由血管内皮细胞、单核细胞和成纤维细胞合成的糖蛋白。现临床上应用的是由基因重组技术生产的含 174 个氨基酸的糖蛋白造血因子,又称重组人粒细胞集落刺激因子(recombinant human granulocyte colony-stimulating factor,rhG-CSF),能促进中性粒细胞成熟和释出,增强中性粒细胞趋化性及吞噬功能。主要用于预防恶性肿瘤放疗、化疗引起的骨髓抑制,也可用于自体骨髓移植,以促进减少的中性粒细胞恢复。本药不能口服,仅能静脉注射或皮下注射给药。一般剂量患者耐受良好,略有轻度骨骼疼痛,长期静脉滴注可引起静脉炎。为避免骨髓对化疗药物敏感性增高,应在化疗药物应用前或后 24 小时应用。对本药过敏者应禁用。

沙格司亭(sargramostim,粒细胞 - 巨噬细胞集落刺激因子,granulocyte-
macrophage colony-stimulating factor,GM-CSF)

粒细胞 - 巨噬细胞集落刺激因子是由 T 淋巴细胞、单核细胞、成纤维细胞、血管内皮细胞合成的。它能刺激中性粒细胞、单核细胞、巨噬细胞等多种白细胞的分化、活化及生成,增强成熟中性粒细胞的吞噬功能,提高机体抗肿瘤、抗炎的免疫力,主要用于预防恶性肿瘤放疗、化疗引起的白细胞减少以及并发的感染等。不良反应有皮疹、发热、骨痛、肌痛以及皮下注射部位红斑。首次静脉滴注时可出现潮红、低血压等。严重的不良反应为心功能不全、支气管痉挛、室上性心动过速、颅内压增高、肺水肿和晕厥等。

二、其他促白细胞增生药

维生素 B_4(vitamine B_4,磷酸腺嘌呤)

维生素 B_4 参与 RNA 和 DNA 的合成,是核酸的前体物质,可促进白细胞的增生。用药后 2~3 周,一般可见白细胞数明显增加。用于各种原因如放疗、化疗、抗甲状腺药、解热镇痛药、苯中毒等所致的白细胞减少。

鲨肝醇（batilol）

鲨肝醇对肿瘤放疗、化疗引起的骨髓抑制有拮抗作用,对苯中毒引起的白细胞减少也有一定的疗效。可用于放射线及其他原因引起的白细胞减少。

利可君（leucogen）

利可君可增强造血系统代谢,临床上用于防治各种原因引起的白细胞减少、血小板减少和再生障碍性贫血。

肌苷（inosine,次黄嘌呤核苷）

肌苷参与体内核酸代谢、蛋白质合成和能量代谢,提高各种酶的活性,从而使细胞在缺氧状态下进行正常代谢,有助于受损细胞功能的恢复,为辅助用药,具有改善机体代谢作用。临床上可用于各种原因所致的白细胞减少和血小板减少、心力衰竭、心绞痛、肝炎等辅助治疗。

点滴积累

促白细胞增生药可用于治疗各种原因引起的白细胞减少。

第五节　血容量扩充药

大量失血或失血浆会引起血容量降低,导致休克,迅速补足血容量是防治低血容量性休克的基本疗法。等渗葡萄糖盐水维持时间短暂,血液制品如全血、血浆等来源受限,而人工合成的血容量扩充药(血浆代用品)则具有作用持久、无毒、无抗原性等优点。

右旋糖酐（dextran）

右旋糖酐是葡萄糖的高分子聚合物,根据其分子量的大小,可分为右旋糖酐 70(中分子右旋糖酐)、右旋糖酐 40(低分子右旋糖酐)、右旋糖酐 10(小分子右旋糖酐)。

【药理作用与临床应用】

1. 扩充血容量　右旋糖酐分子量较大,静脉滴注后不易渗出血管,提高血浆渗透压,能保持血液中水分及将组织细胞外液中的水分吸收入血,迅速扩充血容量。作用强度随分子量的减小而降低,维持时间也随之变短。中分子、低分子右旋糖酐用于低血容量性休克,如急性失血、创伤和烧伤性休克。

2. 改善微循环　右旋糖酐分子可覆盖于红细胞表面,使红细胞膜外的负电荷增加,进而产生红细胞的互相排斥现象而使其不易聚集,又加之可增加血容量及血液稀释作用,故可改善微循环。可用于感染性休克的治疗,低分子和小分子右旋糖酐的疗效较明显。

3. 抗血栓　右旋糖酐分子可覆盖于血小板表面,使之互相排斥而使其不易聚集,防止血栓形成。可用于治疗血栓形成性疾病,如心肌梗死、脑血栓形成、视网膜动静脉血栓形成及弥散性血管内凝血等。低分子和小分子右旋糖酐的效果较好。

4. 利尿作用　低分子和小分子右旋糖酐分子量较小,可快速由肾小球滤过,在肾小管内不被重吸收,发挥渗透性利尿作用,临床上用于防治急性肾衰竭。小分子右旋糖酐作用更强。

【不良反应】偶见过敏反应,如发热、荨麻疹等,极个别有血压下降、呼吸困难等严重反应。静脉滴注开始宜缓慢,因扩充血容量,增加心脏负担,对心功能不全患者要慎用。血小板减少及有出血性疾病患者禁用。

羟乙基淀粉(hetastarch)

羟乙基淀粉为高分子胶体物质。静脉注射后可扩充血容量,改善血流动力学,作用可维持24小时或以上。用于各种原因引起的血容量不足。少数患者可出现过敏反应,表现为眼睑水肿、荨麻疹及哮喘等。

复习导图

> **点滴积累**
>
> 血容量扩充药主要用于防治低血容量性休克、抗血栓及改善微循环。

习题

目标检测

一、简答题

1. 简述肝素的抗凝血药理作用和临床应用。

2. 应用铁剂应注意哪些问题?

3. 比较肝素与华法林的异同点。

二、处方分析

一位患缺铁性贫血患者,又因尿路感染入院。医生处方如下,请分析处方是否合理,为什么?

Rp:

四环素片　0.25g×24

Sig.　0.25g　q.i.d.　p.o.

硫酸亚铁片　0.3g×18

Sig.　0.3g　t.i.d.　p.o.

(袁　超)

第二十五章　抗过敏药

ER 25-1

第二十五章
课件

导学情景

情景描述：

　　小梅近几日不明原因出现背部瘙痒，越刺激瘙痒越严重，只有用力搔抓方可使瘙痒减轻，搔抓过的部位出现条索状丘疹，每晚重复发作。去医院诊治，诊断为荨麻疹。

学前导语：

　　荨麻疹俗称风疹块，是由于皮肤、黏膜小血管扩张及渗透性增加而出现的一种局限性水肿反应，通常在 2~24 小时内消退，但反复发生新的皮疹，不积极治疗有转成慢性的可能，过敏是其发病原因之一。本章我们将学习用于治疗过敏性疾病的药物。

ER 25-2

扫一扫，
知重点

第一节　H_1 受体拮抗药

　　H_1 受体拮抗药与自体活性物质组胺共同竞争组胺受体中的 H_1 受体，从而产生拮抗组胺的作用，是常见的抗过敏药。

知识链接

组胺

　　组胺是组氨酸脱羧产物，属自体活性物质。体内的组胺是以无活性的结合状态存在于肥大细胞和嗜碱性粒细胞的颗粒中，当机体发生变态反应或受到其他理化刺激时，引起肥大细胞脱颗粒，组胺释放到肥大细胞外，并立即与靶细胞上的组胺受体结合，产生相应的生物学效应。

　　组胺受体主要有 H_1、H_2 和 H_3 受体三个亚型，它们的分布及效应与常见拮抗药见表 25-1。

表 25-1　组胺受体分布及效应与常见拮抗药

受体类型	分布组织	效应	拮抗药
H_1 受体	支气管、胃肠、子宫	平滑肌收缩引起胃肠绞痛、喉痉挛、支气管痉挛	苯海拉明 异丙嗪 氯苯那敏 西替利嗪
	皮肤血管	血管扩张引起渗出增加、水肿	
	心房、房室结	心肌收缩增强、传导减慢	
H_2 受体	胃壁细胞	促进胃酸分泌	西咪替丁 雷尼替丁 法莫替丁
	血管	扩张引起渗出增加	
	窦房结、心室	心率加快、收缩增强	
H_3 受体	中枢及外周神经末梢	负反馈性抑制组胺合成与释放	硫丙咪胺

临床常用的第一代 H_1 受体拮抗药有氯苯那敏(chlorphenamine,扑尔敏)、异丙嗪(promethazine,非那根)、苯海拉明(diphenhydramine)、赛庚啶(cyproheptadine,periactin)、布克力嗪(buclizine)等。第二代 H_1 受体拮抗药有氯雷他定(loratadine)、特非那定(terfenadine)、左西替利嗪(levocetirizine)、阿司咪唑(astemizole)、非索非那定(fexofenadine)、阿伐斯汀(acrivastine)、氮䓬斯汀(azelastine)等。临床常用的 H_1 受体拮抗药作用特点见表 25-2。

表 25-2　常用 H_1 受体拮抗药的作用特点

药物	持续时间	镇静催眠	防晕止吐	主要临床应用
氯苯那敏	4~6 小时	+	—	皮肤黏膜过敏
异丙嗪	4~6 小时	+++	++	皮肤黏膜过敏、晕动病
苯海拉明	4~6 小时	++	++	皮肤黏膜过敏、晕动病
阿司咪唑	10 天	—	—	皮肤黏膜过敏
非索非那定	12~24 小时	—	—	皮肤黏膜过敏
左西替利嗪	12~24 小时	—	—	皮肤黏膜过敏

注:"+"表示作用的强度;"—"表示没有作用。

【体内过程】本类药物大多数口服吸收完全,口服后 15~30 分钟生效,2~3 小时血药浓度达到高峰,第一代 H_1 受体拮抗药一般可维持 4~6 小时,而第二代 H_1 受体拮抗药的作用时间长达 12~24 小时。主要经过肝脏代谢,大部分在肝内羟基化及与葡萄糖醛酸相结合,肝脏代谢产物从胆汁排出后,可自肠道再吸收,形成肝肠循环,故肝功能不全者使用抗组胺药宜慎重,代谢产物多在 24 小时内经尿排出。

【药理作用】

1. H_1 受体拮抗作用　可对抗 H_1 组胺受体介导的胃肠道、支气管和子宫平滑肌收缩,部分对抗组胺引起的血管扩张和血压下降等,但对 H_2 受体介导的胃酸分泌无影响。

2. 中枢作用　第一代 H_1 受体拮抗药多数可通过血脑屏障,有不同程度的中枢抑制作用,其中以异丙嗪、苯海拉明最强,氯苯那敏较弱。第二代 H_1 受体拮抗药无明显的中枢抑制作用。

3. 其他　多数药物还有较弱的 M 受体阻滞作用、局麻作用和奎尼丁样作用。

【临床应用】

1. 变态反应性疾病 本类药物对皮肤黏膜的变态反应性疾病,如荨麻疹、变应性鼻炎、花粉症等疗效较好;对昆虫咬伤所致的瘙痒和水肿有良效;对药疹和接触性皮炎等引起的皮肤瘙痒有止痒效果;对因其他致炎物质参与的支气管哮喘疗效较差;对过敏性休克几乎无效。

2. 晕动病及呕吐 苯海拉明、异丙嗪等对晕动病以及放射病呕吐有镇吐作用。预防晕动病应在乘车、乘船前 15~30 分钟服用。

3. 失眠 苯海拉明和异丙嗪可用于失眠的治疗,尤以变态反应性疾病所引起的失眠效果好。

【不良反应】 最常见的为中枢抑制作用,表现为困倦、嗜睡、乏力等,以苯海拉明和异丙嗪较为明显。因此用药期间应避免驾车和高空作业,以防意外。其次是消化道反应,如食欲减退、恶心、呕吐,偶见兴奋、烦躁、眼压升高、视物模糊、尿潴留等。其中第二代的阿司咪唑、特非那定可在高浓度时阻滞心肌细胞钾通道,引起心律失常。青光眼患者禁用。

ER 25-3
使用抗组胺
药应禁用
酒精

岗位情景

氨咖黄敏胶囊中每粒含有对乙酰氨基酚 250mg,咖啡因 15mg,马来酸氯苯那敏 1mg,人工牛黄 10mg。
请分析:
1. 以上药物中哪个药属于抗过敏药,在感冒的治疗中起到什么作用?
2. 请分析处方中其他成分在感冒治疗中主要发挥什么作用。

ER 25-4
岗位情景的
参考答案

点滴积累

1. 组胺(histamine)是自体活性物质,通过激动 H_1、H_2 受体可引起过敏和胃酸分泌增加。
2. H_1 受体拮抗药可拮抗组胺引起的毛细血管扩张、通透性增加、支气管和胃肠平滑肌收缩等作用;异丙嗪、苯海拉明还具有明显的中枢抑制作用。临床用于防治变态反应性疾病、晕动病、呕吐和失眠等。

第二节　其他抗过敏药

一、钙剂

常用钙剂包括氯化钙（calcium chloride）、葡萄糖酸钙（calcium gluconate）、门冬氨酸钙（calcium aspartate）等。可通过增加毛细血管致密度而降低其通透性，减少渗出，从而缓解过敏症状。常用于湿疹、荨麻疹、接触性皮炎、血清病和血管神经性水肿等过敏性疾病的辅助治疗。采用静脉注射，起效迅速，但该途径下给药时有热感，应缓慢推注，注射过快或剂量过大时可引起心律失常甚至心脏停搏；并防止药液外漏，避免剧痛和组织坏死的发生。

二、肥大细胞膜稳定药

常用药物有色甘酸钠（sodium cromoglicate）、酮替芬（ketotifen）等。肥大细胞脱颗粒是过敏反应发生的重要环节，本类药物通过稳定肥大细胞膜，防止膜裂解和脱颗粒，减少过敏性介质的释放，常用于预防支气管哮喘的发生。

三、白三烯受体拮抗药

常用药物有孟鲁司特（montelukast）、扎鲁司特（zafirlukast）等。除组胺外，白三烯在过敏反应中起着极为重要的作用，如变应性鼻炎，以及过敏性哮喘、运动性哮喘、非甾体抗炎药诱发的阿司匹林哮喘的支气管痉挛由白三烯所致。白三烯受体拮抗药可用于治疗变应性鼻炎，预防运动或过敏原引起的哮喘等。

技能赛点的
赛点分析

技能赛点

患者，女，29岁，既往有花粉过敏史，每年三、四月都会出现喷嚏不止、水样鼻涕、鼻塞等症状，自述于三天前春游后再次出现类似症状前来就医。诊断为变应性鼻炎，医生处方如下，请分析用药是否合理，为什么？

Rp：

丙酸氟替卡松鼻喷雾剂　　　　　　50μg/喷×120喷/支（1支）
Sig.　2喷　喷鼻　每日1次
盐酸氮䓬斯汀鼻喷雾剂　　　　　　10mg：10ml/支（2支）
Sig.　1喷　喷鼻　每日2次
孟鲁司特钠片　　　　　　　　　　10mg×5片/盒（2盒）
Sig.　10mg　口服　每日1次

四、糖皮质激素

常用药物有泼尼松（prednisone）、甲泼尼龙（methylprednisolone）、倍氯米松（beclomethasone）等。糖皮质激素因具有强大的免疫抑制作用与抗炎作用，因而具有很强的抗过敏作用。本类药物既能抑制肥大细胞释放组胺、缓激肽、5-HT 等过敏性介质，还能抑制花生四烯酸代谢以减少白三烯和前列腺素的生成，起到抗炎、抗过敏的作用，并且能抑制过敏反应产生的病理变化，减轻过敏症状。在使用其他抗过敏药治疗荨麻疹、支气管哮喘、血管神经性水肿、过敏性休克无效时，可选用糖皮质激素作为辅助治疗。

> **点滴积累**
>
> 1. 钙剂治疗过敏时通过增加毛细血管致密度而降低其通透性，减少渗出，从而缓解过敏症状。宜采用静脉缓慢推注，注射过快或剂量过大时可引起心律失常甚至心脏停搏。
> 2. 肥大细胞膜稳定药通过减少过敏性介质的释放，常用于预防支气管哮喘的发生。
> 3. 白三烯受体拮抗药通过拮抗白三烯与受体的结合，用于治疗变应性鼻炎，预防运动或过敏原引起的哮喘等。
> 4. 糖皮质激素因其强大的抗过敏作用，用于其他抗过敏药治疗荨麻疹、支气管哮喘、血管神经性水肿、过敏性休克无效时的辅助治疗。

ER 25-6

复习导图

目标检测

一、简答题

请列举常见的抗过敏药有哪几类？各举一个代表药物。

二、案例分析

张某，男，23 岁，长途汽车司机。因局部皮肤出现片状红色突起，瘙痒难忍，于是到医院就诊。经全面检查后，诊断为荨麻疹。请问：

1. 是否可选用 H_1 受体拮抗药治疗？其药理学基础是什么？

2. 若选用 H_1 受体拮抗药治疗，哪些药物较为适宜？哪些药物不宜使用？

3. 司机选用 H_1 受体拮抗药时应注意什么？

ER 25-7

习题

（谌 茜）

第二十六章　作用于呼吸系统的药物

ER 26-1

第二十六章
课件

导学情景

情景描述:

　　患者,女,35 岁,因感冒引起咳嗽、咳痰,随着病情加重出现哮喘。发作时出现带哮鸣音的呼气性呼吸困难,被迫取坐位,持续几分钟,面色、口唇发绀明显。经查诊断为上呼吸道感染伴支气管哮喘。

学前导语:

　　支气管哮喘是一种慢性变态反应性炎症性疾病。其发病机制涉及炎症、变态反应、遗传因素、精神心理因素、药物因素等诸多因素。本章我们将学习作用于呼吸系统常见的三大类药物,包括镇咳药、祛痰药和平喘药。

ER 26-2

扫一扫,
知重点

　　咳、痰、喘是呼吸系统疾病的常见症状,三者可单独出现,也可同时出现并可相互加重。所以,在治疗呼吸系统疾病时,除了针对病因的抗感染、抗炎、抗过敏等治疗外,还应配合使用平喘药、镇咳药或祛痰药以缓解症状,防止病情发展,减轻患者的痛苦。

第一节　平喘药

　　平喘药是能松弛支气管平滑肌,缓解或预防哮喘发作的药物。哮喘是一种继发于抗原过敏的慢性气道炎症,由于炎症细胞、介质与气道的组织和细胞间复杂的相互作用,导致支气管平滑肌痉挛性收缩,痰液积滞和呼吸道黏膜充血水肿,于是气道阻塞,使空气出入受到阻碍,以呼气尤为严重,呈现喘息性吸入困难。主要表现为突然的反复发作性喘息、呼吸困难、胸闷和咳嗽等,主要病变为炎症引起的支气管痉挛,伴有腺体分泌亢进、呼吸道黏膜充血水肿。喘息时气道反应性亢进,除抗原外,寒冷、烟尘等非特异性刺激也可诱发喘息。平喘药按其结构和作用环节可分为三大类:支气管扩张药、抗炎平喘药、抗过敏平喘药(图 26-1)。

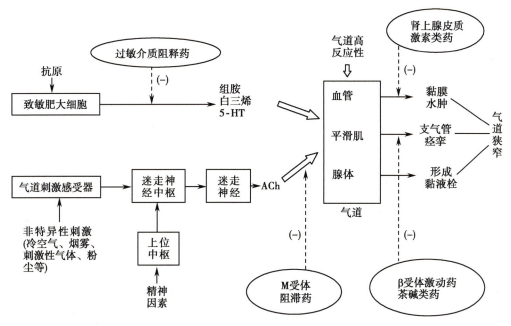

图 26-1 哮喘发生过程及各类平喘药作用示意图

难点释疑

cAMP/cGMP 的比值与哮喘发作

  细胞内环磷酸腺苷 / 环磷酸鸟苷(cAMP/cGMP)的比值可决定支气管平滑肌的功能状态,药物通过提高细胞 cAMP 含量,或降低 cGMP 含量,使其比值升高,缓解哮喘。

  当激动 β 受体时,细胞内 cAMP 含量增加,cAMP/cGMP 的比值增加,支气管平滑肌松弛;当激动 M 受体时,细胞内 cGMP 含量增加,cAMP/cGMP 的比值降低,导致支气管平滑肌收缩。

一、支气管扩张药

  支气管扩张药包括 β₂ 受体激动药、茶碱类药、M 受体阻滞药三类。

(一) β₂ 受体激动药

  本类药主要通过激动支气管平滑肌 β₂ 受体,激活腺苷酸环化酶,增加平滑肌细胞内 cAMP 浓度,产生强大的支气管平滑肌松弛作用,用于哮喘急性发作(图 26-2)。此外,还可激活肥大细胞上的 β₂ 受体,阻止过敏介质释放,用于预防过敏性哮喘发作。

  根据对 β 受体选择性的不同,分为非选择性 β 受体激动药和选择性 β₂ 受体激动药:前者有肾上腺素、异丙肾上腺素、麻黄碱等,大多起效快,维持时间短,还有较弱的 α 受体激动作用,可收缩呼吸道黏膜血管,减轻黏膜水肿,有助于缓解哮喘,但对 β₁ 受体和 β₂ 受体缺乏选择性,平喘时易兴奋

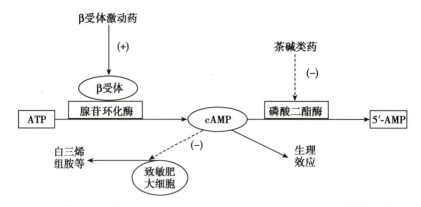

图 26-2　β₂ 受体激动药和茶碱类药对平滑肌细胞内 cAMP 浓度的影响

心脏,引起心悸。后者有沙丁胺醇、特布他林和克仑特罗等,对 β_2 受体选择性高,兴奋心脏作用较弱。另外,给药途径较多,见效快,维持时间长。

沙丁胺醇(salbutamol,舒喘灵)

【体内过程】本药口服有效,服用后 15~30 分钟起效,作用维持 4~6 小时;气雾吸入的生物利用度约为 10%,吸入后 5~15 分钟起效,1 小时作用达到高峰,疗效维持 2~4 小时。大部分经肝脏代谢,经肾排泄。

【药理作用】本药选择性激动支气管平滑肌 β_2 受体,对支气管平滑肌有迅速、强大而持久的松弛作用。平喘作用强度与异丙肾上腺素相似或略强,但维持时间长。兴奋心脏作用较弱。

【临床应用】临床适用于防治支气管哮喘、喘息性支气管炎、肺气肿等伴支气管痉挛,预防哮喘可口服给药,控制急性发作多气雾吸入或静脉给药。近年来有缓释剂型和控释剂型,可延长作用时间,适用于预防哮喘夜间突然发作。

【不良反应】常见手指震颤、恶心、头晕等。过量可致心律失常,久用使支气管平滑肌 β_2 受体密度降低,易产生耐受性,不仅疗效降低,且有加重哮喘的可能。高血压、心功能不全、糖尿病和甲亢患者慎用。

特布他林(terbutaline,叔丁喘宁、间羟舒喘灵)

本药为选择性较高的 β_2 受体激动药,平喘机制与沙丁胺醇相似。有口服、气雾吸入及静脉滴注等多种给药途径,是选择性激动 β_2 受体药物中唯一可以皮下注射的药物。口服 30 分钟起效,持续 5~8 小时。临床应用同沙丁胺醇。

克仑特罗(clenbuterol)

本药除片剂和气雾剂外还有膜剂和栓剂。一次口服 100~120μg,维持 24 小时,是一种强效选择性 β_2 受体激动药,较少引起心悸。适用于支气管哮喘和喘息性支气管炎,每日用药一次,气雾吸入 5~10 分钟起效,维持 2~4 小时;直肠给药可维持 24 小时,哮喘夜间发作者,直肠用药效果更好。较少引起心悸。

同类药物还有沙美特罗、丙卡特罗、福莫特罗等。

岗位情景的参考答案

岗位情景

患者,男,37岁,有支气管哮喘病史,在寒冷的冬季,从南方到北方出差,当天感觉很冷,突然胸闷、气短、呼吸困难,夜间呼吸困难加重,喉中有哮鸣音,立刻去医院急诊就医。诊断为支气管哮喘急性发作。医生给予异丙肾上腺素雾化吸入1周,哮喘减轻,但出现心率加快、心律失常。请分析原因。

(二)茶碱类药

本类药物主要通过抑制磷酸二酯酶,阻止支气管平滑肌细胞内 cAMP 降解,升高细胞内 cAMP 水平,舒张支气管;也能阻断腺苷受体,拮抗腺苷诱发的支气管平滑肌痉挛;兼有促进内源性儿茶酚胺类物质释放和降低平滑肌细胞内 Ca^{2+} 浓度的作用,也可解除呼吸道平滑肌痉挛(图 26-2)。

氨茶碱(aminophylline)

【体内过程】口服吸收较好,生物利用度96%,用药1~3小时血中药物浓度达峰值,静脉注射10~15分钟达最大疗效。主要经肝代谢,其 $t_{1/2}$ 个体差异较大,老年人及肝硬化患者 $t_{1/2}$ 会明显延长。

【药理作用与临床应用】

1. 平喘作用 本药对支气管平滑肌有较强的松弛作用,但弱于 β 受体激动药。作用机制主要有:①抑制磷酸二酯酶;②阻断腺苷受体;③促进内源性儿茶酚胺释放,激动 $β_2$ 受体,间接松弛支气管平滑肌;④抑制支气管平滑肌内质网释放 Ca^{2+},降低平滑肌细胞内 Ca^{2+} 浓度;⑤抗感染作用等。

临床主要用于:①防治慢性支气管哮喘,口服给药即可,吸收较好,2~3小时血药浓度达峰值,维持5~6小时;②重症哮喘急性发作或持续状态,采用静脉滴注给药,15~30分钟达最大效应,常与β受体激动药及肾上腺皮质激素类药合用以提高疗效;③喘息性支气管炎、肺气肿及其他阻塞性肺疾病引起的支气管炎。

2. 强心利尿 增强心肌收缩力,增加心排血量,进而增加肾血流量和肾小球滤过率,同时还能抑制肾小管对钠的重吸收,产生利尿作用。用于心源性哮喘和心源性水肿的辅助治疗。

3. 其他作用 能松弛胆道平滑肌,解除胆道痉挛,用于治疗胆绞痛,还能扩张外周血管和兴奋中枢。

【不良反应】

1. 局部刺激 本药碱性较强,局部刺激性大,口服刺激胃黏膜,可引起恶心、呕吐、胃痛等胃肠道反应,餐后服用可减轻。肌内注射可引起局部红肿疼痛,现已少用。长期应用可产生耐受性。

2. 中枢兴奋性 少数人治疗剂量可出现烦躁、不安、失眠等反应,静脉注射过量或过速可出现头痛、头晕、恶心、呕吐,甚至发生惊厥。儿童对本药敏感,易致惊厥,应慎用。

3. 急性中毒　静脉注射过速或剂量过大,可引起心悸、血压骤降,严重时心律失常,甚至出现心搏骤停或猝死等中毒反应,故需使用安全剂量,且注射液必须稀释后缓慢注射。老年人及心、肝、肾功能不全者用量酌减。低血压、休克、急性心肌梗死患者禁用。

胆茶碱（choline theophylline）

本药为茶碱和胆碱的复盐,可提高茶碱的水溶性,溶解度比氨茶碱大 5 倍,口服吸收快,药效维持时间长。口服胃刺激性较小。药理作用与临床应用同氨茶碱。

二羟丙茶碱（diprophylline,喘定）

本药是茶碱和甘油的缩合物,平喘作用弱于氨茶碱,但不良反应较轻,对胃肠刺激性小,兴奋心脏作用也较弱,适于口服,临床主要用于支气管哮喘、喘息性支气管炎等伴有心动过速或不能耐受氨茶碱的患者。剂量过大时也有中枢兴奋作用。

目前,临床常用缓释制剂及控释制剂。这些制剂的主要优点是口服吸收完全,血药浓度比较稳定,服药前后血药浓度峰值和谷值的差值小,有效血药浓度持续时间延长,可达 12~24 小时,能稳定释放茶碱,给药次数减少。适用于慢性反复发作性哮喘,对夜间频繁发作的患者尤为适宜。

技能赛点

患者,男,20 岁,哮喘复发 3 日,有 8 年哮喘史。伴有轻度咳嗽,痰呈泡沫状,痰量不多。诊断:支气管哮喘。医生处方如下,请分析用药是否合理,为什么?

Rp:

氨 醋酸泼尼松片　　5mg×30

Sig.　5mg　t.i.d.　p.o.

氨茶碱片　0.1g×21

Sig.　0.1g　t.i.d.　p.o.

盐酸溴己新片　　8mg×42

Sig.　16mg　t.i.d.　p.o.

ER 26-4

技能赛点的
赛点分析

知识链接

盐酸克仑特罗与瘦肉精

克仑特罗最早是作为平喘药使用的。20 世纪 80 年代初,美国一家公司意外发现将一定量的盐酸克仑特罗添加在饲料中可明显促进动物生长,并增加瘦肉率,称它"瘦肉精"。这一新发现被一些国家用于养殖业,添加量是治疗量的 5~10 倍。人们食用这种猪肉后就可能中毒。中毒症状有心慌、胸闷、面颈和四肢肌肉颤动、手抖、不能站立、头晕、乏力、心律失常等。中毒后应当进行洗胃、导泻等,还要监测血钾浓度,如有低钾血症,要补氯化钾。还要少量多次口服 β 受体阻滞药。

（三）M 受体阻滞药

M 受体阻滞药是一类选择性阻断支气管平滑肌 M 受体,抑制鸟苷酸环化酶而平喘的药物。根据起效时间和持续时间不同分为短效和长效两类。

异丙托溴铵（ipratropine,异丙阿托品）

本药为阿托品的季铵盐类衍生物,口服不易吸收,气雾吸入给药 15~30 分钟起效,持续 6~8 小时。主要用于喘息性支气管炎和支气管哮喘的防治,尤其适用于合并心血管疾病患者及糖皮质激素疗效差或禁用 β 受体激动药的患者。全身不良反应少,大剂量应用可有口干、干咳、喉部不适等反应,青光眼患者禁用。

噻托溴铵（tiotropium bromide）

本药为长效 M 受体阻滞药。口服不易吸收,气雾吸入给药 30 分钟起效,持续 24 小时。临床应用和不良反应同异丙托溴铵。

同类药物还有格隆溴铵,口服不易吸收,气雾吸入给药 5 分钟起效,持续 24 小时。

二、抗炎平喘药

目前,糖皮质激素类药物是有效的抗炎平喘药,是哮喘持续状态或危重发作的重要抢救药。

（一）全身用糖皮质激素类药

治疗哮喘可全身用药的糖皮质激素有地塞米松（dexamethasone）、氢化可的松（hydrocortisone）、泼尼松（prednisone）及泼尼松龙（prednisolone）等,它们抗炎作用强大,平喘效果确切,但全身用药的不良反应多且严重,并且容易产生依赖性,故临床仅用于支气管扩张药治疗无效的哮喘危重发作和哮喘持续状态,不作常规平喘药应用。

（二）吸入用糖皮质激素类药

某些糖皮质激素经局部气雾吸入给药在治疗哮喘方面取得了重要进展,不仅充分发挥了抗炎作用,而且避免了全身用药带来的不良反应。

倍氯米松（beclomethasone）

【药理作用与临床应用】本药为地塞米松衍生物,是近年来合成的供局部应用的糖皮质激素类药物,具有强大的局部抗感染作用。气雾吸入后,直接作用于呼吸道发挥抗炎平喘作用,避免了全身性不良反应,长时间应用对肾上腺皮质功能无抑制作用,可长期低剂量或短期高剂量应用于中度或重度哮喘患者。起效慢,不宜用作哮喘急性发作和持续状态的抢救药物,可用作哮喘发作间歇期及慢性哮喘的治疗药。

【不良反应】吸入给药易在咽部残留药液,长期吸入者,少数患者发生声音嘶哑,口腔、咽部白念珠菌感染,气雾吸入后及时反复漱口,可明显降低发生率。妊娠早期及婴儿慎用。

扫一扫，
知答案

氟尼缩松(flunisolide)、布地奈德(budesonide,布地缩松、布的松)

均为局部应用糖皮质激素类药物,药理作用、临床应用及不良反应与倍氯米松相似。氟尼缩松作用时间较长;布地奈德不含卤素,局部抗炎作用强,是口服糖皮质激素的理想药物。

三、抗过敏平喘药

本类药物能稳定肥大细胞膜,减少 Ca^{2+} 内流,阻止肥大细胞脱颗粒、释放过敏介质而呈现平喘作用。

色甘酸钠(sodium cromoglycate)

口服难吸收,采用喷雾吸入药物微细粉末的方法给药。其作用机制是稳定肥大细胞膜,防止膜裂解和脱颗粒,减少过敏介质释放,且能降低支气管哮喘患者对非特异性刺激的敏感性。起效慢,用药数日或数周后才显效。

主要用于预防和减少哮喘的发生。对外源性哮喘的预防作用更好,对正在发作的哮喘无效。此外,在接触抗原前用药,对变应性鼻炎、溃疡性结肠炎、消化道过敏性疾病和春季角膜炎等也有预防作用。

不良反应较少,少数患者气雾吸入时因粉尘刺激可出现咽痛、呛咳等气管刺激症状,甚至诱发哮喘,同时吸入少量异丙肾上腺素可预防。

酮替芬(ketotifen)

为强效肥大细胞膜稳定药。作用与色甘酸钠相似,疗效优于色甘酸钠。抑制过敏介质释放,并兼有较强的阻断 H_1 受体、抗 5-HT 及抑制磷酸二酯酶作用。用药后显效较慢,一般于 6~12 周疗效最佳。主要用于预防各型支气管哮喘发作,对儿童效果尤佳,对正在发作的哮喘无效。此外,可用于变应性鼻炎、过敏性眼炎、荨麻疹、接触性皮炎等。

久用未见耐受性,不良反应少,用药初期偶有疲倦、嗜睡、头晕等,继续用药可自行缓解,成人多见,儿童较少发生。妊娠早期及哺乳期妇女禁用,长期用药需检查肝功能。

> **点滴积累**
>
> 1. β₂ 受体激动药是哮喘急性发作的首选药物,也用于慢性阻塞性肺疾病和慢性支气管炎伴喘息的平喘治疗。β₂ 受体激动药常采用吸入或静脉给药。
> 2. 氨茶碱静脉注射可用于 β₂ 受体激动药不能控制的急性哮喘,口服氨茶碱以防止慢性哮喘患者的急性发作。
> 3. 哮喘发作的间歇期及慢性哮喘首选糖皮质激素(如倍氯米松)气雾吸入,其作用强且全身性不良反应少。
> 4. 预防哮喘的发作选用色甘酸钠、酮替芬等,或气雾吸入异丙托溴铵。

ER 26-6

正确使用布
地奈德

第二节 镇咳药

咳嗽是呼吸道受刺激后产生的一种保护性反射,有利于痰液和呼吸道异物的排出。剧烈的无痰干咳影响休息,消耗体力,甚至会加重病情,引起并发症。所以,在对因治疗的同时,有必要适当给予镇咳药辅助治疗以减轻病情。对咳嗽伴有黏痰难以咳出者,则应使用祛痰药,慎用镇咳药,防止发生呼吸道阻塞,导致窒息。

镇咳药是作用于咳嗽反射弧中的某一环节而发挥作用的药物。根据药物作用部位不同,镇咳药分为中枢性镇咳药和外周性镇咳药两类。

一、中枢性镇咳药

中枢性镇咳药是一类通过直接抑制延髓咳嗽中枢而发挥止咳作用的药物。

可待因(codeine,甲基吗啡)

为阿片生物碱之一,其作用与吗啡相似,但弱于吗啡。

【药理作用与临床应用】

1. **镇咳作用** 能选择性抑制延髓咳嗽中枢产生迅速而持久的镇咳作用,镇咳作用强大,镇咳强度是吗啡的 1/4,治疗剂量无呼吸抑制作用。

2. **镇痛作用** 有一定的镇痛作用,镇痛强度是吗啡的 1/10~1/7,强于一般解热镇痛抗炎药。

主要用于其他镇咳药无效的剧烈无痰干咳和中等强度的疼痛,对干咳伴有胸痛的胸膜炎患者尤为适宜。

【不良反应】 少数患者出现恶心、呕吐、便秘等不良反应,大剂量可致兴奋、烦躁不安;连续应用可产生耐受性和依赖性,不宜长期应用。呼吸功能不良、痰多患者和孕妇禁用,哺乳期妇女慎用。

右美沙芬（dextromethorphan）

本药为人工合成的吗啡类衍生物,能抑制咳嗽中枢而产生较强的镇咳作用,其作用强度与可待因相似或略强,口服 15~30 分钟起效,维持 3~6 小时。无镇痛作用,治疗剂量无呼吸抑制作用。适用于上呼吸道感染、急慢性支气管炎及肺结核等引起的无痰干咳。不良反应少,偶有头晕、轻度嗜睡、恶心、口干、便秘等不良反应。哮喘患者和孕妇慎用。根据《麻醉药品和精神药品管理条例》有关规定,右美沙芬被列入第二类精神药品目录,2024 年 7 月 1 日起施行。

喷托维林（pentoxyverine）

【药理作用与临床应用】为人工合成非依赖性中枢性镇咳药,兼有外周性镇咳作用。能选择性抑制延髓咳嗽中枢,该药部分经呼吸道分泌排泄,大剂量应用时抑制呼吸道感受器,产生轻度局麻作用和松弛痉挛的支气管平滑肌的阿托品样作用,呈现外周性镇咳作用,其镇咳强度为可待因的1/3。适用于呼吸道感染引起的无痰干咳、阵咳,尤其适用于儿童百日咳。

【不良反应】偶有轻度头痛、头晕、口干、恶心、呕吐、腹胀、便秘等,痰多、青光眼和前列腺肥大患者禁用。心功能不全者慎用。

氯哌斯汀（cloperastine）

本药为苯海拉明的衍生物,具有中枢性和外周性双重镇咳作用,兼有 H_1 受体拮抗和轻度松弛支气管平滑肌作用,能解除支气管痉挛,减轻黏膜充血和水肿。用于急性上呼吸道感染及急慢性支气管炎引起的干咳,偶有口干、嗜睡等。

二、外周性镇咳药

外周性镇咳药是通过降低咳嗽反射弧中感受器的敏感性,抑制传入神经或传出神经的传导而发挥镇咳作用的药物。本类药大多有以下特点:①局麻作用,口服时勿嚼碎,否则引起口腔麻木感;②具有松弛支气管平滑肌作用。

苯佐那酯（benzonatate）

本药为局麻药丁卡因的衍生物,具有较强的局麻作用,可选择性抑制肺牵张感受器及感觉神经纤维,减少咳嗽冲动的传入而产生镇咳作用。口服 10~20 分钟起效,作用维持 3~4 小时。临床主要用于刺激性干咳、阵咳,也可用于支气管镜检查或支气管造影前以预防检查时出现咳嗽。

不良反应较轻,有嗜睡、头晕等,偶有变应性皮炎。服用时不可嚼碎药片,以免引起口腔麻木。

苯丙哌林（benproperine）

本药为非依赖性镇咳药,既能抑制咳嗽中枢,又有局麻作用,抑制肺及胸膜牵张感受器,阻断咳嗽冲动的传导,并能松弛支气管平滑肌,具有中枢性和外周性双重镇咳作用,其镇咳强度较可待因强 2~4 倍,无呼吸抑制作用,口服后 10~25 分钟起效,作用持续 3~7 小时,不引起便秘。适用于各种原因引起的刺激性干咳。

不良反应较轻,偶见口干、头痛、头晕、嗜睡、乏力、腹部不适和药疹等。有局麻作用,不可嚼碎,以免引起口腔麻木感。孕妇慎用,对本药过敏者禁用。

点滴积累

1. 中枢性镇咳药可待因、右美沙芬、喷托维林、氯哌斯汀等用于无痰干咳,可待因还能镇痛,久用成瘾。
2. 外周性镇咳药包括苯佐那酯和苯丙哌林,具有局麻作用,口服时勿嚼碎,否则引起口腔麻木感。

第三节　祛痰药

祛痰药是一类能促进呼吸道腺体分泌,使痰液变稀,裂解痰中黏性成分,降低痰液黏稠度而利于痰液咳出,或加速呼吸道黏膜纤毛运动,改善痰液排出功能的药物。根据作用机制的不同,祛痰药可分为痰液稀释药和黏痰溶解药两类。

一、痰液稀释药

痰液稀释药是可刺激消化道,引起轻度恶心,反射性增加呼吸道腺体分泌,使痰液稀释而易于咳出的药物。

氯化铵(ammonium chloride)

【药理作用与临床应用】

1. 祛痰作用　口服后直接刺激胃黏膜,兴奋迷走神经,引起轻度恶心,反射性地引起呼吸道腺体分泌增加,使痰液稀释,利于咳出。此外,氯化铵口服吸收后,少量经呼吸道黏膜排出,由于盐类的高渗作用而带出水分,痰液进一步被稀释而易于咳出。目前,本药很少单独应用,常与其他药物配伍制成复方制剂应用,临床用于急、慢性呼吸道炎症黏痰而不易咳出的患者。

2. 酸化血液和体液　口服本药吸收后可酸化体液和尿液,用于治疗代谢性碱中毒和酸化尿液,促进碱性药物的排泄。

【不良反应】大剂量服用易引起恶心、呕吐、胃痛等,餐后服用可减轻反应,过量可引起酸中毒。消化性溃疡患者、代谢性酸血症及严重肝肾功能不全者禁用。

愈创甘油醚（glyceryl guaiacolate，愈甘醚，甘油愈创木酯）

本药有恶心性祛痰作用，兼有轻度镇咳作用和较弱的消毒防腐作用，还具有抗惊厥作用。临床主要用于急慢性支气管炎、肺脓肿、支气管扩张和继发性哮喘。多与其他镇咳药、平喘药合用，配成复方制剂。不良反应较轻。

属于本类的药物还有中药桔梗、远志等。

二、黏痰溶解药

黏痰溶解药是能分解痰液中的黏性成分，降低痰液黏稠性而使之易于咳出的药物，主要用于呼吸道炎症引起的黏痰不易咳出者。

乙酰半胱氨酸（acetylcysteine）

本药为半胱氨酸的 N- 乙酰化物，其分子中所含的巯基（—SH）能使痰液中连接黏蛋白多肽链的二硫键（—S—S—）断裂，使黏蛋白降解为小分子的肽链，痰液的黏稠度降低而利于咳出；还能裂解脓痰中的 DNA 纤维，具有较强的黏痰溶解作用，使黏痰液化而易于排出，对白色黏痰和脓性痰均有效。

临床用于大量黏痰阻塞气道引起呼吸困难的紧急情况，或因手术咳痰困难者，采用气管滴入或注入给药；非紧急情况的痰液黏稠、咳痰困难者，采用雾化吸入给药。

本药有特殊的蒜臭味，可引起恶心、呕吐，且对呼吸道有刺激作用，易引起呛咳甚至支气管痉挛。与异丙肾上腺素交替应用或合用可减少不良反应的发生，并提高疗效。哮喘患者禁用。

乙酰半胱氨酸对胃的不良反应

【注意事项】①本药直接注入或滴入气管，迅速产生大量稀痰，易阻塞气道，故滴入气管前需做好吸引排痰准备，及时配合吸引排痰，无吸痰器时不可直接向气管内滴入或注入，防止稀痰阻塞气道；②本药不宜与青霉素类、头孢菌素类和四环素类抗生素合用，因其可降低这些抗生素的抗菌活性。

溴己新（bromhexine，必嗽平）

本药能降低痰中酸性糖胺聚糖的含量，并减少呼吸道黏液腺和杯状细胞合成酸性糖胺聚糖，降低痰液黏稠度；兼有恶心性祛痰作用，即口服后刺激胃黏膜，反射性引起呼吸道腺体分泌增加，稀释痰液；加快呼吸道纤毛运动，促进排痰。主要用于急慢性支气管炎、肺气肿、支气管扩张、哮喘等伴有黏痰不易咳出者。脓痰需加用抗菌药。不良反应少，个别患者有恶心、胃部不适及转氨酶升高。

氨溴索（ambroxol）

本药为溴己新在体内的活性代谢产物，为临床常用的黏痰溶解药。

氨溴索降低痰液黏稠度，增加支气管纤毛运动，促进痰液排出。主要用于急慢性支气管炎、支气管哮喘、肺气肿、肺结核、术后等咳痰困难者。因本药可通过胎盘屏障，也可经乳汁分泌，孕妇及哺乳期妇女慎用。常见不良反应为胃肠道反应,偶见过敏。

扫一扫,
知答案

课 堂 活 动

李某,男,66岁,30年的吸烟史。现因上呼吸道感染而出现咳痰(痰液黏稠)、呼吸困难等症状而入院。

课堂讨论:该患者可选用什么药物祛痰? 应用时需注意什么?

羧甲司坦(carbocisteine,羧甲基半胱氨酸)

本药主要是调节支气管腺体分泌,增加低黏度的唾液黏蛋白的分泌,减少高黏度的岩藻黏蛋白合成。另外,也能裂解痰液中连接黏蛋白多肽链的二硫键,降低痰液黏滞性而利于痰液咳出。起效快,用于呼吸道疾病引起的痰黏难咳和术后咳痰困难者。偶有头晕、胃部不适、恶心、呕吐、胃肠道出血等,有消化性溃疡病史者慎用。

点滴积累

痰液稀释药包括氯化铵和愈创甘油醚;黏痰溶解药包括乙酰半胱氨酸、溴己新、氨溴索和羧甲司坦。对于有痰的咳嗽,应以祛痰为主,辅以镇咳药治疗。

复习导图

习题

目标检测

一、简答题

1. 平喘药分为哪几类? 每类写出一个代表药物。

2. 沙丁胺醇与异丙肾上腺素治疗哮喘,两药相比有何异同?

二、处方分析

患者,男,56岁,患支气管哮喘7年,因上呼吸道感染,医生处方如下,试分析该处方是否合理,为什么?

Rp:

醋酸泼尼松片　5mg×60

Sig.　10mg　t.i.d.　p.o.

阿莫西林片　0.5g×30

Sig.　0.5g　t.i.d.　p.o.

(李春英)

第二十七章　作用于消化系统的药物

ER 27-1

第二十七章
课件

导学情景

情景描述：
　　张先生,46 岁,食欲缺乏 8 年,伴以嗳气、反酸、恶心、呕吐、上腹部节律性的疼痛入院就诊。经查诊断为消化性溃疡伴胃肠功能紊乱。

学前导语：
　　消化性溃疡是一种常见病和多发病。合理使用抗消化性溃疡药、胃肠促动药,可以减轻患者的痛苦。本章我们学习治疗消化系统各类疾病的药物。

ER 27-2

扫一扫,
知重点

　　作用于消化系统的药物包括抗消化性溃疡药、助消化药、止吐药、胃肠促动药、泻药与止泻药等,主要通过调节胃肠功能和影响消化液分泌而发挥疗效。

第一节　抗消化性溃疡药

　　消化性溃疡是指发生在胃和十二指肠的溃疡,其发病率为 10%~12%,其发病机制与黏膜局部损伤因素(胃酸、胃蛋白酶、幽门螺杆菌)和保护机制(胃黏膜屏障功能)之间平衡失调有关。抗消化性溃疡药的作用是减轻溃疡病症状,促进溃疡愈合,防止复发和减少并发症。

一、抗酸药

　　抗酸药为弱碱性无机化合物,口服后直接中和过多的胃酸,降低胃液酸度,降低胃蛋白酶活性,能减弱其分解胃壁蛋白的能力,进而减轻或消除胃酸对溃疡面的刺激和腐蚀作用,迅速缓解消化性溃疡的症状,为溃疡愈合创造有利条件。此外,抗酸药氢氧化铝、三硅酸镁等在胃液中可形成胶状物,覆盖于溃疡和黏膜表面,阻止胃酸和胃蛋白酶接触溃疡面和胃黏膜,起保护作用。主要用于胃、十二指肠溃疡及胃酸过多症的辅助治疗。抗酸药在餐后 1~2 小时服用作用维持时间长,空腹服用抗酸作用仅维持 0.5 小时左右。

碳酸氢钠(sodium bicarbonate,小苏打)

口服易吸收,直接中和胃酸,作用强,显效快,但药效维持时间短。中和胃酸时易产生大量二氧化碳,增加胃内压力,引起腹胀、嗳气等反应,严重的溃疡病患者有引起胃肠穿孔的危险。不宜单独用于胃酸过多症的治疗,常与其他药配伍应用。

本药静脉滴注可碱化体液,用于代谢性酸中毒;口服或静脉滴注还可用于解救巴比妥类、阿司匹林等酸性药物中毒,碱化尿液以加速其排泄;配合氨基糖苷类抗生素治疗泌尿系统感染,可加强其抗菌作用。

碳酸钙(calcium carbonate)

抗酸作用与碳酸氢钠相似,不溶于水,不易吸收,中和胃酸作用快而强,但慢于碳酸氢钠,药效维持时间长。中和胃酸后产生大量二氧化碳,钙离子进入肠内后可引起胃泌素释放,进而导致反跳性胃酸分泌增加。有收敛作用,可引起便秘。

氢氧化铝(aluminum hydroxide)

抗酸作用较强,起效缓慢而药效持久,无继发性胃酸分泌增多及产生二氧化碳等不良反应。中和胃酸后产生的氯化铝具有收敛和止血作用,故应用本药可引起便秘,与氢氧化镁合用可减轻。其凝胶剂对溃疡面具有保护作用。

氢氧化镁(magnesium hydroxide)

抗酸作用较强,显效快,药效持久。无溃疡面保护作用。镁离子口服有导泻作用,可产生轻度腹泻,与氢氧化铝合用可减轻。

ER 27-3

扫一扫,
知答案

课 堂 活 动

陈某,男,42 岁,私企公司经理,经常陪客户喝酒。上个月出现嗳气、烧心。到医院就诊,经胃镜检查后,确诊为单纯性胃酸过多。医生给予氢氧化铝凝胶口服治疗,但 3 天后患者出现便秘。

课堂讨论:应用氢氧化铝后为什么会出现便秘?和什么药物联合用药可减轻便秘?

理想的抗酸药应该是作用迅速、持久,不吸收,不产气,不引起便秘或腹泻,且对溃疡面和黏膜有保护作用,单一抗酸药很难达到这些标准,故抗酸药很少单用,但其价廉易得,所以常将其制成复方制剂应用以增强疗效,减少不良反应(表 27-1)。

表 27-1　抗酸药的几种复方制剂

复方制剂	主要成分	用途
复方铝酸铋片	铝酸铋、碳酸镁、碳酸氢钠、甘草浸膏粉、弗朗鼠李皮、茴香粉	消化性溃疡、胃酸过多
复方碱式硝酸铋片	碱式硝酸铋、碳酸镁、碳酸氢钠、大黄	消化性溃疡、胃炎、胃酸过多
鼠李铋镁片	碱式硝酸铋、碳酸镁、碳酸氢钠、弗朗鼠李皮	消化性溃疡
复方维生素 U 片	外层片：甘草酸钠、葡萄糖醛酸、干燥氢氧化铝凝胶、三硅酸镁、牛胆汁、薄荷脑、叶绿素 内层片：维生素 U、淀粉酶	消化性溃疡、胃炎、胃酸过多
复方氢氧化铝片	氢氧化铝、三硅酸镁、颠茄流浸膏	消化性溃疡、胃酸过多

二、抑制胃酸分泌药

ER 27-4

抑酸药作用机制

知识链接

胃酸分泌与胃壁细胞受体

　　胃酸由胃黏膜壁细胞分泌,壁细胞上有 H_2 受体、M_1 受体和胃泌素受体参与胃酸分泌,当这些受体分别被组胺、乙酰胆碱和胃泌素激动时,均可进一步激活胃壁细胞上的 H^+,K^+-ATP 酶,即 H^+ 泵或质子泵,通过 H^+-K^+ 交换,将壁细胞内大量 H^+ 转运到胃腔,使胃酸分泌增加。

(一)H_2 受体拮抗药

选择性阻断胃壁细胞膜上 H_2 受体,减少胃酸分泌。

西咪替丁(cimetidine,甲氰咪胍)

【体内过程】口服吸收迅速,生物利用度为 60%~70%,1 小时左右血药浓度达峰值,$t_{1/2}$ 为 2~3 小时,作用持续 5~6 小时。

【药理作用与临床应用】本药高度选择性阻断 H_2 受体,能显著抑制组胺引起的胃酸分泌,对胰岛素、五肽胃泌素、M 受体激动药、咖啡因等刺激引起的胃酸分泌也有抑制作用。还能促进胃黏液分泌,改善黏液凝胶附着物的质量,有促进溃疡愈合的作用。另外,还具有收缩血管作用,对皮肤黏膜血管的收缩作用更强。主要用于消化性溃疡、反流性食管炎、上消化道出血等,对十二指肠溃疡疗效优于胃溃疡,较大剂量用于治疗佐林格 - 埃利森综合征(胃泌素瘤)。停药后易复发,延长用药时间,可降低复发率。

　　此外,本药能阻断心血管系统的 H_2 受体,可以对抗组胺引起的心脏正性肌力和正性频率作用,部分对抗组胺引起的舒张血管和降血压作用。

【不良反应】较多,但均较轻。主要有头痛、乏力、失眠、口干、便秘或腹泻、腹胀、皮疹等。长时间大量服用,偶见转氨酶升高、严重肝损害。有抗雄激素作用,长时间大量服用还可引起内分泌紊乱,表现为男性乳腺发育、阳痿,女性溢乳等现象,停药后消失。

【药物相互作用】 本药为肝药酶抑制药,可减慢普萘洛尔、地西泮、苯巴比妥、苯妥英钠、吲哚美辛、华法林、氨茶碱等药物的代谢速度,使它们的血药浓度升高,合用时注意调整这些药物的剂量。

ER 27-5
西咪替丁用
药时间及药
物相互作用

雷尼替丁(ranitidine)

本药具有速效、高效、长效等特点,抑酸作用强度是西咪替丁的 4~10 倍,作用持续 12 小时。临床应用及不良反应与西咪替丁相似。远期疗效优于西咪替丁,且复发率低。治疗量不影响血清催乳素、雄激素浓度,不引起内分泌紊乱,无中枢神经系统不良反应。静脉注射过快可减慢心率,抑制心肌收缩力,导致心动过缓。8 岁以下儿童禁用,孕妇慎用。肝肾功能不全者 $t_{1/2}$ 明显延长。

法莫替丁(famotidine)

本药生物利用度低,为 30%~50%,为强效、长效 H_2 受体拮抗药,抗酸作用比西咪替丁强 20~50 倍,作用维持 12 小时。临床应用及不良反应与西咪替丁相似。

知识链接

佐林格 - 埃利森综合征

佐林格 - 埃利森综合征,1995 年由 Zollinger 和 Ellison 两人发现,以严重的消化性溃疡、高胃酸分泌及非 β 胰岛细胞瘤为临床特征。该病可由分泌胃泌素的肿瘤(胃泌素瘤)或胃窦 G 细胞增生所致,由前者引起的则称之为佐林格 - 埃利森综合征 II 型,而由后者引起的则称为 I 型。约 20% 的胃泌素瘤患者可表现为多发性内分泌肿瘤 I 型的综合征。对该病的根本治疗是切除产生胃泌素的肿瘤,对没有发现肿瘤及肿瘤不能完全切除者可用药物治疗。

(二) M₁ 受体阻滞药

M_1 受体阻滞药是一类对胃壁细胞 M_1 受体有选择性阻断作用,从而抑制胃酸及胃蛋白酶分泌的药物。

哌仑西平(pirenzepine)

本药口服吸收不完全,生物利用度为 25%,食物影响其吸收,宜餐前服用。本药选择性阻断 M_1 受体,对基础胃酸、胰岛素、五肽胃泌素引起的胃酸分泌抑制作用较强,同时有解除胃肠平滑肌痉挛的作用。用于胃和十二指肠溃疡。症状缓解较慢,与西咪替丁合用可增强疗效。对心脏、平滑肌、唾液腺等部位的 M 受体亲和力低,故不良反应较轻,仅有轻微的口干、视力调节障碍、心动过速等。

岗位情景

ER 27-6
岗位情景的
参考答案

患者,女,38 岁,上腹部疼痛 3 年余,时轻时重,无明显诱因。近 10 天加重,伴有烧心灼痛,饥饿时疼痛明显,餐后缓解,常常夜间痛醒。此患者被诊断为消化性溃疡。应用西咪替丁和甲硝唑联合用药 1 周后,疼痛减轻,但患者因呕吐、食欲减退而停药,停药 5 天后,上腹疼痛复发。请分析原因。

(三)胃泌素受体拮抗药

丙谷胺（proglumide，二丙谷酰胺）

本药的化学结构与胃泌素相似，能竞争性阻断胃泌素受体，对抗胃泌素的作用，抑制胃酸和胃蛋白酶的分泌，同时可使胃黏膜中己糖胺合成增多，对胃黏膜有保护作用，可促进溃疡愈合。主要用于胃、十二指肠溃疡和胃炎。疗效不及 H_2 受体拮抗药，很少单独使用。偶有口干、失眠和腹胀等不良反应。

(四)胃壁细胞质子泵抑制药

奥美拉唑（omeprazole）

【药理作用与临床应用】本药为第一代质子泵抑制药，为弱碱性化合物，口服易吸收，胃内食物可减少其吸收，宜空腹服用。易进入酸性胃壁细胞，选择性与 H^+，K^+-ATP 酶形成酶抑制药复合物，抑制其向胃腔转运 H^+ 的功能，达到抑制胃酸分泌的作用。对正常人和溃疡病患者的胃酸分泌均有较强抑制作用。故作用强而迅速且持久，一次给药可抑制胃酸分泌 24 小时以上。此外，本药尚有增加胃黏膜血流量和抑制幽门螺杆菌的作用，利于溃疡愈合。

临床适用于胃及十二指肠溃疡、佐林格 - 埃利森综合征及反流性食管炎等。对胃烧灼和疼痛的缓解率及愈合率明显高于 H_2 受体拮抗药，且复发率低。

【不良反应】不良反应较轻，少数患者出现头痛、头晕、恶心、腹胀、腹痛、失眠、口干、皮疹等反应。长期应用可持续抑制胃酸分泌，使胃内细菌过度滋生和亚硝酸物质增多，故用药期间要定期检查胃黏膜有无肿瘤样增生。肝功能减退者用量宜酌减，酸性环境利于本品活化，故不宜与抗酸药同服。

本药可抑制肝药酶活性，可使苯妥英钠、地西泮等代谢减慢，合用时应注意调整这些药物的剂量。

兰索拉唑（lansoprazole）

为第二代质子泵抑制药，抑制胃酸分泌及抗幽门螺杆菌作用均优于奥美拉唑，起效更快，用途及不良反应与奥美拉唑相似。

此外，尚有第三代质子泵抑制药如泮托拉唑（pantoprazole）和雷贝拉唑（rabeprazole）等，抑制胃酸分泌的能力和缓解症状、治愈黏膜损害的疗效均优于前两代药物，且不良反应轻。

三、胃黏膜保护药

硫糖铝（sucralfate，胃溃宁，素得）

为蔗糖硫酸酯的碱式铝盐，口服后在胃液酸性环境中能聚合成硫酸蔗糖和氢氧化铝，呈胶冻状，黏附于黏膜及溃疡基底部形成保护层，保护胃黏膜免受胃酸及胃蛋白酶的刺激和腐蚀；与胃蛋白酶结合,抑制其活性,减轻胃黏膜蛋白质的分解;促进胃黏膜及血管增生,促进胃黏液和碳酸氢盐分泌增加,有利于溃疡修复和愈合。用于胃及十二指肠溃疡、反流性食管炎、慢性糜烂性胃炎等。不宜与抗酸药及胃酸分泌抑制药合用,以免影响疗效。

不良反应较轻,偶有恶心、胃部不适等胃肠道反应及皮疹、头晕等。久用可引起便秘,同时服用少量镁盐或镁乳可缓解。

枸橼酸铋钾(bismuth potassium citrate,胶体次枸橼酸铋)

【药理作用与临床应用】

1. 增强黏膜防御功能 口服后,在酸性环境下形成氧化铋胶体覆盖于溃疡表面和基底肉芽组织,形成一层坚固的不溶性保护薄膜,阻隔胃酸、胃蛋白酶等对溃疡面的刺激和腐蚀;此外,还能抑制胃蛋白酶活性,促进胃黏液分泌,保护溃疡面,有利于溃疡修复和愈合。

2. 抑制幽门螺杆菌 与抗酸药合用产生协同作用。

临床用于消化性溃疡及慢性胃炎,疗效与 H_2 受体拮抗药相当,因兼有胃黏膜保护作用和抗幽门螺杆菌作用,复发率较低。

【不良反应】 不良反应较少,服药期间口中可能有氨味,可使口腔、舌及大便染黑,偶有恶心、呕吐,停药后可消失。抗酸药和牛奶可干扰其作用,降低其疗效;影响四环素的吸收,故不宜同服。肾功能不全者及孕妇禁用。

ER 27-7

正确使用枸橼酸铋钾的方法

米索前列醇(misoprostol)

胃黏膜能合成和分泌前列腺素类物质,包括前列腺素 E_2(PGE_2)和前列腺素 I_2(PGI_2),两者对胃黏膜有保护作用,防止有害因子损伤胃黏膜。米索前列醇为合成的前列腺素衍生物,性质稳定,口服易吸收,能抑制胃酸及胃蛋白酶分泌,还能增加胃黏膜血流量,促进胃黏膜和十二指肠黏膜受损上皮细胞的重建和增殖。主要用于胃及十二指肠溃疡和急性胃炎引起的消化道出血。不良反应轻微、短暂,有恶心、腹泻、腹痛等。对子宫有兴奋作用,孕妇禁用。

技能赛点

何某,男,36 岁。近 3 个月以来,出现上腹压痛、食欲减退、反酸、嗳气等症状。于是到医院就诊,经胃镜检查后,确诊为胃溃疡。医生处方如下,请分析用药是否合理,为什么?

Rp:

奥美拉唑肠溶胶囊　20mg×14 粒

Sig.　20mg　b.i.d.　早餐前口服

枸橼酸铋钾胶囊　0.3g×56 粒

Sig.　0.6g　b.i.d.　早餐前和晚餐后 2 小时口服

ER 27-8

技能赛点的赛点分析

四、抗幽门螺杆菌药

幽门螺杆菌寄生于胃和十二指肠的黏液层与黏膜细胞之间,分泌蛋白分解酶,破坏黏液屏障,对黏膜产生损伤,是引起慢性胃炎和消化性溃疡的重要病因。

幽门螺杆菌在体外对多种抗菌药非常敏感,但体内单用一种药物,几乎无效。临床常以铋制剂或质子泵抑制药与抗菌药如甲硝唑、阿莫西林、克拉霉素等联合应用。

知识链接

"隐藏"在胃肠中的诺贝尔医学奖

2005 年 10 月 3 日,瑞典卡罗林斯卡医学院宣布,因为发现了导致胃炎和胃溃疡的细菌——幽门螺杆菌,澳大利亚科学家巴里·马歇尔和罗宾·沃伦获得 2005 年诺贝尔生理学或医学奖。1979 年,澳大利亚珀斯皇家医院沃伦用高倍显微镜在一份胃黏膜活体标本中,意外发现紧贴胃上皮有无数的细菌。后来,他发现 50% 左右患者(大多是慢性胃炎患者)的胃腔下半部分都附生着这种微小又弯曲的细菌,他意识到,这种细菌与慢性胃炎等疾病可能密切相关。然而,这项发现与当时"正统"的医学理念"胃酸能杀灭吞入胃内的细菌,健康的胃是无菌的"相违背。1981 年,马歇尔和珀斯皇家医院消化科医生决定对 100 个肠胃病患者的活组织切片进行研究。1982 年他们终于发现,所有十二指肠溃疡患者胃内都有幽门螺杆菌,并证明该菌是导致胃炎、胃溃疡和十二指肠溃疡的罪魁祸首。

点滴积累

1. 抗消化性溃疡药包括抗酸药(碳酸氢钠、碳酸钙、氢氧化铝、氢氧化镁)、抑制胃酸分泌药(西咪替丁、哌仑西平、丙谷胺、奥美拉唑等)、胃黏膜保护药(硫糖铝、枸橼酸铋钾、米索前列醇)和抗幽门螺杆菌药(阿莫西林、甲硝唑)。
2. 临床对幽门螺杆菌阳性患者,多采用质子泵抑制药、铋制剂、抗菌药联合治疗。

第二节　助消化药

助消化药是指能促进胃肠消化过程,用于消化道分泌功能不足的药物。大多数为消化液的组成成分,常用的助消化药见表 27-2。

表 27-2 常用的助消化药

药物	来源和成分	作用	用途	注意事项
胃蛋白酶（pepsin）	猪、牛、羊等的胃黏膜	分解蛋白质	胃蛋白酶缺乏症及过量饮食引起的消化不良	遇碱失效，常与稀盐酸合用
胰酶（pancreatin）	猪、牛、羊胰脏，含胰酶	消化脂肪、蛋白质和淀粉	胰液分泌不足引起的消化障碍	同服碳酸氢钠可提高活性，肠衣片不能嚼服
乳酶生（lactasin，表飞鸣，biofermin）	活乳杆菌的干燥剂	分解糖类产生乳酸，抑制肠内腐败菌，减少发酵和产气	肠内异常发酵引起的消化不良、腹胀及儿童消化不良性腹泻	不宜与抗酸药、抑菌药合用，口服的水温宜低于40℃
干酵母（dried yeast）	麦酒酵母的干燥体	富含 B 族维生素	食欲缺乏、消化不良和 B 族维生素缺乏症	宜嚼服，剂量过大可致腹泻

点滴积累

助消化药是指能促进胃肠消化过程，用于消化道分泌功能不足的药物。临床主要有胃蛋白酶、胰酶、乳酶生和干酵母。

第三节 止吐药、胃肠促动药与胃肠解痉药

呕吐是消化道疾病常见的症状，可以由许多疾病引起，是一种复杂的病理现象；根据参与呕吐受体的不同，止吐药包括 H_1 受体拮抗药、M_1 受体阻滞药、D_2 受体拮抗药和 5-HT_3 受体拮抗药。

胃肠促动药是一类能增强并协调胃肠节律性运动的药物，主要用于胃肠运动功能低下所引起的消化道症状。根据药物作用的机制，分为胃肠多巴胺受体拮抗药和 5-HT_4 受体激动药。

一、止吐药

H_1 受体拮抗药：如苯海拉明、茶苯海明（dimenhydrinate，乘晕宁）、美克洛嗪（meclozine）等有中枢镇静作用和止吐作用，可用于治疗和预防晕动病、内耳眩晕病等。

M_1 受体阻滞药：如东莨菪碱阻断 M_1 受体，降低迷路感受器的敏感性和抑制前庭小脑通路的传导，产生抗晕动病，预防恶心、呕吐的作用。

D_2 受体拮抗药：如甲氧氯普胺、多潘立酮等。阻断胃肠道多巴胺受体，加强胃蠕动，促进胃的排空，改善胃肠功能。常用于放疗和化疗引起的呕吐，对颅脑外伤引起的呕吐也有效。

5-HT_3 受体拮抗药：如昂丹司琼（ondansetron）、格拉司琼（granisetron）和托烷司琼（tropisetron）等。选择性地阻断中枢及迷走神经传入纤维 5-HT_3 受体，产生明显止吐作用。对化疗药物导致的

呕吐有迅速强大的抑制作用,但对晕动病及阿扑吗啡引起的呕吐无效。临床用于化疗、放疗引起的呕吐。不良反应有头痛、疲劳、便秘或腹泻。

二、胃肠促动药

胃肠促动药应餐前服用

胃肠运动在神经、体液和胃肠神经丛的综合调节下,有高度的节律性和协调性,如果调控失常,就会出现胃肠运动功能低下或亢进,导致多种消化道症状,临床常采用对症治疗。

多潘立酮(domperidone,吗丁啉)

【药理作用】对中枢多巴胺受体无明显影响,能选择性阻断外周多巴胺受体,对胃肠选择性高,增强食管蠕动和食管下部括约肌的张力,防止胃食管反流;加强胃及肠道上部蠕动,加强胃肠推动作用,防止十二指肠胃反流,具有胃肠促动和高效止吐作用。

【临床应用】

1. 主要用于胃排空缓慢导致的功能性消化不良、反流性食管炎、慢性萎缩性胃炎、胆汁反流性胃炎以及胃轻瘫等。

2. 用于痛经、偏头痛、颅脑外伤或颅内病灶、肿瘤化疗或放疗及食物等因素引起的恶心、呕吐。

3. 食管镜、胃镜检查前用药,防止检查时发生恶心、呕吐。

【不良反应】偶见短暂的腹痛、腹泻、口干、皮疹、头痛、乏力等。无锥体外系副作用,可升高血清催乳素水平,停药后可自行恢复正常。注射给药可引起心律失常。孕妇及对本药过敏者禁用,婴幼儿慎用。不宜与抗胆碱药合用,否则疗效降低。

甲氧氯普胺(metoclopramide,胃复安)

【药理作用与临床应用】

1. **胃肠促动作用** 阻断胃肠多巴胺受体,并促进胃肠胆碱能神经释放乙酰胆碱,加强从食管至近段小肠平滑肌运动,发挥胃肠促动作用。主要用于慢性功能性消化不良、反流性食管炎、胆汁反流性胃炎以及糖尿病性胃轻瘫等。

2. **止吐作用** 阻断延髓催吐化学感受区(CTZ)多巴胺(D_2)受体,产生较强的中枢性止吐作用。用于肿瘤化疗或放疗、胃部疾病(胃炎、胃肠功能紊乱等)、脑部疾病(脑震荡、脑肿瘤等)、痛经、术后、药物(洋地黄、左旋多巴等)、妊娠等引起的恶心、呕吐。

3. **催乳作用** 阻断下丘脑多巴胺受体,减少催乳素释放抑制因子的释放,进而升高血清催乳素水平,有一定的催乳作用,可用于产后少乳症。

【不良反应】常见头晕、嗜睡、乏力,偶见便秘、腹泻、皮疹。大剂量或久用可引起锥体外系反应,主要表现为帕金森综合征,可用苯海索等中枢抗胆碱药对抗;也可引起高催乳素血症。注射给药可引起直立性低血压。孕妇慎用。

西沙必利（cisapride）

【药理作用与临床应用】为新型全胃肠动力药,通过激动胃肠道胆碱能中间神经元及肌间神经丛的 5-HT$_4$ 受体,刺激胃肠胆碱能神经末梢,促进乙酰胆碱释放,进而促进食管、胃、肠平滑肌的协调运动,可增强食管下部括约肌张力,改善胃和十二指肠排空,促进食物在小肠和大肠中的转运,发挥胃肠促动作用,并可加速胆囊收缩与排空。其作用强于甲氧氯普胺 10~100 倍,且有增进食欲的作用。

用于反流性食管炎、慢性功能性及非溃疡性消化不良、胃轻瘫、慢性功能性便秘、假性肠梗阻及术后胃肠麻痹等。

【不良反应】有一过性肠鸣、腹痛、腹泻。偶见恶心、头痛、头晕及过敏反应。大剂量应用可使心电图 Q-T 间期延长或引起扭转型室性心动过速。孕妇、心律失常、机械性肠梗阻、胃肠出血或穿孔患者禁用,肝肾功能不全者慎用。

莫沙必利（mosapride）

本药为强效选择性 5-HT$_4$ 受体激动药,其体内过程、作用机制及临床应用与西沙必利均相似。口服吸收快,0.8 小时血药浓度达峰值,血浆蛋白结合率达 99%,经肝脏代谢,$t_{1/2}$ 为 2 小时。主要促进胃和十二指肠的协调运动,对其他消化道无明显影响,不引起心脏 Q-T 间期延长和室性心动过速。

三、胃肠解痉药

胃肠解痉药主要是 M 受体阻滞药,能解除胃肠平滑肌痉挛或蠕动亢进,缓解痉挛性疼痛。目前常用的药物有颠茄生物碱和合成解痉药两类:前者包括阿托品、山莨菪碱等,其作用广泛,故副作用较多,现已少用;后者有溴丙胺太林(propantheline bromide,普鲁本辛)、丁溴酸东莨菪碱(scopolamine butylbromide,解痉灵)等,对胃肠 M 受体选择性较高,副作用较少,临床主要用于治疗胃肠痉挛性疾病。

> **点滴积累**
>
> 1. 止吐药包括 H$_1$ 受体拮抗药、M$_1$ 受体阻滞药、D$_2$ 受体拮抗药和 5-HT$_3$ 受体拮抗药。
> 2. 多潘立酮通过阻断胃肠多巴胺受体,促进胃肠蠕动和止吐;溴丙胺太林通过阻断胃肠 M 受体,解除胃肠平滑肌痉挛。

第四节　泻药与止泻药

一、泻药

泻药是指能促进肠内容物易于排出的药物。临床主要用于治疗功能性便秘。

（一）容积性泻药

硫酸镁（magnesium sulfate）

本药易溶于水，苦咸味。

【药理作用与临床应用】本药给药途径不同，则呈现不同的药理作用。

1. 局部作用

(1) 导泻：经口服后，Mg^{2+} 和 SO_4^{2-} 不被肠道吸收，在肠腔内形成高渗透压而阻止肠内水分吸收，使肠内容积扩大，刺激肠壁，反射性地引起肠蠕动加强，产生导泻作用。作用强大而迅速，若空腹服药并大量饮水，会加快导泻速度，在 1~4 小时内排出流体样粪便。主要用于急性便秘、排出肠内毒物和配合驱虫药导出肠内寄生虫体、外科手术前和结肠镜检查前的肠道清洁。

(2) 利胆：口服高浓度硫酸镁溶液(33%)或用导管将其直接导入十二指肠，能刺激局部肠黏膜，使胆囊收缩素释放增多，反射性引起胆总管括约肌松弛、胆囊强烈收缩，促进胆汁排出，发挥利胆作用。可用于慢性胆囊炎、阻塞性黄疸和胆石症。

2. 全身作用

(1) 抗惊厥：注射硫酸镁后，血中 Mg^{2+} 浓度升高，可抑制中枢和竞争性拮抗 Ca^{2+} 参与神经肌肉接头处乙酰胆碱的释放而使骨骼肌松弛，产生抗惊厥作用。临床多用于妊娠高血压和破伤风所引起的惊厥。

(2) 降血压：注射给药后，Mg^{2+} 可竞争性拮抗 Ca^{2+}，抑制心脏和松弛血管平滑肌，降低外周阻力，发挥降血压作用，降压迅速。用于高血压危象、高血压脑病和妊娠高血压。

【不良反应】

1. 静脉注射过快或过量，血中 Mg^{2+} 过高易引起中毒，表现为血压急剧下降、肌腱反射消失、呼吸抑制甚至心搏骤停而死亡。如果发生，要立即静脉注射钙剂抢救，同时进行人工呼吸。

2. 本药用于导泻时作用剧烈，刺激肠壁引起盆腔充血，孕妇、月经期女性、急腹症患者禁用。

3. 硫酸镁少量吸收后，可抑制中枢，故中枢抑制药(如镇静催眠药、抗惊厥药、镇痛药等)过量中毒时不宜选用其导泻，应选用硫酸钠导泻，防止加重中毒。主要经肾排泄，肾功能不全者禁用或慎用。

硫酸钠（sodium sulfate）

其导泻作用机制及用法与硫酸镁相似，作用稍弱，无中枢抑制作用，多用于中枢抑制药中毒时导泻以加速排出肠内毒物。本药是钡类化合物中毒的特效解毒药，可与钡离子结合成无毒的硫酸钡。肾功能不全者应用硫酸钠导泻较硫酸镁安全。心功能不全者禁用。

食物纤维素（dietary fibre）

食物纤维素包括多种天然、半合成、人工合成纤维素，如甲基纤维素、羧甲基纤维素等，具有较强亲水性，在肠内不被消化和吸收，可吸水膨胀成胶状，增加肠内容积，促进肠蠕动，排出软便，用于防治功能性便秘。多食富含纤维素的蔬菜和水果可产生相似的效果。

（二）接触性泻药

酚酞（phenolphthalein）

口服后与碱性肠液结合形成可溶性钠盐，刺激结肠黏膜，增加结肠推进性蠕动，同时能抑制钠和水吸收而产生缓泻作用，服药后 6~8 小时排出软便。适用于习惯性便秘。偶见皮疹、肠炎。主要经尿排出，可使碱性尿液显示红色，用药前应告知患者。少部分药经胆汁排泄，有肝肠循环。婴儿禁用，幼儿和孕妇慎用。该药不宜长期使用，以免损伤肠壁黏膜下神经丛。

比沙可啶（bisacodyl）

本药化学结构与酚酞相似，口服后在结肠内经细菌迅速转化为活性物质去乙酰基代谢产物，产生较强的刺激作用，6 小时后排出软便。主要用于急慢性功能性便秘、腹部 X 线或肠镜检查及清除肠内容物。少数患者有腹胀感。本药有较强的刺激性，反复应用可致胃肠痉挛。孕妇慎用。

蓖麻油（castor oil）

口服后在十二指肠水解出有效成分蓖麻油酸，刺激肠蠕动而发挥导泻作用，服药后 2~3 小时排出流质便。大剂量服用可产生恶心、呕吐等不良反应，孕妇及月经期女性禁用。

蒽醌类（anthraquinone）

含有蒽醌类成分的药物主要是中药大黄、番泻叶、芦荟等。它们经口服后在肠道内被细菌分解出蒽醌，刺激结肠壁神经丛，加强结肠推进性蠕动，服药后 6~8 小时排出软便或产生轻度腹泻，用于急、慢性便秘。本类药含有鞣酸成分，具有收敛作用，故久用易产生继发性便秘。

（三）润滑性泻药

液状石蜡（liquid paraffin）

本药是一种矿物油，口服后在肠内不被消化和吸收，润滑肠壁，并妨碍肠内水分吸收，软化粪便，利于其排出。适用于慢性便秘及体弱、高血压、动脉瘤、痔疮、腹部及肛门术后等患者的便秘，也用于老年人及儿童的便秘。久用可减少脂溶性维生素 A、D、E、K 及钙、磷的吸收。

甘油（glycerin）

应用其栓剂或高渗溶液直肠给药，由于高渗透压刺激肠壁引起肠蠕动增加，并有局部润滑作用，几分钟内即可引起排便，治疗老年人、儿童便秘。

开塞露（glycerine enema）

本药为 50% 甘油与硫酸镁或山梨醇组成的溶液。注入肛门后，因高渗透压刺激肠壁而引起排便反射，并润滑局部肠壁，几分钟内即可引起排便，导泻作用快捷、方便、安全、有效，适用于偶发的急性便秘、轻度便秘、老年人及儿童便秘。密封于特制塑料容器内，从肛门注入使用，注药导管应光滑，以免擦伤肛门。过敏体质者慎用。

二、止泻药

腹泻是多种疾病的症状,有利于肠内毒物的排出,对机体有一定保护作用,以对因治疗为主,但剧烈而持久的腹泻可引起脱水、电解质紊乱和营养吸收障碍,故必要时适当给予辅助治疗可以减轻症状。止泻药通过抑制肠蠕动或保护肠道免受刺激而发挥止泻作用。

地芬诺酯(diphenoxylate,苯乙哌啶)

本药为哌替啶衍生物,但无镇痛作用,止泻作用类似于阿片类药物,能直接作用于肠道平滑肌,抑制肠黏膜感受器,减少肠蠕动,兼有收敛作用,适用于急慢性功能性腹泻和慢性肠炎。不良反应较少。长期大剂量应用可产生依赖性。孕妇、哺乳期女性及严重肝损害者慎用。根据《麻醉药品和精神药品管理条例》有关规定,地芬诺酯复方制剂已被列入第二类精神药品目录,2024 年 7 月 1 日起施行。

洛哌丁胺(loperamide,易蒙停)

本药化学结构及对肠道作用均与地芬诺酯相似,通过激动 μ 阿片受体而产生止泻作用,作用较强而且迅速,另外,还可以抑制肠壁神经末梢释放乙酰胆碱,增加肛门括约肌张力,减少排便次数。适用于急慢性腹泻和回肠造瘘术、肛门直肠术后。不良反应及注意事项与地芬诺酯相似。

蒙脱石(montmorillonite)

本药呈极细颗粒状,覆盖于消化道黏膜,加强黏膜屏障作用,对消化道内的细菌、病毒及其释放的毒素具有非常强的抑制和固定作用,同时也能提高胃肠黏膜对胃酸、胃蛋白酶、胆盐、乙醇等的防御功能。用于治疗急慢性功能性腹泻,对儿童急性腹泻疗效尤佳。也用于反流性食管炎、胃炎及肠道菌群失调症等。

药用炭(medicinal charcoal,活性炭)

本药为不溶性粉末,颗粒小,总面积大,吸附性强,能吸附肠内大量气体、毒物、病毒和细菌毒素,阻止毒物吸收,减轻其对肠的刺激而达到止泻的目的。用于腹泻、食物或药物中毒及胃肠胀气等。大量久用可引起便秘。

点滴积累

1. 口服硫酸镁有导泻、利胆作用;注射硫酸镁有抗惊厥和降血压作用。
2. 地芬诺酯用于急慢性功能性腹泻和慢性肠炎。长期大剂量应用可产生依赖性。孕妇、哺乳期女性及严重肝损害者慎用。
3. 药用炭用于腹泻、食物或药物中毒及胃肠胀气等。
4. 蒙脱石用于治疗急慢性功能性腹泻,对儿童急性腹泻疗效尤佳。

目标检测

ER 27-10

复习导图

ER 27-11

习题

一、简答题

1. 抗消化性溃疡药分为哪几类？每类写出一个代表药物。

2. 简述口服和静脉注射硫酸镁分别能产生什么作用,有哪些用途。

二、处方分析

患者,男,28 岁,因与人发生口角口服大量药物,意识清醒,20 多分钟后家人发现,立即送到医院急诊。诊断:地西泮急性中毒。处方如下,分析是否合理用药,为什么?

Rp:

硫酸镁散剂,15g

Sig.　p.o.　St.！

（李春英）

第二十八章　肾上腺皮质激素类药物

ER 28-1

第二十八章
课件

学习目标

1. **掌握**　糖皮质激素类药物的药理作用、临床应用和不良反应。
2. **熟悉**　糖皮质激素的生理作用、用法和疗程。
3. **了解**　盐皮质激素类药物、促肾上腺皮质激素及皮质激素抑制药的作用和用途。

导学情景

情景描述：

患者，男，54岁，患肾病综合征，医生给予泼尼松片进行治疗，用药1个月来，血压、血糖指标均有所升高。

学前导语：

泼尼松片为糖皮质激素类药物，该类药物在长期应用后会出现很多不良反应，如：物质代谢和水盐代谢紊乱（满月脸、水牛背、向心性肥胖等）、诱发或加重感染、溃疡、高血压、糖尿病等。本章我们将学习糖皮质激素类及其他肾上腺皮质激素类药物的临床应用和用药过程中应注意的相关知识。

ER 28-2

扫一扫，
知重点

肾上腺皮质激素（adrenocortical hormone）是肾上腺皮质所分泌激素的总称。肾上腺皮质由内向外分为网状带、束状带和球状带，分别合成性激素、糖皮质激素和盐皮质激素。临床常用的皮质激素主要指糖皮质激素，为甾体类激素（图28-1）。

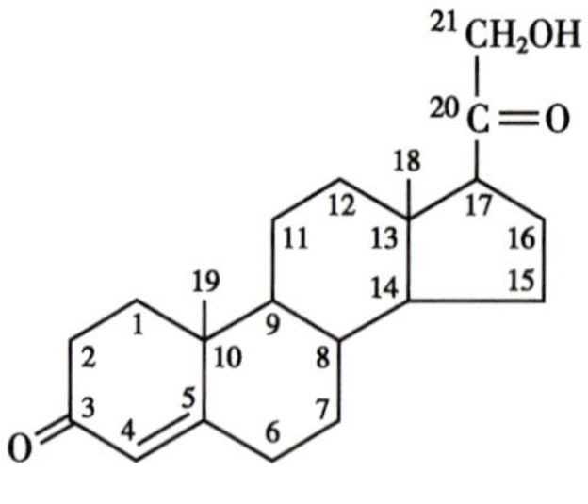

图28-1　肾上腺皮质激素的基本结构

第一节　糖皮质激素类药物

糖皮质激素
类药物的处
方分析

肾上腺皮质束状带分泌糖皮质激素,生理剂量的糖皮质激素主要影响糖、脂肪、蛋白质等物质代谢过程。药理剂量的糖皮质激素则可产生抗炎、抗免疫、抗毒、抗休克等药理作用,其临床应用广泛。

【药物分类】糖皮质激素类药物按作用时间的长短,可分为短效、中效和长效三大类(表 28-1)。

糖皮质激素
类药物的水
盐代谢调节
作用

表 28-1　糖皮质激素类药物分类及作用比较

分类	药物	等效剂量 /mg	抗炎作用(比值)	水盐代谢(比值)	维持时间 /h
短效类	可的松	25.00	0.8	0.8	8~12
	氢化可的松	20.00	1	1	8~12
中效类	泼尼松	5.0	4.0	0.8	12~16
	泼尼松龙	5.0	4.0	0.8	12~16
	甲泼尼龙	4.0	5.0	0.5	12~16
	地夫可特	7.50	4.0	0.5	12~16
	氟氢可的松	2.00	10.0	125.0	12~24
	曲安奈德	4.00	5.0	0	12~24
长效类	地塞米松	0.75	25.0	0	20~36
	倍他米松	0.75	25.0	0	20~36

注:抗炎强度和水盐代谢均以氢化可的松(定为 1.0)作为标准。

课堂活动

高某,男,58 岁。近几个月来感觉四肢无力,下肢水肿,尿中泡沫增多,遂去医院就诊。经实验室检查,尿蛋白 500mg/L,血浆白蛋白 25g/L,总胆固醇 8.46mmol/L,甘油三酯 4.30mmol/L。结合其他的检查,诊断为肾病综合征。

课堂讨论:

1. 该患者可以用哪些药物治疗?
2. 用药过程中应注意哪些问题?

扫一扫,
知答案

【体内过程】氢化可的松或可的松口服吸收快而完全,也可注射给药。口服氢化可的松或可的松,1~2 小时达血药峰浓度,氢化可的松入血后约 90% 与血浆蛋白结合,肝、肾疾病时,血浆蛋白含量减少,此时可使游离型药物增多,作用增强。可的松和泼尼松需在肝内转化为氢化可的松和泼尼松龙才有生物活性,故严重肝功能不全的患者,应选用氢化可的松或泼尼松龙。

糖皮质激素的分泌调节

糖皮质激素的分泌受下丘脑和腺垂体调控,下丘脑分泌促肾上腺皮质激素释放激素(CRH),促进腺垂体分泌促肾上腺皮质激素(ACTH),ACTH促进肾上腺分泌糖皮质激素。同时,ACTH的分泌又受血中糖皮质激素的负反馈调节,当血中糖皮质激素浓度升高时,可反馈性抑制下丘脑和腺垂体分泌CRH和ACTH(图28-2)。内源性糖皮质激素的分泌有昼夜节律性,早晨8时分泌最旺盛,含量最高,午夜时含量最低,昼夜间血浆糖皮质激素浓度相差4倍以上(图28-3)。此外,机体在应激状态下(如感染、创伤、休克等),内源性糖皮质激素的分泌量最大可达基础值的10倍左右。

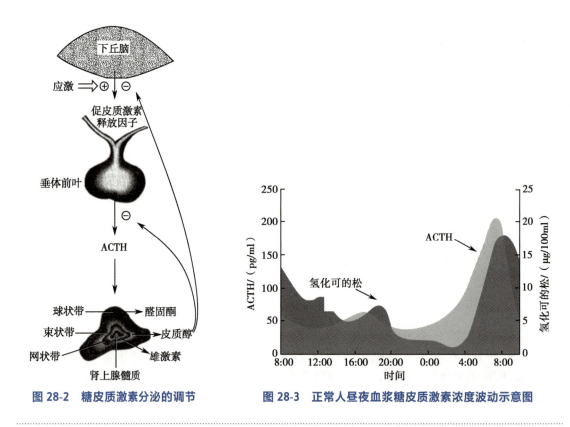

图 28-2　糖皮质激素分泌的调节　　　　　　图 28-3　正常人昼夜血浆糖皮质激素浓度波动示意图

【药理作用】

1. 抗炎作用　糖皮质激素对各种原因(感染性,如细菌、病毒;化学性,如酸、碱损伤;物理性,如烧伤、光、射线;免疫性,如各种变态反应等)引起的炎症及炎症的各期均有强大的非特异性抑制作用。在炎症的早期可抑制局部毛细血管扩张,降低毛细血管通透性,减少渗出和水肿;同时抑制白细胞游走、黏附、聚集和吞噬能力,从而改善红、肿、热、痛等症状。在炎症后期,明显抑制毛细血管和成纤维细胞的增生,延缓肉芽组织的形成,减轻组织粘连,抑制瘢痕的形成,减轻后遗症。但必须注意,炎症反应是机体的一种保护反应及修复过程,糖皮质激素在抗炎的同时,也降低了机体的防御功能,可致感染扩散和伤口愈合迟缓。

糖皮质激素的抗炎作用机制

细胞胞质中的糖皮质激素受体(GR)是一条由约 800 个氨基酸残基组成的直链多肽,未活化的 GR 在胞质内与热激蛋白质 90(heat shock protein 90,HSP90)等结合成复合体,当这种复合体与糖皮质激素(GC)结合后,HSP90 等成分与 GR 解离,而激素受体复合物即进入细胞核,通过增加或减少基因转录而抑制炎症过程的多个环节,发挥抗炎作用。

2. 抗免疫作用 糖皮质激素对免疫过程的许多环节均有抑制作用,包括抑制巨噬细胞对抗原的吞噬和处理,阻碍 T 淋巴细胞转化为致敏的淋巴细胞;抑制淋巴因子的生成,减少血液中的淋巴细胞数量;抑制 B 细胞转化成浆细胞,减少抗体生成。小剂量抑制细胞免疫,大剂量可抑制体液免疫。糖皮质激素还可抑制过敏介质的产生,减轻过敏性症状。

3. 抗毒作用 糖皮质激素可提高机体对细菌内毒素的耐受力,减少内热原的释放,抑制 PGE 的生成及抑制下丘脑体温调节中枢对内热原的敏感性,对感染性毒血症所致的高热有退热作用。但不能中和、破坏内毒素,无对抗细菌外毒素的作用。

4. 抗休克作用 大剂量糖皮质激素对各种休克均有一定的对抗作用,其机制除与抗炎、抗免疫、抗毒作用有关外,还与下列机制有关:加强心肌收缩力,使心排血量增多;降低血管对缩血管物质的敏感性,扩张痉挛血管,改善微循环;稳定溶解酶体膜,减少心肌抑制因子的形成。

5. 其他作用

(1)对血液与造血系统的影响:能刺激骨髓造血功能,增加血液中红细胞、血小板数目及血红蛋白、纤维蛋白原含量,缩短凝血时间;中性粒细胞数目增加,但其游走、吞噬、消化等功能降低;还能使淋巴细胞和嗜酸性粒细胞减少。

(2)中枢神经系统作用:能提高中枢的兴奋性,引起欣快、激动、失眠等。

(3)消化系统:糖皮质激素能使胃酸和胃蛋白酶分泌增多,提高食欲,促进消化,但大剂量应用可诱发或加重溃疡。

知识链接

应激反应中糖皮质激素大量分泌的意义

应激反应中糖皮质激素的大量分泌可显著提高机体对伤害性刺激的耐受力,是保证机体在恶劣条件下生存的至关重要因素。其意义在于:①通过促进蛋白质分解和糖异生作用可使血糖维持在较高水平,有利于向组织细胞提供充足的能量物质;②通过允许作用改善心血管系统的功能;③稳定溶酶体膜,减少溶酶体外漏,防止或减轻组织损伤;④通过抑制化学介质,如白三烯、前列腺素、5-羟色胺等的合成释放,减轻炎症反应,减少组织损伤。

【临床应用】

1. **替代疗法**　生理剂量用于急慢性肾上腺皮质功能减退症、脑垂体功能减退症和肾上腺次全切除术后的补充。

2. **严重感染**　主要用于中毒性感染或同时伴有休克者,如中毒性痢疾、中毒性肺炎、暴发性流行性脑膜炎、重症伤寒、急性粟粒型肺结核等。在应用足量、有效的抗菌药的同时,大剂量应用糖皮质激素,因其能增加机体对有害刺激的耐受性,减轻中毒症状,使机体度过危险期。病毒感染一般不宜应用,但对于严重的病毒感染,主张短期大量应用糖皮质激素,如重症肝炎、乙型脑炎、麻疹、流行性腮腺炎、艾滋病患者并发肺孢子菌肺炎,以及机体炎症反应过度激活状态的重型或危重型新型冠状病毒感染,有缓解症状的作用。

3. **防止某些炎症的后遗症**　某些组织器官炎症后期的粘连及瘢痕形成,严重影响器官的功能,如结核性脑膜炎、胸膜炎、腹膜炎、心包炎、损伤性关节炎、睾丸炎等,早期应用糖皮质激素能防止后遗症的产生;对角膜炎、巩膜炎、视网膜炎、视神经炎等非特异性眼炎,应用糖皮质激素可消炎止痛,防止角膜混浊和瘢痕粘连的发生。

4. **自身免疫性疾病和过敏性疾病**

(1)自身免疫性疾病:如类风湿关节炎、强直性脊柱炎、系统性红斑狼疮、硬皮病、皮肌炎、肾病综合征、自身免疫性贫血、重症肌无力、结节性动脉炎等。通常采用综合治疗,可明显缓解症状,但不能根治。

(2)过敏性疾病:严重过敏反应及应用其他抗过敏药无效时,可选用本类药物治疗,如变应性鼻炎、支气管哮喘、荨麻疹、血清病、血管神经性水肿及过敏性休克等。

(3)器官移植:如肾移植、骨髓移植、肝移植等,常与其他免疫抑制药联合应用,抑制排斥反应。

5. **某些血液病**　可用于再生障碍性贫血、血小板减少、过敏性紫癜、粒细胞减少症、急性淋巴细胞白血病等,作用不持久,停药后易复发。

6. **休克**　对感染性休克,需与有效、足量的抗菌药合用。对过敏性休克,糖皮质激素为次选药,宜首选肾上腺素,对病情较重的患者可合用糖皮质激素。对低血容量性休克,在补充血容量或输血后效果不佳时,可合用超大剂量的糖皮质激素。

7. **局部应用**　对某些皮肤病,如接触性皮炎、湿疹、肛门瘙痒、银屑病、神经性皮炎等有一定疗效。宜局部应用氢化可的松、泼尼松龙或氟轻松。也可与普鲁卡因配合,局部注射用于肌肉、韧带或关节劳损。

> **知识链接**
>
> **氢化可的松注射液与输液的配伍**
>
> 氢化可的松在水中几乎不溶解(溶解度 0.028%),其注射液是以稀乙醇(50%)为溶剂而制成的(5mg/ml)。该药不可直接注射,必须加入输液(5% 葡萄糖液或 0.9% 氯化钠液)。每 20ml 注射液(含药 100mg)需要用输液 500ml,终浓度为 0.2mg/ml,可良好溶解。如液量不足或振摇不匀,可产生不溶性沉淀。因注射液中含乙醇,乙醛脱氢酶缺乏者使用后可引起双硫仑样反应,禁忌使用。

【不良反应】

1. 长期大剂量应用引起的不良反应

(1)医源性肾上腺皮质功能亢进:与糖皮质激素引起物质代谢和水盐代谢紊乱有关,表现为满月脸、水牛背、向心性肥胖、痤疮、皮肤变薄、多毛、水钠潴留、水肿、高血压、高脂血症、低钾血症、糖尿病等,也称库欣(Cushing)综合征(图 28-4)。停药后症状可自行消失。必要时可加用抗高血压药、降血糖药治疗。长期大量应用糖皮质激素,应给予低盐、低糖、高蛋白质饮食,同时注意补钾。

(2)诱发或加重感染:系糖皮质激素抑制机体免疫功能所致。长期应用可诱发感染或使体内潜在的病灶扩散,病情加重。可通过局部给药、隔日给药和预防感染等措施以降低感染风险。

(3)诱发或加重溃疡:糖皮质激素能刺激胃酸、胃蛋白酶的分泌,并抑制胃黏液分泌,降低胃肠黏膜对胃酸的抵抗力,诱发或加重胃、十二指肠溃疡,严重者导致消化道出血和穿孔。大剂量使用糖皮质激素时建议加用胃黏膜保护药或抑酸药防治。

(4)心血管系统疾病:长期大量应用糖皮质激素时,由于水钠潴留和血脂增高,引发高血压、动脉粥样硬化。血栓栓塞性并发症的发生风险也增高。

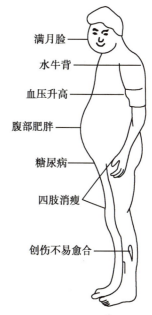

图 28-4　糖皮质激素的
不良反应

(5)其他:糖皮质激素抑制蛋白质合成,促进钙、磷排泄,导致肌肉萎缩、伤口愈合延缓、儿童发育缓慢、骨质疏松;兴奋中枢,出现精神及行为的改变,偶见癫痫及精神病发作;妊娠前 3 个月使用偶可引起胎儿畸形。

2. 停药反应

(1)医源性肾上腺皮质功能不全:长期大量应用糖皮质激素,负反馈作用于腺垂体及下丘脑,使 ACTH 分泌减少,可引起肾上腺皮质萎缩和功能不全。突然停用糖皮质激素或减药过快,体内糖皮质激素突然降低,在应激状态下,如创伤、感染、分娩,患者出现肾上腺皮质危象,表现为呕吐、乏力、低血压甚至休克,需及时抢救。长期大量应用糖皮质激素的患者停药时应逐渐减量、停药,或停药前应用 ACTH 7 天左右以促进肾上腺皮质功能的恢复;停药后 1 年内遇应激情况时,应及时给予足量的糖皮质激素。

(2)反跳现象及停药症状:突然停药或减量过快时,出现肌痛、关节痛、肌强直、发热等原来没有的症状,称之为停药症状。突然停药后,已经控制好转的症状又出现或加重,称为反跳现象。需加大剂量再行治疗,待症状好转后再缓慢减量、停药。

ER 28-6

长期服用糖皮质激素不能突然停药

岗位情景

患者,男,36 岁,肾病综合征并发尿道支原体感染,经药敏试验,细菌对多西环素敏感。医生处方如下:
Rp:

多西环素胶囊　0.1mg×28

Sig.　0.1mg　b.i.d.　p.o.

泼尼松片　10mg×42

岗位情景的
参考答案

Sig.　10mg　t.i.d.　p.o.

维生素 C 片　0.2mg×42

Sig.　0.2mg　t.i.d.　p.o.

联合用药 2 周后,患者出现大量水泻,每天 10 余次,并有斑块状假膜排出,伴发热、腹痛、腹胀、恶心呕吐。请分析患者出现上述症状的原因。

【禁忌证】 抗菌药不能控制的感染、肾上腺皮质功能亢进、骨折或创伤恢复期、新近的胃肠吻合术、角膜溃疡、活动性消化性溃疡、孕妇、严重高血压、糖尿病、精神病和癫痫等。

【用法及疗程】

1. **小剂量替代疗法**　用于慢性肾上腺皮质功能不全、垂体功能减退及术后引起的肾上腺皮质功能不全。

2. **大剂量突击疗法**　用于严重感染及休克、严重哮喘持续状态、过敏性喉头水肿等,一般使用 3~5 天。糖皮质激素使用期间必须配合其他有效治疗措施。在治疗目的达到后可立即撤药。

3. **一般剂量长期疗法**　用于结缔组织病、类风湿关节炎、肾病综合征等慢性病的治疗。

4. **隔日疗法**　为了减少医源性肾上腺皮质功能不全的发生,多采用隔日疗法。隔日疗法是根据糖皮质激素的昼夜分泌节律,将两日的总药量隔日早上 8 时给予。因糖皮质激素在上午 8 时为分泌高峰,此时给药对垂体及下丘脑的反馈性抑制最小,可减少医源性肾上腺皮质功能不全的发生。

技能赛点

技能赛点的
赛点分析

患者,男,60 岁,因支气管哮喘入院,并伴有高血压及糖尿病。医生处方如下,请分析用药是否合理,为什么?

Rp:

氨茶碱注射液　0.25g

醋酸地塞米松注射液　5mg

0.9% 氯化钠注射液　100ml

Sig.　混合　i.v.gtt.　连用 7 天

特布他林片　2.5mg×14

Sig.　2.5mg　b.i.d.　p.o.

点滴积累

1. 糖皮质激素类药物的作用有"四抗":抗炎、抗毒、抗免疫及抗休克等。

2. 长期使用糖皮质激素类药物可引起"一亢进、五诱发"等不良反应:医源性肾上腺皮质功能亢进,诱发或加重感染、诱发或加重高血压、诱发或加重糖尿病、诱发或加重癫痫和精神病、诱发或加重溃疡等。

3. 长期使用糖皮质激素类药物突然停药,可出现医源性肾上腺皮质功能不全、反跳现象等。应逐渐减量、停药,或停药前应用 ACTH 7 天左右以促进肾上腺皮质功能的恢复。

第二节　盐皮质激素类药物

肾上腺皮质球状带分泌的盐皮质激素包括醛固酮、去氧皮质酮及皮质酮。

【生理作用】促进远曲小管及集合管的 Na^+-K^+ 及 Na^+-H^+ 交换,保钠、潴水、排钾。盐皮质激素分泌主要受血浆电解质组成及肾素 - 血管紧张素系统的调节。

【临床应用】治疗慢性肾上腺皮质功能减退。可治疗原发性慢性肾上腺皮质功能不全,纠正水、电解质紊乱,恢复水、电解质平衡。

【不良反应】过量引起水钠潴留、水肿、高血压、低钾血症。

> **点滴积累**
>
> 肾上腺皮质球状带分泌的盐皮质激素包括醛固酮、去氧皮质酮及皮质酮。治疗慢性肾上腺皮质功能减退,纠正水、电解质紊乱,恢复水、电解质平衡。

第三节　促肾上腺皮质激素及皮质激素抑制药

一、促肾上腺皮质激素

促肾上腺皮质激素(ACTH)是维持肾上腺正常形态和功能的重要激素。它的合成和分泌是在下丘脑 CRH 的作用下,在腺垂体嗜碱性粒细胞内进行的。糖皮质激素对下丘脑及腺垂体起着长负反馈作用,抑制 CRH 及 ACTH 的分泌。在生理情况下,下丘脑、垂体和肾上腺三者处于相对的动态平衡中,ACTH 缺乏,将引起肾上腺皮质萎缩、分泌功能减退。ACTH 还有控制本身释放的短负反馈调节(图 28-2)。

ACTH 口服后在胃内被胃蛋白酶破坏而失效,只能注射应用。主要作用是促进糖皮质激素分泌,但只有在皮质功能完好时方能发挥治疗作用。一般在给药后 2 小时,皮质才开始分泌氢化可的松。临床上用于诊断脑腺垂体 - 肾上腺皮质功能水平,以及用于长期使用糖皮质激素后的撤停,以防止发生皮质功能不全。

二、皮质激素抑制药

皮质激素抑制药可代替外科的肾上腺皮质切除术,临床常用的有米托坦、美替拉酮和氨鲁米特等。

米托坦（mitotane，双氯苯二氯乙烷）

能选择性地使肾上腺皮质束状带及网状带细胞萎缩、坏死，但不影响球状带，故醛固酮分泌不受影响。用药后血、尿中的氢化可的松及其代谢产物迅速减少。主要用于不可切除的皮质癌、切除后复发癌以及皮质癌术后辅助治疗。可有厌食、恶心、腹泻、皮疹、嗜睡、头痛、眩晕、乏力、中枢抑制及运动失调等不良反应。

美替拉酮（metyrapone，甲吡酮）

能抑制 11β- 羟化反应，干扰 11- 去氧皮质酮转化为皮质酮及 11- 去氧氢化可的松转化为氢化可的松。临床用于治疗肾上腺皮质肿瘤和产生 ACTH 的肿瘤所引起的氢化可的松过多症和皮质癌。还可用于垂体释放 ACTH 功能试验。不良反应较少，可有眩晕、消化道反应等。

氨鲁米特（aminoglutethimide）

抑制氢化可的松和醛固酮的合成而发挥作用，临床主要与美替拉酮合用，治疗 ACTH 过度分泌诱发的皮质醇增多症。

扫一扫，做实验：氢化可的松的抗炎作用

复习导图

习题

> ### 点滴积累
>
> 1. ACTH 的主要作用是在皮质功能完好时促进糖皮质激素分泌。口服后在胃内被胃蛋白酶破坏而失效，只能注射应用。
> 2. 皮质激素抑制药有米托坦、美替拉酮和氨鲁米特等，可代替外科的肾上腺皮质切除术。

目标检测

一、简答题

1. 长期大剂量使用糖皮质激素类药物会出现哪些不良反应，可采取哪些措施预防？
2. 正确评价糖皮质激素类药物的抗炎作用。

二、处方分析

患者，男，32 岁，患风湿性关节炎 4 年，因受凉感冒发热，医生处方如下，试分析该处方是否合理，为什么？

Rp：

醋酸泼尼松片　5mg×60

Sig.　10mg　t.i.d.　p.o.

阿司匹林片　0.5g×30

Sig.　0.5g　t.i.d.　p.o.

（马瑜红）

第二十九章　甲状腺激素和抗甲状腺药

ER 29-1

第二十九章
课件

导学情景

情景描述:

　　王护士,最近工作比较辛苦紧张,情绪烦躁,难以自控,常因小事与患者、同事争吵。心率明显加快,常感燥热多汗,饭量有所增加,体重却较前下降。睡眠不好,常需服用安眠药,手有细微震颤的现象。经诊断为甲状腺功能亢进。

学前导语:

　　甲状腺功能亢进是由多种原因导致甲状腺激素分泌过多引起的疾病。本章我们将学习甲状腺激素和抗甲状腺药中的硫脲类、碘及碘化物、放射性碘等。

第一节　甲状腺激素

ER 29-2

扫一扫,
知重点

　　甲状腺激素(thyroid hormone)包括甲状腺素(thyroxin,T_4)和三碘甲状腺原氨酸(triiodothyronine,T_3)。两种都是酪氨酸的碘化物,T_4含量比T_3多,约占总量的90%,但T_3是甲状腺激素发挥生理作用的主要形式,活性比T_4高4倍多。

知识链接

甲状腺激素的合成和调节

1. 合成

　　(1)碘的摄取:甲状腺细胞通过碘泵主动摄取血液中的碘化物,摄碘能力受食物中含碘量的影响,缺碘时摄碘能力增强,反之则减弱。

　　(2)碘的活化和酪氨酸碘化:摄入的碘化物(I^-)在过氧化物酶的作用下被氧化成活性碘(I^0)。活性碘迅速与甲状腺球蛋白上的酪氨酸残基结合,生成单碘酪氨酸(MIT)和双碘酪氨酸(DIT)。

(3)偶联:在过氧化物酶作用下,1 分子 MIT 和 1 分子 DIT 偶联生成 T_3,2 分子 DIT 偶联生成 T_4。

2. **调节** 甲状腺激素受下丘脑-腺垂体-甲状腺轴调节。下丘脑分泌促甲状腺激素释放激素(TRH),作用于腺垂体,促进腺垂体分泌促甲状腺激素(TSH),TSH 作用于甲状腺,促进甲状腺细胞增殖与合成,释放 T_3、T_4。血中游离的 T_3、T_4 浓度对 TRH、TSH 的释放有负反馈调节作用(图 29-1)。

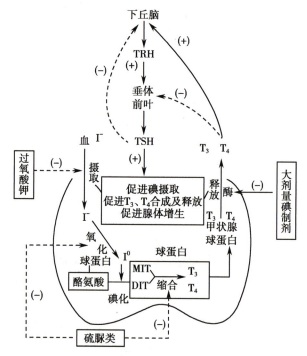

图 29-1 甲状腺激素的合成、储存、释放和调节

【药理作用】

1. **对生长发育的影响** 甲状腺激素是机体生长、发育和成熟所必需的激素。甲状腺激素能够促进蛋白质的合成和骨骼的生长发育,对儿童期脑和骨骼的生长发育尤为重要。

2. **促进代谢** 甲状腺激素能促进糖、蛋白质和脂肪代谢,促进物质氧化,增加耗氧量,提高基础代谢率,产热增多。

3. **对神经系统和心血管系统的影响** 甲状腺激素能够提高机体对儿茶酚胺类的敏感性,使中枢神经系统兴奋性提高,心率加快,心肌收缩力增强。

> **知识链接**
>
> #### 甲状腺功能减退与甲状腺功能亢进
>
> 甲状腺功能减退简称甲减,儿童的甲减可导致躯体和智力发育均低下(即呆小病),成人甲减可引起黏液性水肿。甲状腺功能亢进简称甲亢,是由于甲状腺分泌过多的甲状腺激素或由于各种原因引起机体内甲状腺激素含量增高所引起的综合征,以基础代谢率增高和高血清游离甲状腺激素为特征。甲亢中以毒性弥漫性甲状腺肿(Graves 病)最常见,临床表现为多食易饥、怕热多汗、乏力消瘦、情绪激动、焦

躁易怒、失眠、心率加快和体重明显下降等症状,严重时可发生心律失常、手指震颤甚至心绞痛、心力衰竭等。甲亢属于自身免疫性疾病,有显著的遗传倾向。

【临床应用】甲状腺激素主要用于甲状腺功能减退的替代治疗。

1. **呆小病**　胎儿或婴幼儿时期因甲状腺功能不足可引起呆小病,表现为智力低下、身材矮小。一经确诊,应尽早用甲状腺激素替代治疗,发育有可能恢复正常。如治疗过晚,即使躯体能正常发育,而神经系统缺陷则不可恢复,智力仍然低下。用药需从小剂量开始,逐渐增加剂量,并根据临床表现,调整剂量。

2. **黏液性水肿**　成人甲状腺功能减退时,甲状腺激素分泌减少,基础代谢率降低,产热减少,表现为乏力、畏寒、情绪低落、行动迟缓等症状。病理表现为糖胺聚糖在组织和皮肤堆积,出现黏液性水肿。一般服用甲状腺片,从小剂量开始,逐渐增至足量。

3. **单纯性甲状腺肿**　由缺碘引起的应补碘。无明显原因者可给予适量甲状腺激素,以补充内源性激素的不足,并可抑制 TSH 的过多分泌,以缓解甲状腺组织代偿性增生肥大。

【不良反应】甲状腺激素过量时可出现甲状腺功能亢进的症状,如心悸、手震颤、多汗、神经过敏、失眠等不良反应,严重者可有腹泻、呕吐、体重减轻、发热,甚至有心绞痛、心力衰竭等。一旦出现上述症状,应立即停药,必要时用 β 受体阻滞药对抗。

> **点滴积累**
>
> 甲状腺激素具有维持生长发育和促进代谢等作用,临床上主要用于甲状腺功能减退的替代治疗。

第二节　抗甲状腺药

抗甲状腺药是一类能干扰甲状腺激素的合成与释放,用于治疗甲状腺功能亢进的药物。目前常用的药物有硫脲类、碘及碘化物、放射性碘、β 受体阻滞药四类。

> **课 堂 活 动**
>
> 患者,女,32 岁,近两个月来出现颈部增粗、心悸、体重下降,来院就诊。查体:心率 120 次 /min,双眼明显突出,手颤,甲状腺 Ⅱ 度肿大,表面光滑,实验室检查 T_3、T_4 均升高。该患者确诊为甲亢。
>
> 课堂讨论:
>
> 1. 针对甲亢,临床可采用哪些治疗方法? 常用药物有几类?
> 2. 该患者能否用大剂量碘进行内科治疗?

ER 29-3

扫一扫,
知答案

一、硫脲类

硫脲类是临床最常用的抗甲状腺药,可分为两大类:①硫氧嘧啶类,包括甲硫氧嘧啶(methylthiouracil)和丙硫氧嘧啶(propylthiouracil);②咪唑类,包括甲巯咪唑(thiamazole,他巴唑)和卡比马唑(carbimazole,甲亢平)。

【体内过程】口服易吸收,生物利用度约为80%。血浆蛋白结合率约为75%,分布于全身组织,但较多富集于甲状腺组织。主要在肝内代谢,部分以结合型随尿排出。能通过胎盘屏障,也能进入乳汁。孕妇慎用,哺乳期妇女用药期间应停止哺乳。

【药理作用】硫脲类药物通过与甲状腺细胞内过氧化物酶结合并使之失活,抑制碘的活化以及MIT和DIT的偶联过程,从而抑制甲状腺激素的生物合成。但不影响已合成的甲状腺激素释放和发挥作用,需待体内储存的甲状腺激素被消耗后才能显效,故甲亢症状改善需要2~3周,基础代谢率需要1~3个月才能恢复正常。

此外,硫脲类还具有抑制甲状腺球蛋白生成的作用,因此对甲亢有一定的病因性治疗作用。丙硫氧嘧啶可抑制外周组织 T_4 转化为 T_3,能迅速降低血清中生物活性较强的 T_3 水平,故在重症甲亢、甲状腺危象时首选该药。

【临床应用】

1. **甲亢的内科治疗** 适用于轻症和不宜手术、不宜用放射性碘治疗的患者。开始治疗时给予大剂量,最大程度抑制甲状腺激素的合成。经1~3个月治疗后,症状明显减轻,基础代谢率接近正常。

2. **甲亢术前准备** 为减少甲状腺次全切除手术患者在麻醉和手术后出现并发症以及甲状腺危象,在手术前应先服用硫脲类药物,使甲状腺功能恢复或接近正常。但用药后TSH分泌增加,甲状腺组织代偿性增生、充血、变脆,增加术中出血的危险,须在手术前两周加服复方碘溶液,使腺体缩小变硬,以利于手术和减少术中出血。

3. **甲状腺危象的辅助治疗** 甲亢患者在感染、创伤、手术、精神刺激等诱因影响下,甲状腺激素大量释放入血,引起高热、虚脱、心力衰竭、肺水肿、电解质紊乱等,严重时可致死亡,称为甲状腺危象。此时主要应用大剂量碘剂抑制甲状腺激素的释放,同时合用大剂量(为治疗量的2倍)硫脲类阻断甲状腺激素的合成作为辅助治疗。硫脲类首选丙硫氧嘧啶,疗程不超过1周。

> **知识链接**
>
> ### 诱发甲亢的因素
>
> ①精神因素:部分毒性弥漫性甲状腺肿患者在临床症状出现前有明显精神刺激或精神创伤史。精神因素使中枢神经系统去甲肾上腺素水平降低,促肾上腺皮质激素释放激素和促肾上腺皮质激素及皮质醇分泌增多,从而使免疫监视功能降低,进而引起毒性弥漫性甲状腺肿。②感染:如感冒、扁桃体炎、肺炎等。③外伤:如车祸、创伤等。④过度劳累。⑤妊娠:怀孕早期可能诱发或加重甲亢。⑥碘摄入过多:如大量吃海带等海产品。⑦某些药物:如胺碘酮、性激素、锂剂等。

【不良反应】

1. **过敏反应** 最常见,多为瘙痒、药疹等,少数伴有发热,一般不需停药,可密切观察。

2. **消化道反应** 可有厌食、恶心、呕吐、腹痛、腹泻等。

3. **粒细胞缺乏症** 为严重的不良反应,多发生于老年患者或者大剂量药物使用者,一般在用药几周后发生。应定期检查血象,若出现白细胞总数明显降低或有咽痛、发热等症状,必须立即停药。

4. **肝毒性** 丙硫氧嘧啶可引起肝细胞损伤;甲巯咪唑可引起阻塞性黄疸等。

5. **甲状腺肿大** 长期应用后因血清甲状腺激素水平下降,可反馈性引起 TSH 分泌增多,以致腺体代偿性增生,组织充血。

6. **甲减** 长期过量用药时可发生。应定期复查,及时调整用药量。

> **岗位情景**

患者,女,40 岁,眼突、怕热、多汗、易饥、焦虑易怒、失眠、大便次数增多、间断心悸 3 个月,体重下降 5kg,症状逐渐加重。查体发现伸手存在纤颤,双侧颈静脉无怒张,甲状腺不大,心率 90 次 /min。经临床诊断为甲亢。用丙硫氧嘧啶和普萘洛尔治疗,3 个月后,患者出现头晕、乏力、咽痛、皮肤瘙痒、转氨酶升高等。请分析原因。

ER 29-4

岗位情景的
参考答案

二、碘及碘化物

常用的有碘化钾、碘化钠、复方碘溶液(卢戈液,Lugol's solution)等。

【药理作用】 不同剂量的碘化物对甲状腺功能可产生不同的作用。

1. **小剂量碘参与甲状腺激素的合成** 碘是甲状腺激素合成的必需原料,碘不足可导致甲状腺激素合成减少。

2. **大剂量碘产生抗甲状腺作用** 主要是抑制蛋白水解酶,使 T_3、T_4 不能和甲状腺球蛋白解离而释放减少;其次是抑制过氧化物酶而影响甲状腺激素的合成;此外,还能拮抗 TSH 的作用。

【临床应用】

1. **防治单纯性甲状腺肿** 单纯性甲状腺肿是由于食入碘量不足所致。在流行地区,在食盐中按 1:100 000~1:10 000 的比例加入碘化钾或碘化钠,可以防止发病。我国在推广食用碘盐后有效地防止了该病的发生。对于早期患者用复方碘口服液或碘化钾,必要时加用甲状腺片以抑制腺体增生。对晚期患者疗效差,如腺体太大或有压迫症状,应考虑手术治疗。

2. **甲亢术前准备** 用硫脲类控制病情后,术前两周加用大剂量复方碘溶液以使甲状腺腺体缩小变韧,充血减少,有利于手术进行以及减少出血。

3. **甲状腺危象** 应用大剂量碘剂可迅速抑制甲状腺激素释放,从而缓解甲状腺危象,同时需要联合使用硫脲类药物。

【不良反应】

1. **过敏反应** 在用药后立即或几小时后发生,主要表现为发热、皮疹、皮炎,也可有血管神经性水肿,严重者有喉头水肿。对碘过敏者禁用。

2. **慢性碘中毒** 表现为口腔及咽喉烧灼感、唾液分泌增多、眼刺激症状等,停药后可消失。

3. **诱发甲状腺功能紊乱** 长期服用碘化物可诱发甲亢,也可诱发甲减和甲状腺肿。碘能进入乳汁和胎盘,孕妇和哺乳期妇女应慎用。

难点释疑

剂量碘不用于甲亢内科治疗的原因

大剂量碘的抗甲状腺作用快而强,用药 1~2 天起效,10~15 天可达最大效应。但此时若继续用药,甲状腺摄碘能力反而受抑制,胞内碘离子浓度下降,抑制甲状腺激素合成的作用消失,可导致甲亢的症状复发,故大剂量的碘不能用于甲亢的内科治疗。

三、放射性碘

用于甲亢治疗的放射性碘是 ^{131}I,其 $t_{1/2}$ 约为 8 天,用药 1 个月后其放射性可消除 90%,56 天消除 99% 以上。

【药理作用】 甲状腺有高度摄碘能力,^{131}I 被甲状腺摄取后,可产生 β 射线和 γ 射线。其中 β 射线占 99%,在组织内的射程为 0.5~2mm,其辐射作用仅限于甲状腺实质内,使滤泡上皮破坏、萎缩,减少分泌,但很少波及周围组织,可引起类似切除部分甲状腺的作用。γ 射线占 1%,在体外可测得,可用于测定甲状腺摄碘功能。

【临床应用】

1. **甲亢** ^{131}I 仅用于不宜手术或手术后复发和硫脲类无效或过敏者。

2. **甲状腺功能测定** 空腹口服小剂量 ^{131}I,分别于用药后 1、3 及 24 小时各测一次甲状腺的放射性,计算摄碘的百分率,并画出摄碘曲线。与正常曲线相比,甲亢患者摄碘率高,摄碘高峰时间前移;甲减患者摄碘率低,摄碘高峰时间后延。

【不良反应】 剂量过大时易导致甲减。由于本品个体差异大,因而在使用中应严格计算剂量并密切观察,一旦发生甲减应立即停药,并适当补充甲状腺激素。

四、β 受体阻滞药

【药理作用】 甲亢患者交感神经活动增强,β 受体阻滞药通过阻断 β 受体阻滞儿茶酚胺的作用;还可减少外周组织中 T_4 转变为 T_3,从而控制心悸、多汗、手震颤、焦虑等甲亢症状。

【临床应用】β受体阻滞药作为辅助治疗药用于甲亢和甲状腺危象。由于不干扰硫脲类药物对甲状腺的作用,且作用迅速,可与硫脲类药物合用增强疗效。适用于不宜用其他抗甲状腺药、不宜手术以及^{131}I治疗的甲亢患者。也用于甲状腺术前准备,不会导致腺体增大变脆,利于手术进行。

技能赛点

患者,女,33岁,临床诊断:甲亢,处方如下,请分析该处方是否合理,为什么?

Rp:

左甲状腺素钠片　50μg×50

Sig.　50μg　q.d.　p.o.

丙硫氧嘧啶片　50mg×60

Sig.　100mg　b.i.d.　p.o.

利可君片　20mg×48

Sig.　20mg　t.i.d.　p.o.

普萘洛尔片　10mg×100

Sig.　10mg　t.i.d.　p.o.

ER 29-5

技能赛点的
赛点分析

点滴积累

1. 硫脲类通过抑制过氧化物酶的活性而抑制甲状腺激素的合成,适用于甲亢的内科治疗及甲亢术前的准备。
2. 大剂量的碘通过抑制蛋白水解酶的活性,减少甲状腺激素的释放而发挥抗甲状腺激素作用,临床上用于甲亢术前准备和甲状腺危象的治疗。

ER 29-6

复习导图

ER 29-7

习题

目标检测

一、简答题

1. 抗甲状腺药有哪几类?各类有何临床应用?

2. 简述硫脲类药物的作用机制及临床应用。

二、处方分析

某甲亢患者,因并发细菌性肺炎,出现高热、大汗、虚脱,实验室检查提示体内电解质紊乱。临床诊断为甲状腺危象,医生采取下列药物予以治疗、抢救。试问该处方是否合理,为什么?

Rp:

丙硫氧嘧啶片　　　　200mg　p.o.　q.6h.

普萘洛尔片　　　　　40mg　p.o.　q.6~8h.

碘化钠注射液　　　1.0g
5% 葡萄糖注射液　　500ml ⟩ i.v.gtt.

氢化可的松注射液　300mg
0.9% 氯化钠注射液　500ml ⟩ i.v.gtt.

（朱　波）

第三十章　降血糖药

学习目标

1. **掌握** 胰岛素和其他降血糖药分类及其代表药物,磺酰脲类、双胍类、噻唑烷二酮类的药理作用、作用机制、临床应用及不良反应。
2. **熟悉** α-葡萄糖苷酶抑制药、餐时血糖调节药、二肽基肽酶-4抑制药、胰高血糖素样肽-1受体激动药、钠-葡萄糖耦联转运体2抑制药的药理作用、临床应用及不良反应。
3. **了解** 胰淀素类似物的药理作用和临床应用。

导学情景

情景描述:

　　患者,女,70岁,最近患上了怪病,口渴难忍,尿量大增,皮肤瘙痒,日渐消瘦,尿液有水果味,在家人的催促下去医院诊治,诊断为糖尿病。

学前导语:

　　糖尿病是一种慢性代谢性疾病,具有"三多一少"(多饮、多食、多尿、体重减轻)等症状。本章我们将学习降血糖药的药理作用、临床应用、不良反应和用药过程中注意事项等相关知识。

　　糖尿病(diabetes mellitus,DM)是一种在遗传和环境因素长期共同作用下,由于胰岛素分泌绝对不足或相对不足引起的渐进性糖、脂肪、蛋白质、水和电解质代谢紊乱的疾病,以高血糖为主要标志。常见症状有多饮、多食、多尿、体重减轻等。由于代谢紊乱,引起多系统损害,导致重要器官如眼、肾、心血管及神经系统的病变,使患者致残或死亡。目前尚无根治糖尿病的方法,在生活方式干预的基础上,合理应用药物,可以在一定程度上控制血糖水平,减轻症状,预防并发症,提高生活质量。

知识链接

中国 2 型糖尿病的综合控制目标

测量指标	目标值
毛细血管血糖 /(mmol/L)	
空腹	4.4~7.0
非空腹	<10.0
糖化血红蛋白 /%	<7.0
血压 /mmHg	<130/80

测量指标	目标值
总胆固醇 /(mmol/L)	<4.5
高密度脂蛋白胆固醇 /(mmol/L)	
男性	>1.0
女性	>1.3
甘油三酯 /(mmol/L)	<1.7
低密度脂蛋白胆固醇 /(mmol/L)	
未合并动脉粥样硬化性心血管疾病	<2.6
合并动脉粥样硬化性心血管疾病	<1.8
体重指数 /(kg/m²)	<24.0

注：1mmHg=0.133kPa。

按照 WHO 的分类标准,糖尿病可分为 1 型糖尿病(type 1 diabetes mellitus,T1DM)、2 型糖尿病(type 2 diabetes mellitus,T2DM)、其他特殊类型糖尿病和妊娠糖尿病(gestational diabetes mellitus,GDM)四种类型。1 型糖尿病是由于胰岛 β 细胞严重或完全破坏,胰岛素分泌不足引起的,也称胰岛素依赖型糖尿病(insulin dependent diabetes mellitus,IDDM)。2 型糖尿病主要是由于胰岛素相对缺乏和机体对胰岛素的敏感性下降即胰岛素抵抗引起的,也称非胰岛素依赖型糖尿病(non-insulin dependent diabetes mellitus,NIDDM)。其他特殊类型糖尿病是指病因学相对明确的一类高血糖状态,如胰腺炎、皮质醇增多症、应用糖皮质激素类药物、巨细胞病毒感染等。妊娠糖尿病特指妊娠过程中首次发生或发现的糖尿病或糖耐量减低。其中,2 型糖尿病占 90% 以上。用于降低糖尿病高血糖的药物包括胰岛素以及其他降血糖药。

知识链接

1 型糖尿病与 2 型糖尿病的特点比较

1 型	2 型
胰岛素依赖型	非胰岛素依赖型
发病率 0.5%	发病率 5%
幼年型（<30 岁）	成年型（>30 岁）
胰岛素绝对缺乏	胰岛素相对缺乏或过量
不伴有肥胖	通常伴有肥胖
只能用胰岛素治疗,其他降血糖药无效	通常用其他降血糖药治疗
通常有酮症酸中毒	酮症酸中毒不常见
与遗传有关	与遗传无关

第一节　胰岛素

扫一扫,
知答案

课堂活动

患者,女,58 岁,患糖尿病 10 余年,长期用胰岛素治疗。某清晨突感心悸、出冷汗、震颤,继而出现昏迷,入院后查血糖为 3.2mmol/L。

课堂讨论:

1. 该患者为何出现上述反应?

2. 针对上述情况,对该患者应采取什么治疗措施?

胰岛素(insulin)是由胰腺中胰岛 β 细胞分泌的一种小分子酸性蛋白质,由 51 个氨基酸残基排列成 A、B 两条肽链,中间由二硫键连接组成。胰岛素 1922 年用于治疗糖尿病以来,发挥了不可替代的作用,是糖尿病治疗的里程碑。我国于 1965 年在世界上首次人工合成结晶牛胰岛素,是中国科学界的骄傲。

知识链接

胰岛素的发现

1921 年,加拿大医生 Banting 和生理学家 Best 在多伦多大学著名生理学教授 J. J. R. Mcleod 的实验室里,从胰岛中提取分离得到了胰岛素,并确定它有抗糖尿病的作用。由于这一贡献,Banting 和 J. J. R. Mcleod 获得了 1923 年诺贝尔生理学或医学奖。胰岛素的发现和纯化挽救了无数糖尿病患者的生命。为此,世界卫生组织和国际糖尿病联合会将每年的 11 月 14 日定为"世界糖尿病日",旨在纪念胰岛素发明人 Banting 的生日。

【体内过程】普通胰岛素口服无效,因易被消化酶破坏,必须注射给药。皮下注射吸收快但作用不持久,主要在肝、肾经水解灭活,严重肝、肾功能不全者能影响其灭活。

正确储存胰
岛素的方法

【药理作用】胰岛素对代谢过程具有广泛的影响。

1. **糖代谢**　加速葡萄糖的有氧氧化和无氧酵解,促进糖原的合成和贮存,抑制糖原分解和异生,使血糖去路增加、来源减少,从而降低血糖。

2. **脂肪代谢**　促进脂肪合成,抑制脂肪分解,减少游离脂肪酸及其代谢产物酮体的生成。

3. **蛋白质代谢**　促进氨基酸转运到细胞内,加速蛋白质合成,抑制蛋白质分解,对人体生长过程有促进作用。

4. **促进 K^+ 转运**　促进 K^+ 进入细胞内,增加细胞内 K^+ 浓度。

【作用机制】胰岛素属于多肽类激素,现认为胰岛素是通过胰岛素受体而发挥作用的。胰岛素受体是存在于细胞膜上的一种糖蛋白,其胞内部分含酪氨酸激酶,胰岛素与受体结合后,通过多种途径产生一系列的生物效应,如:促进受体蛋白及胞内其他蛋白的酪氨酸残基磷酸化,因而启动磷酸化的连锁反应;促进葡萄糖载体蛋白和其他蛋白质从胞内重新分布到细胞膜,从而加速葡萄糖的转运等。

知识链接

胰岛素降血糖的作用机制

胰岛素受体具有酪氨酸激酶的活性,故称为酪氨酸激酶受体。这一类受体由三部分构成,位于细胞外侧与配体结合的部位,与之相连的是一段跨膜结构,细胞内侧为酪氨酸激酶活性部位,含有可被磷酸化的酪氨酸残基。当配体与受体结合后,受体构象发生改变,酪氨酸残基被磷酸化,激活酪氨酸激酶,诱发一系列细胞内信息的传递,进而产生降血糖效应(图 30-1)。

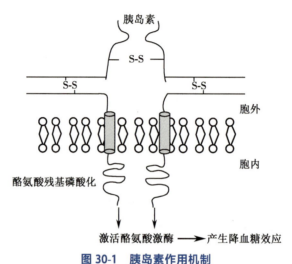

图 30-1 胰岛素作用机制

【临床应用】

1. **糖尿病** 注射用胰岛素制剂目前仍是治疗 1 型糖尿病的最重要药物,对胰岛素缺乏的各型糖尿病均有效。主要用于下列情况:①1 型糖尿病;②2 型糖尿病,经饮食控制和口服降血糖药治疗未能控制者;③糖尿病发生各种急性或严重并发症者,如酮症酸中毒及非酮症高渗性昏迷;④合并重度感染、消耗性疾病、高热、妊娠、创伤以及手术的各型糖尿病。

2. **纠正细胞内缺钾** 与氯化钾、葡萄糖组成极化液,促进 K^+ 进入细胞,用于防治心肌梗死或其他心脏病变时的心律失常。

【分类和制剂】目前临床应用的胰岛素种类较多,其分类依据主要有以下两个方面。

1. 胰岛素制剂按照其来源和化学结构分为动物胰岛素、人胰岛素、胰岛素类似物。

(1)动物胰岛素:多由猪、牛等胰腺提取获得。牛胰岛素与人胰岛素的分子结构有三个氨基酸不同,猪胰岛素只有一个氨基酸不同,在结构上猪胰岛素更接近于人胰岛素,因而疗效更好,胰岛素抵抗反应要轻一些,目前国产动物胰岛素大部分是猪胰岛素。动物胰岛素是第一代胰岛素制剂。

(2)人胰岛素:是指通过基因工程技术合成或者对动物胰岛素修饰改造成符合人胰岛素氨基酸

序列的胰岛素,目前主要通过重组 DNA 技术,利用大肠埃希菌合成胰岛素和猪胰岛素 B 链第 30 位的丙氨酸用苏氨酸代替而获得人胰岛素。因人工合成胰岛素的氨基酸序列与人的相同,疗效更好,胰岛素抵抗反应更少,更适合人类使用。人胰岛素是第二代胰岛素制剂。

(3)胰岛素类似物:是利用基因工程技术对人胰岛素的氨基酸序列及结构进行局部修饰,从而研制出更适合人体生理需要的一类胰岛素制剂。与人胰岛素相比,胰岛素类似物控制血糖的效能相似,但在模拟生理性胰岛素分泌和减少低血糖风险方面优于人胰岛素。胰岛素类似物是第三代胰岛素制剂。

2. 根据作用特点的差异,胰岛素又可以分为:

(1)超短效(速效)胰岛素类似物:包括赖脯胰岛素(insulin lispro)、门冬胰岛素(insulin aspart)和谷赖胰岛素(insulin glulisine)。其使用与普通胰岛素类似,但起效更快,作用持续时间更短,用作餐时胰岛素时应紧邻餐前注射或餐后立即给药;也可以用于重症糖尿病并发症的抢救和胰岛素泵的连续输注。

(2)短效(常规)胰岛素(regular insulin):即普通胰岛素,与内源性人胰岛素有相同的氨基酸序列。作为餐时胰岛素在餐前 30 分钟皮下注射以控制餐后血糖升高;静脉注射用于糖尿病酮症酸中毒等急症。

(3)中效、长效胰岛素:为延长胰岛素的作用时间,用碱性蛋白(珠蛋白、鱼精蛋白)与之结合,并加微量锌使之稳定,制成中效及长效制剂。低精蛋白锌胰岛素(isophane insulin)、珠蛋白锌胰岛素(globin zinc insulin)为中效胰岛素,精蛋白锌胰岛素(protamine zinc insulin)为长效胰岛素。

(4)长效胰岛素类似物:目前国内有甘精胰岛素(insulin glargine)和地特胰岛素(insulin detemir),主要应用于胰岛素的基础治疗,每天 1 次皮下注射,作用持续时间超过 24 小时,类似于基础的胰岛素分泌。

(5)超长效胰岛素类似物:目前有德谷胰岛素(insulin degludec),主要提供人体的基础胰岛素供应,保障血糖水平平稳,半衰期为 25 小时,作用时间为 42 小时。

(6)预混胰岛素:分为预混人胰岛素和预混胰岛素类似物,能够兼顾空腹和餐后血糖控制。预混胰岛素类似物对糖化血红蛋白、空腹血糖和餐后血糖的控制更好,低血糖风险更低。预混人胰岛素包括 70-30 混合人胰岛素、50-50 混合人胰岛素。预混胰岛素类似物主要有 75-25 剂型、70-30 剂型、50-50 剂型。

(7)双胰岛素类似物:目前上市的德谷门冬双胰岛素,为可溶性双胰岛素制剂,由 70% 的德谷胰岛素和 30% 的门冬胰岛素组成,有效兼顾空腹血糖和餐后血糖控制,低血糖发生率低,每日一次或两次于主餐前注射。

(8)单组分胰岛素:将普通胰岛素经过纯化,纯度达到 99% 以上,称为单组分胰岛素,又称高纯度胰岛素,不易产生胰岛素抗体。

目前临床使用的胰岛素剂型有注射剂、胰岛素泵、胰岛素吸入剂等,速效胰岛素类似物和常规胰岛素可以静脉注射和皮下注射,其他胰岛素制剂只能皮下注射,并且不能用于持续皮下胰岛素输注,不可静脉注射。速效胰岛素类似物因其吸收快,起效迅速,在持续皮下胰岛素输注中更具优势。胰岛素制剂的分类及特点如表 30-1 所示。

表 30-1　胰岛素制剂的分类及特点

类别	制剂	注射途径	作用时间 /h			给药时间
			起效	达峰	维持	
速效	赖脯胰岛素	皮下注射	15min	1~1.5	4~5	餐前 5 分钟,3 次 /d
	门冬胰岛素	皮下注射	5~15min	1~2	4~6	
	谷赖胰岛素	皮下注射	10~15min	1~2	3~5	
短效	常规胰岛素	静脉注射	立即	0.5	2	
		皮下注射	0.25~1	2~4	5~8	餐前 30 分钟,3 次 /d
中效	珠蛋白锌胰岛素	皮下注射	1~2	6~12	18~24	早餐或晚餐前 1 小时,1~2 次 /d
	低精蛋白锌胰岛素	皮下注射	3~4	8~12	18~24	
长效	精蛋白锌胰岛素	皮下注射	4~6	14~20	24~36	早餐或晚餐前 1 小时,1~2 次 /d
	甘精胰岛素	皮下注射	1~2	6~24	>24	
	地特胰岛素	皮下注射	2~3	6~8	长达 24	
预混	混合人胰岛素(30R,70/30)	皮下注射	0.5	2~12	14~24	早餐或晚餐前 30 分钟,2 次 /d
	混合人胰岛素(50R)	皮下注射	0.5	2~3	10~24	

知识链接

胰岛素泵使用适应证

① MDI(每日多次胰岛素皮下注射)方案血糖控制不理想者;②频发低血糖和 / 或发生无症状低血糖者;③妊娠糖尿病患者;④对胰岛素极度敏感者(胰岛素泵比皮下注射更精确);⑤既往发生过黎明现象者(此类患者可通过提高基础胰岛素量来对抗清晨高血糖);⑥因神经病变、肾病、视网膜病变等糖尿病并发症或根据病情需要加强血糖管理者;⑦实施 MDI 方案的患者有意愿且有良好的自我管理能力者,包括频繁的自我血糖监测、碳水化合物计算、胰岛素剂量调整。

【不良反应】

1. 低血糖症　是胰岛素过量时最常见也是最严重的不良反应。短效和超短效胰岛素使血糖迅速降低,患者出现饥饿感、出汗、心跳加快、焦虑、震颤等症状,重者引起昏迷、惊厥及休克甚至脑损伤及死亡。长效胰岛素降糖作用较慢,一般不出现上述症状,常表现为头痛和精神情绪、运动障碍。低血糖症状轻者可饮糖水,重症者应立即静脉注射 50% 葡萄糖溶液。

2. 过敏反应　一般反应轻微而短暂,如皮疹、血管神经性水肿,偶可引起过敏性休克。可用 H_1 受体拮抗药处理,重症时可用糖皮质激素。产生过敏的原因一是动物胰岛素与人的胰岛素结构差异所致;二是制剂纯度较低,杂质所致。高纯度制剂或人胰岛素可减少过敏反应的发生。

3. 胰岛素抵抗　急性抵抗常由感染、创伤、手术、情绪激动等应激状态引起,此时需短时间增加胰岛素用量,诱因消除后可恢复常规治疗量。慢性抵抗原因较为复杂,可能是体内产生了胰岛素抗体,也可能与胰岛素受体数目减少等有关,可用糖皮质激素抑制抗体继续生成,换用抗原性小的高纯度胰岛素或人胰岛素制剂,并对剂量进行适当调整。

4. 脂肪萎缩 皮下注射局部可出现红肿、硬结和皮下脂肪萎缩,女性多于男性,因而应按计划轮换注射部位。应用高纯度制剂较少出现脂肪萎缩。

点滴积累

胰岛素具有四大作用:降低血糖;促进蛋白质的合成;促进脂肪的合成;促进 K^+ 进入细胞内。四大用途:1 型糖尿病;2 型糖尿病经饮食控制或用其他降血糖药未能控制者;糖尿病患者发生急性、严重并发症或者出现应激状态;纠正细胞内缺钾。三大不良反应:低血糖症、过敏反应、胰岛素抵抗。

第二节 其他降血糖药

除胰岛素外,高血糖的药物治疗多基于纠正导致人类血糖升高的两个主要病理生理改变,即胰岛素抵抗和胰岛素分泌受损。以促进胰岛素分泌为主要作用的药物主要包括磺酰脲类、格列奈类、二肽基肽酶-4 抑制药、胰高血糖素样肽-1 受体激动药;通过其他机制降低血糖的药物主要包括双胍类、噻唑烷二酮类、α-葡萄糖苷酶抑制药和钠-葡萄糖耦联转运体 2 抑制药、胰淀素类似物。给药途径多为口服,使用比胰岛素方便。

课 堂 活 动

患者,女,43 岁。近一年出现多饮、多尿,乏力,近期症状加重,来院就诊。检查:体重超重 12%,空腹血糖和餐后血糖均高于正常,结合临床表现,诊断为 2 型糖尿病。

课堂讨论:
1. 根据上述情况,可用哪些药物治疗?
2. 2 型糖尿病患者除了药物治疗外,日常生活还需要注意什么?

ER 30-5

扫一扫,
知答案

一、磺酰脲类

常用的有甲苯磺丁脲(tolbutamide)、氯磺丙脲(chlorpropamide)、格列本脲(glibenclamide,glyburide,优降糖)、格列吡嗪(glipizide,美吡达)、格列齐特(gliclazide,达美康)等。

【体内过程】 口服吸收迅速而完全,血浆蛋白结合率高达 90% 以上,起效慢,作用维持时间长,多数药物经肝脏代谢,代谢产物由肾排出。可通过胎盘刺激胎儿胰岛 β 细胞释放胰岛素,出生时发生严重的低血糖反应,故妊娠糖尿病不宜使用。磺酰脲类药物作用比较见表30-2。甲苯磺丁脲作用最弱,维持时间最短,而氯磺丙脲半衰期($t_{1/2}$)最长,且排泄慢,每日只需给药1次。新型磺酰脲类作用较强,可维持24小时,每日只需给药1~2次。

表 30-2　磺酰脲类药物作用比较

药物	降糖作用	血药达峰时间 /h	作用持续时间 /h	$t_{1/2}$/h	消除方式
甲苯磺丁脲	+	4~6	6~12	4~6	经肝代谢,由肾排泄
氯磺丙脲	+++	10	40~72	25~40	原型由肾排泄
格列本脲	++++	1.5	16~24	10~16	经肝代谢,由肾及胆汁排泄
格列齐特	++++	2~6	20~24	10~12	经肝代谢

【药理作用】

1. 降血糖　可降低正常人和胰岛功能尚存的糖尿病患者的血糖,对1型糖尿病患者和切除胰腺者无作用,对严重糖尿病患者疗效差。格列齐特能降低血小板的黏附力,对防治糖尿病患者微血管并发症有一定作用。

2. 抗利尿　格列本脲、氯磺丙脲能够促进抗利尿激素的分泌并增强其作用,从而减少水的排泄,可用于尿崩症。

【作用机制】磺酰脲类药物的作用机制主要是刺激胰岛β细胞释放胰岛素;此外,还能减慢胰岛素代谢,增加周围组织对胰岛素的敏感性,增加胰岛素与其受体的结合,抑制胰高血糖素的分泌。

【临床应用】

1. 糖尿病　用于单用饮食疗法不能控制的胰岛功能尚存的2型糖尿病患者。对胰岛素已产生耐受的患者,用药后能够刺激内源性胰岛素的分泌,因而与胰岛素合用时可减少胰岛素的用量。

2. 尿崩症　格列本脲、氯磺丙脲可使患者尿量明显减少,与噻嗪类合用可提高疗效。

【不良反应】常见有食欲减退、口苦、口中金属味、恶心、呕吐、腹泻等消化道反应。少数患者有粒细胞减少、血小板减少、黄疸及肝损害,一般在服药后1~2个月内发生,因此需定期检查血象和肝功能。比较严重的不良反应为持久性的低血糖,多因药物过量所致,氯磺丙脲尤为严重。格列本脲、格列齐特等新型磺酰脲类较少引起低血糖。大剂量氯磺丙脲可引起中枢神经系统症状,如精神错乱、嗜睡、眩晕、共济失调等。禁用于老年人及肾功能不全的糖尿病患者。

二、双胍类

临床常用的有二甲双胍(metformin,甲福明)和苯乙双胍(phenformin,苯乙福明)。

【药理作用】对正常人血糖无影响,可明显降低糖尿病患者血糖,对胰岛功能完全丧失的糖尿病患者仍有降血糖作用。

【作用机制】其作用机制可能是促进周围脂肪组织对葡萄糖的摄取和利用,促进肌肉组织内糖的无氧酵解,抑制葡萄糖在肠道的吸收及糖原异生,抑制胰高血糖素释放。

【临床应用】本品不增加患者体重,且能够显著降低糖尿病相关血管并发症的危险,是治疗2型糖尿病的首选药和联合用药中的基本药物,尤其适用于肥胖性2型糖尿病患者。

【不良反应】有胃肠道反应,多见于服药初期,表现为食欲缺乏、腹部不适、恶心、呕吐、腹泻等。由于能增加糖的无氧酵解,使乳酸生成增多,患者可出现乳酸性酸血症或酮尿,可危及生命,肝肾功能不全、心力衰竭、低血容量性休克等缺氧情况下更易发生,故此类患者禁用。

岗位情景

患者,女,50岁,肥胖多年,近来易口渴,乏力嗜睡,有糖尿病家族史,其姐姐、姑母、祖母患糖尿病,且均肥胖。经检查尿糖(+),空腹血糖7.9mmol/L,餐后2小时血糖12.1mmol/L,诊断为2型糖尿病。医生建议如控制饮食后仍不能控制血糖,改用二甲双胍治疗,症状得以缓解。

请分析:

1. 二甲双胍的药理作用特点、常见的不良反应有哪些?

2. 二甲双胍适宜的服药时间是什么时候?

ER 30-6

岗位情景的
参考答案

三、α-葡萄糖苷酶抑制药

临床常用的药物有阿卡波糖(acarbose)、伏格列波糖(voglibose)和米格列醇(miglitol)等。本类药物口服很难吸收,与食物同服后,可在小肠上皮竞争性地抑制α-葡萄糖苷酶,从而减慢碳水化合物在肠道的分解与吸收,使餐后血糖降低。

阿卡波糖(acarbose)

阿卡波糖主要对餐后高血糖降低作用最明显,长期服用也可降低空腹血糖。临床上用于治疗2型糖尿病,尤其适用于空腹血糖正常,而餐后血糖明显增高的糖尿病患者。主要不良反应为胃肠道反应,因碳水化合物在肠道内滞留时间延长,导致细菌酵解产气增加,可出现肠胀气、腹痛、腹泻等症状。

四、餐时血糖调节药

格列奈类为一种新型促胰岛素分泌的药物,属于氯茴苯酸类,作用与磺酰脲类相似,主要是通过促进胰岛素分泌而起作用。该类药物起效快,作用时间短(2~4小时),需要每餐前服用。临床用于2型糖尿病患者,尤其适合餐后血糖高者,并能预防糖尿病心血管并发症。

瑞格列奈(repaglinide)

瑞格列奈能促进胰岛素分泌,优点是可产生类似胰岛素的生理性分泌效果。口服后能够促进贮存的胰岛素分泌,并对功能受损的胰岛细胞起到保护作用。主要适用于2型糖尿病、老年糖尿病和糖尿病肾病等患者,与双胍类药物合用可增强疗效。可导致体重增加,低血糖发生率比磺酰脲类低,且多在白天发生,磺酰脲类的低血糖多在晚上发生。

现用于临床的药物还有那格列奈(nateglinide)、米格列奈(mitiglinide)等。

五、胰岛素增敏药

临床常用的有罗格列酮(rosiglitazone)、吡格列酮(pioglitazone)、环格列酮(ciglitazone)、恩格列酮(englitazone)等,属噻唑烷二酮类化合物(thiazolidinedione,TZD)。该类药物能增加靶组织对胰岛素的敏感性而改善胰岛素抵抗,具有降血糖、改善脂质代谢紊乱等作用。临床上主要用于治疗其他降血糖药疗效不佳的 2 型糖尿病,尤其是有胰岛素抵抗的糖尿病患者。具有良好的安全性和耐受性,低血糖发生率低。不良反应主要有嗜睡、体重增加、水肿、肌肉痛、骨骼痛、头痛、消化道症状等。肾功能不全患者可以应用,活动性肝病患者和心脏病患者忌用,应用时需要常规监测肝功能。

ER 30-7

技能赛点的
赛点分析

技能赛点

患者,男,68 岁,2 型糖尿病患者,因感冒而头痛,体温 38.5℃,处方如下,请分析用药是否合理,为什么?

Rp:

　　甲苯磺丁脲片　　0.5g×100

　　Sig.1g　t.i.d.　p.o.

　　阿司匹林片　0.3g×10

　　Sig.　0.3g　t.i.d.　p.o.　p.c.

六、新型降血糖药

2005 年以来上市的新型降血糖药,其作用的靶点不同于以往降血糖药,目前主要有以下四类,为糖尿病的治疗提供新的药物选择。

(一) 胰高血糖素样肽-1 受体激动药

胰高血糖素样肽-1(glucagon-like peptide 1,GLP-1)是一种肠促胰岛素,由肠道细胞分泌,具有促进胰岛 β 细胞合成和分泌胰岛素、抑制胰岛 α 细胞分泌胰高血糖素、抑制食欲、延缓胃排空等作用。

GLP-1 受体激动药通过激动 GLP-1 受体而发挥降血糖作用。目前在我国上市的 GLP-1 受体激动药有艾塞那肽(exenatide)、利拉鲁肽(liraglutide)、度拉糖肽(dulaglutide)、贝那鲁肽(beinaglutide)、利司那肽(lixisenatide)、洛塞那肽(loxenatide)、司美格鲁肽(semaglutide)等,该类药物目前多数为皮下注射给药,只有司美格鲁肽生产出口服剂型。GLP-1 受体激动药可单独使用或与其他口服降血糖药联合使用,显著降低体重,尤其适用于伴有肥胖、动脉粥样硬化性心血管疾病或高危心血管疾病风险的 2 型糖尿病患者。常见不良反应为胃肠道反应,多为恶心、呕吐等,主要见于治疗初期,可随治疗时间延长而逐渐减轻。单独使用无明显低血糖发生风险。

(二)二肽基肽酶 -4 抑制药

二肽基肽酶 -4(dipeptidyl peptidase 4,DPP-4)抑制药,通过选择性抑制 DPP-4,减少 GLP-1 降解而使 GLP-1 升高,升高抑胃肽(gastric inhibitory polypeptide,GIP)水平,从而增加胰岛素分泌,抑制胰高血糖素分泌而降低血糖。目前在我国上市的 DPP-4 抑制药有西格列汀(sitagliptin)、利格列汀(linagliptin)、沙格列汀(saxagliptin)、阿格列汀(alogliptin)和维格列汀(vildagliptin)等。DPP-4 抑制药可有效降低空腹血糖和餐后血糖,且不增加低血糖发生的风险,也不增加体重。可产生神经炎症、血压升高、免疫反应、急性胰腺炎等不良反应。

(三)钠 - 葡萄糖耦联转运体 2 抑制药

钠 - 葡萄糖耦联转运体 2(sodium-glucose linked transporter 2,SGLT2)抑制药是通过抑制肾近曲小管对葡萄糖的重吸收而促进尿糖排泄,从而降低血糖水平。该作用不受胰岛功能和胰岛素抵抗影响,同时还能减少体重,降低血压。适用于经饮食和锻炼血糖控制不佳的成人 2 型糖尿病患者,可单用或者联合其他降血糖药使用。常见不良反应为泌尿生殖系统感染和血容量不足相关的头晕、低血压以及多尿等反应,无低血糖反应。目前临床用药有达格列净(dapagliflozin)、恩格列净(empagliflozin)和卡格列净(canagliflozin)等,均为口服制剂。

> **知识链接**
>
> #### 2 型糖尿病患者根据并发症和合并症选择降血糖药
>
> 并发症和合并症是 T2DM 患者选择降血糖药的重要依据。合并动脉粥样硬化性心血管疾病(ASCVD)或心血管风险高危的 T2DM 患者,不论其糖化血红蛋白(HbA1c)是否达标,只要没有禁忌证都应在二甲双胍的基础上加用具有 ASCVD 获益证据的 GLP-1 受体激动药或 SGLT2 抑制药。合并慢性肾脏病(CKD)或心力衰竭的 T2DM 患者,不论其 HbA1c 是否达标,只要没有禁忌证都应在二甲双胍的基础上加用 SGLT2 抑制药。合并 CKD 的 T2DM 患者,如不能使用 SGLT2 抑制药,可考虑选用 GLP-1 受体激动药。如果患者在联合 GLP-1 受体激动药或 SGLT2 抑制药治疗后 3 个月仍然不能达标,可启动包括胰岛素在内的三联治疗。合并 CKD 的糖尿病患者易出现低血糖,合并 ASCVD 或心力衰竭的患者低血糖危害性大,应加强血糖监测。

(四)胰淀素类似物

胰淀素(amylin)又称胰淀粉样多肽(islet amyloid polypeptide),是胰岛 β 细胞分泌的一种多肽激素,对维持血糖的稳态起着重要作用。目前临床应用的该类药物普兰林肽(pramlintide)是一种人工合成的胰淀素类似物,可以减慢葡萄糖吸收,抑制胰高血糖素分泌,减少肝糖原生成和释放等,从而降低糖尿病患者的血糖。临床上作为 1 型和 2 型糖尿病治疗的辅助用药,主要用于单用胰岛素或者联合应用磺酰脲类、双胍类无效的糖尿病患者。不良反应有低血糖反应、消化道反应、关节痛、头痛、头晕、疲劳等。

点滴积累

1. 磺酰脲类降血糖药通过促进胰岛 β 细胞合成和释放胰岛素而发挥降血糖作用,对胰岛功能未完全丧失的轻、中型糖尿病患者有效。
2. 双胍类降血糖药促进周围脂肪组织对葡萄糖的摄取和利用,对正常人无降血糖作用,对胰岛功能完全丧失者仍有效,尤其适用于成年肥胖的轻、中型糖尿病患者。
3. α-葡萄糖苷酶抑制药阻碍碳水化合物在肠道的分解与吸收,可降低餐后血糖水平;格列奈类通过促进胰岛素分泌而起作用,两类药尤其适合餐后高血糖的 2 型糖尿病患者。胰岛素增敏药适用于胰岛素抵抗明显的 2 型糖尿病患者。
4. GLP-1 受体激动药显著降低体重,适用于伴有肥胖、动脉粥样硬化性心血管疾病或高危心血管疾病风险的 2 型糖尿病患者。DPP-4 抑制药有效降低空腹血糖和餐后血糖,用于 2 型糖尿病患者。SGLT2 抑制药适用于经饮食和锻炼血糖控制不佳的 2 型糖尿病患者。

ER 30-8

复习导图

ER 30-9

习题

目标检测

一、简答题

1. 简述胰岛素的主要不良反应。
2. 比较磺酰脲类和双胍类口服降血糖药的作用机制、临床应用及主要不良反应。

二、处方分析

患者,男,47 岁,患 2 型糖尿病 10 年,现因头晕、心悸,前往医院诊治,医生诊断为糖尿病伴发高血压和窦性心动过速。医生处方如下,请分析是否合理,为什么?

Rp:

格列本脲片　2.5mg×60

Sig.　5mg　t.i.d.　p.o.

普萘洛尔片　10mg×30

Sig.　10mg　t.i.d.　p.o.

(朱　波)

第三十一章　作用于生殖系统的药物

ER 31-1

第三十一章
课件

学习目标

1. **掌握**　垂体后叶激素类、前列腺素类、麦角生物碱类的药理作用及临床应用。
2. **熟悉**　雌激素类、孕激素类、雄激素类的药理作用及临床应用。
3. **了解**　避孕药的分类及应用特点。

导学情景

情景描述：

　　王女士,50 岁,近 1 年来月经不规则,时常感觉面颊潮红、出汗增多、烦躁、焦虑。

学前导语：

　　妇女在 45~55 岁,由于卵巢功能逐渐减退,雌激素分泌减少,垂体促性腺激素分泌增多,引起的垂体与卵巢的内分泌平衡失调,出现绝经期综合征。本章主要学习激素类药物对机体的影响及其临床应用。

　　生殖系统由繁殖后代的一系列器官组成,其功能受到生殖腺分泌的性激素、下丘脑多肽和腺垂体分泌的促性腺激素等影响。临床上使用相应药物后,可对生殖器官及性腺激素的分泌产生影响,从而调节生殖功能。

ER 31-2

扫一扫,
知重点

第一节　作用于子宫的药物

　　子宫是产生月经和孕育胎儿的器官,位于骨盆腔中央。影响子宫平滑肌的药物很多,按其作用方式可分为子宫兴奋药和子宫抑制药。

一、子宫兴奋药

　　子宫兴奋药是一类能选择性地兴奋子宫平滑肌,促进子宫收缩的药物。临床常用的药物有垂体后叶激素类、前列腺素类和麦角生物碱类。

缩宫素（oxytocin，催产素）

缩宫素是由脑神经垂体分泌的一种9肽化合物，为垂体后叶激素的主要成分之一。临床所用药物最初来源于猪或牛脑神经垂体的提取物，现在临床应用的缩宫素为人工合成品。

【体内过程】口服易被胰蛋白酶灭活，故口服无效；可经口腔及鼻黏膜吸收，但作用较弱；肌内注射吸收良好，3~5分钟内起效，疗效维持20~30分钟；静脉注射起效更快，但作用维持时间短，故需要静脉滴注以维持药效。缩宫素大部分经肝代谢，少部分以原型经肾排泄。

【药理作用】缩宫素能选择性激动子宫平滑肌和乳腺上的缩宫素受体，促进细胞内钙池释放Ca^{2+}从而增加胞质中Ca^{2+}浓度，从而引起生理或药理效应。

1. **兴奋子宫平滑肌**　激动子宫平滑肌的缩宫素受体，使子宫平滑肌收缩幅度增大、频率加快。其兴奋子宫的作用具有以下3个特点：①作用强度与用药剂量密切相关，小剂量（2~5U）使子宫平滑肌产生节律性收缩，利于胎儿娩出；大剂量（5~10U）加强子宫平滑肌收缩，甚至出现强直性收缩。②对不同子宫部位影响不同，小剂量缩宫素引起子宫体和子宫底节律性收缩，却使子宫颈松弛，以促进胎儿顺利娩出。③子宫对缩宫素敏感性受雌激素及孕激素水平影响，雌激素可提高子宫平滑肌对缩宫素的敏感性，孕激素却相反。妊娠早期，体内雌激素水平低，孕激素水平高，子宫平滑肌对缩宫素敏感性低，有利于胎儿正常发育；妊娠后期，体内雌激素水平升高，孕激素水平下降，子宫平滑肌对缩宫素敏感性增高，至临产时雌激素水平达高峰，此时的子宫平滑肌对缩宫素敏感性最高。

2. **促进排乳**　缩宫素激动乳腺小叶周围肌上皮细胞的缩宫素受体，引起乳腺肌上皮细胞收缩，促进乳汁从乳腺小叶进入到较大的输乳窦中，从而有利于婴儿吮吸。

3. **其他作用**　大剂量缩宫素能引起短暂的血管平滑肌舒张，从而引起短暂的血压降低；此外尚有轻度的抗利尿作用。

【临床应用】

1. **催产和引产**　小剂量缩宫素（一般2~5U）加强子宫节律性收缩，用于宫缩无力而胎位正常、无产道障碍的难产。也可用于因为死胎、过期妊娠或妊娠合并肺结核、心脏病等严重疾病需要提前终止妊娠者的引产。

2. **产后止血**　产后出血时应迅速皮下或肌内注射较大剂量缩宫素（一般5~10U），利用其能使子宫产生强直性收缩的作用，压迫子宫肌层内血管而止血。但缩宫素作用时间短，临床上常用作用快而持久的麦角新碱取而代之，或合用麦角制剂以维持子宫收缩状态。

3. **催乳**　在哺乳前2~3分钟，经鼻腔喷雾吸入缩宫素或应用滴鼻剂滴鼻给药（3滴/次），经咽部黏膜吸收后，促进乳汁排出，也可用2~5U缩宫素肌内注射给药。

【不良反应】

1. **一般反应**　偶见恶心、呕吐和心律失常、血压下降等，使用动物脑垂体提取物的制剂，偶见过敏反应。

2. 对子宫的影响　过量可引起子宫高频率甚至持续性强直收缩,可导致胎儿宫内窒息或子宫破裂。应用缩宫素催产或引产时,必须注意以下两点:①严格掌握剂量,根据宫缩、胎心及母体情况及时调整静脉滴注速度,避免出现子宫强直性收缩;②严格掌握适应证,凡产道异常、胎位不正、头盆不称、前置胎盘、有剖宫产手术史者或 3 次妊娠以上的经产妇禁用,避免发生胎儿窒息或子宫破裂。

【药物相互作用】缩宫素与麦角新碱有协同作用,两者合用可使子宫因肌张力过高而发生破裂;钙通道阻滞药可降低缩宫素的疗效,避免合用。

垂体后叶素(pituitrin)

本品是从猪或牛的脑神经垂体中提取的粗制剂,内含等量的缩宫素和加压素(vasopressin,抗利尿激素)。

【药理作用与临床应用】

1. 所含缩宫素有催产、引产及产后止血等作用。但因垂体后叶素对子宫平滑肌的选择性不高,不良反应较多,故作为子宫兴奋药已被缩宫素所取代。

2. 所含加压素能与肾脏集合管的受体相结合,增加集合管对水分的再吸收,使尿量明显减少,可用于治疗尿崩症。

3. 加压素对肺部、胃肠道小动脉和毛细血管有较强的收缩作用,故能有效地治疗肺结核和支气管扩张引起的咯血。

【不良反应】可有恶心、呕吐、出汗、心悸、胸闷、面色苍白、腹痛及过敏等反应,出现这些不良反应时应立即停药。高血压、冠心病、肺源性心脏病、心功能不全、妊娠高血压等患者禁用。

知识链接

流产、早产、催产、引产、产后出血

流产是妊娠不足 28 周、胎儿体重不足 1 000g 而终止妊娠者。流产分为先兆、不全和完全流产。早产是妊娠于 28 周至 37 周之间终止者,此时娩出的新生儿称早产儿。催产是当子宫口已开全,无禁忌证而出现低张性宫缩无力时,用药物增强子宫收缩力以促进分娩。引产是对过期妊娠或因某种原因必须提前中断妊娠者,用药物诱发子宫收缩,促使胎儿娩出。产后出血是胎儿娩出 24 小时内阴道流血量超过 500ml 者。产后出血是分娩期严重并发症,是目前我国孕产妇死亡的首要原因。

(二)前列腺素类

前列腺素是一类广泛存在于人体体液和多种组织中的不饱和脂肪酸,对心血管、呼吸、消化和生殖等系统具有广泛的作用。目前研究较多的与生殖系统有关的前列腺素类药有地诺前列酮(PGE$_2$,前列腺素 E$_2$)、地诺前列素(PGF$_{2a}$,前列腺素 F$_{2a}$)、卡前列素(15-MePGF$_{2a}$,15- 甲基前列腺素 F$_{2a}$)等。

【药理作用】

1. 兴奋子宫　前列腺素对人体妊娠各期的子宫均有显著的兴奋作用,对妊娠早期和中期子宫

的收缩作用远强于缩宫素,对妊娠晚期子宫作用更强,对临产前的子宫最为敏感,引起子宫平滑肌收缩的频率和幅度足以导致流产。PGE_2在增强子宫平滑肌节律性收缩的同时,还能使子宫颈松弛,即可使子宫产生与分娩时相似的痉挛。

2. 抗早孕　前列腺素能产生功能性溶解卵巢黄体作用,使黄体退化,促进其萎缩和溶解,减少孕酮的产生和分泌,使血中孕酮水平急剧下降,子宫内膜脱落形成月经。此外,还能影响输卵管活动,阻碍受精卵着床。

【临床应用】

1. 引产和流产　用于妊娠中期、晚期引产,是一种安全有效的引产药,成功率高,并发症少。给药方式有静脉滴注、阴道内、羊膜腔内、子宫腔内或子宫内羊膜腔外给药等多种途径。

2. 早期妊娠　用于停经 49 天内的早孕者,催经、终止妊娠的成功率可达 96%。

【不良反应】静脉滴注可兴奋胃肠平滑肌,大剂量时尤为明显,可引起剧烈的恶心、呕吐、腹痛、腹泻等胃肠道反应。静脉滴注过量可引起子宫强直性收缩,应密切观察宫缩情况,防止子宫因收缩过强而导致破裂,也可引起头晕、头痛、胸闷、体温升高、心跳加速、血压下降等症状,一般停药后即消失。

【禁忌证】支气管哮喘患者禁用;PGE_2可升高眼压,青光眼患者禁用;肝、肾功能严重不全者禁用。

扫一扫,
知答案

> **课 堂 活 动**
>
> 　某女,26 岁,孕 9 周。近日出现咳嗽、下午低热、夜间盗汗等症状,到医院检查后,诊断为肺结核,需抗结核治疗,并终止妊娠。应用米索前列醇配伍米非司酮。
> 　课堂讨论:选用前列腺素类药可以吗? 请说明其原因。

(三) 麦角生物碱类

麦角(ergot)是寄生在黑麦和其他禾本科植物上一种麦角菌的干燥菌核,以其在麦穗上突出如角而得名,现在已经能用人工培养方法生产。麦角含有多种活性成分,主要为生物碱类。按化学结构分为两类:①胺类生物碱类,以麦角新碱(ergometrine)为代表;②肽类生物碱,以麦角胺(ergotamine)和麦角毒素(ergotoxine)为代表。

【药理作用】

1. 兴奋子宫平滑肌　麦角生物碱均能选择性兴奋子宫平滑肌,其中麦角新碱作用最快最强。其特点为:①作用强度取决于子宫的功能状态,对妊娠子宫比未孕子宫作用强,对临产时和新产后的子宫最强;②作用较缩宫素强且持久,剂量稍大即可引起子宫强直性收缩;③对子宫体和子宫颈的兴奋作用无明显差异,故不适用于引产和催产。

2. 收缩血管　麦角胺能直接作用于血管,无论对动脉还是静脉均有收缩作用,也能收缩脑血管,可降低脑动脉搏动幅度,从而缓解偏头痛。

【临床应用】

1. **子宫出血** 用于产后、刮宫术后、月经过多等原因引起的子宫出血。利用其能使子宫平滑肌产生强直性收缩的作用,进行机械性压迫肌层内血管而止血。常肌内注射麦角新碱,必要时 30 分钟后重复给药一次。

2. **产后子宫复原** 产后如子宫复原缓慢,易发生子宫出血或感染。常应用麦角流浸膏,利用麦角新碱兴奋子宫的作用,尤其是对新产后子宫敏感的特点,加速产后子宫收缩和复原。

3. **偏头痛** 麦角胺与咖啡因均有收缩脑血管的作用,联合应用可产生协同增效作用:咖啡因能促进麦角胺的吸收,克服麦角胺单独应用时吸收不良且不规则的缺点。治疗偏头痛时不可大剂量久用,否则可损伤血管内皮细胞,引起肢端坏死,以服用 2~4 天为限。

【不良反应】 麦角新碱注射给药可引起恶心、呕吐、头晕、血压升高。麦角胺和麦角毒素应用过久或剂量过大均可损害血管内皮细胞,特别对肝病或外周血管病患者更为敏感。二氢麦角碱可引起直立性低血压,注射后宜卧床 2 小时以上,低血压患者禁用。引产及胎儿或胎盘娩出前均禁用麦角生物碱,防止子宫强直性收缩,引起子宫破裂、胎儿宫内窒息或胎盘滞留宫内。偶有过敏反应,严重者可出现呼吸困难和血压下降。

二、子宫抑制药

子宫抑制药(inhibitor of uterus)是指能抑制子宫平滑肌收缩,减弱子宫收缩力和收缩频率的药物,主要用于防治早产、流产和痛经。临床常用的药物有 β_2 受体激动药、钙通道阻滞药和硫酸镁等。

利托君(ritodrine)和沙丁胺醇等 β_2 受体激动药,可选择性与子宫平滑肌上 β_2 受体结合,产生松弛子宫平滑肌作用,其中利托君作用最强。利托君的化学结构与异丙肾上腺素相似,对妊娠子宫和非妊娠子宫都有抑制作用,可用于预防早产。

钙通道阻滞药硝苯地平等,能抑制子宫平滑肌细胞膜上的钙通道,使细胞内 Ca^{2+} 减少,降低其收缩力,明显拮抗缩宫素所致的子宫平滑肌兴奋作用,可用于预防早产。

硫酸镁可降低子宫平滑肌对缩宫素的敏感性,明显抑制子宫平滑肌收缩。可用于防治早产、妊娠高血压和子痫发作。

点滴积累

1. 小剂量缩宫素具有使子宫平滑肌产生节律性收缩的作用,临床上用于催产和引产;大剂量缩宫素可使子宫平滑肌产生强直性收缩,用于产后止血。
2. 麦角生物碱类因对子宫的作用强而持久,用于产后止血和子宫复原。
3. β 受体激动药和钙通道阻滞药具有松弛子宫平滑肌的作用,可用于防治早产、流产和痛经。

第二节　性激素类药

性激素包括雌激素、孕激素和雄激素，是性腺分泌的甾体类激素。药用制剂多为人工合成品及其衍生物。

> **知识链接**
>
> ### 性激素的分泌与调节
>
> 雌激素和孕激素的分泌受下丘脑 - 腺垂体的调节。下丘脑分泌促性腺激素释放激素（gonadotropin-releasing hormone，GnRH），它促进腺垂体分泌卵泡刺激素（follicle stimulating hormone，FSH）和黄体生成素（luteinizing hormone，LH）。FSH 促进卵巢的卵泡生长发育，而在 FSH 和 LH 共同作用下，使成熟的卵泡分泌雌激素和孕激素。
>
> 性激素对腺垂体的分泌功能具有正反馈和负反馈两方面的调节作用，这取决于药物剂量和机体性周期。例如在排卵前，雌激素水平较高可直接或通过下丘脑促进垂体分泌 LH，导致排卵（正反馈）。在月经周期的黄体期，由于血中雌激素、孕激素水平均高，从而减少 GnRH 的分泌，抑制排卵（负反馈）。常用的甾体避孕药就是根据这一负反馈原理而设计的。以上的反馈途径称"长反馈"。垂体促性腺激素的水平也能影响下丘脑 GnRH 的释放，这种反馈途径称"短反馈"。

一、雌激素类及抗雌激素药

雌激素对人的生殖系统、心血管系统、神经系统及骨骼系统等的生长发育过程起着重要的作用。女性卵巢分泌的雌激素主要是雌二醇，作用最强，其代谢产物为雌三醇和雌酮等。若以雌二醇为母体，可人工合成许多高效的雌激素类药，如炔雌醇、炔雌醚等。

抗雌激素药是具有抑制或减弱雌激素作用的化合物，临床使用的主要是氯米芬。

（一）雌激素类

雌二醇（estradiol）

【体内过程】人体内雌二醇主要由女性卵巢分泌，男性睾丸和肾上腺也分泌少量的雌二醇。口服给药后首过效应明显，故临床采用肌内注射或外用。血浆蛋白结合率为 90%，肝内代谢，经肾排泄。

【药理作用】

1. 促进女性性成熟　对未成年女性，雌二醇能促使女性第二性征及性器官的发育成熟；对成年女性能保持女性第二性征，并在孕酮的协助下促进排卵，使子宫内膜转变为分泌期，形成月经周期；提高子宫平滑肌对缩宫素的敏感性；同时，雌激素还刺激阴道上皮增生，使浅表层细胞发生角化。

2. 调节内分泌功能　雌二醇能作用于下丘脑 - 垂体系统,反馈性抑制促性腺激素释放激素的分泌,从而抑制排卵;也能抑制催乳素对乳腺的刺激作用,使乳汁分泌减少。此外,雌二醇还有对抗雄激素的作用。

3. 对代谢的影响　雌二醇有轻度的水钠潴留作用,能引起血压升高;增加骨骼钙盐沉积,加速骨骺闭合;预防绝经期妇女骨质疏松。

【临床应用】

1. 围绝经期综合征　雌激素替代治疗可抑制促性腺激素的分泌,从而减轻面颊红热、出汗、失眠、恶心等症状;对绝经期及老年性骨质疏松者,与雄激素合用,可防止骨折发生。

2. 卵巢功能不全和闭经　用雌激素替代治疗,可促进子宫、外生殖器及第二性征的发育;与孕激素合用可产生人工月经周期。

3. 功能性子宫出血　雌激素可促进子宫内膜增生,有助于修复出血创面而止血,也可适当合用孕激素以调整月经周期。

4. 乳房胀痛及回乳　妇女停止哺乳时,由于乳汁继续分泌而引起乳房胀痛。可用大剂量雌激素抑制乳汁分泌而回乳。

5. 前列腺癌及青春期痤疮　两者均与雄激素分泌过多有关。应用雌激素不仅能对抗雄激素的作用,且能抑制促性腺激素的分泌,从而使内源性雄激素分泌减少。

【不良反应】常见食欲减退、恶心、呕吐及头晕等,用药时宜从小剂量开始逐渐增量,可减轻反应,久用可因子宫内膜过度增生而引起出血,故患有子宫内膜炎者慎用。大量雌激素可引起水肿、高血压及加重心力衰竭;偶可引起胆汁淤积性黄疸,故肝功能不全者慎用。

> **知识链接**
>
> #### 绝经
>
> 绝经(menopause)是妇女的一个生理现象,伴随绝经引起的雌激素不足,并与其他体内、体外因素共同作用下,部分妇女会出现异常心理和生理改变,如潮热、出汗、烦躁、焦虑、紧张和抑郁等症状,称为绝经期综合征(menopausal syndrome),俗称更年期综合征(climacteric syndrome)。绝经期综合征多发生于45~55 岁,有些人在绝经过渡期就会出现以上症状,可持续到绝经后 2~3 年,少数人可持续到绝经后5~10 年。

(二) 抗雌激素药

氯米芬(clomiphene,克罗米酚)

本品具有中等程度的抗雌激素作用、较弱的雌激素活性。氯米芬能促进促性腺激素的分泌,诱发排卵,临床用于功能性不孕症、长期应用避孕药引发的闭经和月经紊乱。长期大剂量应用可引起卵巢肥大,故卵巢囊肿患者禁用。

二、孕激素类药

天然孕激素主要是由卵巢黄体分泌的孕酮,又称黄体酮。

黄体酮(progesterone,孕酮)

【体内过程】临床黄体酮多为人工合成品,口服后在肠壁及肝脏代谢失活,故采用肌内注射给药。血浆蛋白结合率高,游离型浓度仅为3%。主要经肝代谢,经肾排泄。

【药理作用】

1. 对生殖系统的影响　①在雌激素作用的基础上,孕激素能促使子宫内膜继续增厚、充血、腺体增生,使其由增殖期转变为分泌期,有利于孕卵着床和胚胎发育;②降低子宫对缩宫素的敏感性,抑制子宫收缩,具有保胎作用;③与雌激素协同促进乳腺腺泡的发育,为泌乳做好准备;④大剂量能反馈性抑制腺垂体黄体生成素的分泌,从而抑制排卵。

2. 对代谢的影响　其结构与醛固酮相似,可通过拮抗醛固酮的作用,促进 Na^+、Cl^- 的排泄而利尿。

【临床应用】

1. 功能性子宫出血　黄体功能不足可引起子宫内膜出现不规则的成熟与脱落,导致子宫持续性出血。应用孕激素可使增殖期子宫内膜同步转为分泌期,从而维持正常月经周期。

2. 痛经和子宫内膜异位症　可减轻子宫痉挛性收缩而止痛,也可使异位子宫内膜萎缩退化。

3. 先兆流产和习惯性流产　对于黄体功能不足的先兆流产,可每日或隔日注射黄体酮 10~20mg,至阴道流血停止 7 日后停药,可起到保胎作用;但对习惯性流产,治疗效果不确切。

4. 避孕　与雌激素配伍使用,抑制女性排卵,从而达到避孕作用。

【不良反应】偶见恶心、呕吐、头晕、头痛、乳房胀痛等,可致胎儿生殖器畸形。

三、雄激素类药和同化激素类药

天然雄激素主要是由睾丸间质细胞分泌的睾酮(testosterone,睾丸素)。临床多用人工合成品,如甲睾酮(methyltestosterone,甲基睾酮)、丙酸睾酮(testosterone propionate,丙酸睾丸素)等。

同化激素类药是一类由天然来源的雄性激素经结构改造,使雄激素活性减弱、蛋白同化作用增强的人工合成的睾酮衍生物。

(一)雄激素类药

【药理作用】

1. 生殖系统　促进男性性器官及第二性征的发育和成熟,大剂量雄激素能反馈性抑制促性腺激素的分泌,且可对抗雌激素作用。

2. 同化作用　能明显促进蛋白质合成(同化作用),使肌肉增长,体重增加;此外,还可促进肾小管对钙、磷的重吸收,有利于骨骼生长;促进对水、钠的重吸收。

3. 提高骨髓造血功能 较大剂量雄激素可促进肾脏分泌红细胞生成素,亦可直接刺激骨髓造血功能,使红细胞生成增加。

【临床应用】

1. 睾丸功能不全 对无睾症和类无睾症(睾丸功能不足)、男子性功能低下时,可用睾酮进行替代治疗。

2. 功能性子宫出血 可使子宫平滑肌与血管收缩、子宫内膜萎缩而止血,尤其适用于绝经期患者。对严重出血的患者,可用己烯雌酚、黄体酮和丙酸睾酮三药的混合物(三合激素)治疗,但停药后易出现撤退性出血,故停药时应逐渐减量。

3. 晚期乳腺癌 对晚期乳腺癌或乳腺癌转移者,可缓解病情。

4. 再生障碍性贫血 丙酸睾酮或甲睾酮可改善骨髓的造血功能,但起效较慢。

5. 虚弱 消耗性疾病、肌肉萎缩、生长迟缓、骨质疏松、损伤等疾病,可用小剂量雄激素治疗,使患者食欲增加,增强体质而加快恢复。

【不良反应】可引起水钠潴留,肾炎、肾病综合征、高血压及心力衰竭者慎用。女性患者长期应用有男性化倾向,一旦出现应立即停药。

(二)同化激素类药

常用的同化激素类药有苯丙酸诺龙(nandrolone phenylpropionate)、癸酸诺龙(nandrolone decanoate)、司坦唑醇(stanozolol)、美雄酮(methandienone)等。

本类药物主要用于蛋白质吸收不足、蛋白质分解亢进或损失过多等情况,如营养不良、老年性骨质疏松、严重烧伤、术后恢复期和晚期恶性肿瘤等。用药同时增加食物中的蛋白质成分。

点滴积累

性激素包括雌激素、孕激素和雄激素。药用的性激素大多用于补充不足或者用于避孕。

第三节　避孕药

生殖过程包括精子、卵子的形成和成熟,排卵,受精,孕卵着床及胚胎发育等多个环节,若阻断其中任何一个环节,即可达到避孕或终止妊娠的目的。避孕药是一类阻碍受孕或阻止妊娠的药物。现有的避孕药多为抑制排卵的女性用药物,通常是以不同剂量的孕激素和雌激素组成的复方制剂,男性避孕药较少。

口服避孕药相关知识

　　使用避孕药是一种安全、方便且行之有效的避孕方式。以合成的甾体性激素作为避孕药在 20 世纪 30 年代已有突破性进展。1956 年，美国波士顿大学的平库斯等人首次合成异炔诺酮，并进行了临床试验。1960 年，美国食品药品管理局批准了第一种口服避孕药异炔诺酮 -10，是含有雌激素的复方制剂。由于口服避孕药使用方便，效果满意，很快在世界范围推广使用。

一、女性避孕药

　　女性避孕药应用较多，多为甾体类激素，通过抑制排卵、改变子宫颈黏液或改变子宫和输卵管的活动方式，阻碍受精卵的运送等途径，达到避孕目的。

（一）抑制排卵避孕药

　　为目前最常用的甾体激素类避孕药。通常是以孕激素为主、雌激素为辅的复方制剂，停药后生殖能力很快恢复正常。

　　根据药效长短及使用方法可将抑制排卵的避孕药分为三类（表 31-1）。

表 31-1　抑制排卵避孕药的分类、组成及用法

分类及制剂名称	组成成分及剂量		用法
	孕激素	雌激素	
短效口服避孕药			从月经周期第 5 天起，每晚 1 片，连服 22 天，不能间断，停药 2~4 天即发生撤退性出血。若有漏服，应在 24 小时内补服 1 片
复方炔诺酮片（口服避孕药Ⅰ号）	炔诺酮 0.625mg	炔雌醇 0.035mg	
复方甲地孕酮片（口服避孕药Ⅱ号）	甲地孕酮 1mg	炔雌醇 0.035mg	
复方炔诺孕酮甲片	炔诺孕酮 0.3mg	炔雌醇 0.03mg	
长效口服避孕药			月经周期第 5 天口服 1 片，第 25 天服第 2 片，以后每隔 28 天服 1 片
复方炔诺孕酮乙片（长效避孕片）	炔诺孕酮 12mg	炔雌醇 3mg	
复方氯地孕酮片（长效避孕片一号）	氯地孕酮 12mg	炔雌醇 3mg	
复方次甲氯地孕酮片	次甲氯地孕酮 12mg	炔雌醚 3mg	
长效注射避孕药			月经周期第 5 天深部肌内注射 2 支，以后每隔 28 天或于每次月经周期的第 11~12 天肌内注射 1 支
复方己酸孕酮注射液（避孕针 1 号）	己酸孕酮 250mg	戊酸雌二醇 5mg	
复方甲地孕酮注射液	甲地孕酮 25mg	环戊丙酸雌二醇 5mg	

　　目前，应用最广泛的是短效口服避孕药。其优点是：①避孕效果可靠；②使用方便；③停药后生育能力可在短期内恢复；④月经正常，且对月经周期有调节作用。

【药理作用】

1. 抑制排卵　大剂量外源性雌激素和孕激素进入体内后,通过负反馈机制抑制下丘脑-垂体系统分泌卵泡刺激素和黄体生成素,使卵泡发育、成熟过程受阻,从而抑制排卵。

2. 增加子宫颈黏液黏稠度　孕激素可使子宫颈黏液分泌减少,黏稠度增加,导致精子难以穿透进入子宫。

3. 影响输卵管功能　避孕药改变了正常月经周期内雌激素和孕激素的水平,从而影响输卵管平滑肌的正常收缩活动,改变了受精卵在输卵管的运行速度,使之不能适时到达子宫着床。

4. 妨碍受精卵着床　大量的孕激素能抑制子宫内膜的正常增生,使其逐渐萎缩退化而不利于受精卵的着床。

【不良反应】

1. 类早孕反应　可能有食欲减退、恶心、呕吐、乳房胀痛、白带增多、头晕等类早孕反应症状,无须特殊处理,连续用药 2~3 个月症状可逐渐减轻或消失。

2. 子宫不规则出血　少数人在漏服、迟服及错误用药时发生,按时服药可防止出现;非以上原因时可加服炔雌醇减轻或避免。

3. 闭经　长期使用可出现月经量减少、经期偏短,原月经不正常者较易发生;如闭经超两个月,应停药。

4. 凝血功能亢进　可诱发血栓性静脉炎、脑栓塞或肺栓塞等,可能与用量过大有关。有血栓形成倾向者慎用。

5. 其他　可引起血压升高、轻度肝损害和哺乳期妇女乳汁减少等。肝炎、高血压、糖尿病、心脏病等患者不宜服用。

(二) 抗孕卵着床避孕药

本类药物能使子宫内膜发生改变,通过阻碍孕卵着床而达到避孕的目的。其特点是:不受月经周期的限制,使用灵活方便,任何一天开始服药,都能发挥良好的避孕效果,可作为紧急避孕措施。此类避孕药适用于分居两地的夫妇短期探亲时服用,故又称探亲避孕药。

本类药物主要为大剂量的孕激素,常用的有甲地孕酮、炔诺酮及双炔失碳酯等,具体见表 31-2。

表 31-2　抗孕卵着床避孕药的制剂、组成及用法

制剂名称	组成成分	用法
甲地孕酮片 (探亲避孕 1 号片)	甲地孕酮 2mg	同居当天中午服 1 片,晚上加服 1 片,以后每晚 1 片
复方双炔失碳酯片(53 号避孕片)	双炔失碳酯 7.5mg, 咖啡因 20mg,维生素 B$_6$ 30mg	同居后立即服 1 片,次晨加服 1 片,以后每晚 1 片
炔诺酮片 (探亲避孕片)	炔诺酮 5mg	同居后立即服 1 片,每晚 1 片。同居 10 天之内,必须连服 10 片。同居半个月,必须连服 14 片。超过半个月,服完 14 片后,接着改服短效口服避孕药,直至探亲期结束

（三）外用避孕药

常用药物有壬苯醇醚（nonoxynol）、孟苯醇醚（menfegol）、烷苯醇醚（alfenoxynol）等。

本类药物主要是通过降低精子表面张力、损害精子生物膜结构而杀死阴道内精子；还可形成黏液，阻碍精子运动，增强避孕效果。一般于房事前5~10分钟放入阴道深处，具有使用方便、避孕效果好、无明显不良反应等优点。

知识链接

皮下埋植避孕药

有左炔诺孕酮皮下埋植剂二根型或六根型等，均含有左炔诺孕酮（levonorgestrel，ING），药物恒定释放，避孕有效时间可达5年，是一类有效的排卵抑制药。适用于不想绝育而随时需要恢复生育功能的妇女，可以随时取出埋植剂。

二、男性避孕药

棉酚（gossypol）是棉花根、茎和种子中所含的一种黄色酚类物质。其作用可能通过棉酚负离子自由基及抑制NO合成，作用于睾丸生精小管的生精上皮，使精子数量减少，直至无精子。停药后可逐渐恢复。每天20mg，连服两个月即可达节育标准，有效率达99%以上。

不良反应有乏力、食欲减退、恶心、呕吐、心悸及肝功能异常等。此外，棉酚可引起低钾血症，并可引起不可逆性精子生成障碍，这也限制了棉酚作为常规避孕药的使用。

三、主要影响子宫和胎盘功能的药物

本类药物有米非司酮和前列腺素衍生物。它们能改变妊娠子宫的活动，阻断孕酮对子宫的抑制作用，或增强前列腺素对子宫的兴奋作用，使子宫活动增多增强而终止妊娠。在早孕期间使用本类药物，其结果相当于一次正常月经。临床用于抗早孕、紧急避孕。

不良反应主要为消化道反应，严重者有大量出血情况发生，应在医生指导下用药。

点滴积累

避孕药主要包括抑制排卵避孕药、抗孕卵着床避孕药、外用避孕药和男性避孕药等。

复习导图

习题

目标检测

一、简答题

1. 为什么大剂量缩宫素不可以用于引产或催产？它有什么用途？

2. 同样能兴奋子宫平滑肌,为什么缩宫素可用于引产和催产,而麦角生物碱却不能?

3. 子宫内膜癌和前列腺癌分别可以用什么性激素类药治疗?为什么?

二、案例分析

某女,32岁,已婚,知名公司部门经理。为避免怀孕而影响工作,长期服用长效避孕片。近日因工作压力较大,导致晚上失眠,故又加服苯巴比妥钠催眠。请问两药合用是否合理?并说明原因。如不合理,应选用什么药物催眠?

(郭冷秋)

第三十二章　抗骨质疏松药

ER 32-1

第三十二章
课件

学习目标

1. **掌握**　抗骨质疏松药分类和代表药物；双膦酸盐类、雌激素类、降钙素类和甲状旁腺激素治疗骨质疏松的药理作用、作用机制、临床应用。
2. **熟悉**　钙剂、活性维生素 K 及其类似物的药理作用与临床应用。
3. **了解**　维生素 K 类药物的作用机制与临床应用。

导学情景

情景描述：

　　患者，女，50 岁，因腰背疼痛 1 个月加重 2 天入院。患者平时体力活动少，晒太阳少，饮食不佳。查骨密度，发现骨质疏松。辅助检查：三大常规检查、甲状腺功能五项等均无异常；性激素六项检查显示雌激素低，卵泡刺激素偏高。诊断为绝经后骨质疏松，给予：

　　碳酸钙 D_3 片　　600mg×7

　　　Sig.　600mg　q.d.　p.o.

　　阿仑膦酸钠片　70mg×1

　　　Sig.　70mg　q.w.　p.o.

学前导语：

　　随着我国人口老龄化加剧，骨质疏松患病率快速攀升，已成为重要的公共健康问题。有效的抗骨质疏松药物治疗可以增加骨密度，改善骨质量，显著降低骨折的发生风险。本章我们将学习抗骨质疏松药的种类、临床应用、不良反应和用药过程中应注意的相关知识。

ER 32-2

扫一扫，
知重点

　　骨质疏松（osteoporosis，OP）是一种以骨量低下，骨组织微结构损坏，导致骨脆性增加，易发生骨折为特征的全身代谢性疾病。

　　骨骼需有足够的刚度和韧性以维持其强度，承载外力，避免骨折。为此，要求骨骼具备完整的层级结构。骨骼的完整性由不断重复、时空偶联的骨吸收和骨形成过程维持，此过程称为"骨重建"。当骨形成与骨吸收呈负平衡，骨重建失衡造成骨丢失，就会引起骨质疏松。骨重建主要由形成骨的成骨细胞与溶解吸收骨的破骨细胞实施。

　　骨质疏松可发生于任何年龄，但多见于绝经后女性和老年男性。依据病因，骨质疏松分为原发性和继发性两大类。原发性骨质疏松包括绝经后骨质疏松（Ⅰ型）、老年性骨质疏松（Ⅱ型）和特发性骨质疏松（青少年型）。绝经后骨质疏松一般发生在女性绝经后 5~10 年内，雌激素缺乏是最重要的发病机制之一；老年性骨质疏松一般指60岁以后发生的骨质疏松，增龄造成骨吸收/骨形成比值升高，导致进行性骨丢失；特发性骨质疏松主要发生在青少年，病因尚未明。继发性骨质疏松指由影响骨代谢的疾病、药物或其他明确病因导致的骨质疏松。

抗骨质疏松药按主要作用机制分为骨吸收抑制药、骨形成促进药、骨矿化促进药。

知识链接

骨质疏松健康生活方式

1. **加强营养,均衡膳食** 建议每日摄入高钙、低盐(不超过5g)和适量蛋白质(1.0~1.2g/kg)。动物性食物摄入总量应争取达到平均每日120~150g,推荐每日摄入牛奶300~400ml或蛋白质含量相当的奶制品。

2. **充足日照** 直接暴露皮肤于阳光下接受足够紫外线照射,但需防止强烈阳光照射灼伤皮肤。

3. **规律运动** 增强骨骼强度的负重运动,包括散步、慢跑、太极、瑜伽、跳舞和打乒乓球等活动;增强肌肉功能的运动,比如重量训练。

4. 戒烟、限酒、避免过量饮用咖啡及碳酸饮料。

5. 尽量避免或少用影响骨代谢的药物。

6. 采取避免跌倒的生活措施,如清除室内障碍物,使用防滑垫,安装扶手等。

一、骨吸收抑制药

(一)双膦酸盐类

双膦酸盐(bisphosphonate)是人工合成的焦磷酸盐的稳定类似物,与骨骼羟基磷灰石具有高亲和力,能够特异性结合到骨重建活跃部位,抑制破骨细胞功能,从而抑制骨吸收,达到预防和治疗骨质疏松的作用。双膦酸盐是目前临床上应用最为广泛的抗骨质疏松药。

第一代双膦酸盐类药物:依替膦酸二钠,药物活性和结合力相对较弱,用药后有抑制骨钙化、干扰骨形成、导致骨软化或诱发骨折的可能,且胃肠不良反应大。

第二代双膦酸盐类药物:阿仑膦酸钠、帕米膦酸二钠,其药物活性和结合力比依替膦酸二钠增加10~100倍,对骨的钙化作用干扰小,选择性强。

第三代双膦酸盐类药物:唑来膦酸钠、利塞膦酸钠、伊班膦酸钠、米诺膦酸等。第三代药物作用强,用量小,使用方便,临床适应证更加广泛。

阿仑膦酸钠(alendronate sodium)

【体内过程】口服后主要在小肠内吸收,但吸收差,生物利用度约为0.6%,且食物和矿物质等可显著减少其吸收。血浆蛋白结合率约78%,血浆半衰期短,吸收后的药物20%~60%被骨组织迅速摄取,骨浓度达峰时间约为用药后2小时,其余部分迅速以原型经肾排出。服药后24小时内99%以上的体内存留药物集中于骨,在骨内的半衰期为10年以上。

【药理作用】阿仑膦酸钠对骨吸收部位特别是破骨细胞作用的部位有亲嗜性。阿仑膦酸钠能够抑制破骨细胞的活性,降低骨转换(即骨重建部位的数量),在这些重建部位,骨形成超过骨吸收,从而使骨量增加。能够增加骨质疏松患者腰椎和髋部骨密度,降低椎体、非椎体和髋部骨折风险。

【临床应用】适用于治疗绝经后妇女骨质疏松,以预防髋部和脊柱骨折(椎骨压缩性骨折)。也适用于治疗男性骨质疏松以增加骨量。

【不良反应】少数患者可见轻度胃肠道反应,包括上腹不适、腹胀、反酸等症状,可致食管溃疡。为尽快将药物送至胃部,降低刺激,应在清晨用一满杯白水送服。部分患者首次口服或静脉输注双膦酸盐后可能出现一过性发热、骨痛、肌痛等"类流感样"症状。有颌骨坏死、股骨的非典型骨折、诱发食管癌和慢性肾功能不全的风险。轻中度肾功能减退者、胃及十二指肠溃疡、反流性食管炎、功能性食管活动障碍者慎用。

(二) 雌激素类与选择性雌激素受体调节药

1. 雌激素类 停经后妇女体内雌激素水平下降,骨骼失去雌激素保护成为其骨质疏松的重要原因之一。雌激素水平降低会减弱对破骨细胞的抑制作用,破骨细胞的数量增加,凋亡减少,寿命延长,导致骨吸收功能增强。雌激素治疗能有效减少绝经后妇女骨量丢失,降低椎体、非椎体及髋部骨折的风险。

绝经激素治疗(menopausal hormone therapy,MHT)为防治妇女骨质疏松的主要有效措施之一。主要适用于围绝经期和绝经后女性,特别是有绝经相关症状(如潮热、出汗等)、泌尿生殖道萎缩症状。大剂量服用可引起子宫内膜增生,长期使用增加乳腺癌、子宫内膜癌、深静脉血栓形成及肺栓塞的发生率。治疗方案应充分个体化,应用最低有效剂量,并坚持定期随访,每年进行安全评估。目前常用的雌激素有天然雌激素雌二醇(estradiol)、戊酸雌二醇(estradiolvalerate)等以及我国人工合成的雌激素尼尔雌醇(nilestriol)等。雌孕激素联合制剂有替勃龙等。

替勃龙(tibolone)

本身缺乏活性,口服后迅速代谢成三种具有发挥雌激素、孕激素和雄激素样作用的产物,能够稳定妇女在更年期卵巢功能衰退后的下丘脑 - 垂体系统。其中代谢产物 3α-OH- 替勃龙和 3β-OH-替勃龙具有雌激素活性,替勃龙 $\Delta 4$- 异构体具有孕激素样和雄激素样作用。具有明显的组织特异性作用,在骨、大脑的体温中枢(潮热)和阴道表现为雌激素作用;在乳房组织表现为明显的孕激素和抗雌激素作用;在子宫内膜表现为温和雄激素和孕激素作用。

主要用于自然绝经和手术绝经引起的各种症状及骨质疏松的防治。不良反应较轻,并不刺激绝经后妇女的内膜,仅有极少数患者出现轻度增生。孕妇和哺乳期妇女、已确诊或怀疑有激素依赖性肿瘤、血栓性静脉炎、不明原因的阴道出血和严重肝病患者禁用。

2. 选择性雌激素受体调节药 选择性雌激素受体调节药(selective estrogen receptor modulator,SERM)是一些类似雌激素的化合物,其在心血管和骨骼系统具有雌激素受体(estrogen receptor,ER)激动作用,而在乳腺和子宫具有抗雌激素作用。人体有 $ER\alpha$ 受体和 $ER\beta$ 受体,$ER\alpha$ 受体在乳腺和子宫中表达丰富，ERβ 受体在骨组织中表达更多。SERM 对两种受体有一定选择性作用。常用药物是雷诺昔芬。

雷洛昔芬（raloxifene）

雷洛昔芬仅用于绝经后妇女的骨质疏松，不适用于男性。在骨骼与雌激素受体结合，发挥类雌激素的作用，抑制骨吸收，增加骨密度，降低椎体和非椎体骨折发生风险。在乳腺和子宫，药物则发挥拮抗雌激素的作用，不刺激乳腺和子宫，不会引起子宫内膜增生。雷洛昔芬总体安全性良好。该药轻度增加静脉栓塞的危险性，故有静脉栓塞病史及有血栓倾向者，如长期卧床和久坐者禁用。

（三）降钙素类

降钙素（calcitonin）

降钙素是由甲状腺 C 细胞分泌的一种肽类激素，由 32 个氨基酸残基组成，可来自鲑鱼、鳗鱼或人工合成，应用于临床的主要有鲑降钙素（salmon calcitonin）和依降钙素（elcatonin，鳗鱼降钙素）。

【体内过程】临床多用注射剂和鼻腔喷剂，鲑降钙素肌内或皮下注射绝对生物利用度约为70%，达峰时间 1 小时，$t_{1/2}$ 为 70~90 分钟。鲑降钙素及其代谢产物主要经肾排泄。依降钙素起效更快，达峰时间约 20 分钟，$t_{1/2}$ 约 42 分钟。

【药理作用】

(1) 降低血钙：通过激动降钙素受体，作用于骨骼、肾脏和肠道使血钙降低。①直接抑制骨吸收，减少骨内钙向血中游离；促进骨骼吸收血浆中的钙；对抗甲状旁腺激素促进骨吸收的作用。②抑制肾小管近端对钙的重吸收，增加尿钙排泄。③抑制肠道对钙的转运等。

(2) 其他作用：能抑制前列腺素合成和增强 β- 内啡肽作用，具有镇痛作用，能有效缓解骨痛。

【临床应用】

(1) 用于其他药物治疗无效的早期和晚期绝经后骨质疏松以及老年性骨质疏松。并能缓解伴有骨质溶解或骨质减少的骨痛。

(2) 用于佩吉特病（Paget disease）。

(3) 用于继发于乳腺癌、肺癌、肾癌、骨髓瘤以及其他恶性肿瘤骨转移所致的高钙血症；甲状旁腺功能亢进、缺乏活动或维生素 D 中毒导致的高钙血症。

(4) 用于痛性神经营养不良症或创伤后骨萎缩。

【不良反应】少数患者注射药物后可能出现面部潮红、恶心等不良反应。偶有过敏现象，严重者可致休克，对怀疑过敏或有过敏史的患者可做过敏试验。支气管哮喘患者慎用。

二、骨形成促进药

（一）甲状旁腺激素

内源性甲状旁腺激素（parathyroid hormone，PTH）由 84 个氨基酸残基组成，是骨骼和肾脏中钙和磷酸盐代谢的主要调节因子,主要作用包括调节骨代谢,调节肾小管钙和磷酸盐的重吸收、肠道钙的吸收。国内已上市的特立帕肽是重组人甲状旁腺激素氨基端 1~34 片段。

特立帕肽(teriparatide)

【药理作用及机制】特立帕肽和 PTH 的 34 个 N 端氨基酸与相关受体结合具有相同的亲和力,对骨骼和肾脏产生相同的生理学作用。PTH 通过两种 G 蛋白偶联受体 PTH-1 和 PTH-2,作用于骨骼、肾脏和胃肠道等靶器官,使血钙浓度增加,磷酸盐浓度降低。

(1)对骨骼的作用:小剂量能刺激成骨细胞活性,促进骨形成,增加骨密度,改善骨质量,降低椎体和非椎体骨折风险,显著降低绝经后妇女发生骨折的危险。但大剂量时抑制成骨细胞,同时促进骨钙入血,提高血钙浓度。

(2)对肾脏的作用:促进远曲小管对钙的重吸收;抑制近曲小管对磷酸盐的重吸收并加速其排泄;促进肾脏近曲小管 1,25- 二羟维生素 D_3 的合成,增加肠道钙吸收,血钙浓度提高。

【临床应用】适用于有骨折高发风险的男性骨质疏松、绝经后妇女骨质疏松以及糖皮质激素诱发的骨质疏松的治疗,可显著降低椎骨和非椎骨骨折风险。

【不良反应】常见不良反应为恶心、眩晕等。少数患者注射后血钙水平一过性轻度升高,多在 16~24 小时内回到基线水平;用药期间应监测血钙水平,防止高钙血症的发生。佩吉特病、骨骼疾病放射治疗史、肿瘤骨转移及合并高钙血症、18 岁以下的青少年和骨骺未闭合的青少年禁用。

(二)雄激素及同化激素类

主要有苯丙酸诺龙、丙酸睾酮。雄激素作用于受体后促进成骨细胞的增殖、分化,促进骨基质蛋白的合成,刺激骨形成,也能抑制破骨细胞前体细胞向破骨细胞的转化。同化激素通过蛋白同化的作用促进骨形成。主要不良反应是肝脏毒性、男性化和血清脂蛋白异常等,限制了这类药物的长期应用。用雄激素替代疗法预防和治疗男性原发性骨质疏松仍有待进一步全面临床评估。

三、骨矿化促进药

(一)钙剂

钙剂与维生素 D 是骨质疏松患者的基本补充剂。钙提供骨骼至关重要的矿物质,以维持骨骼的结构强度。充足的钙摄入对促进骨形成、缓解骨丢失、改善骨矿化和维护骨骼健康有益。通常钙剂与维生素 D 联合应用,可降低绝经期女性骨折的风险,也能抑制老年性骨质疏松骨丢失。

临床应用的钙制剂可分为两类:①无机钙,包括碳酸钙(calcium carbonate)、磷酸钙(calcium phosphate);②有机酸钙,如葡萄糖酸钙(calcium gluconate)和乳酸钙(calcium lactate)等。主要不良反应是嗳气、便秘、腹部不适,大剂量服用或用药过量可出现高钙血症,可能增加肾结石和心血管疾病的风险,用药期间应定期监测血清钙和尿钙变化。

(二)活性维生素 D 及其类似物

临床常用药物有骨化三醇(calcitriol)、阿法骨化醇(alfacalcidol)及艾地骨化醇(eldecalcitol)。

【体内过程】天然维生素 D 无生理活性,维生素 D_2 摄入后,需在细胞微粒体中受 25- 羟化酶系统催化生成骨化二醇(25- 羟维生素 D_3),再经肾小管上皮细胞线粒体内 1α- 羟化酶催化,生成具有生物活性的骨化三醇(1,25- 二羟维生素 D_3),即活性维生素 D_3。

【药理作用及机制】①促进小肠和肾小管对钙、磷的重吸收;②减少甲状旁腺激素合成与释放,抑制骨吸收;③促使钙沉着于新骨形成部位,促进骨钙化;④在甲状旁腺激素协同作用下,促进骨钙入血,维持血浆钙、磷平衡;⑤促进胶原和骨基质蛋白合成;⑥调节肌肉钙代谢,促进肌细胞分化,增强肌力,增加神经肌肉协调性,减少跌倒倾向。可有效预防骨质疏松,缓解骨质疏松患者的疼痛,并降低骨折发生率。

【临床应用】适用于绝经后和老年性骨质疏松,维生素 D 依赖性佝偻病,低血磷性维生素 D 抵抗性佝偻病,术后、特发性、假性甲状旁腺功能低下等。

【不良反应】活性维生素 D 过量或合用钙剂时易发生高钙血症、高钙尿症及肾结石,需定期检测血钙和尿钙。

技能赛点

患者,女,70 岁,临床诊断绝经后骨质疏松,医生处方如下,分析是否合理用药,为什么?

Rp:

骨化三醇软胶囊 0.25μg×14

Sig.　0.25μg　b.i.d.　p.o.

阿法骨化醇软胶囊 1μg×7

Sig.　1μg　q.d.　p.o.

阿仑膦酸钠片　70mg×1

Sig.　70mg　q.w.　p.o.

碳酸钙 D_3 片　1.5g×30

Sig.　1.5g　q.d.　p.o.

ER 32-3

技能赛点的
赛点分析

四、其他药物

维生素 K 类(四烯甲萘醌)

四烯甲萘醌(menatetrenone)是维生素 K_2 的一种同型物,是 γ- 羧化酶的辅酶,在 γ- 羧基谷氨酸的形成中起着重要作用。γ- 羧基谷氨酸是骨钙素发挥正常生理功能所必需的,具有提高骨量的作用。四烯甲萘醌能够促进骨形成,并有一定抑制骨吸收作用,能够轻度增加骨质疏松患者的骨量。主要不良反应包括胃部不适、腹痛、皮肤瘙痒、水肿和转氨酶轻度升高。与华法林合用可影响抗凝血药的效果,导致华法林抗凝作用减弱,因此服用华法林的患者禁忌使用该药物。

地舒单抗（denosumab）

地舒单抗是一种NF-κB受体激活蛋白配体（receptor activator of NF-κB ligand，RANKL）抑制药，RANKL是一种对破骨细胞的形成、功能和存活发挥关键作用的跨膜或可溶性蛋白。地舒单抗能够抑制RANKL与其受体RANK结合，抑制破骨细胞形成、功能和存活，从而减少骨吸收，增加骨密度，改善皮质骨和松质骨的强度，降低骨折发生风险。地舒单抗总体安全性较好，有超敏反应、低钙血症、颌骨坏死等不良反应。

岗位情景

患者，女，60岁，因"全身疼痛、乏力5年，加重4个月"入院。辅助检查：性激素六项检查显示雌激素水平极低，黄体生成素、卵泡刺激素等较高，呈典型绝经后激素表现。血、尿检查及骨代谢指标显示：患者钙、磷等元素水平正常，但维生素D水平下降。医师确诊为绝经后骨质疏松。

Rp：

 唑来膦酸注射液 1mg×4

 Sig. 4mg q.4w. i.v.gtt.

 骨化三醇软胶囊 0.25μg×14

 Sig. 0.25μg b.i.d. p.o.

 碳酸钙D$_3$咀嚼片 300mg×30

 Sig. 600mg b.i.d. 咀嚼后咽下

任务：请向患者说明最可能发生哪些不良反应，这类不良反应通常会产生哪些症状。假如发生不良反应，应该如何处理？

岗位情景的
参考答案

点滴积累

抗骨质疏松药按作用机制分为骨吸收抑制药、骨形成促进药、骨矿化促进药。骨吸收抑制药包括双膦酸盐类、雌激素类与选择性雌激素受体调节药、降钙素类，双膦酸盐是目前临床上应用最为广泛的抗骨质疏松药。骨形成促进药包括甲状旁腺激素、雄激素及同化激素类。骨矿化促进药包括钙剂和活性维生素D及其类似物。其他抗骨质疏松药还有维生素K类和RANKL抑制药地舒单抗。

复习导图

习题

目标检测

一、简答题

抗骨质疏松药分为哪几类？各有什么特点？

二、处方分析

患者，男，75岁，临床诊断为：缺铁性贫血，骨质疏松，严重肾功能不全，医生处方如下，试分析该处方是否合理，为什么？

Rp：

    蛋白琥珀酸铁口服溶液　40mg×14

    Sig.　40mg　b.i.d.　p.o.

    阿仑膦酸钠片　70mg×1

    Sig.　70mg　q.w.　p.o.

（曹光秀）

第三十三章　维生素类

第三十三章
课件

ER 33-1

学习目标

1. **掌握**　维生素类药物的药理作用、临床应用及不良反应。
2. **熟悉**　维生素类药物分类和作用特点。
3. **了解**　维生素类药物中具有临床意义的药物相互作用。

导学情景

情景描述：

　　患者，男，1岁，家长发现其近日出汗多，夜间常常惊醒，体质变差易感冒、腹泻等。有枕秃出现，出牙迟缓，仔细观察胸廓有些变形。经就医诊断为佝偻病。

学前导语：

　　佝偻病是由于缺乏维生素D，使体内钙磷代谢失常，产生的一种以骨骼改变为主的慢性营养性疾病。具有多汗、夜惊、好哭、骨骼改变（方颅、鸡胸、O形腿）、免疫力下降等症状。本章我们将学习各类维生素在调节物质代谢、维持生理功能和治疗疾病等方面的相关知识。

扫一扫，
知重点

ER 33-2

　　维生素是机体维持正常生化代谢和生理功能所必需的物质。包括两大类：水溶性维生素和脂溶性维生素。多数维生素在人体内不能合成，必须从动、植物食物中获得。维生素既不参与机体组织的构成，又不氧化供能，日需求量甚微，但在调节物质代谢和维持生理功能方面起着重要作用，是人体不可缺少的一类营养素。机体在某些特殊情况下如怀孕、哺乳等生理需要量增加，或因某些疾病影响了维生素的来源、吸收和代谢，或使用了维生素的对抗剂，均有可能引起维生素缺乏。当机体维生素缺乏时会引起物质代谢障碍而致病，称之为维生素缺乏症。近年来还发现某些维生素依赖性遗传病，只有补充特定的维生素才能治疗。维生素主要用于防治各种维生素缺乏症及作为某些疾病的辅助治疗。大剂量滥用维生素也可引起毒性反应，应注意合理应用。

第一节　水溶性维生素

　　水溶性维生素易溶于水，常用的有维生素 B_1、维生素 B_2、烟酸、烟酰胺、维生素 B_6、维生素 C、叶酸和维生素 B_{12} 等。

脚气病

脚气病即维生素 B_1 或硫胺素缺乏病（thiamine deficiency）。硫胺素是参与体内糖及能量代谢的重要维生素,当维生素 B_1 缺乏时,糖代谢障碍,血浆和组织中丙酮酸、乳酸的浓度增高,组织的能量供应减少,导致消化、神经和心血管诸系统的功能紊乱。表现为感觉神经与运动神经均受影响的多发性周围神经炎;心肌代谢障碍所致心脏功能不全症状;胃肠功能障碍所致消化不良、食欲缺乏、机体衰弱和体重下降等。脚气病临床有三种类型,即"干型""湿型"和"婴儿型"脚气病。前两者多发生于成年长者,伴有消耗症状,以神经系统异常为主。"婴儿型"严重,表现为急性心血管症状,不及时救治可引起死亡。

维生素 B_1（vitamin B_1）

维生素 B_1 在米糠、麦麸、黄豆、酵母、瘦肉和花生中含量丰富。药用为人工合成品。分子结构中含有一个氨基嘧啶环和一个噻唑环,故又称硫胺素。维生素 B_1 在酸性溶液中稳定,在中性及碱性溶液中加热迅速破坏。

【药理作用】维生素 B_1 在体内形成焦磷酸硫胺素,参与碳水化合物的代谢。作为 α- 酮酸氧化脱氢酶系的辅酶,参与糖代谢中酮酸的氧化脱羧反应。还能抑制胆碱酯酶活性,维持胆碱能神经系统、消化系统和心血管系统的功能。

【临床应用】

1. 防治脚气病 脚气病主要在高糖饮食及食用精细米、面时发生,此外,慢性酒精中毒时因不能摄入其他食物也可发生。

2. 多种疾病的辅助治疗 如感染、高热、甲状腺功能亢进、心肌炎、神经炎、营养不良等。长期服用磺胺类和氟尿嘧啶等抗肿瘤药患者,应适当补充维生素 B_1。

近年发现在蔬菜、鱼类等食品和某些细菌中存在分解硫胺的抗硫胺因子,即使在营养较好的条件下,仍可发生维生素 B_1 缺乏症。此时给予一般维生素 B_1 不易吸收,应选用丙硫硫胺和呋喃硫胺,这两种维生素 B_1 不易被硫胺酶分解,故血液和脑脊液中浓度超过其他维生素 B_1 制剂,且作用持久。

【不良反应】毒性甚低,注射给药偶见过敏反应,静脉注射可致过敏性休克。不宜与碳酸氢钠、氨茶碱、阿司匹林同时服用。

ER 33-3

维生素 B_1 与富含鞣质食物相克

维生素 B_2（vitamin B_2）

又称核黄素,广泛存在于米糠、绿叶蔬菜、肝、蛋、肉类、酵母、黄豆中。难溶于水,水溶液呈黄绿色并有荧光,在酸性环境中稳定,遇碱或遇光线易破坏,宜空腹给药,服药后尿呈黄色。

【药理作用与临床应用】维生素 B_2 作为黄素酶类的辅酶参与细胞的氧化还原反应,黄素酶在氧化还原中起递氢作用,参与糖、蛋白质、脂肪的代谢;维持正常视觉功能;参与血红蛋白的合成。维生素 B_2 缺乏,影响生物氧化,物质代谢会发生障碍。病变常见于眼部、皮肤与黏膜交界处炎症损

维生素 B₂ 宜
餐后服用

害。表现为口角炎、舌炎、角膜炎、结膜炎、视网膜炎、视神经炎、阴囊炎、脂溢性皮炎及四肢躯干的皮炎等,用维生素 B₂ 可以防治。亦可用于难治性低色素性贫血,宜与其他 B 族维生素同时使用。

维生素 B₆(vitamin B₆)

维生素 B₆ 包括吡哆醇、吡哆醛、吡哆胺三类物质。广泛存在于鱼、肉、豆、蛋类食物和谷物中,且人体肠道内细菌也可合成,故维生素 B₆ 缺乏少见。

【药理作用】天然存在的维生素 B₆ 主要以磷酸化形式存在,磷酸吡哆醛和磷酸吡哆胺构成转氨酶和脱羧酶等许多酶的辅酶,参与氨基酸代谢,且涉及中枢神经递质的形成:①参与中枢抑制性递质 γ- 氨基丁酸的合成;②参与 5- 羟色胺的形成,已知 5- 羟色胺与睡眠、精神、思维等生理过程有关。维生素 B₆ 缺乏时可引起中枢兴奋、呕吐等症状。抗结核药异烟肼能与磷酸吡哆醛结合,使其失去辅酶的作用,故服用异烟肼的同时应适当补充维生素 B₆。

【临床应用】

1. **防治维生素 B₆ 缺乏症** 防治异烟肼、肼屈嗪引起的中枢神经症状和周围神经炎。

2. **止吐** 治疗抗肿瘤药、放疗、口服避孕药等引起的呕吐或妊娠呕吐。

3. 作为动脉粥样硬化、粒细胞减少症及肝炎的辅助治疗药物。

4. **治疗维生素 B₆ 依赖性先天性代谢病** 维生素 B₆ 依赖性先天性代谢病是指某些以维生素 B₆ 为辅酶的酶,其自身构造发生变化,导致代谢紊乱而引起的一类疾病,需要用大剂量的维生素 B₆ 进行治疗,才能使代谢过程圆满完成。

难点释疑

维生素 B₆ 不可用于治疗左旋多巴引起的恶心、呕吐

维生素 B₆ 可用于治疗许多药物用药过程中引起的恶心、呕吐,但不可用于治疗抗帕金森病药左旋多巴引起的恶心、呕吐,因其可降低左旋多巴的抗帕金森病作用。原因是维生素 B₆ 是多巴脱羧酶的辅酶,可增强外周多巴脱羧酶的活性,促进左旋多巴在外周转化成多巴胺,使左旋多巴进入中枢减少,外周不良反应增加。

烟酸(nicotinic acid)和烟酰胺(nicotinamide)

烟酸和烟酰胺结构相似,烟酸在体内转化为烟酰胺而发挥作用。两者统称为维生素 PP,多含于肝、肾、瘦肉、鱼、米糠、麦麸、谷类食物中。玉米中的维生素 PP 以结合形式存在,难以吸收,故在常食玉米的地区易发生维生素 PP 缺乏症。

【药理作用】维生素 PP 作为催化体内重要的氧化还原反应的多种酶系统中的辅酶发挥作用。烟酰胺是辅酶Ⅰ和辅酶Ⅱ的组成成分,在生物氧化过程中起递氢作用,参与糖和脂肪的代谢。缺乏时代谢障碍,发生糙皮病,表现为皮炎、口舌炎、肠炎、食欲缺乏及神经炎、神经衰弱、抑郁或痴呆等神经精神症状,临床上称为"3D"症,即皮炎、腹泻、痴呆。烟酸具有扩张血管、降低血脂、减少胆固醇合成、溶解纤维蛋白、防止血栓形成的作用。烟酰胺还有防治心脏传导阻滞和提高窦房结功能的

作用,可能通过促进 Ca^{2+} 内流而发挥作用。

【临床应用】适用于防治糙皮病及心肌缺血性心律失常。较大剂量烟酸的扩张血管和降血脂作用及不良反应见第二十章调血脂药。

【药物相互作用】异烟肼与烟酰胺结构相似,长期服用异烟肼时,为防止出现糙皮病症状,应适当补充烟酰胺。

课 堂 活 动

患者,女,3 岁,食欲缺乏,烦躁不安 10 余天,现又出现皮肤瘀点,伴有关节肿胀,检查:血红蛋白、红细胞、血小板和出血时间均在正常范围;X 线放射检查见长骨远端出现坏血病线。此患者被诊断为维生素 C 缺乏症。

课堂讨论:针对此患者的临床治疗原则是什么? 应该选用什么药物?

扫一扫,
知答案

维生素 C(vitamin C)

维生素 C 广泛存在于绿叶蔬菜和新鲜水果中,尤以桃、橘、番茄、辣椒和鲜枣中含量丰富。食物中维生素 C 在干燥、久存和磨碎过程中被破坏。药用为人工合成品,本药具有强还原性,遇碱、光、热、氧等易被破坏而失去活性。

人体内不能合成维生素 C,必须从食物中不断获得。血浆中维生素 C 水平与年龄呈负相关,年龄越大水平越低。孕妇、哺乳期妇女、某些疾病、口服避孕药、应激状态和吸烟可导致维生素 C 需要量增加。牛乳中维生素 C 的含量比人乳少,人工喂养婴儿应适当补给。

【药理作用】

1. 参与体内氧化还原反应 维生素 C 在体内部分氧化成去氢维生素 C,这一过程是可逆性反应,两者形成可逆的氧化还原系统,发挥递氢作用。在生物氧化还原作用中及细胞呼吸中起重要作用,如促进叶酸转变成四氢叶酸,参与核酸的合成;能使 Fe^{3+} 还原成 Fe^{2+},促进铁的吸收,有利于红细胞形成;能使体内氧化型的谷胱甘肽还原为还原型的谷胱甘肽,后者的巯基可与重金属离子结合而排出体外,从而发挥解毒作用。

2. 参与体内羟化反应 体内羟化酶发挥作用时需要有维生素 C 参与,而羟化反应又是体内许多重要物质合成和分解的必经步骤。如参与胶原蛋白和组织细胞间质的合成,降低毛细血管的通透性;参与凝血过程,增强凝血功能,加速血液凝固;还参与神经递质 5- 羟色胺、去甲肾上腺素的合成,以及类固醇激素或其他类固醇化合物的合成或分解等。

此外,维生素 C 还能促进体液免疫和细胞免疫,增强巨噬细胞和中性粒细胞的吞噬能力,增强机体对感染的抵抗力和对毒物的解毒能力。

【临床应用】

1. 治疗维生素 C 缺乏症 当维生素 C 缺乏时,羟化酶活性降低,胶原蛋白合成障碍,组织间质成分解聚,毛细血管脆性和通透性增加,使伤口、溃疡不易愈合,骨骼、牙齿易折或脱落,皮下和黏膜等处出血,俗称为"坏血病",可用维生素 C 防治。

2. 补充治疗 用于急慢性传染病、病后恢复期、伤口愈合不良者、各种贫血、高铁血红蛋白血症、动脉粥样硬化等的辅助治疗。

3. 治疗心源性休克 大剂量治疗克山病所致的心源性休克。

4. 治疗肝损害 用于急慢性肝炎、中毒性肝损害等疾病,有解毒、改善肝功能的作用。

【**不良反应**】过量可引起胃肠道反应,深部静脉血栓形成,增加尿中草酸盐排泄,引起泌尿系统结石。大量长期服用后不可突然停药,否则可能出现维生素 C 缺乏症表现,故宜逐渐减量停药。

【**药物相互作用**】

1. 维生素 C 可提高雌激素的生物利用度,雌激素可增加维生素 C 的降解并抑制其吸收。

2. 维生素 C 可降低抗凝血药作用,缩短凝血酶原时间。

3. 维生素 C 能拮抗氯丙嗪的某些中枢抑制作用,缩短巴比妥类药物的催眠时间。巴比妥类、苯海拉明、阿司匹林和四环素可增加维生素 C 在尿中的排泄。

4. 为防止维生素 C 和维生素 K 在体液中发生氧化还原反应而降低疗效,两者不宜并用。

ER 33-6

红霉素与维生素 C

ER 33-7

岗位情景的参考答案

岗位情景

患者,女,26 岁,因月经增多、皮肤瘀点,到某社区医院就诊。经诊断为维生素 C 缺乏症,遂给予 50% 葡萄糖注射液加维生素 C 注射液 0.2g 静脉注射,250ml 维生素 C 葡萄糖注射液(内含维生素 C 2.5g)静脉滴注;每天 1 次,连用 7 天。当使用上述药物治疗 3 天后,该患者出现恶心、呕吐和腹泻等胃肠道症状。请分析出现该不良反应的原因。

点滴积累

1. 维生素是人体不可缺少的一类营养素。在调节物质代谢和维持生理功能方面起着重要作用,是机体维持正常生化代谢和生理功能所必需的物质。多数维生素在人体内不能合成,必须从食物中获得。

2. 当机体维生素缺乏时会引起物质代谢障碍而导致维生素缺乏症。维生素主要用于防治各种维生素缺乏症及作为某些疾病的辅助治疗。

3. 常用的水溶性维生素有维生素 B_1、维生素 B_2、烟酸、烟酰胺、维生素 B_6、维生素 C、叶酸和维生素 B_{12} 等。

第二节 脂溶性维生素

脂溶性维生素易溶于大多数有机溶剂,不溶于水。在食物中常与脂类共存。脂类吸收不良时影响其吸收,甚至发生缺乏症。主要有维生素 A、D、E、K 等。与水溶性维生素不同,如果长期过量摄入,可以在体内蓄积,出现中毒症状。维生素K见第二十四章"一、促进凝血因子生成的止血药"。

知识链接

维生素A与夜盲症

美国生物学家沃尔德(G.Wald)研究黑暗中的视觉化学问题时,发现光线引起眼中视紫红质分解成视蛋白和视黄醛两种成分,而维生素A的结构类似视黄醛,维生素A在酶的作用下去掉两个氢可转变为视黄醛。假如食物中维生素A缺乏,就会导致视黄醛缺乏和视紫红质质量下降,产生夜盲症。沃尔德由于这项研究而获得1967年诺贝尔生理学或医学奖。

维生素A(vitamin A)

维生素A包括视黄醇、视黄醛和视黄酸三种,在动物肝脏、蛋黄、乳汁中含量丰富,植物中胡萝卜含有较多的β-胡萝卜素,为维生素A原,进入体内可转化为维生素A。

【药理作用】

1. **维持上皮组织结构的完整和健全**　维生素A参与糖胺聚糖合成,促进基底细胞分泌黏蛋白,抑制角化,维持上皮组织如皮肤、结膜、角膜的正常功能和结构的完整性。维生素A缺乏时,引起黏膜与表皮的角化、增生和干燥。眼上皮最易受影响,产生眼干燥症,严重时角膜角化增生、发炎甚至穿孔;皮脂腺及汗腺角化时可使皮肤干燥,发生毛囊丘疹和毛发脱落;特别是消化道、呼吸道和泌尿道上皮组织不健全,易引起感染。

2. **构成视觉细胞内感光物质**　维生素A参与视网膜内杆状细胞中视紫红质的合成,维持暗视觉。维生素A缺乏时,视紫红质合成减少,在弱光下视物不清,导致夜盲症。

3. **其他**　维生素A参与体内许多氧化过程,尤其是不饱和脂肪酸的氧化;促进生长发育,增强机体免疫力和抵抗力;维生素A可对抗糖皮质激素的免疫抑制作用,大剂量可促胸腺增生,如与免疫增强药合用,可使免疫力增强。

【临床应用】

1. **维生素A缺乏症**　防治夜盲症、眼干燥症、角膜炎、结膜炎、角膜软化、皮肤粗糙等维生素A缺乏症。

2. **其他用途**　防治佝偻病和软骨病,也用于恶性肿瘤的辅助治疗。外用可促进伤口愈合。婴儿、哺乳期妇女、孕妇需要量增加时,可适当补充。

【不良反应】大剂量长期应用可致维生素A过多症,甚至发生急性或慢性中毒,6个月至3岁的儿童发生率最高,表现为食欲缺乏、皮肤瘙痒、毛发干枯、脱发、骨痛、颅内压增高、口唇皲裂等,停药可自行消失。

维生素D(vitamin D)

维生素D有多种,均为类固醇的衍生物。主要有维生素D_2和维生素D_3。在鱼肝油、蛋黄、牛

奶中含有维生素 D_3（胆骨化醇）。植物中含麦角固醇,经紫外线照射转化为维生素 D_2（骨化醇）。人体皮肤有 7-脱氢胆固醇,经紫外线照射转化为维生素 D_3,故多晒太阳可预防维生素 D 缺乏症。

【药理作用】维生素 D 无生理活性,需在肝转变为 25-羟维生素 D_3,再在肾转变成 1,25-二羟维生素 D_3 才具有活性。其作用主要是促进钙与磷酸盐在小肠的吸收,使血钙浓度增加,有利于钙、磷在骨组织中沉着,促进骨组织钙化,是骨骼发育不可缺乏的物质。维生素 D 缺乏时,钙、磷吸收减少,血中钙、磷水平下降,不能沉积于骨组织,成骨作用受阻,甚至骨盐再溶解,在儿童诱发佝偻病,在成人则诱发骨软化症。

【临床应用】防治佝偻病、骨软化症和婴儿手足搐搦症,常与钙剂合用。

【不良反应】长期大剂量应用,出现高钙血症、软骨组织钙化、胃肠道反应等,停药可迅速改善。

ER 33-8
正确补充维生素 D

维生素 E（vitamin E）

维生素 E 又称生育酚,广泛存在于绿色蔬菜和多种植物油内,以麦胚油及豆油中含量最高。

【药理作用】

1. 维持正常生育功能　能使促性腺激素分泌增加,促进精子生成和活动,促进卵泡生长及孕酮的作用。维生素 E 缺乏,女性不孕,孕后胎盘萎缩,胚胎死亡或流产;男性睾丸萎缩,无生育能力。

2. 抗氧化作用　本药易被氧化,在体内可保护不饱和脂肪酸、维生素 A、维生素 C 及某些酶免受氧化,从而维持细胞膜的正常结构和功能。维生素 E 缺乏时,生物膜中的脂质易被过氧化而受损,导致红细胞破裂而溶血。

3. 清除自由基　清除自由基可延缓细胞衰老,增强免疫力。

4. 改善脂质代谢　维生素 E 缺乏时,血浆胆固醇、甘油三酯含量增加,导致动脉粥样硬化。

【临床应用】临床上用于习惯性流产、先兆流产、不孕不育症、进行性肌营养不良、早产儿溶血性贫血等。也可用于防治高脂血症、动脉粥样硬化。其延缓衰老作用尚未肯定。

【不良反应】轻微,大剂量常见胃肠道反应、头痛、头晕,偶见凝血时间延长,可能与影响维生素 K 吸收有关。

【药物相互作用】

1. 影响脂肪吸收的新霉素等药物也影响维生素 E 吸收,考来烯胺具有吸附作用,合用时可降低维生素 E 的吸收率。

2. 口服避孕药可加速维生素 E 的代谢,导致维生素 E 缺乏。与维生素 E 合用时,若雌激素用量大、疗程长,可诱发血栓性静脉炎。

3. 维生素 E 可增强洋地黄的强心作用和华法林等抗凝血药的抗凝作用,本药还有拮抗维生素 K 的作用,能降低血液凝固性。

ER 33-9
老年人慎用维生素 E

技能赛点

李某,男,36 岁,手术后为制止出血并预防感染而使用下列药物。分析下列处方是否合理,为什么?

Rp:

    5% 葡萄糖注射液　500ml×1

    维生素 C 注射液　2g×1

    维生素 K₁ 注射液　20mg×1

    庆大霉素注射液　16 万 U×1

    Sig.　2g+20mg+16 万 U　q.d.　i.v.gtt.

技能赛点的
赛点分析

点滴积累

脂溶性维生素主要有维生素 A、D、E、K 等。长期过量摄入可在体内蓄积，出现中毒症状。

复习导图

习题

目标检测

一、简答题

1. 维生素 B₁ 有什么作用及用途？

2. 1 周岁内婴儿为什么要适当服用浓鱼肝油制剂？服用时应注意哪些事项？

二、处方分析

    某男，60 岁，帕金森病患者，医生处方如下，请分析本处方是否合理，为什么？

Rp:

    左旋多巴片　0.1g×50

    Sig.　0.1g　t.i.d.　p.o.

    卡比多巴片　25mg×25

    Sig.　25mg　t.i.d.　p.o.

    维生素 B₆ 片　10mg×50

    Sig.　10mg　t.i.d.　p.o.

（张　琦）

第三十四章　抗菌药概述

第三十四章
课件

导学情景

情景描述:

　　5岁的晨晨吃了不干净的食物,得了急性细菌性痢疾,应用庆大霉素和头孢唑林等药物治疗,连用1周后症状不见好转反而加剧,出现持续高热,腹泻频繁,为黏液性血便。经检查诊断为假膜性肠炎。

学前导语:

　　抗菌药联合应用不当导致患儿并发假膜性肠炎。本章我们将带领同学们学习抗菌药的分类、作用机制及合理应用等内容。

扫一扫,
知重点

　　化学治疗(chemotherapy)是应用化学药物对病原微生物、寄生虫及肿瘤细胞所致疾病进行预防或治疗,简称化疗。用于化疗的药物称化疗药物,包括抗病原微生物药、抗寄生虫药和抗肿瘤药。理想的化疗药物应对病原体的抑制或杀灭作用强,对宿主的不良反应小。

　　抗病原微生物药是指能抑制或杀灭病原微生物的药物,是防治感染性疾病的一类重要药物,包括抗菌药、抗病毒药和抗真菌药等。应用各类抗病原微生物药治疗疾病时,必须注意机体、病原体和药物三者之间的相互关系(图34-1)。

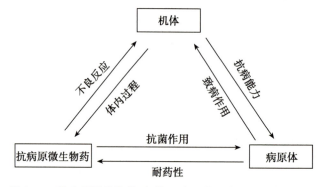

图34-1　抗病原微生物药、机体及病原体三者之间的相互关系

病原微生物是致病的关键因素,对疾病的发生起着重要的作用,但并不能决定疾病发展的全过程,而且机体的防御功能和免疫状态对疾病的发生和发展也至关重要。药物对病原体有抑制或杀灭作用,是控制或制止疾病发展的重要手段。因此,要重视三者间的辩证关系:一方面合理应用药物,充分发挥其抗病原体作用,同时调动机体抗病能力以战胜病原体;另一方面,应避免和减少药物对机体产生的不良反应或病原体对药物产生的耐药性。

一、常用术语

1. **抗菌药（antibacterial drug）** 是指对细菌具有抑制或杀灭作用的药物,包括抗生素和人工合成抗菌药。

2. **抗生素（antibiotic）** 是指某些微生物（如细菌、真菌、放线菌等）产生的具有抗病原体作用和其他活性的一类物质。

3. **抗菌谱（antimicrobial spectrum）** 是指抗菌药抑制或杀灭病原微生物的范围。抗菌范围小的药物属窄谱抗菌药,如异烟肼仅对结核分枝杆菌有效。广谱抗菌药对多数细菌,甚至包括衣原体、支原体等病原体均有效。

4. **抗菌活性（antibacterial activity）** 是指药物抑制或杀灭细菌的能力。常用的评价指标有最低抑菌浓度和最低杀菌浓度。

5. **最低抑菌浓度（minimal inhibitory concentration,MIC）** 是指在体外试验中,药物能够抑制培养基内细菌生长的最低浓度。仅能抑制细菌生长和繁殖的药物称抑菌药（bacteriostatic drug）,如磺胺类和四环素类等。

6. **最低杀菌浓度（minimal bactericidal concentration,MBC）** 是指在体外试验中,药物能够杀灭培养基内细菌的最低浓度。不仅能抑制细菌生长,而且能杀灭细菌的药物称杀菌药（bactericidal drug）,如青霉素类、氨基糖苷类和喹诺酮类等。

7. **化疗指数（chemotherapeutic index）** 一般可用动物实验的 LD_{50}/ED_{50} 或 LD_5/ED_{95} 的比值表示,是衡量化疗药物临床应用价值和安全性评价的重要参数。有时并不可靠,如青霉素的化疗指数很大,但可引起过敏性休克甚至死亡。

8. **抗生素后效应（post-antibiotic effect,PAE）** 是指细菌与抗生素短暂接触,抗生素浓度下降,低于 MIC 或消失后,细菌生长仍受到持续抑制的效应。一般而言,PAE 时间越长,其抗菌活性越强,PAE 是评价抗菌药活性的重要指标之一。PAE 可应用于临床给药方案的设计及合理用药等方面。如氨基糖苷类一天给药一次的疗法与每天分次给药效果相当,不良反应发生率下降。现已发现几乎所有的抗菌药都有不同程度的 PAE。

二、抗菌药作用机制

抗菌药干扰病原菌的生化代谢过程,影响其结构与功能而达到抑制或杀灭病原菌的作用。常用抗菌药的作用机制可分为以下几种(图 34-2)。

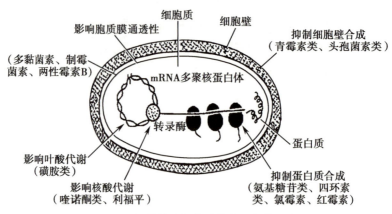

图 34-2　细菌结构与抗菌药作用部位示意图

1. 抑制细菌细胞壁的合成　细菌细胞不同于人和哺乳动物的细胞,细菌的外层有坚韧而厚的细胞壁,可维持细菌的形状和功能,保护细菌不被菌体内的高渗透压(是血浆渗透压的 3~4 倍)所破坏。革兰氏阳性菌的细胞壁厚而坚韧,主要成分为肽聚糖(peptidoglycan,也称黏肽),其含量占细胞壁干重的 50%~80%,肽聚糖层数可达 50 层以上。而革兰氏阴性菌细胞壁较薄,肽聚糖仅占细胞壁干重的 1%~10%。细菌细胞壁肽聚糖合成受抑制后,细胞壁缺损,菌体内的高渗透压将导致水分不断渗入菌体内,致使细菌膨胀、变形,从而引起细菌破裂、溶解而死亡。

通过抑制细菌细胞壁的合成而产生抗菌作用的药物有:① β- 内酰胺类抗菌药,包括青霉素类和头孢菌素类,能与细菌胞质膜上的青霉素结合蛋白(penicillin-binding protein,PBP)结合,使转肽酶失去活性,阻止肽聚糖的形成,造成细胞壁缺损;②万古霉素、杆菌肽、磷霉素、环丝氨酸等,分别作用于细胞壁合成的不同阶段,抑制细菌细胞壁的合成,产生抗菌作用。

> **知识链接**
>
> **青霉素结合蛋白**
>
> 青霉素结合蛋白(PBP)为广泛存在于细菌表面的一种膜蛋白,是 β- 内酰胺类的主要作用靶位。每一菌种都有一套特异的 PBP,称 PBP 谱。不同菌属其 PBP 含量、种类不同,不同抗菌药通过与不同的 PBP 结合而产生不同的抗菌活性。同样,PBP 结构与数量的改变也是细菌产生耐药性的一个重要机制。

2. 抑制细菌蛋白质合成　细菌细胞为原核细胞,其核糖体由 30S 和 50S 两个亚基组成,结合后为 70S;哺乳动物和人体细胞为真核细胞,其核糖体为 80S,由 40S 和 60S 亚基组成。细菌细胞与哺乳动物细胞的这种差异,为抑制细菌蛋白质合成的抗菌药的高度选择性提供了可能。氯霉素、林可霉素类和大环内酯类能可逆性地与核糖体 50S 亚基结合,抑制蛋白质合成。四环素类和氨基糖苷类与核糖体 30S 亚基结合,抑制蛋白质合成。哺乳动物细胞的核糖体与细菌细胞的核糖体不同,故上述药物在常用剂量下对机体细胞的蛋白质合成过程无明显毒性作用。

3. 影响细菌核酸代谢 喹诺酮类通过抑制 DNA 促旋酶,阻碍敏感菌的 DNA 复制而产生杀菌作用。利福平与敏感菌的 DNA 指导的 RNA 聚合酶的 β 亚单位结合,抑制 RNA 合成的起始阶段,阻碍 mRNA 合成而产生杀菌作用。

4. 影响细菌叶酸代谢 人和哺乳动物细胞能直接利用周围环境中的叶酸进行代谢,而细菌必须自身合成叶酸。磺胺类抑制二氢叶酸合成酶,甲氧苄啶抑制二氢叶酸还原酶,分别干扰叶酸代谢的不同环节,抑制细菌生长繁殖。

5. 影响细菌胞质膜通透性 细菌胞质膜是由类脂质和蛋白质分子构成的一种半透膜,具有渗透屏障和运输物质的功能。影响细菌胞质膜通透性的抗菌药有多黏菌素类。多黏菌素类具有表面活性的双极性分子,能与胞质膜中磷脂的磷酸基形成复合物,使胞质膜的通透性增加,细菌内物质外漏导致细菌死亡。

三、细菌耐药性及产生机制

(一) 细菌耐药性

细菌耐药性(drug resistance,抗药性)分为固有耐药性与获得耐药性两种。前者是由染色体介导的代代相传的天然耐药性,是基于药物作用机制的一种内在的耐药性,如肠道革兰氏阴性杆菌对青霉素耐药。后者多由质粒介导,也可由染色体介导,当细菌与药物多次接触后,细菌通过改变自身的代谢途径,对药物的敏感性下降甚至消失。获得耐药性是最主要、最多见的耐药方式,是抗菌药临床应用中遇到的一个相当严重的问题。

对药物产生耐药的病原菌称为耐药菌(或菌株)。有些耐药菌可同时对几种作用机制不同的抗菌药产生耐药,称为多药耐药性。有些耐药菌对一种抗菌药产生耐药以后,对其他作用机制类似的抗菌药也产生耐药,称为交叉耐药性。

(二) 耐药性产生的机制

1. 产生失活酶和钝化酶 耐药细菌通过产生失活酶或钝化酶来破坏抗生素或使之失去抗菌作用。①对 β- 内酰胺类耐药的菌株(如金黄色葡萄球菌)主要是由于产生了 β- 内酰胺酶,使抗菌药的 β- 内酰胺环的酰胺键断裂而失去抗菌活性;②细菌对氨基糖苷类耐药的最重要原因是产生氨基糖苷类钝化酶,如乙酰转移酶、磷酸转移酶、核苷转移酶等;③红霉素酯化酶可水解红霉素结构中的内酯环而使之失去抗菌活性;④氯霉素乙酰转移酶能使氯霉素转化为无抗菌活性的代谢产物。

2. 改变细菌外膜通透性 由于细菌外膜通透性的改变,使药物无法进入菌体内发挥效能。如革兰氏阴性菌细胞壁黏肽层外存在的类脂双层组成的外膜通透性改变,能阻碍抗菌药进入菌体内。

知识链接

"超级细菌"家族

"超级细菌"是指对多种抗菌药产生多重耐药性的细菌。这种细菌的"超级性"并不在于它对人的杀伤力,而是它对大多数抗菌药产生了耐药性。

1941 年，青霉素投入临床应用，1942 年就发现了当时的"超级细菌"——耐药性葡萄球菌。1961年，耐甲氧西林金黄色葡萄球菌（MRSA）首次被发现，MRSA 可以抵抗最强力的抗菌药，引起各种感染。目前能够被证实对 MRSA 有效的只有万古霉素。1987 年，耐万古霉素肠球菌（VRE）被发现。此后VRE 感染迅速波及世界各地，其感染致死率最高达 73%。2000 年至今，铜绿假单胞菌对氨苄西林、阿莫西林、头孢呋辛等 8 种抗菌药的耐药性达 100%；肺炎克雷伯菌对头孢呋辛、头孢他啶等 16 种抗菌药的耐药性高达 52%~100%。若继续滥用抗菌药，新的超级细菌还会陆续出现。

3. 改变靶部位 抗菌药对细菌的原始作用靶点，称为靶部位。细菌通过靶位的改变，使抗菌药失去作用点，从而不易发挥作用。如细菌可通过降低体内二氢叶酸合成酶与磺胺类药物的亲和力而对磺胺类药物产生耐药性。

4. 产生代谢拮抗物 细菌通过增加代谢拮抗物使抗菌药失效。对磺胺类药物耐药的细菌可通过产生较多的对氨基苯甲酸导致其失效。

5. 加强主动外排系统 已经发现，某些细菌能将进入菌体的药物排出体外，称为主动外排系统。大肠埃希菌、金黄色葡萄球菌、表皮葡萄球菌、铜绿假单胞菌等均有主动外排系统，因该机制引起细菌耐药的药物有四环素、氟喹诺酮类、大环内酯类、氯霉素和 β- 内酰胺类等。

四、抗菌药的合理应用

抗菌药临床应用半个多世纪以来，对感染性疾病的防治起到了重要的作用，但随着抗菌药的广泛使用，尤其是滥用，也带来了许多新问题，如过敏反应、二重感染、细菌耐药性的产生等。为了充分发挥抗菌药的抗菌作用，减少不良反应及延缓细菌耐药性的产生，必须合理用药。

（一）明确病因，针对性选药

尽早确定致病菌种类、感染部位及其对抗菌药的敏感度是抗菌药合理应用的前提。首先要了解患者是否有用药指征，并根据细菌对抗菌药敏感度与耐药性的变迁，选择适当的药物进行治疗。对不明原因的发热或病毒性感染，应进行涂片染色检查、细菌培养和药物敏感试验，最后根据细菌学检查结果选用合适的抗菌药进行针对性治疗，不要滥用抗菌药。

（二）依据药动学 / 药效学结合模型指导临床用药

药动学 / 药效学结合模型（pharmacokinetic and pharmacodynamic model，PK/PD model）是综合研究药物的药量与药效之间的转换过程，将药物体内过程和药效量化指标进行有机统一。研究表明，抗菌药的抗菌作用与血药浓度或作用时间之间存在相关性。将 PK/PD 整合，衍生出新的参数（如 C_{max}/MIC、AUC_{0-24}/MIC）成为指导临床用药的重要依据。

1. 时间依赖性抗菌药 多数 β- 内酰胺类、部分大环内酯类、林可霉素类属于时间依赖性抗菌药，药物的抗菌活性与药物浓度维持在 MIC 以上的时间长短有关，但药物浓度继续增高时，其抗菌活性并无明显改变。药物浓度低于 MIC 时，细菌可重新生长繁殖，一般此类药物 PAE 较弱，因此，此类药物给药方案为小剂量多次给药，甚至持续给药（如静脉滴注），从而延长药物浓度高于 MIC 的时间，既可提高疗效，又可减少药物不良反应。

2. 浓度依赖性抗菌药 氨基糖苷类及喹诺酮类属于浓度依赖性抗菌药,药物对病原菌的抗菌作用取决于峰浓度,即药物浓度越高,抗菌作用越强。此类药物一般具有首剂效应,常用 C_{max}/MIC、AUC/MIC 评价其抗菌作用。因此,在日剂量不变的情况下,单次给药比一日多次给药有更大的 C_{max},使 C_{max}/MIC 增大,提高抗菌活性。

(三)根据患者的生理病理情况合理用药

患者的生理病理状况可影响药物的作用,生理与病理状况不同,抗菌药在其体内的吸收、分布与消除过程也不同,使用抗菌药品种、剂量、疗程等也应有所不同。

1. 孕妇及哺乳期妇女 要考虑特殊的生理状态,严格控制致畸药物和影响胎儿生长发育药物的应用,如磺胺类、甲氧苄啶、利福平、甲硝唑等药物可引起畸胎;四环素类可影响胎儿骨骼与牙齿的发育;氯霉素可抑制胎儿造血系统的功能,还可引起早产儿及新生儿灰婴综合征,应予以禁用。

2. 老年人 因血浆蛋白较年轻人低,血中抗菌药游离型增多,肾功能逐渐减退,主要经肾排泄的药物消除减慢,应根据肾功能情况调整用药剂量及给药间隔时间。如氨基糖苷类药物老年人慎用,因其有耳毒性和肾毒性。

3. 新生儿 因血浆蛋白结合能力弱,应禁用磺胺类药物;红细胞缺乏葡萄糖-6-磷酸脱氢酶,禁用呋喃类或磺胺类药物,因可引起溶血;新生儿肝、肾功能未发育完善,禁用氯霉素;氟喹诺酮类药物可影响新生儿关节软骨发育或损害关节软骨,应避免使用;新生儿肌内注射抗菌药易引起局部硬结而影响药物吸收,因此不宜肌内注射给药。

4. 免疫功能减退者 此类患者会直接影响抗菌药的治疗效果,如粒细胞缺乏症伴有感染的患者,抗菌药疗效较差。对兼有衰竭性疾病、营养不良或大剂量应用皮质激素等降低免疫功能药物的患者,应选用速效的抗菌药,给予合理的剂量和疗程,以确保疗效,防止复发。

5. 肝、肾功能不全者 很多抗菌药经过肝脏清除,肝功能不全或有慢性肝病者应避免应用或慎用主要在肝内代谢、具有肝肠循环及对肝脏有损害的一些抗菌药。如氯霉素因可导致肝损害而出现血药浓度升高,$t_{1/2}$ 延长,增加对造血系统的毒性;早产儿、新生儿的肝解毒功能较低,故应禁用氯霉素;慢性肝炎、肝硬化患者禁用林可霉素;红霉素、利福平、四环素类药物,因对肝功能不全患者易引起不良反应,也应慎用。肾功能减退会导致一些药物及其代谢产物排泄延缓,血浆 $t_{1/2}$ 延长,血药浓度升高,导致毒性反应的发生。因此,对肾功能不全患者应用抗菌药要十分谨慎。有条件时应进行血药浓度监测,并根据监测结果制订个体化给药方案。依据肾功能减退的轻、中、重程度分别给予常量的 1/2~2/3、1/5~1/2 和 1/10~1/5,以防药物过量造成蓄积中毒。不过,主要经肾排泄而对肾脏有损害的万古霉素、氨基糖苷类等最好避免应用。

(四)严格掌握抗菌药预防应用的适应证

据估计,预防应用抗菌药占总用量的 30%~40%,而事实上有明确指征者仅限少数情况。在应用某种抗菌药预防对其敏感的特定一两种致病菌引起的感染或初始感染时,应选用强有力的抗菌药杀灭致病菌。如风湿热复发者预防用苄星青霉素或青霉素,以杀灭咽喉部的溶血性链球菌,对青霉素过敏者则改用红霉素亦有效;流行性脑脊髓膜炎的预防可用磺胺嘧啶(SD)或利福平(耐 SD 菌株);常用 1% 硝酸银或红霉素给刚出生的新生儿滴眼,可预防淋病奈瑟球菌或沙眼衣原体引起的眼炎；间歇性应用 SMZ/TMP 可预防复发性尿路感染；口腔、尿路、心脏手术之前可用青霉素或氨苄西林；复杂的外伤、战伤、闭塞性脉管炎患者进行截肢术等时，可用青霉素防止气性坏疽的发生；结肠手术前或术后应用甲硝唑加庆大霉素或卡那霉素，预防术后多种需氧与厌氧菌感染。

(五) 抗菌药的联合应用

治疗细菌感染通常用一种抗菌药，但有时必须用两种或多种抗菌药联合治疗。随着抗菌药的广泛应用，联合用药越来越多，尤其在一些特定情形下更是如此。

1. 联合用药目的

(1) 发挥协同抗菌作用以提高疗效：如磺胺类与甲氧苄啶合用，使细菌的叶酸代谢受到双重阻断，抗菌作用增强，抗菌范围也在扩大。青霉素类使细菌细胞壁合成受阻，合用氨基糖苷类，易于进入细胞而发生作用，同时扩大抗菌范围。

(2) 延缓或减少耐药性的产生：如抗结核病治疗，联合用药能大大减少耐药结核分枝杆菌的产生。

(3) 扩大抗菌谱：对混合感染或不能做细菌学诊断的案例，联合用药可扩大抗菌范围。

2. 联合用药的适应证

(1) 单一抗菌药不能有效控制的严重感染：如青霉素加链霉素（庆大霉素）治疗肠球菌或甲型溶血性链球菌引起的亚急性细菌性心内膜炎，治愈率比单用青霉素更高，复发率更低，疗程更短。

(2) 单一抗菌药不能有效控制的混合感染：如胃肠穿孔所致腹膜炎，胸、腹严重创伤后，或心内膜炎、败血症、中性粒细胞减少症患者合并铜绿假单胞菌感染等。

(3) 未明病原菌的严重感染：如化脓性脑膜炎、粒细胞缺乏症或免疫缺陷病患者合并的严重感染（如败血症），先取有关标本留待培养鉴定，后根据细菌学诊断结果，结合临床疗效调整用药。

(4) 长期用药易产生耐药性者：单独用任何一种抗结核药，结核分枝杆菌都易对它产生抗药性。因此，临床治疗结核病常联合应用三种甚至四种抗结核药，以减少并延缓耐药菌的产生，从而确保疗效。

3. 联合用药中药物的相互作用　抗菌药的联合应用，在动物实验或体外试验中可产生相加、增强、拮抗及无关四种效果。相加作用是各药物作用之和；增强作用指联合用药超过各药作用总和；拮抗作用为联合用药的作用相互抵消而减弱；无关作用指联合用药的作用未超过作用较强者。抗菌药根据作用性质可分为四大类：

Ⅰ类为繁殖期杀菌药，如青霉素类、头孢菌素类等。

Ⅱ类为静止期杀菌药，如氨基糖苷类、多黏菌素类等。

Ⅲ类为速效抑菌药，如四环素类、林可霉素类、氯霉素与大环内酯类等。

Ⅳ类为慢效抑菌药，如磺胺类等。

Ⅰ类和Ⅱ类合用常可获得增强作用，如青霉素与链霉素或庆大霉素合用。Ⅰ类和Ⅲ类合用则可能出现拮抗作用。例如，青霉素类与红霉素或四环素类合用，由于速效抑菌药使细菌迅速处于静止状态，使青霉素不能发挥繁殖期杀菌作用而降低其疗效。其他类合用多出现相加或无关。但应注意，作用机制相同的同一类药物的合用疗效并不增强，还可能相互增加毒性，如氨基糖苷类药物之间不合用。氯霉素、大环内酯类、林可霉素类药物合用,因作用机制相似,均竞争细菌同一靶位,而出现拮抗作用。

> **点滴积累**
>
> 1. 抗菌药包括抗生素和人工合成抗菌药。抗菌谱是抗菌药抑制或杀灭病原微生物的范围。抗菌活性是指药物抑制或杀灭细菌的能力,常用的评价指标有最低抑菌浓度和最低杀菌浓度。
> 2. 抗菌药作用机制包括:①抑制细菌细胞壁的合成;②抑制细菌蛋白质合成;③影响细菌核酸代谢;④影响细菌叶酸代谢;⑤影响细菌胞质膜通透性。
> 3. 细菌可通过产生失活酶和钝化酶、改变细菌外通透性、改变靶部位、产生代谢拮抗物、加强主动外排系统等,对抗菌药产生耐药性。

ER 34-3

复习导图

ER 34-4

习题

目标检测

一、简答题

1. 简述抗生素后效应的概念与意义。

2. 简述抗菌药的作用机制。

3. 简述抗菌药联合应用的目的。

二、处方分析

某患者,男,25 岁。因患急性上呼吸道感染,医生处方如下,请分析该处方是否合理,理由是什么?

Rp:

阿莫西林胶囊　0.25g×48

Sig.　0.5g　q.i.d.　p.o.

罗红霉素片　0.15g×12

Sig.　0.15g　b.i.d.　p.o.

(刘　娟)

第三十五章　抗生素

ER 35-1

第三十五章
课件

导学情景

情景描述：

　　刘女士 3 天前淋雨后出现高热、咳嗽伴黏液痰，痰液呈铁锈色，经诊断为肺炎球菌性肺炎。

学前导语：

　　肺炎球菌性肺炎是革兰氏阳性菌肺炎球菌感染所致，需要选用抗生素治疗。本章我们将学习各类抗生素相关知识。

ER 35-2

扫一扫，
知重点

　　抗生素（antibiotic）是微生物（包括细菌、真菌、放线菌属）产生的一种具有抑制或杀灭其他微生物作用的代谢产物。天然抗生素由微生物培养液中提取获得。半合成的抗生素是通过对天然抗生素化学结构进行改造得到的产品。此外，还包括极少数全合成的产物。

第一节　β-内酰胺类抗生素

　　β-内酰胺类抗生素是指化学结构中含有 β-内酰胺环的抗生素，包括青霉素类、头孢菌素类、非典型 β-内酰胺类。本类抗生素具有抗菌活性强、毒性低、品种多、适应证广及临床疗效好的特点，是临床最常用的一类抗菌药。

一、青霉素类

　　青霉素类（penicillin）的基本结构是由母核 6-氨基青霉烷酸（6-aminopenicillanic acid，6-APA）

和侧链(-CO-R)组成。母核由噻唑环和β-内酰胺环连结而成,β-内酰胺环为抗菌活性重要部分,破坏后抗菌活性即消失。侧链上的R基团经化学结构改造,可得到各种半合成青霉素类(图35-1)。

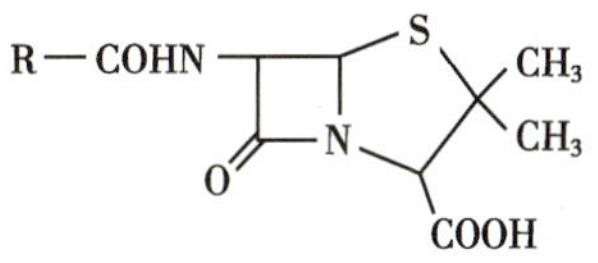

图 35-1　青霉素类的基本结构

青霉素(benzylpenicillin, penicillin G, 苄青霉素)

由青霉菌培养液中提取精制获得。自1940年用于临床,60多年来一直是临床广泛应用的抗生素,其优点主要是杀菌作用强、毒性小、价格低廉等。青霉素钠或钾盐的干燥粉末在室温中保存数年仍然有抗菌活性,但溶于水后则很不稳定,在室温下4小时效价已开始下降,24小时后抗菌效力可损失大半,还可生成具有抗原性的降解产物,容易引起过敏反应。因此,应在临用前新鲜配制,并立即使用,应避免与各种制剂配伍使用。

知识链接

青霉素的发现

1928年夏季的一天,英国微生物学家弗莱明在他的一间简陋的实验室里研究导致人体发热的葡萄球菌。由于盖子没有盖好,他发觉培养细菌用的琼脂上附了一层青霉菌。使弗莱明感到惊讶的是,在青霉菌的近旁,葡萄球菌忽然不见了。这个偶然的发现深深吸引了他,他设法培养这种霉菌,证明其可以在几小时内将葡萄球菌全部杀死。弗莱明据此发现了葡萄球菌的克星——青霉素。然而遗憾的是,弗莱明一直未能找到提取高纯度青霉素的方法,于是他将青霉菌菌株一代代地培养,并于1939年将菌种提供给准备系统研究青霉素的英国病理学家弗洛里和生物化学家钱恩。钱恩负责青霉菌的培养和青霉素的分离、提纯和强化,使其抗菌力提高了几千倍,弗洛里负责进行动物观察实验。至此,青霉素的功效得到了证明。青霉素的发现和大量生产,拯救了千百万肺炎、脑膜炎、败血症患者的生命。青霉素的出现,当时曾轰动世界。为了表彰这一造福人类的贡献,弗莱明、钱恩、弗洛里于1945年共同获得了诺贝尔生理学或医学奖。

【体内过程】口服易被胃酸及消化酶破坏,吸收少且不规则,故不宜口服。肌内注射吸收迅速且完全,注射后约0.5小时血药浓度达峰值。由于青霉素脂溶性低,主要分布于细胞外液,并能广泛分布于全身各组织,肝、胆、肾、肠道、精液、关节液及淋巴液中均有大量分布。脑脊液中浓度较低,但炎症时血脑屏障的通透性增加,青霉素进入脑脊液的量略增加,可达有效浓度。绝大部分以原型迅速经肾排泄,约10%经肾小球滤过排出,90%经肾小管分泌排出,$t_{1/2}$为0.5~1小时。

为了延长作用时间,可采用复合混悬剂如普鲁卡因青霉素(procaine benzylpenicillin,双效西林)和苄星青霉素(benzathine benzylpenicillin, bicillin,长效西林),两者肌内注射后在注射部位缓慢溶解吸收。前者一次肌内注射80万U可维持24小时,后者一次肌内注射120万U可维持15日。由于两种制剂的血药浓度均很低,故不适用于急性或重症感染,仅用于轻症患者或风湿病患者预防感染。

【抗菌作用】

1. 革兰氏阳性球菌 青霉素对大多数革兰氏阳性球菌如溶血性链球菌、肺炎球菌、敏感葡萄球菌等作用强。

2. 革兰氏阳性杆菌 如白喉棒状杆菌、炭疽杆菌、破伤风梭菌、产气荚膜梭菌、丙酸杆菌等均对青霉素敏感。

3. 革兰氏阴性球菌 脑膜炎球菌和淋病奈瑟球菌对青霉素高度敏感,但淋病奈瑟球菌对青霉素耐药已相当普遍。

4. 螺旋体、放线菌 梅毒螺旋体、钩端螺旋体对青霉素高度敏感。放线菌对青霉素也敏感。

青霉素对病毒、真菌、衣原体、立克次体无效,对大多数革兰氏阴性杆菌不敏感。

【作用机制】青霉素主要是与细菌青霉素结合蛋白(PBP)结合,抑制细菌细胞壁黏肽合成酶,导致细菌胞壁缺损,菌体失去渗透屏障而膨胀、破裂,同时使细菌的自溶素(autolysin)活化,从而使细菌发生裂解。青霉素对处于繁殖期的细菌作用强,对已合成的细胞壁无影响,故对静止期作用较弱。哺乳动物细胞因无细胞壁,所以 β- 内酰胺类抗生素对人和动物的毒性很小。

【临床应用】青霉素具有高效、低毒、价格便宜等优点,故作为治疗其敏感菌所致感染的首选药。

1. 革兰氏阳性球菌感染 如乙型溶血性链球菌引起的咽炎、扁桃体炎、蜂窝织炎、猩红热、肺炎、心内膜炎等;敏感肺炎球菌引起的肺炎,甲型溶血性链球菌引起的呼吸道感染、心内膜炎等。

2. 革兰氏阳性杆菌感染 如白喉、破伤风、气性坏疽、炭疽等,治疗时需加用抗毒血清,以对抗细菌产生的外毒素。

3. 革兰氏阴性球菌感染 对脑膜炎球菌引起的流行性脑脊髓膜炎可作为首选药,一般宜与磺胺嘧啶(SD)合用。但青霉素不能清除脑膜炎球菌的携带状态,所以预防给药无效。

4. 其他感染 螺旋体感染如钩端螺旋体病、回归热、梅毒等,必须早期、大剂量治疗。放线菌感染如肉芽肿样炎症、脓肿等,需要大剂量、长疗程用药。

【不良反应】

1. 过敏反应 是青霉素类最常见的不良反应,发生率为5%~10%。过敏反应的类型有多种,按出现频率渐减的次序排列如下:斑丘疹>荨麻疹>发热>支气管痉挛>血清病>剥脱性皮炎>过敏性休克。其中最严重的为过敏性休克,发生率为万分之一左右,其症状有呼吸困难、胸闷、面色苍白、发绀、出冷汗、血压下降、抽搐和昏迷等,若不及时抢救可危及生命。因此,使用青霉素时,应采取以下防治措施。

(1)详细询问患者的过敏史和用药史是最可行的措施,对青霉素过敏者禁用。

(2)第一次使用、用药间隔3天以上或更换不同批号药物,必须做皮肤过敏试验(简称皮试),反应阳性者禁用。皮试阴性者注射青霉素后仍有可能发生过敏性休克,故注射后须观察30分钟方可离去。

(3)避免在饥饿时用药,并避免局部应用青霉素。

(4)备好急救药品(如肾上腺素)和抢救设备。

(5)一旦发生过敏性休克,立即皮下或肌内注射肾上腺素0.5~1.0mg,必要时加入地塞米松等,同时使用呼吸机等其他急救措施。

发生过敏反应的原因是青霉素及其分解产物与蛋白质结合起半抗原作用,机体接触后可在5~8天产生抗体,当再次接触时即产生过敏反应。代谢产物主要有青霉噻唑、青霉烯酸、6-APA高分子聚合物。多数过敏者在接触药物后立即发生,少数人亦可在数日后发生。

ER 35-3

扫一扫,
知答案

> ### 课 堂 活 动
>
> 患者,女,10岁。因畏寒、发热、咽痛两天,由其母亲陪同就医,诊断为急性扁桃体炎。给予青霉素等治疗,青霉素皮试为阴性,注射青霉素后,患者刚走出医院约20分钟,顿觉胸闷、呼吸困难,面色苍白,冷汗如注,并感到皮肤发痒,其母亲立即抱女儿返回医院。测血压50/30mmHg。诊断为青霉素过敏性休克。当即给予0.1%肾上腺素0.5ml皮下注射。经一系列抢救处理后,患者休克逐渐好转。
>
> 课堂讨论:过敏性休克为什么选用肾上腺素抢救?

2. 青霉素脑病 全身大剂量应用青霉素可引起头痛、肌肉震颤、惊厥、昏迷等中枢神经系统反应(称为青霉素脑病),此种反应多见于婴儿、老年人和肾功能不全患者。

3. 赫氏反应(herxheimer reaction) 在治疗梅毒、钩端螺旋体病、雅司病、鼠咬热或炭疽等疾病时,有时会出现症状加剧现象,表现为全身不适、寒战、发热、肌痛、咽痛、心率加快等症状。其机制可能与大量病原体被杀死后释放的物质有关。这种反应持续时间不会超过24小时,一般不引起严重后果。

4. 其他 肌内注射时可产生局部疼痛和无菌性炎症反应;钾盐大量静脉注射易致高钾血症。

> ### 技 能 赛 点
>
> 王女士,40岁,发热数日,并出现代谢性酸中毒,医生处方如下,请分析本处方是否合理,为什么?
>
> Rp:
>
> | | | |
> |---|---|---|
> | 注射用青霉素钠 | 800万U | |
> | 5%碳酸氢钠注射液 | 100ml | ×2 |
> | 10%葡萄糖注射液 | 250ml | |
>
> Sig. q.d. i.v.gtt.

ER 35-4

技能赛点的
赛点分析

青霉素对敏感菌杀菌力强,毒性小,使用方便,价格低廉,这些优点使其至今仍然是敏感菌感染的首选药。另外,人们希望通过结构改造,来克服青霉素不耐酸、不耐酶、抗菌谱窄、容易过敏等不足。1959年以来,人们在青霉素母核6-APA的基础上,在R位连接不同侧链,研制出了具有耐酸、耐酶、广谱、抗铜绿假单胞菌、抗革兰氏阴性菌等特点的半合成青霉素,其分类、主要药物与作用特点见表35-1。

表 35-1　半合成青霉素分类、主要药物与作用特点

分类	主要药物	作用特点
耐酸青霉素类	青霉素 V(phenoxymethylpenicillin) 非奈西林(pheneticillin)	抗菌谱同青霉素,作用较弱。优点是耐酸,口服吸收好。主要用于革兰氏阳性球菌引起的轻度感染
耐酶青霉素类	甲氧西林(methicillin) 苯唑西林(oxacillin) 氯唑西林(cloxacillin) 双氯西林(dicloxacillin) 氟氯西林(flucloxacillin)	抗菌谱同青霉素,作用较弱。显著特点是耐青霉素酶。主要用于耐青霉素的金黄色葡萄球菌感染。但对 MRSA 感染无效
广谱青霉素类	氨苄西林 (ampicillin,氨苄青霉素)	可口服,抗菌谱较广。对革兰氏阴性杆菌有较强的抗菌作用,对铜绿假单胞菌无效。临床用于治疗敏感菌所致的呼吸道感染、尿路感染、脑膜炎、沙门菌属感染等,与舒巴坦联合应用可扩大抗菌谱,提高抗菌效果,严重感染需注射给药
	阿莫西林(amoxicillin, 羟氨苄青霉素)	口服吸收迅速且完全。抗菌谱及抗菌活性与氨苄西林相似,主要用于敏感菌所致的呼吸道、尿路、胆道等感染及伤寒治疗。对幽门螺杆菌作用较强,可联合其他药物用于慢性活动性胃炎、消化性溃疡的治疗
	匹氨西林(pivampicillin)	口服吸收好。为氨苄西林的双酯化合物,在体内水解为氨苄西林。临床应用、不良反应与氨苄西林相似
抗铜绿假单胞菌广谱青霉素类	羧苄西林(carbenicillin)	不耐酸,不耐酶,需注射给药。抗菌谱与氨苄西林相似,对铜绿假单胞菌有特效。常用于治疗烧伤继发铜绿假单胞菌感染。也用于治疗敏感菌引起的尿路感染。与庆大霉素有协同作用,但不可混合,以防药效下降
	哌拉西林(piperacillin)	低毒,抗菌谱广,抗菌作用强。脑中药物浓度较高。不耐酶。对铜绿假单胞菌有很强的作用,较羧苄西林强
	替卡西林(ticarcillin)	抗菌谱与羧苄西林相似,但抗铜绿假单胞菌作用较其强 2~4 倍
	美洛西林(mezlocillin)	抗菌谱与羧苄西林相似,但抗菌活性更强,对耐羧苄西林和庆大霉素的铜绿假单胞菌有较强的抗菌作用
	磺苄西林(sulbenicillin)	抗菌谱与羧苄西林相似,抗菌活性较强。口服无效,尿中药物浓度尤高,主要用于治疗泌尿道及呼吸道感染
抗革兰氏阴性菌青霉素类	美西林(mecillinam)	口服吸收差,需注射给药。对革兰氏阴性杆菌作用强,对革兰氏阳性菌作用弱,对铜绿假单胞菌无效。主要用于大肠埃希菌和某些敏感菌所致的尿路感染
	匹美西林(pivmecillinam)	口服吸收完全,为美西林的双酯化合物,在体内水解成美西林,主要对部分肠道革兰氏阴性菌有效,对大肠埃希菌的作用是氨苄西林的数十倍
	替莫西林(temocillin)	口服吸收差,需注射给药。对耐 β- 内酰胺酶类抗生素的多种肠杆菌科细菌仍有作用,对革兰氏阳性菌作用弱,对铜绿假单胞菌无效

氨苄西林钠不宜与葡萄糖注射液合用

葡萄糖具还原性且其注射液为弱酸性,两种因素都会促进氨苄西林的分解,从而降低氨苄西林抗菌作用和增加过敏反应的发生率,所以两者不能混合注射。而生理盐水则无上述两种影响因素,因此氨苄西林钠可以放在生理盐水中静脉滴注给药。

二、头孢菌素类

头孢菌素类(cephalosporin)抗生素是在其母核 7- 氨基头孢烷酸(7-aminocephalosporanic acid, 7-ACA)加上不同侧链制成的一系列半合成抗生素(图 35-2)。其具有抗菌谱广、抗菌作用强、耐青霉素酶、疗效高、毒性低、过敏反应发生率较青霉素类低等优点。

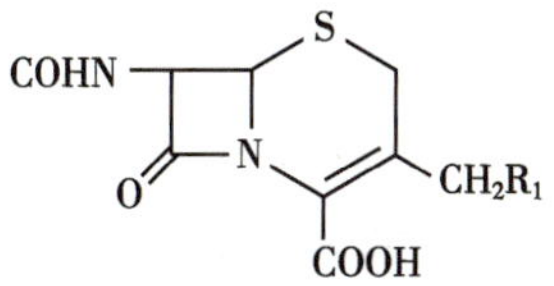

【体内过程】多数品种需注射给药,口服品种(头孢氨苄、头孢噻啶、头孢羟氨苄、头孢克洛)胃肠吸收好。吸收后能透入各种组织,且易透过胎盘。在滑囊液、心包积液中可达较高浓度。第三代头孢菌素能分布至房水和胆汁中,头孢呋辛、头孢噻肟、头孢曲松可透过血脑屏障,在脑脊液中达到有效浓

图 35-2　头孢菌素类的基本结构

度。主要通过肾脏排泄,肾功能不全患者应调整剂量。头孢哌酮主要经胆汁排泄。多数头孢菌素的 $t_{1/2}$ 较短(0.5~2.0 小时),但头孢曲松的 $t_{1/2}$ 可达 8 小时。

【作用与应用】根据头孢菌素类抗生素的抗菌谱、对 β- 内酰胺酶的稳定性及对肾毒性的不同等特点,将其分为四代。

1. **第一代头孢菌素**　主要品种有头孢噻吩(cefalotin,先锋霉素 Ⅰ)、头孢唑林(cefazolin,先锋霉素 Ⅴ)、头孢氨苄(cefalexin,先锋霉素 Ⅳ)、头孢羟氨苄(cefadroxil)、头孢拉定(cefradine)、头孢硫脒(cefathiamidine)等。对革兰氏阳性菌包括对青霉素敏感和耐药的金黄色葡萄球菌(MRSA 除外)抗菌作用比第二、三代强,对革兰氏阴性菌的作用不及第二、三代,对铜绿假单胞菌和厌氧菌无效;对金黄色葡萄球菌产生的 β- 内酰胺酶稳定性大于第二、三代,对革兰氏阴性杆菌产生的 β- 内酰胺酶不稳定。注射品种头孢唑林可用于敏感菌引起的呼吸道、尿路、皮肤等中度感染;口服品种头孢拉定、头孢氨苄和头孢羟氨苄可用于敏感菌引起的轻度感染。

2. **第二代头孢菌素**　主要品种有头孢孟多(cefamandole)、头孢呋辛(cefuroxime)、头孢呋辛酯(cefuroxime axetil)、头孢尼西(cefonicid)、头孢克洛(cefaclor)等。对革兰氏阳性菌的抗菌作用较第一代弱,但比第三代强,对革兰氏阴性杆菌的作用比第一代明显增强,而弱于第三代,对部分厌氧菌有效,对铜绿假单胞菌无效;对各种 β- 内酰胺酶均比较稳定。主要用于一般产酶耐药革兰氏阴性杆菌和其他敏感菌引起的胆道感染、肺炎、菌血症、尿路感染等。

3. **第三代头孢菌素**　主要品种有头孢噻肟(cefotaxime)、头孢唑肟(ceftizoxime)、头孢曲松

(ceftriaxone)、头孢他啶(ceftazidime)、头孢哌酮(cefoperazone)、头孢克肟(cefixime)等。对革兰氏阳性菌抗菌作用不如第一、二代，对革兰氏阴性杆菌的作用强大，明显超过第一代和第二代，对铜绿假单胞菌、厌氧菌作用较强；对各种 β- 内酰胺酶具有高度稳定性。主要用于治疗由肠杆菌、克雷伯菌、变形杆菌、嗜血杆菌等引起的严重感染；还能有效控制严重的铜绿假单胞菌感染。

4. 第四代头孢菌素 主要品种有头孢吡肟(cefepime)、头孢匹罗(cefpirome)等。对革兰氏阳性菌、革兰氏阴性菌显示广谱抗菌活性，其中对革兰氏阳性菌作用较第三代增强；耐 β- 内酰胺酶。临床用于耐第三代头孢菌素细菌感染的治疗。

【作用机制】头孢菌素类抗菌作用机制与青霉素类相似，与 PBP 结合，抑制细菌细胞壁黏肽的合成，为繁殖期杀菌药，与氨基糖苷类之间有协同作用。与青霉素类之间有部分交叉耐药性。

ER 35-5

岗位情景的参考答案

岗位情景

患者，女，40 岁，诊断为尿路感染、急性肠炎，医生给予头孢羟氨苄胶囊和蒙脱石散治疗，患者连续服用 3 天，疗效不明显。请分析疗效不明显的原因是什么。

【不良反应】

1. 过敏反应 主要表现为皮疹、荨麻疹、药物热、血清病样反应等，严重者可出现过敏性休克，但发生率比青霉素低。与青霉素类有部分交叉过敏现象，对青霉素过敏者有 5%~10% 对头孢菌素类过敏。

2. 肾毒性 第一代头孢菌素大剂量使用时有一定的肾毒性，表现为蛋白尿、血尿、血中尿素氮升高等。氨基糖苷类和第一代头孢菌素注射剂合用可加重肾毒性，应注意监测肾功能。第二代头孢菌素肾毒性小，第三代头孢菌素几乎无肾损害。

3. 胃肠道反应 口服可引起恶心、呕吐、腹痛、腹泻、食欲缺乏等反应。

4. 双硫仑样反应 服药期间饮酒或饮用含乙醇的饮料可出现此反应，表现为面部潮红、头痛、恶心、呕吐、视物模糊、精神恍惚、血压下降、心跳加快、胸闷、呼吸困难等症状。

5. 凝血障碍 头孢孟多、头孢哌酮大剂量应用可能出现低凝血酶原血症或血小板减少，严重者可导致出血。

知识链接

双硫仑样反应

双硫仑为一种戒酒药。服用该药的人即使喝少量的酒也会出现严重不适，使好酒者对酒产生厌恶而达到戒酒目的。其作用机制是抑制肝中的乙醛脱氢酶，导致乙醇的中间代谢产物乙醛的代谢受阻，乙醛在体内蓄积引起一系列中毒反应，双硫仑样反应由此得名。

具有双硫仑样反应的药物通常含有特定化学结构(如甲硫四氮唑侧链、呋喃唑环、硝基咪唑环)，这些结构能够抑制乙醛脱氢酶，导致乙醛在体内蓄积，引发潮红、心悸、呼吸困难等不适反应。这些药物包括：①头孢菌素类药物中的头孢哌酮、头孢美唑、头孢孟多、头孢曲松、头孢氨苄、头孢唑林、头孢拉定、头孢克洛等，其中头孢哌酮致双硫仑样反应最多，最敏感，如有患者用该药后吃酒心巧克力、服用藿香正气水，甚至仅用乙醇处理皮肤也会发生；②其他抗菌药，如甲硝唑、替硝唑、奥硝唑、呋喃唑酮、氯霉素等。

三、新型 β - 内酰胺类

本类药物包括 β- 内酰胺酶抑制药、碳青霉烯类、氧头孢烯类、头霉素类、单环 β- 内酰胺类。

(一) β - 内酰胺酶抑制药

克拉维酸（clavulanic acid，棒酸）

由链霉菌产生，为广谱 β- 内酰胺酶抑制药，抗菌活性很弱，与多种 β- 内酰胺类抗生素合用可增强抗菌作用。已上市的复方制剂有克拉维酸 / 阿莫西林（奥格门汀）、克拉维酸 / 替卡西林（替门汀）。临床主要用于耐药金黄色葡萄球菌引起的感染。

舒巴坦（sulbactam，青霉烷砜）

为半合成 β- 内酰胺酶抑制药，已上市的复方注射制剂有舒巴坦 / 氨苄西林（优立新），口服有舒巴坦 / 氨苄西林（舒他西林），另外还有舒巴坦 / 头孢哌酮复方制剂（1∶1）。这些制剂已被有效地用于治疗混合性腹内和盆腔感染。

他唑巴坦（tazobactam，三唑巴坦）

为舒巴坦衍生物，已上市的制剂有他唑巴坦 / 哌拉西林联合制剂。临床用于腹腔、软组织等感染及菌血症的治疗。

(二) 碳青霉烯类

有亚胺培南（imipenem）和美罗培南（meropenem）。本类药物抗菌谱广，抗菌作用强，对 β- 内酰胺酶高度稳定，且具有抑酶作用。缺点是亚胺培南易被肾脏脱氢肽酶水解，故常与肾脏脱氢肽酶抑制药西司他丁（cilastatin）合用。西司他丁本身无抗菌作用和 β- 内酰胺酶抑制作用，它可通过抑制肾脱氢肽酶活性，减少亚胺培南降解，并能减轻亚胺培南代谢产生的毒性。临床使用的是亚胺培南与西司他丁按 1∶1 组成的复方制剂亚胺培南 / 西司他丁（泰能）。美罗培南对肾脱氢肽酶稳定，可单用。临床主要用于多重耐药菌引起的严重感染、严重需氧菌和厌氧菌混合感染。

(三) 氧头孢烯类

已用于临床的有拉氧头孢（latamoxef）与氟氧头孢（flomoxef）。抗菌谱和抗菌活性与第三代头孢菌素相似。对厌氧菌尤其是脆弱拟杆菌的作用甚至超过第三代头孢菌素，临床主要用于治疗尿路、呼吸道、妇科、胆道感染及脑膜炎等。

(四) 头霉素类

已用于临床的有头孢西丁（cefoxitin）、头孢替坦（cefotetan）、头孢美唑（cefmetazole）及头孢米诺（cefminox）。目前广泛使用的为头孢西丁，与第二代头孢菌素相似，抗菌谱广，对革兰氏阳性和阴性菌均有较强的杀菌作用，对 β- 内酰胺酶稳定，用于治疗由革兰氏阴性菌和厌氧菌引起的盆腔、腹腔、妇科等混合感染。

（五）单环 β- 内酰胺类

已用于临床的有氨曲南（aztreonam）与卡芦莫南（carumonam），对需氧革兰氏阴性菌有强大的抗菌作用，并且还具有低毒、耐酶、与青霉素无交叉过敏性等优点。临床替代第三代头孢菌素和氨基糖苷类治疗革兰氏阴性菌所致的下呼吸道、腹腔、尿路、盆腔感染和淋病等。

> **点滴积累**
>
> 1. 天然青霉素属于繁殖期杀菌药，主要对 G^+ 菌作用强，首选用于敏感菌所致的感染。通过对其化学结构改造，研制出了具有耐酸、耐酶、广谱、抗铜绿假单胞菌、抗革兰氏阴性菌等特点的半合成青霉素。
> 2. 头孢菌素类抗生素分为四代，第一代对 G^+ 菌包括对青霉素敏感和耐药的金黄色葡萄球菌的抗菌作用较第二、三代强，但对 G^- 菌的作用不及第二、三代；第四代对 G^- 菌、G^+ 菌显示广谱抗菌活性，其中对 G^+ 菌作用较第三代增强。

第二节 大环内酯类、林可霉素类及多肽类

一、大环内酯类

大环内酯类（macrolide）因分子中含有一个大内酯环结构而得名，按内酯环上碳原子数量可分十四、十五和十六元环类。1952 年问世的红霉素是第一代大环内酯类抗生素代表，广泛用于呼吸道、皮肤、软组织感染，但抗菌谱窄、不良反应大以及耐药性等问题，限制了其临床应用。20 世纪 70 年代发展了十六元环大环内酯类，包括麦迪霉素、吉他霉素、乙酰吉他霉素、螺旋霉素、乙酰螺旋霉素等，虽对红霉素耐药菌有抗菌作用，但肝毒性仍然明显。20 世纪 90 年代后上市的第二代大环内酯类抗生素，包括克拉霉素、罗红霉素和阿奇霉素，特点是增强了抗菌活性，扩大了抗菌谱，口服易吸收，对酸稳定，$t_{1/2}$ 延长，不良反应少，具有良好的 PAE，已成为治疗呼吸道感染的主要药物。新近研制的第三代大环内酯类抗生素为酮基内酯类抗生素，如泰利霉素，特点是可治疗耐红霉素类的肺炎球菌引起的感染，克服了与红霉素交叉耐药的问题。

红霉素（erythromycin）

由链霉菌培养液中提取获得，为十四元大环内酯类抗生素，在中性水溶液中稳定，在酸性（pH<5.0）溶液中不稳定，易降解，在碱性条件下抗菌作用增强。

【体内过程】不耐酸，口服为肠溶片制剂或酯化物，常用的有红霉素肠溶片、硬脂酸红霉素、琥乙红霉素、依托红霉素（无味红霉素）。供静脉滴注的制剂为乳糖酸红霉素。可广泛分布于各组织和体液中，不易透过血脑屏障。主要在肝脏代谢，胆汁中浓度高，$t_{1/2}$ 约为 2 小时。

【抗菌作用】红霉素抗菌谱与青霉素相似且略广,抗菌活性较青霉素弱,对革兰氏阳性球菌如耐药金黄色葡萄球菌、表皮葡萄球菌、各种链球菌和革兰氏阳性杆菌等均有较强的抑制作用。对部分革兰氏阴性菌,如脑膜炎球菌、淋病奈瑟球菌、流感嗜血杆菌、百日咳鲍特菌、布鲁氏菌、军团菌等高度敏感。对某些螺旋体、肺炎支原体和立克次体也有抗菌作用。

细菌对红霉素易产生耐药性,连用不宜超过 1 周。停用数个月后可恢复其敏感性。本类药物存在不完全交叉耐药性。

【作用机制】大环内酯类抗生素不可逆地结合到细菌核糖体 50S 亚基的靶位上,抑制细菌蛋白质合成,属于速效抑菌药。

【临床应用】

1. 是治疗支原体肺炎、军团病、白喉、百日咳的首选药。

2. 常用于治疗耐青霉素的金黄色葡萄球菌感染及其他敏感菌所致的呼吸道、软组织、泌尿道等感染。

3. 作为青霉素过敏患者的替代药物,用于以下感染:乙型溶血性链球菌、肺炎球菌所致的呼吸道感染;链球菌引起的猩红热及蜂窝织炎等。

【不良反应】

1. 局部刺激　大剂量口服可出现胃肠道反应,如恶心、呕吐、腹泻等。不宜肌内注射,静脉滴注药物浓度不应超过 1mg/ml,以防止发生血栓性静脉炎。

2. 肝损害　大剂量或长期应用最严重的不良反应是肝损害,表现有转氨酶升高、肝大、胆汁淤积性黄疸。依托红霉素、琥乙红霉素肝损害较红霉素强。

3. 少数患者可出现过敏性药疹、药物热、耳鸣、暂时性耳聋等。

琥乙红霉素(erythromycin ethylsuccinate)

为红霉素的琥珀酸乙酯,较红霉素稳定,口服后释放出红霉素。抗菌谱、抗菌作用与红霉素相仿,肝毒性发生较其他红霉素制剂为多见。

知识链接

嗜肺军团菌与军团病

军团病是由嗜肺军团菌感染引起的急性呼吸道炎症。1976 年,美国退伍军人协会在费城一家旅馆举行年会,会后 1 个月内,与会代表中有 221 人得了一种酷似肺炎的怪病,其中 34 人相继死亡,病死率达 15%,震惊美国医学界。后经研究分析,这是一种由特殊细菌引起的肺炎,患者通常有发热、畏寒及干咳或咳痰等表现。这种特殊细菌被命名为嗜肺军团菌,为革兰氏阴性菌。最初是从自来水龙头和贮水槽里的水样中分离出此菌,不经常使用的水管和停用一夜的水龙头里的残留水,会有嗜肺军团菌的大量繁殖,夏秋季节气温高、湿度大是其促发因素。空调器、冷却水及湿润器、喷雾器内的水均可受本菌污染。

目前治疗本病的首选药是红霉素,其次是利福平和氯霉素。积极预防本病的关键是,正确使用自来水,不论在家庭或旅游出差住旅馆,清晨用水应把水龙头打开,让停留在水管里的过夜水流出后再用,并加强饮水的卫生管理。

乙酰螺旋霉素(acetylspiramycin)

抗菌谱与红霉素相似,抗菌活性低于红霉素,但对红霉素耐药的细菌仍有效。主要用于敏感菌所致的呼吸道、皮肤和软组织、泌尿道等感染,尤其是不能耐受红霉素的患者。大剂量应用可引起胃肠道反应。

克拉霉素(clarithromycin,甲红霉素)

【体内过程】为第二代大环内酯类药物,对酸稳定,口服易吸收,且不受进食影响,但首过效应明显,生物利用度仅为 55%,广泛分布于各组织中,且扁桃体、皮肤、鼻黏膜以及肺的浓度明显高于血中浓度,主要经肾排泄。克拉霉素的不同剂量 $t_{1/2}$ 有差异,老年人及肾功能不全患者肾清除率明显降低,$t_{1/2}$ 延长。

【抗菌作用】对需氧革兰氏阳性球菌与嗜肺军团菌抗菌活性最强,对革兰氏阴性杆菌也有很强的抗菌活性。对肺炎支原体的体外抗菌作用强于红霉素、罗红霉素及阿奇霉素。

【临床应用】用于敏感菌引起的泌尿生殖系统感染、皮肤软组织感染、颌面部感染及眼部感染、儿童呼吸道感染等。与其他药物联合,可用于幽门螺杆菌感染。

【不良反应】不良反应发生率低于红霉素,常见胃肠道反应有恶心、呕吐、腹泻、食欲缺乏等。

罗红霉素(roxithromycin)

抗菌谱、抗菌作用与红霉素相似,对酸的稳定性较好,口服吸收良好,$t_{1/2}$ 平均为 12 小时,分布较广,肺、扁桃体等组织内浓度较高。用于敏感菌所致的上、下呼吸道感染,耳鼻咽喉感染,生殖器及皮肤组织感染,也用于治疗支原体肺炎、军团病及沙眼衣原体感染等疾病。

阿奇霉素(azithromycin)

ER 35-7

阿奇霉素不应空腹服用

为第二代大环内酯类药物,主要特点是抗菌谱较广,敏感菌包括革兰氏阳性菌、多数革兰氏阴性菌、厌氧菌及支原体、衣原体、螺旋体等。对淋病奈瑟球菌、流感嗜血杆菌有强大的抗菌作用。对革兰氏阴性菌作用明显强于红霉素。主要用于病情较重的患者,如敏感菌引起的呼吸道、皮肤、软组织及泌尿道感染。不良反应轻,如恶心、呕吐、腹泻等胃肠道反应,绝大多数患者均能耐受。对轻至中度肝、肾功能不良者可以应用。

<h3 style="text-align:center;">泰利霉素（telithromycin）</h3>

为第三代大环内酯类药物，抗菌谱与红霉素相似。抗肺炎球菌的活性为红霉素的100倍。对引起呼吸道感染的多重耐药肺炎球菌、葡萄球菌、链球菌和流感嗜血杆菌有显著活性。可用于治疗耐大环内酯类的肺炎球菌感染，克服了其他大环内酯类药物与红霉素存在的交叉耐药问题。

二、林可霉素类

<h3 style="text-align:center;">林可霉素（lincomycin，洁霉素）</h3>

【体内过程】口服吸收较差，生物利用度较低，为20%~35%，且易受食物影响。$t_{1/2}$为4~4.5小时。体内分布广泛，骨组织可达到更高浓度。能透过胎盘屏障，不易透过正常血脑屏障，但炎症时脑组织可达有效治疗浓度。

【抗菌作用】抗菌谱与红霉素相似。对革兰氏阳性菌如葡萄球菌属（包括耐青霉素株）、链球菌属、白喉棒状杆菌、炭疽杆菌等有较高抗菌活性，对革兰氏阴性厌氧菌也有良好抗菌活性。对革兰氏阴性需氧菌基本无效。

大多数细菌对林可霉素类之间存在完全交叉耐药性，因耐药机制相同，与大环内酯类也存在交叉耐药性。

【作用机制】作用机制与大环内酯类相同，与细菌核糖体50S亚基结合，阻止肽链的延长，从而抑制细菌蛋白质合成。一般为抑菌药，但在高浓度时对某些细菌也具有杀菌作用。

【临床应用】主要用于厌氧菌，包括脆弱拟杆菌、产气荚膜梭菌、放线菌等引起的口腔、腹腔及妇科感染，也用于革兰氏阳性菌引起的呼吸道感染、败血症、软组织感染、胆道感染、心内膜炎等。对金黄色葡萄球菌引起的骨髓炎为首选药。

【不良反应】主要表现为恶心、呕吐、腹泻等胃肠道反应，口服给药多见。严重者可引起假膜性肠炎，口服万古霉素或甲硝唑可防治。有轻度皮疹、瘙痒或药物热等过敏反应，也可出现一过性中性粒细胞减少和血小板减少。偶见黄疸及肝损伤。肝功能不全者慎用。

<h3 style="text-align:center;">克林霉素（clindamycin，氯林可霉素，氯洁霉素）</h3>

是林可霉素分子中第7位的羟基以氯离子取代的半合成抗生素。抗菌谱和抗菌机制与林可霉素相同。在临床上克林霉素较林可霉素更具实用价值，口服吸收完全，抗菌活性更强，不良反应少，尤其是假膜性肠炎发生率较低。

ER 35-8

心脏病患者慎用克拉霉素

技能赛点

患者，女，22岁。患心内膜炎，因有青霉素过敏史，医生处方如下，请分析是否合理，为什么？

Rp:

阿奇霉素片　0.5g×10

Sig.　0.5g　q.d.　p.o.

林可霉素注射液　0.6g×6

Sig.　0.6g　b.i.d.　i.m.

技能赛点的
赛点分析

三、多肽类

本类抗生素包括万古霉素（vancomycin）、去甲万古霉素（norvancomycin）和替考拉宁（teicoplanin）。属于糖肽类抗生素，化学性质稳定。由于不良反应较多且较严重，过去使用较少，但近年发现本类药物能够杀灭 MRSA 和耐甲氧西林表皮葡萄球菌（MRSE）而得到广泛应用。

【体内过程】本类药物口服难吸收，绝大部分经粪便排泄，肌内注射可引起局部剧烈疼痛和组织坏死，一般应稀释后静脉给药。替考拉宁肌内注射吸收良好，与静脉注射几乎相当。可分布到机体各组织和体液，也可透过胎盘，但难以透过血脑屏障，炎症时透过增加，可达有效水平。

【抗菌作用】万古霉素类仅对革兰氏阳性球菌、MRSA、MRSE、乙型溶血性链球菌、甲型溶血性链球菌、肺炎球菌及大多数肠球菌高度敏感，有强大的杀菌作用。

【作用机制】与细菌细胞壁前体肽聚糖结合，阻断细菌细胞壁的合成，对正在分裂增殖的细菌呈现快速杀菌作用。

【临床应用】主要用于耐药革兰氏阳性球菌引起的严重感染，如败血症、心内膜炎、骨髓炎、肺部感染等，是治疗 MRSA 感染的首选药。口服给药治疗假膜性肠炎和消化道感染。

【不良反应】主要表现为耳毒性、肾毒性，血药浓度超过 800mg/L，可导致耳鸣、听力减退甚至耳聋和肾衰竭。其他不良反应有恶心、呕吐、金属异味感和眩晕。静脉注射时偶发疼痛和血栓性静脉炎及过敏反应，偶可引起斑块皮疹和过敏性休克。

点滴积累

1. 大环内酯类药物红霉素对 G^+ 球菌作用强，对 G^- 菌如脑膜炎球菌、军团菌等高度敏感，是军团病、白喉、百日咳的首选药和青霉素的替代药。
2. 林可霉素类药物林可霉素主要对 G^+ 球菌作用强，对金黄色葡萄球菌引起的骨髓炎为首选药。
3. 万古霉素对 G^+ 球菌、MRSA、MRSE、乙型溶血性链球菌、甲型溶血性链球菌、肺炎球菌及大多数肠链球菌高度敏感，有强大杀菌作用，不易耐药，有肾、耳毒性。

第三节　氨基糖苷类及多黏菌素类抗生素

一、氨基糖苷类

氨基糖苷类(aminoglycoside)抗生素是由氨基环醇和氨基糖分子结合而成的苷,为有机碱,制剂均为硫酸盐,其水溶液性质稳定(除链霉素外)。分为两大类:一类为天然来源(主要由链霉菌和小单胞菌产生),如链霉素、庆大霉素、卡那霉素、妥布霉素、巴龙霉素、大观霉素、新霉素、小诺米星、西索米星、阿司米星等;另一类为半合成药物,如奈替米星、依替米星、异帕米星、卡那霉素 B、阿米卡星、地贝卡星等。

(一)氨基糖苷类共性

【体内过程】

1. **吸收**　本类药物化学结构中有多个氨基或胍基,可与酸形成盐,体内解离度大,口服难吸收,可用于胃肠道消毒和胃肠道感染的治疗。肌内注射吸收迅速而完全,为避免血药浓度过高而导致不良反应,通常不主张静脉注射给药。

2. **分布**　主要分布于细胞外液,在肾皮质和内耳内、外淋巴液中有高浓度蓄积,且在内耳外淋巴液中浓度下降缓慢,因而易引起肾毒性和耳毒性。可透过胎盘屏障并聚积在胎儿血浆和羊水中,但不能渗入机体细胞内,也不能透过血脑屏障,甚至脑膜炎时也难以在脑脊液达到有效浓度。

3. **代谢与排泄**　在体内不被代谢,主要以原型经肾小球滤过,除奈替米星外,其他均无肾小管重吸收过程,可迅速排泄到尿中,尿中药物浓度高,有利于治疗尿路感染,其肾清除率等于肌酐清除率,$t_{1/2}$ 一般为 2~3 小时。但在肾衰竭患者可延长 2~30 倍,因此肾衰竭患者应减小剂量或延长给药间隔时间。

【抗菌作用】

1. **抗菌谱**　对各种需氧革兰氏阴性菌,包括大肠埃希菌、变形杆菌属、克雷伯菌属、肠杆菌属、志贺菌属和柠檬酸杆菌属具有强大抗菌活性;对沙雷菌属、沙门菌属、产碱杆菌属、不动杆菌属和嗜血杆菌属也有一定抗菌作用。但对淋病奈瑟球菌、脑膜炎球菌等革兰氏阴性球菌作用较差。另外,链霉素、卡那霉素还对结核分枝杆菌有效;庆大霉素、妥布霉素、奈替米星、阿米卡星等对铜绿假单胞菌有效。其抗菌作用在碱性条件下增强,与 β- 内酰胺类抗生素合用可产生协同作用,但不能混合于同一容器,否则易使氨基糖苷类抗生素失活。

2. **耐药性**　各药之间存在部分或完全交叉耐药性。产生的耐药机制主要是细菌产生修饰氨基糖苷类的钝化酶,使药物失活。

3. **氨基糖苷类抗菌作用特点**　包括:①杀菌速率与杀菌持续时间呈浓度依赖性;②仅对需氧菌有效,对需氧革兰氏阴性杆菌作用强;③具有较长时间的 PAE,呈浓度依赖性;④具有初次接触效应,即第一次接触本类药时,敏感菌能迅速被杀死,再次或多次接触同种药物时,杀菌作用明显降低;⑤在碱性环境中,抗菌活性增强。

【作用机制】主要是抑制细菌蛋白质合成,对细菌蛋白质合成的三个阶段多个环节均有抑制作用;还可通过吸附作用与菌体胞质膜结合,使细菌细胞膜通透性增加,导致胞质内大量重要物质外漏而死亡,属静止期杀菌药。

【临床应用】主要用于敏感需氧革兰氏阴性杆菌所致的全身感染,如呼吸道感染、泌尿道感染、皮肤软组织感染、胃肠道感染、烧伤或创伤感染及骨关节感染等。对败血症、肺炎、脑膜炎等细菌引起的严重感染,单独应用氨基糖苷类疗效欠佳,此时需联合应用其他抗菌药,如广谱半合成青霉素、第三代头孢菌素及氟喹诺酮类等。链霉素、卡那霉素还分别是治疗结核病的一线药物和二线药物。

【不良反应】

1. **耳毒性**　氨基糖苷类均有不同程度的耳毒性,直接与其在内耳淋巴液中浓度较高有关。耳毒性包括前庭神经和耳蜗听神经损伤。前庭神经的损害主要表现为眩晕、恶心、呕吐、眼球震颤、共济失调等,各药的发生率依次为新霉素>卡那霉素>链霉素>西索米星>阿米卡星>庆大霉素>妥布霉素>奈替米星。耳蜗听神经损伤表现为耳鸣、听力下降甚至永久性耳聋,各药的发生率依次为新霉素>卡那霉素>阿米卡星>西索米星>庆大霉素>妥布霉素>奈替米星>链霉素。与其他具有耳毒性药物(如高效利尿药)合用则可明显加重耳毒性。

为防止和减少耳毒性的发生,用药期间经常询问患者是否有眩晕、耳鸣等先兆症状。有条件的地方应定期做听力检查。对儿童和老年人用药更要谨慎。

2. **肾毒性**　通常表现为蛋白尿、管型尿、血尿等,严重时可导致无尿、氮质血症和肾衰竭。本类药物对肾组织的亲和力极高,可大量积聚在肾皮质和髓质,导致肾小管,尤其是近曲小管上皮细胞溶酶体破裂,线粒体损害,钙调节转运过程受阻,轻则引起肾小管肿胀,重则产生急性坏死。肾毒性强弱取决于各药物在肾皮质中的聚积量和对肾小管的损伤能力,各药的发生率依次为新霉素>卡那霉素>庆大霉素>妥布霉素>阿米卡星>奈替米星>链霉素。

为防止和减少肾毒性的发生,应定期检查肾功能,如出现管型尿、蛋白尿,血清尿素氮、肌酐升高,尿量每 8 小时少于 240ml 等现象应立即停药。肾功能减退时可使药物排泄减慢,血药浓度升高,可进一步加重肾损伤,故肾功能减退患者应慎用或调整给药方案。有条件时应做血药浓度监测。

3. **神经肌肉阻滞**　其原因可能是由于药物与突触前膜钙结合部位结合,抑制神经末梢乙酰胆碱释放,造成神经肌肉接头处传递阻断,引起呼吸肌麻痹。此作用强度与给药剂量和给药途径有关,常见于大剂量腹膜内或胸膜内应用后或静脉滴注速度过快,偶见于肌内注射。神经肌肉阻滞作用可引起心肌抑制、血压下降、肢体瘫痪和外周性呼吸衰竭。一旦发生,可用新斯的明和葡萄糖酸钙抢救。

4. **过敏反应**　常见症状有皮疹、发热、血管神经性水肿、口周麻木等。接触性皮炎是局部应用新霉素最常见的反应。偶见过敏性休克,其中链霉素过敏性休克发生率仅次于青霉素,但死亡率较高,故使用前应询问过敏史,也应作皮试,对链霉素过敏者禁用。用后应注意观察。一旦发生,应立即缓慢静脉注射 10% 葡萄糖酸钙 20ml,同时注射肾上腺素进行抢救。

氨基糖苷类与其他药物的相互作用

氨基糖苷类在内耳内、外淋巴液中浓度高,是引起耳毒性的主要原因,与具有耳毒性的药物如强效利尿药合用使耳毒性加重;氨基糖苷类在肾皮质内浓度高,是引起肾毒性的主要原因,与具有肾毒性的药物如第一代头孢菌素类合用使肾毒性加重;氨基糖苷类具有神经肌肉阻滞作用,合用肌松药容易引起神经肌肉传导阻滞,甚至出现肌肉麻痹,可选用兴奋骨骼肌的药物如新斯的明等治疗。

(二)常用氨基糖苷类抗生素

庆大霉素(gentamicin)

【抗菌作用】抗菌谱广,抗菌活性强。对各种革兰氏阳性菌和阴性菌均有良好的抗菌作用。其特点有:①对革兰氏阴性杆菌如变形杆菌、产气杆菌、肺炎克雷伯菌、大肠埃希菌、志贺菌属、沙门菌属、嗜肺军团菌、胎儿弯曲菌等杀菌作用强大;②对铜绿假单胞菌有良好的抗菌作用;③对革兰氏阳性菌包括金黄色葡萄球菌、炭疽杆菌、白喉棒状杆菌也有较强的抗菌活性,对肺炎支原体有一定作用。细菌对庆大霉素耐药性产生较慢且不稳定,多属暂时性,停药一段时间可恢复其敏感性。

【临床应用】目前是治疗各种革兰氏阴性杆菌感染的主要抗菌药,其适应证有:①革兰氏阴性杆菌引起的败血症、肺炎、骨髓炎、胆道及烧伤感染;②与羧苄西林等广谱半合成青霉素或头孢菌素联合应用,以提高抗铜绿假单胞菌的疗效;③针对不同病原菌引起的心内膜炎,与青霉素联合治疗肠球菌引起的心内膜炎,与羧苄西林、氯霉素联合治疗革兰氏阴性杆菌引起的心内膜炎;④庆大霉素口服用于肠道感染或作结肠手术前准备,结肠手术前与克林霉素、甲硝唑合用可降低结肠手术后的感染率。

【不良反应】肾毒性、耳毒性是庆大霉素最主要的不良反应。肾功能不全者宜减量使用。不宜与依他尼酸和呋塞米等利尿药合用,以免增加毒性。

技能赛点

患者,男,49岁,患呼吸道感染较严重,医生处方如下,请分析是否合理,为什么?

Rp:

注射用青霉素钠　320万U

硫酸庆大霉素注射液　24万U ⟍

10%葡萄糖注射液　1 000ml ⟋ ×3

Sig.　q.d.　i.v.gtt.

ER 35-10

技能赛点的
赛点分析

链霉素(streptomycin)

链霉素是最早用于临床的氨基糖苷类抗生素,也是第一个用于临床的抗结核药。链霉素对结核分枝杆菌、革兰氏阴性杆菌作用强大,对铜绿假单胞菌无效。细菌对链霉素易产生耐药,一旦产生后,常持久不变。链霉素与其他氨基糖苷类抗生素之间有单向交叉耐药性,即对链霉素耐药的菌株对其他仍敏感;反之,对其他耐药者对链霉素耐药。

目前因毒性和耐药性等问题,限制了链霉素的使用。临床主要首选用于土拉菌病(兔热病)和鼠疫,特别是与四环素联合用药已成为目前治疗鼠疫最有效的手段;与其他抗结核药联合应用治疗各型结核病;与青霉素合用治疗甲型溶血性链球菌引起的心内膜炎。

妥布霉素(tobramycin)

抗菌谱与庆大霉素相似,对铜绿假单胞菌的作用较庆大霉素强 2~5 倍,且对庆大霉素耐药菌株仍有效,适合用于治疗铜绿假单胞菌所致的各种感染,常与能抗铜绿假单胞菌的半合成青霉素类或头孢菌素类药物合用。妥布霉素的不良反应主要是耳毒性和肾毒性,但较庆大霉素轻。

阿米卡星(amikacin,丁胺卡那霉素)

阿米卡星是卡那霉素的半合成衍生物,是氨基糖苷类药物中抗菌谱最广的品种之一,对钝化酶稳定,不易产生耐药性。临床用于对氨基糖苷类耐药的革兰氏阴性杆菌及铜绿假单胞菌、金黄色葡萄球菌所致的感染,结核及其他一些非典型分枝杆菌感染。肾毒性低于庆大霉素,但耳毒性强于庆大霉素。

奈替米星(netilmicin,乙基西梭霉素)

抗菌谱与庆大霉素相似,具有疗效高、毒性低、对钝化酶稳定等特点。临床主要用于治疗各种敏感菌引起的严重感染;与 β- 内酰胺类合用治疗粒细胞减少伴发热患者和病因未明的发热患者。奈替米星耳毒性和肾毒性的发生率在氨基糖苷类中较低。

二、多黏菌素类

多黏菌素类(polymyxin)是从多黏杆菌培养液中获得的一组抗生素,临床使用的为多黏菌素 B(polymyxin B)和多黏菌素 E(polymyxin E,抗敌素)。

【抗菌作用】多黏菌素类属窄谱抗生素,只对某些革兰氏阴性杆菌具有强大抗菌活性,如大肠埃希菌、克雷伯菌属、沙门菌、志贺菌、百日咳鲍特菌,尤其对铜绿假单胞菌作用显著。对革兰氏阴性球菌、革兰氏阳性菌和真菌无抗菌作用。

【作用机制】本类药能与革兰氏阴性菌细胞膜的磷脂结合,使细菌细胞膜通透性增加,胞内营养物外漏,导致细菌死亡。对繁殖期和静止期的细菌均有杀菌作用。

【临床应用】

1. 铜绿假单胞菌感染　可用于对其他抗生素耐药而难以控制的铜绿假单胞菌所致的败血症、泌尿道感染。

2. 革兰氏阴性杆菌感染　可用于对其他抗菌药耐药的大肠埃希菌、克雷伯菌属等革兰氏阴性杆菌引起的脑膜炎、败血症等。

3. 局部应用　本类药口服不吸收,可口服用于治疗肠炎和肠道手术前准备;也局部用于五官、皮肤、黏膜等铜绿假单胞菌感染。

【不良反应】毒性较大,主要为肾损害及神经系统毒性。静脉注射和快速滴注时可因神经肌肉阻滞而导致呼吸抑制。另外,还可出现皮疹、瘙痒、药物热等变态反应。

点滴积累

1. 氨基糖苷类为静止期杀菌药,主要用于 G⁻ 菌引起的感染,不良反应包括耳毒性、肾毒性、神经肌肉阻滞、过敏反应等,常与 β- 内酰胺类联用,增强疗效。
2. 链霉素过敏性休克发生率仅次于青霉素,但死亡率较高,使用前应询问过敏史,也应作皮试,用后注意观察。一旦发生,应立即缓慢静脉注射 10% 葡萄糖酸钙 20ml,同时注射肾上腺素进行抢救。

第四节　四环素类、氯霉素

四环素类及氯霉素属广谱抗生素,对革兰氏阳性菌和革兰氏阴性菌、立克次体、支原体和衣原体等都具有较强的抑制作用,其中四环素类对某些螺旋体和原虫尚有抑制作用。

一、四环素类

根据来源的不同,四环素类药物可分为天然药物和半合成药物两大类。天然药物有四环素、土霉素、金霉素和地美环素。半合成药物有美他环素、多西环素和米诺环素。

抗菌活性强弱依次为:米诺环素、多西环素、美他环素、地美环素、四环素、土霉素。四环素和土霉素曾作为临床抗感染治疗的主要抗生素。由于耐药菌株日益增多,四环素已不再作为首选药。土霉素治疗阿米巴痢疾疗效优于其他四环素类药物。金霉素外用可治疗结膜炎和沙眼等疾患。

四环素(tetracycline)

【体内过程】口服吸收不完全,食物中的 Fe^{2+}、Ca^{2+}、Mg^{2+}、Al^{3+} 等金属离子可与药物络合而减少其吸收;抗酸药、碱性药以及 H_2 受体拮抗药可降低四环素的溶解度,使吸收减少;酸性药物可促进四环素吸收。吸收后广泛分布于各组织及体液中,并可沉积于牙齿和骨骼中,脑脊液中浓度低,能透过胎盘屏障和进入乳汁。胆汁中的药物浓度为血药浓度的 10~20 倍,$t_{1/2}$ 为 6~12 小时。主要以原型经肾排泄,碱化尿液可增加药物排泄。

【抗菌作用】四环素为速效抑菌药，高浓度时对某些细菌呈杀菌作用，属广谱抗生素。对革兰氏阳性菌的抑制作用强于阴性菌，但不如β-内酰胺类抗菌药，对革兰氏阴性菌的作用不如氨基糖苷类及氯霉素。对支原体、衣原体、立克次体效果好；对螺旋体及阿米巴原虫也有抑制作用。对伤寒或副伤寒沙门菌、铜绿假单胞菌、结核分枝杆菌、真菌和病毒无效。

【作用机制】抗菌机制是通过与核糖体30S亚基结合，从而抑制细菌蛋白质的合成，产生抗菌作用。

【临床应用】主要用于立克次体、支原体、衣原体和螺旋体病的治疗，一般不作首选。

【不良反应】

1. 消化道反应　口服可引起恶心、呕吐、腹胀、腹泻等症状，餐后服用可减轻。

2. 二重感染　长期使用广谱抗生素，使消化道内寄生的敏感菌被大量杀灭，打破了消化道内的"菌群平衡"，那些具有抗药性的病菌或真菌因此失去制约，趁机大量繁殖，体外的有些病菌也乘虚而入。一旦人体免疫力低下，便会致病，如鹅口疮、呼吸道炎、真菌性肺炎等，这在医学上称为"肠道菌群失调症"，又称"二重感染"。

常见的有：①真菌感染，表现为鹅口疮、肠炎；②对四环素耐药的艰难梭菌感染引起的假膜性肠炎，表现为剧烈的腹泻、发热、肠壁坏死、体液渗出甚至休克死亡，可口服万古霉素或甲硝唑治疗。

3. 影响骨骼和牙齿的生长　四环素与新形成的牙齿和骨组织中沉积的钙离子结合，造成恒齿永久性棕色色素沉着和婴儿骨骼发育不全。孕妇、哺乳期妇女及8岁以下儿童禁用。

4. 其他　长期大剂量使用可引起严重肝损伤，加剧肾功能不全。偶见过敏反应，如药物热、皮疹等，本类药物有交叉过敏反应。还可引起光敏反应和前庭反应。

多西环素（doxycycline，强力霉素）

口服吸收迅速而完全，不易受食物影响。大部分药物随胆汁进入肠腔后被再吸收，形成肝肠循环。少量药物经肾脏排泄，肾功能减退时粪便中药物的排泄增多，故肾衰竭时也可使用。$t_{1/2}$长达20小时，为长效四环素类药。

抗菌谱与四环素相似，但抗菌活性比四环素强2~10倍，具有强效、速效、长效的特点。对土霉素或四环素耐药的金黄色葡萄球菌对本药仍敏感，但与其他四环素类药物有交叉耐药性。

临床用于敏感的革兰氏阳性菌和革兰氏阴性杆菌所致的上呼吸道感染、扁桃体炎、胆道感染、淋巴结炎、蜂窝织炎等，也用于治疗斑疹伤寒、恙虫病、支原体肺炎等。尚可用于治疗霍乱，也可用于预防恶性疟和钩端螺旋体感染。

常见不良反应有胃肠道刺激症状如恶心、呕吐、腹泻等，以及舌炎、口腔炎和肛门炎等，应餐后服。静脉注射时，可能出现舌麻木及口腔异味感。易致光敏反应，很少引起二重感染。

米诺环素（minocycline，二甲胺四环素）

口服吸收率接近100%，且不受牛奶和食物的影响，但抗酸药或重金属离子仍可影响吸收。米诺环素的脂溶性高于多西环素，组织穿透力强，分布广泛，在脑脊液中的浓度高于其他四环素类。

$t_{1/2}$ 为 16~18 小时。抗菌谱与四环素相似,属于高效、长效的四环素类抗菌药,抗菌活性比四环素强 2~4 倍。对四环素或青霉素类耐药的菌株仍敏感。适用于治疗上述耐药菌感染以及酒渣鼻、痤疮、沙眼衣原体感染。因极易穿透皮肤,特别适合于痤疮的治疗。

米诺环素除具有四环素类共有的不良反应外,还具有前庭反应,表现为恶心、呕吐、眩晕、运动失调等症状,用药期间不宜从事高空作业、驾驶和操作机器等。

技能赛点

一位因溶血性链球菌引起呼吸道感染的患者,医生处方如下,请分析是否合理,为什么?

Rp:

注射用青霉素钠　80 万 U×6

Sig.　80 万 U　b.i.d.　i.m.

盐酸四环素片　0.25g×24

Sig.　0.5g　q.i.d.　p.o.

ER 35-11

技能赛点的
赛点分析

二、氯霉素

氯霉素(chloramphenicol, chloromycin)

【体内过程】口服吸收良好,$t_{1/2}$ 约为 2.5 小时,有效血药浓度可维持 6~8 小时,肝、肾功能不全时 $t_{1/2}$ 延长。氯霉素广泛分布于各组织与体液中,脑脊液中的浓度达血药浓度的 45%~99%,大部分药物在肝脏与葡萄糖醛酸结合,经肾排泄,尿中原型药只有 5%~15%,但在泌尿系统已达到有效抗菌浓度。

【抗菌作用】为广谱、速效抑菌药,高浓度时有杀菌作用。对革兰氏阴性菌的作用强于阳性菌,特别是对伤寒沙门菌、副伤寒沙门菌、流感嗜血杆菌、脑膜炎球菌、肺炎球菌有杀菌作用;对革兰氏阳性菌的抗菌活性不如青霉素类和四环素类;对立克次体、衣原体、支原体也有抑制作用;对结核分枝杆菌、真菌、原虫和病毒无效。各种细菌对氯霉素均可产生耐药性,但产生耐药性较缓慢。

【作用机制】氯霉素与细菌 70S 核糖体中的 50S 亚基结合,阻止氨基酰 tRNA 进入 A 位,阻止肽链延伸,使蛋白质合成受阻。

【临床应用】氯霉素目前几乎不用于全身治疗。但由于其脂溶性高,具有较强的组织、血脑屏障穿透力等特性,仍可治疗某些严重感染。

1. 治疗细菌性脑膜炎和脑脓肿　可用于耐氨苄西林的流感嗜血杆菌、脑膜炎球菌及肺炎球菌所致的脑膜炎。青霉素(或甲硝唑)与氯霉素合用可用于治疗脑脓肿。

2. 治疗伤寒、副伤寒　成人伤寒、副伤寒沙门菌感染的治疗以氟喹诺酮类为首选,氯霉素仍可用于敏感菌所致伤寒、副伤寒的治疗。

3. 治疗严重厌氧菌感染　氯霉素对脆弱拟杆菌具有较强的抗菌活性,可与其他抗菌药联合用于需氧菌与厌氧菌所致的腹腔和盆腔感染。

4. 其他 氯霉素是治疗眼科感染包括眼内感染的有效药物,对 Q 热等立克次体感染的疗效与四环素相仿。

【不良反应】

1. 抑制骨髓造血功能 是最严重的不良反应,临床表现:①可逆性血细胞减少,较为常见,发生率和严重程度与剂量、疗程呈正相关;②再生障碍性贫血,发病率与剂量、疗程无关,但病死率很高。在治疗前、后及疗程中,应系统监护血象,如发现血象异常应立即停药。

2. 灰婴综合征 新生儿,特别是早产儿肝、肾发育不完善,肝内缺乏葡萄糖醛酸转移酶,对氯霉素解毒能力差,肾排泄功能较弱。大量使用氯霉素后易致体内蓄积中毒,表现为循环衰竭,呼吸急促,皮肤苍白、发绀,故称灰婴综合征。

扫一扫,做实验:青霉素钾和青霉素钠快速静脉注射的毒性比较

3. 其他 口服时尚可出现恶心、呕吐、腹泻、皮疹、药物热、血管神经性水肿、二重感染等症状。偶见视神经炎、视力障碍、幻视、幻听等。对葡萄糖 -6- 磷酸脱氢酶缺陷患者,可见溶血性贫血。肝肾功能减退者、葡萄糖 -6- 磷酸脱氢酶缺陷者、婴儿、孕妇、哺乳期妇女慎用。

【药物相互作用】氯霉素可抑制肝药酶的活性,从而可减少华法林、甲苯磺丁脲、苯妥英钠和氯磺丙脲等药物的代谢,使其血药浓度增高,甚至造成中毒。利福平或长期使用苯巴比妥则可促进氯霉素代谢,降低后者的疗效。

扫一扫,做实验:链霉素的急性中毒及解救

> **点滴积累**
>
> 四环素类和氯霉素对 G⁺ 菌、G⁻ 菌,以及立克次体、衣原体、支原体有抗菌作用。四环素类的主要不良反应包括二重感染、影响骨骼和牙齿的生长等。氯霉素仍可用于敏感菌所致伤寒、副伤寒的治疗,其主要不良反应是抑制骨髓造血功能。

复习导图

目标检测

一、简答题

1. 青霉素过敏如何防治?

2. 氨基糖苷类抗生素的共性有哪些?

3. 简述红霉素的抗菌谱、临床应用。

二、处方分析

习题

1. 某女,19 岁,发热 1 天,体温 39.3℃,头痛,两侧扁桃体肿大,见有脓苔,诊断为化脓性扁桃体炎。医生处方如下,请分析本处方是否合理,为什么?

Rp:

注射用青霉素钠　80 万 U × 6

Sig.　80 万 U　b.i.d.　i.m.

对乙酰氨基酚片　0.5g×9

Sig.　0.5g　t.i.d.　p.o.

2. 医生给一位烧伤并发铜绿假单胞菌感染的患者开出了下列处方,请分析是否合理,为什么?

Rp:

硫酸庆大霉素注射液　4万U×18

Sig.　12万U　b.i.d.　i.m.

硫酸妥布霉素注射液　40mg×18

Sig.　80mg　q.8h.　i.m.

诺氟沙星胶囊　0.1g×18

Sig　0.2g　t.i.d.　p.o.

（王　婧）

第三十六章　人工合成的抗菌药

第三十六章
课件

学习目标

1. **掌握**　喹诺酮类和磺胺类抗菌药的抗菌作用、作用机制及代表药物。
2. **熟悉**　喹诺酮类和磺胺类抗菌药的临床应用和不良反应。
3. **了解**　甲氧苄啶的抗菌作用、作用机制和临床应用。

导学情景

情景描述：
　　王女士因细菌感染使用左氧氟沙星，随后去郊游时，日晒后出现红斑，前臂、颈部等部位尤为明显，有瘙痒和灼热感。

学前导语：
　　左氧氟沙星是喹诺酮类抗菌药中的一种，目前临床应用较为广泛，属于人工合成抗菌药。本章主要介绍人工合成抗菌药。

扫一扫，
知重点

第一节　喹诺酮类抗菌药

　　喹诺酮类（quinolone）抗菌药因其结构中含有 4- 喹诺酮母核而命名。

一、喹诺酮类药物共性

　　本类药物在 4- 喹诺酮母核引入不同的基团，就产生了各具特点的喹诺酮类药物，喹诺酮类药物的化学结构见图 36-1。

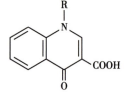

图 36-1　喹诺酮类药物的化学结构

知识链接

喹诺酮类药物

　　喹诺酮类药物按发明先后及抗菌性能的不同，分为四代。
　　第一代（1962—1969 年），以萘啶酸为代表，仅对大肠埃希菌、志贺菌属、克雷伯菌及少部分变形杆菌有抗菌作用，因疗效不佳，现已少用。

第二代(1969—1979年),以哌吡酸为代表,抗菌谱较第一代有所扩大,对革兰氏阴性杆菌有抗菌作用,且对铜绿假单胞菌有一定的抗菌活性。

第三代(1980—1990年),药物分子中引入了氟原子,称氟喹诺酮类,抗菌谱进一步扩大,对革兰氏阴性菌和革兰氏阳性菌均有明显的抑制作用。对支原体、衣原体、军团菌以及分枝杆菌也有效,耐药性低,毒副作用小,是目前最常用的合成抗菌药。常用的药物有诺氟沙星、依诺沙星、氧氟沙星、环丙沙星、洛美沙星、氟罗沙星、司帕沙星等。

第四代(1990年以后),与其他氟喹诺酮类药物相比,保持原有的抗革兰氏阴性菌活性,增强了抗革兰氏阳性菌、支原体、衣原体、军团菌以及分枝杆菌的活性。常用的药物有莫西沙星、加替沙星、吉米沙星。

【体内过程】口服易吸收,药物吸收不受食物影响,但与含有 Fe^{2+}、Ca^{2+}、Mg^{2+} 的食物同服可降低其生物利用度。血浆蛋白结合率一般低于40%,组织穿透力强,体内分布广,在前列腺组织、骨组织、肺、肾、尿液、胆汁、巨噬细胞和中性粒细胞的药物浓度均高于血浆。少数经肝脏代谢,大部分以原型从肾排泄。

【抗菌作用】

1. **抗菌谱**　第三代喹诺酮类属于广谱抗菌药,对革兰氏阴性菌有强大的杀菌作用,包括大肠埃希菌、变形杆菌、流感嗜血杆菌、克雷伯菌、志贺菌属、伤寒沙门菌、淋病奈瑟球菌等;对革兰氏阳性菌包括产酶金黄色葡萄球菌、链球菌、肺炎球菌、炭疽杆菌等也有较好的抗菌作用。20世纪90年代后期研制的莫西沙星、吉米沙星、加替沙星等,除保留了原有氟喹诺酮类的抗菌活性外,进一步增强了对革兰氏阳性菌的作用,对结核分枝杆菌、嗜肺军团菌、支原体及衣原体的杀灭作用也进一步增强,特别是提高了对厌氧菌如脆弱拟杆菌、梭杆菌属、消化链球菌属和厌氧芽孢梭菌属等的抗菌活性。

2. **耐药性**　常见耐药菌有金黄色葡萄球菌、肠球菌、大肠埃希菌和铜绿假单胞菌等。喹诺酮类抗菌药之间有交叉耐药性。耐药机制包括:①耐药菌株DNA促旋酶与药物的亲和力下降,使药物失去靶位;②膜通道关闭,药物难以进入菌体;③金黄色葡萄球菌可将药物从菌体内泵出。

技能赛点

姓名:彭某,年龄:20岁,性别:女,科室:泌尿外科,临床诊断:泌尿系统感染。

医生处方如下,请分析是否合理,为什么?

Rp:

　　莫西沙星片　0.4g×6

　　Sig.　0.4g　q.d.　p.o.

ER 36-3

技能赛点的
赛点分析

【不良反应】不良反应少,耐受良好。

1. **胃肠道反应**　是最常见的不良反应,以环丙沙星和培氟沙星为多见,主要表现为恶心、呕吐、腹泻、食欲减退、胃部不适等。

2. 神经系统反应 发生率仅次于胃肠道反应,轻者表现为失眠、头晕、头痛,停药后可缓解;重者表现为精神异常、抽搐、惊厥等。患者用药剂量过大、有精神疾病或癫痫病史或与氨茶碱合用时更易出现。

3. 皮肤反应及光敏反应 表现为光照部位皮肤出现瘙痒性红斑,严重者出现皮肤糜烂、脱落,停药后可恢复,剂量较大时发生率高达28%,还可见血管神经性水肿、皮肤瘙痒等症状。

4. 软骨损害 动物实验发现本类药物对多种幼龄动物负重关节的软骨有损害,儿童用药后可出现关节痛和关节水肿,故18岁以下青少年、孕妇、哺乳期妇女不宜使用。

5. 其他不良反应 包括肝肾功能异常、跟腱炎、心脏毒性和眼毒性等,轻者停药后可恢复。

二、常用喹诺酮类药物

儿童不宜服用诺氟沙星

诺氟沙星(norfloxacin,氟哌酸)

为临床应用的第一个氟喹诺酮类药物,抗菌谱广,抗菌活性强。对多数革兰氏阴性菌包括铜绿假单胞菌抗菌活性较强;对革兰氏阳性菌如金黄色葡萄球菌、肺炎球菌、溶血性链球菌也有效。主要用于敏感菌所致的泌尿生殖道、胃肠道感染和淋病。不良反应主要有胃肠道反应、过敏反应,偶见转氨酶升高。肾功能不全者慎用。

环丙沙星(ciprofloxacin)

为抗菌谱最广的氟喹诺酮类药物之一。对铜绿假单胞菌、淋病奈瑟球菌、流感嗜血杆菌、金黄色葡萄球菌、肠球菌、肺炎球菌、嗜肺军团菌的抗菌活性明显高于其他同类药物以及头孢菌素类、氨基糖苷类等,对耐β-内酰胺类或耐庆大霉素的致病菌也常有效。

常用于敏感菌所致的呼吸道、泌尿生殖道、胃肠道感染。也用于治疗口腔、皮肤软组织、骨与关节等部位的感染。

常见胃肠道反应,也可出现神经系统反应,偶见变态反应、关节痛。静脉滴注时对局部血管有刺激反应。

氧氟沙星(ofloxacin,氟嗪酸)

口服生物利用度高达89%,血药浓度高而持久,分布广泛。其突出特点是在脑脊液中浓度高,炎症时可达血药浓度的50%~75%。尿中排出量居本类药物之首。抗菌谱广,对结核分枝杆菌、沙眼衣原体、肺炎支原体、假单胞菌和部分厌氧菌也有良好效果。对多数耐药菌株如耐甲氧西林金黄色葡萄球菌、耐氨苄西林的淋病奈瑟球菌、耐庆大霉素的铜绿假单胞菌仍敏感。

临床主要用于敏感菌所致的泌尿道、呼吸道、胆道、皮肤软组织、耳鼻咽喉及眼部感染。对耐链霉素、异烟肼、对氨基水杨酸的结核分枝杆菌也有效,可作为治疗结核病的二线药物。

不良反应有胃肠道反应和转氨酶升高。偶见轻度中枢神经系统毒性反应。静脉滴注时对局部血管有刺激反应。

左氧氟沙星（levofloxacin）

为氧氟沙星的左旋体。因除去了抗菌活性很弱的右旋体,抗菌活性约为氧氟沙星的2倍,具有抗菌谱广、抗菌活性强的特点。适用于敏感菌引起的中至重度感染。对铜绿假单胞菌的抗菌活性低于环丙沙星,但可用于临床治疗。不良反应远低于氧氟沙星,主要不良反应是胃肠道反应。

洛美沙星（lomefloxacin）

ER 36-6

应用喹诺酮
类药物应
避光

对革兰氏阴性菌的抗菌活性与诺氟沙星和氧氟沙星相近,对MRSA、表皮葡萄球菌、链球菌和肠球菌的抗菌活性与氧氟沙星相当;对多数厌氧菌的抗菌活性比氧氟沙星低。可用于呼吸道、泌尿生殖道、皮肤软组织、眼科感染的治疗,也用于衣原体感染和结核病的治疗。在所有喹诺酮类药物中最易发生光敏反应,故在用药期间应避免日光。

> **知识链接**
>
> #### 合理使用喹诺酮类药物
>
> 因为喹诺酮类抗菌药含有羧基,显酸性,对胃肠道有刺激性,应餐后服用,最好服用食物15分钟以后再服。由于其结构中3,4位的羧基和酮羰基极易和金属离子如钙、镁、铁、锌等形成螯合物,不仅降低药物的抗菌活性,同时也使体内的金属离子流失,尤其对妇女、老年人和儿童可引起缺钙、缺锌、贫血等不良反应。使用这类药物时,不宜和牛奶等含钙、铁的食物或药品同服。本类药物可影响软骨发育,不宜用于儿童、孕妇及哺乳期妇女。喹诺酮类抗菌药遇光照可分解,对患者产生光毒性反应,使用前后均应避光。应采取的避光措施是:使用前运输和贮存时要避光,患者用药后(特别是静脉滴注该类药物后)要避免阳光暴晒。

氟罗沙星（fleroxacin,多氟沙星）

具有抗菌谱广、疗效好和持续时间持久等特点。主要用于敏感菌所致的泌尿生殖系统、呼吸系统、妇科、外科的感染性疾病或二次感染的治疗。

司帕沙星（sparfloxacin,司氟沙星）

口服吸收良好,肝肠循环明显。50%随粪便排泄,25%在肝脏代谢失活,$t_{1/2}$为16小时,为长效喹诺酮类药物。对革兰氏阳性菌、厌氧菌、结核分枝杆菌、衣原体和支原体的抗菌活性显著高于环丙沙星,对嗜肺军团菌和革兰氏阴性菌的抗菌活性与环丙沙星相同,且高于诺氟沙星和氧氟沙星。主要用于敏感菌所致的呼吸系统、泌尿生殖系统和皮肤软组织感染的治疗,也可用于骨髓炎和关节炎等的治疗。不良反应有光敏反应、胃肠道反应,还可引起Q-T间期延长等不良反应。

莫西沙星（moxifloxacin）

本药既保留了抗革兰氏阴性菌的高活性,又明显增强了抗革兰氏阳性菌的活性,并对厌氧菌、结核分枝杆菌、衣原体和支原体具有较强的抗菌活性。临床可用于上述敏感菌所致的急、慢性支气管炎和上呼吸道感染,也可用于泌尿生殖系统和皮肤软组织感染等。不良反应发生率低,光敏反应较轻。

加替沙星(gatifloxacin)

对大部分革兰氏阳性菌作用强,活性为环丙沙星和氧氟沙星的 2~16 倍,对大部分革兰氏阴性菌的活性与环丙沙星和氧氟沙星相当。对厌氧菌、支原体、衣原体的活性均高于环丙沙星和氧氟沙星。临床主要用于呼吸道感染及泌尿道、皮肤、软组织和耳鼻咽喉等感染。不良反应主要有恶心、腹泻、头痛、眩晕、阴道炎、血糖异常等,静脉注射可见注射部位局部反应。显著特点是几乎没有潜在的光毒性。

点滴积累

喹诺酮类对 G^+ 球菌及肠杆菌、铜绿假单胞菌等敏感,尤其对 G^- 杆菌作用强,用于敏感菌引起的呼吸道、泌尿生殖道感染等,不良反应有胃肠道反应、神经系统反应、皮肤反应及光敏反应、软骨损害等。

第二节　磺胺类及其他合成抗菌药

一、磺胺类药物

(一)磺胺类药物共性

磺胺类药物(sulfonamide)属广谱抑菌药,曾广泛用于临床。近年来,随着耐药菌株的出现,加上各类抗生素和合成抗菌药的快速发展,磺胺类药物的治疗地位逐渐被取代。其独特的优点是使用方便、性质稳定、价格低廉,对某些感染性疾病包括流行性脑脊髓膜炎、鼠疫等具有显著疗效,特别是 20 世纪 70 年代中期,发现了磺胺增效药甲氧苄啶,使磺胺类药物抗菌谱扩大,抗菌活性提高,甚至由抑菌作用变为杀菌作用,重新引起临床的重视。

知识链接

磺胺类药物的发现

磺胺类药物的发现,最早出自一种名为"百浪多息"的红色染料。该染料具有一定的消毒作用,但在实验中却无杀菌作用,一开始并未引起医学界的重视。1932 年,德国生物化学家多马克(Domagk)在实验过程中发现,百浪多息(prontosil)对感染溶血性链球菌的小白鼠具有很高的疗效。后来,他又用兔、犬进行实验均获得成功。这时,他的女儿得了链球菌败血症,奄奄一息,他在焦急不安中决定使用百浪多息,结果女儿得救。

令人奇怪的是,"百浪多息"只有在体内才能杀死链球菌,在试管内则不能。巴黎巴斯德研究所的特雷富埃尔和他的同事断定,"百浪多息"一定是在体内变成了对细菌有效的另一种东西。于是他们着手对"百浪多息"的有效成分进行分析,分解出"氨苯磺胺"。磺胺的名字也很快在医疗界广泛传播开来。1937年研制出"磺胺吡啶",1939年又研制出"磺胺噻唑"。1939年,多马克被授予诺贝尔生理学或医学奖。

磺胺类药物的基本结构是对氨基苯磺酰胺(图36-2)。根据口服吸收的难易程度和应用部位,将其分为抗全身性感染药(肠道易吸收)、抗肠道感染药(肠道难吸收)以及外用药三大类。其中抗全身性感染药又根据药物 $t_{1/2}$ 的长短,分为短效类($t_{1/2} < 10$ 小时)、中效类($t_{1/2}$ 为 10~24 小时)及长效类($t_{1/2} > 24$ 小时)。

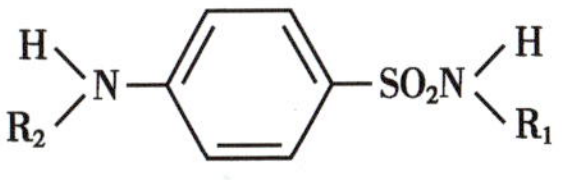

图 36-2　磺胺类药物基本结构

【体内过程】肠道易吸收的磺胺类药物在体内分布广泛,血浆蛋白结合率差异大,为25%~95%,血浆蛋白结合率低的药物(如磺胺嘧啶)易于通过血脑屏障。主要在肝脏代谢为无活性的乙酰化物与葡萄糖醛酸结合,以原型、乙酰化物、葡萄糖醛酸结合物三种形式经肾脏排泄。肠道难吸收的磺胺类药物在肠腔内水解后才能发挥抗菌作用。

【抗菌作用】

1. **抗菌谱**　属于广谱抗菌药,对大多数革兰氏阳性菌和革兰氏阴性菌有良好的抗菌活性,其中对脑膜炎球菌、淋病奈瑟球菌、鼠疫耶尔森菌、乙型溶血性链球菌、肺炎链球菌和诺卡菌属最敏感;对大肠埃希菌、布鲁氏菌属、志贺菌属、变形杆菌属和沙门菌属次之;对沙眼衣原体、疟原虫、卡氏肺孢菌和弓形虫滋养体也有抑制作用。但是对支原体、立克次体和螺旋体无效,甚至可刺激立克次体的生长。磺胺嘧啶银和磺胺米隆对铜绿假单胞菌有效。

2. **耐药性**　细菌对磺胺类药物极易产生耐药性,奈瑟菌和革兰氏阳性菌更易产生。细菌对磺胺类药物的耐药,可通过其随机突变和质粒转移发生,一旦耐药,通常为永久性不可逆,磺胺类药物之间也存在交叉耐药性。

【作用机制】细菌在生长繁殖过程中,不能直接利用周围环境中的叶酸,只能由细菌自身合成,合成是以对氨基苯甲酸(PABA)、二氢蝶啶为原料,经二氢叶酸合成酶的催化生成二氢叶酸,再经二氢叶酸还原酶的作用,被还原为四氢叶酸。活化型四氢叶酸是一碳基团的传递体,参与嘧啶和嘌呤核苷酸的合成。磺胺类药物与PABA的结构相似,可竞争性地与二氢叶酸合成酶结合,阻碍细菌二氢叶酸合成,从而阻碍细菌核酸的合成,抑制细菌的生长繁殖(图36-3)。

【不良反应】磺胺类药物不良反应较多。

1. **泌尿系统损害**　较严重的有结晶尿、血尿、尿痛和尿闭等症状,这是由于原型药及其乙酰化物在尿液中溶解度低,尤其在酸性尿液中更易析出结晶,从而造成对肾脏的损害。可采用同服等量碳酸氢钠、多饮水、定期检查尿液等措施预防。

2. **过敏反应**　如药物热和皮疹,偶见多形红斑及剥脱性皮炎,严重者可致死。

3. **血液系统反应**　如长期用药可能抑制骨髓造血功能,导致白细胞减少、血小板减少,甚至引起再生障碍性贫血。

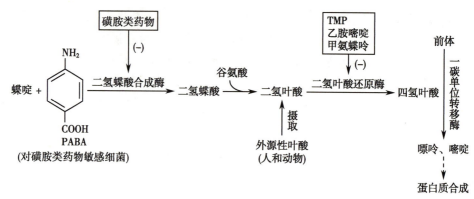

图 36-3　磺胺类药物作用机制示意图

4. **神经系统反应**　如头晕、头痛、乏力、萎靡和失眠等症状。

5. **胃肠道反应**　常见不良反应有恶心、呕吐、上腹部不适和食欲缺乏等。

6. **肝损害**　如出现黄疸等,甚至引起急性黄疸性肝炎。

(二) 常用磺胺类药物

磺胺嘧啶(sulfadiazine,SD)

属于中效类磺胺类药物,口服易吸收,血浆蛋白结合率较低(约为45%),易透过血脑屏障,脑脊液中的浓度达血药浓度的50%~80%,能达到治疗流行性脑脊髓膜炎的有效浓度,可作为脑膜炎球菌性脑膜炎的预防用药。也用于治疗诺卡菌病,与乙胺嘧啶联合用于弓形虫病的治疗。与甲氧苄啶合用(复方磺胺嘧啶片)可产生协同抗菌作用。有15%~40%以乙酰化形式从尿中排泄,易在肾脏析出结晶损害肾脏,应碱化尿液,多饮水加以预防。

磺胺甲噁唑(sulfamethoxazole,SMZ,新诺明)

为中效类磺胺类药物,血浆蛋白结合率较高,为60%~80%。脑脊液中浓度低于SD,可用于流行性脑脊髓膜炎的预防。尿中浓度与SD相似,适用于大肠埃希菌等敏感菌引起的泌尿道感染。主要与甲氧苄啶合用,产生协同抗菌作用,扩大临床适应证范围。服药期间,应注意泌尿系统损害。

柳氮磺吡啶(sulfasalazine,SASP)

口服几乎不吸收,本身并无抗菌作用,给药后在肠道细菌和碱性条件下分解成磺胺吡啶和5-氨基水杨酸。磺胺吡啶有抗菌活性。5-氨基水杨酸具有一定的抗炎和免疫调节作用。SASP对肠组织具有较高的亲和性,口服或灌肠可用于治疗急、慢性溃疡性结肠炎,克罗恩病;栓剂用于溃疡性直肠炎。不良反应较少,如长期服用可产生恶心、呕吐、皮疹、药物热和白细胞减少等不良反应,尚可影响精子活力而引起不育症。

磺胺米隆(mafenide,sulfamylon,SML,甲磺灭脓)

抗菌谱广,尤其是对铜绿假单胞菌作用强,对金黄色葡萄球菌及破伤风梭菌有效。穿透力强,其抗菌活性不受脓液、坏死组织以及PABA的影响。适用于烧伤或大面积创伤感染。不良反应有局部疼痛及烧灼感,大面积使用其盐酸盐可能导致酸中毒,应选用其醋酸盐。偶见过敏反应。

磺胺嘧啶银(sulfadiazine silver,SD-Ag,烧伤宁)

SD-Ag 抗菌谱广,对多数革兰氏阳性菌和革兰氏阴性菌有良好的抗菌活性,对铜绿假单胞菌的作用强于磺胺米隆。能发挥 SD 及硝酸银的抗菌,收敛,促进创面结痂、愈合作用。临床用于预防和治疗Ⅱ度、Ⅲ度烧伤或烫伤的创面感染,局部应用除有一过性疼痛外,一般无其他不良反应。

磺胺醋酰钠(sulfacetamide sodium,SA-Na)

其钠盐溶液呈中性,水溶性高,几乎不具有刺激性,穿透力强,滴眼用于治疗沙眼、角膜炎和结膜炎等,不良反应少。

二、甲氧苄啶

甲氧苄啶(trimethoprim,TMP)

又称甲氧苄氨嘧啶或磺胺增效药,抗菌谱与 SMZ 相似,属抑菌药,其抗菌活性比 SMZ 强数十倍。作用机制是抑制细菌二氢叶酸还原酶,使二氢叶酸不能还原成四氢叶酸,最终阻碍了核酸的合成。TMP 口服吸收迅速而完全,$t_{1/2}$ 约为 11 小时。给药后分布广泛,脑脊液中药物浓度较高,炎症时脑脊液中药物浓度可接近血药浓度。单独用药易引起细菌耐药。常与 SMZ、SD 合用或制成复方制剂,用于呼吸道、泌尿道、皮肤软组织及肠道感染。

可引起轻微的胃肠道反应,偶见过敏反应。大剂量或长期应用可导致粒细胞减少、血小板减少及巨幼细胞贫血,应及时停药并给予四氢叶酸治疗。

三、硝基呋喃类

本类药物抗菌谱广,对多数革兰氏阳性菌和革兰氏阴性菌均有效;作用机制是干扰敏感菌 DNA 合成;药物在血液和组织中的浓度低,尿中浓度高,主要用于泌尿系统、消化系统及局部感染的治疗。特点是不易产生耐药性。

呋喃妥因(nitrofurantoin,呋喃坦啶)

口服吸收快而完全,与食物同服可增加其吸收并能减少胃肠道反应,约 50% 以原型自肾脏迅速排泄,$t_{1/2}$ 约为 30 分钟,血液中药物浓度低,不能用于全身性感染。

抗菌谱广,可有效杀灭能引起下尿路感染的革兰氏阳性菌和革兰氏阴性菌,包括大肠埃希菌、肠球菌、肺炎克雷伯菌和葡萄球菌等,但对变形杆菌属、沙雷菌属和铜绿假单胞菌无效。主要用于敏感菌引起的急性下尿路感染、慢性菌尿症及反复发作的慢性尿路感染。

常见不良反应有恶心、呕吐及腹泻等胃肠道反应,偶见皮疹、药物热等过敏反应。长期大剂量应用可引起头痛、头晕和嗜睡等,甚至引起周围神经炎。缺乏葡萄糖-6-磷酸脱氢酶患者可引起溶血性贫血,新生儿及缺乏此酶的患者禁用。

呋喃唑酮(furazolidone)

抗菌谱及不良反应与呋喃妥因相似,口服吸收差,肠内浓度高。主要用于敏感菌所致的痢疾、肠炎、霍乱,也可用于伤寒、副伤寒、贾第鞭毛虫病、滴虫病等,也可治疗幽门螺杆菌所致的胃、十二指肠溃疡。

四、小檗碱

小檗碱(berberine,黄连素)

系从黄连、黄柏、三颗针等中药提取出来的生物碱,现多用人工合成品。抗菌谱广,对多种革兰氏阳性菌、阴性菌均有抑制作用。对志贺菌属、伤寒沙门菌较为敏感,对阿米巴原虫也有抑制作用。主要用于治疗细菌性痢疾、胃肠炎等。外用治疗疖、湿疹及慢性化脓性中耳炎等。本药口服吸收率低,一般不作全身感染用药。不良反应少见。

点滴积累

1. 磺胺类药物对大多数 G^+ 菌、G^- 菌敏感,对沙眼衣原体有效,用于流行性脑脊髓膜炎,呼吸道、泌尿道感染,眼部、局部软组织、创面感染等,不良反应有泌尿系统损害、白细胞减少、过敏反应等。
2. 磺胺增效药甲氧苄啶与磺胺类药物合用能增强抗菌作用。

复习导图

习题

目标检测

一、简答题

1. 简述氟喹诺酮类药物的抗菌作用。
2. 磺胺类药物与 TMP 合用有何优点?

二、案例分析

某乡脑膜炎流行,药敏试验表明病原菌对磺胺嘧啶敏感,县医院派出一支医疗小组下乡开展防治工作,为了保证医疗小组成员身体健康,选用复方磺胺嘧啶(SD+TMP)作为预防用药,请问是否合理?

(刘 娟)

第三十七章　抗结核药

第三十七章
课件

ER 37-1

学习目标

1. **掌握** 异烟肼、利福平、乙胺丁醇、吡嗪酰胺等一线抗结核药的抗菌作用、临床应用及不良反应。
2. **熟悉** 对氨基水杨酸、链霉素等二线抗结核药的作用特点、临床应用及典型不良反应。
3. **了解** 结核病的药物治疗原则。

导学情景

情景描述:

小李痴迷网络游戏,常年泡在网吧。1个月前出现咳嗽、咳痰症状,伴有食欲缺乏、疲乏、盗汗、午后低热,体温最高为38.3℃。曾自行服用抗感冒药1周,症状没有改善。被母亲发现后带到医院检查,被诊断为肺结核。

学前导语:

结核病是青年人容易发生的一种慢性和缓发的传染病,潜伏期4~8周,其中80%发生在肺部。本章我们将学习治疗结核病的药物。

扫一扫,
知重点

结核病是由结核分枝杆菌感染引起的一种慢性传染病,可累及肺、消化道、泌尿系统、骨、关节和脑等多个组织器官。抗结核药抑制或杀灭结核分枝杆菌,根据临床疗效及作用特点,可分为两大类:一线抗结核药和二线抗结核药。一线抗结核药包括异烟肼、利福平、乙胺丁醇和吡嗪酰胺等,具有疗效高、不良反应少、患者较易接受等特点,大多数结核病患者用一线药物可以治愈。二线抗结核药包括对氨基水杨酸钠、丙硫异烟胺、链霉素、氧氟沙星等,通常抗菌作用较弱,毒性较大或临床验证不足。近几年又开发出一些疗效较好、毒副作用相对较小的新一代抗结核药,如利福喷丁、利福定和司帕沙星等。

结核分枝杆
菌的致病
机制

岗位情景

患者,女,26岁。半个月前感右侧胸痛,呈针刺样痛,尤以深呼吸、咳嗽及右侧卧位时明显。此后渐感全身无力,咳嗽加重,无痰,后出现畏寒、低热,但无鼻塞、咽痛,自服抗感冒药无效。4天前体温升达39℃,经按"上呼吸道感染"处理,症状无缓解,每日午后仍发热,体温波动于38.5~39℃。胸痛较前减轻,咳嗽伴少量白色黏痰,无咯血,有盗汗、乏力、食欲减退,后到医院就诊。经拍摄胸片及超声检查,发现右侧胸腔积液,行胸腔穿刺抽液检查,胸液系渗出性改变,诊断为结核性渗出性胸膜炎。给予异烟肼及链霉素治疗。请分析用药是否合理。

岗位情景的
参考答案

一、常用抗结核药

异烟肼（isoniazid，INH，雷米封）

异烟肼于 1952 年进入临床，具有疗效高、毒性小、价廉、口服方便等优点，目前仍是最常用的抗结核药。

【体内过程】 口服吸收快而完全，1~2 小时血药浓度达高峰。吸收后广泛分布于全身各种组织、体液及巨噬细胞内，易透过血脑屏障，可透入细胞内、骨组织、关节腔、胸腔积液、腹水及纤维化或干酪化的结核病灶。异烟肼大部分在肝中代谢为乙酰异烟肼和异烟酸等，代谢产物及少量原型药最终由肾排泄。异烟肼乙酰化的速率受患者遗传因素的影响，不同患者乙酰化速率快慢不一，快乙酰化者（中国人中约有 49.3%）$t_{1/2}$ 为 0.5~1.6 小时，尿中乙酰异烟肼较多；慢乙酰化者（中国人中约有 25.6%）$t_{1/2}$ 为 2~5 小时，血药浓度高，显效较快，尿中游离异烟肼较多，不良反应多。

【药理作用与临床应用】 异烟肼对结核分枝杆菌具有高度的选择性，对其他细菌无效。抗菌机制可能是抑制细菌分枝菌酸的合成，低浓度抑菌，高浓度杀菌。对细胞内、外结核分枝杆菌均有强大的杀灭作用，可渗入纤维化或干酪样的结核病灶中杀菌。其具有疗效高、毒性小、口服方便、价格低廉等优点。单用易产生耐药性，但耐药菌的致病能力也同时降低，与其他抗结核药无交叉耐药性。与其他抗结核药联合应用，可延缓耐药性的发生。

本药是各型结核病的首选药。早期轻症肺结核或预防用药时可单独使用，规范化治疗时必须联合使用其他抗结核药，以增强疗效并防止或延缓耐药性的产生。对粟粒性结核和结核性脑膜炎应加大剂量，延长疗程，必要时注射给药。

【不良反应】 不良反应的发生率和严重程度均与剂量有关，治疗量时不良反应少而轻。

1. 周围神经炎 多见于大剂量用药、维生素 B_6 缺乏者及慢乙酰化型患者。表现为四肢麻木、反应迟钝、共济失调，随后出现肌肉萎缩。由于异烟肼与维生素 B_6 结构相似，能竞争同一酶系或促进维生素 B_6 排泄增多，导致维生素 B_6 缺乏。同服维生素 B_6 可予以防治。

2. 肝毒性 一般剂量可有转氨酶暂时性升高，较大剂量或长期用药可致肝损害。可能与异烟肼的毒性乙酰化代谢产物有关，其代谢产物乙酰异烟肼与肝细胞结合，导致肝细胞坏死。随年龄增长，肝损害出现机会增多。与利福平合用可增强肝毒性。用药期间应定期检查肝功能，肝功能不全者慎用。

3. 过敏反应 可出现发热、皮疹、狼疮样综合征等。

4. 中枢神经功能障碍 可出现失眠、精神兴奋、神经错乱甚至惊厥等。嗜酒、有癫痫及精神病史者慎用。

【药物相互作用】

1. 异烟肼为肝药酶抑制药，联合用药时可减少抗凝血药和苯妥英钠等的代谢，合用时应调整剂量。

2. 与利福平合用或饮酒可增加异烟肼对肝的毒性作用。

3. 抗高血压药肼屈嗪可使异烟肼代谢受阻,毒性增加。

利福平(rifampicin,RFP,甲哌利福霉素)

利福平是利福霉素的半合成衍生物,橘红色结晶粉末。与异烟肼同为目前治疗结核病的最有效药物。

【体内过程】口服吸收迅速而完全,2~4小时血药浓度达峰值,吸收后广泛分布于全身,穿透力强,能进入细胞、结核空洞、痰液及胎儿体内。脑膜炎时,脑脊液中可达有效治疗浓度。主要经肝代谢为去乙酰基利福平。药物主要从胆道排泄,形成肝肠循环,延长抗菌作用时间,可使有效血药浓度维持8~12小时。原型药及代谢产物呈橘红色,服药过程中,尿、粪、唾液、泪液、汗液和痰等均可染成橘红色或棕红色,应预先告知服药者。

【药理作用与临床应用】利福平为广谱抗生素。对结核分枝杆菌、麻风分枝杆菌、大多数革兰氏阳性球菌,以及金黄色葡萄球菌和脑膜炎球菌等均有强大的抗菌作用。对某些革兰氏阴性菌(如大肠埃希菌、变形杆菌)、沙眼衣原体亦有抑制作用。利福平的抗结核作用与异烟肼相似,低浓度抑菌,高浓度杀菌,对静止期和繁殖期均有效。能渗透到细胞内,对细胞内、外结核分枝杆菌都有杀灭作用。其抗菌机制为特异性抑制细菌DNA指导的RNA聚合酶,阻碍细菌mRNA的合成。对人和动物细胞内的RNA聚合酶无明显影响。单用易产生耐药性,与异烟肼、乙胺丁醇合用有协同作用,并能延缓耐药性的产生。

利福平是治疗结核病联合用药中的主要药物,对各型结核病包括初治和复治病例均有良好效果,也是治疗麻风病的主要药物。对耐药金黄色葡萄球菌及其他敏感菌引起的感染也有效。此外,局部应用可治疗沙眼、急性结膜炎和病毒性角膜炎。

【不良反应】不良反应较多,但发生率低。

1. **胃肠道反应**　多表现为恶心、呕吐、腹痛、腹泻等。

2. **肝毒性**　少数患者可因肝损害而出现黄疸;原有肝病者、嗜酒成瘾者服用或与异烟肼合用时易致严重肝损害。用药期间应定期检查肝功能,严重肝病、胆道阻塞患者禁用。

3. **过敏反应**　少数患者可出现皮疹、药物热,偶见白细胞和血小板减少。

4. **其他**　大剂量间歇疗法偶见发热、寒战、头痛、全身酸痛等流感样综合征。偶见嗜睡、乏力、头晕和运动失调等。有致畸作用,妊娠早期及哺乳期妇女禁用。

【药物相互作用】利福平为肝药酶诱导药,联合用药时可加速其他药物的代谢,如与地高辛、避孕药、抗凝血药、普萘洛尔、氟康唑、维拉帕米、皮质激素等合用,可使它们的$t_{1/2}$缩短,药效明显减弱。利福平与这些药物合用注意调整剂量。

知识链接

利福平及代谢产物的颜色

利福平为鲜红或暗红色结晶性粉末,其代谢产物具色素基团,亦带有颜色;结核病患者服用利福平后,其尿液、粪便、唾液、泪液、痰液及汗液常呈橘红色,是利福平及其代谢产物的排泄作用所致。

利福喷丁（rifapentine）和利福定（rifandin）

利福喷丁和利福定均为利福霉素衍生物。抗菌谱同利福平，而抗菌活性分别比利福平强8倍和3倍以上，利福喷丁治疗剂量与利福平相同，但由于其$t_{1/2}$长，每周只需用药1~2次。利福定的治疗剂量仅为利福平的1/3~1/2。与其他抗结核药如异烟肼、乙胺丁醇、链霉素等有协同抗菌作用。不良反应同利福平。

乙胺丁醇（ethambutol，EMB）

乙胺丁醇是人工合成的乙二胺衍生物。口服吸收良好，2~4小时血药浓度达峰值，体内分布广泛。$t_{1/2}$为3~4小时。主要以原型从尿中排泄，肾功能不全者可发生蓄积中毒。

【药理作用与临床应用】对结核分枝杆菌具有较强的抗菌作用，对大多数耐异烟肼和链霉素的结核分枝杆菌仍具抗菌活性。单用可产生耐药性，但较缓慢，与其他抗结核药无交叉耐药。临床可用于治疗各型结核病，常与其他一线抗结核药异烟肼、利福平等合用，可增强疗效，延缓耐药性产生。由于毒性低，患者容易接受，目前已取代对氨基水杨酸钠成为一线抗结核药。

【不良反应】少见。大剂量长期应用可致球后视神经炎，表现为视物模糊、视力减退、红绿色盲，为剂量依赖性及可逆性改变。及早发现、停药后即可恢复正常。长期用药应注意眼科检查。此外，偶见胃肠道反应、肝损害，与异烟肼、利福平合用时更应注意。

吡嗪酰胺（pyrazinamide，PZA）

吡嗪酰胺口服易吸收，体内分布广，易透过血脑屏障。$t_{1/2}$为6小时，在肝脏代谢，经肾排泄。对结核分枝杆菌有抑制或杀灭作用，在酸性环境中抗菌作用增强，单用易产生耐药性，与其他抗结核药无交叉耐药性。常与利福平、异烟肼联合用于非典型的结核分枝杆菌感染及结核病的复治，可缩短疗程并发挥协同作用。

链霉素（streptomycin，SM）

链霉素是第一个应用于临床的抗结核药。抗结核作用仅次于异烟肼和利福平。穿透力差，不易渗入细胞及纤维化、干酪化及厚壁空洞病灶。易产生耐药性，且长期使用耳毒性发生率高，仅与其他抗结核药联合应用治疗浸润性肺结核、粟粒性肺结核。儿童禁用。

对氨基水杨酸钠（sodium aminosalicylate）

对氨基水杨酸钠口服吸收快而完全，分布广泛，但不易透入脑脊液和细胞内。抗结核作用弱于异烟肼和链霉素，但耐药性产生较慢。与其他抗结核药合用可以增强疗效，延缓耐药性产生。不良反应较多，主要为胃肠道反应，表现为厌食、恶心、呕吐、腹泻、胃溃疡和出血等，餐后服用可减轻，必要时可用抗酸药。其他不良反应有肝、肾损害，过敏反应，白细胞减少，血小板减少等。

丙硫异烟胺（protionamide）

丙硫异烟胺是异烟酸的衍生物，穿透力较强，可透入全身各组织和体液中，易到达结核病灶内，呈现杀菌作用，对其他抗结核药耐药的菌株仍有效。临床常作为二线药物与其他抗结核药合用于复治患者。胃肠道反应较多，偶致周围神经炎及肝毒性。

氧氟沙星（ofloxacin，氟嗪酸）

氧氟沙星属喹诺酮类抗菌药。抗菌谱广，抗菌力强，口服吸收迅速而完全。对已耐链霉素、异烟肼、对氨基水杨酸钠的结核分枝杆菌仍有效，因此用作治疗结核病的二线药物。

二、药物治疗原则

首先应明确患者属于"初治"还是"复治"，并了解患者抗结核病的用药史。在此基础上根据疾病严重程度、病灶部位、体外药敏试验结果，确定治疗方案。"初治"是指既往未用或使用抗结核药时间少于 1 个月的新发案例；"复治"是指复发案例、初治失败案例以及既往使用抗结核药时间超过 1 个月的新发案例。

用药过程中应遵循早期用药、联合用药、足量用药、规律用药、全程督导治疗等五项原则。

1. 早期用药　结核病变的早期多为渗出性反应，病灶局部血液循环良好，药物容易进入病灶内发挥作用。同时，机体的抗病能力和修复能力也较强，且细菌正处于繁殖期，对药物较敏感，故疗效显著。

2. 联合用药　单用一种药物时，结核分枝杆菌极易产生耐药性。联合用药可提高疗效，降低毒性，延缓耐药性，并可交叉杀灭其他耐药菌株，提高治愈率，降低复发率。一般在异烟肼的基础上加用利福平、吡嗪酰胺等药物。依病情需要，采用二联或三联甚至四联的治疗方案。

3. 足量、规律用药　患者时用时停或随意变换用量是结核病治疗失败的主要原因，而且易产生耐药或复发。根据病情采取短期疗法和长期用药。短期疗法适用于单纯性结核的初治：强化期 2 个月，使用异烟肼、利福平、吡嗪酰胺治疗；继续期 4 个月，使用异烟肼和利福平治疗。长期用药适用于病情较重、机体状况较差或复发且有并发症者，开始 3~6 个月选用 3 种或 4 种强效药合用，控制症状后作巩固治疗 1~2 年。

4. 全程督导治疗　全程督导治疗是当今控制结核病的重要策略。即患者的病情、用药、复查等都应在医务人员的监督之下，在全程化疗期间（一般为 6 个月）均有医务人员指导，以保证患者得到科学规范的治疗。

> **难点释疑**
>
> **结核病患者的药学监护**
>
> 结核病患者病情复杂，耐药现象和并发症多。因此，临床药师对结核病患者的药学监护既是工

作难点,也是工作重点。药师应下临床进行药物监测工作,制订药物治疗计划,与医生、护士组成"医、药、护"联盟,以保证患者用药的合理、安全、有效。

1. 面对医生 临床药师应提醒医生做好可疑的药物不良反应记录并作出适当的处理等。

2. 面对护士 临床药师应将药品的保存条件(如温度、光线等)整理后下发到病区,帮助护士检查病区基础药品。药液输注速度特别是抗生素的输注速度,直接关系到药物的疗效与不良反应。药师应定期与护理部联系,或直接到病房检查,发现问题及时纠正。

3. 面对患者 临床药师应在患者入院、住院及出院等不同阶段,对患者进行全面的用药指导,使患者了解药物治疗的方案,药物的用法和保管要求,可能出现的结果和不良反应等。

点滴积累

1. 一线抗结核药有异烟肼、利福平、乙胺丁醇、吡嗪酰胺等。二线抗结核药包括链霉素、对氨基水杨酸钠、氧氟沙星等。

2. 异烟肼可引起神经及肝脏等组织器官中毒,利福平也可损害肝脏。

3. 抗结核药的治疗原则包括早期用药、联合用药、足量用药、规律用药、全程督导治疗。

复习导图

习题

目标检测

一、简答题

1. 一线和二线抗结核药分类的依据是什么?各包括哪些药物?

2. 简述异烟肼的抗菌作用特点及临床应用。

二、处方分析

某患者,女,31 岁。诊断为肺结核,并伴有哮喘。医生处方如下,请分析该处方是否合理,理由是什么?

Rp:

利福平片　0.15g×100 片

Sig.　0.6g　q.d.　p.o.

氨茶碱片　0.1g×100 片

Sig.　0.1g　t.i.d.　p.o.

(肖　宁)

第三十八章　抗病毒药

导学情景

情景描述：

　　埃博拉病毒自1976年首次暴发以来,造成多次区域性疫毒。患者病情迅速发展,来势凶猛,突然高热,体温超过38℃,甚至继发严重肺炎、急性呼吸窘迫综合征、呼吸衰竭及多器官损伤,导致死亡。

学前导语：

　　病毒感染对人类威胁大,大家熟知的流行性感冒、带状疱疹、水痘、乙型病毒性肝炎、艾滋病等都是由病毒感染导致,本章我们将学习抗病毒药。

　　在感染性疾病中,病毒性感染日趋增多,而疗效确切、安全低毒的高选择性抗病毒药仍较少。目前治疗病毒感染性疾病主要依赖于疫苗、抗体、干扰素等免疫学手段和增强宿主细胞抗病毒能力。病毒包括 DNA 病毒和 RNA 病毒,是最简单的微生物,没有完整的细胞结构。病毒的增殖过程包括吸附、穿入与脱壳、复制及组装、成熟与释放几个阶段。凡能阻止病毒增殖过程中任一环节的药物,均可起到防治病毒性疾病的作用。但由于病毒主要寄生在宿主细胞内并利用宿主细胞的代谢系统完成增殖。因此,目前应用的抗病毒药对宿主细胞都有较大的毒性。另外,病毒种类繁多且变异迅速,使病毒易产生耐药性,抗病毒药治疗常不能取得满意的疗效。

知识链接

病毒感染

　　病毒感染多数为隐性感染(亚临床感染),少数则发生显性感染。显性感染可分急性感染和持续性感染两型。急性感染发病急,进展快,病程一般为数日至数周。除少数在急性期死亡及发生后遗症者外,多数病例最终以组织器官中病毒被清除而痊愈。持续性感染指病毒长期存在于寄主体内,造成的慢性持续性感染。持续性感染病程可达数月至数年,可分为三种类型:①潜伏性感染,当病毒与人体免疫力处于相对平衡状态时,病毒可长期潜伏在人体组织内,不引起症状。一旦人体免疫力降低,病毒可重新繁殖而引起症状。如单纯疱疹病毒、爱泼斯坦 - 巴尔(EB)病毒和水痘 - 带状疱疹病毒引起的潜伏性感染。②慢性感染,病毒长期存在于人体组织器官中,造成慢性持续性病变,如乙型肝炎病毒引起的慢性乙型肝炎。③慢病毒感染,潜伏期长,可达数年,病变逐渐发展,最后导致死亡,如艾滋病。

第一节　常用抗病毒药

临床上对病毒性疾病的防治药物主要有:抑制病毒复制的抗病毒药;增强机体免疫功能的免疫调节药;针对临床症状的解热、镇痛、止咳和消炎等药物;防止继发感染的抗感染药;预防病毒感染的疫苗及阻断病毒传播的消毒药等。本节重点介绍前两类药物。

利巴韦林(ribavirin,病毒唑)

利巴韦林为人工合成的鸟苷类衍生物,为广谱抗病毒药。对甲型流感病毒、呼吸道合胞病毒、甲型肝炎病毒、丙型肝炎病毒、汉坦病毒、疱疹病毒、腺病毒等多种 DNA 或 RNA 病毒有抑制作用。主要用于治疗甲型和乙型流感,呼吸道合胞病毒肺炎和支气管炎,疱疹,腺病毒肺炎,甲型和丙型病毒性肝炎等。本药吸入给药未见明显不良反应;口服可引起食欲缺乏、呕吐、腹泻等;用量过大可致白细胞减少及心肌损害;有较强的致畸作用,故妊娠前 3 个月禁用。

金刚烷胺(amantadine)和金刚乙胺(rimantadine)

金刚烷胺为三环癸烷的氨基衍生物,金刚乙胺是金刚烷胺的 α- 甲基衍生物,均可特异性抑制甲型流感病毒,主要用于甲型流感的预防和治疗。金刚烷胺还具有抗帕金森病作用,可用于帕金森病的治疗。不良反应有紧张、焦虑、失眠及注意力分散等。孕妇、儿童、癫痫病患者禁用。

阿昔洛韦(aciclovir,ACV,无环鸟苷)

阿昔洛韦为人工合成的嘌呤核苷类衍生物。

【药理作用与临床应用】阿昔洛韦为抗 DNA 病毒药,对 RNA 病毒无效。具有广谱抗疱疹病毒作用,对单纯疱疹病毒、水痘 - 带状疱疹病毒和 EB 病毒等均有效,是目前临床应用最多的抗疱疹病毒药。局部应用可治疗疱疹性角膜炎、单纯疱疹和带状疱疹,口服或静脉注射可有效治疗单纯疱疹脑炎、生殖器疱疹、免疫缺陷病患者的单纯疱疹等。

【不良反应】胃肠功能紊乱、头痛、药疹,静脉给药可引起静脉炎,严重不良反应为急性肾衰竭。

课 堂 活 动

患者,男,58 岁。因背部剧痛前来就诊。述说最近三四天感觉到从身体背部中侧到左侧有尖锐的、灼烧样的放射状疼痛。检查显示有低热,其余正常。皮肤检查显示,在脊柱向左侧围绕到腹部有一条带状疱疹,这些疹子由一片片的红疹及簇状水疱组成,其他正常。诊断:带状疱疹。处方:一个疗程的阿昔洛韦片。

课堂讨论：
1. 简述阿昔洛韦的药理作用。
2. 本案例中还可以用哪些药物治疗？

扫一扫，
知答案

更昔洛韦（ganciclovir，丙氧鸟苷）

更昔洛韦对单纯疱疹病毒及水痘 - 带状疱疹病毒的抑制作用与阿昔洛韦相似，对巨细胞病毒较阿昔洛韦强，约是阿昔洛韦的 100 倍。骨髓抑制等不良反应发生率较高，主要用于防治免疫缺陷病和免疫抑制患者的巨细胞病毒感染，如艾滋病患者、接受化疗的肿瘤患者、使用免疫抑制药的器官移植患者的巨细胞病毒感染。

伐昔洛韦（valaciclovir）

伐昔洛韦是阿昔洛韦的前体药，是与 L- 缬氨酸形成的酯。口服后可迅速转化为阿昔洛韦，所达血药浓度为口服阿昔洛韦后的 5 倍，克服了阿昔洛韦口服生物利用度低的缺点。因其用量少、起效快、毒性小，可以提高患者的依从性，现已取代阿昔洛韦成为治疗带状疱疹和生殖器疱疹的一线药物。肾功能障碍患者在服用此药时需调节剂量。可治疗原发性或复发性生殖器疱疹、带状疱疹及频发性生殖器疱疹。不良反应比阿昔洛韦轻。

泛昔洛韦（famciclovir）

泛昔洛韦是喷昔洛韦的二甲酯前体药物，主要用于治疗无并发症的带状疱疹。可加速伤口愈合，缩短疱疹性神经痛病程，对生殖器疱疹也具有作用，是目前最有效的治疗生殖器疱疹的药物。不良反应较小。

碘苷（idoxuridine，疱疹净）

碘苷为抗 DNA 病毒药，对 RNA 病毒无效。可竞争性抑制胸苷酸合酶，使 DNA 合成受阻。全身用药毒性大，仅局部应用治疗单纯疱疹病毒引起的急性疱疹性角膜炎及其他疱疹性眼病，对慢性溃疡性实质层疱疹性角膜炎疗效较差，对疱疹性角膜虹膜炎无效。局部反应有疼痛、痒、结膜炎和水肿等。长期应用可出现角膜混浊或染色小点等。

干扰素（interferon，IFN）

IFN 是机体细胞在受到病毒感染时，病毒诱导机体细胞产生的具有抗病毒、抗肿瘤、抑制细胞增殖和调节免疫作用的糖蛋白。干扰素有三种（α、β、γ），分别由人体白细胞、成纤维细胞及致敏淋巴细胞产生，目前临床常用的是重组干扰素。其机制是激活宿主细胞产生抗病毒蛋白，对病毒穿透细胞膜过程、脱壳、mRNA 合成、蛋白翻译后修饰、病毒颗粒组装和释放均可产生抑制作用，具有广谱抗病毒作用，对 RNA 和 DNA 病毒均有效，还具有调节免疫、抑制细胞增殖和抗恶性肿瘤的作用。口服无效,可皮下、肌内或静脉注射。临床主要用于防治慢性肝炎(乙、丙、丁型),也可用于呼吸道病毒感染、疱疹性角膜炎、带状疱疹、单纯疱疹、巨细胞病毒感染、恶性肿瘤等。不良反应少,常见倦怠、头痛、肌痛、全身不适,偶见可逆性骨髓抑制、肝功能障碍,停药后可恢复。

聚胞苷酸(polycytidylic acid)

聚胞苷酸为干扰素诱导药,在体内诱导产生内源性干扰素而发挥抗病毒和免疫调节作用。聚胞苷酸局部给药用于治疗疱疹性角膜炎、带状疱疹和扁平苔藓;滴鼻给药用于预防流感;肌内注射用于流行性出血热、乙型脑炎、病毒性肝炎。此外,聚胞苷酸对鼻咽癌及妇科肿瘤等也有一定的疗效。因聚胞苷酸具有抗原性,可致超敏反应。孕妇禁用。

转移因子(transfer factor)

是从健康人白细胞提取出的一种核苷肽,无抗原性。可以将供体细胞的免疫信息转移给未致敏的受体细胞,从而使受体细胞获得供体样的特异性和非特异性细胞免疫功能,其作用可以持续6个月。本药还可以起到佐剂作用。临床用于先天性和获得性免疫缺陷病、病毒感染、真菌感染和肿瘤等的辅助治疗。

阿德福韦酯(adefovir dipivoxil)

阿德福韦酯是5′-单磷酸脱氧阿糖腺苷的无环类似物,是阿德福韦的前体药物,口服后被体内酯酶水解,在细胞内被转化为具有抗病毒活性的二磷酸盐,抑制乙型肝炎病毒DNA聚合酶(反转录酶)产生抗病毒作用,改善肝组织炎症。单剂口服的生物利用度约为59%。临床试验表明,在乙型肝炎病毒e抗原(HBeAg)阳性的慢性乙型肝炎患者,口服阿德福韦酯可明显抑制乙型肝炎病毒的DNA复制。本药适用于治疗乙型肝炎病毒活动复制,转氨酶持续升高的肝功能代偿的成年慢性乙型肝炎患者,尤其适合于需长期用药或已发生拉米夫定耐药者。常见不良反应为乏力、腹泻、尿蛋白异常等,亦可出现白细胞减少、脱发。

膦甲酸钠(foscarnet sodium)

膦甲酸钠可抑制病毒DNA聚合酶,从而抑制病毒生长。由于其对病毒DNA聚合酶更具选择性,故对人体细胞毒性小。静脉注射给药可用于免疫缺陷病患者发生的巨细胞病毒性视网膜炎的治疗,亦可用于单纯疱疹病毒所致皮肤、黏膜感染,对艾滋病感染者中阿昔洛韦耐药的带状疱疹有效。不良反应包括肾损害和低钙血症等。

点滴积累

1. 抗呼吸道病毒药:利巴韦林、金刚烷胺;抗疱疹病毒药:阿昔洛韦、碘苷等。
2. 抗肝炎病毒药:干扰素、阿德福韦酯。

第二节　抗艾滋病药

人类免疫缺陷病毒（human immunodeficiency virus，HIV）是引起获得性免疫缺陷综合征（acquired immunodeficiency syndrome，AIDS，简称艾滋病）的病原体。HIV 是一种反转录病毒，分为 HIV-1 和 HIV-2 两型。HIV 入侵机体后会攻击人类免疫系统，造成其功能缺陷。HIV 入侵机体后，病毒 RNA 即被用作模板，在反转录酶的作用下，产生互补双螺旋 DNA，随即病毒 DNA 进入宿主细胞核，并掺入宿主基因组。最后，病毒 DNA 被转录和翻译成一种多聚蛋白，其再经 HIV 蛋白酶裂解成小分子功能蛋白。自 1981 年发现艾滋病并于 1983 年分离出 HIV 以来，抗艾滋病药相继出现。抗艾滋病药主要通过抑制反转录酶或 HIV 蛋白酶发挥作用，可分为核苷类反转录酶抑制药、非核苷类反转录酶抑制药和蛋白酶抑制药。现有的抗艾滋病药仍不能清除 HIV，只能抑制病毒的复制，将病毒载量降低，一定程度地恢复患者的免疫功能，延长患者的生命。

知识链接

"四免一关怀"政策

"四免一关怀"政策是我国艾滋病防治最有力的政策措施。"四免"是指：①未参加医保的经济困难人员中的艾滋病患者，可服用免费的抗病毒药，接受抗病毒治疗；②所有自愿接受艾滋病咨询和病毒检测的人员，都可得到免费咨询和 HIV 抗体初筛检测；③对艾滋病孕妇，提供健康咨询、产前指导和分娩服务，及时免费提供母婴阻断药物和婴儿检测试剂；④地方各级人民政府要对艾滋病遗孤开展心理康复，为其提供免费义务教育。"一关怀"是指国家对 HIV 感染者和患者提供救治关怀，各级政府将经济困难的艾滋病患者及其家属纳入政府补助范围，按有关社会救济政策的规定给予生活补助；扶助有生产能力的 HIV 感染者和患者从事力所能及的生产活动，增加其收入。

一、核苷类反转录酶抑制药

齐多夫定（zidovudine，AZT）

齐多夫定属于核苷类反转录酶抑制药，口服吸收快，可通过血脑屏障，是 1987 年上市的第一个用于治疗 HIV 感染的药物。其作用机制是竞争性抑制 HIV-1 反转录酶，阻碍前病毒 DNA 合成，并掺入正在合成的 DNA 中，终止病毒 DNA 链的延长，抑制 HIV 复制，可以对抗 HIV-1，又可以对抗 HIV-2，是治疗艾滋病的首选药，可减轻或缓解 AIDS 及其相关综合征。不良反应主要为骨髓抑制，发生率与剂量和疗程有关；也可出现喉痛、无力、发热、恶心、头痛、皮疹、失眠、肝功能异常等。肝功能不全者慎用，孕妇、哺乳期妇女禁用。

拉米夫定（lamivudine，3TC）

拉米夫定为胞嘧啶衍生物，作用机制与齐多夫定相似，通过抑制 DNA 聚合酶，使 DNA 链的延长终止,从而抑制病毒 DNA 的复制。能有效地对抗对齐多夫定产生耐药性的人类免疫缺陷病毒。在体内外均具显著抗 HIV-1 活性,常与司他夫定或齐多夫定合用治疗 HIV 感染。也能抑制乙型肝炎病毒(HBV)的复制,有效治疗慢性 HBV 感染,是目前治疗 HBV 感染最有效的药物之一。不良反应主要为头痛、失眠、疲劳和胃肠道不适等。

扎西他滨(zalcitabine)

扎西他滨为脱氧胞苷衍生物,与多种其他抗 HIV 感染药物有协同抗 HIV-1 作用。可有效治疗 HIV 感染,单用时疗效不如齐多夫定,多与齐多夫定和一种蛋白酶抑制药三药合用。主要用于 AIDS 和 AIDS 相关综合征,也可与齐多夫定合用治疗临床状态恶化的 HIV 感染患者。主要不良反应是剂量依赖性外周神经炎,发生率为 10%~20%,但停药后能逐渐恢复。应避免与其他能引起神经炎的药物同用,如司他夫定、去羟肌苷、氨基糖苷类和异烟肼。也可引起胰腺炎,但发生率低于去羟肌苷。

二、非核苷类反转录酶抑制药

奈韦拉平(nevirapine,NVP)和地拉韦定(delavirdine,DLV)

两者均为非核苷类反转录酶抑制药,可直接抑制 HIV-1 反转录酶,但对 HIV-2 的 DNA 聚合酶无活性。安全性和耐受性好,对齐多夫定耐药株有效。本类药物单独使用易产生耐药性,常与其他抗反转录病毒药合用于治疗 HIV-1 成人和儿童患者,可协同抑制 HIV 复制。本类药物均口服给药,有较好的生物利用度。主要不良反应为皮疹,亦可出现头痛、腹泻、转氨酶升高等。

三、蛋白酶抑制药

在 HIV 增殖周期后期,*gag* 和 *gag-pol* 基因产物被翻译成蛋白前体,形成无感染性的未成熟病毒颗粒,HIV 编码的蛋白酶能催化此蛋白前体裂解,形成最终结构蛋白而使病毒成熟。HIV 蛋白酶是在传染性 HIV 中发现的使病毒聚合蛋白前体裂解成单个功能蛋白的一种酶。因此,蛋白酶是 HIV 复制过程中产生成熟感染性病毒所必需的。蛋白酶抑制药有利托那韦、奈非那韦、沙奎那韦等,通过抑制 HIV 蛋白酶阻止前体蛋白裂解,导致未成熟的非感染性病毒颗粒堆积,从而产生抗病毒作用,可有效对抗 HIV。临床与抗反转录病毒的核苷类药物合用治疗晚期或非进行性的艾滋病患者,即鸡尾酒疗法,可显著减少 AIDS 患者的病毒量,减慢其临床发展,并减少药物的不良反应。

> **点滴积累**
>
> 抗艾滋病药包括核苷类反转录酶抑制药(齐多夫定、拉米夫定、扎西他滨);非核苷类反转录酶抑制药(奈韦拉平、地拉韦定);蛋白酶抑制药(利托那韦、奈非那韦)。

目标检测

一、简答题

1. 简述常用抗病毒药金刚烷胺及阿昔洛韦的主要临床应用。

2. 简述临床可用于治疗流感的药物及其特点。

二、处方分析

患者,女,38岁。诊断为病毒性感冒,口服使用复方氨酚烷胺胶囊(成分为对乙酰氨基酚、盐酸金刚烷胺、马来酸氯苯那敏、咖啡因等)治疗,请分析是否合理,理由是什么?

(甄昌霖)

第三十九章　抗真菌药

第三十九章
课件

导学情景

情景描述:

　　李先生拇指指甲失去光泽,甲板慢慢变脆,显著增厚,出现灰白色,且失去光泽,治疗后,春冬季节容易复发或加重。虽不疼痛,但总感觉影响美观,于是到皮肤科就诊。

学前导语:

　　患者是由于真菌感染而导致的甲癣,俗称"灰指甲",也称作甲真菌病。可使用特比萘芬、伊曲康唑等抗真菌药治疗,本章我们将学习抗真菌药。

扫一扫,
知重点

　　真菌感染一般分为深部真菌感染和浅部真菌感染两类。前者主要由各种癣菌引起,主要侵犯皮肤、毛发、指(趾)甲等,发病率高,复发率高,一般不危及生命,常用灰黄霉素及局部应用的咪唑类药物进行治疗。后者多由酵母菌、隐球菌、荚膜组织胞浆菌等引起,主要侵犯内脏器官和深部组织,引起系统感染,虽发病率低,但危害极大。近年来,深部真菌感染呈上升趋势,这与长期不合理使用广谱抗生素、免疫抑制药、糖皮质激素和抗肿瘤药有关。

知识链接

真菌感染

　　真菌是地球上最具影响力的真核微生物之一,除了在环境中普遍存在外,许多种真菌被认为是人体不同部位(包括皮肤、肺、泌尿生殖道、口腔和胃肠道)正常菌群的一部分,对人体健康有重要作用。但当免疫系统受损时,共生真菌可转化为侵入性病原体,导致侵入性真菌感染。真菌所致感染一般分为深部感染和浅部感染两类。深部感染通常由白念珠菌、新型隐球菌、粗球孢子菌、荚膜组织胞浆菌等引起,主要侵犯内脏器官和深部组织,发病率虽低,但危害性大,常可危及生命。浅部感染常由各种癣菌引起,主要侵犯皮肤、毛发、指(趾)甲、口腔或阴道黏膜等,引起手足癣、体癣、甲癣、头癣等。浅部真菌感染发病率高,危险性小。

第一节 抗深部真菌药

抗深部真菌药包括两性霉素 B、氟胞嘧啶、卡泊芬净等,其中以两性霉素 B 的抗菌活性最强。

两性霉素 B(amphotericin B,庐山霉素)

两性霉素 B 为多烯类抗真菌药,对多种深部真菌具有良好的抗菌活性,高浓度有杀菌作用,已成为严重真菌感染的首选药之一,因口服和肌内注射均难以吸收,一般采用缓慢静脉滴注。但因毒性大临床应用受到一定限制。

【体内过程】口服、肌内注射均难吸收,且刺激性大,故采用静脉滴注给药。90%~95% 与血浆蛋白结合,不易透过血脑屏障。主要在肝脏代谢,代谢产物及约 5% 的原型药缓慢由尿液中排出。停药数周后,仍可在尿中检出。

【药理作用与临床应用】本药对多种深部真菌如新型隐球菌、荚膜组织胞浆菌、粗球孢子菌及白念珠菌等均有强大抗菌作用,对浅部真菌无效。高浓度可以杀菌。其作用机制是选择性地与真菌细胞膜的麦角固醇部分结合,在细胞膜上形成微孔,使细胞膜通透性增加,导致细胞质内重要的内容物外漏,造成真菌细胞死亡。细菌的细胞膜不含麦角固醇,故对细菌无效。两性霉素 B 是目前治疗深部真菌感染的首选药,可治疗各种真菌性肺炎、心内膜炎、脑膜炎、败血症及尿道感染等。因不易透过血脑屏障,治疗真菌性脑膜炎时,静脉给药外还需鞘内注射给药,以提高疗效。口服给药时可用于肠道真菌感染,局部应用可治疗眼科、皮肤科及妇科真菌病。

【不良反应】毒性较大。滴注时可出现寒战、高热、头痛、恶心和呕吐,有时可出现血压下降、眩晕等,滴注过快可出现心室颤动和心搏骤停。此外,还可致肝损害、肾损害、低钾血症和贫血,偶见过敏反应。用药期间应定期做血钾、血尿常规、肝肾功能和心电图检查,且不宜用 0.9% 氯化钠注射液稀释。

1. **静脉滴注** 可出现寒战、高热、头痛、恶心、呕吐等,还可出现血压下降、眩晕及血栓性静脉炎等。

2. **肾毒性** 呈剂量依赖型,几乎见于所有患者,表现为尿检可见红细胞、白细胞、蛋白质,血中尿素氮及肌酐升高。

3. **血液系统毒性反应** 可发生红细胞性贫血、血小板减少等。

4. **心血管系统反应** 静脉滴注过快可引起心动过速、心室颤动或心搏骤停。

5. **神经系统毒性** 鞘内注射可引起严重头痛、发热、颈项强直、下肢疼痛等。

6. **其他** 此外还可致低钾血症、肝肾损害、听力损害等。

氟胞嘧啶(flucytosine)

氟胞嘧啶为人工合成的抗深部真菌药,由于穿透力强,口服吸收好,分布广泛,能透过血脑屏障,也可分布到关节腔、腹腔、房水中。抗菌机制是氟胞嘧啶进入真菌细胞内,在胞嘧啶脱氨酶的作用下转变成氟尿嘧啶,干扰真菌核酸合成而起作用。主要产生抑菌作用,高浓度有杀菌作用。适于治疗新型隐球菌、白念珠菌等真菌所致深部真菌感染,疗效弱于两性霉素 B。对隐球菌性脑膜炎疗效较好,单用易产生耐药性,常与两性霉素 B 合用发挥协同作用。可抑制骨髓造血功能,导致白细胞和血小板减少,其他不良反应有皮疹、恶心、呕吐、腹泻、血清转氨酶升高及严重的小肠炎等。剂量过大可致肝损害,用药期间应注意定期检查血常规、肝肾功能等,孕妇禁用。

卡泊芬净(caspofungin)

卡泊芬净为棘白菌素类抗真菌药,是葡聚糖合成酶抑制药,通过干扰真菌细胞壁合成而起作用。该药对许多种致病性曲霉菌属和念珠菌属真菌具有抗菌活性。可静脉注射,用于对其他治疗无效或不能耐受的侵袭性曲霉病,也可用于念珠菌败血症、念珠菌感染所致腹腔脓肿和腹膜炎等。不良反应有发热、静脉炎、恶心、呕吐等。

> **点滴积累**
>
> 两性霉素 B 需静脉滴注给药,是治疗深部真菌感染的首选药。

第二节 抗浅部真菌药

抗浅部真菌药包括灰黄霉素、特比萘芬等,其中特比萘芬的活性较高,疗效较好。

灰黄霉素(griseofulvin)

【体内过程】系从灰黄霉菌液中提取的非多烯类抗生素。灰黄霉素口服易吸收,进食脂肪类食物或将其微粉化有利于吸收,为脂溶性,油脂食物可促进其吸收。吸收后体内分布广泛,皮肤、脂肪和毛发等组织含量较高,能渗入并储存在皮肤角质层、毛发及指(趾)甲角质内,从而抵御真菌继续入侵。主要经肝代谢,经肾排泄,半衰期长。

【药理作用与临床应用】为抗浅部真菌抗生素,对皮肤癣菌属、小孢子菌属、毛癣菌属等具有较强的抑制作用,对细菌及深部真菌无效。抗菌机制主要是干扰真菌 DNA 的合成,抑制真菌生长。主要用于治疗由小孢子菌属、皮肤癣菌属和毛癣菌属等引起的头癣、体癣、股癣、甲癣等。本药不易透过表皮角质层,故外用无效。

【不良反应】常见头痛、恶心、呕吐、腹泻、嗜睡、乏力、眩晕、共济失调。偶见白细胞减少等。大剂量应用有致癌、致畸作用,因此孕妇、哺乳期妇女禁用。此外,还可诱导肝药酶,增加口服避孕药的代谢速率。动物实验证明本药有致畸作用。

特比萘芬（terbinafine）

特比萘芬为烯丙胺类抗真菌药。脂溶性高，口服易吸收，主要分布于脂肪、皮肤、毛发、汗腺等部位。对浅部真菌有强效杀菌作用，对念珠菌仅有抑制作用。主要用于治疗皮肤癣菌引起的体癣、股癣、手癣、足癣等，具有起效快、疗效高、复发率低、毒性小等优点。不良反应少而轻，主要有胃肠道反应及过敏反应。

制霉菌素（nystatin）

制霉菌素为多烯类抗真菌药，抗真菌作用和机制与两性霉素 B 相似，对念珠菌属的抗菌活性较高，且不易产生耐药性。因其毒性更大，不宜注射用药，主要局部外用治疗皮肤、黏膜浅表真菌感染。口服吸收少，仅用于肠道白念珠菌感染。不易产生耐药性，对隐球菌、滴虫也有抑制作用，对皮肤癣菌无作用。制霉菌素常局部外用治疗口腔、皮肤、黏膜浅部真菌感染；口服后可引起恶心、胃痛、腹泻等，阴道用药可见白带增多。

> **点滴积累**
>
> 灰黄霉素对浅部真菌感染有效果，主要用于治疗由小孢子菌属、皮肤癣菌属和毛癣菌属等引起的头癣、体癣、股癣、甲癣等。

第三节 广谱抗真菌药

唑类抗真菌药包括咪唑类和三唑类，均为广谱抗真菌药。咪唑类包括咪康唑、益康唑和克霉唑等，主要用于治疗浅部真菌感染；三唑类包括伊曲康唑、氟康唑和伏立康唑等，主要用于治疗深部真菌感染。

> **知识链接**
>
> ### 抗真菌药的研究进展
>
> 20 世纪 90 年代，三唑类如氟康唑、伊曲康唑由于疗效确定且不良反应较少，迅速广泛用于系统性真菌感染治疗。之后，不同剂型的氟康唑、伊曲康唑、两性霉素 B 等先后应用于临床。近年来，普沙康唑、拉夫康唑、制霉菌素脂质体等新药也陆续上市，这些药物不但毒副作用少，而且在某种程度上优于两性霉素 B。

氟康唑（fluconazole）

氟康唑为三唑类广谱抗真菌药。具有高效、低毒的特点。口服易吸收，体内分布较广，可通过血脑屏障,主要以原型经肾排泄。对深部、浅部真菌均有抗菌作用,对白念珠菌、新型隐球菌、皮炎芽生菌、荚膜组织胞浆菌及多种皮肤癣菌抗菌作用均较显著。临床主要用于:①白念珠菌感染、球孢子菌感染和新型隐球菌性脑膜炎,是治疗艾滋病患者隐球菌性脑膜炎的首选药,与氟胞嘧啶合用可增强疗效;②各种皮肤癣及甲癣;③预防器官移植、白血病、白细胞减少等患者发生真菌感染。不良反应发生率低,可见轻度胃肠道反应、皮疹及转氨酶升高等。因氟康唑可致胎儿缺陷,孕妇及哺乳期妇女禁用,儿童及对咪唑类药物过敏者禁用。

伊曲康唑(itraconazole)

伊曲康唑为三唑类衍生物。抗真菌谱广,口服吸收较好,分布较广,但不易透过血脑屏障。对深部真菌及多种皮肤真菌有强的抑制活性。主要用于治疗隐球菌病、全身性念珠菌病、急性或复发性阴道念珠菌病,以及免疫功能减退者预防真菌感染,是治疗罕见真菌如组织胞浆菌感染和芽生菌感染的首选药。不良反应较轻,主要为胃肠道反应,偶见头痛、头晕、红斑、瘙痒、血管神经性水肿、一过性转氨酶升高等。心功能低下,肝、肾功能不全者禁用。因有胚胎毒性,因此孕妇禁用。

伏立康唑(voriconazole)

伏立康唑为三唑类广谱抗真菌药。抗菌活性为氟康唑的10~500倍,对所有曲霉、隐球菌、念珠菌属具有较好的抗菌活性,包括对氟康唑、伊曲康唑和两性霉素B不敏感的皮炎芽生菌、粗球孢子菌、巴西副球孢子菌及荚膜组织胞浆菌亦具有抗菌活性。临床主要用于治疗曲霉感染,对氟康唑耐药的严重侵袭性念珠菌感染,足分支霉属和链孢霉属导致的严重真菌感染,免疫功能减退患者的严重致命性真菌感染。常见不良反应有视觉障碍、发热、皮疹、呕吐、恶心、腹泻、外周水肿及腹痛等。

克霉唑(clotrimazole)

克霉唑为咪唑类广谱抗真菌药。口服吸收少,不良反应多。临床主要供局部外用,治疗皮肤癣菌引起的体癣、手足癣和耳道真菌病,对头癣无效。口含片用于治疗鹅口疮,栓剂用于治疗念珠菌引起的阴道炎。局部用药少见不良反应。

> **点滴积累**
>
> 抗真菌药包括氟康唑、伊曲康唑等,具有作用强、毒性较小等特点。

复习导图

目标检测

一、简答题

1. 试述氟康唑的临床应用。

2. 试述两性霉素B的作用机制及作用特点。

二、案例分析

患者,男,57岁,行"左窝腹膜外同种异体移植术",手术顺利,术后给予抗生素抗感染及止血、抑酸、补液支持、免疫抑制治疗。突然出现体温升高、白细胞升高,CT双侧上肺可见斑片影,Ⅰ度呼吸衰竭,查出真菌孢子。医生诊断为术后肾功能恢复延迟,并发侵袭性肺曲霉病。入住重症监护病房(ICU),镇静,气管插管,呼吸机辅助呼吸,给予氟康唑、磺胺抗感染,乌司他汀抑制炎症,静脉及肠内营养,常规血液透析等治疗。治疗过程中临床药师建议:停用氟康唑,采用伏立康唑。患者用药后各体征逐渐恢复正常。请回答:

1. 临床药师建议换用伏立康唑而非两性霉素B治疗的药理学基础。
2. 治疗系统性真菌感染的常用药物及其临床应用、主要不良反应。

(甄昌霖)

第四十章　抗寄生虫药

学习目标

1. **掌握** 氯喹、伯氨喹、乙胺嘧啶、青蒿素、奎宁的抗疟作用特点和临床应用。
2. **熟悉** 甲硝唑的作用和临床应用。
3. **了解** 甲苯达唑、阿苯达唑、左旋咪唑、哌嗪、噻嘧啶、吡喹酮等抗肠道蠕虫的作用特点。

导学情景

情景描述：

患者,男,25 岁,从非洲务工回国后出现反复周期性寒战、高热、大汗、头痛、乏力等症状,入院后诊断为间日疟发作。

学前导语：

寄生虫病包括疟疾、阿米巴病、滴虫病、蠕虫病、血吸虫病和丝虫病等,应根据病情正确合理地应用各类药物。本章我们将学习治疗相关寄生虫病的药物。

寄生虫病的种类很多,我国寄生虫病达 60 余种,除疟疾、阿米巴病、滴虫病、血吸虫病和丝虫病五大类寄生虫病外,其他寄生虫的感染率亦较高。本章重点介绍抗疟药、抗阿米巴药、抗滴虫药和抗肠蠕虫药。

第一节　抗疟药

疟疾是由疟原虫感染引起,经雌性按蚊叮咬传播的一种寄生虫性传染病,临床上有间歇性寒战、高热、出汗、脾大、贫血等特征。引起人类疟疾的疟原虫主要有间日疟原虫、三日疟原虫及恶性疟原虫,分别引起间日疟、三日疟及恶性疟,其中前两者又称良性疟。抗疟药(antimalarial drug)是一类用于防治疟疾的药物。在抗疟药中,目前还没有一种能对疟原虫生活史的每一个环节都有杀灭作用的药物。因此,必须熟悉各种抗疟药对疟原虫生活史不同环节的作用,以便准确选择药物。

一、疟原虫的生活史及抗疟药的作用环节

疟原虫的生活史可分为在人体内的无性增殖阶段和在雌性按蚊体内的有性生殖阶段(图 40-1)。

抗疟药可作用于疟原虫生活史的不同环节,以达到预防和治疗疟疾的目的。

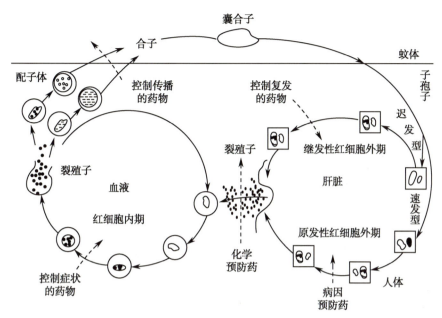

图 40-1　疟原虫生活史与抗疟药作用环节

(一) 疟原虫在人体内发育(无性增殖阶段)

1. **原发性红细胞外期**　携带疟原虫的按蚊叮咬人时,会将其唾液内的子孢子输入人体内,经血液潜入肝细胞,在肝细胞内进行裂体增殖。经 10~14 天后肝细胞被胀裂,释放出大量裂殖子。此期无症状,是疟疾的潜伏期。乙胺嘧啶对此期疟原虫有效,因此可作为病因性预防药。

2. **继发性红细胞外期**　间日疟原虫和卵形疟原虫的子孢子是遗传学上不同的两种类型,即速发型子孢子和迟发型子孢子。在原发性红外期,速发型子孢子迅速完成裂体增殖,从肝细胞释放入血。而迟发型子孢子在侵入肝脏后,可进入数个月或年余的休眠期成为休眠子,然后可再被激活,完成红细胞外期的裂体增殖,侵入红细胞,引起疟疾的复发。迟发型子孢子产生的继发性红细胞外期是引起疟疾复发的根源。伯氨喹对此期疟原虫有较强的杀灭作用,有根治间日疟的作用。因恶性疟无继发性红细胞外期,故不会复发。

3. **红细胞内期**　原发性红细胞外期释放出的大量裂殖子进入红细胞后,先发育成为滋养体再形成裂殖体,最后胀破红细胞,释放大量裂殖子及红细胞破坏产生的大量变性蛋白,刺激机体引起寒战、高热等临床症状,即疟疾发作。红细胞内释放出的裂殖子又再进入其他红细胞进行发育。如此周而复始,每完成一个无性增殖周期,就引起一次症状发作。氯喹、奎宁、青蒿素等对此期疟原虫有很强的杀灭作用,可作为控制疟疾症状的药物。

(二) 疟原虫在按蚊体内发育(有性生殖阶段)

1. **配子体的形成**　红细胞内疟原虫经裂体增殖 3~4 代后,其中部分裂殖子就发育为雌、雄配子体。

2. **子孢子的形成**　按蚊吸取患者血液后,雌、雄配子体可在蚊虫体内进行有性生殖,两者结合为合子,进一步发育成子孢子,移行至唾液腺内。当蚊虫叮咬人时将疟原虫传染给人,成为疟疾流行传播的根源。伯氨喹能杀灭配子体,故可控制疟疾的流行和传播;乙胺嘧啶能随血液进入蚊体内,抑制配子体在蚊体内的发育,防止疟疾的传播。

二、常用抗疟药

(一)主要用于控制症状的药物

氯喹(chloroquine)

氯喹为人工合成的 4- 氨基喹啉类衍生物。

【体内过程】口服吸收快而完全,吸收后广泛分布于全身各组织,肝、脾、肾、肺等组织内的药物浓度高,是血浆药物浓度的 200~700 倍。在脑组织及脊髓的药物浓度为血浆药物浓度的 10~30 倍。红细胞内的药物浓度为血浆药物浓度的 10~20 倍,受感染的红细胞内药物浓度又比正常红细胞高出 25 倍。因药物贮存在组织内,代谢和排泄速度都较慢,故药物作用持久,$t_{1/2}$ 可达 3~5 天。

【药理作用与临床应用】

1. **抗疟作用**　氯喹能杀灭间日疟、三日疟、敏感的恶性疟原虫的红细胞内期裂殖体,迅速、有效地控制疟疾的临床症状,是控制疟疾症状的首选药,也可用于症状性预防。具有疗效高、起效快、作用持久等特点。一般服药 24~48 小时后体温可降至正常,48~72 小时后血中裂殖体消失。临床用于治疗良性疟及恶性疟的急性发作,能很好地控制症状。但对红细胞外期疟原虫无效,故需加用伯氨喹才能达到根治目的。

2. **抗肠外阿米巴作用**　氯喹在肝中药物浓度高,有利于杀灭肝内阿米巴原虫,适用于治疗甲硝唑无效或有使用禁忌的阿米巴肝脓肿。需加用抗肠内阿米巴药,彻底消除肠内阿米巴原虫,防止复发。

3. **免疫抑制作用**　大剂量氯喹能抑制免疫反应,可用于治疗自身免疫性疾病,如类风湿关节炎、系统性红斑狼疮等。由于用量大,易引起毒性反应。

【不良反应】氯喹用于治疗疟疾时,不良反应少,可有头晕、头痛、胃肠不适及皮疹等,停药后可自行消失。长期大剂量用药可引起视力障碍,少数患者可致精神失常、阿 - 斯综合征和肝肾损害。因有致畸作用,故孕妇禁用。

奎宁(quinine)

奎宁是从金鸡纳树皮中提取的一种生物碱,为奎尼丁的左旋体。

【药理作用与临床应用】奎宁对各种疟原虫红细胞内期裂殖体均有杀灭作用,能控制临床症状,作用较氯喹弱,维持时间短。优点是极少产生耐药性,且与氯喹之间无交叉耐药性。主要用于耐氯喹的恶性疟,尤其是严重的脑型疟。

【不良反应】可出现"金鸡纳反应",表现为耳鸣、头痛、恶心、呕吐、视力及听力减退等症状,重者可产生暂时性耳聋,停药后可恢复。极少数人可发生特异质反应,引起急性溶血、肾衰竭等。奎宁还能降低心肌收缩力,延长不应期,减慢传导,故心脏病患者慎用。孕妇禁用。

咯萘啶(malaridine)

咯萘啶能杀灭红细胞内期的裂殖体,对耐氯喹的恶性疟原虫有效。可用于治疗各种类型的疟疾,包括脑型疟。不良反应轻,部分患者口服后有轻度胃肠不适。严重心、肝、肾疾病患者慎用。

青蒿素(artemisinin)

青蒿素是我国学者从菊科植物黄花蒿和变种大头黄花蒿中提取的一种新型的倍半萜内酯类过氧化物。

【体内过程】口服吸收迅速,给药 1 小时后血药浓度达峰值。药物可全身分布,尤以肝、肾组织中药物浓度高,能透过血脑屏障。代谢与排泄快,有效血药浓度维持时间短,不易彻底杀灭疟原虫,故复发率较高,需反复给药。

【药理作用与临床应用】青蒿素能快速、有效地杀灭各种红细胞内期疟原虫,但对红细胞外期疟原虫无效。其作用机制可能与血红素或 Fe^{2+} 催化青蒿素形成自由基破坏疟原虫表膜和线粒体结构,导致虫体死亡有关。主要用于治疗间日疟和恶性疟,特别对耐氯喹虫株感染及脑型疟有良效。近年来发现疟原虫对青蒿素也出现了耐药性,与乙胺嘧啶等药物合用可延缓耐药性的产生。

【不良反应】不良反应少,偶见四肢麻木、心动过速、腹痛、腹泻等。大剂量可使动物致畸,故孕妇慎用。

知识链接

青蒿素的发现

青蒿素是从我国民间治疗疟疾的草药黄花蒿中分离出来的有效单体。它是由我国科学家于 20 世纪 60 年代中期自主研究开发并在国际上注册的为数不多的一类新药之一,被世界卫生组织评价为治疗恶性疟疾唯一真正有效的药物。青蒿素不溶于水,在油中溶解度也不大,生物利用度较低。为解决这一难题,1976 年开始,我国又陆续研制成功青蒿琥酯、蒿甲醚和双氢青蒿素等多个新药。2015 年 10 月,我国青蒿素科研团队的代表屠呦呦,因对青蒿素类抗疟药的贡献,获 2015 年度诺贝尔生理学或医学奖。

青蒿琥酯(artesunate)

青蒿琥酯是青蒿素的水溶性衍生物,可口服、静脉、肌内、直肠等多种途径给药,能杀灭红细胞内期的裂殖体,具有高效、速效、低毒等特点。主要用于耐氯喹的恶性疟及各种危重型疟疾的抢救。过量可致网织红细胞一过性降低;动物毒理实验显示有胚胎毒性作用,故妊娠早期妇女禁用。

蒿甲醚(artemether)

蒿甲醚是青蒿素的脂溶性衍生物,溶解度较大,性质稳定,可制成油注射剂肌内注射或油丸口服。其抗疟活性比青蒿素强 10~20 倍,近期复发率比青蒿素低,与伯氨喹合用可进一步降低复发率。不良反应少,偶见四肢麻木感和心动过速。动物实验大剂量用药时,曾见骨髓抑制和肝损害,并有胚胎毒性作用。

(二)主要用于控制疟疾复发和传播的药物

伯氨喹(primaquine)

伯氨喹是人工合成的 8- 氨基喹啉类衍生物。

【体内过程】口服吸收快而完全,用药后 1~2 小时血药浓度达峰值。代谢速度快,$t_{1/2}$ 约 5 小时,经肾排泄。

【药理作用与临床应用】伯氨喹对良性疟的红细胞外期及各型疟原虫的配子体均有很强的杀灭作用,是目前控制复发及传播的首选药。对红细胞内期疟原虫作用弱,对恶性疟红细胞内期疟原虫无效,因此不能控制症状发作,需与氯喹合用。疟原虫对此药很少产生耐药性。

【不良反应】本药毒性较大,使用时应更加警惕。

1. **一般反应** 治疗量可出现头晕、恶心、呕吐、腹痛等,停药后可消失。

2. **特异质反应** 少数特异质患者用药后可出现高铁血红蛋白血症或急性溶血性贫血,表现为发绀、胸闷等缺氧症状,其原因与葡萄糖 -6 磷酸脱氢酶缺乏有关。有蚕豆病病史及其家族史者禁用。

ER 40-3

技能赛点的
赛点分析

技能赛点

患者,男,31 岁,因反复寒战、高热、大汗,医生诊断为间日疟发作,处方如下,分析是否合理,为什么?

Rp:

磷酸氯喹片　　0.25g×100

Sig.　第 1 日 1g　第 2、3 日各 0.75g　p.o.

磷酸伯氨喹片　　13.2mg×100

Sig.　13.2mg　t.i.d.　p.o.　连服 7 日

(三)主要用于疟疾病因性预防的药物

乙胺嘧啶(pyrimethamine)

乙胺嘧啶是人工合成的非喹啉类抗疟药,是目前用于病因性预防的首选药。

【体内过程】口服吸收慢而完全,主要经肾排泄,排泄缓慢,$t_{1/2}$ 为 4~6 天,用药后有效血药浓度可维持 2 周。

【药理作用与临床应用】乙胺嘧啶对恶性疟及良性疟的原发性红细胞外期有抑制作用,是病因性预防的首选药。对红细胞内期的未成熟裂殖体也有抑制作用,但对已成熟的裂殖体则无效。起效慢,常需在用药后第二个无性增殖期才能显效。不能直接杀灭配子体,但含药血液随配子体被按蚊吸入后,可阻止疟原虫在蚊体内的有性生殖,起到控制传播的作用。

其作用机制是抑制疟原虫的二氢叶酸还原酶,使二氢叶酸不能还原成四氢叶酸,从而影响核酸的合成,最终导致疟原虫失去繁殖能力。与磺胺类或砜类合用,可对叶酸合成起双重阻断作用,增强疗效,减少耐药性的产生。

【不良反应】毒性低,较安全。长期大剂量服药可能干扰人体叶酸代谢,引起叶酸缺乏症或导致巨幼细胞贫血,及时停药可自行恢复。本药略带甜味,易被儿童误服而中毒,表现为恶心、呕吐、发热、发绀、惊厥甚至死亡,故应妥善保管。长期应用应检查血象。孕妇和哺乳期妇女禁用。

> **点滴积累**
>
> 1. 氯喹能杀灭疟原虫红细胞内期的裂殖体,是控制疟疾症状的首选药。
> 2. 伯氨喹对良性疟的红细胞外期及各型疟原虫的配子体均有很强的杀灭作用,是控制复发及传播的首选药。
> 3. 乙胺嘧啶对恶性疟及良性疟的原发性红细胞外期有抑制作用,是病因性预防的首选药。

第二节　抗阿米巴药及抗滴虫药

一、抗阿米巴药

阿米巴病是由溶组织阿米巴原虫引起的寄生虫病。根据感染部位的不同分为肠内阿米巴病和肠外阿米巴病。溶组织阿米巴原虫有两个发育时期:包囊时期和滋养体时期。包囊是其传播的根源,对药物不敏感;滋养体为致病因子,侵入肠壁引起急、慢性阿米巴痢疾,也可随肠壁血液或淋巴液迁移至肠外组织(肝、肺、脑等)引起肠外阿米巴病(如阿米巴肝脓肿等)。现有的抗阿米巴药(antiamebic drug)主要作用于滋养体,而对包囊无直接作用。

(一)抗肠内、肠外阿米巴药

甲硝唑(metronidazole,灭滴灵)

甲硝唑为人工合成的 5- 硝基咪唑类化合物。

【体内过程】口服吸收迅速而完全,生物利用度高,给药 1~3 小时后血药浓度达峰值,血浆蛋白结合率约 20%。体内分布广,能渗入全身组织和体液,可通过胎盘屏障和血脑屏障,脑脊液中可达有效药物浓度。有效血药浓度可维持 12 小时,$t_{1/2}$ 为 8~10 小时。主要在肝代谢,经肾排泄,部分经乳汁排泄。

【药理作用与临床应用】

1. 抗阿米巴原虫作用　对肠内及肠外阿米巴滋养体都有强大的杀灭作用,是治疗急、慢性阿米巴痢疾和肠外阿米巴病的首选药。但因甲硝唑在肠道吸收完全,在肠腔内浓度偏低,故在治疗阿米巴痢疾时用甲硝唑控制症状后,需加用抗肠内阿米巴药如卤化喹啉类等继续治疗,以减少复发。

2. 抗滴虫作用 对阴道毛滴虫有直接杀灭作用,是治疗滴虫性阴道炎的首选药。口服后可分布于阴道分泌物、精液和尿液中,故对女性和男性泌尿生殖道滴虫感染都有效,夫妇同治可提高疗效。

3. 抗厌氧菌作用 对革兰氏阴性厌氧杆菌、革兰氏阳性厌氧芽孢杆菌及所有厌氧球菌均有较强的抗菌作用,脆弱拟杆菌对其较敏感。长期应用不易导致二重感染。主要用于防治口腔、盆腔、腹腔内厌氧菌感染及败血症、气性坏疽等,是治疗厌氧菌感染的首选药。

4. 抗贾第鞭毛虫作用 为目前治疗贾第鞭毛虫感染的最有效药物,治愈率达90%。

【不良反应】一般较轻微。常见不良反应有恶心、呕吐、食欲减退、上腹部不适、腹痛、腹泻等胃肠道反应。极少数患者出现眩晕、惊厥、共济失调和肢体感觉异常等神经系统症状,一旦出现,应立即停药。可干扰乙醇代谢,导致急性乙醛中毒。此外,还可能引起过敏、白细胞减少、口腔金属味、致畸、致癌等,孕妇、哺乳期妇女禁用。

替硝唑（tinidazole）

替硝唑是甲硝唑的衍生物,其作用与甲硝唑相似,但$t_{1/2}$较长,为12~24小时。口服一次,有效血药浓度可维持72小时。对阿米巴痢疾和肠外阿米巴病有很好的疗效,毒性较低,也可用于治疗滴虫性阴道炎和厌氧菌感染。

同类药物还有尼莫唑(nimorazole)和奥硝唑(ornidazole)等,药理作用与甲硝唑相似。

(二) 抗肠内阿米巴药

二氯尼特（diloxanide）

二氯尼特是二氯乙酰胺类衍生物,常用其糠酸酯(diloxanide furoate)。

【体内过程】口服后大部分在肠腔或肠黏膜内水解,1小时后血药浓度达峰值,药物经尿液迅速排泄。

【药理作用与临床应用】口服后主要靠其未吸收部分杀灭阿米巴原虫的包囊,对于无症状或仅有轻微症状的排包囊者有良好疗效,是目前最有效的杀包囊药。对慢性阿米巴痢疾也有效,对肠外阿米巴病疗效差。

【不良反应】轻微,偶尔出现呕吐和皮疹等。大剂量时可致流产,但未见致畸作用。

卤化喹啉类

卤化喹啉类包括喹碘方(chiniofon)、氯碘羟喹(clioquinol)、双碘喹啉(diiodohydroxyquinoline)等。本类药物口服吸收较少,在肠腔中浓度较高,能有效地杀灭肠腔内的阿米巴滋养体。可用于治疗轻型、慢性阿米巴痢疾和无症状排包囊者。对急性阿米巴痢疾患者可与甲硝唑、依米丁合用,以提高根治率。对肠外阿米巴病无效。毒性较小,主要不良反应是腹泻,其次是恶心、呕吐和甲状腺轻度肿大,个别患者会产生碘过敏反应。大剂量长期应用可引起严重的视觉障碍。

(三) 抗肠外阿米巴药

依米丁 (emetine) 和去氢依米丁 (dehydroemetine)

依米丁为茜草科吐根属植物提取的异喹啉生物碱，又称吐根碱，其脱氢衍生物去氢依米丁抗阿米巴作用更强。两药对阿米巴滋养体有直接杀灭作用。依米丁刺激性很强，口服可致呕吐，只能深部肌内注射，此外对心肌有严重毒性。本药仅用于治疗病情严重而且甲硝唑疗效不佳的急性阿米巴痢疾和肠外阿米巴病。用药时需有医护人员的严密监护。

氯喹 (chloroquine)

氯喹为抗疟药，也有杀灭阿米巴滋养体的作用。口服后吸收迅速、完全，分布到肝、肺、肾、脾等的浓度比血浆浓度高数百倍，很少分布在肠壁组织，故对阿米巴肝脓肿和肺脓肿有效，而对阿米巴痢疾无效。仅用于甲硝唑无效或不宜用甲硝唑的阿米巴肝炎或肝脓肿，应同时与抗肠内阿米巴病的药物合用，以防复发。

二、抗滴虫药

滴虫病主要是由阴道毛滴虫所致的滴虫性阴道炎、尿道炎和前列腺炎，多数通过性接触而传染。目前认为甲硝唑是治疗滴虫病最有效、安全、经济的药物，也可使用其他同类药物，如替硝唑、尼莫唑、奥硝唑等。对甲硝唑耐药的滴虫感染时，可考虑改用乙酰胂胺局部给药。

ER 40-4
服用甲硝唑应禁酒

岗位情景

患者，女，33岁，已婚。近期外阴瘙痒，白带增多，质稀有泡沫，秽臭。检查见阴道及子宫颈黏膜红肿，有散在红色斑点。阴道分泌物镜检可见滴虫。诊断为：滴虫性阴道炎。医生为患者开具甲硝唑片口服，请分析选药是否合理，为什么？

ER 40-5
岗位情景的参考答案

乙酰胂胺 (acetarsol)

乙酰胂胺为五价胂剂，其复方制剂称滴维净。外用有杀灭阴道毛滴虫作用。治疗时先用低浓度 (1 ： 5 000) 的高锰酸钾溶液冲洗阴道，然后将乙酰胂胺片剂放入阴道穹窿部，直接杀灭滴虫。本药有一定的局部刺激作用，可使阴道分泌物增多。

点滴积累

甲硝唑具有抗阿米巴原虫、抗滴虫、抗厌氧菌、抗贾第鞭毛虫等作用，是这些寄生虫和细菌感染的首选药。

第三节　抗肠蠕虫药

在人类肠道寄生的蠕虫分为三大类：肠道线虫、肠道绦虫和肠道吸虫，在我国以肠道线虫感染最为普遍。抗肠蠕虫药是驱除或杀灭肠道蠕虫的药物。近年来，高效、低毒、广谱的抗肠蠕虫药不断问世，使多数肠蠕虫病都得到有效治疗和控制。

阿苯达唑（albendazole，丙硫咪唑）

【体内过程】口服吸收迅速，血药浓度较高，肝、肺等组织中均能达到很高的浓度，并能进入棘球蚴囊内。在肝脏代谢为亚砜及砜类，前者具有杀虫作用，原型药及代谢产物均排泄快，无蓄积现象。

【药理作用与临床应用】阿苯达唑具有广谱、高效、低毒的特点。对多种肠道寄生虫，如线虫类的蛔虫、蛲虫、钩虫、鞭虫和粪类圆线虫，绦虫类的猪肉绦虫、牛肉绦虫、短膜壳绦虫等的驱杀作用较强。对肠道外寄生虫病，如棘球蚴病（包虫病）、囊虫病、旋毛虫病，以及华支睾吸虫病、肺吸虫病等也有较好疗效。对于脑囊虫病也有一定治疗作用。

阿苯达唑是抗肠道线虫病的首选药。临床主要用于治疗蛔虫、钩虫、蛲虫、鞭虫单独及混合感染，疗效优于甲苯咪唑。也可治疗各种类型囊虫病、棘球蚴病等。

【不良反应】不良反应较少。常见口干、乏力、头晕、头痛、嗜睡、食欲缺乏、恶心、腹痛、腹泻等，多数可自行缓解。治疗囊虫病时，虽然用量大，疗程长，但多能耐受，主要不良反应系猪囊尾蚴解体后释放出的异体蛋白所致，可见头痛、发热、皮疹、肌肉酸痛。治疗旋毛虫病时，也可出现发热、肌痛和水肿加重等反应。本药有胚胎毒性和致畸作用，故孕妇禁用。严重肝、肾、心脏功能不全及活动性溃疡病患者慎用。

甲苯咪唑（mebendazole）

甲苯咪唑是高效、广谱抗肠蠕虫药。对多种线虫的成虫和幼虫都有杀灭作用。对蛔虫、蛲虫、钩虫、鞭虫、绦虫感染的治愈率常在90%以上，尤适用于蠕虫的混合感染。对钩虫卵、蛔虫卵和鞭虫卵均有杀灭作用，可控制传播。

本药无明显不良反应。少数患者用药后可见短暂腹痛、腹泻。大剂量时偶见转氨酶升高、脱发、粒细胞减少等。动物实验发现有致畸作用和胚胎毒性作用，故孕妇禁用。2岁以下儿童禁用。

左旋咪唑（levamisole）

左旋咪唑对多种线虫有杀灭作用，对蛔虫的作用较强。可用于治疗蛔虫、钩虫、蛲虫感染及混合感染，对丝虫病和囊虫病也有一定疗效。本药还具有增强免疫力的作用，可提高机体抗感染能力，临床适用于类风湿关节炎、红斑狼疮及肿瘤辅助治疗等。不良反应较轻且短暂，有胃肠道反应，偶见粒细胞减少、肝功能减退等。肝、肾功能不全者禁用。

哌嗪（piperazine）

哌嗪对蛔虫和蛲虫有较强的驱虫作用,临床常用其枸橼酸盐(即驱蛔灵)。主要用于驱除肠道蛔虫,可治疗蛔虫所致的不完全性肠梗阻和早期胆道蛔虫。治疗蛲虫病疗程较长,不如阿苯达唑等方便。偶见胃肠道反应,大剂量可致神经系统反应。肾脏疾病、神经系统疾病者禁用。亦不能与噻嘧啶合用,以免产生拮抗作用。

噻嘧啶（pyrantel,抗虫灵）

噻嘧啶为人工合成四氢嘧啶衍生物,为广谱驱肠虫药。口服吸收少,肠腔内浓度高。对蛔虫、蛲虫、钩虫均有较好疗效,主要用于治疗蛔虫、钩虫、蛲虫感染及混合感染。不良反应少,主要有恶心、呕吐、腹泻及头痛等。肝肾功能不全、溃疡病、心脏病患者慎用。孕妇及婴幼儿禁用。

氯硝柳胺（niclosamide）

氯硝柳胺口服几乎不吸收,肠道内药物浓度较高,对多种绦虫有杀灭作用。用于牛肉绦虫、猪肉绦虫、阔节裂头绦虫和短膜壳绦虫感染,尤其对牛肉绦虫的疗效为佳。偶见胃肠道反应。本药还可杀灭血吸虫尾蚴及毛蚴,将药物涂抹于皮肤表面可预防急性血吸虫感染。此外,本药是目前用于杀灭血吸虫中间宿主钉螺的重要药物,可用于疫区水域大面积杀螺。

吡喹酮（praziquantel）

吡喹酮为广谱抗寄生虫药,对各种吸虫和绦虫感染有效,对线虫和原虫感染无效。可作为治疗绦虫病的首选药,治愈率可达 90% 以上。对各种吸虫也有良好的杀灭作用,是治疗血吸虫病的首选药。

恩波吡维铵（pyrvinium embonate,扑蛲灵）

恩波吡维铵为青铵染料,口服不易吸收,肠道内可保持较高浓度。对蛲虫有强大驱虫作用,主要用于治疗蛲虫病。不良反应少,常见恶心、呕吐、腹痛、腹泻、眩晕等。服药后粪便呈红色,应事先告知患者。

> **点滴积累**
>
> 阿苯达唑具有广谱、高效、低毒的特点。对多种肠道线虫类和绦虫类的驱杀作用较强,是抗肠道线虫病的首选药。

复习导图

目标检测

一、简答题

1. 简述抗疟药的分类,并列举各类代表药物一例。
2. 甲硝唑的药理作用和临床应用有哪些?

习题

二、处方分析

患者,男,35 岁,既往患肝硬化,被诊断为蛔虫、钩虫混合感染,医师处方如下,请分析该处方是否合理,为什么?

Rp:

阿苯达唑片　0.2g×10

Sig.　0.4g　p.o.　顿服

甲苯咪唑片　100mg×6

Sig.　200mg　q.d.　p.o.　连服 3 日

（肖　宁）

第四十一章　抗肿瘤药

第四十一章
课件

ER 41-1

学习目标

1. **掌握**　常用抗肿瘤药的药理作用、不良反应和临床应用。
2. **熟悉**　抗肿瘤药的分类、临床用药原则。
3. **了解**　非细胞毒类抗肿瘤药的类别及常见药物。

导学情景

情景描述：

　　患者，男，46 岁，2016 年 11 月 10 日因"下腹部胀痛，排尿困难，尿线变细 3 个月"入院，明确诊断后于次日（11 日）行腹腔镜前列腺癌根治术。术后病理诊断：前列腺腺泡腺癌。出院后遵医嘱服用戈舍瑞林、比卡鲁胺，3 年后自行停药。2024 年 3 月 3 日因"前列腺癌根治术后 8 年，下腹部疼痛伴排尿 / 排便困难 2 个月，夜间痛显著"来院就诊。入院诊断：转移性激素敏感性前列腺癌伴骨 / 淋巴结转移。

学前导语：

　　前列腺癌是指发生在前列腺的上皮性恶性肿瘤。目前，70 岁以上前列腺癌发病率位居中国男性泌尿生殖系肿瘤第 1 位。手术治疗、放射治疗和化学药物治疗是现代肿瘤治疗的三大支柱。本章我们将学习常见恶性肿瘤的治疗药物。

扫一扫，
知重点

ER 41-2

　　恶性肿瘤（malignant tumor）包括癌（上皮来源）和肉瘤（间叶组织来源），广义上统称癌症（cancer），是危害人类健康的主要疾病。恶性肿瘤的治疗方法有手术治疗、放射治疗、药物治疗、内分泌治疗、免疫治疗和综合治疗等。手术治疗、放射治疗（简称放疗）和化学药物治疗（简称化疗）是现代肿瘤治疗的三大支柱。化疗不仅是血液系统肿瘤（非实体瘤）治疗的首选，也是原发性实体瘤、转移瘤的重要疗法。但化疗中存在两个主要障碍：一是传统抗肿瘤药对肿瘤细胞的选择性较差，杀伤肿瘤细胞的同时，对正常组织细胞也有不同程度的损伤，毒性反应成为化疗时药物用量受限的关键因素；二是肿瘤细胞产生耐药性，是肿瘤化疗失败的重要原因，亦是肿瘤化疗急需解决的难题。

　　抗肿瘤药的发展经历了三次革命：第一次是 20 世纪 40 年代后开始出现的细胞毒类抗肿瘤药，标志着现代肿瘤化疗的开端；第二次是 2000 年前后开始应用的分子靶向药物；第三次是近年来得到重要发展的免疫治疗药物。当前，肿瘤治疗强调以精准医疗为核心的多学科综合治疗，涵盖靶向治疗、免疫治疗等突破性手段，通过分子分型指导个体化方案。

化疗的主要临床应用

①初始化疗：对无其他有效方法治疗的晚期肿瘤患者采取的药物治疗，是治疗晚期转移性肿瘤的主要方法。化疗能治愈的小部分晚期肿瘤患者中，成人肿瘤包括霍奇金淋巴瘤、非霍奇金淋巴瘤、急性髓细胞性白血病、生殖细胞癌及绒毛膜癌，儿童肿瘤包括急性淋巴细胞白血病、伯基特淋巴瘤、肾母细胞瘤等。②辅助化疗：在根治性手术或放疗后实施，旨在清除潜在残留的微小转移病灶，降低术后复发及转移风险，临床常用于乳腺癌、结直肠癌等实体恶性肿瘤的术后辅助治疗。③新辅助化疗：在根治性手术前开展，通过缩小原发肿瘤体积以降低临床分期、提高手术切除率，并早期控制微转移，主要适用于局部晚期乳腺癌、骨肉瘤及部分食管癌等可手术转化治疗的实体肿瘤。

第一节　肿瘤生物学与抗肿瘤药的基本作用

一、肿瘤生物学基础

肿瘤发生发展是遗传因素、表观遗传改变与内外环境致癌因素共同作用的复杂过程。肿瘤的恶性生物学行为主要表现为细胞增殖失控、细胞分化障碍及逆向分化、细胞凋亡障碍和细胞侵袭与转移。几乎所有肿瘤细胞的共同特点是与细胞增殖有关的基因被开启或激活，而与细胞分化有关的基因被关闭或抑制。这种失衡导致细胞获得不受控增殖能力。因此，能够抑制肿瘤细胞增殖和/或诱导肿瘤细胞凋亡的药物均能发挥抗肿瘤作用。

细胞以分裂的方式进行增殖。肿瘤细胞从一次分裂结束开始生长，到下一次分裂结束所经历的过程是其细胞增殖周期（或细胞周期）。肿瘤细胞群由增殖细胞群、静止细胞群和无增殖能力细胞群组成。增殖细胞群是处于不断按指数分裂增殖的细胞，其生化代谢活跃，对药物敏感。按细胞内 DNA 含量变化，分为四期：DNA 合成前期（G_1 期）、DNA 合成期（S 期）、DNA 合成后期（G_2 期）、有丝分裂期（M 期）。非增殖细胞群（G_0 期细胞），又称静止细胞群，有增殖能力，但暂不进行分裂，对药物不敏感。当增殖期中的肿瘤细胞被大量杀灭后，G_0 期细胞可进入增殖期，是肿瘤复发的根源。无增殖能力细胞群不进行分裂，最后老化死亡。

细胞周期进程

细胞周期进程经历四个时相：① DNA 合成前期（G_1 期），主要为 DNA 合成做准备；② DNA 合成期（S 期），进行 DNA 复制，也合成 RNA 和蛋白质；③ DNA 合成后期（G_2 期），合成 RNA 和蛋白质，为细胞分裂做准备；④有丝分裂期（M 期）。细胞周期进程的实现依赖于各级调控因子对细胞周期精确而严密的调控。

二、抗肿瘤药的作用机制

（一）细胞毒类抗肿瘤药的作用机制

抗肿瘤药通过影响细胞周期的生化事件或细胞周期调控,对肿瘤细胞产生细胞毒作用并延缓细胞周期的时相过渡。依据药物对处于各周期(或时相)肿瘤细胞的敏感性不同,可将抗肿瘤药分为细胞周期非特异性药物(cell cycle non-specific agent,CCNSA)和细胞周期特异性药物(cell cycle specific agent,CCSA)两大类(图 41-1)。

1. 细胞周期非特异性药物 此类药物能抑制或杀灭增殖周期各时相的细胞,甚至包括 G_0 期细胞,但对终末分化或功能静止的非增殖细胞群作用较弱,如烷化剂、铂类配合物和抗肿瘤抗生素等。此类药物抗肿瘤细胞的作用较强,其杀伤作用具有明显的剂量依赖性,在机体能耐受的毒性限度内,杀伤作用随剂量增加而增强。

2. 细胞周期特异性药物 此类药物仅对处于增殖周期的某些时相的细胞敏感,对 G_0 期细胞不敏感,如主要作用于 S 期的抗代谢药、作用于 M 期的干扰微管蛋白功能药物。此类药物抗肿瘤细胞的作用较弱,其杀伤作用呈时间依赖性,需要一定的时间才能发挥作用,达到一定剂量后即使剂量再增加其作用也不会再增强。

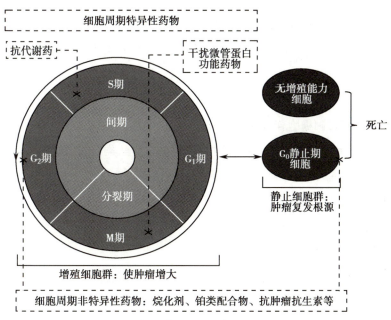

图 41-1　细胞增殖周期及药物作用示意图

（二）非细胞毒类抗肿瘤药的作用机制

随着分子水平对肿瘤发生、发展机制,细胞分化增殖和凋亡调控机制认识的深入,针对肿瘤分子病理过程的关键基因和调控分子等为靶点的治疗药物发展迅速。如调节激素平衡的某些激素或其拮抗药;抗某些与增殖相关受体的单克隆抗体;以细胞信号转导通路关键分子为靶点的酪氨酸激酶抑制药、促分裂原活化的蛋白质激酶（MAPK）信号转导通路抑制药、法尼基转移酶和细胞周期调节药；以端粒酶为靶点的抑制药；诱导肿瘤细胞凋亡的诱导药；诱导恶性肿瘤分化的分化诱导药；肿瘤新生血管生成抑制药；抑制肿瘤细胞脱落、黏附和基底膜降解的抗侵袭转移药；逆转肿瘤细胞耐药性的药物；增强放疗和化疗疗效的增敏药和免疫治疗药物等。

三、抗肿瘤药的分类

（一）按作用机制分类

1. 细胞毒类抗肿瘤药（图 41-2）

（1）影响 DNA 结构和功能的药物

烷化剂：氮芥、苯丁酸氮芥、环磷酰胺、苯达莫司汀、美法仑、塞替派、白消安、卡莫司汀、司莫司汀、洛莫司汀、六甲蜜胺、替莫唑胺、丙卡巴肼、达卡巴嗪等。

铂类配合物：顺铂、卡铂、奥沙利铂等。

抗生素类：丝裂霉素、博来霉素等。

抑制 DNA 拓扑异构酶的药物：包括 I 型拓扑异构酶抑制药——喜树碱及其衍生物，如喜树碱、羟喜树碱、伊立替康、托泊替康等；II 型拓扑异构酶抑制药——鬼臼毒素衍生物，如依托泊苷等。

（2）影响核酸生物合成的药物

二氢叶酸还原酶抑制药：甲氨蝶呤、培美曲塞、普拉曲沙等。

嘌呤核苷酸互变抑制药：阻止嘌呤类核苷酸生成的药物，如巯嘌呤、氟达拉滨、克拉屈滨等。

胸苷酸合酶抑制药：阻止嘧啶类核苷酸生成的药物，如氟尿嘧啶、替加氟、卡培他滨等。

核苷酸还原酶抑制药：羟基脲等。

DNA 聚合酶抑制药：阿糖胞苷、吉西他滨等。

（3）干扰转录过程和阻止 RNA 合成的药物：主要为抗生素类，包括放线菌素 D 和蒽环类抗生素，如多柔比星、表柔比星、柔红霉素、伊达比星、米托蒽醌等。

（4）抑制蛋白质合成与功能的药物

干扰核糖体功能的药物：高三尖杉酯碱等。

影响氨基酸供应的药物：门冬酰胺酶。

抑制微管蛋白活性，抑制有丝分裂的药物：包括抑制微管聚合的长春碱、长春新碱等；促进微管聚合的紫杉醇、多西他赛、卡巴他赛、伊沙匹隆等。

2. 非细胞毒类抗肿瘤药

（1）调节体内激素水平药物

糖皮质激素：泼尼松、泼尼松龙、地塞米松等。

雌激素及雌激素受体拮抗药：包括雌激素类，如炔雌醇、炔雌醚、戊酸雌二醇、己烯雌酚等；雌激素受体拮抗药，如他莫昔芬、托瑞米芬、氟维司群等。

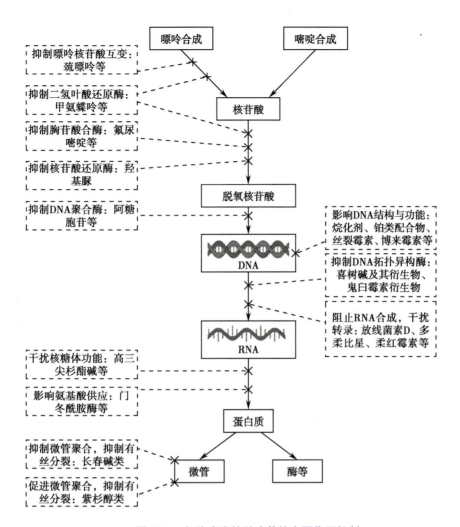

图 41-2　细胞毒类抗肿瘤药的主要作用机制

芳香化酶抑制药：氨鲁米特、福美坦、阿那曲唑、来曲唑、依西美坦等。

孕激素类：包括甲羟孕酮、甲地孕酮等。

雄激素类及抗雄激素药：包括雄激素类，如甲睾酮、丙酸睾酮、氟甲睾酮等；抗雄激素药，如氟他胺、比卡鲁胺等。

促性腺激素释放激素类：戈舍瑞林、曲普瑞林和亮丙瑞林等。

肾上腺皮质激素类抑制药：氨鲁米特。

(2) 分子靶向药物

细胞信号转导抑制药：伊马替尼、吉非替尼、埃克替尼、达沙替尼、尼洛替尼、伯舒替尼、厄洛替尼、舒尼替尼、索拉非尼等。

抗肿瘤单克隆抗体：利妥昔单抗、曲妥珠单抗、西妥昔单抗、贝伐珠单抗等。

靶向蛋白酶体小分子抑制药：硼替佐米、卡非佐米等。

(3) 肿瘤免疫治疗药物：纳武利尤单抗、帕博利珠单抗、度伐利尤单抗、伊匹木单抗、阿替利珠单抗等。

(4)新生血管抑制药：重组人血管内皮抑制素、帕唑帕尼等。

(5)细胞分化及凋亡诱导药：全反式维 A 酸、三氧化二砷等。

(二) 按药物来源和化学性质分类

1. **烷化剂**　如环磷酰胺、塞替派、白消安等。

2. **抗代谢药**　如甲氨蝶呤、巯嘌呤、氟尿嘧啶、羟基脲、阿糖胞苷等。

3. **抗肿瘤抗生素**　如丝裂霉素、博来霉素、放线菌素 D、柔红霉素、多柔比星等。

4. **抗肿瘤植物药**　如喜树碱、长春碱、紫杉醇等。

5. **激素类药**　如肾上腺皮质激素、雄激素、雌激素等。

6. **分子靶向药物**　主要有细胞信号转导抑制药如伊马替尼、吉非替尼、厄洛替尼等，单克隆抗体类如利妥昔单抗、曲妥珠单抗、西妥昔单抗，靶向蛋白酶体小分子抑制药如硼替佐米等。

7. **肿瘤免疫治疗药物**　如纳武利尤单抗、帕博利珠单抗等。

8. **其他药物**　如铂类配合物、门冬酰胺酶，新生血管抑制药重组人血管内皮抑制素等，细胞分化及凋亡诱导药全反式维 A 酸、三氧化二砷等。

四、抗肿瘤药的不良反应

多数抗肿瘤药治疗指数较小，选择性差，杀伤肿瘤细胞的同时，对正常组织细胞也有杀伤作用，特别是对增殖更新较快的骨髓、淋巴组织、胃肠黏膜上皮、毛囊和生殖细胞等正常组织损伤更明显。

1. **骨髓抑制**　骨髓抑制是肿瘤进行化疗的最大障碍之一，常表现为白细胞、血小板减少，甚至发生再生障碍性贫血。除博来霉素、门冬酰胺酶、激素类药外，多数抗肿瘤药均有不同程度的骨髓抑制。

2. **胃肠道反应**　上腹部不适、恶心、呕吐等胃肠道反应是抗肿瘤药最常见的不良反应。药物也可直接损伤消化道黏膜，引起口腔炎、胃炎、胃肠溃疡等。

3. **皮肤及毛发损害**　大多数抗肿瘤药都损伤毛囊上皮细胞，特别是甲氨蝶呤、氟尿嘧啶、环磷酰胺、丝裂霉素、博来霉素、多柔比星、长春新碱、紫杉醇等易引起脱发，用药 1~2 周后出现，1~2 个月后最明显，停药后毛发可再生。

4. **肾损害及膀胱毒性**　顺铂、甲氨蝶呤等药物可直接损伤肾小管上皮细胞，表现为血尿素氮、血清肌酐及尿酸升高。环磷酰胺等药物可引起急性出血性膀胱炎，尤其在大剂量静脉注射时易出现。门冬酰胺酶等诱发高尿酸血症。

5. **其他**　抗肿瘤药可引起不同程度的免疫功能抑制，是肿瘤患者化疗后易出现感染的重要原因。多柔比星、柔红霉素、丝裂霉素、高三尖杉酯碱等可引起心肌炎、心肌缺血、心电图改变、心力衰竭等。甲氨蝶呤、博来霉素和白消安、卡莫司汀等亚硝基脲类烷化剂等可引起肺纤维化。环磷酰胺、甲氨蝶呤、巯嘌呤、氟尿嘧啶、阿糖胞苷、长春新碱等可损伤肝细胞，引起谷草转氨酶升高、肝炎等。此外，抗肿瘤药可直接损伤正常细胞的 DNA，干扰 DNA 复制，引起基因突变。若突变发生于胚胎生长期可致畸，若突变发生于一般组织细胞则可致癌，以烷化剂最常见。

ER 41-3

化疗药物可导致口腔黏膜炎

课堂活动

患者,男,46 岁,2024 年 11 月 10 日因"下腹部胀痛、排尿困难,尿线变细 3 个月入院"入院,明确诊断后于次日(11 日)行腹腔镜前列腺癌根治术,手术顺利。术后病理诊断:前列腺腺泡腺癌。

课堂讨论:

1. 恶性肿瘤的治疗方法有哪些?

2. 抗肿瘤药的主要不良反应有哪些?

点滴积累

抗肿瘤药按作用机制分为两类,一是细胞毒类抗肿瘤药,包括影响 DNA 结构和功能、影响核酸生物合成、干扰转录过程和阻止 RNA 合成以及抑制蛋白质合成与功能的药物;二是非细胞毒类抗肿瘤药,包括调节体内激素水平药物、分子靶向药物、肿瘤免疫治疗药物、新生血管抑制药和细胞分化及凋亡诱导药等。

第二节 常用抗肿瘤药

一、烷化剂

烷化剂是一类结构中含有烷化基团的化学物质,烷化基团性质活泼,易与细胞中的功能基团如 DNA 或蛋白质分子中的氨基、羟基、巯基、羧基等起烷化作用,形成交叉联结或引起脱嘌呤,从而造成 DNA 结构和功能损伤,甚至引起细胞死亡。该类药属周期非特异性药物,但对 G_1 期和 G_2 期细胞作用较强。

环磷酰胺(cyclophosphamide,cytoxan,CTX)

【体内过程】口服吸收良好,也可静脉注射,在肝和肿瘤组织内分布浓度较高。药物主要在肝内代谢,小部分以原型从肾排泄。

【药理作用与临床应用】环磷酰胺本身无抗肿瘤活性,在体外无药理活性,需在体内先经肝微粒体酶系氧化生成醛磷酰胺,再在肿瘤细胞内分解出性质很活泼的磷酰胺氮芥,才能与 DNA 发生交叉联结,破坏 DNA 的结构和功能,抑制肿瘤细胞的生长繁殖。

本药抗瘤谱广,对恶性淋巴瘤疗效显著,对急性淋巴细胞白血病、卵巢癌、乳腺癌、多发性骨髓瘤等有一定疗效。常与其他抗肿瘤药合用,可提高疗效。还可抑制免疫,用于治疗某些自身免疫性疾病和预防器官移植的排斥反应等。

【不良反应】常见不良反应为骨髓抑制,胃肠道反应较轻,但对膀胱刺激性大,可引起出血性膀胱炎,多饮水可减轻或缓解症状。还可引起胎儿畸形、闭经、精子减少等。

塞替派(thiotepa,thiophosphoramide,TSPA)

塞替派的化学结构中含有 3 个乙撑亚胺基,活化后与肿瘤细胞 DNA 分子中的碱基结合,阻碍肿瘤细胞的分裂。本药抗瘤谱广、选择性高、毒性低,临床主要用于治疗乳腺癌、卵巢癌、膀胱癌等。主要不良反应是骨髓抑制,胃肠道反应少,局部刺激性小。

白消安(busulfan,马利兰,myleran)

白消安属磺酸酯类烷化剂,小剂量即可明显抑制粒细胞生成,为治疗慢性粒细胞白血病的首选药,对急性粒细胞白血病无效,对其他肿瘤疗效不明显。主要不良反应为骨髓抑制,个别患者可出现肺纤维化、白内障、闭经、睾丸萎缩、畸胎等。

卡莫司汀(carmustine,BCNU,卡氮芥)

卡莫司汀属亚硝基脲类烷化剂,有较强的亲脂性,易通过血脑屏障进入脑脊液,适用于脑瘤、转移性脑瘤、中枢神经系统肿瘤和恶性淋巴瘤等。主要不良反应为迟发性骨髓抑制和肺纤维化,个别患者可出现畸胎、闭经、精子缺乏、肝肾毒性等。

二、铂类配合物

本类药物主要与 DNA 上的碱基形成交叉联结,破坏 DNA 的结构和功能,阻止细胞分裂增殖,属周期非特异性药物。抗瘤谱广,对多种实体瘤有效,可用于头颈部鳞状细胞癌、卵巢癌、膀胱癌、前列腺癌、肺癌、乳腺癌等,是联合化疗的常用药物。

顺铂(cisplatin,DDP)

顺铂为二价铂与氯原子和氨分子的重金属络合物,是第一代铂类配合物。在多种实体瘤中有重要的抗肿瘤活性,特别是对睾丸癌、卵巢癌和膀胱癌等泌尿生殖系肿瘤。主要经肾脏清除,主要不良反应为肾毒性和胃肠道毒性。

卡铂(carboplatin,CBP)

卡铂为第二代铂类配合物,作用机制与抗肿瘤活性与顺铂相同;但肾毒性与胃肠道毒性较顺铂均显著减轻,主要不良反应为骨髓抑制,是卵巢癌、小细胞肺癌及头颈部癌的一线化疗药物。

奥沙利铂(oxaliplatin)

奥沙利铂为第三代新型铂类抗肿瘤药,与顺铂、卡铂无交叉耐药性;与氟尿嘧啶和亚叶酸钙联合用于治疗结直肠癌以及大肠癌的辅助治疗,并对胰腺癌、胃癌、食管癌和肝细胞肝癌也有较好的疗效。主要不良反应为神经毒性等。

三、抗代谢药

本类药物的化学结构与核酸代谢的必需物质如叶酸、嘌呤碱、嘧啶碱等相似,能竞争与酶的结合,从而以伪代谢产物的形式干扰核酸中嘌呤、嘧啶及其前体物的代谢,故称为抗代谢药。属细胞周期特异性药物,主要作用于 S 期细胞。

甲氨蝶呤(methotrexate,MTX)

【药理作用与临床应用】甲氨蝶呤的化学结构和叶酸相似,竞争性抑制二氢叶酸还原酶活性,阻断二氢叶酸还原成四氢叶酸,一碳基团携带受阻,从而阻碍 DNA 的生物合成。还可干扰 RNA 和蛋白质的合成。

ER 41-5

甲氨蝶呤抗肿瘤的作用机制

主要用于儿童急性白血病,疗效显著。常与长春新碱和巯嘌呤等药物合用,完全缓解率可达90%,但对成人急性白血病疗效差。也用于绒毛膜上皮癌、恶性葡萄胎等。对头颈部、乳腺、肺、胃肠等部位实体瘤均有疗效。此外,还可用于银屑病和类风湿关节炎的治疗。

【不良反应】主要不良反应为骨髓抑制和胃肠道反应。骨髓抑制最为突出,可致白细胞和血小板减少等。还可致肝肾损害、脱发、胎儿畸形等。

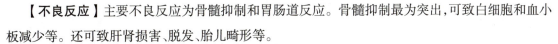

难点释疑

亚叶酸钙的药理作用

亚叶酸钙在体内直接代谢为四氢叶酸,可解除甲氨蝶呤的毒性而不降低抗肿瘤活性,即高剂量甲氨蝶呤 - 亚叶酸钙解救疗法;并用作甲氨蝶呤解毒剂。与氟尿嘧啶合用,可提高氟尿嘧啶的疗效,临床上常用于结直肠癌与胃癌的治疗。还可用于口炎性腹泻、营养不良、妊娠期或婴儿期引起的巨幼细胞贫血。

氟尿嘧啶(fluorouracil,5-FU)

氟尿嘧啶是尿嘧啶的衍生物,为抗嘧啶药物。

【体内过程】可口服,但吸收不规则,个体差异较大,多采用静脉注射给药,$t_{1/2}$ 为 10~20 分钟。在肿瘤组织中药物浓度较高,可通过血脑屏障。60% 以 CO_2 形式经肺排出。

【药理作用与临床应用】本药化学结构与尿嘧啶相似,进入体内转变为 5- 氟尿嘧啶脱氧核苷,抑制胸苷酸合酶,使脱氧胸苷酸缺乏,阻碍 DNA 生物合成。此外,其代谢产物可掺入 RNA 中,干扰 RNA 和蛋白质的合成,对 G_1、G_2 期细胞也有一定的作用。

本药对消化道癌(食管癌、胃癌、肠癌、胰腺癌、肝癌)和乳腺癌疗效显著,对卵巢癌、宫颈癌、绒毛膜上皮癌、膀胱癌也有效。

【不良反应】主要是胃肠道反应,重者可出现血性腹泻。也有骨髓抑制、脱发、共济失调等反应。偶见肝、肾损害。

巯嘌呤（mercaptopurine, 6-MP）

巯嘌呤为常用的抗嘌呤药物，结构和次黄嘌呤相似。口服吸收不完全，个体差异大，在体内转化为黄嘌呤核苷酸及硫代肌苷酸，干扰嘌呤代谢，阻碍 DNA 的合成，对 S 期细胞最敏感。此外，本药还有较强的免疫抑制作用。对儿童急性淋巴细胞白血病疗效较好，也可用于绒毛膜上皮癌、恶性葡萄胎、恶性淋巴瘤、多发性骨髓瘤、自身免疫性疾病等的治疗。主要不良反应为胃肠道反应和骨髓抑制，偶见肝、肾损害。有致畸作用，孕妇禁用。

羟基脲（hydroxycarbamide, hydroxyurea, HU）

羟基脲为核苷酸还原酶抑制药，选择性作用于 S 期细胞，阻止胞苷酸还原为脱氧胞苷酸，从而抑制 DNA 的合成。用药后使肿瘤细胞集中在 G_1 期，然后再选用对 G_1 期敏感的药物治疗或放射治疗，可提高疗效，故常作同步化疗药。主要用于慢性粒细胞白血病和黑色素瘤。不良反应为骨髓抑制和胃肠道反应等。可致畸胎，故孕妇禁用。

阿糖胞苷（cytarabine, Ara-C）

阿糖胞苷能选择性抑制 DNA 聚合酶活性，阻止细胞 DNA 生物合成；也可掺入 DNA 和 RNA 中，干扰 DNA 复制和 RNA 的功能。本药是治疗成人急性粒细胞白血病或单核细胞白血病的主要药物。主要不良反应是骨髓抑制、胃肠道反应，静脉注射可致静脉炎。

吉西他滨（gemcitabine, dFdC）

吉西他滨是一种新的胞嘧啶核苷衍生物，与其他药物联合用于卵巢癌（联合卡铂）、非小细胞肺癌（联合顺铂）、乳腺癌（联合紫杉醇）、胰腺癌的治疗，也用于膀胱癌、骨癌、宫颈癌、头颈部和肝胆肿瘤等治疗。不良反应主要有骨髓抑制、消化道毒性、泌尿系统毒性，以及皮疹、瘙痒和脱发等。

四、抗肿瘤抗生素

本类药物为微生物的代谢产物，多由微生物的培养液中提取而得。因其毒性大，不作一般抗生素用。药物可直接破坏 DNA 或嵌入 DNA 中干扰 RNA 转录，而抑制细胞分裂增殖，大部分属细胞周期非特异性药物。

丝裂霉素（mitomycin, MMC, 自力霉素）

丝裂霉素化学结构中的烷化基团可与 DNA 双链交叉联结，阻止其复制并使其断裂。抗瘤谱广，主要用于治疗实体瘤，如胃癌、结肠癌、肺癌、胰腺癌等，为治疗消化道恶性肿瘤的常用药物。主要不良反应是骨髓抑制和胃肠道反应，不宜长期应用。

博来霉素（bleomycin，争光霉素）

博来霉素为含多种糖肽的复合抗生素，能与铜或铁离子络合，使氧分子转化为氧自由基，引起DNA单链或双链断裂，阻碍DNA复制，干扰细胞分裂增殖。抗瘤谱广，作用与丝裂霉素相似，对鳞状上皮（子宫颈、阴茎、食管、头颈、口腔）癌的疗效较好，也用于淋巴瘤和睾丸癌。对骨髓抑制轻，肺毒性严重，可致间质性肺炎和肺纤维化。

放线菌素 D（dactinomycin，DACT，更生霉素）

放线菌素D为放线菌中提取到的抗肿瘤抗生素，通过直接嵌入DNA双螺旋链的碱基对中，与DNA结合成复合体，阻碍RNA聚合酶的功能，阻止RNA的生物合成，使蛋白质合成受抑制，从而抑制肿瘤细胞生长。抗瘤谱窄，可用于绒毛膜上皮癌、神经母细胞瘤、横纹肌肉瘤、肾母细胞瘤、霍奇金淋巴瘤等。与放疗联合应用，可提高肿瘤对射线的敏感性。不良反应以胃肠道反应多见，可抑制骨髓，可致畸，少数患者出现脱发、皮炎等。

柔红霉素（daunorubicin，DNR，正定霉素）

柔红霉素为蒽环类抗生素，能直接嵌入DNA分子中，破坏DNA的模板功能，阻止转录过程，抑制DNA复制和RNA合成。主要用于治疗急性淋巴细胞白血病和急性粒细胞白血病。主要不良反应为心脏毒性反应和骨髓抑制。

多柔比星（doxorubicin，ADM，阿霉素）

多柔比星为柔红霉素的衍生物，作用机制相似。属细胞周期非特异性药物，对S期和M期作用最强。抗瘤谱广，主要用于治疗耐药的急性白血病、恶性淋巴瘤及多种实体瘤（如肺癌、乳腺癌、肝癌等）。心脏毒性严重，可诱发心肌退行性病变和心肌间质水肿；还有骨髓抑制、胃肠道反应、脱发等不良反应。

五、抗肿瘤植物药

抗肿瘤植物药初始来源于植物，主要包括抑制DNA拓扑异构酶，阻断DNA复制，导致DNA断裂的喜树碱及其衍生物、鬼臼毒素衍生物，以及干扰肿瘤细胞生长所必需的蛋白质合成与功能的长春碱类、紫杉醇类和三尖杉酯碱类化合物。

（一）喜树碱及其衍生物

喜树碱（camptothecin，CPT）是从我国特有喜树中提取的生物碱，其衍生物羟喜树碱（hydroxy-camptothecin，HCPT）毒性更低。伊立替康（irinotecan，CPT-11）和托泊替康（topotecan，TPT）是新型的喜树碱人工合成衍生物。

【药理作用与临床应用】特异性抑制Ⅰ型DNA拓扑异构酶（DNA topoisomerase Ⅰ，Topo Ⅰ）的活性，干扰DNA复制与修复，属于细胞周期特异性药物，主要作用于S期，对G_2期也有影响。其衍生物(如伊立替康)目前是转移性结直肠癌和小细胞肺癌的一线用药,对胃癌(二线)、膀胱癌(灌注治疗)等也有一定疗效。托泊替康适用于初始化疗和序贯化疗失败的转移性卵巢癌患者,以及对化疗敏感的一线化疗失败的小细胞肺癌患者。伊立替康适用于晚期大肠癌患者的治疗,对骨癌、宫颈癌、胃癌、卵巢癌、小细胞肺癌等均有一定的疗效。

【不良反应】主要不良反应为骨髓抑制和胃肠道反应,也可见脱发、贫血、头痛等。

(二)鬼臼毒素衍生物

鬼臼毒素(podophyllotoxin)提取自小檗科植物鬼臼,其糖苷衍生物依托泊苷(etoposide,VP-16)和替尼泊苷(teniposide,VM-26)等已用于临床。

【药理作用与临床应用】依托泊苷和替尼泊苷主要干扰 Topo Ⅱ,使 DNA 链断裂;对 S 期和 G_2 期有较大杀伤作用,属于细胞周期特异性药物。依托泊苷与顺铂合用治疗小细胞肺癌及睾丸癌,疗效较好;替尼泊苷用于儿童白血病,特别适用于婴儿单核细胞白血病。

【不良反应】主要不良反应为骨髓抑制和胃肠道反应,大剂量可引起肝毒性。

(三)长春碱类

长春碱(vinblastine,VLB)和长春新碱(vincristine,VCR)均为从夹竹桃科植物长春花中提取的生物碱,VCR 的作用较 VLB 强。长春地辛(vindesine,VDS)和长春瑞滨(vinorelbine,NVB)均为长春碱的半合成衍生物。

【药理作用与临床应用】长春碱类属于细胞周期特异性药物,主要作用于 M 期细胞,干扰纺锤丝微管蛋白的合成,抑制微管聚合,阻碍纺锤丝的形成,使细胞有丝分裂终止。VLB 对恶性淋巴瘤疗效好,也用于绒毛膜上皮癌、急性白血病。VCR 对儿童急性淋巴细胞白血病疗效好,起效快,对恶性淋巴瘤也有效。VDS 主要用于治疗肺癌、恶性淋巴瘤、乳腺癌、食管癌和黑色素瘤等。NVB 主要用于治疗乳腺癌、肺癌、卵巢癌和恶性淋巴瘤等。

【不良反应】主要不良反应包括骨髓抑制、神经毒性、胃肠道反应、脱发及注射局部刺激等。VCR 对外周神经系统毒性大。

(四)紫杉醇类

紫杉醇(paclitaxel,PTX)为从紫杉、红豆杉中提取的二萜类化合物,多西他赛(docetaxel)、卡巴他赛(cabazitaxel)等由人工半合成得到。

【药理作用与临床应用】紫杉醇类抗肿瘤作用机制独特,通过特异性促进微管蛋白聚合,并抑制其解聚,从而阻碍纺锤体形成,影响肿瘤细胞的有丝分裂,属于细胞周期特异性药物,主要作用于 M 期。对卵巢癌、乳腺癌、肺癌作用较好,对头颈部肿瘤、膀胱癌、前列腺癌等也有一定疗效。

【不良反应】主要不良反应包括骨髓抑制、神经毒性和过敏反应等。

(五)三尖杉酯碱类

包括三尖杉酯碱(harringtonine)和高三尖杉酯碱(homoharringtonine),是从三尖杉属植物中提取得到的生物碱。可抑制蛋白质合成起始阶段,使核糖体分解,还可抑制细胞的有丝分裂;属于细胞周期非特异性药物,但对 S 期细胞作用较明显。主要用于急性粒细胞白血病,也可用于慢性粒细胞白血病、急性单核细胞白血病、恶性淋巴瘤等。不良反应主要有骨髓抑制、胃肠道反应和心脏毒性,可诱发心动过速、心肌损害等。

六、酶制剂类

门冬酰胺酶(asparaginase,ASP)

门冬酰胺酶是取自大肠埃希菌的酶制剂类抗肿瘤药,可水解血清中的天冬酰胺。天冬酰胺是细胞合成蛋白质和增殖生长的必需氨基酸,正常细胞有自身合成天冬酰胺的功能,急性白血病等肿瘤细胞无此功能。使用本药后,肿瘤细胞不能获得足够天冬酰胺,使蛋白质合成受阻,主要用于治疗急性淋巴细胞白血病。常见不良反应为胃肠道反应、精神和神经毒性、肝毒性、过敏反应等。

七、激素类药

某些肿瘤(如乳腺癌、宫颈癌、卵巢癌、前列腺癌、睾丸肿瘤、甲状腺癌)的发生与相应的激素失调有关。因此,可用激素或激素拮抗药来调整其失调的状态,抑制肿瘤的生长。本类药物无骨髓抑制作用,但滥用也会带来严重危害。

(一)肾上腺皮质激素类

肾上腺皮质激素类常用药物有泼尼松、泼尼松龙、地塞米松等。通过抑制淋巴组织,促使淋巴细胞溶解,显效快,但不持久,易产生耐药性。用于急性淋巴细胞白血病和恶性淋巴瘤,也用于慢性淋巴细胞白血病,对其他肿瘤无效。短期用药可缓解肿瘤引起的发热等症状。该类药物可抑制免疫,易引起感染和肿瘤扩散,故需合用足量有效的抗菌药和抗肿瘤药。

(二)雌激素类

临床上常用于治疗恶性肿瘤的雌激素类药是己烯雌酚(diethylstilbestrol)。可抑制下丘脑和垂体,减少雄激素的分泌,并直接对抗雄激素。现认为前列腺癌的发病与雄激素分泌过多有关,故本类药物主要用于治疗前列腺癌,也可用于绝经期乳腺癌广泛转移者。

(三)选择性雌激素受体调节药

他莫昔芬(tamoxifen,TAM)为人工合成的选择性雌激素受体调节药,兼具雌激素受体拮抗药和部分激动药的双重特性,其作用具有组织特异性,主要用于治疗乳腺癌和卵巢癌。托瑞米芬(toremifene)通过竞争性拮抗乳腺组织雌激素受体,阻遏雌激素受体阳性乳腺癌细胞增殖;同时,其对子宫内膜的雌激素激动效应较他莫昔芬更低;主要用于绝经后妇女雌激素受体阳性转移性乳腺癌的治疗。

(四)芳香化酶抑制药

本类药物通过抑制芳香化酶,减少雌激素的生物合成。多用于抗雌激素(他莫昔芬)治疗失败的绝经后晚期乳腺癌。第一代芳香化酶抑制药氨鲁米特也是肾上腺皮质激素类抑制药;第二代药物福美坦(formestane)、普洛美坦(plomestane)的选择性增强,不良反应减少;第三代药物主要包括非甾体类的阿那曲唑(anastrozole)、来曲唑(letrozole)以及甾体类的依西美坦(exemestane),对芳香化酶的抑制作用明显增强,且作用持久,选择性强,几乎不影响肾上腺皮质激素代谢。

(五) 孕激素类

临床上常用于治疗恶性肿瘤的孕激素类药物有甲羟孕酮(medroxyprogesterone)和甲地孕酮(megestrol),可通过负反馈作用,抑制腺垂体,减少黄体生成素、促肾上腺皮质激素及其他生长因子的产生。主要用于治疗乳腺癌、子宫内膜癌、前列腺癌和肾癌。

(六) 雄激素类

雄激素类常用药物有甲睾酮(methyltestosterone)、丙酸睾酮(testosterone propionate)等。雄激素可直接对抗雌激素作用,抑制垂体卵泡刺激素的分泌,减少卵巢分泌雌激素。主要用于治疗晚期乳腺癌,尤其是骨转移者疗效显著。主要不良反应为女性用药后男性化、水钠潴留等。

(七) 抗雄激素药

氟他胺(flutamide)、比卡鲁胺(bicalutamide)是口服非甾体类抗雄激素药,主要用于前列腺癌。不良反应主要有男性乳房发育、乳房触痛,胃肠道反应、肝功能异常,皮肤潮红、皮疹等。

(八) 促性腺激素释放激素类

戈舍瑞林(goserelin)、曲普瑞林(triptorelin)和亮丙瑞林(leuprorelin)为促性腺激素释放激素类药物。主要作用于垂体 - 性腺轴,通过负反馈机制抑制垂体促性腺激素释放激素的生成和释放,导致垂体分泌黄体生成素和卵泡刺激素的水平下降,进而抑制睾丸和卵巢生成睾酮和雌二醇。长期应用可使男性血清中睾酮和女性血清中雌二醇水平维持在手术去势后的水平。该类药物可用于绝经前及围绝经期晚期乳腺癌的治疗,以及前列腺癌的治疗。主要不良反应是由低雌激素引起的围绝经期综合征、骨质疏松等。

(九) 肾上腺皮质激素类抑制药

氨鲁米特(aminoglutethimide,AG,氨基导眠能)

氨鲁米特抑制肾上腺皮质激素合成的第一步,即抑制胆固醇转变为孕烯醇酮,使肾上腺皮质内甾体激素合成受阻。还可作为芳香化酶的强抑制药,使雄激素前体雄烯二酮不能转变为雌激素,阻止雌激素产生。主要用于治疗皮质醇增多症、绝经后或卵巢切除后雌激素受体或孕激素受体阳性的晚期乳腺癌。不良反应主要包括皮疹,眩晕、共济失调、眼球震颤、恶心、呕吐、腹泻,甲状腺功能减退,直立性低血压等。

岗位情景

ER 41-6

岗位情景的
参考答案

患者,男,48 岁,2024 年 3 月 3 日因"前列腺癌根治术后 8 年,下腹部疼痛伴排尿 / 排便困难 2 个月,夜间痛显著"来院就诊。疾病诊断:转移性激素敏感性前列腺癌伴淋巴结 / 骨转移。

治疗方案:①联合雄激素阻断,戈舍瑞林 + 比卡鲁胺;②辅助化疗,紫杉醇 + 卡铂。入院治疗 2 个月后,患者出院,之后几年生存情况良好。

请分析:①前列腺癌的治疗方法;②治疗药物戈舍瑞林、比卡鲁胺、紫杉醇、卡铂的药理作用与主要不良反应。

八、分子靶向药物

分子靶向药物是指以肿瘤分子病理过程的关键调控分子为靶点,选择性干预肿瘤细胞的过度增殖、浸润和转移的抗肿瘤药。相较传统细胞毒性药物选择性差、毒副作用强、易产生耐药性等特点,分子靶向药物在相应的肿瘤治疗中表现出较好疗效且毒性反应较轻、耐受性好的特点。但并非所有肿瘤都具有靶点或靶向药物,故分子靶向药物还不能完全取代传统细胞毒性药物,多为两者联合应用。此外,肿瘤细胞携带的靶点在治疗前、后的表达和突变往往决定分子靶向药物的疗效和疾病预后,因此对该类药物的个体化治疗提出更高要求。

ER 41-7

抗肿瘤药的
主要不良
反应

(一) 细胞信号转导抑制药

细胞信号转导是一种细胞内信号传递过程,将细胞外的信号转化成细胞内的反应,实现细胞的生长和分化。如果细胞信号转导出现异常,会导致增殖失控或凋亡受抑,从而促进肿瘤的形成。细胞信号转导抑制药通过影响细胞信号转导途径来阻碍肿瘤细胞的生长和增殖,其中代表药物是酪氨酸激酶抑制药(TKI),主要通过以下途径实现抗肿瘤作用:抑制肿瘤细胞的损伤修复,使细胞分裂阻滞在某一时相,诱导和维持细胞凋亡,抗新生血管生成等。

伊马替尼(imatinib)

伊马替尼是酪氨酸激酶的特异性抑制药,开创了通过抑制肿瘤细胞增殖信号转导通路达到抗肿瘤治疗的新途径。主要用于慢性粒细胞白血病、恶性胃肠道间质肿瘤和生物标志物阳性的急性淋巴细胞白血病的治疗。主要不良反应有胃肠道反应、肌肉痉挛、水肿、头痛、头晕等。

吉非替尼(gefitinib)

吉非替尼是选择性表皮生长因子受体(epidermal growth factor receptor,EGFR 或 human epidermal growth factor receptor 1,HER1)酪氨酸激酶抑制药,主要用于晚期或转移的非小细胞肺癌二线治疗。主要不良反应有消化道反应和丘疹、瘙痒等皮肤症状,偶见致死性间质性肺炎。

厄洛替尼(erlotinib)

厄洛替尼是 EGFR 酪氨酸激酶抑制药。可适用于两个或两个以上化疗方案失败的局部晚期或转移的非小细胞肺癌的三线治疗。不良反应与吉非替尼类似。

(二) 抗肿瘤单克隆抗体

抗肿瘤单克隆抗体作用机制主要有以下几种方式:直接靶向肿瘤细胞表面抗原,抑制或杀灭肿瘤细胞;调节宿主免疫反应,增强机体对肿瘤细胞的抵抗作用;向肿瘤细胞靶向输送细胞毒成分。

利妥昔单抗(rituximab)

利妥昔单抗是一种人鼠嵌合性单克隆抗体,能特异地与跨膜抗原 CD20 结合。临床主要用于联合治疗非霍奇金淋巴瘤以及类风湿关节炎。主要不良反应有疼痛、直立性低血压、心律失常、呼吸道疾病、外周水肿等。

曲妥珠单抗（trastuzumab）

曲妥珠单抗是 DNA 重组人源化单克隆抗体。临床用于治疗人表皮生长因子受体 2（HER2）度表达的转移性乳腺癌、已接受过 1 个或多个化疗方案的转移性乳腺癌等。不良反应主要有腹痛、胸痛、肌肉痛、水肿、消化道反应、神经系统反应等。

西妥昔单抗（cetuximab）

西妥昔单抗是针对 EGFR 的单克隆抗体。主要与伊立替康合用治疗转移性结直肠癌。主要不良反应为头痛、结膜炎、呼吸系统反应、胃肠道反应、皮肤反应、输液反应以及过敏反应等。

贝伐珠单抗（bevacizumab）

贝伐珠单抗是重组人源化抗血管内皮生长因子（VEGF）单克隆抗体，通过靶向阻断 VEGF-A/VEGFR 通路，抑制肿瘤血管生成及通透性，降低血供与转移风险。临床主要联用治疗转移性结直肠癌、转移性非鳞状非小细胞肺癌、转移性肾细胞癌、复发性胶质母细胞瘤等。常见不良反应有高血压、疲劳或乏力、腹泻和腹痛，严重药物不良反应有胃肠道穿孔、出血、动脉血栓栓塞。

（三）靶向蛋白酶体小分子抑制药

泛素 - 蛋白酶体系统（ubiquitin-proteasome system，UPS）是细胞内蛋白质修饰和降解的主要系统，广泛参与肿瘤的发生发展。蛋白酶体在肿瘤细胞中的表达通常升高，与细胞周期的快速推进和肿瘤细胞高度增殖密切相关，可能与 UPS 对多种细胞周期抑制因子的降解增强有关。

硼替佐米（bortezomib）

硼替佐米是由亮氨酸、苯丙氨酸和吡嗪酰胺组成的三肽化合物，其中亮氨酸的羧基由硼酸基取代，硼酸基在硼替佐米的抗肿瘤中发挥重要作用。硼替佐米可特异性地抑制蛋白酶体 26S 亚基的活性，阻止某些特异性蛋白质尤其是抑癌因子的降解，从而抑制肿瘤生长。对多种肿瘤细胞均显示出明显抑制作用，但对多发性骨髓瘤的疗效最好。不良反应主要是外周神经病变和外周神经痛，以及骨髓抑制、疲劳、乏力、恶心、呕吐等。

九、肿瘤免疫治疗药物

肿瘤免疫治疗药物可激发和增强机体抗肿瘤免疫应答，提高肿瘤细胞对效应细胞杀伤的敏感性。其中具有代表性的是"程序性死亡受体 1（programmed death-1，PD-1）抑制药"和"程序性死亡受体配体 1（programmed death-ligand 1，PD-L1）抑制药"。PD-1 和 PD-L1 抑制药（抗体）作为免疫检查点抑制药，通过阻断 PD-1 与 PD-L1 的结合，重新激发 T 细胞杀伤肿瘤细胞的功能。

纳武利尤单抗（nivolumab）

纳武利尤单抗是 PD-1 抑制药，主要用于局部晚期或转移性非小细胞肺癌、复发性或转移性头颈部鳞癌、晚期胃腺癌和胃食管连接部腺癌。不良反应有疲劳、皮疹、瘙痒、腹泻、恶心等。

帕博利珠单抗（pembrolizumab）

帕博利珠单抗是 PD-1 抑制药，主要用于黑色素瘤、非小细胞肺癌、局部晚期或转移性非小细胞肺癌、转移性肺鳞癌。不良反应有疲劳、肌肉骨骼疼痛、肌肉酸痛、胃肠道反应、皮肤反应、咳嗽、呼吸困难等。

度伐利尤单抗（durvalumab）

度伐利尤单抗与肿瘤细胞或肿瘤浸润免疫细胞上表达的 PD-L1 结合，解除 T 细胞功能抑制，重新激发 T 细胞杀伤肿瘤细胞的功能。主要用于治疗非小细胞肺癌。不良反应有咳嗽、非感染性肺炎、呼吸困难、腹泻、腹痛、甲状腺功能减退、皮疹、瘙痒、疲劳、发热等。

十、其他抗肿瘤药

（一）新生血管抑制药

重组人血管内皮抑制素（rh-endostatin）

重组人血管内皮抑制素是内源性肿瘤新生血管抑制药，通过抑制形成血管的内皮细胞迁移来达到抑制肿瘤新生血管的生成，阻断肿瘤细胞的营养供给，从而达到抑制肿瘤增殖或转移目的，同时克服耐药性的产生。该药联合化疗主要用于晚期非小细胞肺癌。

（二）细胞分化及凋亡诱导药

细胞分化贯穿高等生物个体发育全过程，是多细胞生物最基本的生命特征。肿瘤的发生及恶性程度与细胞分化的异常密切相关，肿瘤细胞常表现出低分化或去分化的趋势。

全反式维 A 酸（all-trans-retinoic acid，ATRA）

全反式维 A 酸是体内维生素 A 的代谢产物。作用靶点主要是急性早幼粒细胞白血病（APL）的早幼粒细胞白血病蛋白 - 维甲酸受体 α 融合蛋白，能诱导 APL 白血病细胞向成熟正常细胞的方向进行分化，对 APL 具有显著疗效。

主要用于急性早幼粒细胞白血病的治疗。不良反应主要为厌食、恶心、呕吐，头痛、关节痛，肝损害、皮炎等，可致畸，孕妇禁用。

三氧化二砷（arsenic trioxide）

三氧化二砷是细胞凋亡诱导药，通过降解 PML-RAR α 融合蛋白、下调 bcl-2 基因表达等诱导

常用抗肿瘤药的主要临床应用

白血病细胞凋亡。与全反式维 A 酸和其他抗肿瘤药无交叉耐药现象。主要用于急性早幼粒细胞白血病的治疗。不良反应主要有疲劳、肝功能异常、可逆性血糖升高等。可引起 Q-T 间期延长,治疗期间应密切监察。

> **点滴积累**
>
> 抗肿瘤药物的不良反应具有显著差异性和剂量依赖性。细胞毒类药物(如紫杉醇、顺铂)最常见急性毒性为骨髓抑制(中性粒细胞减少为主)、胃肠道反应(恶心、呕吐、腹泻)及脱发;靶向治疗则多导致皮肤毒性(皮疹)和高血压。长期用药需警惕特定风险:烷化剂可能诱发第二原发肿瘤(发生率 1%~5%),铂类可致不育,妊娠期用药有明确致畸作用。

第三节　抗肿瘤药临床用药原则

为提高疗效、降低毒性及延缓耐药性的产生,临床上常根据抗肿瘤药的作用机制和细胞增殖动力学,设计合理的用药方案。抗肿瘤药的临床用药基本原则如下:

1. 依据精准治疗原则,制订个体化治疗方案　依据抗肿瘤药的抗瘤谱用药,如消化道腺癌宜用氟尿嘧啶、环磷酰胺、丝裂霉素等,鳞癌可用博来霉素、甲氨蝶呤等。通过下一代测序(next-generation sequencing,NGS)技术分析肿瘤基因变异,可精准指导靶向治疗药物的选择。如检测到 EGFR 基因敏感突变的患者,使用第三代 EGFR 靶向药奥希替尼治疗,可显著延长无进展生存期并克服部分耐药问题。

2. 依据细胞增殖动力学规律用药　设计细胞周期非特异性药物和细胞周期特异性药物的序贯疗法,可驱动更多 G_0 期细胞进入增殖周期,以增强杀灭肿瘤细胞作用。针对增长缓慢的实体瘤,先用细胞周期非特异性药物,再用细胞周期特异性药物。相反,对于增长快速的肿瘤如急性白血病等,则先用细胞周期特异性药物,再用细胞周期非特异性药物。

3. 依据抗肿瘤药的作用机制用药　不同作用机制的抗肿瘤药联合应用,可增强疗效。将抑制核酸合成的药物与直接损伤生物大分子的药物配合,可阻止 DNA 的修复,如多柔比星与环磷酰胺的合用。免疫联合方案中 PD-1 抑制剂(如帕博利珠单抗)激活 T 细胞攻击肿瘤,而抗血管生成药(如贝伐珠单抗)可改善肿瘤微环境,两者产生协同增效,减少耐药性的发生,是肝癌、肾癌、子宫内膜癌等实体瘤治疗的重要突破。

4. 依据抗肿瘤药的毒性用药　一般选用毒性不同的药物合用,既可增强疗效,又可避免毒性增加,甚至可减轻毒性反应。多数抗肿瘤药可抑制骨髓,而长春新碱、博来霉素、激素类药物则无明显抑制骨髓作用,可以考虑与其他药物联合使用。

技能赛点

患者,男,48 岁,体重 70kg,体表面积 1.8m²。2016 年前列腺癌根治术后,2024 年 1 月复发。诊断为转移性激素敏感前列腺癌伴骨 / 淋巴结转移入院。

请分析如下医嘱(患者拒绝多西他赛,选择临床试验方案)是否合理? 为什么?

1. 卡铂注射液 550mg(AUC 5×[85+25])+ 5% 葡萄糖注射液 500ml i.v.gtt.(持续 1 小时)。

2. 紫杉醇脂质体注射液 315mg(175mg/m² × 1.8m²)+ 5% 葡萄糖注射液 500ml i.v.gtt.(持续 3 小时,第 1 天)。

【备注】使用非聚氯乙烯(PVC)输液器,输注中监测血压、血氧饱和度(SpO₂)。

技能赛点的
赛点分析

5. 给药方法的设计 由于大剂量一次用药所杀灭的肿瘤细胞数远超过将该剂量分为数次小剂量用药所能杀灭肿瘤细胞数之和,并且大剂量一次比小剂量数次用药更有利于造血系统和胃肠道等正常组织修复。因此,无论是联合用药还是单药治疗,一般采用大剂量间歇疗法。大剂量间歇疗法可大量杀灭肿瘤细胞,减少耐药性产生,且间歇期可诱导 G_0 期细胞进入增殖期,减少肿瘤复发机会,并有利于机体造血系统及免疫功能的恢复。

6. 全程监测和动态调整 在治疗过程中需要定期评估效果,及时调整方案。通过影像学检查、血液检测等手段监测肿瘤变化,发现耐药迹象时及时更换药物。同时要密切观察药物副作用,根据患者耐受程度调整用药剂量和方案,确保治疗安全有效。

点滴积累

临床上常根据抗肿瘤药的作用机制和细胞增殖动力学,设计合理的用药方案;一般采用大剂量间歇疗法。

复习导图

目标检测

一、简答题

1. 根据药物作用机制,抗肿瘤药可分为哪几类?

2. 简述抗肿瘤药常见的不良反应。

二、案例分析

患者,男,65 岁,诊断:NK/T 细胞淋巴瘤,伴糖尿病、哮喘、全身广泛带状疱疹,采用联合化疗 L-GEMOX 方案,即:门冬酰胺酶 + 吉西他滨 + 奥沙利铂。请分析以上化疗方案是否合理,为什么?

习题

(涂丽华)

第四十二章　免疫功能调节药

第四十二章
课件

扫一扫，
知重点

学习目标

1. **掌握**　常用免疫抑制药的药理作用、主要临床应用和不良反应。
2. **熟悉**　常用免疫增强药的药理作用、主要临床应用和不良反应。
3. **了解**　免疫抑制药、免疫增强药的作用机制。

导学情景

情景描述：

　　患者，女，67岁，20年前无明显诱因出现多关节肿痛，累及双手、足小关节及双腕、双肘、双膝，伴晨僵，诊断为类风湿关节炎。关节肿痛加重半年收入院。

学前导语：

　　类风湿关节炎是一种病因未明的慢性、以炎性滑膜炎为主的自身免疫性疾病。自身免疫性疾病是指机体对自身抗原发生免疫反应而导致自身组织损害所引起的疾病，免疫抑制药对本类疾病具有一定的疗效。本章我们将学习常用的免疫功能调节药。

　　影响免疫功能的药物是一类通过影响免疫应答和免疫病理反应，进而防治机体免疫功能异常所致疾病的药物。在恶性肿瘤、自身免疫性疾病、免疫缺陷病、器官移植排斥、慢性感染性疾病的治疗中具有重要意义。影响免疫功能的药物主要有两大类：用于治疗器官移植排斥反应和自身免疫性疾病的免疫抑制药（immunosuppressive drug）及用于治疗感染或肿瘤所致的免疫功能减退的免疫增强药（immunopotentiating drug）。

知识链接

移植排斥反应

　　移植排斥反应是指受者进行同种异体组织或器官移植后，外来的组织或器官等移植物作为一种"异己成分"被受者免疫系统识别，后者发起针对移植物的攻击、破坏和清除的免疫学反应。排斥反应的发生原因主要是受体和移植物的人类白细胞抗原（HLA）不同。发生机制包括细胞免疫和体液免疫两个方面。临床最常见的急性排斥反应主要由细胞免疫介导，而超急性排斥反应和慢性排斥反应主要由体液免疫介导。

一、免疫抑制药

免疫抑制药是对机体的免疫反应具有抑制作用的药物,能抑制免疫细胞(T细胞、B细胞和巨噬细胞等)的增殖和功能,或影响抗体形成,从而抑制免疫反应(图 42-1)。主要用于器官移植排斥反应,自身免疫性疾病如类风湿关节炎、系统性红斑狼疮、炎症性肠病和 1 型糖尿病等的治疗。

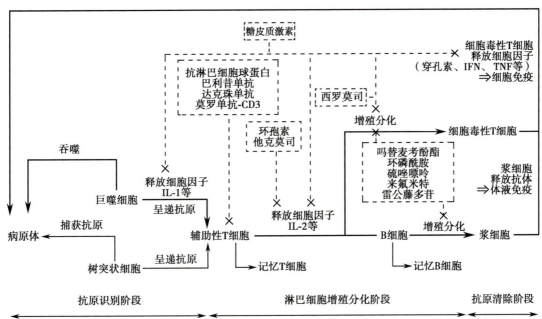

IL-1,interleukin-1,白细胞介素 -1;IL-2,interleukin-1,白细胞介素 -2;IFN,interferon,干扰素;TNF,tumor necrosis factor,肿瘤坏死因子。

图 42-1　免疫抑制药的作用机制示意图

> **知识链接**
>
> ### 免疫系统
>
> 免疫系统是阻止病原体入侵最有效的武器,它能发现并清除异物、外来病原微生物等引起内环境波动的因素。
>
> 免疫反应是机体对抗原刺激的特定反应,能够识别并清除致病微生物和异常细胞,保护机体免受疾病的侵害。免疫反应可分为非特异性免疫反应和特异性免疫反应。非特异性免疫反应构成人体防卫功能的第一道防线,并协同和参与特异性免疫反应。特异性免疫反应可表现为正常的生理反应、异常的病理反应以及免疫耐受。根据介导免疫反应的细胞类型不同,特异性免疫反应又分为细胞免疫反应(T细胞介导)和体液免疫反应(B细胞介导)。
>
> 当免疫功能异常时,可引起免疫病理反应,主要有变态反应、自身免疫性疾病、免疫缺陷病和免疫增殖病。

(一)免疫抑制药的分类

1. 肾上腺皮质激素类药物,如泼尼松、甲泼尼龙等。

2. 钙调磷酸酶抑制药(神经钙蛋白抑制药),如环孢素、他克莫司等。

3. 抗增殖与抗代谢药,如吗替麦考酚酯、硫唑嘌呤、来氟米特等。

4. 哺乳类雷帕霉素靶分子抑制药,如西罗莫司等。

5. 抗体制剂,如抗淋巴细胞球蛋白、巴利昔单抗、达克珠单抗等。

6. 其他类,如雷公藤多苷等。

难点释疑

免疫抑制药的作用特点

1. 选择性差。多数免疫抑制药同时抑制病理免疫反应和正常免疫反应、细胞免疫和体液免疫。

2. 对初次和再次免疫应答的抑制强度不同。抑制初次免疫应答反应作用强,抑制再次免疫应答作用较弱。

3. 不同类型的免疫病理反应对免疫抑制药的敏感程度不同。如Ⅰ型超敏反应对细胞毒类药物不敏感,因为此类药物对已形成的IgE无效。

4. 不同类型的免疫抑制药对免疫病理反应的作用阶段不同。给药时应选择最佳给药时间。如硫唑嘌呤在抗原刺激后24~48小时给药,抑制作用最强,因为该药主要影响增殖期的淋巴细胞;糖皮质激素在抗原刺激前24~48小时给药,免疫抑制作用最强,可能与其干扰抗原识别有关。

5. 多数免疫抑制药具有非特异性抗炎作用。

(二)应用原则

1. 基本用药原则　在有效性前提下,尽量减少毒副作用。

2. 联合用药　一般采取免疫抑制药联合用药,利用免疫抑制药之间的协同作用,增强药物的免疫抑制效果,同时减少各种药物剂量,降低其毒副作用。

3. 个体化用药　制订个体化用药方案,即根据不同的个体,或同一个体不同时段,以及个体对药物适应性和毒副作用,调整用药种类和剂量。并对某些药物(如环孢素、他克莫司等)监测血药浓度,以便及时调整剂量。

4. 避免过度使用免疫抑制药以减少免疫功能降低导致感染、肿瘤的发生。

岗位情景

ER 42-3

岗位情景的
参考答案

患者,女,67岁,20年前无明显诱因出现多关节肿痛,累及手足小关节及双腕、双肘、双膝关节,伴晨僵,诊断为类风湿关节炎。肿痛加重半年收入院。疾病诊断:类风湿关节炎,中度贫血。

治疗方案:使用来氟米特片联合醋酸泼尼松片、柳氮磺吡啶肠溶片、美洛昔康胶囊、枸橼酸铋雷尼替丁胶囊治疗。治疗周期10天。患者经过药物治疗后,关节肿痛情况缓解,晨僵减轻。

请分析:治疗药物的分类、主要临床应用与不良反应。

(三) 常用免疫抑制药

1. 肾上腺皮质激素类药物　详见第二十八章肾上腺皮质激素类药物。

肾上腺皮质激素对多个免疫环节均有抑制作用。可抑制抗原识别阶段巨噬细胞吞噬和处理抗原的能力;在增殖期抑制T细胞增殖及T细胞依赖性免疫功能;在抗原清除阶段抑制多种细胞因子生成,减轻免疫炎症反应。本类药物主要通过抑制IL-2基因的转录,使T细胞的增殖受到抑制,从而发挥免疫抑制的作用。主要用于对抗器官移植的排斥反应和自身免疫性疾病。

2. 钙调磷酸酶抑制药

环孢素(cyclosporin)

环孢素又名环孢菌素A(cyclosporin A,CsA),是从真菌代谢产物中提取得到的由11个氨基酸组成的环状多肽,现可人工合成。

【体内过程】可口服,也可静脉给药。口服吸收慢,个体差异大,分布广泛,$t_{1/2}$为14~17小时。主要经肝脏代谢,通过胆汁排泄,可形成肝肠循环。

【药理作用与临床应用】免疫抑制作用强,毒性小。主要是选择性作用于T淋巴细胞活化早期,抑制辅助性T细胞产生细胞因子如IL-2。也可抑制淋巴细胞生成干扰素,对免疫介导的炎症反应也有抑制作用。对B细胞抑制作用弱,对巨噬细胞和粒细胞影响小,故一般不影响机体的防御能力。

主要用于防治器官移植的排斥反应,也用于自身免疫性疾病,如系统性红斑狼疮、类风湿关节炎等。

【不良反应】最常见的不良反应是肾毒性,表现为肾小球滤过率下降、血肌酐升高,停药后可恢复。有肝毒性,可见转氨酶升高、黄疸等,用药期间应监测肝功能。此外,还可出现胃肠道反应、水电解质紊乱、精神异常等。

他克莫司(tacrolimus,FK-506)

他克莫司为新一代真菌肽类,结构似红霉素,作用与环孢素相似但更强。口服吸收快,生物利用度为25%,可分布于全身,经肝脏代谢,经肠道排泄。主要用于肝、肾移植后的排斥反应和自身免疫性疾病。治疗量时不良反应较少,大剂量时也可产生肾毒性和神经毒性反应。应避免与两性霉素B、氨基糖苷类抗生素等合用。

3. 抗增殖与抗代谢药

吗替麦考酚酯(mycophenolate mofetil,MMF)

吗替麦考酚酯又称霉酚酸酯,是霉酚酸的2-乙基酯类衍生物,具有独特的免疫抑制作用和较高的安全性。吗替麦考酚酯是前药,口服后在体内迅速水解为活性代谢产物霉酚酸,而发挥免疫抑制作用。可高效、选择性、可逆性地抑制机体细胞合成嘌呤核苷酸的从头合成途径中的限速酶肌苷-磷酸脱氢酶Ⅱ的活性,从而抑制T细胞和B细胞的增殖反应。治疗量可快速抑制单核巨噬细胞的增殖,减轻炎症反应,且抑制作用完全可逆。此外,具有抑制血管平滑肌细胞和系膜细胞增殖的作用,对缓解肾小球疾病有治疗意义。主要用于肾脏移植和其他器官移植,能显著减少排斥反应的发生。与环孢素、硫唑嘌呤等相比,较少发生骨髓抑制、肝毒性、肾毒性。其常见不良反应是胃肠道反应、血液系统的损害、机会感染和诱发肿瘤等。

环磷酰胺(cyclophosphamide,CTX)

环磷酰胺可明显抑制机体对各种抗原引起的免疫反应,对 B 细胞和 T 细胞均有很强的细胞毒作用。作用强而持久,可口服。常用于糖皮质激素不能控制的自身免疫性疾病,如类风湿关节炎、系统性红斑狼疮等,也可用于抑制器官移植后的排斥反应。不良反应有骨髓抑制、胃肠道反应等。

硫唑嘌呤(azathioprine,AZA)

硫唑嘌呤属于抗代谢药,在体内转变为巯嘌呤发挥作用,能干扰嘌呤生物合成,进而抑制DNA、RNA 和蛋白质的合成而发挥作用,还可产生细胞毒作用。对 T 细胞抑制作用强,对 B 细胞抑制作用较弱。主要用于治疗自身免疫性疾病和抑制器官移植的排斥反应。

| 知识链接 |

免疫抑制药的合理使用

免疫抑制药对人体的正常免疫功能均有负面影响,免疫抑制药如果使用得当,可以适当降低机体对移植器官的免疫反应性,减少或避免排斥反应的发生,使移植器官发挥其相应功能,从而维持受者生命,恢复正常的生活。如果使用不当,一方面会过度抑制机体免疫反应性,引起各种严重的甚至致死性的感染或肿瘤;另一方面,免疫抑制药对机体及移植器官本身具有毒性作用,会造成相应的器官功能障碍或移植器官丧失功能,导致患者死亡。各器官移植中心经过数十年的临床经验积累,总结制订了不同的治疗方案。

目前采用最多的二联治疗方案为:CsA+Pred(泼尼松),FK-506+Pred 等;三联治疗方案为:CsA+Cellcept(吗替麦考酚酯)+Pred,CsA+AZA+Pred,FK-506+Cellcept+Pred 等。

来氟米特(leflunomide)

来氟米特的活性代谢产物可抑制二氢乳清酸脱氢酶活性,阻断嘧啶合成;通过影响细胞内DNA、RNA 合成,使淋巴细胞增殖停止;不仅有免疫抑制作用,还有明显的抗炎作用;半衰期较长,可引起机体蓄积毒性。主要用于治疗类风湿关节炎、移植排斥反应及其他自身免疫性疾病。不良反应少,主要有腹泻、瘙痒、可逆性肝转氨酶活性升高、脱发、皮疹等。

4. 哺乳类雷帕霉素靶分子抑制药

西罗莫司(sirolimus,雷帕霉素,rapamycin)

西罗莫司为大环内酯类免疫抑制药,结构与他克莫司相似,但作用机制不同。西罗莫司与循环血中的免疫亲和 FK506 结合蛋白 12(FK506-binding protein 12,FKBP12)形成复合物,阻止哺乳类雷帕霉素靶蛋白的作用,导致白介素驱动的 T 细胞增殖受抑制。该药主要用于肾脏移植预防移植器官排斥反应。不良反应主要为骨髓抑制、肝毒性、腹泻、高甘油三酯血症、肺炎、头痛等。

5. 抗体制剂

抗淋巴细胞球蛋白(antilymphocyte globulin,ALG)

抗淋巴细胞球蛋白是采用人的淋巴细胞作为免疫原,免疫马、兔等动物后,从动物血清中分离制得的抗人淋巴细胞的免疫球蛋白,制品需冻干保存。现可用单克隆抗体技术生产。本药可与淋巴细胞结合,在补体的共同作用下,使淋巴细胞裂解,从而抑制机体免疫功能。临床主要用于抑制器官移植的排斥反应,对自身免疫性疾病也有一定疗效,如系统性红斑狼疮、肾小球肾炎、类风湿关节炎、重症肌无力等。但该药过敏反应发生率高,仅在其他免疫抑制药无效时应用。

达克珠单抗(daclizumab)

达克珠单抗是人源性 IL-2R α 单克隆抗体。临床上多用于防止肾移植后急性排斥反应,且治疗效果较好。因所具有的人源性特点,过敏反应和首剂反应极少发生,不良反应偶见淋巴细胞增殖障碍。

6. 其他类

雷公藤多苷(tripterygium wilfordii multiglucoside)

雷公藤多苷是一种新型免疫抑制药。免疫作用多样,而且独特,其能够诱导活化的淋巴细胞凋亡,抑制淋巴细胞增殖,抑制 IL-2 和核因子 κB 等。可单独或与激素及其他免疫抑制药联合应用于多种自身免疫性疾病的治疗。不良反应较多,停药后多可恢复,主要有胃肠道反应,白细胞、血小板减少,月经紊乱及精子减少等。

知识链接

免疫抑制药的不良反应

由于免疫抑制药的选择性差和非特异性作用,该类药物可导致患者抗感染能力下降,损伤造血系统、免疫系统,以及肝、肾、消化道功能,造成神经和内分泌系统功能紊乱,并引发某些过敏反应等。

技能赛点

患者,女,67 岁,20 年前无明显诱因出现多关节肿痛,累及双手、足小关节及双腕、双肘、双膝,伴晨僵,诊断为类风湿关节炎。关节肿痛加重半年收入院。

请分析如下初始治疗方案是否合理,为什么?

Rp:

醋酸泼尼松片　5mg×100

　Sig.　60mg　q.d.　p.o.

来氟米特片　　10mg×20

Sig.　10mg　t.i.d.　p.o.

柳氮磺吡啶肠溶片　　0.25g×20

Sig.　1g　b.i.d.　p.o.

美洛昔康胶囊　　7.5mg×15

Sig.　15mg　q.d.　p.o.

枸橼酸铋雷尼替丁胶囊　　0.2g×14

Sig.　0.4g　b.i.d.　p.o.

技能赛点的
赛点分析

二、免疫增强药

免疫增强药主要用于增强机体的抗肿瘤作用、抗感染能力,纠正免疫缺陷。此类药物能激活一种或多种免疫活性细胞,增强机体特异性和非特异性免疫功能,使低下的免疫功能恢复正常。或具有佐剂作用,增强与之合用的抗原的免疫原性,加速诱导免疫应答;或替代体内缺乏的免疫活性成分,产生免疫代替作用;或对机体的免疫功能产生双向调节作用,使过高或过低的免疫功能趋于正常。

卡介苗(bacillus Calmette-Guérin vaccine, BCG)

卡介苗又称结核菌苗,是牛型结核分枝杆菌的减毒活菌苗。该药为非特异性免疫增强药,具有免疫佐剂作用,能增强抗原的免疫原性,加速诱导免疫应答,提高细胞和体液免疫功能;增强巨噬细胞的吞噬活性、趋化性,增强溶菌酶的活力。除用于预防结核外,主要用于多种肿瘤的辅助治疗,如急性白血病、黑色素瘤和肺癌等,尤其是对浅表性膀胱癌有肯定的疗效。不良反应较多,注射局部可见红斑、硬结和溃疡,亦可出现寒战、高热、全身不适等,剂量大可降低免疫功能,甚至促进肿瘤的生长。

知识链接

卡介苗

卡介苗是一种经过特殊方法处理过的、活的无毒的结核分枝杆菌制成的疫苗。它是由两位法国科学家卡氏和介氏发明的,人们为了纪念他们,故将这种疫苗称之为卡介苗。接种卡介苗可使人体产生对抗结核分枝杆菌的特异性免疫力,防止结核分枝杆菌感染时在人体内发生血行播散,减少结核病尤其是粟粒性结核和结核性脑膜炎等重症结核的发生。因此,接种卡介苗对结核病的预防,尤其是预防儿童结核病非常有效。接种卡介苗已被列为国家计划免疫疫苗之一,卡介苗接种的主要对象是新生儿,一般新生儿出生后立即接种,因此常被称为"出生第一针"。

左旋咪唑（levamisole, LMS）

左旋咪唑是一种口服有效的免疫增强药。可使受抑制的巨噬细胞和 T 细胞的功能恢复正常，对正常人的抗体影响小，但能促进免疫功能减退者生成抗体。主要用于治疗免疫功能减退或缺陷所致的复发性和慢性感染；也可用于肿瘤的辅助治疗；对自身免疫性疾病，如类风湿关节炎、系统性红斑狼疮等也有一定疗效。不良反应有恶心、呕吐、眩晕、腹痛、白细胞及血小板减少等。

干扰素（interferon, IFN）

干扰素是一族糖蛋白，主要分为 INF-α、INF-β、INF-γ，现可用 DNA 重组技术生产。除具有抗病毒、抑制细胞增殖、抗肿瘤作用外，还有很好的免疫增强作用。临床主要用于多种病毒感染（如慢性重型肝炎）、免疫功能减退或缺陷等患者的治疗，也可用于恶性肿瘤的辅助治疗。

白细胞介素 -2（interleukin-2, IL-2）

白细胞介素 -2 又称 T 细胞生长因子，是辅助性 T 细胞产生的细胞因子。现可通过基因工程生产得到，其产品名为重组人白介素 -2。主要功能是与反应细胞的 IL-2 受体结合后，诱导辅助性 T 细胞、细胞毒性 T 细胞增殖；激活 B 细胞产生抗体，活化巨噬细胞；增强 NK 细胞和淋巴因子激活的杀伤细胞（LAK cell）的活性，诱导 IFN 的产生。临床主要用于免疫缺陷病、病毒和细菌感染、肿瘤的辅助治疗。不良反应较多，表现为流感样症状、胃肠道反应、神经系统症状等。剂量减少可使反应减轻。

胸腺肽（thymopolypeptides）

胸腺肽是从胸腺分离的一组小分子多肽，现可采用基因工程生物合成。可诱导 T 细胞分化成熟，使 T 细胞对抗原或其他刺激的反应增强，同时也可增强 NK 细胞活性及抗原呈递细胞功能。临床用于治疗胸腺依赖性免疫缺陷病（如艾滋病）、肿瘤、自身免疫性疾病和病毒感染等。少数患者可出现过敏反应。

异丙肌苷（inosine pranobex）

异丙肌苷为肌苷与乙酰基苯甲酸、二甲氨基异丙醇酯以 1∶3∶3 的比例组成的复合物，具有抗病毒和免疫增强作用。可诱导 T 细胞分化成熟并增强其功能，使 IgM 及 IgG 产生增多；增加巨噬细胞和 NK 细胞的活性，促进 IL-1、IL-2 和 IFN 的产生。临床用于急性病毒性脑炎、带状疱疹等病毒性感染和某些自身免疫性疾病的治疗，还可用于肿瘤的辅助治疗、改善艾滋病患者的免疫功能。不良反应少，安全范围大。

依那西普（etanercept）

依那西普是由肿瘤坏死因子（tumor necrosis factor, TNF）受体的 p75 蛋白的膜外区与人 IgG 的 Fc 段融合构成的二聚体，可结合 TNF-α 和 TNF-β，抑制由 TNF 受体介导的异常免疫反应及炎症过程。主要用于治疗类风湿关节炎。不良反应主要是局部注射的刺激反应。

转移因子（transfer factor，TF）

转移因子是从健康人白细胞中提取的多核苷酸和低分子量多肽，无抗原性。可以将供体的细胞免疫信息转移给未致敏受体，使之获得供体样的特异性、非特异性的细胞免疫功能，其作用可持续 6 个月。本品可起免疫佐剂作用，但不转移体液免疫信息，不产生抗体。临床用于先天性和获得性细胞免疫缺陷病，如胸腺发育不全、免疫性血小板减少性紫癜，某些抗生素难以控制的病毒和真菌感染，对恶性肿瘤可作为辅助治疗。其不良反应较少，少数患者可出现皮疹，注射部位产生疼痛。

> **点滴积累**
>
> 影响免疫功能的药物主要有两大类：用于治疗器官移植排斥反应和自身免疫性疾病的免疫抑制药及用于治疗感染或肿瘤所致的免疫功能减退的免疫增强药。常用的免疫抑制药包括：肾上腺皮质激素类药物、钙调磷酸酶抑制药、抗增殖与抗代谢药、哺乳类雷帕霉素靶分子抑制药、抗体制剂等药物。常用的免疫增强药包括：卡介苗、左旋咪唑、干扰素、IL-2、胸腺肽、异丙肌苷、依那西普和转移因子等。

复习导图

习题

目标检测

一、简答题

1. 简述常用免疫抑制药的种类及应用。
2. 简述常用免疫增强药的种类及应用。

二、处方分析

患者，男，49 岁。因患白血病而进行了异基因造血干细胞移植术，术后发生慢性排斥反应。医生处方如下，试分析该处方是否合理，为什么？

Rp：

环孢素软胶囊　50mg × 50

Sig.　100mg　b.i.d.　p.o.

（涂丽华）

实训

实训一　药品说明书解读和处方分析

【实训目的】学会阅读药品说明书,从药品说明书中获取药品通用名称、商品名称、剂型、主要临床应用、用法用量、主要不良反应及有效期等信息;针对医生开具的处方进行评估和解读,了解其中所包含的药物成分、用药规律、治疗效果等信息。

【实训原理】药品说明书是药品生产企业提供的包含药理学、毒理学等药品安全性、有效性的重要科学数据信息,是安全、合理使用药品的重要参考依据。完整的药品说明书包括药品名称、成分、性状、适应证、规格、用法用量、不良反应、禁忌、注意事项、孕妇及哺乳期妇女用药、儿童用药、老年用药、药物相互作用、药物过量、药理毒理、药动学、贮藏、包装、有效期、执行标准、批准文号、生产企业等内容。

处方分析,也称为医院处方点评,是一种旨在提高处方质量、促进合理用药和保障医疗安全的活动。它的主要目的是通过对处方的规范性及药物临床使用的适宜性进行评价,包括药物选择、给药途径、用法用量、药物相互作用、配伍禁忌等方面,发现问题并提出质量改进建议。

【实训材料】

1. **药品说明书**　含对乙酰氨基酚成分的感冒药说明书、抗高血压药说明书、抗生素说明书、抗过敏药说明书、降血糖药说明书、镇静催眠药说明书。

2. **处方分析**

处方 1

某全身感染患者,同时出现荨麻疹,医生处方如下,请分析是否合理,为什么?

Rp:

硫酸庆大霉素注射液　8 万 U ⎫
5% 葡萄糖注射液　500ml ⎭ × 10

Sig.　8 万 U　q.d.　i.v.gtt.

盐酸苯海拉明片　25mg × 42

Sig.　50mg　t.i.d.　p.o.

处方 2

一位怀孕 2 个月的女性患者出现失眠,医生处方如下,请分析处方,说明用药理由,并判断处方是否合理。如不合理,写出改进意见。

Rp:

三唑仑片　0.5mg × 10

Sig.　0.5mg　p.o.　st.！

处方 3

王某,男,55 岁,因近半年来经常出现上腹部隐痛,多在餐后半小时左右发生,没有反酸现象。诊断:胃溃疡。医生处方如下,请分析此处方是否合理,并说明理由。

Rp:

雷尼替丁片　0.15g×50

Sig.　0.15g　b.i.d.　p.o.

硫糖铝片　0.25g×100

Sig.　1.0g　q.i.d.　餐后 2 小时　p.o.

处方 4

某患者,男,21 岁,患急性上呼吸道感染,医生处方如下,请分析该处方是否合理,理由是什么?

Rp:

阿莫西林胶囊　0.25g×48

Sig.　0.5g　q.i.d.　p.o.

罗红霉素片　0.15g×12

Sig.　0.15g　b.i.d.　p.o.

【实训步骤】

1. 药品说明书解读　学生提取说明书中相关信息,如药物的临床应用、禁忌证、半衰期、用药注意事项、储存方法等。

2. 处方分析

(1)方法:5~8 人为一个小组,对指定的处方进行分析,详细记录分析内容,每组推出 1 位同学发言。

(2)分析内容

1)患者疾病:患者疾病的特点、该病的治疗原则。

2)选用药物:分析所用药物的类别、药理作用、在此处方中的用药目的、不良反应。

3)分析合理性:药物之间、药物与患者潜在疾病之间有无相互作用,是否合理。

4)讨论:指出其成功与不足之处,每组推出 1 名同学总结发言。

【注意事项】药师审核处方时,应充分注意到药物的相互作用、患者的并发症、给药方式和患者的一般状况,以达到最好的疗效和最轻的不良反应,药学人员应学会审查处方,如发现有不合理之处甚至差错,必须经医师修改。

【实训思考】

1. 药品标签或者说明书上必须注明的内容有哪些?

2. 处方分析时提高处方合理性的方法有哪些?

(张　琦)

实训二　不同剂量对药物作用的影响

【实训目的】

1. 观察不同剂量对药物作用的影响。

2. 了解戊巴比妥钠在不同剂量下对小鼠作用的差异。

【实训原理】药物的作用强度与给药剂量密切相关。在一定范围内，随着给药剂量的增加，药物的药理效应会逐渐增强，当达到最大效应时，此时的剂量称为最大有效剂量或极量。继续增加剂量，药理效应不再增强，甚至导致中毒或死亡。

【实训材料】

器材：电子秤、1ml 注射器。

试剂和药品：浓度分别是 0.1%、0.2%、0.4% 的戊巴比妥钠溶液，生理盐水。

动物：小鼠 4 只。

【实训步骤】

1. 取 4 只小鼠，分别称重，标记，并做好记录。

2. 观察小鼠的正常活动情况。

3. 分别经腹腔注射 0.1%、0.2%、0.4% 的戊巴比妥钠溶液，给药剂量为 0.2ml/10g，正常对照小鼠腹腔注射生理盐水 0.2ml/10g。

4. 将小鼠置于小鼠笼中，密切观察各给药小鼠的反应。

比较各小鼠的活动情况，记录在实训表 2-1 中。

【实训结果】

实训表 2-1　不同剂量戊巴比妥钠对小鼠作用的差异

鼠号	体重 /g	剂量 /(mg/10g)	潜伏期 /min	给药前表现	给药后表现
1					
2					
3					
4					

【注意事项】

1. 注射药物前，应密切观察小鼠正常的活动情况，以便与给药后进行对比。

2. 掌握腹腔注射的正确方法，给药剂量一定要准确。

3. 小鼠对戊巴比妥钠可能出现的反应，按由轻到重依次为：活动减少、呼吸抑制、翻正反射减弱及消失、麻醉、死亡等。

【实训思考】

1. 根据所学的药理知识，思考各鼠出现同样反应所需时间长短的原因。

2. 了解药物的剂量和作用的关系对于进行药理实验和临床用药有何重要意义。

【实训体会】

1. 掌握小鼠的捉拿方法及正确的腹腔注射方法。

2. 学会观察药物剂量对药物作用的影响。

3. 学会密切的团队合作。

（郭泠秋）

实训三　给药途径对药物作用的影响

【实训目的】观察不同给药途径对药物作用的影响。

【实训原理】硫酸镁静脉注射和肌内注射可抑制中枢神经系统，松弛骨骼肌，具有镇静、抗痉挛以及降低颅内压等作用。临床多用于治疗惊厥、子痫、尿毒症、破伤风及高血压脑病等。其口服后在肠道中不吸收，产生一定渗透压，可用于治疗便秘、腹胀、排便困难等问题。此外，硫酸镁局部外敷可消除局部水肿。

【实训材料】

器材：小鼠灌胃针、1ml注射器、电子秤。

试剂和药品：10%硫酸镁注射液。

动物：小鼠2只。

【实训步骤】

1. 灌胃给药　取小鼠编号并称重，取10%硫酸镁溶液，按0.5ml/20g进行灌胃给药。

2. 腹腔注射给药　另取小鼠编号并称重，取10%硫酸镁溶液，按0.5ml/20g进行腹腔注射给药。

比较两组小鼠的活动情况，记录在实训表3-1中。

【实训结果】

实训表 3-1　给药途径对药物作用的影响

编号	体重/g	药物与剂量	给药途径	用药后反应
			灌胃	
			腹腔注射	

【注意事项】

1. 熟练掌握灌胃操作方法，避免因灌胃不当造成的实训动物死亡。

2. 给药后需密切观察小鼠反应。

【实训思考】

同一药品的不同给药途径对药物作用有什么影响？

（肖　宁）

实训四 药物的相互作用

【实训目的】观察两种药物联合使用时可能出现的相互作用。

【实训原理】药效学的相互作用是指同时使用两种以上的药物,由于药物效应或作用机制的不同,可使总效应发生改变,可能出现下面几种情况:

协同作用:两药合用的效应大于单药效应的代数和。

相加作用:两药合用的效应等于它们分别作用的代数和。

拮抗作用:两药合用的效应小于它们分别作用的总和。

【实训材料】

器材:兔固定箱、瞳孔尺。

试剂和药品:0.01%硫酸阿托品滴眼液、5%去氧肾上腺素滴眼液、0.5%硝酸毛果芸香碱滴眼液。

动物:家兔1只。

【实训步骤】

1. 取家兔1只,放入兔固定箱内,用瞳孔尺避光测量左右眼瞳孔直径,重复3次,取平均值。

2. 左眼→按压鼻泪管→3滴硝酸毛果芸香碱滴眼液→按压1分钟→15分钟后测瞳孔直径(测3次)→3滴硫酸阿托品滴眼液→按压1分钟→15分钟后测瞳孔直径(测3次)。

3. 右眼→按压鼻泪管→3滴去氧肾上腺素滴眼液→按压1分钟→15分钟后测瞳孔直径(测3次)→3滴硫酸阿托品滴眼液→按压1分钟→15分钟后测瞳孔直径(测3次)。

观察家兔双眼瞳孔在使用毛果芸香碱、去氧肾上腺素和阿托品的前后变化情况,记录在实训表4-1中。

【实训结果】

实训表 4-1 毛果芸香碱、去氧肾上腺素和阿托品对家兔瞳孔的作用观察

	用药前 /mm				毛果芸香碱 /mm				去氧肾上腺素 /mm				阿托品 /mm			
左眼	1	2	3	平均	1	2	3	平均					1	2	3	平均
右眼	1	2	3	平均					1	2	3	平均	1	2	3	平均

【注意事项】

1. 测量时应保持瞳孔尺与兔眼平行,将刻度面正对瞳孔进行观测。操作时需注意:

(1)持握时应使瞳孔尺的刻度区段平行于瞳孔长轴。

(2)测量端应与角膜保持 5~10mm 的安全距离。

(3)禁止将器械尖端正对瞳孔方向。

(4)操作全程需固定兔头,动作轻柔。

(5)使用侧光照明辅助观察刻度。

2. 避光测量瞳孔直径;同一测量者按相同的方法测量瞳孔大小,减小测量误差。每次测 3 次,取平均值。

3. 滴眼时,用右手的拇指和示指将下眼睑向上提起,成囊状,再用中指轻轻压住鼻泪管开口,以防药液流出,并按压 1 分钟使药物充分吸收。

4. 滴药缓慢,使每滴药量一致。

【实训思考】以实训结果为例,说明协同作用与拮抗作用的临床意义。

(涂丽华)

实训五　有机磷酸酯类中毒及解救

【实训目的】观察并分析有机磷农药的中毒机制和中毒症状。观察阿托品和碘解磷定对有机磷农药中毒的解救作用。

【实训原理】有机磷农药具有高毒性,通过与体内的胆碱酯酶结合,导致乙酰胆碱在体内积累,引起中毒症状。急性中毒症状分为对胆碱能神经突触影响(M 样症状)、对胆碱能神经肌肉接头影响(N 样症状)、对中枢神经系统影响,解救药物主要有缓解 M 样症状的阿托品,复活胆碱酯酶药碘解磷定、氯解磷定等。

【实训材料】

器材:兔固定箱、注射器、干棉球、瞳孔尺。

试剂和药品:0.2% 硫酸阿托品溶液、2.5% 碘解磷定溶液、30% 敌百虫溶液。

动物:家兔 2 只,体重 2.0~3.0kg。

【实训步骤】

1. 取家兔 2 只,以甲、乙编号,称其体重,观察下列指标:呼吸(频率、幅度、节律是否均匀)、瞳孔大小(用瞳孔尺测量)、唾液分泌、大小便、肌张力及有无震颤、活动情况等,加以记录(实训表 5-1)。

2. 2 只家兔均腹腔注射 30% 敌百虫溶液 1.0ml/kg,密切注意给药后家兔各项生理指标的变化,加以记录(实训表 5-1)。

3. 中毒症状明显,立即给甲兔由耳缘静脉注射 0.2% 硫酸阿托品溶液 1.0ml/kg,给乙兔由耳缘静脉注射 2.5% 碘解磷定 2.0ml/kg,然后每隔 5 分钟,再检查各项生理指标 1 次,观察 2 只家兔的情况有无好转,特别注意甲兔和乙兔的区别,加以记录(实训表 5-1)。

4. 分别给两只家兔补充注射另一种药物,甲兔补充注射碘解磷定,乙兔补充注射阿托品。观察家兔的情况并记录实验数据。

【实训结果】

实训表 5-1　阿托品和碘解磷定对有机磷农药中毒的解救作用观察

兔号	用药情况	一般活动	呼吸/(次/min)	瞳孔大小/mm	唾液分泌	大小便失禁	肌张力	肌震颤
甲	用药前							
	敌百虫							
	阿托品							
	碘解磷定							
乙	用药前							
	敌百虫							
	碘解磷定							
	阿托品							

【注意事项】

1. 敌百虫属于剧毒类杀虫剂,且可从皮肤吸收,如与手等接触后,应立即用水清洗。

2. 给药后如 15 分钟尚未出现中毒症状,可再追加 1/3 量。

3. 给敌百虫后应将家兔从兔固定箱中取出放在台面,以利于观察。并准备好解救药品,一旦出现中毒症状立即给阿托品或碘解磷定解救。

4. 注意碘解磷定和阿托品的给药剂量,注射过量亦可致死。

5. 在临床解救有机磷农药中毒的患者,应同时应用两种药物。

【实训思考】根据实训结果,分析有机磷农药的中毒机制及阿托品和碘解磷定的解毒原理。

(曾　慧)

实训六　传出神经系统药物对家兔血压的影响

【实训目的】验证传出神经系统药物对家兔动脉血压的影响;分析药物对受体的作用;学会家兔的耳缘静脉给药、麻醉和处死方法。

【实训原理】传出神经系统药物通过作用于心脏和血管平滑肌上的相应受体产生心血管效应,导致动脉血压发生变化。本实训通过观察肾上腺素受体与拮抗药之间的相互作用,分析药物的作用机制。

【实训材料】

器材:Pclab 生物信号记录仪、兔实训台、电子秤、气管插管、动脉插管、动脉夹 1 个、三通阀 3 个、20ml 注射器 1 个、1ml 注射器 15 个、静脉输液器、玻璃分针、手术线、纱布、胶布、剪刀 2 把、止血钳 4 把、500ml 烧杯 1 个。

试剂和药品：0.1%盐酸肾上腺素注射液、0.2%重酒石酸去甲肾上腺素注射液、0.05%盐酸异丙肾上腺素注射液、1.0%甲磺酸酚妥拉明注射液、0.1%盐酸普萘洛尔注射液、20%乌拉坦注射液、肝素钠注射液、生理盐水。

动物：家兔1只。

【实训步骤】

1. 连接压力换能器，打开Pclab生物信号记录仪

（1）将压力换能器插头连接于Pclab生物信号记录仪前面板的第1通道，压力腔内充满肝素生理盐水，排出气泡，经三通阀与动脉导管相连。

（2）将电脑开机，启动Pclab生物信号记录仪。在记录通道上设置"通道功能"为"压力"，选择动脉血压，并在换能器无负荷（换能器的压力腔应与大气相通，使输入为零）的情况下，选择"当前通道软件自动调零"。

2. 家兔称重，麻醉
家兔耳缘静脉注射20%乌拉坦5ml/kg，麻醉后，将家兔仰卧位固定于兔实训台上，并用寸带牵引家兔的上门齿，连于实训台铁柱上，使其头颈部拉伸，便于手术操作。

3. 建立静脉输液通道
由家兔耳缘静脉入针，用胶布固定，静脉滴注生理盐水。将输液器与三通阀相连，以便给药。

4. 手术

（1）气管插管：颈前部正中备皮，以气管为标志，于颈部正中切开皮肤5~6cm，用止血钳分离肌肉，暴露气管。在甲状软骨下气管环间剪一倒"T"形切口，插入气管插管，用粗线结扎固定，以保证呼吸通畅。

（2）动脉插管：分离左侧或右侧颈总动脉3~4cm，备细线2根，结扎远心端，近心端用动脉夹夹闭，中间留有2cm左右长度。在靠近结扎线处用眼科剪剪一"V"形小口，向心脏方向插入充满肝素的动脉插管，用线结扎固定，并将两结扎线的残端相连结扎，以防插管脱落。

5. 血压测定
检查各三通阀连接的牢固性、阀门方向及动脉插管情况。打开动脉夹，可见血液立即进入动脉插管，并见搏动。按"采样"键，观察血压的波形。根据血压波形，调整纵向缩放及时间，并持续观察。待曲线稳定后，按"记录"键，进入记录状态，开始实训。

6. 给药并标记，观察血压变化
先记录一段正常曲线，然后依次由家兔耳缘静脉给予下列三组药物，每次给药后均注入生理盐水5ml，以冲洗管内残留药物。待血压恢复原水平或平稳后再给下一种药物。观察每次给药后家兔血压和心率的变化并分析其变化原理。

第一组拟肾上腺素药，依次注射的药物为：盐酸肾上腺素注射液0.1ml/kg、重酒石酸去甲肾上腺素注射液0.1ml/kg、盐酸异丙肾上腺素注射液0.1ml/kg。

比较以上给予拟肾上腺素药后的血压曲线及心率变化，并分析其原理。

第二组α受体阻滞药，依次注射的药物为：盐酸肾上腺素注射液0.2ml/kg、甲磺酸酚妥拉明注射液0.2ml/kg、盐酸肾上腺素注射液0.2ml/kg、重酒石酸去甲肾上腺素注射液0.2ml/kg。

观察甲磺酸酚妥拉明在盐酸肾上腺素和重酒石酸去甲肾上腺素使用后对血压曲线的影响，并分析原因。

第三组 β受体阻滞药,依次注射的药物为:盐酸异丙肾上腺素注射液 0.2ml/kg、盐酸普萘洛尔注射液 0.3ml/kg、盐酸异丙肾上腺素注射液 0.2ml/kg。观察并分析盐酸普萘洛尔在硫酸异丙肾上腺素使用后对血压曲线及心率的影响。

按"采样"键,结束实训,命名并保存实训数据。

【实训结果】结果记录在实训表 6-1 中。

实训表 6-1　不同的药物对家兔血压和心率的影响

组别	药物	剂量/ml	血压	心率
第一组	盐酸肾上腺素			
	重酒石酸去甲肾上腺素			
	盐酸异丙肾上腺素			
第二组	盐酸肾上腺素			
	甲磺酸酚妥拉明			
	盐酸肾上腺素			
	重酒石酸去甲肾上腺素			
第三组	盐酸异丙肾上腺素			
	盐酸普萘洛尔			
	盐酸异丙肾上腺素			

【注意事项】

1. 家兔的耐受性较差,给药时应先给予兴奋心脏和收缩血管的药物,后给予抑制心脏和扩张血管的药物。

2. 实训所用药品均应新鲜配制,并应使用近期出厂药品,否则影响实训效果。

3. 压力换能器高度与心脏应在同一水平。插管前务必排空压力换能器中的气泡,以免影响血压波形。

4. 分离颈总动脉时要谨慎,动作要轻柔,避免损伤神经。

【实训思考】

1. 比较盐酸肾上腺素、重酒石酸去甲肾上腺素两种药物对血压作用的特点,分析其作用机制。

2. 比较第一组给药后的血压变化。

3. 观察第二组给药后的血压变化,观察盐酸肾上腺素升压作用的翻转。

(李春英)

实训七 氯丙嗪的镇静和降温作用

【实训目的】观察氯丙嗪的镇静和降温作用。掌握氯丙嗪降温作用的特点,分析临床应用中的意义。

【实训原理】氯丙嗪通过阻断中脑-边缘系统、中脑-皮质系统的 D_2 受体,从而产生中枢系统的作用,包括镇静、安定、抗精神病、镇吐、体温调节等作用。氯丙嗪通过抑制下丘脑体温调节中枢而使体温调节失灵,并使机体体温随环境温度变化而变化。

【实训材料】

器材:冰箱、药理生理多用仪及其附件激怒盒、肛温计、注射器、电子秤、鼠笼等。

试剂和药品:0.1% 盐酸氯丙嗪溶液、生理盐水、液体石蜡。

动物:小鼠 8 只。

【实训步骤】

1. 氯丙嗪的镇静作用

(1)取小鼠 4 只,称重标记,随机分为两组(实训组和对照组)。

(2)各组分别放入激怒盒内,接通多用仪电源并打开电源开关,由小逐渐增大调节交流电压输出强度,至小鼠出现激怒反应(两鼠竖立对峙,互相撕咬)为止(35~60V),记录两组小鼠出现激怒反应时的阈值电压(V)。

(3)给药实训组小鼠腹腔注射 0.1% 盐酸氯丙嗪 0.1ml/10g;对照组小鼠腹腔注射等容量(0.1ml/10g)生理盐水。

(4)给药后 20 分钟两组小鼠分别以给药前的电压刺激,观察两组小鼠给药前后反应的差异。记录于实训表 7-1 中。

2. 氯丙嗪的降温作用

(1)取小鼠 4 只,称重标记,随机分为两组。

(2)分别捉拿固定小白鼠,将肛温计末端涂少许液体石蜡,插入小鼠肛门约 0.5cm,3 分钟后取出,将各小鼠体温记录于实训表 7-2 中。

(3)给 1 号、2 号小鼠分别腹腔注射 0.1% 盐酸氯丙嗪 0.1ml/10g;3 号、4 号小鼠分别腹腔注射等容量(0.1ml/10g)生理盐水。

(4)给药后将 1 号、3 号小鼠放入冰箱冷藏室,2 号、4 号小鼠置于室温下。

(5)30 分钟后分别测量记录 4 只小鼠的体温,将各小鼠体温记录于实训表 7-2 中。比较给药前后各小鼠的体温变化。

【实训结果】

实训表 7-1　氯丙嗪的镇静作用

组别	鼠号	体重 /g	药物	激怒阈值电压 /V	激怒反应	
					给药前	给药后
实训组	1		盐酸氯丙嗪			
	2					
对照组	3		生理盐水			
	4					

实训表 7-2　氯丙嗪的降温作用

组别	鼠号	体重 /g	药物	给药前肛温	药物剂量	给药后肛温	给药后时间
实训组	1		盐酸				
	2		氯丙嗪				30min
对照组	3		生理				
	4		盐水				

【注意事项】

1. 在氯丙嗪的镇静作用实训中,最好选用异笼喂养的雄性小鼠。

2. 注射药物前,应密切观察小鼠正常的活动情况,以便用药后对照观察。

3. 掌握腹腔注射的正确方法,给药剂量一定要准确。

【实训思考】

1. 根据所学的药理知识,说说各鼠出现不同反应的原因。

2. 分析氯丙嗪对体温影响有何特点。

(毛秀华)

实训八　镇痛药的镇痛作用比较

【实训目的】学习小鼠的捉拿方法及小鼠腹腔注射法;观察麻醉性镇痛药哌替啶与非麻醉性镇痛药罗通定的镇痛效应。

【实训材料】

器材:超级恒温器、电子秤、秒表、1ml 注射器。

试剂和药品:0.25% 哌替啶、0.25% 罗通定、生理盐水。

动物:小鼠 3 只。

【实训步骤】

1. 开启超级恒温器,调节超级恒温器温度恒定于 55℃ ±0.1℃。

2. 取雌性小鼠 3 只,称重编号为甲、乙、丙,测每只小鼠的正常痛阈值一次,方法为:将小鼠放入瓷罐内记录时间,罐口盖以透明盖,观察到出现舔后足的时间为止,此段时间作为该鼠的热痛反应时间,记录作为该鼠给药前痛阈值(实训表 8-1)。

3. 甲鼠腹腔注射哌替啶溶液 0.1ml/10g,乙鼠腹腔注射罗通定溶液 0.1ml/10g,丙鼠腹腔注射生理盐水 0.1ml/10g 作为对照。用药后 15 分钟、30 分钟、60 分钟各测小鼠痛阈一次,如果用药后放入瓷罐内 60 秒仍无反应,即将小鼠取出,以免时间太长把脚烫伤,其痛阈可按 60 秒计算。结果记录于实训表 8-1 中。

4. 实训完毕,计算各给药组的用药前后各次的小鼠热痛反应时间(即痛阈值)的平均值,并计算痛阈提高百分率。

$$痛阈提高\% = \frac{用药后平均热痛反应时间 - 用药前平均热痛反应时间}{用药前平均热痛反应时间} \times 100\%$$

【实训结果】

实训表 8-1　哌替啶与罗通定镇痛作用的比较

鼠号	体重 /g	用药名称	给药量 /ml	用药前平均热痛反应时间	用药后平均热痛反应时间	痛阈提高百分率 /%
甲						
乙						
丙						

【注意事项】

1. 注射药物前,应密切观察小鼠正常的活动情况,以便用药后对照观察。

2. 掌握小鼠腹腔注射的正确方法,给药剂量一定要准确。

3. 计时人员应在实训过程中准备好秒表,准确记录小鼠反应时间。

【实训思考】根据所学的药理知识,思考吗啡类镇痛药与解热镇痛药的作用机制有何不同。

【实训体会】

1. 学会小鼠的捉拿方法及正确的小鼠腹腔注射法。

2. 学会观察小鼠疼痛时的活动表现和吗啡类镇痛药与解热镇痛药的镇痛作用。

3. 学会密切的团队合作。

(陈雪平)

实训九　链霉素毒性反应及钙剂的对抗作用

【实训目的】观察链霉素阻断神经肌肉接头的毒性反应及钙离子的对抗作用。

【实训原理】链霉素为氨基糖苷类药物,在大剂量静脉滴注或腹腔注射时,其与血液中的钙离子络合,体内游离的钙离子浓度下降,抑制了钙离子参与的乙酰胆碱(Ach)的释放,出现四肢软弱无力、呼吸困难甚至呼吸停止等神经肌肉阻断症状。应避免误诊为过敏性休克,抢救时应立即注射新斯的明和钙剂。

方法一　小鼠实训法

【实训材料】

器材:电子秤、500ml 大烧杯、1ml 注射器。

试剂和药品:生理盐水、1% 氯化钙溶液、4% 硫酸链霉素溶液、苦味酸。

动物:小鼠 2 只。

【实训步骤】取大小相近的小鼠 2 只,称其体重并编号,观察小鼠正常状态的呼吸、体位、步态及四肢肌张力等。甲鼠腹腔注射 1% 氯化钙溶液 0.1ml/10g,乙鼠腹腔注射生理盐水 0.1ml/10g,6~7 分钟后两鼠分别腹腔注射 4% 硫酸链霉素溶液 0.1ml/10g,观察两鼠有何变化。结果记录于实训表 9-1 中。

【实训结果】

实训表 9-1　链霉素对小鼠的毒性反应及钙剂的对抗作用

鼠号	体重	药物	用链霉素后的反应
甲		1% 氯化钙溶液	
乙		生理盐水	

方法二　家兔实训法

【实训材料】

器材:电子秤、剪刀、注射器。

试剂和药品:25% 硫酸链霉素溶液、5% 氯化钙溶液、酒精棉球。

动物:家兔 2 只。

【实训步骤】取家兔 2 只,称体重,分别将两后肢外侧毛剪去备用,观察两兔正常状态的呼吸、体位及四肢肌张力等。每只家兔均由两侧后肢肌内注射硫酸链霉素 600mg/kg(25% 硫酸链霉素 2.4ml/kg),给药后 20 分钟观察两兔有何反应。待其中一只症状明显,立即耳静脉注射 5% 氯化钙溶液 1.6ml/kg,进行救治,注意观察以上症状有何变化,另一只不解救作对照。结果记录于实训表 9-2 中。

【实训结果】

实训表 9-2　链霉素对家兔的毒性反应及钙剂的对抗作用

动物编号	家兔	体位	呼吸情况	四肢肌张力
家兔 1	用药前			
	25% 硫酸链霉素溶液后			

动物编号	家兔	体位	呼吸情况	四肢肌张力
家兔2	用药前			
	25%硫酸链霉素溶液后			
	5%氯化钙溶液后			

【实训思考】结合实训讨论链霉素有哪些不良反应及临床用药注意事项。

(赵 辉)

实训十　普萘洛尔的抗缺氧作用

【实训目的】验证普萘洛尔的抗缺氧作用,分析其抗缺氧机制;学习利用小鼠进行耐缺氧的实训方法。

【实训原理】缺氧是一种紧张性刺激,可引起机体产生各种应激性反应。生命活动的重要器官脑和心脏缺氧,是小鼠缺氧死亡的主要原因。普萘洛尔具有抗缺氧作用,能够提高小鼠血氧利用效率。本实训利用常压耐缺氧方法观察普萘洛尔的抗缺氧作用。

【实训材料】

器材:250ml广口瓶、注射器、秒表、电子秤。

试剂和药品:0.1%盐酸普萘洛尔溶液、生理盐水、钠石灰。

动物:小鼠2只。

【方法】

1. 取250ml广口瓶1个,放入钠石灰10g,以吸收二氧化碳和水分。

2. 再取小鼠(体重为18~22g为宜)2只,分别称重和标记。

3. 给药　一只小鼠腹腔注射0.1%盐酸普萘洛尔溶液0.2ml/10g,另一只小鼠腹腔注射等容量的生理盐水作对照。

4. 耐缺氧实训　给药15分钟后,将两鼠同时放入广口瓶中,盖严瓶口(瓶盖可涂抹凡士林以便盖严),并立即记录时间。观察两鼠直至死亡,记录各鼠的存活时间。

5. 综合各组实训结果,分别计算出给药组和对照组小鼠的平均存活时间,再用下式求得存活时间延长百分率。结果记录于实训表10-1中。

$$存活时间延长百分率\% = \frac{给药组小鼠平均生存时间 - 对照组小鼠平均生存时间}{对照组小鼠平均生存时间} \times 100\%$$

【实训结果】

实训表 10-1 普萘洛尔的抗缺氧作用（$\bar{X} \pm S$）

组别	动物数 / 只	剂量 / (g/kg)	存活时间 /min	生存时间延长率 /%
生理盐水组				
普萘洛尔组				

【注意事项】

1. 两只小鼠可置于不同广口瓶中，但是要注意广口瓶由于容量差异导致的系统误差。

2. 观察时尽量不要摇晃广口瓶，否则易导致小鼠活动增加而影响实训结果。

【实训思考】

1. 选取小鼠时，两小鼠体重尽量相当。如果体重相差较大是否可以，为什么？

2. 普萘洛尔抗缺氧作用的机制是什么？

（郭冷秋）

实训十一　利多卡因的抗心律失常作用

【实训目的】观察氯化钡过量引起的快速型心律失常；验证利多卡因的抗心律失常作用；学会心律失常的救治方法。

【实训原理】氯化钡抑制 K^+ 外流，增加动作电位 4 相坡度，提高心房传导阻滞、房室束及浦肯野纤维等快反应细胞的自律性，表现为室性期前收缩、二联律、室性心动过速、心室颤动等，因此诱发产生室性心律失常。利多卡因为 I B 类抗心律失常药，可选择性作用于浦肯野纤维，抑制 Na^+ 内流，促进 K^+ 外流，降低自律性，消除折返激动，是临床治疗室性心律失常的首选药。

【实训材料】

器材：Pclab 生物信号记录仪、心电电极、兔实训台、电子秤、1ml 注射器、针头、酒精棉球、干棉球。

试剂和药品：0.4% 氯化钡注射液、0.5% 盐酸利多卡因注射液、20% 乌拉坦注射液。

动物：家兔 1 只。

【实训步骤】

1. **家兔麻醉，固定**　取家兔 1 只，称重并标记。用 20% 乌拉坦注射液 5ml/kg，经耳缘静脉注射将家兔麻醉，麻醉后仰卧位固定于兔实训台上。

2. **描记正常心电图**

(1) 将电脑开机，并启动 Pclab 生物信号记录仪。

(2) 将心电电极插头插入 Pclab 生物信号记录仪前面板的第 3 通道。用鳄鱼夹夹一针头，按"红色"——右前肢导联、"黑色"——右后肢导联、"黄色"——左前肢导联、"绿色"——左后肢导联的顺序,将针头插入肢体末端皮下。

(3)"通道功能"选择Ⅱ导联。点击"采样"键,观察该通道所显示的心电波形,待信号稳定后,点击"记录"键,描记正常心电图。

3. 制作心律失常模型 经家兔耳缘静脉注射 4mg/ml 氯化钡溶液 1ml/kg,记录给药后心电图变化,描记异常心电图。

4. 利多卡因抢救 待出现心律失常后,立即缓慢耳缘静脉注射盐酸利多卡因溶液 1ml/kg,记录给药后心电图变化。若 10 分钟内心电图无明显改善,可再缓慢静脉注射半量盐酸利多卡因溶液。观察利多卡因能否立即制止或缩短心律失常的持续时间,描记心电图,再次点击"采样"键,结束实训,保存或另存实训数据。

【实训结果】回放实训数据,整理并"选存"有效曲线并打印,将心率及心电图曲线结果填入实训表 11-1 中。

实训表 11-1　利多卡因的抗心律失常作用

体重 /kg		给药前	氯化钡	利多卡因
	心率 /(次 /min)			
心电图				

【注意事项】

1. 家兔应在麻醉充分的情况下描记心电图。

2. 进行心电图时,针头不要插在血管内,血液在针头中凝固,会影响导电性,使心电图无法描记。

3. 利多卡因给药速度不宜过快,以免引起心律失常。

【实训思考】

1. 心律失常发生的电生理基础是什么?

2. 利多卡因的药理作用和临床应用有哪些?

(李春英)

实训十二　利尿药的利尿作用观察

【实训目的】学习利尿药的实训方法,观察利尿药对水、电解质排泄的影响,掌握其作用机制。

【实训原理】呋塞米作用于髓袢升支粗段,与 K^+-Na^+-$2Cl^-$ 同向转运系统的 Cl^- 结合,妨碍同向转运系统,干扰 NaCl 的重吸收,使管腔液中的 NaCl 浓度增加,尿的稀释功能受到抑制。同时因 NaCl 向间质转运减少,使肾髓质间液渗透压梯度降低,导致尿液流经集合管时,水的重吸收减少,影响尿的浓缩过程,排出大量近等渗尿液。

【实训材料】

仪器与器材：分光光度计、兔手术台、导尿管、注射器（1ml、5ml）、头皮针、量筒、烧杯、试管等。

药品与试剂：1%呋塞米注射液、3%戊巴比妥钠注射液、生理盐水。

动物：家兔1只。

【实训步骤】

1. 取家兔1只，称重，用3%戊巴比妥钠1ml/kg经耳缘静脉注射麻醉，保留静脉通道。

2. 注射生理盐水，并收集尿液，作为用药前尿液。背位固定家兔，插入导尿管并固定。按压膀胱，弃去5分钟尿液。

3. 缓慢静脉注射生理盐水10ml/kg，呋塞米0.5ml/kg，观察并记录各药给药前、后30分钟尿量。

4. 比色法测定Na^+浓度，并计算Na^+总量。取尿0.1ml加无水乙醇1.9ml，置于离心管中，用力振摇后放置10分钟，2 500r/min离心5分钟，取上清液按实训表12-1程序操作。操作完毕后，混匀，用分光光度计在波长520nm比色，以空白调零点，读光密度值（OD_{520}）。

实训表12-1　尿钠测定

试剂	标准管	测定管	空白管
尿上清液		0.5	
蒸馏水			0.5
钠标准液	0.5		
2%焦性锑酸钾	5	5	5

【实训结果】将实训结果填入实训表12-2中。

实训表12-2　呋塞米对家兔尿量和尿钠的影响

药物	尿液量/ml	钠浓度/（mg/ml）	钠总量/mg
生理盐水			
1%呋塞米			

【注意事项】

1. 加无水乙醇后应用力振摇，使迅速沉淀，蛋白颗粒均匀。

2. 标准液需临用前现配。

3. 操作完毕立即比色，久置颗粒变粗影响结果。

【实训思考】

1. 呋塞米是如何发挥利尿作用的？

2. 临床应用呋塞米要注意什么问题？

（李　文）

实训十三　胰岛素的降血糖作用及过量解救

【实训目的】验证胰岛素的降血糖作用；观察胰岛素过量引起的低血糖反应及学会救治方法。

【实训原理】胰岛素是促进合成代谢、调节血糖浓度稳定的主要激素。胰岛素是机体内唯一降低血糖的激素，它能促进组织、细胞对葡萄糖的摄取和利用，加速葡萄糖合成糖原储存于肝和骨骼肌中，并抑制糖异生，促进葡萄糖转变为脂肪储存于脂肪组织，从而降低血糖。胰岛素应用过量可引起低血糖症，患者出现饥饿感、四肢乏力、发抖、抽搐等症状；严重者血糖浓度下降过快，引起昏迷、惊厥、休克甚至死亡。

【实训材料】

器材：血糖仪、电子秤、1ml 注射器、毛细玻璃管、钟罩、鼠笼。

试剂和药品：2U/ml 和 40U/ml 胰岛素注射液、50% 葡萄糖注射液、生理盐水。

动物：小鼠 8 只。

【实训步骤】

1. 血糖浓度测定

(1)取禁食 12~24 小时的小鼠 4 只，编号为 1、2、3、4 并进行标记，称重，1、2 号小鼠为实训组，3、4 号小鼠为对照组。

(2)实训组与对照组小鼠眼眶静脉窦取血 0.1ml，用血糖仪测定两组小鼠给药前空腹血糖浓度。

(3)给实训组小鼠皮下注射 2U/ml 胰岛素注射液(0.1ml/10g)，对照组小鼠皮下注射等容量生理盐水，30 分钟后各组再次取血 0.1ml，测定血糖浓度。

(4)将上述结果记录在实训表 13-1 中，比较给药前后实训组及对照组小鼠血糖变化。

2. 胰岛素过量反应与解救

(1)取禁食 12~24 小时的小鼠 4 只，编号为 5、6、7、8 并进行标记，称重，5、6 号小鼠为实训组，7、8 号小鼠为对照组。

(2)实训组小鼠腹腔注射 40U/ml 胰岛素注射液(0.3ml/10g)，对照组小鼠腹腔注射等容量生理盐水。

(3)将两组小鼠放在室温下观察，注意并比较两组小鼠的神态、姿势及活动情况。当实训组小鼠出现抖动、抽搐、四肢无力等现象时，立即腹腔注射 50% 葡萄糖注射液 0.1ml/10g 进行解救，对照组小鼠不进行解救处理。比较两组小鼠的活动情况，记录在实训表 13-2 中。

【实训结果】

实训表 13-1　胰岛素的降血糖作用

组别	编号	体重 /g	血糖浓度 /（mg/ml）	
			给药前	给药后
实训组	1			
	2			

组别	编号	体重/g	血糖浓度/(mg/ml)	
			给药前	给药后
对照组	3			
	4			

实训表 13-2 胰岛素过量反应与解救动物的活动情况

组别	编号	体重/g	药物	用药后反应
实训组	5		40U/ml 胰岛素注射液	
			50% 葡萄糖注射液	
	6		40U/ml 胰岛素注射液	
			50% 葡萄糖注射液	
对照组	7		生理盐水	
	8		生理盐水	

【注意事项】

1. 取血时注意避免发生凝血,注意尽量不要破坏眼球。

2. 小鼠在实训前 12~24 小时禁食。

3. 动物发生惊厥时要注意避免其从实训台跌落摔伤。

【实训思考】

1. 胰岛素的安全用药需要注意哪些事项?

2. 胰岛素的药理作用和临床应用有哪些?

(曹光秀)

参考文献

［1］杨宝峰, 陈建国. 药理学 [M]. 10 版. 北京: 人民卫生出版社, 2024.

［2］戴维·吉尔伯特, 亨利·钱伯斯, 迈克尔·萨格, 等. 热病——桑福德抗微生物治疗指南 (新译第 53 版)
[M]. 范洪伟, 译. 北京: 中国协和医科大学出版社, 2024.

［3］陈忠, 杜俊蓉. 药理学 [M]. 9 版. 北京: 人民卫生出版社, 2022.

［4］田杰, 刘丹. 护理药理 [M]. 北京: 中国医药科技出版社, 2022.

［5］胡浩. 机能实验学 [M]. 4 版. 北京: 高等教育出版社, 2021.

［6］陈新谦, 金有豫, 汤光. 陈新谦新编药物学 [M]. 18 版. 北京: 人民卫生出版社, 2018.

［7］国家药典委员会. 中华人民共和国药典 (2025 年版)[M]. 北京: 中国医药科技出版社, 2025.

［8］黄刚, 刘丹. 护理药理学 [M]. 2 版. 北京: 人民卫生出版社, 2020.

目标检测参考答案

第一章

简答题（略）

第二章

简答题（略）

第三章

简答题（略）

第四章

一、简答题（略）

二、岗位情景题

小王作为药店的药学专业技术人员,在审核处方的时候,发现处方有误,不可以进行药品调剂。他应该拒绝调剂,并告知患者,必须经处方医师更正或重新签字,方可调配、销售。

第五章

简答题（略）

第六章

一、简答题（略）

二、处方分析

该处方不合理。因新斯的明注射剂的极量是肌内注射 1mg/ 次,5mg/d,过量使用可致严重不良反应。此外新斯的明治疗重症肌无力患者,在病情严重时采用皮下或肌内注射给药,而病情一旦缓解,即采用口服给药,且在不超过极量的情况下依病情缓解程度决定每日给药次数,故不应一次开具 10 天的注射制剂且固定每日给药 3 次。

第七章

一、简答题(略)

二、处方分析

该处方不合理。因该患者有青光眼病史,且目前仍在治疗中,用山莨菪碱后,胃肠绞痛症状有所缓解,但会加重青光眼症状。

第八章

一、简答题(略)

二、处方分析

该处方不合理,原因是抗过敏性休克首选药肾上腺素用量太大,超过药典规定的抢救过敏性休克的极量 1mg/ 次。肾上腺素用量过大可引起心律失常,严重者可使患者心室颤动而死亡,也可因血压突然升高导致脑出血等。该药抢救过敏性休克,一般皮下或肌内注射 0.5~1mg,也可缓慢静脉注射 0.1~0.5mg(用 0.9% 氯化钠注射液稀释到 10ml)。

第九章

一、简答题(略)

二、处方分析

该处方不合理。患者患有胃溃疡病史,而酚妥拉明具有组胺样作用,可诱发、加重溃疡,所以该患者应避免使用酚妥拉明。

第十章

简答题(略)

第十一章

一、简答题（略）

二、处方分析

该处方不合理。因地西泮和阿普唑仑均为苯二氮䓬类药物,作用相似,两者合用后药物剂量增大,加重其不良反应。

第十二章

一、简答题（略）

二、处方分析

该处方不合理。因卡马西平抑制 5-HT 再摄取,而司来吉兰为单胺氧化酶抑制药,抑制 5-HT 代谢,两者合用可引起体内 5-HT 蓄积,使患者罹患 5- 羟色胺综合征的风险升高,故不宜合用。

第十三章

一、简答题（略）

二、处方分析

该处方不合理。因长期应用抗精神病药引起的帕金森综合征不能用左旋多巴治疗,只能用抗胆碱药苯海索治疗。因此该处方属于用药不适宜处方。

第十四章

一、简答题（略）

二、处方分析

该处方不合理。因舒必利与氯丙嗪联合使用时会增加心律失常的风险,不宜联用,且舒必利禁用于高血压患者,故该处方不合理。

第十五章

一、简答题（略）

二、处方分析

该处方不合理。因为吗啡禁用于分娩止痛,原因主要有:①吗啡能通过胎盘屏障进入胎儿体内,抑制胎儿呼吸中枢,使新生儿自主呼吸受抑制;②吗啡能对抗催产素兴奋子宫的作用而延长产程。

第十六章

一、简答题(略)

二、处方分析

答案:合理。患者冠心病心绞痛病史 10 年,急性心肌梗死 1 次,临床常采用小剂量(一般 40~325mg/d)阿司匹林用于防止血栓形成,用于缺血性心脏病、脑缺血病等,如用于稳定型、不稳定型心绞痛和进展性心肌梗死,能降低病死率及再梗死率。

第十七章

一、简答题(略)

二、处方分析

该处方不合理。尼可刹米和二甲弗林均为呼吸中枢兴奋药,但均能引起惊厥,不宜合用,可交替使用。

第十八章

一、简答题(略)

二、处方分析

该处方合理。①此三药联合可产生协同作用,减少各自的用药剂量;②联合应用可减少药物的不良反应;③联合用药可使血压下降更为平稳。

第十九章

一、简答题(略)

二、案例分析

1. 甘露醇属于高渗脱水药,通常用于治疗多种原因引起的水肿,一般是静脉给药,促进尿液排出,从而帮助降压,减轻水肿。

2. 甘露醇结晶通常是因温度较低而引起,甘露醇遇冷时,溶液能够溶解的量可能会减少,容易达到饱和状态,从而析出结晶,通常属于正常现象。在出现结晶时,可将其放置在热水中或用力振

荡,待结晶完全溶解后再使用,以免结晶刺激血管,增加血管炎的风险

3. 静脉滴注甘露醇后能升高血浆渗透压,使细胞内水分向组织间隙渗透,使组织间液水分向血浆转移引起组织脱水,引起细胞体积缩小和脑水肿减轻。

第二十章

一、简答题(略)

二、处方分析

本处方选药不合理。环孢素软胶囊与阿托伐他汀钙片有相互作用情况,环孢素为免疫抑制药,抑制肝药酶活性,合用会使阿托伐他汀的清除率下降,增加了阿托伐他汀不良反应发生率,引起阿托伐他汀钙片肌病/横纹肌溶解风险增加。应避免环孢素和阿托伐他汀钙联用,建议更换类风湿关节炎治疗方案或者降脂治疗方案。

第二十一章

一、简答题(略)

二、处方分析

处方合理。患者既有高血压又有稳定型心绞痛,用硝酸甘油片可以缓解心绞痛,用普萘洛尔片可以降低血压,也可以和硝酸甘油协同作用治疗稳定型心绞痛。

第二十二章

简答题(略)

第二十三章

一、简答题(略)

二、处方分析

该处方不合理。地高辛属于强心苷类药物,治疗安全范围小,一般治疗量已接近中毒剂量的60%,而且生物利用度及对地高辛敏感性的个体差异较大,故易发生不同程度的毒性反应。特别是当低钾血症、高钙血症、低镁血症、心肌缺氧、酸碱平衡失调、发热、心肌病理损害、肾功能不全、高龄及合并用药等因素存在时更易发生。该处方中患者慢性心功能不全且罹患荨麻疹,服用地高辛的同时,静脉注射葡萄糖酸钙抗过敏,增加了地高辛中毒的风险,故地高辛使用期间特别禁忌注射钙盐。

第二十四章

一、简答题（略）

二、处方分析

该处方不合理。硫酸亚铁与四环素形成络合物,可相互影响吸收,降低疗效。铁剂可换为注射剂或更换抗菌药。

第二十五章

一、简答题（略）

二、案例分析

1. 可以选用 H_1 受体拮抗药进行治疗,因其通过阻断 H_1 受体,对抗过敏引起的皮肤血管扩张、渗出增加和瘙痒等症状。

2. 可选用阿司咪唑、非索非那定和左西替利嗪等进行治疗,而不宜选用苯海拉明、异丙嗪和氯苯那敏等。

3. 因第一代 H_1 受体拮抗药大多数具有镇静作用,故司机不宜选用,可选用第二代中不具有中枢抑制作用的药物。

第二十六章

一、简答题（略）

二、处方分析

本处方选药不合理。泼尼松为糖皮质激素类药,全身给药不良反应多且严重,因此不适合支气管哮喘的急救,应局部用药,减少全身不良反应。阿莫西林用于上呼吸道感染,病原菌感染并不明确,因此应在病原学检查诊断后,选用对敏感菌感染有效的抗生素。

第二十七章

一、简答题（略）

二、处方分析

本处方选药不合理。硫酸镁口服具有导泻作用,但可加重中枢抑制药中毒,因此不适合用于镇静催眠药地西泮中毒的解救,应选用硫酸钠。

第二十八章

一、简答题（略）
二、处方分析

该处方不合理。因醋酸泼尼松片是糖皮质激素类抗炎药，作用强大；阿司匹林属于非甾体抗炎药，具有解热镇痛作用。但两者都易致胃肠道不良反应，容易导致消化性溃疡。因此临床用药不建议以上两种药物合用，以免引起严重的消化性溃疡。

第二十九章

一、简答题（略）
二、处方分析

合理。甲状腺危象是甲亢最为凶险的并发症，发展快，病死率高，一旦诊断成立应立即抢救。口服丙硫氧嘧啶可减少甲状腺激素的合成与转化，大剂量碘抑制甲状腺激素释放，普萘洛尔可降低周围组织对甲状腺激素的反应，氢化可的松可纠正甲状腺危象时肾上腺皮质功能相对不全的应激反应。

第三十章

一、简答题（略）
二、处方分析

不合理。两药合用增强降血糖作用，容易导致低血糖的发生。普萘洛尔通过阻断 β 受体，抑制了交感神经兴奋引起的脂肪和肌糖原分解而使血糖降低，并且抑制了由低血糖引起的代偿性交感神经活动增加而表现出的症状，致使低血糖反应不易察觉。

第三十一章

一、简答题（略）
二、案例分析

长效避孕药与苯巴比妥钠长期同服是不合理的。因苯巴比妥钠是肝药酶诱导药，可加速长效避孕药的代谢，合用后可导致避孕失败。建议选用苯二氮䓬类药物用于治疗失眠。

第三十二章

一、简答题（略）

二、处方分析

本处方选药不合理。①蛋白琥珀酸铁口服溶液、阿仑膦酸钠片存在药物相互作用。蛋白琥珀酸铁口服溶液可能会减弱阿仑膦酸钠的肠道吸收，因此降低阿仑膦酸钠的有效性。②阿仑膦酸钠片存在用药禁忌。阿仑膦酸钠片对于严重的肾功能不全患者（肌酐清除率<35ml/min），不推荐使用。

第三十三章

一、简答题（略）

二、处方分析

该处方不合理，因为维生素 B_6 为外周多巴脱羧酶的辅酶，可增强外周多巴脱羧酶的活性，促进左旋多巴在外周转化成多巴胺，使左旋多巴进入中枢减少，从而加重左旋多巴的外周不良反应。

第三十四章

一、简答题（略）

二、处方分析

不合理。罗红霉素属于速效抑菌药，可抑制细菌生长，使细菌处于静止状态，不利于繁殖期杀菌药阿莫西林产生杀菌作用。

第三十五章

一、简单题（略）

二、处方分析

1. 此处方合理。化脓性扁桃体炎常见的是革兰氏阳性球菌感染，首选青霉素。对乙酰氨基酚为常用解热镇痛抗炎药，用于解除高热、头痛症状。

2. 该处方不合理。因前两者同属于基糖苷类抗生素，作用原理相同，一同服用可使耳蜗神经及肾脏毒性增加，引起听觉、前庭功能障碍及肾损害。

第三十六章

一、简答题(略)

二、案例分析

合理。复方磺胺嘧啶(SD+TMP)可作为脑膜炎球菌引起的流行性脑脊髓膜炎的预防用药。用药期间应多饮水,保持充分尿量,以防结晶尿的发生,必要时可服用碳酸氢钠等碱化尿液的药物。

第三十七章

一、简答题(略)

二、处方分析

该处方不合理。氨茶碱与利福平合用时会产生药物相互作用,由于利福平诱导肝微粒体酶活性,使氨茶碱的药效减弱,导致哮喘控制不佳。

第三十八章

一、简答题(略)

二、处方分析

合理。复方氨酚烷胺胶囊含对乙酰氨基酚、盐酸金刚烷胺、咖啡因、马来酸氯苯那敏等主要成分。金刚烷胺为抗病毒药,可抑制甲型流感病毒;对乙酰氨基酚能抑制前列腺素合成,有解热作用;咖啡因为中枢兴奋药,能减轻其他药物所致的嗜睡、头晕等中枢抑制作用;马来酸氯苯那敏为抗过敏药,能减轻流涕、鼻塞、打喷嚏等症状。上述药物配伍制成复方,可发挥协同作用。

第三十九章

一、简答题(略)

二、案例分析

1. 氟康唑为广谱抗真菌药,但对曲霉无效,因此本案例患者不适合使用氟康唑治疗。氟康唑临床常用于治疗念珠菌病(食管、口腔、阴道),对多数真菌(隐球菌、粗球孢子菌和念珠菌等)性脑膜炎可作为首选药。氟康唑蛋白结合率低,血液透析和血液滤过时能够清除。且氟康唑原型经肾脏排泄,肾功能减退时需调整剂量。伏立康唑为氟康唑衍生物,具有抗菌效力强的特点,尤其对于侵袭性曲霉浸润的感染疗效好。临床用于侵袭性曲霉病、镰刀菌属感染的治疗。伏立康唑主要在肝脏代谢,血液透析和血液滤过时不需调整剂量。两性霉素 B 系广谱抗真菌药,对多种深部真菌如念珠菌属、隐球菌、曲霉等具有良好的抗菌作用,高浓度有杀菌作用。应首选用于治疗由上述真菌引起的内脏或全身感染,如真菌性肺炎、脑膜炎、心内膜炎及尿路感染等。但由于两性霉素 B 肾毒性比较大,长期使用两性霉素 B,约 80% 以上患者可出现不同程度的肾损害,如蛋白尿、管型尿、血尿、血尿素氮或肌酐值升高等。本案例患者肾功能受损,所以不建议使用两性霉素 B。

2. 多烯类:两性霉素 B 首选用于治疗由敏感菌引起的内脏或全身感染,不良反应较多,主要为发热、寒战及肾损伤。三唑类:氟康唑是治疗多数真菌性脑膜炎的首选药,也用于治疗各种念珠菌病;氟康唑不良反应最少,可见轻度消化系统反应。伊曲康唑用于非脑膜炎性组织胞浆菌病、局部念珠菌感染以及多种癣病;伊曲康唑不良反应少,可见胃肠道反应,偶见肝毒性。伏立康唑用于侵袭性曲霉病、镰刀菌属感染的治疗;伏立康唑可引起可逆性视觉干扰(光幻觉)。棘白菌素类:卡泊芬净、米卡芬净适用于治疗由曲霉和念珠菌引起的感染,不良反应主要为血液和淋巴系统损害,如恶心、呕吐、发热、肝功能受损、头痛、皮疹和静脉炎等。氟胞嘧啶常与两性霉素 B 合用,治疗隐球菌、念珠菌引起的脑膜炎。单独用药真菌易产生耐药性。不良反应主要为骨髓抑制、小肠结肠炎等。

第四十章

一、简答题(略)

二、处方分析

该处方合理。阿苯达唑是抗肠道线虫病的首选药。临床主要用于治疗蛔虫、钩虫、蛲虫、鞭虫单独及混合感染。甲苯咪唑是高效、广谱抗肠蠕虫药。对多种线虫的成虫和幼虫都有杀灭作用。对蛔虫、蛲虫、钩虫、鞭虫、绦虫感染的治愈率常在 90% 以上,尤适用于蠕虫的混合感染。两药联合应用可提高混合感染的治疗效果。

第四十一章

一、简答题(略)

二、案例分析

不合理。门冬酰胺酶不良反应包括过敏反应、神经毒性和血糖升高、高尿酸血症等。患者伴有带状疱疹、哮喘和糖尿病,不建议使用门冬酰胺酶。

第四十二章

一、简答题（略）

二、处方分析

不合理。造血干细胞移植后发生慢性排异反应以甲泼尼龙联合环孢素治疗为主。仅用环孢素,药效不足。

课程标准